中国货币政策调控机制转型及理论研究

陆前进 —— 著

纪念改革开放四十周年丛书

40周年

复旦大学出版社

教育部哲学社会科学研究后期资助项目(12JHQ030)
上海市哲学社会科学规划项目(2016BJB001)
复旦大学理论经济学I类高峰学术专著

本丛书系"上海市中国特色哲学社会科学学术话语体系建设基地"研究成果

上海市社会科学界联合会
上海市哲学社会科学学术话语体系建设办公室
上海市哲学社会科学规划办公室
上海市"理论经济学高峰学科支持计划"
联合策划资助出版

纪念改革开放四十周年丛书编委会

学术顾问 洪远朋　张　军　陈诗一

主　　任 寇宗来

委　　员 王弟海　尹　晨　李志青　朱富强
　　　　　　陈　硕　陆前进　高　帆　高　虹
　　　　　　张　涛　张晖明　许　闲　章　奇
　　　　　　严法善　樊海潮

主　　编 张晖明

副 主 编 王弟海　高　帆

纪念改革开放四十周年丛书(12卷)作者介绍

丛书主编：张晖明，1956年7月出生，经济学博士，教授，博士研究生导师。现任复旦大学经济学系主任，兼任复旦大学企业研究所所长，上海市哲学社会科学研究基地复旦大学社会主义政治经济学研究中心主任，上海市政治经济学研究会会长。

丛书各卷作者介绍：

1.《国有企业改革的政治经济学分析》，张晖明。

2.《从割裂到融合：中国城乡经济关系演变的政治经济学》，高帆，1976年11月出生，经济学博士，复旦大学经济学院教授，博士生导师，经济学系常务副主任。

3.《中国二元经济发展中的经济增长和收入分配》，王弟海，1972年12月出生，经济学博士，复旦大学经济学院教授，博士生导师，院长助理，经济学系副系主任，《世界经济文汇》副主编。

4.《中国央地关系：历史、演进及未来》，陈硕，1980年2月出生，经济学博士，复旦大学经济学院教授。

5.《政治激励下的省内经济发展模式和治理研究》，章奇，1975年2月出生，经济学博士、政治学博士，复旦大学经济学院副教授。

6.《市场制度深化与产业结构变迁》，张涛，1976年4月出生，经济学博士，复旦大学经济学院副教授。

7.《经济集聚和中国城市发展》，高虹，1986年9月出生，经济学博士，复旦大学经济学院讲师。

8.《中国货币政策调控机制转型及理论研究》，陆前进，1969年9月出生，经济学博士，复旦大学经济学院教授。

9.《保险大国崛起：中国模式》，许闲，1979年9月出生，经济学博士，复旦大学经济学院教授，风险管理与保险学系主任，复旦大学中国保险与社会安全研究中心主任，复旦大学-加州大学当代中国研究中心主任。

10.《关税结构分析、中间品贸易与中美贸易摩擦》,樊海潮,1982年4月出生,经济学博士,复旦大学经济学院教授。首届张培刚发展经济学青年学者奖获得者。

11.《绿色发展的经济学分析》,李志青,1975年11月出生,经济学博士,复旦大学经济学院高级讲师,复旦大学环境经济研究中心副主任。

12.《中国特色社会主义政治经济学的新发展》,严法善,1951年12月出生,经济学博士,复旦大学经济学院教授,博士生导师,复旦大学泛海书院常务副院长。

总序一

改革开放到今天已经整整走过了四十年。四十年来,在改革开放的进程中,中国实现了快速的工业化和经济结构的变化,并通过城镇化、信息化和全球化等各种力量的汇集,推动了中国经济的发展和人均收入的提高。从一个孤立封闭型计划经济逐步转变为全面参与全球竞争发展的开放型市场经济。中国经济已经全面融入世界经济一体化,并成为全球第二经济大国。

中国社会经济的飞速发展源于中国改革开放的巨大成功。改革开放在"解放思想、实事求是"思想指导下,以"三个有利于"为根本判断标准,以发展社会生产力作为社会主义的根本任务,逐步探索建设中国特色社会主义事业的改革路径。四十年来的改革开放,是一个摸着石头过河的逐步探索过程和渐进性改革过程,也是一个伟大的社会发展和经济转型过程,是世界经济发展进程中的一个奇迹。当前,中国经济发展进入新常态,中国特色社会主义进入了新时代。回顾历史,借往鉴来,作为中国的经济学者,我们有义务去研究我们正在经历的历史性经济结构和制度结构转型过程,有责任研究和总结我们在过去四十年经济改革中所取得的众多成功经验和所经历过的经验教训。对这个历史变迁过程中已经发生的事件提供一个更好的理解和认识的逻辑框架,为解决我们当前所面临的困境和挑战提出一种分析思路和对策见解,从而让我们对未来尚未发生或者希望发生的事件有一个更加理性的预见和思想准备,这是每一个经济学者的目标。

为了纪念中国改革开放四十周年,深化对中国经济改革和社会发展过程的认识,加强对一些重大经济问题的研究和认识,同时也为更好解决当前以及未来经济发展所面临的问题和挑战建言献策,复旦大学经济学系主任张晖明教授组织编著了这套纪念改革开放四十周年丛书。本套丛书共包括十二卷,分别由复旦大学经济学系教师为主的十多位学者各自独立完成。丛书主要围绕四十年来中国经济体制改革过程中的重大经济问题展开研究,研究内容包括中国特色社会主义政治经济学的新发展、二元经济发展中的经济增长和收入分配、货币政策调控机制转型及理论研究、国企改革和基本经济制度完善、城乡关系和城乡融合、中央地方财政关系和财政分权、经济结构变迁和产业进入壁垒、经济集聚和城市发展、"一带一路"倡议和对外贸易、政治激励下的省内经济发展和治理模式、保险业的发展与监管、绿色发展和环境生态保护等十多个重大主题。

复旦大学经济学院具有秉承马克思主义经济学和西方经济学两种学科体系的对话和发展的传统。本套丛书在马克思主义指导下,立足中国现实,运用中国政治经济学分析方法、现代经济学分析方法和数理统计计量等数量分析工具,对中国过去四十年的改革开放的成功经验、特征事实以及新时代发展所面临的困境和挑战进行翔实而又深刻的分析和探讨,既揭示出了改革开放四十年来中国经济发展的典型事实和中国特色,也从中国的成功经验中提炼出了社会经济发展的一般规律和理论;是既立足于中国本土经济发展的事实分析和研究又具有经济发展一般机制和规律的理论创新和提升。

值得提及的是,编写纪念改革开放丛书已经成为复旦大学经济学院政治经济学科的一种传统。1998年复旦大学经济学院政治经济学教授伍柏麟先生曾主编纪念改革开放二十周年丛书,2008年复旦大学经济学院新政治经济学研究中心主任史正富教授曾主编纪念改革开放三十周年丛书。2018年正值改革开放四十周年之际,复旦大学经济学院经济学系主任张晖明教授主编了这套纪念改革开放四十周年丛书,也可谓是秉承政治经济学科的传统。

作为本套丛书的主要贡献者——复旦大学经济学院政治经济学科是国家的重点学科,也一直都是中国政治经济学研究和发展的最主要前沿阵地之一。复旦大学经济学院政治经济学历史悠久,学术辉煌,队伍整齐。她不但拥有一大批直接影响着中国政治经济学发展和中国改革进程的老一辈经济学家,今天更聚集了一批享誉国内的中青年学者。1949年中华人民共和国成立以后,老一辈著名政治经济学家许涤新、吴斐丹、漆琪生等就在复旦大学执鞭传道;改革开放之后,先后以蒋学模、张薰华、伍柏麟、洪远朋等老先生为代表的复旦政治经济学科带头人对政治经济学的学科建设和人才培养,以及国家改革和上海发展都做出了卓越贡献。蒋学模先生主编的《政治经济学教材》目前已累计发行2 000多万册,培育了一批批马克思主义的政治经济学理论学者和党政干部,在中国改革开放和现代化事业建设中发挥了重要作用。张薰华教授20世纪80年代中期提出的社会主义级差地租理论厘清了经济中"土地所有权"和"土地私有权"之间的关系,解释了社会主义经济地租存在的合理性和必要性,为中国的土地使用制度改革和中国城市土地的合理使用奠定了理论基础。目前,在张晖明教授、孟捷教授等国内新一代政治经济学领军人物的引领下,复旦大学政治经济学科聚集了高帆教授、陈硕教授、汪立鑫教授和周翼副教授等多位中青年政治经济学研究者,迎来新的发展高峰。2018年4月,由张晖明教授任主任的上海市哲学社会科学研究基地"复旦大学中国特色社会主义政治经济学研究中心"已经在复旦大学经济学院正式挂牌成立,它必将会极大推动复旦大学经济学院政治经济学理论研究和学科发展。作为复旦大学经济学院政治经济学理论研究宣传阵地,由孟捷教授主编的《政治经济学报》也已经获得国家正式刊号,未来也必将在政治经济学理论研究交流和宣传中发挥积极作用。

张晖明教授主编的本套丛书,可以视为复旦大学经济学院政治经济学科近来理论研究和学科发展的重要成果之一。通过对本套丛书的阅读,相信读者对中国的改革开放必将有新的认识和理解,对中国目前面临的挑战和未来发展必将产生新的思考和启发。

复旦大学经济学院教授、院长　张军
2018年12月9日

总序二

大约在两年前,我就开始考虑组织队伍,开展系列专题研究,为纪念改革开放四十周年撰写专著,承接和保持我们复旦大学政治经济学学科纪念改革开放二十周年、三十周年都曾经组织撰写出版大型丛书的学术传统,以体现经济理论研究者对经济社会发展的学术责任。我的这一想法得到学院领导的肯定和支持,恰好学院获得上海市政府对复旦理论经济学一级学科高峰计划的专项拨款,将我们这个研究计划列入支持范围,为研究工作的开展创造了一定的条件。在我们团队的共同努力下,最后遴选确定了十二个专题,基本覆盖了我国经济体制的主要领域或者说经济体制建构的不同侧面,经过多次小型会议,根据参加者各自的研究专长,分工开展紧张的研究工作。复旦大学出版社的领导对我们的丛书写作计划予以高度重视,将这套丛书列为2018年的重点出版图书;我们的选题也得到上海市新闻出版局的重视和鼓励。这里所呈现的就是我们团队这两年来所做的工作的最后成果。我们力求从经济体制的不同侧面进行系统梳理,紧扣改革开放实践进程,既关注相关体制变革转型的阶段特点和改革举措的作用效果,又注意联系运用政治经济学理论方法进行理论探讨,联系各专门体制与经济体制整体转型相互之间的关系,力求在经济理论分析上有所发现,为中国特色社会主义经济理论内容创新贡献复旦人的思想和智慧,向改革开放四十周年献礼。

中国经济体制改革四十年的历程举世瞩目。以1978年底召开的中国共产党十一届三中全会确定"改革开放"方针为标志,会议在认真总结中国开展社会主义实践的经验教训的基础上,纠正了存在于党的指导思想上和各项工作评价方式上存在的"左"的错误,以"破除迷信""解放思想"开路,回到马克思主义历史唯物主义"实事求是"的方法论上来,重新明确全党全社会必须"以经济建设为中心",打开了一个全新的工作局面,极大地解放了社会生产力,各类社会主体精神面貌焕然一新。从农村到城市、从"增量"到"存量"、从居民个人到企业、从思想观念到生存生产方式,都发生了根本的变化,改革开放激发起全社会各类主体的创造精神和行动活力。

中国的经济体制改革之所以能够稳健前行、行稳致远,最关键的一条就是有中国共产党的坚强领导。我们党对改革开放事业的领导,以党的历次重要会议为标志,及时地在理论创新方面作出新的表述,刷新相关理论内涵和概念表达,对实践需要采取的措施加以具体规划,并在扎实地践行的基础上及时加以规范,以及在体制内容上予以巩固。我们可以从四十年来党的历次重要会议所部署的主要工作任务清晰地看到党对改革开放事业的方向引领、阶段目标设计和工作任务安排,通过对所部署的改革任务内容的前一阶段工作予以及时总结,及时发现基层创新经验和推广价值,对下一阶段改革深化推进任务继续加以部署,久久为功,迈向改革目标彼岸。

党的十一届三中全会(1978)实现了思想路线的拨乱反正,重新确立了马克思主义实事求是的思想路线,果断地提出把全党工作的着重点和全国人民的注意力转移到社会主义现代化建设上来,作出了实行改革开放的新决策,启动了农村改革的新进程。

党的十二大(1982)第一次提出了"建设有中国特色的社会主义"的崭新命题,明确指出:"把马克思主义的普遍真理同我国的具体实际结合起来,走自己的道路,建设有中国特色的社会主义,这就是我们总结长期历史经验得出的基本结论。"会议确定了"党为全面开创社会主义现代化建设新局面而奋斗的纲领"。

党的十二届三中全会(1984)制定了《中共中央关于经济体制改革的决定》,明确坚决地系统地进行以城市为重点的整个经济体制的改革,是我国形势发展的迫切需要。这次会议标志着改革由农村走向城市和整个经济领域的新局面，提出了经济体制改革的主要任务。

党的十三大(1987)明确提出我国仍处在"社会主义初级阶段"，为社会主义确定历史方位，明确概括了党在社会主义初级阶段的基本路线。

党的十四大(1992)报告明确提出，我国经济体制改革的目标是建立社会主义市场经济体制，就是要使市场在社会主义国家宏观调控下对资源配置起基础性作用；明确提出"社会主义市场经济体制是同社会主义基本制度结合在一起的"。在所有制结构上，以公有制为主体，个体经济、私营经济、外资经济为补充，多种经济成分长期共同发展，不同经济成分还可以自愿实行多种形式的联合经营。国有企业、集体企业和其他企业都进入市场，通过平等竞争发挥国有企业的主导作用。在分配制度上，以按劳分配为主体，其他分配方式为补充，兼顾效率与公平。

党的十四届三中全会(1993)依据改革目标要求，及时制定了《中共中央关于建立社会主义市场经济体制若干问题的决定》，系统勾勒了社会主义市场经济体制的框架内容。会议通过的《决定》把党的十四大确定的经济体制改革的目标和基本原则加以系统化、具体化，是中国建立社会主义市场经济体制的总体规划，是20世纪90年代中国进行经济体制改革的行动纲领。

党的十五大(1997)提出"公有制实现形式可以而且应当多样化，要努力寻找能够极大促进生产力发展的公有制实现形式"。"非公有制经济是我国社会主义市场经济的重要组成部分"，"允许和鼓励资本、技术等生产要素参与收益分配"等重要论断，大大拓展了社会主义生存和实践发展的空间。

党的十五届四中全会(1999)通过了《中共中央关于国有企业改革和发展若干重大问题的决定》，明确提出，推进国有企业改革和发展是完成党的十五大确定的我国跨世纪发展的宏伟任务，建立和完善社会主义市场经济体制，保持国民经济持续快速健康发展，大力促进国有企业的体制改革、机制转换、结构调整和技术进步。从战略上调整国有经济布局，要同产业结构的优化升级和所有制结构的调整完善结合起来，坚持有进有退，有所为有所不为，提高国有经济的控制力；积极探索公有制的多种有效实现形式，大力发展股份制和混合所有制经济；要继续推进政企分开，按照国家所有、分级管理、授权经营、分工监督的原则，积极探索国有资产管理的有效形式；实行规范的公司制改革，建立健全法人治理结构；要建立与现代企业制度相适应的收入分配制度，形成有效的激励和约束机制；必须切实加强企业管理，重视企业发展战略研究，健全和完善各项规章制度，从严管理企业，狠抓薄弱环节，广泛采用现代管理技术、方法和手段，提高经济效益。

党的十六大（2002）指出，在社会主义条件下发展市场经济，是前无古人的伟大创举，是中国共产党人对马克思主义发展作出的历史性贡献，体现了我们党坚持理论创新、与时俱进的巨大勇气。并进一步强调"必须坚定不移地推进各方面改革"。要从实际出发，整体推进，重点突破，循序渐进，注重制度建设和创新。坚持社会主义市场经济的改革方向，使市场在国家宏观调控下对资源配置起基础性作用。

党的十六届三中全会（2003）通过的《中共中央关于完善社会主义市场经济体制若干问题的决定》，全面部署了完善社会主义市场经济体制的目标和任务。按照"五个统筹"①的要求，更大程度地发挥市场在资源配置中的基础性作用，增强企业活力和竞争力，健全国家宏观调控，完善政府社会管理和公共服务职能，为全面建设小康社会提供强有力的体制保障。主要任务是：完善公有制为主体、多种所有制经济共同发展的基本经济制度；建立有利于逐步改变城乡二元经济结构的体制；形成促进区域经济协调发展的机制；建设统一开放、竞争有序的现代市场体系；完善宏观调控体系、行政管理体制和经济法律制度；健全就业、收入分配和社会保障制度；建立促进经济社会可持续发展的机制。

党的十七大（2007）指出，解放思想是发展中国特色社会主义的一大法

---

① 即统筹城乡发展、统筹区域发展、统筹经济社会发展、统筹人与自然和谐发展、统筹国内发展和对外开放。

宝,改革开放是发展中国特色社会主义的强大动力,科学发展、社会和谐是发展中国特色社会主义的基本要求。会议强调,改革开放是决定当代中国命运的关键抉择,是发展中国特色社会主义、实现中华民族伟大复兴的必由之路;实现未来经济发展目标,关键要在加快转变经济发展方式、完善社会主义市场经济体制方面取得重大进展。要大力推进经济结构战略性调整,更加注重提高自主创新能力、提高节能环保水平、提高经济整体素质和国际竞争力。要深化对社会主义市场经济规律的认识,从制度上更好发挥市场在资源配置中的基础性作用,形成有利于科学发展的宏观调控体系。

党的十七届三中全会(2008)通过了《中共中央关于农村改革发展的若干重大问题的决议》,特别就农业、农村、农民问题作出专项决定,强调这一工作关系党和国家事业发展全局。强调坚持改革开放,必须把握农村改革这个重点,在统筹城乡改革上取得重大突破,给农村发展注入新的动力,为整个经济社会发展增添新的活力。推动科学发展,必须加强农业发展这个基础,确保国家粮食安全和主要农产品有效供给,促进农业增产、农民增收、农村繁荣,为经济社会全面协调可持续发展提供有力支撑。促进社会和谐,必须抓住农村稳定这个大局,完善农村社会管理,促进社会公平正义,保证农民安居乐业,为实现国家长治久安打下坚实基础。

党的十八大(2012)进一步明确经济体制改革进入攻坚阶段的特点,指出"经济体制改革的核心问题是处理好政府和市场的关系",在党中央的领导下,对全面深化改革进行了系统规划部署,明确以经济体制改革牵引全面深化改革。

党的十八届三中全会(2013)通过了《中共中央关于全面深化改革若干重大问题的决定》,全方位规划了经济、政治、社会、文化和生态文明"五位一体"的336项改革任务,面对改革攻坚,提倡敢于啃硬骨头的坚忍不拔的精神,目标在于实现国家治理体系和治理能力的现代化。会议决定成立中共中央全面深化改革领导小组,负责改革总体设计、统筹协调、整体推进、督促落实。习近平总书记强调:"全面深化改革,全面者,就是要统筹推进各领域改革。

就需要有管总的目标,也要回答推进各领域改革最终是为了什么、要取得什么样的整体结果这个问题。""这项工程极为宏大,零敲碎打调整不行,碎片化修补也不行,必须是全面的系统的改革和改进,是各领域改革和改进的联动和集成。"①

党的十八届四中全会(2014)通过了《中共中央关于全面推进依法治国若干重大问题的决定》,明确提出全面推进依法治国的总目标,即建设中国特色社会主义法治体系,建设社会主义法治国家。

党的十八届五中全会(2015)在讨论通过《中共中央关于"十三五"规划的建议》中,更是基于对社会主义实践经验的总结,提出"创新、协调、绿色、开放和共享"五大新发展理念。进一步丰富完善"治国理政",推进改革开放发展的思想理论体系。不难理解,全面深化改革具有"系统集成"的工作特点要求,需要加强顶层的和总体的设计和对各项改革举措的协调推进。同时,又必须鼓励和允许不同地方进行差别化探索,全面深化改革任务越重,越要重视基层探索实践。加强党中央对改革全局的领导与基层的自主创新之间的良性互动。

党的十九大(2017)开辟了一个新的时代,更是明确提出社会主要矛盾变化为"不充分、不平衡"问题,要从过去追求高速度增长转向高质量发展,致力于现代化经济体系建设目标,在经济社会体制的质量内涵上下功夫,提出以效率变革、质量变革和动力变革,完成好"第一个一百年"收官期的工作任务,全面规划好"第二个一百年"②的国家发展战略阶段目标和具体工作任务,把我国建设成为社会主义现代化强国。国家发展战略目标的明确为具体工作实践指明了方向,大大调动实践者的工作热情和积极性,使顶层设计与基层主动进取探索之间的辩证关系有机地统一起来,着力推进改革走向更深层

---

① 习近平在省部级主要领导干部学习贯彻十八届三中全会精神全面深化改革专题研讨班开班式上的讲话,2014年2月17日。

② "第一个一百年"指建党一百年,"第二个一百年"指新中国成立一百年。

次、发展进入新的阶段。

改革意味着体制机制的"创新"。然而,创新理论告诉我们,相较于对现状的认知理解,创新存在着的"不确定性"和因为这种"不确定性"而产生的心理上的压力,有可能影响到具体行动行为上出现犹豫或摇摆。正是这样,如何对已经走过的改革历程有全面准确和系统深入的总结检讨,对所取得成绩和可能存在的不足有客观科学的评估,这就需要认真开展对四十年改革经验的研究,并使之能够上升到理论层面,以增强对改革规律的认识,促进我们不断增强继续深化改革的决心信心。

四十年风雨兼程,改革开放成为驱动中国经济发展的强大力量,产生了对于社会建构各个方面、社会再生产各个环节、社会生产方式和生活方式各个领域的根本改造。社会再生产资源配置方式从传统的计划经济转型到市场经济,市场机制在资源配置中发挥决定性作用,社会建构的基础转到以尊重居民个人的创造性和积极性作为出发点。国有企业改革成为国家出资企业,从而政府与国家出资的企业之间的关系就转变成出资与用资的关系,出资用资两者之间进一步转变为市场关系。因为出资者在既已出资后,可以选择持续持股,也可以选择将股权转让,从而"退出"股东位置。这样的现象,也可以看作是一种"市场关系"。通过占主体地位的公有制经济与其他社会资本平等合作,以混合所有制经济形式通过一定的治理结构安排,实现公有制与市场经济的有机融合。与资源配置机制的变革和企业制度的变革相联系,社会再生产其他方方面面的体制功能围绕企业制度的定位,发挥服务企业、维护社会再生产顺畅运行的任务使命。财政、金融、对外经济交往等方面的体制架构和运行管理工作内容相应配套改革。伴随改革开放驱动经济的快速发展,城乡之间、区域之间关系相应得到大范围、深层次的调整。我们在对外开放中逐渐培养自觉遵循和应用国际经济规则的能力,更加自觉地认识到,必须积极主动地融入全球化潮流,更深层次、更广范围、更高水平地坚持对外开放,逐渐提升在对外开放中参与国际规则制定和全球治理的能力。也正是由于对经济社会发展内涵有了更加深刻的认识,摈弃了那种片面追求

GDP增长的"线性"发展思维和行为,我们开始引入环境资源约束,自觉探寻可持续的"绿色"发展道路。

可以说,改革开放对中国经济社会产生全方位的洗礼作用。正是基于这样的见解,我们的**丛书研究主题**尽可能兼顾覆盖经济体制和经济运行的相关主要方面。为了给读者一个概貌性的了解,在这里,我把十二卷论著的主要内容做一个大致的介绍。

高帆教授的《从割裂到融合:中国城乡经济关系演变的政治经济学》,基于概念界定和文献梳理,强调经典的二元经济理论与中国这个发展中大国的状况并不完全契合。我国存在着发展战略和约束条件—经济制度选择—微观主体行为—经济发展绩效(城乡经济关系转化)之间的依次影响关系,其城乡经济关系是在一系列经济制度(政府-市场关系、政府间经济制度、市场间经济制度)的作用下形成并演变的,政治经济学对理解中国的城乡经济关系问题至关重要。依据此种视角,该书系统研究了我国城乡经济关系从相互割裂到失衡型融合再到协同型融合的演变逻辑,以此为新时代我国构建新型城乡经济关系提供理论支撑,为我国形成中国特色社会主义政治经济学提供必要素材。

张晖明教授的《国有企业改革的政治经济学分析》,紧扣国有企业改革四十年的历程,系统总结国有企业改革经验,尝试建构中国特色的企业理论。基于对企业改革作为整个经济体制改革"中心环节"的科学定位分析,该书讨论了企业经营机制、管理体制到法律组织和经济制度逐层推进变革,促成企业改革与市场发育的良性互动;概括了企业制度变革从"国营"到"国有",再到"国家出资";从"全民所有""国家所有"到"混合所有";从政府机构的"附属物"改造成为法人财产权独立的市场主体,将企业塑造成为"公有制与市场经济有机融合"的组织载体,有效、有力地促进政资、政企关系的变革调整。对改革再出发,提出了从"分类"到"分层"的深化推进新思路,阐述了国有企业改革对于国家治理体系现代化建设的意义,对于丰富和完善我国基本经济制度内涵的理论意义。

王弟海教授的《中国二元经济发展中的经济增长和收入分配》，主要聚焦于改革开放四十年来中国二元经济发展过程中的经济增长和收入分配问题。该书主要包括三大部分：第 1 编以中国实际 GDP 及其增长率作为分析的对象，对中国经济增长的总体演化规律和结构变迁特征进行分析，并通过经济增长率的要素分解，研究了不同因素对中国经济增长的贡献；第 2 编主要研究中国经济增长和经济发展之间的关系，探讨一些重要的经济发展因素，如投资、住房、教育和健康等同中国经济增长之间相动机制；第 3 编主要研究了中国二元经济发展过程中收入分配的演化，包括收入分配格局的演化过程和现状、收入差距扩大的原因和机制，以及未来可能的应对措施和策略。

陈硕教授的《中国央地关系：历史、演进及未来》，全书第一部分梳理我国历史上央地关系变迁及背后驱动因素和影响；第二和第三部分分别讨论当代央地财政及人事关系；第四部分则面向未来，着重讨论财权事权分配、政府支出效率、央地关系对国家、社会及政府间关系的影响等问题。作者试图传达三个主要观点：第一，央地关系无最优之说，其形成由历史教训、政治家偏好及当前约束共同决定；第二，央地关系的调整会影响国家社会关系，对该问题的研究需借助一般均衡框架；第三，在更长视野中重新认识 1994 年分税制改革对当代中国的重要意义。

章奇副教授的《政治激励下的省内经济发展模式和治理研究》认为，地方政府根据自己的政治经济利益，选择或支持一定的地方经济发展模式和经济政策来实现特定的经济资源和利益的分配。换言之，地方经济发展模式和政策选择本质上是一种资源和利益分配方式（包含利益分享和对应的成本及负担转移）。通过对发展模式的国际比较分析和中国 20 世纪 90 年代以来的地方经济发展模式的分析，指出地方政府领导层的政治资源的集中程度和与上级的政治嵌入程度是影响地方政府和官员选择地方经济发展模式的两个重要因素。

张涛副教授的《市场制度深化与产业结构变迁》，讨论了改革开放四十年来，中国宏观经济结构发生的显著变化。运用经济增长模型，从产品市场和劳动力市场的现实特点出发,研究开放经济下资本积累、对外贸易、产业政策等影响宏观经济结构变化的效应、机制和相应政策。

高虹博士的《经济集聚和中国城市发展》,首先澄清了对于城市发展的一个误解,就是将区域间"协调发展"简单等同于"同步发展",并进一步将其与"经济集聚"相对立。政策上表现为试图缩小不同规模城市间发展差距,以平衡地区间发展。该书通过系统考察经济集聚在城市发展中的作用发现,经济集聚的生产率促进效应不仅有利于改善个人劳动力市场表现,也将加速城市制造业和服务业产业发展,提升经济发展效率。该书为提高经济集聚程度、鼓励大城市发展的城市化模式提供了支持。

陆前进教授的《中国货币政策调控机制转型及理论研究》,首先从中央银行资产负债表的角度分析了货币政策工具的调控和演变,进而探讨了两个关键变量(货币常数和货币流通速度)在货币调控中的作用。该书重点研究了货币和信贷之间的理论关系以及信贷传导机制——货币调控影响货币和信贷,从而会影响中央银行的铸币税、中央银行的利润等——进而从货币供求的角度探讨了我国中央银行铸币税的变化,还从价格型工具探讨了我国中央银行的货币调控机制,重点研究了利率、汇率调控面临的问题,以及我国利率、汇率的市场化形成机制的改革。最后,总结了我国货币政策调控面临的挑战,以及如何通过政策搭配实现宏观经济内外均衡。

许闲教授的《保险大国崛起:中国模式》,讨论了改革开放四十年中国保险业从起步到崛起,按保费规模测算已经成为全球第二保险大国。四十年的中国保险业发展,是中国保险制度逐步完善、市场不断开放、主体多样发展、需求供给并进的历程。中国保险在发展壮大中培育了中国特色的保险市场,形成了大国崛起的中国模式。该书以历史叙事开篇,从中国保险公司上市、深化改革中的保险转型、中国经济增长与城镇化建设下的保险协同发展、对外开放中保险业的勇于担当、自贸区和"一带一路"倡议背景下保险业的时代作为、金融监管与改革等不同视角,探讨与分析了中国保险业改革开放四十年所形成的中国模式与发展路径。

樊海潮教授的《关税结构分析、中间品贸易与中美贸易摩擦》，指出不同国家间关税水平与关税结构的差异，往往对国际贸易产生重要的影响。全书从中国关税结构入手，首先对中国关税结构特征、历史变迁及国际比较进行了梳理。之后重点着眼于2018年中美贸易摩擦，从中间品关税的角度对中美贸易摩擦的相关特征进行了剖析，并利用量化分析的方法评估了此次贸易摩擦对两国福利水平的影响，同时对其可能的影响机制进行了分析。全书的研究，旨在为中国关税结构及中美贸易摩擦提供新的研究证据与思考方向。

李志青高级讲师的《绿色发展的经济学分析》，指出当前中国面对生态环境与经济增长的双重挑战，正处于环境库兹涅茨曲线爬坡至顶点、实现环境质量改善的关键发展阶段。作为指导社会经济发展的重要理念，绿色发展是应对生态环境保护与经济增长双重挑战的重要途径，也是实现环境与经济长期平衡的重要手段。绿色发展在本质上是一个经济学问题，我们应该用经济学的视角和方法来理解绿色发展所包含的种种议题，同时通过经济学的分析找到绿色发展的有效解决之道。

严法善教授的《中国特色社会主义政治经济学的新发展》，运用马克思主义政治经济学基本原理与中国改革开放实践相结合的方法，讨论了中国特色社会主义政治经济学理论的几个主要问题：新时代不断解放和发展生产力，坚持和完善基本经济制度，坚持社会主义市场经济体制，正确处理市场与政府关系、按劳分配和按要素分配关系、对外开放参与国际经济合作与竞争关系等。同时还研究了改革、发展、稳定三者的辩证关系，新常态下我国面临的新挑战与机遇，以及贯彻五大新发展理念以保证国民经济持续快速、健康、发展，让全体人民共享经济繁荣成果等问题。

以上十二卷专著，重点研究中国经济体制改革和经济发展中的一个主要体制侧面或决定和反映经济发展原则和经济发展质量的重要话题。反映出每位作者在自身专攻的研究领域所积累的学识见解，他们剖析实践进程，力求揭示经济现象背后的结构、机制和制度原因，提出自己的分析结论，向读者传播自己的思考和理论,形成与读者的对话并希望读者提出评论或批评的回应,以求把问题的讨论引向深入,为指导实践走得更加稳健有效设计出更加完善的政策建议。换句话说,作者所呈现的研究成果一定存在因作者个人的认识局限性带来的瑕疵,欢迎读者朋友与作者及时对话交流。作为本丛书的主编,在这里代表各位作者提出以上想法,这也是我们组织这套丛书所希望达到的目的之一。

是为序。

张晖明

2018 年 12 月 9 日

前　言

本专著立足于我国宏观金融政策的演变和货币政策调控转型,深刻地分析了改革开放以来我国货币政策工具调控的变迁、转型面临的问题,从理论和实证角度研究现实中的问题。本专著紧抓1978年改革开放以来我国经济政策中的重点和难点问题,并以此为切入点,对我国货币政策调控机制中各种深层次问题进行了探讨和分析,本研究并不局限于货币政策调控本身,而是将其有机地联系在一起。同时,在提出解决方案时,站在整个中国经济改革开放发展的进程中来思考对策,使对策具有前瞻性、战略性。总结起来,该专著的研究对象主要是我国货币政策工具和货币政策调控机制转型变化特点,以及对相关现实问题的探讨。

第1章,主要考察了我国货币供给的来源,并分别从中央银行资产负债表资产方和负债方的角度考察了影响我国基础货币变动的主要因素,本章指出我国外汇储备和外汇占款持续增加是我国基础货币的主要来源,而货币政策工具(包括法定准备金和央行票据等)的作用主要是回笼市场流动性,控制基础货币的过快增长,强调通过货币政策工具的搭配更有利于调控基础货币。本章还进一步详细分析了我国法定准备金制度的演变及我国法定准备金制度的改革,研究了储蓄最大化的法定准备金率和对准备金付息的经济影响。此外,本章分析了我国央行票据的变迁历史、面临的问题及应采取的对策,并指出通过发行中央票据的方式回笼资金增加了中央银行货币政策执行成本,这决定了在公开市场操作中,中央银行票据可能无法在长期内代替国债。为保障公开市场操作的持续性及有效性,我国必须扩大国债市场规模。同时,本章探讨了我国冲销干预的其他工具及冲销干预面临的挑战,指出冲销干预并不能够解决经济结构中的问题。本章还融入了国库现金管理调控手段,以及经济新常态下货币政策工具的创新使用的分析,这也是基础货币供给转型的途径之一。最后,本章考察了改革开放以来,随着我国外汇储备和外汇占款的变化,我国货币供给来源发生变化和货币调控机制不断转型的演变过程。

第2章,本章分析了影响货币政策调控的两个关键因素——货币乘数和货币流通速度,本章指出国际金融危机时期货币政策有效性较弱主要源于货币乘数和货币流通速度下降,这也是救市政策效果不佳的原因。首先,本章研究了基础货币和货币乘数对货币供给过程的影响机制,进而考察了我国存款准备金率提高和公开市场业务对改革开放以来我国基础货币和货币乘数的影响,特别是流动性过剩的情况下,我国频繁的法定准备金率调整和公开市场业务操作对我国货币供给,以及银行信贷的影响。进一步地,本章探讨了影子银行对我国货币供给和信用创造的影响,影子银行的存在使得国内货币信贷进一步增加。本章还从理论上探讨了货币流通速度变化对宏观经济政策的影响。并在此基础之上,探讨了国际金融危机时期救市政策的有效性,以及货币流通速度变化对我国货币政策效果的影响。最后,本章从理论上探讨了货币供给内生性和外生性,并进行实证研究。

第 3 章,本章首先分析了货币和信贷的理论关系,并考察了我国货币信贷的变化关系,指出随着货币和信贷之间的缺口变大,金融机构将更多的资金投资债券市场,对银行信贷有一定的替代作用。因此,除了考察银行信贷对货币政策的传导作用外,也必须考虑投资债券市场对货币政策传导的影响。实际上,长期以来,关于货币和信贷的传导机制一直存在争论,本章研究从银行贷款和债券之间的不同替代关系出发,建立货币政策传导的理论模型,考察我国货币政策的传导机制,强调随着中国债券融资规模的扩大,信贷渠道有效性下降,货币渠道有效性将增强。本章研究了信贷和社会融资规模之间的关系,分析显示如果基础货币主要由外汇占款支撑,那么贷款总额和基础货币之和与货币供应量 M_2 应该是接近的。在一定条件下,社会融资规模的存量与货币供应量 M_2 基本上也是一致的。M_2 是从负债方来看货币供给,社会融资规模是从资产方来看货币供给,两者本质上是相通的。最后,随着电子支付手段的发展,本章讨论了无现金社会的特点,以及无现金社会下的货币供给。

第 4 章,首先分析了货币供应量和价格水平之间的关系,并考察了机会成本铸币税和货币铸币税,在此基础之上,再分别研究了商业银行铸币税,以及财政铸币税。对各个铸币税进行相关的理论分析,根据我国 1985—2014 年的经济数据,对各类铸币税进行了测算并对测算结果进行了描述与分析。本章从理论角度探讨了央行利润、财政铸币税和通货膨胀率之间的非线性关系,考察了铸币税和通货膨胀率是否存在"倒 U 型"特征。其次,本章探讨了央行冲销干预对我国铸币税和通货膨胀税的影响,我国央行冲销干预是稳定货币供应量的主要手段,冲销干预对通货膨胀和公众持有的实际货币余额都会有影响,对铸币税和通货膨胀税的影响是这两种效应的叠加。最后,本章从跨期均衡分析的角度考察了我国货币需求的变化,进而探讨了我国政府税率和通货膨胀率之间的关系,铸币税率可以看成是政府对货币持有者的一种强制性"征税",在不同的政府约束条件下,政府税率与通货膨胀率既可能正相关,也可能负相关,但在这两种情况下,政府支出、资源禀赋对政府税率与通货膨胀率斜率等的影响会有所不同。

第 5 章,主要考察货币政策目标的选择,货币政策目标按层次分,包括:操作目标、中间目标和最终目标。首先,本章从数量型目标和价格型目标可控性角度,指出我国改革开放以来货币政策操作目标的选择,以及经济新常态下货币政策操作目标的变化。经济新常态下操作目标的选择需要我国中央银行不断完善利率体系建设,从而能够确立货币政策操作的基准利率。进一步地,本章从理论上探讨了数量型中间目标和价格型中间目标的选择,我国货币政策中间目标将逐步从数量型目标向价格型目标转变。最后,作者分析了中央银行传统的最终目标和我国货币政策的最终目标,在此基础之上,作者指出为了实现经济增长向"高质量"经济增长转型,我国的货币政策调控要在多方面加以平衡,我国的宏观调控要关注结构调整,维持宏观经济健康稳定的运行。

第6章,主要讨论了我国价格型调控工具——利率调控。首先从理论上探讨了利率和汇率、价格水平之间的关系,指出购买力平价、利率平价和费雪平价都存在的情况下,实际利率平价必然存在,进而探讨了利率调控和汇率、价格水平之间的变动关系。本章在利率平价的基础之上,探讨了我国短期资本的流入和流出,指出人民币持续单向升值、中美利差倒挂等是"热钱"流入的主要原因;相反,人民币汇率贬值和美国利率上调,资本会流出。本章从理论上探讨了利率的传导机制,实证结果显示货币政策信贷渠道对经济增长率的影响较大,而货币政策的货币渠道对通货膨胀率的影响较大。此外,还考察了利率传导机制存在的问题及如何完善。长期以来,利率市场化改革一直是我国金融改革的重要任务,本章探讨了我国利率体系存在的问题,考察了我国利率市场化的演变,以及我国利率市场化如何进一步深化和完善,国家应该为利率市场化改革创造条件,推动利率的市场化改革。最后,本章考察了利率变动对房地产市场的影响,以及房贷利率和外币利率的市场化。

第7章,首先分析了人民币汇率制度的演变和人民币汇率的传导机制,阶段不同其汇率传导机制也有所不同。2015年8月11日,我国进行了新一轮汇改,增强人民币汇率弹性,汇率改革目标仍然是建立以市场供求为基础、参考一篮子货币有管理的浮动汇率制度,篮子汇率目标是汇率制度改革的重要内容。因此,本章首先测度了我国篮子货币的权重,我们的实证研究显示人民币对美元汇率和篮子货币之间存在协整关系,证明了央行参考篮子货币调控人民币对美元汇率。进而,本章探讨了名义有效汇率的分解,以及对马歇尔-勒纳条件的修正,研究了修正的马歇尔-勒纳条件是否成立,以及人民币汇率的价格传递、需求价格弹性和中国的贸易收支变动之间的关系。最后,本章通过构建实际汇率的微观机制跨时最优化模型考察了均衡实际汇率的变动机制,先确定消费者实际汇率的最优化和生产者的最优化,并在双重最优化下确立了实际汇率的跨时均衡模型。本国的内部实际汇率和外部实际汇率的变动是典型代理人的效用最大化和生产者利润最大化的条件所决定的。人民币实际汇率的变动是围绕均衡汇率水平上下波动的,人民币实际汇率有较强自我稳定机制。

第8章,进一步探讨了改革开放以来我国货币政策的历次调整。从改革开放以来我国宏观经济形势和货币政策演变的过程来看,我国先后采取过紧缩的货币政策、适度从紧的货币政策,适度宽松的货币政策和稳健的货币政策等。本章分析了国际金融危机冲击和美联储退出量化宽松政策对我国货币政策调控的影响,我国货币政策调控要内外兼顾。本章还进一步探讨了我国的债务水平状况以及高杠杆条件下货币政策调控的变化,在去杠杆的过程中,货币政策要做到松紧有度。本章深入研究政府税率、铸币税税率和经济增长的非线性关系,考察经济增长和政府税率、铸币税税率之间是否存在"倒U型"的曲线关系,实际上也反映了财政政策和货币政策对经济增长的影响。同时,本书研究了最优货币政策规则参数的估计和中国货币状况指数的测度等。最后,宏观经济的政策主要包括财政政策、货币政策和汇率政策等,政府通过这些政策的搭配来实现宏观经济的均衡。

本专著的新意主要包括:(1)对法定准备金率改革进行了理论探讨,分析了储蓄最大化下的法定准备金率,融入了国库现金管理调控手段的分析,以及经济新常态下货币政策工具的创新使用。(2)考察了存款准备金率提高和公开市场业务冲销对基础货币和货币乘数的影响机制,以及货币供给内生性和外生性的理论探讨和实证研究。(3)央行货币政策操作对我国货币信贷影响机制的理论分析。(4)分析了中央银行的利润、财政铸币税,以及在货币需求的跨期均衡分析下,考察了铸币税和通货膨胀率之间的非线性关系。探讨了中央银行冲销干预对央行铸币税的影响和冲销干预的福利效应,还探讨了铸币税税率和政府税率之间的相关关系。(5)从利率平价的角度探讨了热钱的流入及防范,以及房贷利率和外币利率的市场化。(6)结合我国货币政策目标,探讨了篮子货币最优权重的选择问题。还有人民币汇率的价格传递、需求价格弹性和中国的贸易收支的理论探讨和实证研究。(7)美联储退出量化宽松货币政策对我国货币政策操作的影响,探讨了后危机时代我国货币政策的调整,最优货币政策规则参数的估计和中国货币状况指数的测度,等等。

总结起来,本书系统性特点有以下几个方面:一是本专著适当地运用了数理模型支持自己的结论,主要包括最优法定准备金率模型、货币信贷模型、货币政策传导机制模型、篮子货币最优权重测度、最优铸币税模型等。二是内容新颖,理论和现实的指导意义强,系统分析了我国数量型工具:法定准备金率、公开市场业务(包括回购、常备信贷便利)等货币政策调控机制,以及价格型调控工具,包括利率和汇率的调控。三是提出了一系列的政策建议,宏观经济失衡还需要货币政策和财政政策的调整,只有这样才能够保证宏观经济平稳健康的发展。要实行货币政策调控目标,则需要将多种货币政策工具搭配使用,比如将提高法定准备金率和公开市场业务进行搭配操作,通过一系列的政策工具来调控基础货币和货币乘数。

本书部分研究内容难免存在一些滞后性。目前国内和国际金融形势瞬息万变,国际宏观经济形势变动趋势存在很大的不确定性,金融形势和货币政策调控变化快,利率和汇率市场化改革不断完善,宏观金融政策调整也日益迅速和频繁,因此本书难免存在缺点和错误,希望读者批评指正。本书研究周期长,内容涵盖面较广,有些数据资料可能无法赶上形势变化的步伐,但本专著力争从理论上深入分析,融入新的变化因素。在写作过程中,本人也参考了我以前的著作、论文和经济专栏等,该书的部分内容也在我的研究生课程"中国货币金融政策"中讲授过,感谢同学们提出的许多宝贵意见。同时,要感谢教育部后期项目的资助及教育部的匿名评审专家提出的宝贵意见,还要感谢复旦大学出版社姜作达编辑、复旦大学经济学院张晖明教授、王弟海教授等的修改建议,以及复旦大学经济学院研究生武磊、李晴菲、李志强、吴慧敏、冷雪等在写作过程中提供的诸多帮助。最后,还要感谢我的妻子和儿子给予的大力支持,我才有更多的时间伏案工作。

陆前进

2018年11月10日于复旦大学

目　录

第1章　中国人民银行的资产负债表和货币调控　1

1.1　货币供给和货币调控　3

1.2　法定准备金制度改革　21

1.3　央行票据调控和央行的冲销干预　36

1.4　经济新常态下的货币政策工具的创新　42

1.5　货币供给和调控机制转型　57

第2章　货币乘数和货币流通速度　67

2.1　基础货币和货币乘数　69

2.2　存款准备金率提高和公开市场业务冲销对基础货币和货币乘数的影响机制分析　77

2.3　基础货币和货币乘数交互影响货币供给　104

2.4　影子银行、货币政策与信用创造　111

2.5　货币流通速度和宏观经济政策　124

2.6　金融危机下宏观经济均衡　126

2.7　货币供给的外生性和内生性理论探讨及实证研究　132

第3章　货币和信贷之间的理论关系　151

3.1　货币、信贷和债券之间的关系　153

3.2 我国货币政策的传导渠道分析——基于银行贷款和债券替代关系的研究 156

3.3 影子银行业务对货币政策信贷传导机制的影响 165

3.4 信贷和社会融资规模 172

3.5 无现金社会下的货币政策 180

第4章 通货膨胀和铸币税 189

4.1 货币政策和通货膨胀率 191

4.2 铸币税的分类和测算 194

4.3 货币铸币税的分解和通货膨胀税 220

4.4 央行利润、财政铸币税和通货膨胀率的非线性关系 226

4.5 铸币税和通货膨胀税——基于央行冲销干预影响的分析 239

4.6 政府税收税率和通货膨胀率关系的理论和实证研究 256

第5章 货币政策目标 285

5.1 中央银行操作目标的选择 287

5.2 经济新常态下的货币政策操作目标 292

5.3 中央银行利率体系和基准利率的确定 301

5.4 货币政策中的利率目标 309

5.5 货币政策的最终目标和我国货币政策的调控分析 313

第6章 我国的利率调控 319

6.1 利率、汇率和价格水平之间的理论关系 321

6.2 投机资本的流动——基于利率平价的分析 330

6.3 利率的传导机制 342

6.4 中国利率存在的问题　353

6.5 我国利率市场化改革　362

6.6 房贷利率和外币利率的市场化　372

6.7 中国利率的期限结构分析　382

第7章　我国的汇率调控　391

7.1 人民币汇率货币政策传导机制　393

7.2 8·11汇改人民币汇率参考一篮子货币权重的测度　402

7.3 中国的货币状况指数　414

7.4 人民币名义有效汇率的分解和中国的贸易收支　423

7.5 政府支出的分解和中国的实际均衡汇率　449

第8章　我国货币政策调控面临的挑战　481

8.1 我国货币政策的调整　483

8.2 国际金融危机冲击下的货币政策　490

8.3 高杠杆下的中国经济和货币政策　499

8.4 政府税率、铸币税税率和经济增长的非线性关系　507

8.5 最优货币政策规则参数的估计和中国货币状况指数的测度　538

8.6 宏观经济内外均衡的政策搭配　567

参考文献　579

第 1 章

中国人民银行的资产负债表和货币调控

1.1 货币供给和货币调控

1978年改革开放以来,随着我国经济的快速增长和对外开放日益扩大,我国的外汇储备不断增加。相应地,我国的外汇占款也日益增加。长期以来,外汇占款一直是我国货币供给的主要来源。根据《中国人民银行法》,我国货币政策的目标是稳定币值并以此促进经济增长[①],因此中央银行须采用对冲手段控制货币供给。2008年国际金融危机后,随着人民币升值和外需的下降,我国外汇储备和外汇占款在经过一段时间上升后,有转向下降的趋势,2013年中国经济进入新常态,中央银行通过创新型金融工具调控货币供给。

根据货币流动性的差别、货币功能的强弱来划分货币供应量层次,即:M_0 = 通货净额;$M_1 = M_0 +$ 商业银行活期存款;$M_2 = M_1 +$ 商业银行定期存款 + 货币市场基金。我们定义:$k = C/D_d$,$t = D_r/D_d$,这是公众的偏好;C,D_r,D_d 三者之间互相替代;公众行为决定 k 和 t;$r_d = RR/D_d$,$r_t = \dfrac{TR}{D_r}$,是中央银行的行为;$e = ER/D_d$ 是商业银行在现金和储蓄之间的选择,以满足每天交易,是银行储蓄和负债的比;$mmf = MMF/D_d$ 是货币市场基金与活期储蓄的比率,则基础货币 $MB = C + RR + TR + ER = (k + r_d + t \cdot r_t + e)D_d$,$C = k/(k + r_d + t \cdot r_t + e)D_d$,$D_d = 1/(k + r_d + t \cdot r_t + e)MB$,$D_r = t/(k + r_d + t \cdot r_t + e)MB$,$M_1 = C + D_d = (1 + k)/(r_d + t \cdot r_t + e + k)MB$,$M_2 = C + D_d + D_r + MMF = (1 + k + t + mmf)/(r_d + e + t \cdot r_t + k)MB$,式中:$MB$ 为基础货币;C 为现金;RR 为活期存款的法定准备金;TR 为定期存款的法定准备金;ER 为超额准备金;k 为现金与活期存款的比率;t 为定期存款与活期存款的比率;r_d 为活期存款的法定准备金率;r_t 为定期存款的法定准备金率;e 为超额准备金和活期存款的比率。

以上是基础货币和货币乘数对货币供给的影响,无论是基础货币,还是货币乘数,中央银行只能部分控制,货币供应量由中央银行、商业银行和公众的行为共同决定。其中法定准备金率是中央银行的政策变量,由中央银行直接控制。商业银行和公众的行为参数变量不受中央银行的控制,但中央银行可以通过间接手段,如通过改变贴现率或基础货币存量影响利率水平,从而间接调控商业银行和公众的行为,同时中央银行为了实现货币政

---

① 见 www.pbc.gov.cn。

策的目标有时对商业银行和公众的行为参数采取相应的冲销措施。下面从中央银行的资产负债表的角度来分析中央银行的货币调控。

1.1.1 货币供给分解的理论分析

首先根据商业银行和中央银行的资产负债表来分析货币供给的构成。在这里我们假定只有中央银行才持有外国资产,本国居民不持有外国资产。商业银行的资产主要有:向公众贷款、向政府贷款和商业银行在中央银行的总储备;负债主要有:活期储蓄、定期储蓄和中央银行对商业银行的贷款。其简化的资产负债表见表1-1。

表1-1 简化的商业银行的资产负债表

资　　产	负　　债
向公众贷款 LP 向政府贷款 GB 商业银行在中央银行的总储备 R	活期储蓄 D_d 定期储蓄 D_t 中央银行对商业银行的贷款 LB

由商业银行的资产和负债均衡可知:$LP+GB+R=D_d+D_t+LB$。

中央银行的资产主要有:向银行贷款、向政府贷款和对外净资产;负债主要有:通货和商业银行在中央银行的储蓄。其简化的资产负债表如表1-2所示。

表1-2 简化的中央银行的资产负债表

资　　产	负　　债
向银行贷款 LB 向政府贷款 LG 对外净资产 NFA	通货 C 商业银行在中央银行的储备 R

由中央银行的资产和负债均衡可知:$NFA+LG+LB=C+R$,由上述两式左右相加可得:$LG+NFA+LP+GB=C+D_d+D_t$。货币供应量 $M=C+D_d+D_t=LG+NFA+LP+GB=(LP+LG+GB)+NFA$。因此,货币供给有两部分来源,一是国内银行体系总信贷,即国内净资产($LP+LG+GB$);二是对外净资产(NFA),即中央银行的外汇占款。

因此,货币供给的变动 $\Delta M=\Delta(LP+LG+GB)+\Delta NFA=\Delta(LP+LG+GB)+e\Delta FR$,其中 $\Delta NFA=e\Delta FR$,即外汇占款的变化等于国际储备 FR 的变化乘以汇率 e(直接标价法)。如果汇率上升即本币贬值,新增的外汇储备导致更大程度的货币供给的增加;如果汇率下降即本币升值,新增的外汇储备导致货币供给增加幅度减少。因此,国内货币供应量变动主要由国内净资产和对外净资产两方面决定,在开放经济的条件下,对外净资产的增加是货币供给的重要来源。1999年12月底,我国外汇储备是1 546.75亿美

第1章 中国人民银行的资产负债表和货币调控

元,到2014年12月底,我国外汇储备达到36 938.38亿美元,增加了23.88倍。同时,我国外汇占款也不断增加①,1999年12月,外汇占款是14 061.4亿元,2014年12月达到270 681.33亿元,是1999年的19.25倍(见图1-1),外汇占款的增加将导致基础货币的增加。从银行信贷角度来看,1999年12月,我国商业银行贷款总额为93 734.28亿元,2014年12月达到816 770.01亿元,增长了7.71倍。外汇占款和银行信贷增加,货币供给也会随之上升,1999年12月底,我国货币供给是119 897.9亿元,2014年12月货币供给达到1 228 374.81亿元,为1999年的10.25倍(见图1-1)。

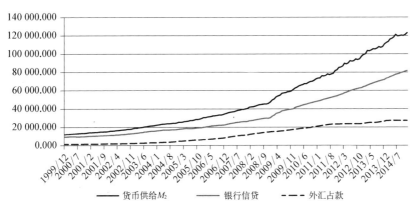

图1-1 银行贷款、外汇占款和货币供给的走势图
(1999年12月—2014年12月)

单位:亿元,数据来源:CEIC数据库。

1999—2014年,我国货币供给、银行信贷和外汇占款持续上升,从货币供给、银行信贷和外汇占款三者之间的关系来看,国内信贷和外汇占款之和与货币供应量M_2基本上是一致的(见表1-3)。长期以来,国际收支盈余增加,意味着对外净资产增加,外汇占款将增加,货币供应量也会相应增加。

表1-3 银行信贷和货币供应量的关系　　　　　　　　　　　单位:万亿元

指标 时间	人民币贷款	外币贷款	委托贷款	信托贷款	未贴现银行承兑汇票	外汇占款	总贷款+外汇占款	货币供应量M_2
2015-12	92.75	3.02	10.93	5.39	5.85	24.85	142.79	139.23
2016-01	95.29	2.87	11.23	5.51	5.99	24.21	145.10	141.63
2016-02	96.1	2.81	11.39	5.54	5.62	23.98	145.44	142.46

---

① 外汇占款和外汇储备之间存在对应关系,外汇占款是购买外汇储备放出的人民币资金。

(续表)

指标\时间	人民币贷款	外币贷款	委托贷款	信托贷款	未贴现银行承兑汇票	外汇占款	总贷款+外汇占款	货币供应量 M_2
2016-03	97.42	2.78	11.56	5.61	5.63	23.84	146.84	144.62
2016-04	97.98	2.7	11.73	5.64	5.36	23.78	147.19	144.52
2016-05	98.92	2.7	11.88	5.65	4.85	23.73	147.73	146.17
2016-06	100.23	2.7	12.06	5.73	4.58	23.63	148.93	149.05
2016-07	100.69	2.66	12.23	5.78	4.07	23.44	148.87	149.16
2016-08	101.48	2.69	12.38	5.83	4.03	23.25	149.66	151.10
2016-09	102.75	2.63	12.52	5.93	3.8	22.91	150.54	151.64
2016-10	103.35	2.63	12.59	5.99	3.62	22.64	150.82	151.95
2016-11	104.19	2.65	12.79	6.15	3.74	22.26	151.78	153.04
2016-12	105.19	2.63	13.2	6.31	3.9	21.94	153.17	155.01
2017-01	107.50	2.61	13.51	6.59	4.52	21.73	156.46	157.59
2017-02	108.53	2.66	13.63	6.70	4.34	21.68	157.53	158.29
2017-03	109.69	2.69	13.83	7.01	4.58	21.62	159.43	159.96
2017-04	110.77	2.66	13.82	7.16	4.62	21.58	160.61	159.63
2017-05	111.95	2.64	13.80	7.34	4.49	21.55	161.77	160.14
2017-06	113.40	2.62	13.79	7.59	4.47	21.52	163.38	163.13
2017-07	114.31	2.58	13.81	7.71	4.27	21.51	164.18	162.90
2017-08	115.46	2.49	13.80	7.82	4.29	21.51	165.38	164.52
2017-09	116.65	2.48	13.88	8.06	4.37	21.51	166.95	165.57
2017-10	117.31	2.48	13.88	8.16	4.37	21.51	167.72	165.34
2017-11	118.45	2.49	13.91	8.31	4.37	21.52	169.04	167.00
2017-12	119.03	2.48	13.97	8.53	4.44	21.48	169.93	167.68
2018-01	121.70	2.46	13.89	8.59	4.58	21.48	172.71	172.08
2018-02	122.72	2.46	13.82	8.65	4.59	21.49	173.74	172.91
2018-03	123.86	2.46	13.63	8.62	4.56	21.50	174.63	173.99
2018-04	124.96	2.48	13.49	8.61	4.71	21.50	175.74	173.77
2018-05	126.10	2.49	13.33	8.52	4.53	21.51	176.48	174.31
2018-06	127.78	2.53	13.17	8.35	4.17	21.52	177.52	177.02

数据来源：中国人民银行。

2008年国际金融危机爆发,我国采取了一系列刺激经济的措施,推出了4万亿的投资计划。地方政府融资平台等通过多种途径融通资金,影子银行也是其中的一个融资渠道,不仅包括银行贷款,还包括委托贷款、信托贷款等,因此从2015—2018年的数据来看,总贷款和外汇占款之和与货币供应量M_2基本也是一致的(见表1-3)。

因此,从简化的中央银行和商业银行资产负债表的负债方来看货币供给,则$M=C+D$,货币供给等于流通中的现金加上银行储蓄,这也是货币供给的定义。假定没有政府贷款,如果从资产方来看货币供给,则$M=NFA+LP$,货币供给等于外汇占款加上银行信贷。一个是从资产方来看货币供给,一个是从负债方来分析货币供给,但最终两者是一致的。

根据前面公式,如果考虑对政府的融资,则$M=LP+(LG+GB)+NFA$。因此,货币供给有三部分构成:一是国内银行体系对私人部门的信贷;二是对政府部门的信贷($LG+GB$);三是对外净资产(NFA),即中央银行的外汇占款。因此,货币供给的变动$\Delta M=\Delta LP+\Delta(LG+GB)+\Delta NFA$。假定在一定的社会经济条件下,私人部门的信贷需求是稳定的,因此信贷供给也是相对稳定的;一国的进口能力和出口能力也是相对稳定的,对外贸易也是相对稳定的,即NFA也是相对稳定的。因此,一些新兴市场经济国家或发展中国家的国内货币供给增加主要是由于对政府信贷增加所导致的(包括对政府直接信贷或公开市场上大量购买政府债券),如20世纪70年代末,80年代初拉美国家的货币危机就是信贷上升导致的,因此一些发展中国家出现货币危机而向IMF求助时,IMF都要求被援助国家收紧信贷政策,削减财政赤字。

1.1.2 我国中央银行的资产负债表

确定我国的货币供给必须从中国人民银行的资产负债表开始(见表1-4)。

由中国人民银行的资产负债表来看,资产项目中最主要的项目是中央银行对金融机构和非金融机构的债权(包括对存款货币银行的债权、对非货币金融机构的债权和对非金融部门的债权),这些债权是通过再贷款[①]和再贴现的方式实现的。当人行增加对金融机构的再贷款或再贴现时,人行是把贷款金额和贴现金额直接加记在金融机构在人行的存款账户上,这直接表现为基础货币的增加,然后经再存款机构的派生创造,货币供应量倍数放大。相反,当人行的再贷款或再贴现票据到期时,再贷款或再贴现减少,基础货币相应减少,货币供应量倍数缩小。还有,中央银行的正回购和逆回购也影响中央银行对货币金融机构的债权,如果中央银行实行逆回购操作,则中央银行对货币金融机构的债权增加,

---

① 在我国,再贷款主要用于支农支小的再贷款。

表1-4 中国人民银行1999—2012年的资产负债表

单位：亿元

年份 资产	1999	2000	2001	2002	2003	2004	2005
对外净资产	14 061.40	14 814.52	19 860.40	23 242.85	31 141.85	46 960.13	63 339.16
对政府的债权	1 582.8	1 582.80	2 821.33	2 863.79	2 901.02	2 969.62	2 892.43
对存款货币银行的债权	15 373.9	13 519.19	11 311.60	9 982.56	10 619.47	9 376.35	7 817.72
对货币金融机构的债权	3 833.1	8 600.37	8 547.31	9 545.35	8 619.29	9 912.94	18 100.40
对非货币金融部门的债权	101.5	110.20	—	206.74	206.25	136.25	66.73
其他资产	35 349.8	39 395.36	42 540.64	5 266.29	8 516.19	9 300.05	11 459.57
总资产	128 574.69	169 139.80	207 095.99	51 107.58	62 004.06	78 655.33	103 676.01

年份 资产	2006	2007	2008	2009	2010	2011	2012
对外净资产	85 772.64	124 825.18	162 543.52	185 333.00	215 419.60	237 898.06	236 669.93
对政府的债权	2 856.41	16 317.71	16 195.99	15 661.97	15 421.11	15 399.73	15 313.69
对存款货币银行的债权	6 516.71	7 862.80	8 432.50	7 161.92	9 485.70	10 247.54	16 701.08
对货币金融机构的债权	21 949.75	12 972.34	11 852.66	11 530.15	11 325.81	10 643.97	10 038.62
对非货币金融部门的债权	66.34	63.59	44.12	43.96	24.99	24.99	24.99
其他资产	11 412.84	7 098.18	8 027.20	7 804.03	7 597.67	6 763.31	11 041.91
总资产	128 574.69	169 139.80	207 095.99	227 535.02	259 274.89	280 977.60	294 537.19

(续表)

年份 负债	1999	2000	2001	2002	2003	2004	2005
储备货币	33 620.00	36 491.48	39 851.73	45 138.18	52 841.36	58 856.11	64 343.13
发行货币	15 069.80	15 938.31	16 868.71	18 589.1	21 240.48	23 104.00	25 853.97
对金融机构的负债	14 200.7	16 019.03	17 089.13	19 138.35	22 558.04	35 672.79	38 391.25
非金融机构的存款	3 821.8	4 534.14	5 893.89	7 410.73	9 042.84	79.32	97.91
政府存款	1 785.5	3 100.38	2 850.49	3 085.43	4 954.71	5 832.22	7 527.23
发行债券	118.9	—	—	1 487.5	3 031.55	11 079.01	20 296.00
国外负债	366.8	356.75	355.21	423.06	482.58	562.28	641.57
自有资金	—	—	—	219.75	219.75	219.75	219.75
其他净负债	-541.4	-553.25	-516.79	753.66	474.11	2 105.96	10 648.33
总负债	35 349.8	39 395.36	42 540.64	51 107.58	62 004.06	78 655.33	103 676.01

年份 负债	2006	2007	2008	2009	2010	2011	2012
储备货币	77 757.83	101 545.40	129 222.33	143 985.00	185 311.08	224 641.76	252 345.17
发行货币	29 138.70	32 971.58	37 115.76	41 555.80	48 646.02	55 850.07	60 645.97
金融性公司存款	48 459.26	68 415.86	92 106.57	102 429.20	136 665.06	168 791.68	191 699.20
其他存款性公司			91 894.72	102 280.67	136 480.86		
非金融性公司存款			211.85	148.52	184.20		
活期存款(不计入储备货币的金融性公司存款)	159.87	157.96	591.20	624.77	657.19	908.37	1 348.85
发行债券	29 740.58	34 469.13	45 779.83	42 064.21	40 497.23	23 336.66	13 880.00
国外负债	926.33	947.28	732.59	761.72	720.08	2 699.44	1 464.24
政府存款	10 210.65	17 121.10	16 963.84	21 226.36	24 277.32	22 733.66	20 753.27
自有资金	219.75	219.75	219.75	219.75	219.75	219.75	219.75
其他净负债	9 719.55	14 837.14	13 586.45	18 653.20	7 592.23	6 437.97	4 525.91
总负债	128 574.69	169 139.80	207 095.99	227 535.02	259 274.89	280 977.60	294 537.19

资料来源：www.pbc.gov.cn。

向市场注入流动性;如果中央银行实行正回购操作,则中央银行对货币金融机构的债权减少,从市场回笼流动性。资产项目中的对外净资产主要是以外汇储备资产为主,当中央银行买进外汇时,就要放出相应的本国货币,基础货币增加,货币供应量将增加,如中央银行出售外汇,货币供应量减少。中央银行对政府的债权主要包括两项内容:一是对财政透支,即人行和财政部商议好透支额及期限后,直接加记到政府在人行的存款账户上,成为财政持有的人行负债。这意味着潜在的基础货币供给的增加,但这种方式我国在1994年已停止使用。二是通过公开市场的操作购买国债。如果央行从金融机构手中购进国债,则金融机构在央行的存款账户等值增加,基础货币总量增加,货币供给将扩张;如果央行从社会公众手中购进国债,则央行向交易者签发一张等值的支票,公众把支票存入自己的开户银行,开户银行再将支票交给央行由其支付,于是银行的存款准备金增加,基础货币供给增加。国际金融危机之前,我国国际收支呈现双顺差,外汇资金大量流入,带来了一定的通货膨胀压力。为缓解流动性偏多问题,财政部发行特别国债购买外汇作为国家外汇投资公司的资本金来源,同时为人民银行公开市场操作提供一个有效的工具。2007年6月底,人大常委会批准财政部发行1.55万亿元特别国债购买2 000亿美元外汇储备的议案①。央行持有这批特别国债后,可以通过回购或者直接售出的方式转移向市场,控制流动性。

  从负债方来看,储备货币主要包括发行货币和对金融机构的负债。发行货币即为现金发行,对金融机构的负债主要包括法定准备金和超额准备金。储备货币中的非金融机构的存款主要包括机关团体的存款和邮政储蓄存款等。财政拨付给国家各级行政机关、团体、事业单位的经费及机关团体按国家财政制度规定自收自支的预算外资金,按照规定这部分存款由人行支配;邮政部门吸收的居民个人储蓄存款,根据央行规定,邮局以前不能办理贷款业务并需将所吸收存款转存于央行,这部分存款也由央行支配②。后来机关团

---

① 2007年6月27日,十届全国人大常委会第二十八次会议审议国务院《关于提请财政部发行特别国债购买外汇》的议案,该提议是财政部发行15 500亿元人民币特别国债,购买约2 000亿美元外汇,作为组建国家外汇投资公司的资本金来源,这些特别国债构成了对中央政府债权的主要来源。特别国债不向央行定向发行。特别国债将分三批发行,首批为6 000亿元。由于法律规定央行不能直接认购、包销国债,因此特别国债将以农行为中间机构进行"过手",从而间接达到央行持有的目的。之所以选择农行,主要是因为该行未进行股改上市,进行"过手"程序相对简单。从发行到"过手"将在一天内完成,不涉及巨额资金清算的问题。人民银行可以通过逐步卖出特别国债调节货币供应量,缓解流动性偏多的问题。

② 2003年8月1日,经国务院批准,人民银行决定改革邮政储蓄转存款利率。此后,新增存款转存人民银行的部分,按照金融机构准备金存款利率(年利率为1.89%)计息;此前的转存款暂按现行转存款利率(年利率为4.131%)计息。同时,还增加了邮储新增存款进入银行间市场参与债券买卖,与中资商业银行和农村信用社办理大额协议存款,与政策性银行进行业务合作,开展部分中间业务,承销国债和政策性金融债等由邮储机构自主运用的渠道。2005年,国务院《邮政体制改革方案》的出台,以及邮政储蓄小额存单质押贷款在湖北、陕西、福建三省的推广试点,结束了邮政储蓄持续20余年的"只存不贷"。2006年12月31日,银监会正式批准中国邮政储蓄银行开业,同意中国邮政集团公司以全资方式出资组建中国邮政储蓄银行有限责任公司。

第1章 中国人民银行的资产负债表和货币调控

体的存款和邮政储蓄存款经过一系列的改革,不再存放中央银行,除了国家财政存款,机关团体存款存放于商业银行,中国邮政储蓄成立了中国邮政储蓄银行,邮政储蓄存款转变为普通商业银行存款。政府的存款与上述非金融机构的存款项目一样,其数量的增加意味着潜在的基础货币的减少,政府存款的使用则使潜在的基础货币又转化为现金和准备金,转化为现实的基础货币,意味着货币供应量的增加。从政府存款的来源看,它与央行资产项目中对政府的债权是紧密联系在一起的。对政府的债权包含有财政的借支透支部分,这部分金额以存款方式记入央行账户,就构成了政府存款的一部分,除财政借支透支以外,政府的存款还包括政府未用或结余的财政资金,因为央行作为政府的银行,有代理国家财政金库的职责,所以财政资金是由人行来管理的。自从1994年停止了对财政的透支,则来源于财政透支的政府存款将不会有新的增加,取而代之的是政府通过其他筹资方式如发行国债而获得的资金存于央行。因此,除了现金和法定准备金是已实现的基础货币外,其他各项可以视为潜在的基础货币,在某种条件下也可以转化为已实现的基础货币。央行负债中还包括央行票据、国外负债和自有资金。由于中国国债市场规模较小,不足以应对公开市场业务的要求,因此央行还发行票据通过公开市场业务回笼流动性。这样从负债方来看我国的基础货币包括现金流通量、金融机构的法定准备金、金融机构的超额准备金等。

从中央银行的资产负债表资产方可以看出,我国中央银行控制基础货币的渠道主要有:(1)中央银行向金融机构的贷款,主要控制再贷款规模和再贴现的数量、利率;(2)向政府贷款,可以通过公开市场业务买卖国债来进行;(3)国际储备的变动,在外汇市场上买卖外汇从而影响基础货币;(4)向其他部门净贷款的变动。这些交易主要包括再贷款、再贴现、公开市场业务和外汇市场的干预,涉及中央银行宏观调控的主要方式,任何一项操作都代表着相应资产的变动,同时意味着基础货币的等量变动。

从负债方还可以看出,中央银行除了直接控制基础货币外,还可以通过发行央行票据,控制政府存款和国外负债等来控制基础货币。央行发行票据是负债中的一项,它不仅影响基础货币的变化,而且导致货币乘数的变动。央行通过发行央行票据来控制基础货币的弹性较大,而控制政府存款和国外负债的弹性较小。

从我国央行的资产负债表变动可以看出,央行对存款货币银行的债权在1999—2014年大致经历了先上升后下降再上升的趋势,1999年是15 373.90亿元,2009年为7 161.92亿元,2012年上升到16 701.08亿元,其中2013年达到最大值。但对外净资产迅速上升,1999年为14 061.40亿元,2012年上升到236 669.93亿元,为1999年的16.83倍,这说明了央行对金融机构的融资波动较大,但外汇储备的增加导致外汇占款大幅增加,因此中央银行需要运用多种货币政策工具调控金融机构的流动性。1999—2006年中央银行对中央政府的债权规模并不大,从我国1999—2014年的中央银行资产负债表的相关数据可以发现,央行对中央政府的债权在1999—2006年期间是呈一个缓慢上升的趋势,2007年,较2006年出现一个巨额的增长,2007—2012年,该数值总体稳定,变动不大。而2007年出现大幅增加的原因是:2007年,财政部发行1.55万亿元特别国债。2007年,中央银行购买了政府发行的特别国债,对政府的债权上升较大,但此后基本维持在1.55万亿元左右,说明央行并没有通过买卖国债来调节流动性,国债买卖并没有成为央行调控的主要工具。央行票据[①]从2003—2012年呈现一个先上升后平稳再下降的变化趋势,是我国进行冲销干预的主要工具。

1.1.3 从央行资产负债表看央行货币政策调控

长期以来,我国外汇占款比率不断增加,面临着货币扩张的风险,为了控制通货膨胀,中央银行必须通过货币政策工具的操作吸收过度增加的基础货币,即通过间接的货币控制手段来控制基础货币的增加。

间接货币控制需要中央银行控制它的资产来控制它的负债,进一步影响商业银行的流动性,以此间接控制商业银行的负债。随着中国货币市场的发展,中央银行通过持有货币市场的金融工具(如国债、央行票据和贴现票据等)调节货币供给。为了分析问题的方便,我们给出标准化的中央银行的资产负债表(见表1-5)。

表1-5 中央银行的资产负债表

资　产	负　债
对政府的贷款(LG)	通货(C)
对外净资产(NFA)	银行储备(R)
对银行的贷款(LB)	央行的金融票据(FP)
持有的证券(SH)	政府储蓄(GD)
贴现贷款(DL)	
其他(OIN)	

由资产等于负债得到:

$$LG + NFA + LB + SH + DL + OIN = C + R + FP + GD$$

因此,基础货币为

---

① 2002年,为实现宏观金融调控目标,中国人民银行于2002年9月24日将2002年6月25日—9月24日公开市场操作中未到期的正回购债券全部转为相应的中央银行票据。从2003年4月22日起,中国人民银行正式发行中央银行票据。因此,在本书中,央行票据的数额从2003年开始。

第1章 中国人民银行的资产负债表和货币调控

$$C + R = LB + SH + DL - FP + (NFA + LG + OIN - GD)$$

中央银行可以通过再贷款(LB)、公开市场业务($SH = DOMO$)、再贴现(DL)、发行央行票据(FP)和法定准备金率调整来控制基础货币。假定$(NFA + LG + OIN - GD - C) = OI$是外生的,则

$$R = LB + SH + DL - FP + OI = LB + DOMO + DL - FP + OI$$

由$R = RR + ER$,式中:RR是法定储备;ER是超额储备,得到:

$$ER = LB + DOMO + DL - FP - RR + OI$$

因此,超额储备的变动为

$$\Delta ER = \Delta LB + \Delta DOMO + \Delta DL - \Delta FP - \Delta RR + \Delta OI$$

假定中央银行选择超额储备作为操作目标,如果超额储备过多,则中央银行可以通过再贷款(LB)、公开市场操作($DOMO$)、再贴现方式(DL)、发行央行票据(FP)和调整法定准备金率(RR)来控制超额储备。

现考虑对外净资产NFA对货币供给的影响。过度储备可表示成:$ER = LB + SH + DL + NFA - FP + (OIN + LG - GD - C) - RR$。如果加入外汇市场的公开市场操作,则超额储备的变动为

$$\begin{aligned}\Delta ER &= \Delta LB + \Delta SH + \Delta DL + \Delta NFA - \Delta FP \\ &\quad + \Delta(OIN + LG - GD - C) - \Delta RR \\ &= \Delta LB + \Delta DOMO + \Delta DL + \Delta FOMO \\ &\quad - \Delta FP - \Delta RR + \Delta(OIN + LG - GD - C)\end{aligned}$$

式中,$\Delta NFA = \Delta FOMO$表示中央银行在外汇市场上买卖外汇导致外汇占款的变化。假定$\Delta(OIN + LG - GD - C)$是外生的且等于零,则

$\Delta ER = \Delta LB + \Delta DOMO + \Delta DL + \Delta FOMO - \Delta FP - \Delta RR$,$\Delta OMO = \Delta DOMO + \Delta FOMO$。式中:$\Delta DOMO$表示货币市场的操作;$\Delta FOMO$表示外汇市场的操作。

如果中央银行通过公开市场业务保持货币供给稳定,$DOMO$和$FOMO$的操作必须大小相同,方向相反;如果通过发行央行票据进行冲销干预,则FP和$FOMO$必须大小相同,方向相同。在国际收支盈余增加的条件下,通过$DOMO$(或FP)抵消$FOMO$的操作,中央银行不仅可以保持汇率稳定,而且可以控制货币供给。我国中央银行在1994年3月就开始采用$FOMO$操作,$FOMO$操作主要是吸收外汇储备的增加,是被动的。通常由于人民币面临严重的升值压力,在外汇市场上美元供给增加,进一步导致我国基础货币供给增加,因此中央银行必须通过货币政策工具的操作来冲销货币供给的增加以遏制通货膨胀,

并维持人民币币值稳定。

货币的松紧主要是由央行货币政策工具操作来控制的,央行是一个资金水库,通过闸门的开启和关闭,向银行体系注入或回笼资金。我国央行主要通过数量型工具来调控货币和信贷,公开市场业务是数量型工具的主要操作手段,中央银行利用在公开市场上买卖有价证券(包括政府债券、中央银行债券等)的方法,调控金融机构的准备金规模,从而影响货币供给量和信贷。提高法定准备金率是央行另一个重要的数量型工具,央行提高法定准备金率,商业银行的超额准备金率将下降,货币扩张和银行信贷能力将被削弱。央行资产负债表的变化反映了央行货币政策工具的调控手段、方式和调控力度。

从央行资产负债表负债方来看,我国的基础货币主要包括现金流通量、金融机构的法定准备金、金融机构的超额准备金等。除了现金和准备金是已实现的基础货币外,资产负债表的其他各项,在某种条件下都可以转化为已实现的基础货币。长期以来我国基础货币上升很快,主要由以下项目转换而来。

一是外汇占款的增加,基础货币上升。资产项目中的外汇占款主要是以外汇储备资产为主,当中央银行买卖外汇时,就要放出或回笼等值的本国货币,如中央银行出售外汇,则基础货币减少;中央银行买进外汇,则基础货币增加。外汇占款和基础货币是同向变动的,外汇占款越多,基础货币增加会越快。长期以来,由于我国国际收支的双顺差,外汇占款一直持续增加,是基础货币增加的主要来源。2001年12月,我国外汇占款为19 860.40亿元,而到2014年12月,我国外汇占款为270 681.33亿元,增加了250 820.92亿元,是2001年的13.63倍。2001年12月,我国基础货币为39 851.73亿元,而到2014年12月,我国基础货币为294 093.02亿元,增加了254 241.29亿元,是2001年的7.38倍。如果人民币存在贬值预期,资本可能外逃,外汇占款和基础货币也会下降。2014年我国国际收支的盈余下降,人民币贬值,资本流出,外汇占款和基础货币下降。

二是央行票据下降,基础货币上升。由于受国际金融危机的冲击,为了促进经济增长,我国采取适度宽松的货币政策,逐步减少央票的发行。2008年7月,我国开始停发3年期央票,随后6个月期央票替代品种也只发行了两个月。2008年12月13日,国务院公布的"国三十条"明确指出,停发3年期央行票据,降低1年期和3个月期央行票据发行频率,这意味着央票的发行量将进一步下降,央票存量会逐步减少。从我国央票的发行历史来看,2003年为482.58亿元,2008年达到最大值45 779.83亿元,央票起到回笼流动性的作用;2008年以后,央票开始逐步减少,意味着央票在货币政策的操作中,是宽松的。央票发行量减少,央行对基础货币的对冲力度减弱,央行冻结的资金将减少,会有更多的资金留在银行体系,基础货币会增加。央票发行和基础货币是反向变化的,央票发行得越多,基础货币下降得越多;央票发行得越少,央行冻结的资金也会减少,基础货币会增加。2013年以后我国央票开始逐步下降,直到冻结的资金全部释放。

三是政府存款上升,基础货币下降。实际上,中央政府存款增加意味着基础货币的减少,中央政府存款的使用则使潜在的财政资金转化为现实的基础货币。从中央银行存款的来源看,它与央行资产项目中对中央政府的债权是紧密联系在一起的。我国从1994年停止对财政的透支,取而代之的是中央政府通过税收或其他筹资方式,如将发行国债而获得的资金存于央行。政府存款的使用意味着政府支出增加,必将导致基础货币增加。2006年以后我国的政府存款都在1万亿以上,2014年底为31 275.33亿元,政府存款的变动也是影响我国基础货币的重要因素。

影响基础货币的因素除了以上三个外,还有央行买卖国债的公开市场业务、央行的再贷款和再贴现业务等。央行买卖国债主要是通过中央银行对中央政府的债权变动体现出来的,购买国债增加,对中央政府的债权增加;卖出国债,对中央政府的债权下降。如果央行从金融机构手中购进国债,则金融机构在央行的存款账户等值增加,基础货币总量增加;如果央行从社会公众手中购进国债,则央行向交易者签发一张等值的支票,公众把支票存入自己的开户银行,开户银行再将支票交给央行由其支付,于是银行的存款准备金增加,基础货币供给增加。尽管我国央行频繁使用特别国债的正回购操作回笼资金,但由于特别国债都持有到期,对基础货币影响相对较小。从我国的央行资产负债表来看,央行对中央政府的债权变化非常小,也说明央行通过国债公开市场操作对基础货币影响不大。资产项目中还有中央银行对金融机构的债权,这些债权是通过再贷款和再贴现的方式实现的。当人行增加对金融机构的再贷款或再贴现时人行是把贷款金额和贴现金额直接加记在金融机构在人行的存款账户上,这直接表现为基础货币的增加;相反地,当人行的再贷款或再贴现票据到期时,再贷款或再贴现减少,基础货币相应减少。从我国央行资产负债表资产方央行对其他存款性公司债权和对其他金融性公司债权来看,2013年前变化都很小,对基础货币的影响都不大。

因此,从我国央行资产负债表来看,影响基础货币变化的主要因素包括央行的外汇占款、央行票据的买卖和中央政府存款,而中央银行通过国债公开市场业务操作、再贷款和再贴现业务对我国基础货币的影响较小。我国政府会不断扩大国债发行,同时中央政府代替地方政府发债也有所上升[①],国债市场规模将不断扩大,而随着央票发行量的下降,央行可能会更多地通过公开市场业务国债操作调控基础货币,因此央行买卖国债应该成为将来影响基础货币的主要渠道。

总之,外汇占款增加是基础货币的主要来源,如果国际收支盈余,中央银行为了防止本币升值,在外汇市场上买进外汇,外汇占款增加,基础货币增加;相反,如果国际收支逆

---

① 2011年10月20日,财政部表示,国务院已经批准相关试点计划,允许部分地方政府直接发行债券。财政部发布公告称,上海市、浙江省、广东省和深圳市将参与发债试点。

差,中央银行为了防止本币贬值,卖出外汇,外汇占款减少,基础货币减少。外汇占款的迅速上升将引发基础货币的大量投放,如果不采取相应的冲销措施,货币供应量将会大幅度上升,因此中央银行在货币市场上的对冲操作是稳定货币供应量的一个重要手段,我国法定准备金率提高、央票发行和正回购操作就是主要的冲销工具,冲销干预的力度将影响市场流动性的松紧。因此2013年前可以得出以下结论。

(1) 在货币供给的过程中,外汇占款是货币供给的主要部分,长期以来我国央行外汇占款上升速度很快,成为货币供给的主要来源。

(2) 从我国中央银行的资产负债表结构可以看出,影响基础货币变动的因素很多,中央银行可以直接控制基础货币的手段主要有再贷款、回购操作、发行央行票据和调整法定准备金率等,有些因素是中央银行不能主动控制的。

(3) 随着中央银行对外净资产的增加,为了维持基础货币或超额储备的相对稳定,中央银行须通过提高法定准备金率、卖出国债和发行央行票据来冲销,我国央行基本上同时采取这几种措施。

(4) 由于我国国债市场规模有限,发行央行票据进行冲销成为我国货币政策操作的主要手段。

(5) 尽管卖出国债和发行央行票据对货币供给的影响机制是类似的,但对中央银行资产和负债结构的影响是不同的,同时发行央行票据将来要支付数以百亿元计的费用和利息,因此我国应加快国债市场的发展。

(6) 在后国际金融危机时期,我国外需下降,人民币汇率升值趋缓,外汇储备和外汇占款有所下降,中央银行应通过多种手段向市场投放流动性。

1.1.4 中国货币调控与美联储的不同

2008年9月,美国次贷危机进一步恶化,并迅速演变为波及全球的金融风暴。我国政府及时调整宏观经济政策取向,实施适度宽松的货币政策。人民币对美元汇率由先前的持续小幅升值转向保持基本稳定;2008年9月以后央行四次有区别地下调存款准备金率。同时,央行逐步减少央票的发行,如2008年7月份我国就开始停发3年期央票,随后6个月期央票替代品种也只发行了两个月,2008年12月13日,国务院公布的"国三十条"明确指出,停发3年期央行票据,降低1年期和3个月期央行票据发行频率。此外,在2008年9月16日—12月23日约100天的时间内,我国央行连续5次降息,大约平均每20天降息一次。长期以来,我国国际收支的双顺差,外汇占款持续增加,央行通过提高法定准备金率和发行央票进行对冲,冻结了大部分流动性。国际金融危机爆发,为了保增长,央行货币政策转向,放宽货币信贷,向市场注资。实际上,我国货币信贷投放主要是把原来冻结

第1章 中国人民银行的资产负债表和货币调控

的货币放出来,央行只需要打开闸门,放出流动性,市场流动性就会增加。

这一点和美联储货币扩张有所不同。美联储资产负债表扩张主要通过以下渠道:一是美联储下调利率,向市场扩大融资规模,美联储通过买卖国债货币市场操作,维持目标利率,按照目标利率向市场提供流动性。二是通过创新金融工具向市场注资导致资产负债表扩张。在次贷危机的冲击下,为了拯救金融机构,扩大市场注资规模,除了利率工具外,美联储还创新了多种数量型货币政策工具向金融市场提供流动性。这些工具主要包括定期竞标信贷机制(TAF);定期的有价证券借贷工具(TSLF);一级交易商信贷机制(PDCF);资产支持商业票据货币市场共同基金流动性工具(AMLF);商业票据的融资工具(CPFF);货币市场投资者融资工具(MMIFF);对美国国际集团的信贷项目(Credit extended to AIG);定期资产支持证券贷款机制(TALF);以及对贝尔斯登注资项目(Maiden Lane LLC)等。这些金融工具的创新导致美联储资产负债表不断膨胀,美国货币信用也不断扩张。美联储还通过量化宽松政策向市场注资,美国的第一轮量化宽松是 2008 年 12 月—2010 年 3 月购买价值 1.7 万亿美元资产;2010 年 11 月 3 日美联储宣布了新一轮量化宽松货币政策,在 2011 年第二季度前将购买 6 000 亿美元的国债以提振经济,并将延续把资产负债表中到期的债券本金进行再投资、购买国债,此后美国还进行了第三轮和第四轮量化宽松政策。美国的货币信贷扩张主要是依赖金融工具的创新注入资金,或者通过量化宽松政策购买国债或其他机构债券来投放资金,但这也意味着将来回收流动性时,金融工具到期,资金自然就回笼了,除非美联储希望继续展期这些金融工具或用回笼的资金继续购买债券。此外,如果美联储日后卖出量化宽松时买入的债券,资金自然也就逐步回笼了。

但我国却有所不同,央行资产负债表的扩张主要是外汇占款增加导致的,它是通过中央银行在外汇市场上购买外汇体现出来的。我国中央银行外汇市场的干预反映在中央银行资产负债表上对外净资产的变化上。如果国际收支盈余,中央银行为了防止本币升值过快或稳定汇率,在外汇市场上买进外汇,对外净资产增加,资产负债表扩张;相反,如果国际收支逆差,中央银行为了防止本币贬值过快或稳定汇率,卖出外汇,对外净资产减少,资产负债表收缩。由于国际收支的双顺差,外汇储备不断增加,因此,央行的外汇占款持续上升,它是货币供给增加的主要来源,也是资产负债表扩张的主要原因。从我国中央银行的资产负债表中可以看出,2008 年 9 月—2010 年 11 月,我国外汇占款就增加了 63 643.83 亿元,外汇占款是资产负债表扩张的主要因素。因此国际金融危机时期,我国采取适度宽松的货币政策,货币扩张只是降低资金的回笼力度,或把冻结的资金解冻,市场投放的流动性自然会增加,这也是我国流动性投放的特点,这与美联储资金投放是完全不同的。

因此,我国流动性回笼的方式也会不同,我国回收流动性主要是加大央行冲销的力度和规模,法定准备金率一升再升,冻结的资金也越来越多。2010—2011 年 7 月央行已 12 次上调法定准备金率,5 次上调存贷款利率,此外,早在 2009 年央行就已经重启央票回笼流动性，控制资金的过度投放。

1.1.5 货币政策工具有效搭配调控货币

我国货币政策的工具主要包括：法定准备金率、买卖国债、买卖央行票据、信贷规模控制、利率和汇率等，其中数量型工具主要是指法定准备金率、买卖国债、买卖央行票据和信贷规模控制，价格型工具主要是指存贷款利率和汇率。

通常提高法定准备金率，商业银行的可贷资金将减少，信贷下降，企业投资将减少；通过卖出国债，央行回笼货币，基础货币下降，货币供应量下降，资金供给将下降；同样，央行发行票据，回笼货币，货币供应量下降，资金供给也相应下降；控制信贷规模主要是通过控制商业银行的信贷比达到控制银行贷款的目的。根据我国《商业银行法》要求，银行贷款余额与存款余额比不得超过75%，用以限制银行贷款的扩张[①]，甚至有时候为了控制通货膨胀，央行对商业银行的存贷比的要求会更加严格。央行提高利率，企业和居民的借款成本上升，借款需求下降，投资和消费需求将下降；人民币汇率升值，央行买进同等数量的外汇放出的人民币较少，货币供给下降，商业银行信贷资金的供给也会下降。需要指出的是，汇率本身既是央行调控的货币政策工具，又是央行调控的货币政策目标，因为通过人民币升值可以消减国际收支的盈余，也有利于控制进口品的价格水平，但是人民币汇率如果升值过快，可能会导致一些出口企业倒闭，而且投机资本能够获得更多的汇兑利润，因此央行又需要对汇率水平加以管理。

正因为如此，在谈到价格型工具时，一些学者往往把汇率排除在外，而特指利率工具。数量型工具直接影响商业银行的可贷资金，控制了资金的供给，而价格型工具影响投资者的融资成本，控制资金需求。这是数量型工具和价格型工具的基本含义，也是我们划分数量型工具和价格型工具的主要依据。

2006—2010年在人民币持续升值和中美利率倒挂的情况下，央行更多的是使用数量型工具，而不是价格型工具，这样既有利于控制信贷扩张和通货膨胀，又有利于防范投机资本流入。在人民币存贷款利率管制的条件下，数量型工具和价格型工具的独立性较强，数量型工具和价格型工具基本是隔离的，相互影响较弱，没有形成有效的市场传导机制。从严格意义上来讲，在金融市场比较发达和市场机制比较完善的条件下，数量型工具和价格型工具对实体经济的影响有类似的特点，数量型工具有价格型工具的特点，价格型工具也有数量型工具的功能。如央行买卖国债的公开市场操作，它不仅可以改变货币供应量，

---

① 2015年6月24日，国务院常务会议通过《中华人民共和国商业银行法修正案（草案）》，删除了贷款余额与存款余额比例不得超过75%的规定，将存贷比由法定监管指标转为流动性监测指标。

还可以改变利率水平和利率结构。买卖国债一方面可以直接影响基础货币，进而影响货币供应量；另一方面，大量买进国债，将导致国债利率上升，央行大量卖出国债，将导致国债利率下降，这是由国债的供求关系决定的。同时，央行买卖短期国债和长期国债数量的变化，也直接影响短期利率和长期利率的结构变化①，进而影响到短期融资和长期融资的数量结构关系。同样，发行央行票据和卖出国债有类似的特点，不仅影响基础货币，也会影响央行票据的利率，如大量发行央行票据将导致央行票据的供给增加，为了吸引投资者购买，央行票据的利率可能会上升。

为什么我们要区分数量型工具和价格型工具？主要是由于我国利率没有充分市场化，数量型工具不能够有效影响利率，同时利率对基础货币的影响也较小。由于利率管制，数量变化和利率变化的联动机制被切断，导致了数量型工具和价格型工具的分离，也就是说，数量工具和价格工具的效应是独立的。而在美国和欧元区，央行确定一个基准利率，如在美国是联邦基金利率，欧元区是货币市场的主导利率，然后央行通过公开市场业务操作实现这样的利率目标，货币政策工具是为达到利率目标服务的。在流动性过剩的情况下，我国的数量型工具主要是用来回收过多的市场流动性，承担央行冲销干预的功能，存贷款利率则由中央银行直接调整，控制投资和通货膨胀。实际上，利率体系中不仅仅是存贷款利率，还有同业拆借利率、央行票据利率、国债利率，等等。货币市场的利率基本上是由市场来决定，市场化程度较高，但存贷款利率是管制的，货币市场的利率向存贷款利率的传导是断裂的，同时存贷款利率水平的控制也会制约货币市场利率的有效反应。因此，我国数量型工具和价格型工具的隔离主要存在以下缺点：一是货币市场利率不能够对货币政策工具充分反应，存贷款利率和货币市场利率不能够有机联动，掩盖了货币市场真实的供求关系，难以发现真正的市场利率；二是存贷款利率不能够充分起到调节资金流向的功能，容易滋生非正规的金融，如影子银行、地下钱庄等；三是难以形成合理的货币市场利率关系，经常出现一级市场的发行利率比二级市场的市场利率低的现象，即一二级市场利率倒挂，货币市场一二级市场没有形成完善的套利机制；四是我国还没有建立一个有效的基准利率。2007年1月5日，全国统一拆借市场正式公布上海银行间同业拆借利率（简称Shibor），这意味着中国的基准利率的诞生，但是目前Shibor在拆借交易数量、定价引导和市场影响等方面还不能够完全承担基准利率的功能。

国际金融危机前，在货币政策调控中，如果经济过热，加息会一直是一个争论的焦点。

---

① 2011年9月23日，美联储推出总值4 000亿美元的"扭曲操作"（operation twist），其实施的具体措施是，在2012年6月底之前购买4 000亿美元的6年期至30年期国债，而同期出售规模相同的3年期或更短期国债。该措施将推低长期利率及与之相关的按揭贷款等利率，不会导致美联储资产负债表扩大，从而避免了推高通胀。

在提高法定准备金率和大量发行央行票据的情况下,银行借贷资金趋紧,银行间拆借市场的利率会不断上扬,同时在央行大量发行票据的情况下,央行票据供给不断增加,为了吸引投资者购买,央行需要提高央行票据的发行利率,如果不提高利率,会出现流标或发行量萎缩的情况,甚至一二级市场利率出现倒挂,因此数量型货币政策工具的使用会推高货币市场的利率。货币市场的利率实际上是存贷款利率变动的先行指标,市场机制会倒逼管制机制,导致地下资金暗流涌动,最终可能会迫使存贷款利率也要上调。因此,货币市场利率变动趋势是总体利率趋势的风向标,应该成为中央银行监控和实施利率政策的重要参考依据。

总之,我们谈到的货币政策数量型工具和价格型工具的区分是相对的。实际上,两种工具之间是相互包含的,数量型工具有调节价格的功能,价格型工具也具备调节数量的功能。调控工具的选择依赖于我们选取什么样的货币政策目标。从短期来看,由于市场机制不完善,货币政策的工具之间往往是相互独立的。应该指出的是,货币政策工具的差异在于不同的作用对象,而不是依赖于什么是数量工具,什么是价格工具。因此,完善我国的利率市场化体系和完善我国的货币政策工具是相辅相成的,有利于形成合理的利率水平和利率结构,最终形成有效的货币政策传导机制。

从我国央行货币政策来看,一旦市场流动性短缺,央行可以通过以下渠道继续提供资金支持。首先,我国银行的法定准备金率仍然较高,降低法定准备金率的空间较大。降低法定准备金率也是央行向市场注入流动性的重要工具之一。央行通过降低法定准备金率,一方面,银行体系的超额准备金率会上升,银行的可贷资金增加,信贷能力增强;另一方面,法定准备金率下降,货币乘数上升,银行贷出一笔资金,会创造更多的货币供给。其次,买进央行票据,投放流动性。2014 年底,我国央行票据的存量为 6 522 亿元,只要央行冲销力度减弱,央行票据存量将会下降。央行票据减少意味着央行冻结的资金减少,央行注入银行体系的资金将增加,基础货币会上升,银行的信贷能力将增强。最后,通过逆回购投放资金或释放央行通过正回购冻结的资金。央行可以通过逆回购向市场投放资金,正回购是央行以手中所持有的债券做抵押向金融机构融进资金,并承诺到期再买回债券并还本付息的一种交易,在回购期内,资金被冻结。如果央行减少资金的正回购,资金会被迅速释放出来。

长期以来外汇占款是我国基础货币的主要来源,随着欧美经济陷入衰退,外需下降,中国出口下降,国际收支盈余也会随之下降,外汇占款将相应减少。这样,为了扩张货币,央行会解冻资金,以前通过冲销干预冻结的资金会逐步释放出来,成为基础货币的主要来源,增加银行体系的信贷供给能力。法定准备金、央行票据和正回购操作一直是央行冻结资金的主要手段,随着外汇占款下降,央行通过反向操作,冻结的资金会逐步解冻,满足市场流动性需求。从这个意义来看,央行以前冻结的资金较多,央行的"弹药"也较充足,央行资金供给可以通过这几个渠道来实现。

在全球国际金融危机加剧之前,中国货币政策操作主要是回笼资金,随着全球经济形势的恶化和中国外需下降,央行转向适度宽松的货币政策,逐步解冻资金,释放流动性,保持银行体系有足够的流动性。从货币政策的操作来看,数量型工具仍然是央行投放流动性的主要方式,而价格型工具的利率调整对央行流动性的投放影响较小,利率调整主要是用来调节企业的融资成本,逐步起到央行向市场注入流动性的指示器作用。

1.2 法定准备金制度改革

实际上,准备金项目在中央银行的资产和负债的运作中占有十分重要的地位,中央银行几乎所有的资产运作都是围绕准备金进行的:中央银行对商业银行的再贷款是以信用的方式直接增加商业银行在央行的准备金数额;央行的国债买卖与外汇买卖改变的是商业银行的非借入储备,而再贴现方式影响的是商业银行的借入储备部分。央行的任一项操作,都是通过改变商业银行的储备状况,进而对货币供应量产生倍数扩张或收缩的作用。因此,准备金在央行的货币供应调节中居于枢纽性的地位。准备金制度一方面为商业银行创造货币提供了余地;另一方面,为防止由于信用问题而导致客户大量的挤兑。准备金的规定为商业银行扩大贷款规模设置了上限,如果改变商业银行的存款准备金率,则商业银行的信用创造能力随之改变,这就成为央行调控货币供应量的重要手段。

1983年9月17日,国务院作出《关于中国人民银行专门行使中央银行职能的决定》,从1984年1月1日起,中国人民银行与中国工商银行分设后,人民银行开始专门行使中央银行职能,建立了法定存款准备金制度。中国工商银行、中国农业银行、中国银行吸收存款的法定准备率按存款种类核定,企业存款为20%,储蓄存款为40%,农村存款为25%,机关团体、部队和财政金库的存款划归中国人民银行,即存款准备率为100%。1985年第一次调整法定存款准备金率,把工、农、中行各种存款的缴存比例一律调整为10%;把建设银行的信贷资金纳入中央银行信贷资金管理,从1985年11月20日起,建设银行在中央银行开立账户并向央行缴存法定准备金,准备金比例为30%。1986年,建行缴存的法定准备金比率由30%调降为10%,统一了法定存款准备率。1987年上调法定存款准备金率,各专业银行和其他金融机构的一般存款的法定准备金率由10%上调为12%;农村信用社1987年以前吸收的存款按25%缴存不变,1987年以后新增的存款按12%缴存;城市信用社各项存款缴存比例为10%—40%(由中国人民银行省分行具体规定比率);财政性存款缴存比率仍维持不变。1988年9月1日,再次提高法定存款准备率,从12%调高到13%,以降低货币信贷扩张倍数。

最初较高的法定准备率可使人民银行多掌握一些资金,便于资金调剂,平衡国家信贷计划。但由于专业银行资金自给能力低,各银行又担负一定的政策性贷款,人民银行过多集中准备金加大了专业银行的资金缺口,必须又以贷款的形式将资金返还给专业银行。1987年、1988年,由于当时经济过热、信贷和货币扩张过速,又两次上调法定存款准备率。

从我国准备金制度的改革过程可以看出,长期以来我国的准备金率一直很高,在1998年3月21日之前,我国准备金率为13%,加上备付金率5%—7%,达到18%—21%,同时央行对法定准备金支付9.18%的利率。由于金融环境的改变,我国中央银行于1998年3月21日改革了准备金制度,将准备金账户和一般存款账户合并,准备金账户直接与清算相联系,这样一是有利于发挥存款准备金的支付和清算功能;二是有利于中央银行的宏观调控。同时,将原来作为人民银行资金来源的机关团体存款和财政预算外存款改为商业银行资金来源,增加了商业银行的可用资金。1999年11月再次将准备金率由8%降至6%,增加了商业银行可自行支配的可用资金。2004年3月24日宣布,自4月25日起,中国人民银行开始实施差别存款准备金率制度,金融机构资本充足率越低、不良贷款比率越高,适用的存款准备金率就越高;反之适用的存款准备金率就越低,为金融机构提高资本充足率和资产质量奠定基础。但是,我国存款准备金制度还存在以下缺陷,主要是对存款准备金付息和对不同的存款种类和商业银行采取同一的法定准备金率。从理论上来讲,对不同的存款和不同的金融资产应该采取不同的准备金率,对银行风险性大的金融资产的准备金率要高;不同性质的金融机构也应采用不同的准备金率,对商业银行的准备金率要高一点,对政策性银行的准备金率应该低一点;流动性高的存款准备金率应该高,流动性低的存款准备金率应该低。

我国准备金制度在不断改革的过程中,仍没有取消对准备金付息。目前我国法定准备金利率是1.62%,超额准备金利率0.72%,各大商业银行准备金存款仍然可以坐享收益。因此,对存款准备金付息基础上形成的同业拆借利率并非真正市场化利率,准备金利率形成了货币市场利率的底线,扭曲了货币市场利率定价体系。对准备金付息加大了中央银行的负担和实现货币政策目标的难度,因此应逐步改变准备金付息的做法,减轻央行的利息支出成本,强化中央银行的货币调控。从利率市场化角度来看,随着我国宏观调控的功能逐渐健全,应逐步降低直至最终取消存款准备金付息。

1.2.1 部分准备金制度和中国法定准备金率调整

国际金融危机前,中国流动性过剩,尽管发行央票和提高法定准备金率都是回笼流动性的主要手段,但是在通货膨胀压力较大的情况下,数量型工具仍然优于价格型工具,此外如果央行大幅度提高央票利率,央行的干预成本将会显著上升,同时人民币升值压力也会随之增加。因此随着外汇占款增加,公开市场资金到期,法定准备金率上调是回笼流动性的主要工具。

除了调控的成本不同以外,央票是金融机构自愿配置的,而法定准备金调控带有强制性,在央票发行规模难以扩大的条件下,准备金调控将充当主角。准备金要求为商业银行扩大贷款规模设置了上限,如果改变商业银行的存款准备金率,则商业银行的信用创造能力随之改变,也就是说,提高法定准备金率是依赖货币乘数的收缩控制货币信贷的扩张,而央票回笼主要是控制基础货币的增加来调控货币供应量的。提高法定准备金率不仅对货币供应量有影响,对商业银行存贷款行为等都有显著影响。

部分存款准备金制度的确立一开始是保证客户的提款需要,维持银行对流动性的要求,同时又为商业银行创造货币提供了余地。在现代的二级银行制度下,部分准备金制度使央行和商业银行同时具备了创造货币的能力:央行创造基础货币,在此基础之上,商业银行将基础货币以某个倍数放大。在这一过程中,一方面,部分准备金制度使这个倍数有了上限,因而央行能对社会货币总量实行控制,如果准备金比率为零,则商业银行的货币创造能力无限,央行的货币调控能力近似为零。另一方面,部分准备金制度又为商业银行提供了一定的活动空间,使商业银行具有了多倍的信用货币创造能力,极大地发挥了商业银行的能动作用,并有利于央行进行杠杆式的微调操作;如果准备金率规定为100%,则商业银行创造货币的能力将被完全剥夺,确定全社会货币总量的任务就完全落在了央行一家的身上,在现有的技术条件下,这无疑是对央行的过高的要求。二级银行制度和部分准备金制度是一种富有弹性的货币制度,它既带有约束性,又具有灵活性,是与现代的经济条件和技术条件相适应的货币制度。

早在2008年9月,我国央行就使用差额准备金率调控银行放贷,对大型金融机构的法定准备金率要高于中小银行。为了控制货币信贷的过度投放,我国央行将采取动态差别存款准备金率调控银行信贷,如果商业银行扩张信贷,将不得不面临更高的法定准备金率。我国央行连续动用提高商业银行存款法定准备金率这一手段来抑制贷款的过度扩张(见表1-6)。如果市场流动性紧张,也可以降低法定准备金率释放流动性。

表1-6 我国存款准备金率历次调整统计表

次数	时间	调整前	调整后	调整幅度(单位:百分点)
58	2018年10月15日	从2018年10月15日起,下调大型商业银行、股份制商业银行、城市商业银行、非县域农村商业银行、外资银行人民币存款准备金率1个百分点		
57	2018年7月5日①	自7月5日起,下调国有大型商业银行、股份制商业银行、邮政储蓄银行、城市商业银行、非县域农村商业银行、外资银行人民币存款准备金率0.5个百分点		

---

① 此次降准支持市场化法治化"债转股"和小微企业融资。其中,五家国有商业银行和十二家股份制商业银行释放资金约5 000亿元。邮政储蓄银行、城市商业银行、非县域农村商业银行和外资银行释放资金约2 000亿元。

(续表)

次数	时 间	调 整 前	调整后	调整幅度(单位：百分点)
56	2018年4月25日	从2018年4月25日起,下调大型商业银行、股份制商业银行、城市商业银行、非县域农村商业银行、外资银行人民币存款准备金率1个百分点		
55	2018年1月25日	2017年9月30日,人民银行发布了《关于对普惠金融实施定向降准的通知》,为支持金融机构发展普惠金融业务,聚焦单户授信500万元以下的小微企业贷款、个体工商户和小微企业主经营性贷款以及农户生产经营、创业担保、建档立卡贫困人口、助学等贷款,对上述贷款增量或余额占全部贷款增量或余额达到一定比例的商业银行实施定向降准政策。凡前一年上述贷款余额或增量占比达到1.5%的商业银行,存款准备金率可在人民银行公布的基准档基础上下调0.5个百分点;前一年上述贷款余额或增量占比达到10%的商业银行,存款准备金率可按累进原则在第一档基础上再下调1个百分点		
54	2017年9月30日	为支持金融机构发展普惠金融业务,聚焦单户授信500万元以下的小微企业贷款、个体工商户和小微企业主经营性贷款,以及农户生产经营、创业担保、建档立卡贫困人口、助学等贷款,人民银行决定统一对上述贷款增量或余额占全部贷款增量或余额达到一定比例的商业银行实施定向降准政策。凡前一年上述贷款余额或增量占比达到1.5%的商业银行,存款准备金率可在人民银行公布的基准档基础上下调0.5个百分点;前一年上述贷款余额或增量占比达到10%的商业银行,存款准备金率可按累进原则在第一档基础上再下调1个百分点。上述措施将从2018年起实施		
53	2016年3月1日	自2016年3月1日起,普遍下调金融机构人民币存款准备金率0.5个百分点,以保持金融体系流动性合理充裕,引导货币信贷平稳适度增长,为供给侧结构性改革营造适宜的货币金融环境		
52	2015年10月24日	下调金融机构人民币存款准备金率0.5个百分点,以保持银行体系流动性合理充裕,引导货币信贷平稳适度增长。同时,为加大金融支持"三农"和小微企业的正向激励,对符合标准的金融机构额外降低存款准备金率0.5个百分点		
51	2015年9月6日	自2015年9月6日起,下调金融机构人民币存款准备金率0.5个百分点,以保持银行体系流动性合理充裕,引导货币信贷平稳适度增长。同时,为进一步增强金融机构支持"三农"和小微企业的能力,额外降低县域农村商业银行、农村合作银行、农村信用社和村镇银行等农村金融机构准备金率0.5个百分点。额外下调金融租赁公司和汽车金融公司准备金率3个百分点,鼓励其发挥好扩大消费的作用		
50	2015年6月28日	自2015年6月28日起有针对性地对金融机构实施定向降准,以进一步支持实体经济发展,促进结构调整。(1)对"三农"贷款占比达到定向降准标准的城市商业银行、非县域农村商业银行降低存款准备金率0.5个百分点。(2)对"三农"或小微企业贷款达到定向降准标准的国有大型商业银行、股份制商业银行、外资银行降低存款准备金率0.5个百分点。(3)降低财务公司存款准备金率3个百分点,进一步鼓励其发挥好提高企业资金运用效率的作用		

第1章 中国人民银行的资产负债表和货币调控

(续表)

次数	时　间	调 整 前	调整后	调整幅度（单位：百分点）
49	2015年4月20日	（大型金融机构）19.50%	18.5%	－1
		（中小金融机构）16%	15%	－1
48	2015年2月5日	（大型金融机构）20%	19.5%	－0.5
		（中小金融机构）16.5%	16%	－0.5
47	2014年6月16日	对符合审慎经营要求且"三农"和小微企业贷款达到一定比例的商业银行(不含2014年4月25日已下调过准备金率的机构)下调人民币存款准备金率0.5个百分点。下调后的存款准备金率为19.5%。此外，为鼓励财务公司、金融租赁公司和汽车金融公司发挥好提高企业资金运用效率及扩大消费等作用,下调其人民币存款准备金率0.5个百分点		
46	2014年4月25日	下调县域农村商业银行人民币存款准备金率2个百分点,下调县域农村合作银行人民币存款准备金率0.5个百分点。调整后县域农商行、农合行分别执行16%和14%的准备金率,其中一定比例存款投放当地考核达标的县域农商行、农合行分别执行15%和13%的准备金率		
45	2012年5月18日	（大型金融机构）21.00%	20%	－1
		（中小金融机构）17.50%	16.5%	－1
44	2012年2月24日	（大型金融机构）21.00%	20.50%	－0.5
		（中小金融机构）17.50%	17.00%	－0.5
43	2011年12月5日	（大型金融机构）21.50%	21.00%	－0.5
		（中小金融机构）18.00%	17.50%	－0.5
42	2011年6月20日	（大型金融机构）21%	21.50%	0.5
		（中小金融机构）17.50%	18.00%	0.5
41	2011年5月18日	（大型金融机构）20.50%	21.00%	0.5
		（中小金融机构）17.00%	17.50%	0.5
40	2011年4月21日	（大型金融机构）20.00%	20.50%	0.5
		（中小金融机构）16.50%	17.00%	0.5
39	2011年3月25日	（大型金融机构）19.50%	20.00%	0.5
		（中小金融机构）16.00%	16.50%	0.5
38	2011年2月24日	（大型金融机构）19.00%	19.50%	0.5
		（中小金融机构）15.50%	16.00%	0.5
37	2011年1月20日	（大型金融机构）18.50%	19.00%	0.5
		（中小金融机构）15.00%	15.50%	0.5

(续表)

次数	时间	调整前	调整后	调整幅度（单位：百分点）
36	2010年12月20日	(大型金融机构)18.00%	18.50%	0.5
		(中小金融机构)14.50%	15.00%	0.5
35	2010年11月29日	(大型金融机构)17.50%	18.00%	0.5
		(中小金融机构)14.00%	14.50%	0.5
34	2010年11月16日	(大型金融机构)17.00%	17.50%	0.5
		(中小金融机构)13.50%	14.00%	0.5
33	2010年5月10日	(大型金融机构)16.50%	17.00%	0.5
		(中小金融机构)13.50%	不调整	—
32	2010年2月25日	(大型金融机构)16.00%	16.50%	0.5
		(中小金融机构)13.50%	不调整	—
31	2010年1月18日	(大型金融机构)15.50%	16.00%	0.5
		(中小金融机构)13.50%	不调整	—
30	2008年12月25日	(大型金融机构)16.00%	15.50%	-0.5
		(中小金融机构)14.00%	13.50%	-0.5
29	2008年12月5日	(大型金融机构)17.00%	16.00%	-1
		(中小金融机构)16.00%	14.00%	-2
28	2008年10月15日	(大型金融机构)17.50%	17.00%	-0.5
		(中小金融机构)16.50%	16.00%	-0.5
27	2008年9月25日	(大型金融机构)17.50%	不调整	—
		(中小金融机构)17.50%	16.50%	-1
26	2008年6月7日	16.50%	17.50%	1
25	2008年5月20日	16%	16.50%	0.5
24	2008年4月25日	15.50%	16%	0.5
23	2008年3月18日	15%	15.50%	0.5
22	2008年1月25日	14.50%	15%	0.5
21	2007年12月25日	13.50%	14.50%	1
20	2007年11月26日	13%	13.50%	0.5
19	2007年10月25日	12.50%	13%	0.5
18	2007年9月25日	12%	12.50%	0.5
17	2007年8月15日	11.50%	12%	0.5

(续表)

次数	时　间	调　整　前	调整后	调整幅度（单位：百分点）
16	2007年6月5日	11%	11.50%	0.5
15	2007年5月15日	10.50%	11%	0.5
14	2007年4月16日	10%	10.50%	0.5
13	2007年2月25日	9.50%	10%	0.5
12	2007年1月15日	9%	9.50%	0.5
11	2006年11月15日	8.50%	9%	0.5
10	2006年8月15日	8%	8.50%	0.5
9	2006年7月5日	7.50%	8%	0.5
8	2004年4月25日	7%	7.50%	0.5
7	2003年9月21日	6%	7%	1
6	1999年11月21日	8%	6%	-2
5	1998年3月21日	13%	8%	-5
4	1988年9月	12%	13%	1
3	1987年	10%	12%	2
2	1985年	央行将法定存款准备金率统一调整为10%	—	—
1	1984年	央行按存款种类规定法定存款准备金率,企业存款20%,农村存款25%,储蓄存款40%		

数据来源：www.pbc.gov.cn。

如果不断提高商业银行的存款准备金率,商业银行的信用创造能力随之下降,随着法定准备率屡创新高,法定准备金率上调对商业银行扩张信贷的约束力会越来越强,累积效应也会不断显现,银行流动性趋紧也是准备金率上调累积效应的一种反映。法定准备金上调还会推高贷款利率,因为法定准备金率上调,商业银行的经营成本上升,存贷款利差是商业银行利润的主要来源,商业银行为了维持一定的利润,会提高相应的贷款利率。而在通货膨胀上升的条件下,通货膨胀又使银行实际收益下降,为了保证一定的实际收益率,商业银行也有提高贷款利率的冲动。在对储蓄和贷款利率管制的条件下,通货膨胀率上升,实际存贷款利率都下降,借款者获得通货膨胀税,但储蓄者收入减少,而商业银行则希望扩大存贷款利差保持一定的实际收益率。

除了本币的法定准备金率,在经济过热的情况下,中央银行试图通过提高本外币存款准备金率并行的方式,紧缩国内信贷来控制货币的过快发行、抑制投资快速扩张以及缓解通货膨胀压力。如 2006 年 9 月 15 日和 2007 年 5 月 15 日中央银行分别两次上调外汇存款准备金率 1% 来控制市场的流动性(见表 1-7)。

表 1-7 我国外币存款的法定准备金率   单位：%

	1996—2004 年	2004 年 11 月 10 日	2006 年 9 月 15 日	2007 年 5 月 15 日
中资金融机构	5(小于 3 个月)，3(3 个月及以上)	3	4	5
外资金融机构	2			

资料来源：中国人民银行。

除此之外，2007 年中央银行还要求部分银行以美元缴存将于 2007 年 10 月 25 日上调的人民币存款准备金，这项政策人民银行之前已连续实施数次①。央行 2007 年 12 月 25 日上调存款准备金率一个百分点，要求全国性商业银行必须用外汇缴纳上调的人民币存款准备金。以美元来缴存人民币的存款准备金，相当于商业银行的人民币法定存款准备金必须以美元的形式代替，这在一定程度上可缓解人民币升值和中央银行冲销干预的压力。商业银行用美元缴存人民币的存款准备金，外汇市场美元的供给将减少，中央银行干预外汇市场的压力下降，购买外汇减少，外汇占款减少，投放的本币数量将下降，有利于缓解本币升值和货币供给增长过快的问题。

1.2.2 法定准备金率的理论模型

很多经济学家研究了法定准备金率提高对商业银行的影响。Stiglitz 和 Greewald(2003)根据均值方差预期效用方法建立了银行体系的理论模型，法定准备金率提高将会削减银行贷款和银行储蓄，存贷比的变动将取决于法定准备金率提高对银行储蓄和银行贷款影响程度的相对比较。Bernanke 和 Blinder(1988)和 Agung 等(2001)认为法定准备金率提高，银行储蓄下降，如果银行卖出债券，增加贷款，银行贷款可能并不会下降，因此法定准备金率提高可能并不能够解决流动性过剩问题。Oliner 和 Rudebusch(1995)认为如果借款者并不依赖于银行贷款，可以获得资本市场融资如发行债券等，银行贷款渠道的效果减弱，提高法定准备金率控制银行信贷效果将下降。Couraqkis(1984，1986)研究了储蓄最大化的法定准备金率。

---

① 2007 年 8 月 15 日央行上调存款准备金率 0.5 个百分点至 12%，当时央行即要求，对于上调的人民币存款准备金，总部驻京的全国性商业银行必须用外汇交付，这是央行的一次"试运行"。从 2007 年 9 月 25 日第 7 次上调人民币存款准备金率开始，大型商业银行已经开始用外汇支付。

第1章 中国人民银行的资产负债表和货币调控

(1) 基本模型。

我们从商业银行和中央银行的资产负债表来看银行行为,商业银行的资产主要有:向公众贷款、商业银行在中央银行的总储备;负债主要有:储蓄,其简化的资产负债表如表1-8所示。

表1-8 简化的商业银行的资产负债表

资　产	负　债
向公众贷款 L	储蓄 D
商业银行在中央银行的总储备 R	

商业银行贷款需求是贷款利率的减函数,则贷款:

$L = a_0 - a_1 i_l$,式中:i_l 是贷款利率,a_0,a_1 是常数。

贷款供给(储蓄数量)是存款利率的增函数,则储蓄:

$D = b_0 + b_1 i_d$,式中:i_d 是存款利率,b_0,b_1 是常数。

资产 = 负债,即 $D = L + R$。

假设 q 是法定准备金率,超额准备金为 0,则储备 $R = qD$,贷款 $L = D - qD$。贷款利率为 i_l,银行收益为 $i_l(D - qD)$,储蓄利率为 i_d,银行付息为 $i_d D$。在以上基本模型的基础上,我们将分别讨论使商业银行达到储蓄最大化和利润最大化的存款准备金率和利率水平。

(2) 储蓄最大化的法定准备金率和利率水平。

假设没有交易成本,当银行达到储蓄最大化时,应有总收益等于总成本。由上述存贷款的公式,得银行总收益:$TR = \dfrac{[(1-q)^2 D^2 - a_0(1-q)D]}{-a_1}$

总成本:$TC = \dfrac{D^2 - b_0 D}{b_1}$

由 $TR = TC$,我们得到 D 和 q 之间的关系:$D = \dfrac{a_0 b_1(1-q) + b_0 a_1}{b_1(1-q)^2 + a_1}$

因此储蓄和准备金率的关系为:如果准备金率过高,银行经营成本上升,储蓄利率压低,储蓄减少;如果准备金率过低,银行流动性风险增加,储蓄也会减少,这样存在储蓄最大化的法定准备金率。对该式 q 求极值得

$$q = \dfrac{2b_1(a_0 b_1 + a_1 b_0) - \{[2b_1(a_0 b_1 + a_1 b_0)]^2 - 4b_1^2 a_0[a_0 b_1(b_1 - a_1) + 2a_1 b_0 b_1]\}^{\frac{1}{2}}}{2b_1^2 a_0}$$

这样,使储蓄最大化的准备金率由 a_0,a_1,b_0,b_1 来决定。a_0,b_0 主要受银行流动性

等因素的影响；a_1，b_1 是存贷款对利率变动的敏感程度。

根据 $D=\dfrac{a_0b_1(1-q)+b_0a_1}{b_1(1-q)^2+a_1}$ 和 $D=L+R$，此时我们可以得到存贷款利率分别为

$$i_d=\dfrac{a_0b_1(1-q)+b_0a_1}{b_1^2(1-q)^2+a_1b_1}-\dfrac{b_0}{b_1}$$

$$i_l=\dfrac{a_0-b_0(1-q)}{b_1(1-q)^2+a_1}$$

法定准备金率提高，银行总收益会下降，商业银行的总成本会上升，商业银行的存贷款利率会发生相应变化。如果从储蓄最大化的角度来看，储蓄最大化的法定准备金率水平受多种因素的影响，在我国法定准备金率的调控更多的是防止货币信贷的过快上升。

(3) 利润最大化下的银行储蓄、法定准备金率和利率水平。

① 银行储蓄。

在法定准备金率一定的条件下，利润最大化要满足：$MR=MC$，即边际成本 = 边际收益，

$$MR=\dfrac{[2(1-q)^2D-a_0(1-q)]}{-a_1}$$

$$MC=\dfrac{2D-b_0}{b_1}$$

由 $MR=MC$，则 $\dfrac{[2(1-q)^2D-a_0(1-q)]}{-a_1}=\dfrac{2D-b_0}{b_1}$，得到利润最大化的储蓄为

$$D=\dfrac{a_0b_1(1-q)+a_1b_0}{[2b_1(1-q)^2+2a_1]}$$

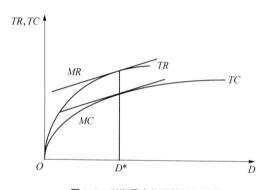

图1-2 利润最大化下的银行储蓄

可以通过图1-2表示：TR 和 TC 为总收益和总成本曲线，MR 和 MC 为边际收益和边际成本曲线。在 $MR=MC$ 的条件下，商业银行利润达到最大化，即在储蓄为 D^* 的条件下，利润达到最大化。当然，在不同的法定准备金率下，商业银行的最大化利润也是不同的。

商业银行追求利润最大化，在一定的法定准备金率水平下，商业银行

有一个利润最大化下最优的储蓄水平。

② 利率水平和法定准备金率。

在法定准备金率一定的条件下,利润最大化要满足:$MR = MC$,即边际成本=边际收益,

$$MR = \frac{[2(1-q)^2(b_0+b_1i_d)-a_0(1-q)]}{-a_1}$$

$$MC = \frac{2(b_0+b_1i_d)-b_0}{b_1}$$

由 $MR = MC$,则 $\frac{[2(1-q)^2(b_0+b_1i_d)-a_0(1-q)]}{-a_1} = \frac{2(b_0+b_1i_d)-b_0}{b_1}$,得到利润最大化时银行的存款利率为

$$i_d = \frac{a_0b_1(1-q)+a_1b_0}{[2b_1^2(1-q)^2+2a_1b_1]} - \frac{b_0}{b_1}$$

进一步获得贷款利率水平:

$$i_l = -\frac{a_0b_1(1-q)^2+a_1b_0(1-q)}{2a_1b_1(1-q)^2+2a_1^2} + \frac{a_0}{a_1}$$

该式反映了利润最大化下法定准备金率变动对银行存贷款利率的影响。由此可以看出,央行法定准备金率的提高对银行储蓄和银行存贷款利率都有显著影响。法定准备金率提高,利润最大化的利率水平也要随之变动。在我国存贷款利率存在管制的条件下,法定准备金率变动影响商业银行的利润。为了追求利润最大化,商业银行往往通过揽储等手段以实现储蓄最大化,获得更多的收益。

1.2.3 融入通货膨胀的分析

(1) 对利差的影响。

假定经济处于通货膨胀状态,如果通货膨胀率为 p,商业银行根据通货膨胀率提高贷款利率,则贷款利率上升为 i_l+p。同样假设没有交易成本,银行收益等于银行付息,在银行利润为零时,由 $TR = TC$ 可知,存款利率上升为:$(i_l+p)(1-q) = i_d$,存款利率上升的幅度为:$p(1-q)$。存贷款利差为:$i_l+p-(i_l+p)(1-q) = (i_l+p)q = i_lq+pq$,随着法定准备金率上升,存贷款利差会扩大,同时随着通货膨胀率上升,会进一步增加存贷款利差上升的幅度。

实际存款利率为:$R_d = (i_l + p)(1-q) - p = i_l(1-q) + p(1-q) - p$,实际存款利率上升的幅度为:$p(1-q) - p = -pq$,这一部分为通货膨胀税,通货膨胀使实际利率下降,即通货膨胀率增加了存贷款利率之差。很显然准备金率越高,通货膨胀率使存贷款利率之差越大。同样在准备金率不变的条件下,如果在利率市场化的条件下,通货膨胀率上升,则利差要相对扩大;通货膨胀率下降,则利差相对缩小。如果法定准备金率上升,则存贷款利差将上升;如果法定准备金率下降,则存贷款利差将缩小。在对准备金率、储蓄和贷款利率管制的条件下,通货膨胀率上升,实际存贷款利率下降,借款者获得通货膨胀税,但储蓄者收入减少。

(2) 对储蓄的影响。

如果经济中有通货膨胀,在存贷款利率水平不变的条件下,$L = a_0 - a_1(i_l + p)$,$D = b_0 + b_1(i_d + p)$,均衡水平 $D = \dfrac{a_0 b_1 (1-q) + a_1 b_0 - a_1 b_1 q p}{[b_1(1-q)^2 + a_1]}$,储蓄水平和通货膨胀负相关,道理很简单,通货膨胀率上升,储蓄实际利率下降,因此储蓄减少。对此目标函数求最大值,得法定准备金率

$$q = \frac{2b_1(a_0 b_1 + a_1 b_0) - \{[2b_1(a_0 b_1 + a_1 b_0)]^2 - 4b_1^2(a_0 + a_1 p)[a_0 b_1(b_1 - a_1) + 2a_1 b_0 b_1 - b_1 a_1(b_1 + a_1)p]\}^{\frac{1}{2}}}{2b_1^2(a_0 + a_1 p)}$$

因此,通货膨胀率的变化,必然影响储蓄最大化时的法定准备金率。其结论是随着通货膨胀率上升,法定准备金率将随之下降以使储蓄最大化。因为通货膨胀率上升,实际储蓄利率下降,这样只有在法定准备金率下降的条件下,银行的经营成本下降,提高储蓄利率,吸引更多的存款,储蓄增加。但还有一点值得指出的是:即使随着通货膨胀率的改变,调整法定准备金率使储蓄最大化,但是和原来最大化的储蓄水平也是不一样的。

在这里,我们看到法定准备金率和通货膨胀变化对存贷款利差和储蓄最大化的影响,中央银行法定准备金率的变动,不仅影响货币供应量,对存贷款利率,进而对储蓄会产生不同的影响,中央银行在变动准备金利率的时候,这些因素都是必须考虑的。另外,通货膨胀的变化,也不仅只对价格水平有影响,同时对存贷款利差和储蓄都有一定的作用。在利率管制的条件下,导致收入分配不均和储蓄下降。

1.2.4 融入准备金付息的分析

对储备付息,降低了商业银行的经营成本。因为在许多发展中国家如果对储备不付息,将导致金融脱媒;而在金融自由化的过程中,即使对储备不付息,也通过降低法定储

金率以减少商业银行的负担。

对准备金存款支付较高的利率是在计划经济体制下,实施信贷规模控制而对商业银行的必要补偿制度。以前中国中央银行支付系统不够发达,同业拆借市场交易规模一直较小,中国商业银行的法定准备金由其总行在所在地人民银行集中缴纳,而商业银行分支行又需要保留部分超额准备金以保证在当地的大额支付,因而商业银行一般保持了较高的超额准备金水平。为了减少商业银行的财务负担,人民银行仍对超额准备金付息。随着金融体系和金融市场的发展和完善,1998年3月21日我国中央银行改革了准备金制度,将准备金账户和一般存款账户合并,准备金账户直接与清算相联系。2003年12月21日,人民银行改革准备金存款利率制度,对金融机构法人法定准备金存款和超额准备金存款采取"一个账户、两种利率"的方式分别计息,法定准备金存款利率维持1.89%不变,超额准备金存款利率由1.89%下调到1.62%(见表1-9)。尽管如此,超额准备金利率使商业银行缺乏减少超额准备金的动机,从而使同业拆借、特别是隔夜拆借的需求下降,使中央银行不能有效调动商业银行充分使用所持资金,阻碍了中央银行对宏观经济由直接调控向间接调控转变的过程。另外,对商业银行的准备金支付较高的利率已经影响到央行的货币控制及货币政策的效率,首先是因为央行对商业银行的准备金存款支付利息构成了央行基础货币增加的渠道之一;其次则是准备金利率降低了央行公开市场操作的传导效率,尤其是在市场利率不断下降的情况下,金融机构的套利行为使准备金利率构成了货币市场利率的下限,从而使央行通过公开市场操作来引导货币市场利率的作用受到了限制。

表1-9 准备金利率的调整　　　　　　　　　　（单位:年利率%）

调整日期	准备金存款利率	超额准备金存款利率
1985.1.1	4.32	4.32
1986.8.1	4.32	5.76
1987.12.21	5.04	5.76
1988.9.1	5.04	6.48
1989.2.1	7.20	8.64
1990.3.21	7.92	7.92
1990.8.21	6.84	6.84
1991.4.21	6.12	6.84
1993.5.15	7.56	7.56
1993.7.11	9.18	9.18
1996.5.1	8.82	8.82

(续表)

调整日期	准备金存款利率	超额准备金存款利率
1996.8.23	8.28	7.92
1997.10.23	7.56	7.02
1998.3.21[1]	5.22	
1998.7.1	3.51	
1998.12.7	3.24	
1999.6.10	2.07	
2002.2.21	1.89	
2003.12.20		1.62[2]
2005.3.17		0.99
2008.11.27	1.62	0.72

注：(1) 1998年3月法定准备金和超额准备金两个账户合并为准备金账户。
(2) 2003年12月21日，人民银行改革准备金存款利率制度，对金融机构法人法定准备金存款和超额准备金存款采取"一个账户、两种利率"的方式分别计息。
资料来源：孔宪勇，《利率管理实务大全》，中国金融出版社，1994；中国人民银行网站：www.pbc.gov.cn。

在发达的工业化国家，准备金账户一般不支付利息。如果准备金不支付利息，则商业银行在中央银行的准备金存款就存在机会成本，因而在满足法定准备金比率要求的条件下，商业银行将尽量减少准备金账户余额，从而增强了商业银行的货币创造能力。而长期以来，我国对法定准备金及超额准备金均支付利息，这样减少了商业银行的机会成本，从而弱化了商业银行降低超额准备金比率的动力，降低了货币的流动性，也降低了商业银行的货币创造能力。

如果考虑准备金付息，银行收益为$i_l(D-qD)+i_r qD+i_e q_e D$，银行付息为$i_d D$，式中：储蓄利率为$i_d$，法定储备利率为$i_r$，超额储备利率为$i_e$，$q_e$是超额准备金率，央行付息为$i_r qD+i_e q_e D$。假设没有交易成本，令银行收益等于银行付息，则$i_l(D-qD)+i_r qD+i_e q_e D=i_d D$，因此$i_l(1-q)+i_r q+i_e q_e=i_d$，存贷款利差为：$i_l-i_d=i_l q-i_r q-i_e q_e$。因此，能够看出随着央行对法定准备金付息，会一定程度缩小存贷款利差，减轻了商业银行的经营成本。

同样可以求出储蓄最大化的法定准备金率，假定i_r和i_e是一定的，由存贷款的公式，得银行总收益和总成本：

$$TR = \frac{[(1-q)^2 D^2 - a_0(1-q)D]}{-a_1} + i_r qD + i_e q_e D$$

$$TC = \frac{D^2 - b_0 D}{b_1}$$

由 $TR = TC$，我们得到 D 和 q 之间的关系：

$D = \frac{a_0 b_1 (1-q) + a_1 b_0 + a_1 b_1 i_r q + a_1 b_1 i_e q_e}{[b_1 (1-q)^2 + a_1]}$。因此，储蓄和准备金率的关系为：如果准备金率过高，银行经营成本上升，储蓄利率压低，储蓄减少；如果准备金率过低，银行流动性风险增加，储蓄也会减少，这样存在储蓄最大化的法定准备金率。对该式 q 求极值得

$$q = [2b_1(a_0 b_1 + a_1 b_0) - \{[2b_1(a_0 b_1 + a_1 b_0)]^2 \\ - 4b_1^2 a_0 [a_0 b_1 (b_1 - a_1) + 2a_1 b_0 b_1]\}^{1/2}]/(2b_1^2 a_0)$$

同样，使储蓄最大化的准备金率由 a_0, a_1, b_0, b_1 来决定。在法定准备金率一定的条件下，利润最大化要满足：$MR = MC$，即边际成本 $=$ 边际收益，

$$MR = \frac{[2(1-q)^2 D - a_0(1-q)]}{-a_1} + i_r q + i_e q_e$$

$$MC = \frac{2D - b_0}{b_1}$$

由 $MR = MC$，则 $\frac{[2(1-q)^2 D - a_0(1-q)]}{-a_1} + i_r q + i_e q_e = \frac{2D - b_0}{b_1}$，得到利润最大化的储蓄为

$$D = \frac{a_0 b_1 (1-q) + a_1 b_0 + a_1 b_1 i_r q + a_1 b_1 i_e q_e}{[2b_1 (1-q)^2 + 2a_1]}$$

对准备金付息，利润最大化的储蓄上升了，但是我国准备金利率一直是下调，并且将来还有可能取消对准备金付息，这样提高法定准备金率，商业银行的成本就更高了。

为了控制货币和信贷的过度增长，我国央行持续上调法定准备金率，通过研究中央银行上调法定准备金率对商业银行的影响发现：

(1) 法定准备金率不断上调，商业银行的经营成本上升，银行的利差会扩大，即商业银行有提高贷款利率的冲动。

(2) 法定准备金率上调，影响商业银行的储蓄。

(3) 在一定的法定准备金率下，商业银行有获得利润最大化的最优的储蓄。

(4) 如果融入通货膨胀的分析，则通货膨胀增加了商业银行的利差，如果准备金率越高，通货膨胀率使存贷款利率之差越大。

(5) 通货膨胀率的变化，必然影响储蓄最大化时的法定准备金率。其结论是随着通货

膨胀率上升,法定准备金率将随之下降以使储蓄最大化。

(6)如果融入准备金付息的分析,则随着央行对法定准备金付息,会一定程度缩小存贷款利差,减轻了商业银行的经营成本。

相反,如果中央银行下调法定准备金率,则对商业银行影响的效果相反。

1.3 央行票据调控和央行的冲销干预

1.3.1 央行票据

由于我国中央银行持有的国债有限,因此中央银行不得不通过发行央行票据来冲销。实际上央行早在1993年就开始发行央行票据,但是当时发行央行票据目的是为了调节地区间和金融机构之间资金的不平衡,而不是管理商业银行的流动性。2002年,为实现宏观金融调控目标,中国人民银行于2002年9月24日将2002年6月25日—9月24日公开市场操作中未到期的正回购债券全部转为相应的中央银行票据。2003年4月22日,中国人民银行正式通过公开市场操作发行了金额50亿元、期限为6个月的中央银行票据。自此之后,人民银行选择发行中央银行票据作为中央银行调控基础货币的新形式,在公开市场上连续滚动发行3个月、6个月及1年期央行票据。从2004年12月9日起,央行开始发行三年期央行票据,创下了央行票据的最长期限。除了3年期央行票据这种长期融资工具被频频使用外,央行票据的远期发行方式也被采用,2004年12月29日央行首次发行远期票据,发行200亿元央票,缴款日和起息日均为2005年2月21日,距发行日50余天,是历史上首次带有远期性质的央行票据。2005年1月4日也发行了远期票据,这是继2004年底第一次发行远期票据200亿元后,央行第二次发行该种票据。2005年1月18日发行了第三期远期央票,期限1年,缴款日和起息日均为2月28日。至此,央行已经连续发行1年期远期票据。进入2005年以来,央行公开市场操作的力度明显加大,2005年公开市场共计发行中央银行票据125期、27 882亿元(面值),净回笼资金比2004年有大幅度增加。按照中央银行票据发行时间表的安排,除节假日外,中国人民银行公开市场业务操作室原则上定于每周二发行1年期央行票据,每周四发行3个月期央行票据,3年期央行票据安排在周四发行,其他期限品种央行票据发行时间不固定,中国人民银行公开市场业务操作室将根据情况灵活安排。中央银行发行金融票据进行冲销干预已经成为控制货币供给增加的一种主要手段。

在中央银行超规模发行票据以实现调控目的同时,央行也付出了相应的调控成本,其负面效应正在逐渐显现。首先,巨额的央行票据存量,加大了央行的利息支出,而这部分

第1章 中国人民银行的资产负债表和货币调控

利息支出的货币创造乘数效应将增加货币供应量,增加了货币调控的难度。央行作为发债主体,没有明确的偿债资金来源,债券兑付过程实际上是货币超额发行的过程,可能对货币政策的独立性造成干扰。其次,央行票据替代国债和金融债,成为银行间债券市场最为活跃的交易品种,这有可能挤占了其他券种的市场份额,增加了其他券种的发行成本,同时也不利于我国国债市场和其他债券市场的发展。最后,由于中央银行票据功能单一,发行收入不仅不能产生经济效益和更广泛的社会效益,还要为之支付数以千亿元计的费用和利息,因此用央行票据执行货币政策成本过高。第四,如果长期票据发行增加,将会影响中央银行货币政策的独立性和将来的决策,影响将来货币政策目标实施。

国债和央行票据都是中央银行货币政策的工具,但是两者有显著的区别。比较国债和央行票据可以看出,在中央银行资产负债表上,国债表现对政府的债权,位于资产项目一栏中;中央银行票据则是中央银行对其他金融机构的负债,位于负债项目栏中。中央银行向其他金融机构出售国债,其资产负债表表现为中央银行资产减少,即对政府债权的减少,而金融机构在中央银行的准备金存款亦减少,基础货币收缩;反之,中央银行从其他金融机构购入国债,其资产负债表上表现为中央银行资产增加,金融机构在中央银行的准备金存款增加。中央银行向其他金融机构发售央票则表现为中央银行负债的增加,即中央银行债券增加,同时金融机构的准备金存款减少;央行从其他金融机构购入央票则表现为中央银行负债减少和金融机构准备金存款的增加。中央银行的国债操作和央行票据操作都可以通过影响基础货币和货币乘数,控制货币供应量。然而,央行所持有的国债的增减不会直接增加央行财务成本,相反地,持有国债到期还能给中央银行带来一定的利息收益;发行央票则不可避免地要支出一定的利息,这增加了中央银行的财务成本。央行票据的发行规模越大,央行付息的压力就越大。由于央行票据是滚动发行的,因此付息也是连续的,要不断对到期的央行票据还本付息。央行付息会导致基础货币增加,货币供给增加,部分抵消了冲销效果。中央银行并不是一个盈利性组织,利息支出没有相应的资金来源,这种情况持续下去,无疑是在向市场扩张信用。

发行中央票据的方式回笼资金增加了中央银行货币政策执行成本,这也决定了公开市场操作中,中央银行票据可能无法在长期内代替国债。随着国债市场规模不断扩大,央行应该更多地通过公开市场业务向市场注资,不断增加央行国债资产的存量。从美国、英国和日本的资产负债表结构可以看出,央行对政府的债权较高,公开市场业务国债买卖是其主要的货币政策工具,国债在中央银行的资产结构中占有很高的比例,而目前在我国央行资产负债表上外国资产占中央银行资产的主要部分,对中央政府的债权所占的比重很低,通过公开市场业务有效执行货币政策的条件还不够充分。为保障公开市场操作的持续性及有效性,我国必须扩大债券市场规模,从长远看,应积极通过发行国债替代央行票据,使市场中的债券所对应的资金收入控制在财政手里,并发挥更多的社会和经济效益,这才是更为理想的资金运作方式,也是货币政策与财政政策相互协调的必然趋势。

国际金融危机之前,我国流动性过剩,面临通货膨胀的压力,央行更多通过数量型工具回笼和控制市场的流动性。发行央行票据是中央银行调控货币供给的日常工具,通过央票的发行,央行连续不断地从市场回收流动性。但央行滚动发行央行票据也制约了央行的冲销干预,由于不断的还本付息,央行票据的净发行量受到制约,因此每年都无法完全对冲掉所有由于顺差结售汇放出的货币。2005年我国共发行央行票据27 882亿元,但是同时2005年兑付到期的央行票据本金加利息共17 219.41亿元,所以,2005年发行央行票据共收回流动性10 662.59亿元。但2005年央行因外汇占款发行货币为16 199.97亿元,除去央行票据收回的货币,仍放出了货币5 537.38亿元。2006年没有对冲掉的外汇占款更大。本年由于外汇占款发行的货币为22 220.85亿元,而同期央行票据发行和兑付本息的数额分别为36 573.81亿元、26 951.05亿元,对冲掉的货币为9 622.76亿元,加上2006年央行3次上调存款准备金率,冻结约6 000亿元,于是因外汇占款而放出的货币为6 598.09亿元。2007年由于外汇占款发行的货币为30 807.9亿元,而同期央行票据发行和兑付本息的数额分别为40 721.28亿元、36 922.87亿元,对冲掉的货币为3 798.41亿元,2007年央行10次上调存款准备金率,冻结约2万亿元,于是因外汇占款而放出的货币为7 009.49亿元之多。由此可以看出,国际金融危机前,央行每年发行的央行票据数额较大,大部分用来支付央行票据到期的本息。通常央行票据的发行主要是一年以内的票据为主,目的是短期内熨平资金供求的变动。为了避免央行票据还本付息对市场的冲击,央行还通过发行更多3年期的央行票据来冲销,以避免短期内集中还本付息的压力或多次滚动发行的成本,增加冲销干预的力度。

为了优化我国的货币调控政策,应促进我国国债市场的发展。大力发展我国的国债市场,也有利于促进人民币的国际化,为将来的人民币资金回流做准备,而央行票据市场不能够承担这样的功能。从美元的国际化来看,其他国家聚集了大量的美元资产,如石油美元、欧洲美元和亚洲美元,这些美元资产等又会回流到美国,而这些资金的回流主要是投资在美国的金融市场上,更多的是投资在美国的国债市场上。在我们努力推动人民币国际化的时候,我们要大力发展资本市场,尤其是国内的国债市场,笔者认为这可能会是将来人民币回流主要的投资市场。人民币国际化是我国金融发展的一个重要目标,我们必须从战略的高度来实现这一目标。央行票据市场不适合作为人民币回流的投资市场①,因为这会干扰中央银行的货币政策,削弱中央银行的独立性。从发达国家的经验来看,国债是主要的调控工具和投资工具。目前我国国债市场浅薄,从国债市场债券余额、二级市

---

① 央行是货币发行机构,如果央票发行过多,会导致潜在的通货膨胀压力,也会影响中央银行的独立性和货币政策调控。

场的交易量、二级市场的买卖价差和换手率等来看,我国国债市场缺乏一定的广度和深度,因此我国应加快完善国债市场基础建设,推动国债二级市场的发展。在当前我国债券市场还不是很发达的情况下,为了调控宏观经济,央行通过发行央行票据控制货币供应量,但是从长期来看,国债市场仍然是较优的调控工具,因为这不仅有利于保持中央银行货币政策的独立性,还有利于促进人民币国际化和将来人民币资金回流。

1.3.2 央行的冲销干预及面临的挑战

由于银行体系过多的流动性,银行信贷和投资上升,通货膨胀压力上升,中央银行为了管理通货膨胀预期,必须进行冲销干预,回笼货币。2005—2010年在人民币升值预期之下,我国货币供给量及外汇储备存在着一个自我强化机制。国际收支双顺差及国际投机资本流入造成外汇储备快速扩张,人民币升值压力上升,为了稳定汇率,央行干预外汇市场,外汇占款和国内货币供给量快速上升,央行不得不加大回笼资金力度。同时,公开市场业务到期资金规模也较大,央行又需要滚动回笼公开市场业务到期资金。因此,央行为了控制基础货币,要对冲外汇占款的增加和公开市场业务到期的资金,保持基础货币的适度增长。

公开市场操作具体可细分为央行在二级市场上的回购与逆回购交易及在一级市场上发售中央银行票据及国债的行为,央行可以通过公开市场业务操作控制流动性的投放。我国央行主要通过央票发行和正回购回笼资金,但央票的大量发行会导致利率上升,央行为了稳定利率,会使用法定准备金率工具回笼流动性。由于我国商业银行体系中一直存在着超额存款准备金,存款准备金率变动直接影响金融机构的超额准备金余额,进而对货币的乘数产生巨大的影响,存款准备金率的变动对货币供给量有明显的收缩效果。

1. 发行定向票据,实施货币政策微调

实际上,早在2007年,面对流动性过剩,为了防止信贷和投资的过快增长,央行就连续6次发行了惩罚性的定向票据,每次发行数量均在1 000亿元以上,反映了当时央行控制信贷增长的力度。而2009年6月份银行信贷达到1.53万亿元,大大超出市场预期,央行除了重新启用一年期的央行票据冻结资金,还有针对性地发行1年期的定向票据,进一步冻结银行资金。央行定向票据重启也反映了当时货币供应量和银行信贷增长过快,需要控制银行信贷快速增长的势头。2009年发行定向票据主要有以下几个重要作用。

一是控制银行贷款冲动。2009年银行信贷增长迅速,通货膨胀预期不断上升,并且股市楼市也迅速上涨,尽管没有准确的具体数据能够说明流向资产市场的信贷资金有多少,但是市场普遍预期信贷资金流向资产市场是推高资产价格的一个重要原因。定向票据的发行和银行普通票据一样,能够冻结资金,遏制银行的信贷过度扩张,有利于控制资产价格迅速上升和防范将来的通货膨胀。

二是结构性调整的功能。央行的定向票据的发行有结构性调整的功能,定向票据发行主要是向那些信贷过度扩张的商业银行,也就是说,谁发行的贷款多,定向票据就发给谁。如2009年央行发行定向央票主要是面向中小股份制商业银行和放贷较多的国有银行,因为在2009年6月份新增贷款中,中小银行的新增贷款为1万亿元左右,超过6月新增贷款的6成多,成为信贷扩张的主力军。2009年6月份股份制银行中信贷增长最快的四家,分别为民生银行、中信银行、光大银行和招商银行,因此本次央行定向票据发行对象主要是面向这些中小银行。此外,虽然四大国有银行2009年6月份信贷不超过5 000亿元,但中国银行发放的贷款居四大银行之首,达到1 770亿元,放贷冲动较强,央行也向中国银行发行450亿元的定向央票。

三是惩罚性利率。一般来说定向票据的发行带有一定的处罚性质,一是发行的对象事先确定,你必须购买;二是定向票据的利率要低于普通的央行票据。央行2009年7月16日发行1年期定向央票,发行利率为1.5%,而2009年7月16日,1年期的央行普通票据发行利率为1.595%,7月21日发行利率又升至1.646 7%。市场预期央行票据的发行利率可能还会上行,因此定向票据带有明显的惩罚性质。

四是警示作用。定向票据的发行不仅仅对发行对象带有一定的警示作用,对其他商业银行也同样具有一定的警示功能,如果2009年7月份某些商业银行继续过度扩张信贷,也必将得到一定的惩罚,成为定向票据的发行对象,资金将被冻结,并且票据利率也带有一定的惩罚性。央行发行定向票据也是希望商业银行能够自律,遏制信贷的过度扩张,保证宏观经济的平稳运行。

发行定向票据有一定的信号作用和微调作用。2007年央行连续多次发行定向票据回收流动性,央行发行定向票据的态度是明确的,信息是透明的。2009年央行定向票据的发行一开始只是内部消息,没有得到央行和有关银行的正式确认,毕竟在适度宽松的货币政策的背景下,当时刚启用1年期的央行票据,货币市场利率上升,随后又迅速重新启用定向票据,这可能也是央行的一种试探性做法,看看市场的态度和反应。2007年定向票据的购买者主要是四大国有银行,股份制商业银行购买的相对较少,当时主要是由于国际收支双顺差,外汇占款增加很快,基础货币上升,央行通过定向票据发行冻结银行更多的流动性,而2009年定向票据购买者除了中国银行外,主要是一些中小银行,因为它们在6月份放贷的资金较多,放贷冲动较强。此外,2007年发行定向票据还是下一步加息的信号(2007年6次发行定向票据,其中有5次之后央行都采取了加息措施),而2009年冻结资金主要是防止银行季末过度放贷的冲动,定向票据2009年9月中旬缴款也就是为了防止季末贷款冲动,因此2009年央行发行定向票据也更多地体现了货币政策微调。

第1章　中国人民银行的资产负债表和货币调控

2. 冲销干预面临的挑战

通常中央银行为防止外汇市场上汇率大幅波动，会介入外汇市场，在市场上通过买入或卖出外汇资产实现稳定本币币值的目的。中央银行干预可分为冲销干预与非冲销干预。所谓冲销干预指的是央行在执行外汇市场干预的同时或在短期内，采取"反向"行动抵消由于外汇干预而导致的国内外汇储备的变化对国内基础货币的影响。非冲销干预则是中央银行在执行外汇市场干预时不采取任何措施来抵消该项操作对国内货币供给量造成的影响。冲销干预不会导致基础货币的变化，而非冲销干预则会导致基础货币的变化。面对外汇市场上人民币的升值压力，央行干预外汇市场，外汇占款不断上升，通货膨胀预期也相应上升，短期内我国中央银行不得不采取冲销干预的措施：一方面在外汇市场上大量购入外汇，投放人民币；另一方面积极采用公开市场操作，回笼资金，对冲外汇市场干预带来的基础货币的上升。

央行在公开市场业务上连续净回笼资金主要是控制银行体系的流动性，维持价格水平和利率水平的基本稳定。央行公开市场上实现净回笼主要是冲销干预，我国央行的冲销干预主要包括以下几种。

一是对到期央行票据和正回购进行冲销。我国央行票据和正回购都是滚动发行的，每个月都有央行票据和正回购到期，如果央行不进行冲销，则这些到期的流动性就会形成基础货币的增量，潜在的信贷和货币扩张的规模将增加。如2009年12月份公开市场到期资金为6 250亿元，较11月份增加了2 000亿元。因此，央行为了控制通货膨胀预期，控制银行体系的流动性，必须对到期的央行票据和正回购进行冲销，控制资金的投放，控制基础货币。

二是对外汇占款进行冲销，维持人民币汇率和价格水平的稳定。由于我国国际收支的双盈余，央行的外汇占款不断上升，意味着基础货币会相应增加。同时随着人民币升值预期增强和国内资产价格的持续上涨，"热钱流入"也会不断增加，进一步导致外汇占款持续增加，因此央行必须对外汇占款进行冲销，控制基础货币的变动。外汇占款增加是我国基础货币的主要来源，对外汇占款进行冲销，有利于央行稳定汇率和控制通货膨胀预期。

三是政府存款变动。政府存款的变动也会影响基础货币的变动，中央政府在央行存款增加，银行体系流动性减少，基础货币减少；相反，政府存款减少，银行体系的流动性增加，基础货币也会增加。实际上进入每年年底，财政存款的释放常常较大，央行冲销干预的压力将上升。因此，随着政府存款使用增加，央行需要增加资金回笼的力度，控制基础货币的上升。

四是冲销干预有利于维持货币市场利率基本稳定，控制货币和信贷的投放。2010—2012年全球经济复苏的基础还不牢固，为了保持经济增长的良好势头，央行通过公开市场业务的操作,控制利率水平和基础货币的投放,维持适度宽松的货币政策,保持银行体系适当的流动性,促使货币和信贷的合理投放,保持经济平稳增长。

如果市场流动性充足,央行主要通过公开市场业务实现资金的净回笼,控制基础货币的投放,实现货币和信贷的目标,维持汇率和利率的稳定,控制通货膨胀预期。在国际金融危机前人民币升值预期下,我国货币供给量和外汇储备存在着一个自我强化机制。国际收支双顺差及国际投机资本流入造成外汇储备快速扩张,外汇占款快速上升,货币供给增加,过多的货币在国内资本市场上引起资产价格上涨,进一步吸引国外资本流入。货币过多也会刺激投资及信贷扩张,进而可能推动物价上升,央行不得不加大冲销力度,通过公开市场业务回笼资金控制基础货币的变动。

此外,冲销干预也会影响货币市场利率。应该说公开市场业务数量型工具对控制银行体系流动性,保持基础货币的合理变动起着十分重要的作用。但是,数量型工具和价格型工具不是完全隔离的,而是相互联系的,随着回笼资金逐步增多,必然会推动利率上升。也就是说,公开市场业务的数量变动会影响货币市场资金的供给和需求,将会进一步影响利率的变动,公开市场业务净回笼越来越大,货币市场利率上升的可能性也会越来越大,会增加央行上调利率的压力。

1.4 经济新常态下的货币政策工具的创新

2013年我国进入经济新常态,所谓"经济新常态"就是后国际金融危机时代,我国经济出现的一些新特征、新状况,从宏观层面来看,"经济新常态"仍然是中国经济发展和改革的延续;从微观层面来看,针对后危机时代出现的新的状况和新的市场化改革的进一步要求,宏观调控也会面临新的挑战,需要通过金融创新来适应经济新常态。在"经济新常态"时期,我们面临外需下降、经济结构调整、汇率和利率市场化改革,以及资本账户的开放等问题,同时又伴随互联网金融的崛起,金融创新层出不穷,市场流动性管控也越来越难。如2007年中国经常账户顺差规模与GDP之比达到高点10.1%之后,此后一路下滑。2014年中国双顺差结束,首先是资本和金融账户出现逆差,尤其是非储备性质的金融账户[①]出现逆差,资金外流严重,外汇储备从高点回落,人民币出现贬值态势。2018年上半年发生逆转,国际收支经常账户出现逆差,资本和金融账户出现顺差。

随着外汇储备和外汇占款的下降,2013年后,中央银行通过常备借贷便利管理市场流

---

① 非储备性质的金融账户包括直接投资、证券投资、金融衍生工具和其他投资。

动性,当人行向市场提供流动性时,同样人行把常备借贷便利的中标资金直接加记在金融机构在人行的存款账户上,这直接表现为基础货币的增加,然后经派生创造,货币供应量倍数放大。相反,当常备借贷便利到期时,基础货币相应减少,货币供应量倍数缩小。

从我国中央银行资产负债表也能够看出常备信贷便利操作的大幅度增加(见表1-10)。

表1-10 中国人民银行2013—2018年的资产负债表(亿元)

年份 资产	2013	2014	2015	2016	2017	2018.6
对外净资产	264 270.04	270 681.33	248 537.59	219 425.26	214 788.33	215 193.78
对政府的债权	15 312.73	15 312.73	15 312.73	15 274.09	15 274.09	15 274.09
对存款货币银行的债权	13 147.90	24 985.27	26 626.36	84 739.02	10.223 0.35	103 424.01
对非货币金融机构的债权	8 907.36	7 848.81	6 656.59	6 324.41	5 986.62	5 947.94
对非金融部门的债权	24.99	11.62	71.74	81.03	101.95	54.37
其他资产	7 652.04	11 467.50	15 338.87	7 497.26	18 174.48	17 818.71
总资产	**317 278.55**	**338 248.79**	**15 338.87**	343 711.59	362 931.62	362 702.44

年份 负债	2013	2014	2015	2016	2017	2018.6
储备货币	271 023.09	294 093.02	276 377.49	308 979.61	321 870.76	318 471.19
发行货币	64 980.93	67 151.28	69 885.95	74 884.44	77 073.58	75 657.75
金融性公司存款	206 042.17	226 941.74	206 491.55	234 095.17	243 802.28	237 805.08
非金融机构的存款					994.30	5 008.36
活期存款(不计入储备货币的金融性公司存款)	1 330.27	1 558.35	2 341.42	6 485.03	5 019.23	3 746.50
发行债券	7 762.00	6 522.00	6 572.00	500		
国外负债	2 088.27	1 833.83	1 606.80	3 195.07	880	1 117.80
政府存款	28 610.60	31 275.33	39 443.29	25 062.70	28 626.03	32 041.47
自有资金	219.75	219.75	219.75	219.75	219.75	219.75
其他净负债	6 244.57	2 746.51	**4 459.10**	−730.58	6 315.84	7 105.73
总负债	**317 278.55**	**338 248.79**	326 252.57	343 711.59	362 931.62	**362 702.44**

资料来源:www.pbc.gov.cn。

从 2013—2018 年 6 月的中央银行的资产负债表能够看出,我国对外净资产(外汇占款)开始由升转降,主要由于国际收支盈余下降、人民币贬值、资本外流等因素导致的,因此外汇占款支撑基础货币发行难以维持。同时,我国国债一级和二级市场并不发达,限制了央行国债市场的操作,国债买卖一直也不是央行调控的主要工具。从央行票据来看,2012 年央行票据是 7 762 亿元,而 2018 年 6 月央行票据基本为零,央行票据已退出货币政策的调控。因此,央行通过货币政策工具的创新向市场融通资金,即通过常备信贷便利向市场投放或回笼资金。从中国人民银行资产负债表能够看出,2013 年中央银行对存款货币银行的债权是 13 147.90 亿元,而 2018 年 6 月中央银行对存款货币银行的债权是 103 424.01 亿元,在不到 5 年的时间里,上升到原来的 7.87 倍,常备信贷便利已经成为中央银行调节货币市场流动性的主要工具。

1.4.1 常备信贷便利

常备信贷便利是货币政策调控的重要工具。从国际经验来看,中央银行通常综合运用常备借贷便利和公开市场操作两大类货币政策工具管理流动性。常备借贷便利的主要特点:一是由金融机构主动发起,金融机构可根据自身流动性需求申请常备借贷便利;二是常备借贷便利是中央银行与金融机构"一对一"交易,针对性强;三是常备借贷便利的交易对手覆盖面广,通常覆盖存款金融机构。借鉴国际经验,中国人民银行于 2013 年初创设了常备借贷便利(standing lending facility,SLF)[1],常备借贷便利成为中国人民银行正常的流动性供给渠道,主要功能是满足金融机构期限较长的大额流动性需求,对象主要为政策性银行和全国性商业银行,期限为 1—3 个月,利率水平根据货币政策调控、引导市场利率的需要等综合确定。常备借贷便利以抵押方式发放,合格抵押品包括高信用评级的债券类资产及优质信贷资产等[2]。表 1-11 是常备信贷便利类型的几种工具,包括:短期贷款操作(SLO)、短期贷款便利(SLF)、中期贷款便利(MLF)和抵押补充贷款(PSL)。

---

[1] 这些流动性管理工具的及时创设,既可以有效调节市场短期资金供给,熨平突发性、临时性因素导致的市场资金供求大幅波动,促进金融市场平稳运行,也有助于稳定市场预期和有效防范金融风险。

[2] 为了进一步完善常备信贷便利操作,增加资金的支持力度,2018 年 6 月 1 日,中国人民银行决定适当扩大中期借贷便利(MLF)担保品范围,将不低于 AA 级的小微、绿色和"三农"金融债,AA+、AA 级公司信用类债券、优质的小微企业贷款和绿色贷款纳入 MLF 担保品范围,引导金融机构加大对小微企业、绿色经济等领域的支持力度。2018 年 11 月 9 日,国务院常务会决定将 MLF 合格担保标准扩大,力争四季度金融机构新发放的小微企业平均贷款利率比一季度降低 1 个百分点,进一步支持小微企业。

表1-11 常备信贷便利工具及与央行公开市场回购的区别

操作	时 间	操 作 标 的 期 限	资金投放或回收方式	如何确定利率水平	额度	交易操作对手
回购	每周一、周三由一级交易商向央行申报正逆回购需求。每周二、周四央行根据市场情况决定是否操作内容，有时候可能采取零操作。当日央行会公布操作内容	7天、14天、28天、91天期	逆回购或正回购	采用市场化利率招标方式	较小	央行对公开市场多个一级交易商
SLO	央行相机操作，非常规操作，是公开市场常规操作的必要补充	以7天期内短期回购为主，遇节假日可适当延长操作期限	逆回购或正回购	采用市场化方式	较小	
SLF	非常规操作，由金融机构主动发起。金融机构可根据自身流动性需求申请，操作内容不即时公开，每季度只公布一次前季度月的余额	最长期限为3个月，目前以1至3个月期操作为主	主要以抵押贷款方式发放，必要时也可采取信用贷款方式发放	利率水平根据货币调控需要发放、央行综合确定	较大	中央银行与金融机构"一对一"交易
MLF	中期借贷便利创设于2014年9月，是中央银行提供中期基础货币的货币政策工具，中期借贷便利采取质押方式发放，金融机构提供国债、央行票据、政策性金融债、高等级信用债等优质债券作为合格押品	中期借贷便利期限为3或6个月，其利率发挥中期政策利率的作用	通过调节向金融机构中期融资的成本，引导贷款利率，降低社会融资成本，支持实体经济增长	可通过招标方式开展		对象为符合宏观审慎管理要求的商业银行、政策性银行
PSL	抵押补充贷款是中央银行长期基础货币的投放工具，于2014年4月创设，其初衷是为开发性金融支持"棚户区改造"重点项目提供长期稳定、成本适当的资金来源	实际操作中，国家开发银行获得抵押补充贷款时的抵押物为棚改项目贷款，期限为3年，贷款利率低于同期市场利率，还款来源为国开行未来在银行间债市发行的住宅金融专项债券	旨在为支持国民经济重点领域、薄弱环节和社会事业发展而对金融机构提供期限较长的大额融资	抵押补充贷款采取质押方式发放，合格抵押品包括高等级债券资产和优质信贷资产		此外，央行还对其他若干家股份制银行和大型城商行投放抵押补充贷款

资料来源：www.pbc.gov.cn。

为了考察常备信贷便利、回购和国库现金转存等对货币供给的影响,我们进一步拓展中央银行的资产负债表,包含常备信贷便利、回购和国库现金的中央银行的资产负债表(见表1-12),由于中央银行有代理国库的功能,国库现金应该存放在中央银行,在中央银行资产负债表的负债方;常备信贷便利和回购属于中央银行对货币银行机构的债权,属于资产方。

表1-12 中央银行的资产负债表

资　　产	负　　债
A1. 对非居民的债权	L1. 流通中的现金(C)
A1.1. 黄金(GOLD)	L2. 对存款货币银行的负债
A1.2 持有的特别提款权(SDR)	L2.1. 法定准备金存款(RR)
A1.3 外汇资产(NFA)	L2.2. 超额准备金存款(ER)
A2. 对政府的债权	L2.3. 商业银行的库存现金(VC)
A2.1. 对政府的贷款(LG)	L3. 中央银行发行的票据(FP)
A2.2 持有的政府债券(SH)	L4. 对政府的负债
A3. 对存款货币银行的债权	L4.1 政府存款(GD)
A3.1 中央银行的再贷款(LB)	L4.2. 政府库存现金(GC)
A3.2 中央银行的贴现贷款(DL)	L5. 对非居民的负债(LF)
A3.3. 回购(RP)	
A3.4 常备信贷便利(SF)	
A3.5 抵押补充贷款(PSL)	
A4 对非银行金融机构的债权	
A4.1 中央银行的再贷款(LB)	
A4.2 抵押补充贷款(PSL)	
A5. 其他资产(OIN)	

1.4.2 常备信贷便利的调控

为了分析货币政策金融工具对基础货币和货币供给的影响,根据表1-13,采用简化的中央银行的资产负债表。

表1-13 中央银行的资产负债表

资　　产	负　　债
对外净资产(NFA)	通货(C)
对政府的贷款(LG)	银行储备(R)

第1章 中国人民银行的资产负债表和货币调控

(续表)

资　产	负　债
持有的证券(SH)	央行的金融票据(FP)
对银行的贷款(LB)	政府储蓄(GD)
贴现贷款(DL)	国库现金①(GC)
回购(RP)	
常备信贷便利(SF)	
抵押补充贷款(PSL)	
其他（OIN）	

由资产等于负债得到：

$$NFA + LG + LB + SH + DL + RP + SF + PSL + OIN$$
$$= C + R + FP + GD + GC$$

因此基础货币为

$$C + R = NFA + LB + SH + DL + RP + SF + PSL$$
$$- FP - GD - GC + (LG + OIN)$$

中央银行可以通过再贷款(LB)、公开市场业务($SH = OMO$)、再贴现(DL)、回购(RP)、常备信贷便利(SF)、发行央行票据(FP)和法定准备金率调整来控制基础货币。假定($LG + OIN - C) = OI$ 是外生的，则

$$R = NFA + LB + SH + DL + RP + SF + PSL$$
$$- FP - GD - GC + OI = NFA + LB + OMO$$
$$+ DL + RP + SF + PSL - FP - GD - GC + OI$$

由 $R = RR + ER$，式中：RR 是法定储备，ER 是超额储备，得到：

$$ER = NFA + LB + OMO + DL + RP + SF$$
$$+ PSL - FP - GD - GC - RR + OI$$

因此，超额储备的变动为

$$\Delta ER = \Delta NFA + \Delta LB + \Delta OMO + \Delta DL + \Delta RP + \Delta SF$$
$$+ \Delta PSL - \Delta FP - \Delta GD - \Delta GC - \Delta RR + \Delta OI$$

---

① 实际上国库现金也应该属于政府储蓄，为了分析问题的方便，把它单列出来。

假定中央银行选择超额储备作为操作目标,如果超额储备过多,则中央银行可以通过外汇买卖(NFA)、再贷款(LB)、公开市场操作(OMO)、再贴现(DL)、回购(RP)、常备信贷便利(SF)、抵押补充贷款(PSL)和调整法定准备金率(RR)来控制超额储备。

现考虑对外净资产 NFA 对货币供给的影响。过度储备可表示成:$ER = NFA + LB + SH + DL + RP + SF + PSL - FP - GD - GC + (OIN + LG - C) - RR$。如果加入外汇市场的公开市场操作,则超额储备的变动为

$$\Delta ER = \Delta NFA + \Delta LB + \Delta SH + \Delta DL + \Delta RP + \Delta SF \\ + \Delta PSL - \Delta FP - \Delta GD - \Delta GC + \Delta(OIN \\ + LG - C) - \Delta RR = \Delta FOMO + \Delta LB \\ + \Delta DOMO + \Delta DL + \Delta RP + \Delta SF \\ - \Delta FP - \Delta GD - \Delta GC - \Delta RR \\ + \Delta(OIN + LG - C)$$

式中,$\Delta NFA = \Delta FOMO$,表示中央银行在外汇市场上买卖外汇导致外汇占款的变化。假定 $\Delta(OIN + LG - C)$ 是外生的且等于零,则

$$\Delta ER = \Delta FOMO + \Delta LB + \Delta DOMO + \Delta DL + \Delta RP + \Delta SF \\ + \Delta PSL - \Delta FP - \Delta GD - \Delta GC - \Delta RR$$

如果外汇占款下降,则意味着 $FOMO$ 下降,如果保持基础货币或超额准备金不变,则可以增加对商业银行信贷(ΔLB),可以通过公开市场业务买入债券($\Delta DOMO$),可以增加贴现贷款(ΔDL),可以通过逆回购操作(ΔRP),可以通过常备信贷便利(ΔSF)操作,可以通过抵押补充贷款(PSL)操作,这主要是资产方操作。如果从负债方来看,外汇占款下降,可以减少央票发行,或回笼央票(ΔFP),可以减少政府存款(ΔGD),可以减少国库现金(ΔGC)。

2015年初,中国人民银行在前期10省(市)试点的基础上在全国范围推广分支行常备借贷便利。2015年春节期间,中国人民银行总行通过常备借贷便利向符合条件的大型商业银行提供了短期流动性支持;分支机构向符合条件的中小金融机构提供了短期流动性支持。2015年第一季度中国人民银行累计开展常备借贷便利3 347亿元,期末常备借贷便利余额为1 700亿元。在2018年上半年之前中央银行通过常备借贷便利注入的资金① 见表1-14、表1-15。

---

① 2018年4月25日,部分金融机构使用降准释放的资金偿还中期借贷便利9 000亿元。6月末中期借贷便利余额为44 205亿元,比年初减少1 010亿元。

第1章 中国人民银行的资产负债表和货币调控

表 1-14 通过 SLO 投放流动性 （单位：亿元）

日 期	期 限	交 易 量	中标利率(%)
2015-01-21	2—6 天	1 600.000 0	3.660 0
2014-12-24	5—6 天	1 200.000 0	4.160 0
2014-12-23	3—6 天	1 000.000 0	4.140 0
2014-12-18	5—6 天	900.000 0	3.810 0
2014-12-17	2—7 天	2 550.000 0	3.500 0
2014-11-21	1—6 天	650.000 0	2.840 0

表 1-15 中央银行常备借贷便利

指标名称	常备借贷便利(SLF)数量(亿元)	常备借贷便利(SLF)利率:1个月(%)	中期借贷便利(MLF)数量(亿元)	中期借贷便利(MLF)利率:3个月(%)	抵押补充贷款(PSL):期末值
2014-09			5 000.000 0	3.500 0	
2014-10			2 695.000 0	3.500 0	
2014-11				3.500 0	
2014-12			3 750.000 0	3.500 0	
2015-01				3.500 0	
2015-02				3.500 0	
2015-03			3 700.000 0	3.500 0	
2015-04	0.000 0		650.000 0	3.500 0	
2015-05	0.000 0		−250.000 0	3.500 0	6 459.000 0
2015-06	0.000 0		0.000 0		8 035.000 0
2015-07	0.000 0		0.000 0		8 464.000 0
2015-08	0.000 0		0.000 0		9 068.000 0
2015-09	0.000 0		0.000 0		9 589.000 0
2015-10	0.000 0		0.000 0		10 294.370 0
2015-11	0.000 0		0.000 0		10 811.890 0
2015-12	0.000 0		0.000 0		10 811.890 0
2016-01	0.100 0	3.600 0	4 455.000 0	2.750 0	12 246.890 0
2016-02	1.700 0	3.600 0	475.000 0	2.750 0	12 602.890 0
2016-03	0.000 0		0.000 0		13 947.890 0

(续表)

指标名称	常备借贷便利(SLF)数量(亿元)	常备借贷便利(SLF)利率：1个月(%)	中期借贷便利(MLF)数量(亿元)	中期借贷便利(MLF)利率：3个月(%)	抵押补充贷款(PSL)：期末值
2016-04	0.000 0		3 115.000 0	2.750 0	13 911.890 0
2016-05	0.000 0		1 750.000 0	2.750 0	14 999.890 0
2016-06	0.000 0		1 232.000 0	2.750 0	16 718.890 0
2016-07	4.000 0	3.600 0	1 540.000 0	2.750 0	18 117.000 0
2016-08	0.000 0		0.000 0		18 800.000 0
2016-09	4.000 0	3.600 0	0.000 0		19 245.000 0
2016-10	0.000 0		0.000 0		19 756.000 0
2016-11	19.030 0	3.600 0	0.000 0		20 111.000 0
2016-12	892.520 0	3.600 0	0.000 0		20 526.000 0
2017-01	338.500 0	3.600 0	0.000 0		21 069.000 0
2017-02	44.060 0	3.700 0	0.000 0		21 069.000 0
2017-03	419.940 0	3.800 0	0.000 0		22 158.000 0
2017-04	49.830 0	3.800 0	0.000 0		22 997.000 0
2017-05	88.000 0	3.800 0	0.000 0		23 473.000 0
2017-06	273.500 0	3.800 0	0.000 0		24 111.000 0
2017-07	59.000 0	3.800 0	0.000 0		24 694.000 0
2017-08	85.300 0	3.800 0	0.000 0		25 041.000 0
2017-09	372.700 0	3.800 0	0.000 0		25 365.000 0
2017-10	15.090 0	3.800 0	0.000 0		25 749.000 0
2017-11	77.000 0	3.800 0	0.000 0		26 217.000 0
2017-12	493.800 0	3.800 0	0.000 0		26 876.000 0
2018-01	222.700 0	3.800 0	0.000 0		27 596.000 0
2018-02	167.300 0	3.800 0	0.000 0		29 106.000 0
2018-03	323.400 0	3.900 0	0.000 0		29 914.000 0
2018-04	102.000 0	3.900 0	0.000 0		30 446.000 0
2018-05	106.000 0	3.900 0	0.000 0		31 247.000 0
2018-06	321.500 0	3.900 0	0.000 0		31 852.000 0

数据来源：iFinD 数据库。

第1章 中国人民银行的资产负债表和货币调控

自2016年春节前起,中国央行公开市场操作频率加密至每个工作日均可进行。在原有7天、14天和28天逆回购期限的基础上,2017年10月末央行首次开展63天期逆回购,该工具操作期限品种增至四种。除SLO(短期流动性调节工具)、常备借贷便利(SLF)外,中国央行在2014年三季度还创设并开展了中期借贷便利(MLF)操作,操作对象包括国有商业银行、股份制商业银行、较大规模的城市商业银行和农村商业银行等。此外,2014年4月央行创设抵押补充贷款(PSL),并在2015年10月将PSL对象在此前国开行基础上,新增农发行和进出口银行,主要用于支持三家政策性银行发放棚改贷款等。

1.4.3 定向降准和中央银行国库现金管理

经济新常态下,除了常备信贷便利工具,定向降准和中央银行国库现金管理也是常用的两种货币政策工具。定向调整存款准备金率的政策主要从2014年开始使用,但早在2010年,央行和银监会就出台了《关于鼓励县域法人金融机构将新增存款一定比例用于当地贷款的考核办法(试行)》的通知,规定对一定比例存款投放当地且考核达标的县域法人金融机构,存款准备金率按低于同类金融机构正常标准1%执行,实质上相当于定向降低部分县域金融机构的存款准备金率。此后,自2014年起,央行已7次使用定向降准政策,引导流动性向县域、"三农"、小微企业、消费领域扩张。定向降准的具体政策实践详见表1-6。定向降准主要是引导金融机构把资金贷向小微企业、"三农"等方面的资金需求,促使资金的有效配置,有利于促进经济增长和就业增加。

中央银行国库现金管理也是调控流动性的一种手段,中央国库现金管理商业银行定期存款是指将国库现金存放在商业银行,商业银行以国债或地方政府债券为质押获得存款并向财政部支付利息的交易行为。央行通过"中央国库现金管理商业银行定期存款"不仅可以释放流动性,还可以传递对利率的看法,引导市场利率的走向。2003年以前,中国人民银行对财政存款不计付利息;2003年之后,开始对财政存款按单位存款活期利率支付利息。随着我国经济的持续增长,我国的财政收入也大幅度上升,国库现金也保持在较高水平,如何管理国库现金是中央银行的重要任务,既要保持国库现金的安全性、流动性和收益性,又要借助国库现金的管理调节市场流动性,实现财政政策和货币政策的有机结合[①]。国库现金管理方式包括商业银行定期存款、买回国债、国债回购和逆回购等。在初期阶段,中央国库现金管理将主要实施商业银行定期存款和买回国债两种操作方式,均通

---

① 2006年6月,财政部和中国人民银行联合发布《中央国库现金管理暂行办法》;同年9月,中国人民银行和财政部联合发布《中央国库现金管理商业银行定期存款业务操作规程》,标志着我国国库现金管理正逐步走上市场化运作的道路。

过公开招标的方式进行。商业银行定期存款,是指将国库现金存放在商业银行,商业银行以国债为质押获得存款并向财政部支付利息的交易行为。商业银行定期存款期限一般在1年(含1年)以内。买回国债,是指财政部利用国库现金从国债市场买回未到期的可流通国债并予以注销或持有到期的交易行为。两种操作方式都是向银行体系注入流动性,增加基础货币供给。通过国库现金的管理中央银行可以向市场注入流动性(见表1-16),如果存款到期,或持有国债到期,则回笼了流动性。

表1-16 国库现金管理

时间	3个月的定期储蓄(亿元)	中标利率(%)	6个月的定期储蓄(亿元)	中标利率(%)	9个月的定期储蓄(亿元)	中标利率(%)
2006-12-06	200.000 0	2.700 0				
2007-04-25			300.000 0	3.150 0		
2008-01-30	300.000 0	4.500 0				
2008-04-30	300.000 0	4.150 0				
2008-07-30	300.000 0	3.890 0				
2008-10-30	300.000 0	3.890 0				
2008-11-26			500.000 0	2.500 0		
2009-01-21	196.400 0	0.360 0				
2009-03-25			200.000 0	1.200 0		
2009-04-21	300.000 0	1.080 0				
2009-05-26	300.000 0	1.200 0				
2009-06-23			300.000 0	1.450 0		
2009-07-21	300.000 0	1.710 0				
2009-08-26	300.000 0	1.710 0				
2009-09-25			300.000 0	2.150 0		
2009-10-27	300.000 0	1.980 0				
2009-11-26	300.000 0	2.050 0				
2009-12-24			300.000 0	2.350 0		
2010-01-28			300.000 0	2.920 0		
2010-02-11	400.000 0	2.650 0				
2010-03-18					300.000 0	3.400 0

第1章 中国人民银行的资产负债表和货币调控

(续表)

时　间	3个月的定期储蓄（亿元）	中标利率（%）	6个月的定期储蓄（亿元）	中标利率（%）	9个月的定期储蓄（亿元）	中标利率（%）
2010-04-22			300.000 0	3.300 0		
2010-05-25	400.000 0	3.480 0				
2010-06-24			300.000 0	4.200 0		
2010-07-15			300.000 0	4.000 0		
2010-08-26	400.000 0	4.100 0				
2010-09-21					300.000 0	4.600 0
2010-10-21			300.000 0	4.700 0		
2010-11-23			400.000 0	4.930 0		
2010-12-16			300.000 0	5.400 0		
2011-01-25			300.000 0	5.900 0		
2011-03-16			300.000 0	6.230 0		
2011-04-21					300.000 0	5.700 0
2011-05-24			400.000 0	5.500 0		
2011-06-21					500.000 0	5.900 0
2011-07-19	300.000 0	6.030 0				
2011-08-23			300.000 0	6.500 0		
2011-09-20	300.000 0	6.150 0				
2011-10-25			600.000 0	6.830 0		
2011-11-10			600.000 0	6.000 0		
2011-11-29			600.000 0	6.000 0		
2012-02-23			300.000 0	6.800 0		
2012-03-22			500.000 0	6.800 0		
2012-04-26			600.000 0	5.600 0		
2012-05-10			600.000 0	5.130 0		
2012-05-29					600.000 0	4.220 0
2012-06-19	600.000 0	3.230 0				
2012-07-24	500.000 0	3.500 0				

(续表)

时间	3个月的定期储蓄（亿元）	中标利率（%）	6个月的定期储蓄（亿元）	中标利率（%）	9个月的定期储蓄（亿元）	中标利率（%）
2012-08-23	400.000 0	3.520 0				
2012-09-19	400.000 0	3.700 0				
2012-09-25			400.000 0	4.320 0		
2012-10-18	500.000 0	4.000 0				
2012-10-25			500.000 0	4.500 0		
2012-11-13			500.000 0	4.700 0		
2012-11-22			500.000 0	4.800 0		
2013-04-23			400.000 0	4.500 0		
2013-05-23			400.000 0	4.800 0		
2013-06-20			400.000 0	6.500 0		
2013-07-11			500.000 0	5.010 0		
2013-07-18	500.000 0	4.300 0				
2013-08-15	500.000 0	4.690 0				
2013-08-27	500.000 0	4.750 0				
2013-09-12	500.000 0	4.230 0				
2013-11-14	300.000 0	6.000 0				
2013-12-10	300.000 0	6.300 0				
2014-01-14			500.000 0	6.020 0		
2014-01-23	400.000 0	6.130 0				
2014-02-20					500.000 0	6.300 0
2014-04-15			500.000 0	5.000 0		
2014-05-29					400.000 0	4.600 0
2014-06-26	500.000 0	3.800 0				
2014-07-15			500.000 0	4.320 0		
2014-07-24	500.000 0	4.000 0				
2014-08-28	600.000 0	4.100 0				
2014-11-25	600.000 0	4.560 0				

第1章 中国人民银行的资产负债表和货币调控

(续表)

时　　间	3个月的定期储蓄（亿元）	中标利率（%）	6个月的定期储蓄（亿元）	中标利率（%）	9个月的定期储蓄（亿元）	中标利率（%）
2014-12-04	600.000 0	4.330 0				
2014-12-18	600.000 0	4.650 0				
2015-01-22			500.000 0	4.680 0		
2015-02-27			500.000 0	4.970 0		
2015-03-19					300.000 0	5.250 0
2015-06-16	500.000 0	3.400 0	500.000 0	3.500 0		
2015-07-30	500.000 0	3.200 0				
2015-08-25	600.000 0	3.000 0				
2015-08-28	600.000 0	2.950 0				
2015-09-24			600.000 0	3.400 0		
2015-11-24	500.000 0	3.200 0				
2016-01-19					800.000 0	3.020 0
2016-05-27	400.000 0	3.200 0				
2016-06-16	800.000 0	2.750 0				
2016-07-21	500.000 0	2.750 0				
2016-08-23	500.000 0	2.800 0				
2016-09-14	600.000 0	2.750 0				
2016-09-20	600.000 0	2.550 0				
2016-10-24	800.000 0	2.950 0				
2017-03-16	600.000 0	4.200 0				
2017-05-19	800.000 0	4.500 0				
2017-08-18	800.000 0	4.460 0				
2017-08-24	800.000 0	4.510 0				
2017-10-16	800.000 0	4.420 0				
2017-11-17	1 200.000 0	4.600 0				
2018-01-15	800.000 0	4.700 0				
2018-02-07	1 200.000 0	4.500 0				

(续表)

时间	3个月的定期储蓄（亿元）	中标利率（％）	6个月的定期储蓄（亿元）	中标利率（％）	9个月的定期储蓄（亿元）	中标利率（％）
2018-03-26	500.000 0	4.620 0				
2018-04-20	800.000 0	4.500 0				
2018-05-09	1 200.000 0	4.630 0				
2018-06-15	1 000.000 0	4.730 0				
2018-07-17	1 500.000 0	3.700 0				
2018-08-16	1 000.000 0	3.700 0				
2018-08-17	1 200.000 0	3.800 0				

资料来源：www.pbc.gov.cn。

国库现金管理也成为货币政策日常操作的重要工具之一。根据统计，2006—2014年中央国库现金管理开展的8年间，总共向市场投放的资金达三万多亿元，累计收回的资金逾2.8万亿元，实现投资收益548亿元，这是直接的资金效益。中央国库现金管理不仅能够提高国库现金的运营效率，提高收益率，还能够配合货币政策，调节市场的流动性[①]。

2018年7月17日，央行公布了"2018年中央国库现金管理商业银行定期存款（七期）招招投标结果"，3个月期中标规模为1 500亿元，中标利率为3.7％。此次的1 500亿元国库现金招标规模达到了年内新高，同时利率水平却创下了年内新低。上次相同品种的招标结果是在2018年6月15日公布的，三个月期中标利率为4.73％，也就是说本次利率较上次下调1.03个百分点。事实上，自去年3月以来，该品种利率始终维持在4％以上，此次利率可谓创下了16个月以来的新低，再次向市场发出了引导利率下行的重要信号。2018年8月28日央行国库现金管理中标利率3.80％，较11天前的3.7％升10个基点，意味着央行在引导货币市场利率走势上行。

保持银行体系流动性充足将是货币政策操作的主要目标，正回购和逆回购公开市场业务操作仍然是央行调控市场流动性的重要工具，同时央行可以通过法定准备金率工具进行流动性注入的结构性调整，金融机构可以通过常备信贷便利、中央国库现金管理等融通资金，这几种工具的有效搭配将决定将来流动性注入的数量和方向。

---

① 中国央行国库局局长刘贵生2015年5月22日表示，开展国库现金管理过程中，要强调国库现金管理工作与货币政策相协调，即财政政策和货币政策相协调，从而增强整个国家宏观政策的有效性。

1.5 货币供给和调控机制转型

1.5.1 货币供给机制的转型

长期以来,外汇占款是我国基础货币的主要来源,基础货币的来源是被动投放的。实际上,从 20 世纪 80 年代中国人民银行建立以来,基础货币的主要来源可以分为三个阶段,2005 年 7 月汇改之前,我国基础货币来源主要是中国人民银行的再贷款,包括对货币存款银行的贷款和非银行金融机构的贷款,是中国人民银行基础货币的主要来源(见图 1-3)。

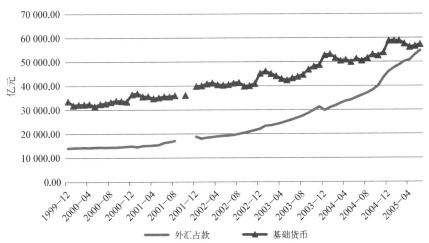

图 1-3 1999 年 12 月至 2005 年 7 月前外汇占款和基础货币的变化

数据来源:中国人民银行。

2005 年 7 月汇改至 2015 年 8 月汇改之间基础货币的来源主要是外汇占款的增加,2005 年后外汇占款对基础货币的影响越来越大。2001 年中国加入 WTO,中国对外贸易大幅度上升,贸易收支盈余增加。2005 年 7 月汇改以后,人民币汇率持续升值,也吸引外资持续流入,资本项目出现盈余。多年来我国一直保持国际收支的双盈余,外汇储备和外汇占款不断增加,并且外汇占款还较长时间超过基础货币,外汇占款和基础货币变动保持同步(见图 1-4),这一阶段外汇占款是我国基础货币的主要来源。

2015 年 8 月汇改至今,外汇占款对基础货币的影响下降。由于国际金融危机的冲击,后危机时代中国的外需下降,中国贸易收支盈余下降,对外贸易面临严峻的挑战。同时,

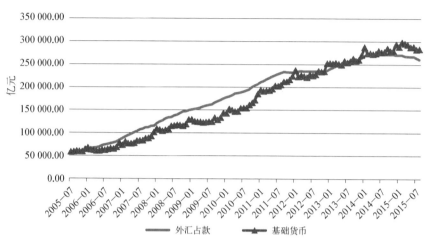

图 1-4　2005 年 7 月—2015 年 8 月外汇占款和基础货币的变化

数据来源：中国人民银行。

美联储开始逐步退出量化宽松政策,不断提高利率,美元升值,资本外流压力加大,人民币贬值压力上升。我国外汇储备和外汇占款开始下降,因此常备信贷便利对基础货币的影响越来越大,也就是说,基础货币被动供给转变为基础货币的主动供给。长期以来,国际收支双盈余,外汇储备和外汇占款大幅度上升,成为基础货币供给的主要来源,但 2015 年 8 月汇改以后,外汇占款下降,基础货币的来源依赖于创新型金融工具,包括公开市场业务、常备信贷便利等,基础货币由被动供给增加变为主动供给增加(见图 1-5)。

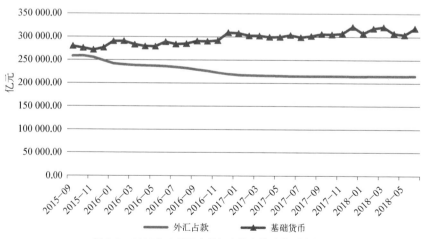

图 1-5　2015 年 8 月至今外汇占款和基础货币的变化

数据来源：中国人民银行。

1.5.2 调控机制转型

长期以来,信贷政策是我国货币政策的主要内容。1948 年 12 月 1 日,中国人民银行的建立标志着中国金融体系的开始。从 1948—1953 年,中国人民银行逐渐成为全国唯一的国家银行,信贷管理制度处于萌芽阶段。1953—1979 年,我国实行的信贷资金管理体制是"统存统贷"或称"统收统支"的高度集权的信贷资金管理体制。在统一的计划体制中,与高度集中的银行体制相适应,从 1953 年开始建立了集中统一的综合信贷计划管理体制,即全国的信贷资金,不论是资金来源还是资金运用,都由中国人民银行总行统一掌握。实行"统存统贷"的管理办法,银行信贷计划纳入国家经济计划,成为国家管理经济的重要手段,为大规模的经济建设进行全面的金融监督和服务。中国人民银行实际上是唯一的一家银行,既履行中央银行发行货币、调控经济的职能,又履行商业银行信贷资金配置的职能,制定存贷、收支计划,实行统存统贷管理。

从改革开放的初始阶段到 20 世纪 90 年代,我国的金融市场的发展处于起步阶段,市场规模较小,银行贷款在全社会信用中占主导地位,中央银行控制了贷款规模,也就控制了货币供应量。

由于各国经济和金融市场发展的程度有所差异,在直接操作向间接操作转变过程中也有所不同,概括起来主要有以下几种形式:第一种是在采用直接工具的同时,进行各项准备,发展金融市场和工具,加强市场基础设施建设,促进同业拆借市场和国债市场的发展,并开始放开利率,实施储备货币计划,逐步改革辅助货币政策工具和完善银行监管。当市场发展到一定广度和深度时,立即放弃直接工具,转向间接工具,开始真正的公开市场操作,如法国、墨西哥和智利。第二种是一面引入间接工具,一面发展金融市场,并在引入间接工具时已经放弃了直接控制手段,如新西兰和菲律宾。它们先取消直接信贷规模控制,放开利率,在发展货币市场的同时进行公开市场操作实施货币政策。第三种是并不立即取消直接工具,直到新的货币框架完全建立,在逐步引进间接工具同时暂时保留直接工具作为后盾,如波兰和捷克。它们在进行公开市场操作的同时,也使用直接信贷限额。我国采取的是渐进式的过渡方式。

1. 1978—1994 年指令性计划下的行政计划手段[①]

1978 年我国实行改革开放政策,改革开放初期我国实行的是计划经济,主要表现为指

---

① 本书关于调控转型的时间划分只是大概时间范围,并不是严格意义上的精确划分。计划经济体制下有指令性计划和指导性计划,它是以计划经济为基础的。1978—1994 年这一阶段是计划经济向市场经济的过渡阶段。

令性计划为主,中央集权为主的财政体制,实行统包统配的劳动工资等级体制。我国改革开放,把工作重心转移到经济建设上来,人民建设社会主义现代化国家的热情高涨,基建投资规模增加,财政支出扩大,国家扩大进口,外贸逆差。为了压缩投资规模,控制投资过热的情况,政府采用行政计划手段对国民经济进行调整,搞好综合平衡,处理好消费和投资的关系,缩短基本建设战线,严格控制新项目上马等措施,经济过热和通货膨胀得到了遏制。

1979—1984年,随着全面的经济改革的开展,我国实行"差额包干"的信贷资金管理制,即"统一计划、分级管理、存贷挂钩,差额包干"。运用计划和市场两个手段来分配贷款,将银行的存款与贷款联系起来,允许银行调剂各种不同项目的流动资金贷款指标,从而使各级银行获得了较大的资金管理权力,调动了地方积极性。不过,这一方法仍然是建立在对资金的无偿调拨基础上的。

1984—1994年1月汇改这一阶段,是我国由计划经济走向市场经济的不断探索阶段,1982年十二大提出计划经济为主,市场调节为辅,1986年,十二届六中全会指出商品经济是社会经济发展不可逾越的阶段。1984年,党的十二届三中全会正式提出社会主义经济是公有制基础上的有计划的商品经济的观点。1987年,十三大提出"社会主义有计划商品经济的体制应该是计划与市场内在统一的体制"的观点。1992年,十四大正式确立"我国经济体制改革的目标是建立社会主义市场经济体制"。

应该说这一阶段是我国计划经济向市场经济转型的阶段,1984年1月1日,中国工商银行从中国人民银行分离出来,正式成立,从而使得中国人民银行能够专门行使中央银行的职能,但是货币信贷的发行仍然有计划经济的特征,金融极不发达,人民币汇率是双轨制,财政体制是统收统分,对国民经济的调整主要由指令性计划向指导性计划转变,行政计划手段要考虑到商品经济和市场变化的特点,调控手段的弹性增加了。1985—1993年,伴随着中央银行体制建立,我国实行"实贷实存"的信贷资金管理体制,即"统一计划、划分资金、实贷实存,相互融通"。1984年,专业银行与中央银行划分了资金,开始从事商业业务。同时,对各专业银行制定了向中央银行上缴存款准备金制度,准备金制度即为"实贷实存"的核心,它使中国人民银行与专业银行之间的无偿资金调拨关系转变为有偿资金借贷关系,各专业银行成为独立的经济单位和自负盈亏的商业性机构。各专业银行需通过吸收存款来筹集所需资金,中国人民银行不再保证银行资金的供应;人民银行仍对商业银行贷款的方向、结构与规模进行控制。中国人民银行从存贷业务中分离出来成为真正意义上的中央银行。

信贷计划具有其自身的局限性。信贷计划的制定首先由商业银行逐级提出计划信贷资金需求,由中央银行进行汇总,是一个自下而上的过程。中央银行采取根据上期预计实现指标与本期计划信贷规模"挂钩"的方法核定国有商业银行信贷规模指标,这种方法导

第1章　中国人民银行的资产负债表和货币调控

致商业银行及其分支机构采用各种手段虚报上年信贷基数以谋取更多的信贷指标。而在贷款的实际发放时,基层商业银行倾向于发放商业性贷款以谋取高额利润,使国家政策性计划贷款指标无法完成,迫使中国人民银行为保证政策目标的实现不得不追加信贷规模,使实际贷款投入超过信贷规模计划额。信贷计划管理的弊端体现在:(1)信贷计划与市场机制资源配置的矛盾越来越突出;(2)金融市场发展、金融工具多样化和金融机构自主权的增强致使信贷计划和限额管理的政策效力趋于丧失;(3)信贷计划的执行与监督的操作难度越来越大。

2. 1994—2005年由指令性计划向指导性计划转变,并向市场机制调控转型①

1994年1月,我国进行了汇改,消除了汇率双轨制。我国利率水平和结构的确定与调整由中央银行统一管理,专业银行在一定程度上和范围内享有浮动权。长期以来实际上是中国人民银行拥有决定权,其他金融机构必须照章执行。严格的利率管制政策逐渐松动,利率调整频率增加,商业性金融机构有了一定的利率浮动权。全国同业拆借利率、国债、金融债回购等货币市场利率率先实现了市场化,但占社会融资份额很大比例的存贷款利率仍由中央银行确定。直接工具是指通过限制价格(利率)和数量(银行信贷)直接影响商业银行的行为。直接工具主要是信贷限额和利率控制。信贷限额有三类:一是选择性的信贷控制,即通过特定的手段限制某些部门的信贷规模。如对优先部门的贷款利率补贴、优惠再贴现率、直接预算补贴等。二是对银行系统总的信用控制,通过控制各个银行的信贷总额来进行。利率控制可以采取多种形式,如直接规定存贷款利率,或通过法定的再贷款利率和银行固定的利率差价相结合。这一阶段,我国货币市场的利率结构和水平也不尽合理,利率倒挂现象非常突出,中央银行进一步调整和理顺中央银行的利率水平和结构,同时进一步理顺准备金利率、再贷款利率和再贴现率之间的关系。

1994年,信贷资金管理体制改为"总量控制,比例管理,分类指导,市场融通。"全面实行资产负债比例管理的信贷资金管理体制改革。20世纪90年代市场经济体制初步建立,逐步建立了以信贷规模为中间目标、以稳定信贷规模为最终目标的货币政策体系,利率杠杆在货币政策中的作用逐步加强。1994—2005年7月汇改之间,是我国指令性计划向指导性计划转变的阶段,并逐步向市场化调控机制转型。中国1998年之前使用的货币政策工具以计划手段为主,有信贷计划、现金计划、贷款规模控制等多种货币政策工具,并逐步运用存款准备金率、再贷款(再贴现)利率等货币政策工具调控基础货币,逐步转向间接方式调控货币供给,这是我国银行制度变化的重要一步。信贷计划即贷款规模②控制,1998

---

① 随着计划经济向市场经济的转型,指令性计划向指导性计划转变,同时也逐步形成市场经济基础下的直接调控。

② 贷款规模:即国家银行等金融机构每年新增贷款限额。

年以前是我国最重要的货币政策中介目标和货币政策工具。贷款规模根据情况可以调整,是调节货币供应量的一种手段。随着国家经济管理制度从计划经济体制向市场经济体制的过渡,信贷资金的宏观管理体制先后经历了"统存统贷""差额包干""实贷实存"和"比例管理"阶段,从1998年1月1日起,对商业银行贷款增加量的管理由指令性计划改为指导性计划。

改革开放前,我国货币政策传导是从人民银行到人民银行分支机构,再到企业,从政策手段直接到最终目标,信贷资金计划是主要的货币政策工具。改革开放后的80年代,随着中央银行制度的建立和金融机构的发展,货币政策形成从中央银行到金融机构,再到企业的传导体系,中央银行的再贷款成为主要的货币政策工具之一。1994年以前,中央银行的货币政策工具主要是贷款规模控制,再贷款是从属于贷款规模的。如果商业银行的贷款额超过了贷款规模,就得不到央行的再贷款。这一时期中国货币政策主要依靠银行信贷渠道传导。1994年外汇体制改革后,中央银行的外汇占款增加较多,采用"对冲"操作控制基础货币,即外汇占款增加后收回或减少对金融机构的再贷款。之后针对资产业务之间的"对冲"操作仍不足以抑制货币供应量过快增长的现实,中央银行又通过负债业务,发行中央银行融资券和对有关机构开办特种存款,减少金融机构的备付金,达到控制货币供应量的目的。与此同时,中央银行还引入了再贴现工具,并尝试开展公开市场业务操作。1997年外汇储备大幅上升,外汇占款持续增加,央行收回对国有银行的再贷款进行"对冲"操作。

1998年1月1日,中国人民银行取消了对商业银行的贷款限额控制,改为指导性计划,实行"计划指导、比例管理、自求平衡、间接调控"的信贷资金管理体制,窗口指导成为信贷政策的主要形式。中央银行根据国民经济的宏观形势通过窗口指导,对商业银行的一些经营行为进行道义上的劝说和建议,给商业银行贷款自主权,货币政策调控由直接调控向间接调控转变。中央银行通过信贷政策的引导和窗口指导保持宏观经济稳定健康地运行。

我国信贷政策工具与货币政策中的其他总量政策工具不同的是,信贷政策着重解决结构问题,通过窗口指导,引导信贷投向,促进产业和产品结构调整,促进国民经济的持续协调发展。而货币政策中的其他政策工具主要解决总量问题,通过调节货币供应量和信贷总规模,平衡社会有效供求,从而保持货币币值的稳定。由于我国间接融资还处于主导地位,发育程度不高的市场难以对信贷资金进行有效配置,信贷政策在较长时期内发挥重要作用,以解决经济中的结构矛盾。

1998年取消贷款规模控制后,逐步过渡到市场经济条件下的直接调控和间接调控手段相结合,主要为信贷规模、货币供应量、再贷款、公开市场业务操作、利率调整等。货币政策的有效实施首先要求中央银行选择合适的货币政策工具来控制基础货币的创造,对

第 1 章 中国人民银行的资产负债表和货币调控

基础货币的控制是通过对中央银行的资产的控制实现的。基础货币可以看作是由中央银行控制的"输入",通过中央银行、商业银行及非银行部门之间的相互作用生成的货币供应量可以看作是商业银行的"输出"。中央银行运用货币政策工具对操作目标实施影响,操作目标进一步引起中介目标的变化,最终影响实际经济变量。

3. 2005—2015 年由直接调控向间接调控转型,并逐步转向间接调控为主①

2005 年 7 月汇改至 2015 年 8 月汇改之间,我国由直接调控向间接调控转变,并以间接调控为主。2005 年 7 月我国进行人民币汇率形成机制的改革,建立由市场供求决定、参考一篮子货币有管理的浮动汇率制度,人民币对美元汇率弹性增加。人民币利率的市场化改革也在稳步推进,货币政策的宏观调控逐步由直接调控向间接调控转型。间接工具主要是公开市场业务、央行的再融资(主要为再贴现形式)和存款准备金率的调整等,主要是通过对银行体系的准备金头寸进行操作,进而影响银行贷款能力。这是中央银行控制货币供应量和利率的重要工具。这一阶段由于我国国际收支的双盈余,外汇储备和外汇占款持续增加,基础货币不断增加,货币供应量上升较快,中央银行必须进行冲销干预吸收过多的流动性,中央银行综合运用多种货币政策工具包括法定准备金率、公开市场业务(正回购、逆回购和央行票据)、调整存贷款利率等手段调节市场流动性,逐步形成了中央银行的间接宏观调控体系。

因此,这一阶段中国人民银行的宏观金融调控,不再以信贷规模为中介目标和操作目标,而改为调控货币供应量和商业银行的资金头寸;不再依靠贷款限额这一行政手段,而改为综合运用存款准备金、再贷款、再贴现、公开市场业务和利率等货币政策工具,及时调控基础货币,保持贷款适度增长,避免货币供应过多或不足,维护币值稳定,促进国民经济快速健康发展。另外,以开展消费信贷业务为标志,信贷政策的指导重点由主要重视生产领域开始转向同时重视生产领域与消费领域。

4. 间接调控下由数量型工具向价格型工具转变

2015 年 8 月汇改,人民币对美元汇率弹性进一步增加,人民币汇率双向波动明显,同时经过多年的市场化改革,我国存贷款利率逐步放开。在直接调控之下,中央银行通过控制贷款限额和行政命令规定利率,直接控制货币供应量和利率水平。但在间接调控的条件下,中央银行主要通过准备金率的变化、控制再融资数量和利率以及公开市场业务等间接调控手段来调节货币供应量和利率。2015 年 8 月前,我国基础货币的增加是被动的,央行通过多种手段控制基础货币的增加,中央银行货币政策工具更偏向于数量型工具,一是外汇储备的增加,会直接导致基础货币的增加,因此央行更多地通过提高法定准备金率和

---

① 市场经济体制下,有直接调控和间接调控,它是以市场经济为基础的。

发行央票等手段控制基础货币的增加;二是我国还没有形成有效的利率调控体系,汇率与利率之间、货币市场和信贷市场数量和价格等之间的传导并不十分灵敏,通过利率调控难以达到预期的效果;三是货币市场还没有形成一个有效的市场认可的基准利率,如美国是联邦基金利率(Federal Funds Rate)、欧元区的再融资利率(Interest Rate on Main Refinancing Operations)和日本的银行间无担保的隔夜拆借利率(Uncollateralized Overnight Call Rate)等,中央银行更多通过存贷款利率的调整来调控企业的成本。

2015年8月汇改后,中央银行的货币政策将逐步由数量型工具向价格型工具转变。随着中国经济规模不断扩大和中国金融市场的不断发展,数量型工具调控缺陷不断显露出来:一是数量工具调控主要是调控基础货币或超额准备金,控制银行体系的信贷规模或货币供应量,难以控制社会融资规模,数量型工具难以实现央行的中间目标。二是数量型工具主要针对数量型目标,如以基础货币为目标,统计数据有一定的滞后性,如果根据滞后的数据调控,调控效果可能会大打折扣。三是数量型工具和价格型工具是分离的,也就是说,在汇率和利率管制的情况下,数量型工具调控对利率和汇率的影响较小,不能够有效地传导到其他市场。但是,价格型工具调控优于数量型调控主要体现在:一是利率指标有很强的信号功能,能够迅速传递到市场主体;二是利率变动能够引导市场预期,能够很好地传达中央银行的意图;三是利率变动能够影响资金的供求关系,能够有效地传导到股市、债市等市场;四是利率目标容易实现,不存在滞后性。货币政策价格型工具要建立在发达金融市场基础之上,经过多年的发展,我国逐步形成了包括货币市场、资本市场、外汇市场和金融衍生品市场等完备的金融市场体系,汇率和利率市场化改革也取得突破性的进展,具备价格型工具操作的市场基础和市场有效运行的传递功能。在此基础之上,要逐步完善以利率调控为基础的间接宏观调控体系,形成基准利率为主导的调控模式,传递货币政策信号。

我国中央银行宏观调控方式转变面临的主要问题是:一是需要大力发展货币市场。货币市场交易规模和货币市场金融工具的品种相对较少,阻碍了间接调控工具的有效使用。二是推进利率市场化,构建货币市场调控的基准利率。利率市场化是中央银行间接调控的前提,在利率市场化的条件下,央行就可以通过间接的货币手段,调控基准利率,调节银行和一般公众的流动性,在一定流动性偏好下,通过他们的资产组合调整,影响信贷市场和资本市场的利率和资金流量,从而影响投资。三是金融体制的改革有待进一步深化。中央银行缺乏相对的独立性,国有银行自我约束能力不强,使宏观调控更多地依赖直接工具。企业的信贷需求对利率变化相对不敏感。长期以来国有企业软预算约束削弱了中央银行宏观调控的有效性。

由此可以看出,我国中央银行调控方式的转变应该是一个渐进的过程,一方面要逐渐减少直接工具的使用;另一方面要大力培育短期货币市场,促进间接工具调控的发展和完善。因此，可以看出我国宏观调控转变是分阶段逐步实现的。在利率未市场化和短期金融工具尚不发达的条件下，中央银行主要通过以中央银行再贷款和中央银行存贷款利率的调整作为基本的货币政策工具，以存款准备金率和OMO为辅助性工具；在利率市场化和货币市场发展到一定规模的条件下，中央银行应转变到以OMO和法定准备金率等的使用作为主要工具，再贷款和存贷款利率控制作为选择性工具，调节货币市场流动性和利率。

第 2 章

货币乘数和货币流通速度

2.1 基础货币和货币乘数

货币乘数和货币流通速度是货币经济学的关键概念,是体现名义产出水平和基础货币之间关系的宏观变量。由货币数量论公式 $MV=PY$,而货币供应量 $M=Bm$,B 是基础货币,m 是货币乘数,则 $BmV=PY$,两边取对数得到:$\ln B+\ln m+\ln V=\ln P+\ln Y$,因此:$\dfrac{\mathrm{d}B}{B}+\dfrac{\mathrm{d}m}{m}+\dfrac{\mathrm{d}V}{V}=\dfrac{\mathrm{d}P}{P}+\dfrac{\mathrm{d}Y}{Y}$,为了刺激经济,拉动内需,增加货币信贷投放总量将是货币政策的一项重要任务。中央银行采取扩张性货币政策刺激经济的有效性要受货币乘数和货币流通速度两个关键因素的制约。如在 2008 年国际金融危机的冲击下,全球经济形势恶化,消费者和投资者信心不足,各国经济面临通货紧缩的威胁。通货紧缩也威胁到我国的宏观经济运行,通常治理通货紧缩主要是采取扩张性的宏观经济政策。我国先后推出了一系列的货币和财政措施,如央行降低利率、法定准备金率、取消信贷规模限制,减少资金回笼等措施;财政政策主要是减税、扩大政府支出,其中包括增加 4 万亿投资拉动内需,等等。但货币政策的效果依赖于货币乘数和货币流通速度。

2.1.1 国际金融危机冲击下的通货紧缩风险

关于通货紧缩概念尚无统一的定义,一是认为通货紧缩是指价格总水平的持续下降。二是认为和通货膨胀一样,通货紧缩的根源是一种货币现象,即不论其机理和传导机制如何,其最根本和直接的原因是货币流通量或货币流通速度的下降[1]。因此,通货紧缩的基本特点:货币流通量或货币流通速度的下降是其本质;价格持续下降是其另一个特征性表现,通货紧缩的后果是导致经济衰退。2008 年,在国际金融危机的冲击下,经济形势发生逆转,主要经济体由上半年的通货膨胀迅速向通货紧缩转变,全球经济萎靡不振。还有1997 年爆发了东南亚金融危机,1998 年我国又遭遇了百年不遇的特大洪涝灾害,我国经济下滑,物价下跌,我国面临通货紧缩的风险,经济由原来的通货膨胀转向通货紧缩。

金融危机导致通货紧缩主要通过以下几个渠道发生。首先,国际金融危机导致各国

---

[1] 陆前进:《货币银行学教程》,立信会计出版社,2003 年,第 311—315 页。

消费和投资支出下降,从而总需求下降,引起实体经济的萧条,居民和企业自主性消费支出和投资支出减少,商品市场供过于求,价格水平降低,总产出水平下降,通货紧缩风险上升。其次,在金融危机的冲击下,预期对消费者支出和投资支出的影响起着重要作用。如果消费者和投资者预期中不确定的因素增加,对经济前景担忧,将影响消费者和投资者的信心,并由此导致边际消费倾向和投资支出降低。这种由消费者预期导致消费行为的变化更大程度地反映在耐用消费品的支出减少如汽车和家电产品等,影响这些企业回笼资金和正常再生产,成为导致经济衰退的主要因素之一。第三,国际金融危机的传染也会导致一国消费和投资支出外生性下降,引发通货紧缩。国际金融危机对一国的涉外部门会造成较大冲击,包括外商直接投资和新增投资的减少以及出口的下降。当该国经济对外依存度较高时,即外商直接投资和对外贸易在对GDP的贡献中占有较大比重时,并且主要贸易国或投资国如美国和欧洲等发生金融危机,其消费水平的下降和资金流出将直接导致对该国出口和投资的下降。因此,在国际金融危机的传染下,该国的出口企业将受到打击;金融危机也将造成直接投资资本流入减少,导致投资水平下降;再加上投资乘数的作用会使得这种来自外部的投资和消费的下降引起国内总需求较大程度的收缩,因而成为导致通货紧缩的又一个主要因素。特别地,随着全球经济一体化、金融国际化趋势的增强,这种由国际传导机制引发的通货紧缩,成为近年来威胁各国通货紧缩最主要因素之一。

除上述渠道之外,债务紧缩机制也是影响通货紧缩的又一重要因素。国际金融危机导致资产价格下降,资产价格的下降直接减少了投资者的财富,或者说导致财富从投资者流向储蓄者,这是由于资产价格的下降也同时意味着货币价格的上升,引起货币的实际所有者(储蓄者)财富的增加。一方面,投资者财富的减少通过财富效应,使得投资者缩减了消费和投资需求,表现为减少消费、归还原有贷款、减少新增借款。另一方面,投资者资产净值的下降直接导致了债务比率的上升和财务状况的恶化,投资机构出现困境可能造成大量的债务不能偿还,导致银行的债务资产质量迅速恶化,不良资产将威胁金融机构的安全。投资者的债务窘境引起银行净资产减少,也降低了银行的资本充足率。资本充足率的要求,以及贷款损失可能性上升都使得这些银行不得不紧缩信贷,采取更为谨慎的经营方式。投资者对未来收入下降的预期也同样引起投资者尽量减少债务融资如企业减少债券融资,从而影响其投资支出行为。另外,对未来投资收益预期的不确定性的增加,也提高了债务融资的风险贴水,相当于提高了债务融资的实际成本,同样引起企业债务融资量下降,投资支出减少。因此消费需求和投资需求的全面萎缩不仅导致价格水平的持续下跌和经济增长速度的下降,对货币交易需求和投机需求的减少也导致货币流通量的减少或货币流通速度的放慢,从而可能形成通货紧缩的局面。

从我国的经济情况来看,1997—1998年的东南亚金融危机期间,CPI和PPI不断下滑,一直到1998年底至1999年初,经济增长率也持续下滑。而2008年国际金融危机爆发,2008年8月份以来,CPI和PPI持续下降,2008年12月我国的PPI出现了负增长;2009年1月份,我国CPI同比上涨1%,环比下降0.2%,PPI同比下降了3.3%;2月份,居民消费价格总水平同比下降1.6%,6年来首度出现负增长,PPI更是同比下降4.5%(见图2-1),通货紧缩迹象明显,随后物价指数继续下滑。

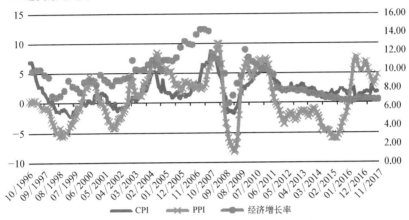

图2-1 物价指数和经济增长率(1996年10月—2018年6月)

数据来源:国家统计局。

为了防止国际金融危机导致的通货紧缩,1998年我国采取积极的财政政策和稳健的货币政策。针对2008年的国际金融危机,除了积极的财政政策,2008年11月我国就提出采取适度宽松的货币政策进一步拉动内需,扩张货币和信贷,缓解通货紧缩的压力,促进经济增长。央行主要通过货币政策工具的操作增加基础货币的投放,但货币政策的有效性取决于两个关键因素:货币乘数和货币流通速度(见图2-2),在国际金融危机的冲击下,货币乘数和货币流通速度会发生较大的下滑。

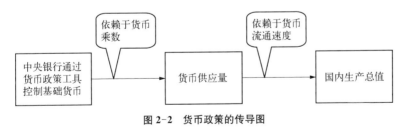

图2-2 货币政策的传导图

2.1.2 货币供给和基础货币、货币乘数

我们知道货币供应量是由基础货币和货币乘数所共同决定的,基础货币或货币乘数

的上升都会导致货币供应量的增加。国际金融危机后,2009年初央行强调"要综合运用利率、存款准备金率、公开市场操作等政策工具灵活调节资金供求,必要时还可以使用创新金融工具保持市场的合理流动性",意味着2009年中央银行将通过这些货币政策工具促进流动性的增长。实际上,进入2009年,央票到期的规模较大,而央票发行量又在下降,同时政府扩大支出的规模在上升,基础货币会继续上升。基础货币上升,货币供应量会否同时扩张呢?这要取决于货币乘数。央行不断下调法定准备金率,有利于提高货币乘数,但如果银行没有把资金贷出去,资金仍然停留在准备金账户上,超额准备金率会上升,信贷并不能够得到有效扩张。也就是说,虽然基础货币增加了,但是货币乘数可能下降,市场流动性并没有得到大幅度上升。基础货币是中央银行可以直接控制的,如通过公开市场业务自由投放或回笼资金,但是货币乘数并不完全是由中央银行控制,中央银行只能够部分控制。

根据央行公布的数据,我国2008年11月份的基础货币为119 332.71亿元,比10月份增加了3 617.41亿元,增幅迅速上升,其中货币发行增加413.09亿元,金融性公司存款增加更是达到3 204.32亿元,12月份基础货币更是大幅度增加了9 889.62亿元,其中货币发行增加2 659.3亿元,金融性公司存款增加更是达到7 230.32亿元之多。从央行资产负债表负债方来看,除了现金和法定准备金是已实现的基础货币外,资产负债表的其他各项,在某种条件下都可以转化为已实现的基础货币。货币供给由基础货币和货币乘数共同决定,如果基础货币上升,货币乘数下降,则货币和信贷的上升将受到制约。

假定 M 代表货币存量;C 代表非银行公众所持有的通货;D 代表商业银行的存款(包括活期存款和定期存款),则有

$$M = C + D$$

在 M 当中,能被中央银行直接操纵的是高能货币(即基础货币),以 B 表示。以 R 表示商业银行的存款准备金,则 $B = C + R$。可得

$$\frac{M}{B} = \frac{C+D}{C+R} = \frac{\left(1+\dfrac{C}{D}\right)}{\dfrac{R}{D}+\dfrac{C}{D}}$$

或

$$M = \frac{\left(1+\dfrac{C}{D}\right)}{\dfrac{R}{D}+\dfrac{C}{D}} \cdot B$$

第 2 章 货币乘数和货币流通速度

其中，$\dfrac{\left(1+\dfrac{C}{D}\right)}{\dfrac{R}{D}+\dfrac{C}{D}}$ 为货币乘数 m，决定于商业银行的存款准备金比率 $\dfrac{R}{D}$ 与社会公众的存款通货比率 $\dfrac{C}{D}$。我们令 $\dfrac{R}{C+R}=v$；$\dfrac{C}{C+R}=1-v$；$\dfrac{RR}{R}=\mu$；$\dfrac{ER}{R}=1-\mu$。因此 $\dfrac{M}{B}=\dfrac{C}{C+R}+\dfrac{D}{C+R}=1-v+\dfrac{R/(r+e)}{C+R}=1-v+v\dfrac{1}{(r+e)}$，式中：$R=RR+ER$；$\dfrac{RR}{D}=r$；$\dfrac{ER}{D}=e$。

因此由 $\dfrac{\mu R}{D}=r$，$\dfrac{(1-\mu)R}{D}=e$，两式相除得：$\dfrac{\mu}{1-\mu}=\dfrac{r}{e}$，得到：$\mu=\dfrac{r}{r+e}$，因此货币乘数 $m=\dfrac{M}{B}=1-v+v\dfrac{\mu}{r}$，如果 r，v 不变，则 μ 上升，货币乘数上升，μ 下降，货币乘数下降。超额准备金下降，不影响基础货币总量，但影响基础货币的结构，货币乘数上升，货币供应量增加。2009 年我国超额准备金率持续下滑(见图 2-3)，货币和信贷的上升主要是由于超额准备金率下降，货币乘数上升的缘故。与之前我国超额准备金率下降不同的是，2009 年度央行没有调整法定准备金率，而以前超额准备金率下降主要是央行不断提高法定准备金率所导致的。

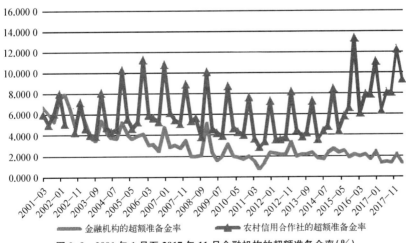

图 2-3　2001 年 1 月至 2017 年 11 月金融机构的超额准备金率(%)

资料来源：中国货币政策报告有关各期。

实际上，2008 年 9 月份开始，我国货币政策由"从紧"转向"适度宽松"，经过了短暂的调整后，11 月份和 12 月份新增贷款开始增长；进入 2009 年，我国银行信贷更是增长迅速，第一季度就达到创纪录的4.58万亿元,占2008年新增信贷目标5万亿的92%。2008年底银行信贷增加主要是由于我国基础货币迅速增加;2009年第一季度银行信贷激增主要是由于银行体系超额准备金下降,货币乘数迅速上升所导致的。

根据央行公布的数据,2008年11月份我国广义货币供应量比10月份增加5 512.34亿元,人民币贷款新增4 769亿元;12月份广义货币供应量增加16 521.94亿元,人民币贷款增加7 400亿元,货币供应量和新增贷款呈现大幅度回升的态势。从货币乘数变化来看,2008年10月份我国的广义货币供应量货币乘数为3.92,11月份、12月份分别下降为3.84和3.68(见图2-4),因此2008年底的信贷增加主要是由于基础货币增加所导致的。但进入2009年,我国基础货币并没有大幅度增加,1月份我国基础货币为129 653.44亿元,只比去年12月份多增431.11亿元,2月份基础货币为125 446.91亿元,反而比1月份下降了4 206.53亿元,3月份基础货币比2月份下降了1 170.25亿元,4月份 比3月份下降10.28亿元,5月份比4月份下降1 488.47亿元,2009年前几个月我国基础货币一直是下降的。但2009年1月、2月份、3月份、4月份和5月份广义货币供应量增加分别为20 968.7亿元、10 572.76亿元、23 918.64亿元、9 854.5亿元和7 782.3亿元;新增贷款增加分别为:1.62万亿元、1.07万亿元、1.89万亿元、5 918亿元和6 645亿元(见图2-5),货币供应量和银行信贷迅速增加,因此在我国基础货币下降的情况下,导致2009前5个月货币供应量和信贷激增的主要因素是货币乘数。2009年初,我国货币乘数开始反弹,1月份的货币乘数上升到3.83,2、3、4、5月份的货币乘数进一步上升,分别为4.04、4.269 7、4.349 3、4.465 4,货币乘数一直在持续上升。因此前几个月货币乘数的放大作用是货币供应量和信贷增加的主要推动力,货币乘数上升反映了市场信心恢复,金融机构愿意增加贷款,投资者也愿意借款。

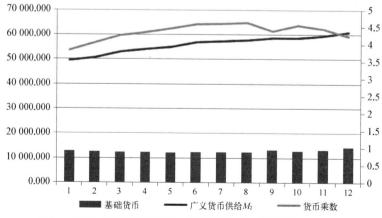

图2-4 2009年基础货币(亿元),货币乘数和广义货币供给M_2(亿元)

第 2 章 货币乘数和货币流通速度

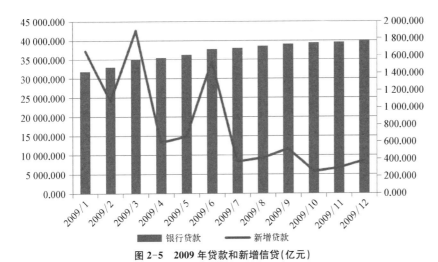

图 2-5 2009 年贷款和新增信贷(亿元)

数据来源：CEIC 数据库和中国人民银行网站。

从我国 6 月份的数据来看,我国金融机构人民币各项贷款较上月新增 15 304 亿元,存款较上月新增 20 022 亿元,货币供应量上升 20 652.69 亿元,上升幅度较大。从 6 月份的央行资产负债表来看,货币供应量和新增存贷款的大幅度上升主要是由于基础货币和货币乘数上升共同作用的结果。6 月份我国基础货币是 123 929.74 亿元,比 5 月份增加了 1 151.83 亿元,广义货币乘数为 4.590 6,比 5 月份上升了 0.125 2(见图 2-4)。因此,与上半年前几个月不同的是,6 月份货币供应量和新增贷款的激增是由于基础货币和货币乘数同时上升的结果,货币乘数上升起到至关重要的作用。实际上,2009 年上半年货币乘数上升主要是由于我国超额准备金率下降,根据 2009 年央行第一季度和第二季度的货币政策执行报告可以发现,这个时间段金融机构的超额准备金率出现了下降,从 2008 年第四季度的 5.11% 下降到 2009 年第二季度的 1.55%,再联系货币乘数的定义,可以知道在其他条件不变的情况下,超额准备金率的下降将会使得货币乘数上升,因此超额准备金率下降了 3.56% 推动了货币乘数的上升,有力地促进了货币供给量。货币乘数的上升一定程度反映了市场对未来的信心,在经历了 2008 年的金融危机后,在中央实施了一系列的经济刺激政策后,市场对未来信心逐渐加强,金融机构愿意增加贷款而投资者也愿意借款进行投资。值得注意的是,在 2009 年,央行没有调整法定存款准备金,因此这个阶段金融机构超额准备金率的下降主要说明了金融机构纷纷将资金贷出去。根据我国这个时间段的贷款和新增贷款数据,可以看出贷款呈现稳定的上升趋势,因此可以印证我们这部分的理论分析。

随着超额准备金率下降见底,货币乘数也上升见顶,从 7 月份的数据来看,货币乘数为4.594 1,比6月份略有上升,8月份货币乘数继续上升,达到4.630 8。在保增长的经济目标下,随着超额准备金率下降到较低水平,货币乘数上升,货币和信贷增加,2009年前8个月就是如此。但随着货币乘数见顶或略有下降,货币和信贷的增长将主要依赖于基础货币的变动,如2009年9月份货币乘数开始下降,为4.388 1,但基础货币上升较大,2009年9月份基础货币比8月份增加了8 870.57亿元,银行体系流动性上升,有利于信贷的扩张。

2009年8—12月,基础货币的波动开始加剧,整体呈现出明显的上升趋势。在这个时间段,广义货币供给量仍呈现稳定的上升趋势,但是货币乘数较为稳定且略有下降。因此,可以说这个时间段货币供给量的上升主要是因为基础货币的增加。观察金融机构的超额准备金率从第二季度的1.55%不断上升到第四季度的3.13%,超额准备金率的上升,使得货币乘数变小,货币的扩张能力下降。在这个时间段,金融机构开始放缓资金放贷的步伐,货币和信贷过度扩张的状况得到了一定程度的遏制,观察这个时间段的贷款和新增贷款数据可以发现,尽管贷款还在不断上升,但是新增贷款较2009年上半年相比大幅下降了。通过分析,可以看出虽然2009年一整年,广义货币供给都在不断上升,但是在不同的时间段,货币供给或是由于货币乘数的上升或是由于基础货币的增加而不断上升。

由于中央银行采取适度宽松的货币政策,2009年的银行信贷上升较快,全年新增贷款增加9.59万亿元,比2008年高出将近1倍。

基础货币和货币乘数变动影响货币供应量,货币供应量增加必然会反映到银行信贷的增加上,控制基础货币和银行体系的超额准备金是央行控制贷款的两种主要途径,通过对基础货币和货币乘数的调控,央行可以控制银行信贷的变动。

2.1.3 货币流通速度与货币政策的有效性

经济能否有效扩张还依赖于货币流通速度,即使银行资金能够贷放出去,货币供给增加,但是货币供应量增加对实体经济的影响大小还依赖于货币流通速度的变动。实际上,我们从传统货币数量说理论可以清楚地看出这一点,根据这一理论,一定时期内流通的货币数量×货币的流通速度=国内生产总值,由此可以看出,实现一定规模的国内生产总值,必须有一定数量的货币和一定水平的货币流通速度。即使经济体的货币存量不变,如果货币流通速度下降,货币流通受阻,金融市场和商品市场的交易水平会下降,整个经济规模也会下滑,实体经济增长将变缓。货币流通速度下降反映了一定量的货币供给实现国内生产总值的水平下降了,货币扩张对经济刺激的效果下降。因此,为了维持金融市场和实体经济的正常运转,促进金融市场和实体经济交易顺利完成,刺激国内经济的增长,必须提升货币流通速度。这是央行货币政策调控面临的又一个问题。

2008年,我国经济增长9%,广义货币供应量M_2增长18.7%,全年新增贷款4.9万亿元,因此 2009 年我国确定新增贷款为 5 万亿元目标也应该是比较合理的①。我国当时制定的 5 万亿元的目标是根据"保八"的目标大致确定的一个数据,但这个中间目标最终到底多少是由最终目标"保八"的实现来决定的? 实现一定规模的实际国内生产总值,必须有一定数量的货币和一定水平的货币流通速度,还要受价格水平的影响。国内货币供应量的增加,必须有三种形式实现均衡,一是实际产出增加;二是价格水平上涨;三是货币流通速度下降,或者三者之间的合理搭配。我国实际产出是"保八"目标,货币供应量的增加是否能够实现这一目标,还要取决于价格水平或(和)货币流通速度这两个重要因素。因此,2009 年在"保八"的目标下,新增贷款数量也要取决于货币流通速度和价格水平的变化。在金融危机的冲击下,通货紧缩,价格水平持续下降,必须提升货币流通速度。

实际上,如果货币流通速度上升,一单位的货币供应量能够实现的国内生产总值就增加,因此需要的货币供应量就减少。如果货币流通速度变慢,则需要的货币供应量就会增加,尤其在国际金融危机的冲击下,投资和消费信心下降,货币流通速度会变慢,需要的货币供应量会增加。如果物价水平上升,货币供应量增加主要是导致物价升高,对实际产出的影响就小,因此需要更多的货币供应量促使实际产出增加。如果物价水平下降,货币供应量增加主要是导致产出增加,对实际产出的影响就越大,因此需要较少的货币供应量就可以促使同样多的实际产出增加。总结起来,如果货币流通速度不变,货币供应量增加只影响价格水平和实际产出的变动,若价格水平上升,实现一定的经济增长,需要的货币供应量就多;若价格水平下降,实现同样的经济增长,需要的货币供应量就较少。如果货币流通速度上升,若价格增长小于货币流通速度上升,需要的货币供应量就少;若价格水平增长率大于货币流通速度增长率,需要的货币供应量就较多。如果货币流通速度下降,则实现一定的经济增长,需要的货币供应量取决于价格增长和货币流通速度下降相对变动率的变化。尤其在金融危机的冲击下,货币流通速度变动至关重要。

2.2 存款准备金率提高和公开市场业务冲销对基础货币和货币乘数的影响机制分析

2008 年国际金融危机爆发前,我国国际收支双盈余,外汇储备和外汇占款不断增加,市场流动性过剩,中央银行采取多种手段对冲过剩的流动性,包括人民币升值、提高存贷款利率、提高法定准备金率和发行央行票据等。2008 年国际金融危机爆发,我国宏观经济

---

① 实际上,由于受国际金融危机的影响,2009 年全年新增信贷达到 9.59 万亿元,远远超过 2008 年的信贷规模。

政策迅速转向,采取了适度宽松的货币政策和积极的财政政策,遏制住经济下滑的势头,经济迅速恢复。2010年6月我国进行新一轮汇改,增加人民币汇率的弹性,人民币继续升值,同时外汇储备和外汇占款不断增加。2011年3月,我国外汇储备突破3万亿美元,我国中央银行的外汇占款也不断增加,基础货币也随之上升。2011年3月底,外汇占款为基础货币的1.13倍①,我国的外汇储备完全支撑了基础货币的发行。当国际收支盈余时,外汇市场上外汇供给增加,对人民币需求增加,人民币面临升值压力,中央银行为了稳定汇率,必须大量买进外汇,抛售人民币,这会使得央行资产中外汇占款和基础货币大幅增加。基础货币的不断上升将会导致货币供应量的扩张和不断增加的通货膨胀压力。2011年3月和4月的CPI数据都在5%以上,我国的通胀压力不容忽视,面对着日益增加的通胀压力,中国人民银行通过调整存款类金融机构人民币存款准备金率控制货币的过快增长。从2010年开始至2011年5月12日,央行已连续11次上调法定准备金率,大型金融机构存款准备金率上升至21%,中小金融机构上升至17.5%。同时央行频繁在公开市场上操作,发行央行票据来回笼货币。

2.2.1 基于央行资产负债表的冲销政策分析

根据 $M = mB$,货币供给 M 等于基础货币 B 和货币乘数 m 之积,中央银行可以通过影响基础货币和货币乘数,进而冲销货币供给的增加。简化的中国人民银行的资产负债表见表2-1。

表2-1 简化的中国人民银行资产负债表

资　　产	负　　债
对中央政府的债权(LG)	流通中的货币(C)
对外净资产(NFA)	银行储备(R)
对存款货币银行的债权(LB)	非金融机构储蓄(ND)
对非银行金融机构的债权(LN)	政府储蓄(GD)
其他净项(OIN)	央行票据(FP)

根据资产等于负债,我们可以得到如下等式:

$$LG + NFA + LB + LN + OIN = C + R + ND + GD + FP$$

根据基础货币的定义,基础货币等于流通中的现金加上银行准备金,其中银行准备金

---

① 1999年,我国央行外汇占款只占基础货币的41.8%。

第2章 货币乘数和货币流通速度

包括银行在中央银行的存款以及银行的库存现金。一般情况下,关于基础货币,我们可以得到如下公式:$B=C+R=C+RR+ER=(k+r+e)D$。式中:RR 表示法定准备金;ER 表示超额准备金;D 表示存款;k 表示流通中的货币 C 与存款 D 的比率;r 表示法定准备金率;e 表示超额准备金率。由 $B=(k+r+e)D$ 可得,$D=\dfrac{B}{(k+r+e)}$。因此,可以得到货币供给量的定义式:$M=C+D=(1+k)D=\dfrac{(1+k)}{(k+r+e)}B$。

联系表 2-1 简化的中国人民银行资产负债表,可将基础货币表示为:$B=C+R$。根据基础货币的定义,结合央行的资产负债表,可以得到如下结果:

$$\Delta B = \Delta C + \Delta R = \Delta LG + \Delta NFA + \Delta LB + \Delta LN \\ + \Delta OIN - \Delta GD - \Delta FP - \Delta ND$$

那么货币供给量的变动为

$$\Delta M = \dfrac{(1+k)}{(k+r+e)}\Delta B = \dfrac{(1+k)}{(k+r+e)}(\Delta LG + \Delta NFA \\ + \Delta LB + \Delta LN + \Delta OIN - \Delta GD - \Delta FP - \Delta ND)$$

从上述公式可以看出,中央银行可以通过三种方法来调整货币供给,进行冲销:一是基于中央银行资产的冲销,即减少中央银行的资产项;二是基于中央银行负债的冲销方法,即增加或者减少中央银行不同的负债项;三是货币乘数的冲销方法(见表 2-2)。

表 2-2 中国人民银行的冲销措施

1. 基于资产的冲销方法	2. 基于负债的冲销方法	3. 货币乘数的冲销方法
1. 减少对政府的债权 LG,即卖出政府债券,吸收基础货币; 2. 减少对存款货币银行的债权 LB,如减少再贷款或再贴现; 3. 减少对非银行金融机构的债权 LN; 4. 减少其他净项 OIN	1. 增加政府的储蓄 GD; 2. 增加央行票据的发行 FP; 3. 增加非银行金融机构在央行的储蓄 ND; 4. 减少 C 和 R	1. 增加 r,e; 2. 增加 k ①

实际上中央银行只能独立地控制其中一些干预措施,如资产方的干预,负债方央行票据 FP 的发行和调整法定准备金率等。有些政策手段是中央银行所不能控制的,如增加

---

① 货币乘数 $m=\dfrac{1+k}{k+r+e}=\dfrac{k+r+e+1-r-e}{k+r+e}=1+\dfrac{1-r-e}{k+r+e}$。通常 $r+e<1$,因此当 k 上升时,货币乘数 m 会下降,即 k 与 m 呈反向变化。

政府储蓄 GD、增加非银行金融机构的储蓄 ND 和增加超额准备金率 e 等,这些操作需要商业银行等的配合,因此中央银行无法主动控制。

2.2.2 提高存款准备金率

货币供应量是由基础货币和货币乘数共同决定,基础货币或者货币乘数的上升将会使得货币供应量增加。但是,基础货币上升,货币供应量是否一定扩张呢?最终的影响结果还取决于货币乘数的变化方向及变化幅度;同理,当货币乘数下降,货币供给量是否一定下降呢?最终的影响结果还取决于基础货币的变化方向及变化幅度。

央行不断地上调存款准备金率,一方面是向市场传达央行调控物价的决心,另一方面,央行希望通过准备金率的提高,能够有效地控制信贷货币的投放。从理论分析上可以知道,当央行上调存款准备金率时,货币供应量应该会出现相应的下降。但是,如果金融机构面对新的准备金要求,并不是通过减少信贷货币的投放,而只是变动自身的资产,比如超额准备金来应对准备金的新要求时,那么对银行信贷和货币供应量的影响就小。

1. 对基础货币的影响

根据前面基础货币的定义 $B = C + R = C + RR + ER = (k + r + e)D$。当中央银行期望通过提高存款准备金率来实施紧缩的货币政策时,从货币创造的过程来看,假定没有超额准备金,提高法定准备金率,银行贷款会下降,同时银行存款也会下降,上交的法定准备金就少,经过无数轮的变化,法定准备金率的提高和存款下降导致法定准备金变动方向相反,最终会完全抵消。也就是说,提高法定准备金率,不能够改变基础货币的数量。

通常改变基础货币的数量,必须由中央银行注入或回笼资金,这也是中央银行控制基础货币的主要渠道。为了说明这一事实,可以通过一个具体例子,如商业银行 A 的资产负债表(见表 2-3),A 银行储备是 20,B 银行储备也是 20(见表 2-4),银行体系总储备是 40。A 银行给 B 银行拆借资金 60,B 银行获得资金 60。

表 2-3 银行 A 的资产负债表

资　　产	负　　债
储备　20	储蓄　150
贷款　70	资本金　20
同业拆借给 B 银行　60	
债券　20	

第2章 货币乘数和货币流通速度

表2-4 银行B的资产负债表

资　　产	负　　债
储备 20	储蓄 100
贷款 140	同业拆借(从A银行) 60
债券 20	资本金 20

如果经济形势恶化,银行A收紧贷款,银行B偿付了借款60,银行A储蓄减少60,银行B的贷款减少60,经济活动下降,产出会减少,但是银行体系的总储备没有变化,见表2-5,表2-6。

表2-5 银行A的资产负债表

资　　产	负　　债
储备 20	储蓄 90
贷款 70	资本金 20
同业拆借给B银行 0	
债券 20	

表2-6 银行B的资产负债表

资　　产	负　　债
储备 20	储蓄 100
贷款 80	同业拆借(从A银行) 0
债券 20	资本金 20

如果中央银行为防止经济下滑,向市场注资,如向B银行注资60,则B获得资金60,贷款增加60,同时A银行储蓄增加60,储备增加60,经济活动恢复,也阻止了经济下滑,但是银行体系的总储备增加了60,为100,见表2-7,表2-8。也就是说,中央银行的注资使得银行体系的储备增加了,意味着基础货币增加了。

表2-7 银行A的资产负债表

资　　产	负　　债
储备 80	储蓄 150
贷款 70	资本金 20
同业拆借给B银行 0	
债券 20	

表 2-8　银行 B 的资产负债表

资　　产	负　　债
储备　20	储蓄　100
贷款　140	同业拆借（从中央银行）　60
债券　20	资本金　20

假设 A 银行贷款给 X 公司 50，银行 A 贷款增加 50，储蓄也增加 50，则银行 A 和银行 B 的资产负债表见表 2-9 和表 2-10。

表 2-9　银行 A 的资产负债表

资　　产	负　　债
储备　80	储蓄　200
贷款　120	资本金　20
同业拆借给 B 银行　0	
债券　20	

表 2-10　银行 B 的资产负债表

资　　产	负　　债
储备　20	储蓄　100
贷款　140	同业拆借（从中央银行）　60
债券　20	资本金　20

假设 X 公司从 Y 公司购买 50 的设备，而 Y 公司账户在银行 B，因此银行 A 储蓄和储备分别减少 50。银行 B 的储蓄增加 50，储备也增加 50，因此银行体系的总储备还是 100，见表 2-11，表 2-12。

表 2-11　银行 A 的资产负债表

资　　产	负　　债
储备　30	储蓄　150
贷款　120	资本金　20
同业拆借给 B 银行　0	
债券　20	

第2章 货币乘数和货币流通速度

表 2-12 银行 B 的资产负债表

资　　产	负　　债
储备　70	储蓄　150
贷款　140	同业拆借(从中央银行)　60
债券　20	资本金　20

由此可以看出,商业银行之间的借贷活动不会影响储备货币的变动,也就不会影响基础货币的变动,如果中央银行注资或回笼资金则会导致储备货币的变动,即基础货币的变动。银行之间的借贷活动有利于促进生产活动,促进消费和投资的增加,如果宏观经济不景气,商业银行贷款意愿下降,而中央银行的注资有利于弥补市场资金的短缺,刺激经济恢复,如美国的量化宽松政策就是如此,同时银行体系的基础货币会增加,如美联储资产负债表的扩张。中国人民银行扩张信贷也是如此,资产负债表会不断扩张,从我国的中央银行的资产负债表来看,1999 年,中国人民银行资产总额为 35 349.8 亿元,而 2018 年 6 月资产总额为 362 702.44 亿元,增加了 9.26 倍。

2. 对货币乘数的影响

根据 $M = C + D = (1+k)D = \frac{(1+k)}{(k+r+e)}B$,可以知道货币乘数为 $m = \frac{(1+k)}{(k+r+e)}$。当中央银行上调存款准备金率时,$r$ 上升。在其他变量不发生变化的理想情况下,调高存款准备金率将会使得货币乘数变小。但是,在现实中,要考虑金融机构所持有的准备金头寸。当金融机构具有足量的超额准备金时,它将通过将调整已有的超额准备金来满足中央银行的准备金要求,那么超额准备金率 e 将发生变化。在理论分析时,我们认为超额准备金率下降,并且下降的幅度等于法定存款准备金率上升的幅度。那么,存款准备金率的变化恰好被抵消,这会使得货币乘数不发生变化。当金融机构没有足量的超额准备金来满足新的准备金要求时,金融机构将会通过减少放贷等行为增加准备金以满足监管要求,那么此时,货币乘数将会因为准备金率的上升而下降。

如果央行提高法定存款准备金率,而金融机构的超额准备金率同等比例下降,那么货币乘数将不发生变化。相应的基础货币的总量不发生变化(即法定准备金上升,超额准备金下降),但影响基础货币的结构。在实际情况中,当央行提高法定存款准备金率时,超额准备金率一般不会同比例下降,其下降的幅度一般要小于法定准备金率上升的幅度,在这样的情况下,货币乘数将会下降。将两部分的分析通过表 2-13 进行一个汇总归纳。

表 2-13 提高存款准备金率的冲销影响

	存在超额准备金		没有超额准备金	
	基础货币	货币乘数	基础货币	货币乘数
提高存款准备金率	不变	不变	不变	下降
货币供给量	不变		下降	

通过观察表 2-13,一般情况下,当中央银行上调存款准备金率时,金融机构的超额准备金率都会呈现出相反的变动,而不同的金融机构其超额准备金率的变动也大不相同。

2.2.3 公开市场业务操作

公开市场业务操作,是中央银行通过在证券市场上买卖有价证券,从而影响货币供应量及利率水平的一种货币政策工具。公开市场业务操作主要通过三个途径影响经济:首先是改变货币供应量;其次是改变利率水平;最后是改变利率结构。美联储就是通过购买政府债券的直接公开市场操作向银行系统提供信贷,通过政府债券的回购操作调整利率。它的功能在于运用市场机制吞吐基础货币,形成资金的合理配置。由于它可以经常地、连续地操作,或者多买少卖,或者少买多卖,具有微调性强、主动性大、时效性强的特点。在我国,中国人民银行《公开市场业务暨一级交易商管理暂行规定》中指出,公开市场业务是指中国人民银行为实现货币政策目标而公开买卖债券的活动。

1. 我国公开市场业务的发展

中国的公开市场业务操作包括人民币操作和外汇操作两部分。外汇公开市场操作 1994 年 3 月启动,1995 年,中国人民银行开始通过融资券的买卖试行公开市场业务①;1996 年 4 月 9 日正式启动中央银行国债公开市场业务。1997 年,中央银行停止了公开市场业务操作。1998 年 5 月 26 日恢复以国债回购为主的公开市场业务操作。公开市场业务的日常工作由中国人民银行公开市场业务操作室(简称操作室)负责。操作工具是国债、中央银行融资券、政策性金融债,交易主体是国债一级交易商。

1999 年,中国人民银行进行公开市场业务操作共 60 次,累计向商业银行融出资金 7 076 亿元,相当于 1998 年的 4 倍,净投放基础货币 1 907 亿元。加上外汇公开市场操作增加基础货币投入 1 013 亿元,1999 年公开市场操作共投放基础货币 2 933 亿元,占当年基础货币增加额的 70%。可见,公开市场业务操作已逐步成为主要的货币政策工具。

---

① 1984 年中央银行上海分行开始办理再贴现业务可以看成是最早的银行公开市场业务。

2001年以来,由于外汇占款的大幅增加,公开市场业务的主要任务以回笼基础货币为主。(见表2-14)。2008年国际金融危机以后,公开市场业务主要以投放资金为主。

表2-14　2000年至2017年中央银行的公开市场操作[①]　　　　单位：亿元

年　份	货币投放量	货币净投放量	年　份	货币投放量	货币净投放量
2000	3 310	400	2009	82 080	2 130
2001	5 380	-400	2010	70 465	6 825
2002	2 740	-900	2011	58 000	19 070
2003	9 270	-2 708.2	2012	79 220	14 380
2004	12 686.6	-5 903.9	2013	48 140	-1 362
2005	22 042.1	-13 379.9	2014	50 410	4 740
2006	49 895	-7 710.7	2015	37 580	-900
2007	43 897.7	-9 128.3	2016	254 322	17 272
2008	67 216	-8 994	2017	291 300	-12 650

数据来源：iFinD 数据库。

2. 公开市场业务对基础货币的影响

基础货币是流通中的现金和商业银行存款准备金的总和,是银行体系货币创造的基础。根据简化的中央银行的资产负债表,中央银行对基础货币的供应主要通过对银行贷款、政府贷款的增加及净国外资产的增加三条途径实现。在中国,基础货币包括中国人民银行所发行的货币、各金融机构在中国人民银行的储备金存款。

改革开放以来,中国基础货币投放的主渠道经历了从再贷款到公开市场业务的变化过程。1986—1993年(相关统计数据从1985年开始),对国有商业银行的再贷款是中央银行投放基础货币的主要渠道,1989年这一比例曾高达92.5%；1994年外汇管理体制改革之后,外汇占款一度成为基础货币投放的主要渠道。

中央银行于1996年开始公开市场操作业务的开展,自1998年1月取消对商业银行规模管理以后,再贷款不再是解决流动性的主要渠道,公开市场操作成为人民银行日常货币管理的主要工具。中央银行资产负债表[②]从2001年起才将人民银行所持有的国家债券计入人民银行对中央政府的债权。根据戴根有(2001)[③],1996年启动公开市场业务操作,但由于当时银行间债券市场规模小,实际只做几笔就停了。后来金融宏观调控的任务转向

[①] 这里的公开市场操作主要是人民币公开市场操作,包括正回购、逆回购和央票发行等。
[②] 参见中国人民银行统计季报2002-02。
[③] 戴根有：《货币政策传导机制研究》,中国经济出版社,2001。

收回再贷款以"对冲"外汇储备大量增加而带来的基础货币供应压力。1998年5月恢复公开市场业务,在银行间债券市场快速发展的基础上,公开市场操作迅速扩大,当年操作36次,投放基础货币702亿元。

中国基础货币投放的渠道每年有很大不同,通过外汇占款的投放属于被动投放,对基础货币投放过度的影响需要通过对金融机构贷款等其他方式进行冲销。2000年,对金融资产管理公司的贷款大幅增加,同时对国有独资商业银行的贷款显著减少。在中国的中央银行资产结构中,中央银行对政府的净债权仍占很小,作为公开市场业务工具的政府债券的不足仍是制约中央银行开展公开市场业务的瓶颈。

与中国基础货币供应方式相比,美国基础货币的投放主要通过公开市场业务进行,对政府的债权是其中央银行资产负债表的主要资产。日本的基础货币主要通过外汇占款、公开市场业务投放,对商业银行再贷款也占一定比例。

公开市场业务特别适合中央银行谨慎操作,它能精确控制到中央银行期望达到的水平,它能用来抵销中央银行不能控制的因素而导致的高能货币头寸的变动,这是中央银行防御性操作的主要部分,例如由于季节性的税收收入或支付而导致财政存款变动,中央银行可以通过公开市场的操作保持货币供给的不变。同时,中央银行公开市场业务操作在时间上和数量上具有较大的灵活性,通过公开市场业务,中央银行可根据市场变化,及时调整方向,进行逆向操作。

3. 公开市场业务一级交易商

中国人民银行从1998年开始建立公开市场业务一级交易商制度,选择了一批能够承担大额债券交易的商业银行作为公开市场业务的交易对象。2006年,公开市场业务一级交易商数量为52家,同时扩大一级交易商机构范围,增加证券投资基金作为公开市场业务一级交易商。2018年3月中国人民银行公开市场业务操作室对公开市场业务一级交易商2017年度综合表现及一级交易商申请机构进行了评估,并结合有关机构实际参与公开市场操作及研究支持情况,确定了2018年度公开市场业务一级交易商,见表2-15。

表2-15 2018年公开市场业务一级交易商名单 （共48家）

国家开发银行	中国银行
中国建设银行	中国农业银行
中国工商银行	中国邮政储蓄银行
交通银行	中国进出口银行
兴业银行	招商银行
平安银行	中国光大银行

(续表)

中信银行	上海浦东发展银行
广发银行	华夏银行
中国民生银行	浙商银行
恒丰银行	上海银行
北京银行	江苏银行
南京银行	徽商银行
盛京银行	洛阳银行
长沙银行	厦门银行
河北银行	郑州银行
福建海峡银行	广州银行
天津银行	哈尔滨银行
大连银行	宁波银行
杭州银行	青岛银行
中原银行	上海农村商业银行
广东顺德农村商业银行	北京农村商业银行
广州农村商业银行	汇丰银行(中国)有限公司
渣打银行(中国)有限公司	花旗银行(中国)有限公司
中信证券股份有限公司	中国国际金融股份有限公司

资料来源：www.chinabond.com.cn。

当央行进行公开市场操作时，通过不同的操作对象，将操作分为两类：(1)央行买卖国债；(2)央行发行和购回中央银行票据。

4. 中央银行出售国债

中央银行在公开市场买卖国债，在其资产负债表中，将会通过资产方的"对中央政府的债权"的变动体现出来。当中央银行在公开市场上购买国债时，一方面，市场上的货币增加，另一方面，央行对中央政府的债权增加；当中央银行在公开市场上卖出国债时，将会回笼货币，减少央行对中央政府的债权。如果中央银行直接向金融机构出售国债，那么金融机构在中央银行对应的存款账户(准备金账户)就会减少相应的额度，这会使得基础货币总量下降；如果中央银行向社会公众出售国债，公众用现金支付，将会减少流通中的货币。因此，无论央行向金融机构还是社会公众出售国债，最终都会使得基础货币总量下降。

结合中央银行简化的资产负债表，对中央银行在公开市场买卖国债对一国基础货币、货币乘数和货币供给量的影响进行分析。假定现在中央银行的资产负债表如表2-16所示，基础货币等于3 000。

表2-16　中央银行的资产负债表

资　　　产	负　　　债
对政府的贷款(LG)　500	流通中的货币(C)　1 000
对外净资产(NFA)　1 500	银行储备(R)　2 000
对银行的贷款(LB)　500	央行的金融票据(FP)　2 000
持有的证券(SH)　1 000	政府储蓄(GD)　500
贴现贷款(DL)　500	国库现金(GC)　500
回购(RP)　1 000	
常备信贷便利(SF)　1 000	

假定央行在公开市场上买入国债200，则持有的债券上升200，如果中央银行直接通过现金购买，那么流通中的货币将会相应的上升200（如表2-17），使得基础货币上升至3 200；如果中央银行通过支票购买，那么最终会使得金融机构在央行的准备金上升相应的数值，在这样的情况下，基础货币也上升至3 200（如表2-18）。

表2-17　中央银行的资产负债表

资　　　产	负　　　债
对政府的贷款(LG)　500	流通中的货币(C)　1 000 + 200
对外净资产(NFA)　1 500	银行储备(R)　2 000
对银行的贷款(LB)　500	央行的金融票据(FP)　2 000
持有的证券(SH)　1 000 + 200	政府储蓄(GD)　500
贴现贷款(DL)　500	国库现金(GC)　500
回购(RP)　1 000	
常备信贷便利(SF)　1 000	

表2-18　中央银行的资产负债表

资　　　产	负　　　债
对政府的贷款(LG)　500	流通中的货币(C)　1 000
对外净资产(NFA)　1 500	银行储备(R)　2 000 + 200
对银行的贷款(LB)　500	央行的金融票据(FP)　2 000

(续表)

资　　产	负　　债
持有的证券(SH)　1 000 + 200	政府储蓄(GD)　500
贴现贷款(DL)　500	国库现金(GC)　500
回购(RP)　1 000	
常备信贷便利(SF)　1 000	

假定央行进行逆回购操作200,则回购余额上升200,如果金融机构需要现金,那么流通中的货币将会相应的上升200(如表2-19),使得基础货币上升至3 200;如果金融机构不需要现金,那么最终金融机构在央行的准备金上升相应的数值,在这样的情况下,基础货币也上升至3 200(如表2-20)。

表2-19　中央银行的资产负债表

资　　产	负　　债
对政府的贷款(LG)　500	流通中的货币(C)　1 000 + 200
对外净资产(NFA)　1 500	银行储备(R)　2 000
对银行的贷款(LB)　500	央行的金融票据(FP)　2 000
持有的证券(SH)　1 000	政府储蓄(GD)　500
贴现贷款(DL)　500	国库现金(GC)　500
回购(RP)　1 000 + 200	
常备信贷便利(SF)　1 000	

表2-20　中央银行的资产负债表

资　　产	负　　债
对政府的贷款(LG)　500	流通中的货币(C)　1 000
对外净资产(NFA)　1 500	银行储备(R)　2 000 + 200
对银行的贷款(LB)　500	央行的金融票据(FP)　2 000
持有的证券(SH)　1 000	政府储蓄(GD)　500
贴现贷款(DL)　500	国库现金(GC)500
回购(RP)　1 000 + 200	
常备信贷便利(SF)　1 000	

假定央行进行常备信贷便利操作注入200,则常备信贷便利上升200,如果金融机构

需要现金,那么流通中的货币将会相应的上升200(如表2-21),使得基础货币上升至3 200;如果金融机构不需要现金,那么最终金融机构在央行的准备金上升相应的数值,在这样的情况下,基础货币也上升至3 200(如表2-22)。

表2-21 中央银行的资产负债表

资　　产	负　　债
对政府的贷款(LG)　500	流通中的货币(C)　1 000+200
对外净资产(NFA)　1 500	银行储备(R)　2 000
对银行的贷款(LB)　500	央行的金融票据(FP)　2 000
持有的证券(SH)　1 000	政府储蓄(GD)　500
贴现贷款(DL)　500	国库现金(GC)　500
回购(RP)　1 000	
常备信贷便利(SF)　1 000+200	

表2-22 中央银行的资产负债表

资　　产	负　　债
对政府的贷款(LG)　500	流通中的货币(C)　1 000
对外净资产(NFA)　1 500	银行储备(R)　2 000+200
对银行的贷款(LB)　500	央行的金融票据(FP)　2 000
持有的证券(SH)　1 000	政府储蓄(GD)　500
贴现贷款(DL)　500	国库现金(GC)　500
回购(RP)　1 000	
常备信贷便利(SF)　1 000+200	

因此,通过分析可以知道当央行在公开市场出售国债时,无论金融机构是否持有足额的超额准备金,出售国债会减少金融机构在央行的准备金数额,根据 $\Delta B = \Delta C + \Delta R$,准备金的降低,在其他情况不变的情况下,将会减少基础货币,起到回笼货币的作用。

那么,央行在公开市场出售国债,对货币乘数将会产生何种影响呢?当央行在公开市场出售国债,最终会使得央行资产负债表上的银行储备相应的减少,对金融机构来说,当其具有超额准备金时,将会减少超额准备金,使得超额准备金率 e 下降。再结合货币乘数的定义式 $m = \dfrac{(1+k)}{(k+r+e)}$,可以看出超额准备金率的下降会使得货币乘数上升。当金融机构在央行的账户上没有超额准备金或者说没有足够的超额准备金时,金融机构将会减少资金的运用,收紧信贷,存款下降,假定流通中的现金不变,最终通货比率上升。根据公式,当通货比率 k 上升时,货币乘数 m 将下降。央行在公开市场买卖国债对基础货币和货币乘数的影响分析见表2-23。

表2-23 公开市场出售国债的冲销影响

	存在超额准备金		没有超额准备金	
	基础货币	货币乘数	基础货币	货币乘数
出售国债	减少	上升	减少	下降
货币供给量	下降(通常货币乘数变动小于基础货币变动,货币供应量下降)		下降	

5. 中央银行发行央行票据

在国外,最常使用的货币政策工具是公开市场业务操作,而在公开市场的买卖对象最主要是国债等债券,而在我国,央行在公开市场的买卖对象最主要是央行票据。从我国的央行资产负债表的相关数据来看,央行资产负债表中对中央政府的债权变化非常小,这可以在一定程度上说明,2013年以前我国公开市场操作的对象最主要的是央行票据而不是国债。仍然可以结合中央银行简化的资产负债表,对中央银行在公开市场买卖央行票据对一国基础货币,货币乘数和货币供给量的影响进行分析。假定现在中央银行的资产负债表如同表2-16所示,基础货币等于3 000;假定央行在公开市场上发行央行票据200,则负债方的央行票据增加200。如果金融机构直接通过现金购买,那么流通中的货币将会相应的下降200(如表2-24),使得基础货币下降至2 800;如果金融机构通过支票购买,那么最终会使得金融机构在央行的准备金减少相应的数值,在这样的情况下,基础货币也下降至2 800(如表2-25)。

表2-24 中央银行的资产负债表

资　　产		负　　债	
对政府的贷款(LG)	500	流通中的货币(C)	1 000－200
对外净资产(NFA)	1 500	银行储备(R)	2 000
对银行的贷款(LB)	500	央行的金融票据(FP)	2 000＋200
持有的证券(SH)	1 000	政府储蓄(GD)	500
贴现贷款(DL)	500	国库现金(GC)	500
回购(RP)	1 000		
常备信贷便利(SF)	1 000		
其他(OIN)			

表 2-25 中央银行的资产负债表

资　　产	负　　债
对政府的贷款(LG)　500	流通中的货币(C)　1 000
对外净资产(NFA)　1 500	银行储备(R)　2 000 - 200
对银行的贷款(LB)　500	央行的金融票据(FP)　2 000 + 200
持有的证券(SH)　1 000	政府储蓄(GD)　500
贴现贷款(DL)　500	国库现金(GC)　500
回购(RP)　1 000	
常备信贷便利(SF)　1 000	

假定政府通过国库现金转存招标 500,如果招标成功,则负债方的国库现金减少 500,商业银行获得国库现金 500,商业银行的储备余额会增加 500,则基础货币上升至 3 500。(如表 2-26)。国库现金转存就是政府把在中央银行的存款转移到商业银行,商业银行的超额准备金会上升。

表 2-26 中央银行的资产负债表

资　　产	负　　债
对政府的贷款(LG)　500	流通中的货币(C)　1 000
对外净资产(NFA)　1 500	银行储备(R)　2 000 + 500
对银行的贷款(LB)　500	央行的金融票据(FP)　2 000
持有的证券(SH)　1 000	政府储蓄(GD)　500
贴现贷款(DL)　500	国库现金(GC)　500 - 500
回购(RP)　1 000	
常备信贷便利(SF)　1 000	

因此,通过以上分析可以知道,当央行希望实施紧缩的货币政策时,将会在公开市场发行央行票据来回收流动性。当央行发行票据时,无论金融机构是否持有足额的超额准备金,基础货币都会下降对应的量。当央行票据到期时,央行票据冻结的资金就会被释放出来。

接下来,将分析央行在公开市场发行央行票据对货币乘数的影响。当央行在公开市场发行央行票据时,金融机构可以选择使用现金支付或者使用支票支付,不同的支付方式对货币乘数将产生不同的影响。当金融机构通过现金支付购买时,流通中的货币将下降,对应地,通货比率 k 下降,最终会使得货币乘数 m 将上升。当金融机构通过支票来购买央行票据时,最终会减少金融机构在央行的准备金数额,这时就要根据金融机构在央行的准备金账户的情况进行分析。当金融机构具有超额准备金时,通过支票购买央行票据将会减少超额准备金的数量,导致超额准备金率 e 下降,货币乘数 m 上升。当金融机构没有超额准备金,或者说超额准备金的数量不足以购买央行票据时,金融机构将会收缩信贷,通过减少资金的运用来使得超额准备金增加,并通过减少对应的超额准备金来支付央行票据的购买。当央行采取上述方法来购买央行票据时,最终会使得存款下降,假定流通中的现金不变,通货比率 k 上升,货币乘数 m 下降。因此,当央行在公开市场上发行央行票据时,将会对一国的基础货币和货币乘数都产生影响,而货币供给量的变化,将会取决于基础货币和货币乘数的共同作用,通过表 2-27 将央行发行票据的影响进行一个汇总。

表 2-27 公开市场发行央行票据的冲销影响

	存在超额准备金		没有超额准备金	
	基础货币	货币乘数	基础货币	货币乘数
发行央行票据	减少	上升	减少	下降
货币供给量	下降		下降	

以上分别分析了央行提高存款准备金率或者央行在公开市场进行操作时,对基础货币、货币乘数和货币供给量的影响,其中,将央行在公开市场的操作分为两个:在公开市场出售国债;在公开市场发行央行票据。对于不同的情况,并且结合简化的央行资产负债表,得出了相关的结论。

6. 发行特别国债

2008 年国际金融危机爆发前,我国中央银行大量发行央行票据,回收过多的流动性,同时不断提高法定准备金率和利率来紧缩经济,但是宏观经济仍然处于高位运行,政府还通过发行特别国债来调控宏观经济。

我国国际收支呈现双顺差,外汇资金大量流入,带来了一定的通货膨胀压力。为缓解流动性偏多问题,2007 年 6 月 18 日,财政部经授权,宣布将发行 2 000 亿美元的特别国债(折合人民币约 1.55 万亿元,计划发行为 15 283.5 亿元,实际发行合计 15 502.28 亿元),用于购买外汇注资中投公司。财政部发行特别国债购买外汇作为即将成立的国家外汇投资公司的资本金来源,同时为人民银行公开市场操作提供一个有效的工具。2007 年 6 月底,人大常委会批准财政部发行 1.55 万亿元特别国债购买 2 000 亿美元外汇储备的议案。首批 6 000 亿元特别国债 2007 年 8 月下旬发行,期限为 10 年和 15 年,利率分别为 4.3% 和 4.45%,这批国债将从账面上由农业银行(简称农行)"过手",利率比较贴近市场水平。财政部一再申明,特别国债的发行不会冲击金融市场,利率将根据市场利率确定。特别国债不向央行定向发行。从市场角度看,央行接受这批特别国债不会有太大损失。央行持有这批特别国债后,可以通过回购或者直接售出的方式转移向市场,以替代到期的央行票据控制流动性。

2007年1.55万亿元的特别国债在流动性影响上,可以分为两个部分:(1)央行通过农行持有的定向发行的1.35万亿元特别国债。(2)面向市场发行的2 000亿元特别国债。《中国人民银行法》第二十九条规定,"中国人民银行不得对财政透支,不得直接认购、包销国债和其他政府债券",因此特别国债的直接发行对象不是央行。据中国人民银行相关人士的说法:"特别国债会有一些复杂的安排,来规避掉法律上的发行障碍",从而最终达到"外汇到了财政的口袋,而特别国债被央行持有的目的"。因此,特别国债发行要从农行过账,财政部发行特别国债给农业银行,农业银行获得特别国债,等量的人民币资金给财政部,然后中央银行购买特别国债,等量的人民币资金又回到农业银行,财政部再用人民币资金购买中央银行的外汇储备,用外汇注资投资公司。经过这样一轮的置换,实现了中央银行持有国债,财政部持有外汇的目的。

为了说明特别国债发行和外汇资产置换对市场流动性有无影响,我们通过中央银行和商业银行的资产负债表来说明。假定开始商业银行的资产负债表如表2-28,资产包括:向公众贷款15,向政府贷款11,商业银行在中央银行的总储备15;负债包括活期储蓄11,定期储蓄20,中央银行对商业银行的贷款10。

表2-28 商业银行的资产负债表

资　　产	负　　债
向公众贷款　15	活期储蓄　11
向政府贷款　11	定期储蓄　20
商业银行在中央银行的总储备　15	中央银行对商业银行的贷款　10

表2-29是简化的中央银行资产负债表。资产包括:对外净资产10,对银行部门的贷款10和持有的政府债券5。负债包括流通中的货币10和储备15。

表2-29 中央银行的资产负债表

资　　产	负　　债
对外净资产(NFA)　10	流通中的货币(C)　10
对银行部门的信贷(LB)　10	储备(R)　15
政府债券(SH)　5	

第 2 章 货币乘数和货币流通速度

现财政部向商业银行发行 1.35 的特别国债，商业银行持有 1.35 的特别国债，商业银行的超额储备减少 1.35，同时商业银行在财政部的账户上注入 1.35。商业银行的资产负债表见表 2-30。

表 2-30 商业银行的资产负债表

资 产	负 债
向公众贷款 15	活期储蓄 11
向政府贷款 11	定期储蓄 20
商业银行在中央银行的总储备 15－1.35	中央银行对商业银行的贷款 10
特别国债 1.35	

财政部在中央银行的政府储蓄增加 1.35，中央银行的资产负债表见表 2-31。

表 2-31 中央银行的资产负债表

资 产	负 债
对外净资产（NFA） 10	流通中的货币（C） 10
对银行部门的信贷（LB） 10	储备（R） 15－1.35
政府债券（SH） 5	政府储蓄 1.35

然后中央银行再向商业银行购买 1.35 的特别国债，商业银行和中央银行的资产负债表分别见表 2-32 和表 2-33。

表 2-32 商业银行的资产负债表

资 产	负 债
向公众贷款 15	活期储蓄 11
向政府贷款 11	定期储蓄 20
商业银行在中央银行的总储备 15	中央银行对商业银行的贷款 10

表 2-33 中央银行的资产负债表

资 产	负 债
对外净资产（NFA） 10	流通中的货币（C） 10
对银行部门的信贷（LB） 10	储备（R） 15
政府债券（SH） 5	政府储蓄 1.35
特别国债 1.35	

商业银行的资产负债表没有变化,中央银行持有了1.35的特别国债,政府储蓄增加1.35,可以购买外汇资产。2007年9月10日,财政部再次发出通知,宣布2 000亿元特别国债将通过全国银行间债券市场向社会公开发行。在具体操作方式上,为满足缓解市场流动性的需要,财政部向社会公开发行的2 000亿元特别国债①,均为10年期以上长期国债。票面利率采取在全国银行间债券市场招投标的方式确定。2007年9月份计划发行3期特别国债总量1 000亿元,其余1 000亿元特别国债根据债券市场情况于2007年第四季度完成发行。如果财政部发行特别国债不是采取通过农行"过手"的方式,而是直接面向公众发行,其效果会怎样呢?

现财政部向商业银行发行0.2的特别国债,如果是商业银行购买,则商业银行持有0.2的国债,商业银行的超额储备减少0.2,同时商业银行在财政部的账户上注入0.2。商业银行的资产负债表见表2-34。

表2-34 商业银行的资产负债表

资　　产	负　　债
向公众贷款　15	活期储蓄　11
向政府贷款　11	定期储蓄　20
商业银行在中央银行的总储备　14.8	中央银行对商业银行的贷款　10
特别国债　0.2	

由于商业银行的超额储备下降,潜在的信贷扩张能力下降,起到了收缩流动性的作用,对资金市场有一定的紧缩作用。如果是公众购买,假定用活期储蓄购买,同时假定法定准备金率20%,则活期储蓄下降1,市场的流动性下降,商业银行向公众的贷款下降0.8,商业银行在中央银行的超额储备下降0.2。商业银行的资产负债表变为表2-35。

表2-35 商业银行的资产负债表

资　　产	负　　债
向公众贷款　14.2	活期储蓄　10
向政府贷款　11	定期储蓄　20
商业银行在中央银行的总储备　14.8	中央银行对商业银行的贷款　10

因此可以看出,如果是商业银行用超额储备购买,则商业银行潜在的贷款能力下降;

---

① 发行2 000亿特别国债相当于当时存款准备金率提0.5个点。

第2章 货币乘数和货币流通速度

如果是公众购买,则商业银行在中央银行的储备下降,同时储蓄、贷款下降。财政部直接向公众发行特别国债,直接减少市场的流动性,对经济有直接的紧缩作用,但中央政府的储蓄增加了0.2。

假定政府0.2的特别国债全部卖给公众,财政部再用获得的1.55人民币资金购买中央银行的2 000外汇,这样财政部获得外汇,财政部的账户上,人民币资金减少1.55,外汇资金增加2 000,相应地,中央银行的外汇占款存量减少1.55。之前中央银行的资产负债表见表2-36。

表2-36 中央银行的资产负债表

资　　产	负　　债
对外净资产(NFA)　10	流通中的货币(C)　10
对银行部门的信贷(LB)　10	储备(R)　14.8
政府债券(SH)　5	政府储蓄　1.55
特别国债　1.35	

之后中央银行的资产负债表变为表2-37。

表2-37 中央银行的资产负债表

资　　产	负　　债
对外净资产(NFA)　8.45	流通中的货币(C)　10
对银行部门的信贷(LB)　10	储备(R)　14.8
政府债券(SH)　5	
特别国债　1.35	

如果财政部直接面向商业银行和公众发行特别国债,则能够收缩商业银行的信贷能力或市场的流动性,此时中央银行若购买特别国债,则不会对市场的流动性有影响,这和通过金融机构"过手"的原理是一样的。假定中央银行购买市场上0.2的特别国债,则购买0.2的特别国债后,商业银行和中央银行的资产负债表分别变为表2-38和表2-39。

表2-38 商业银行的资产负债表

资　　产	负　　债
向公众贷款　15	活期储蓄　11
向政府贷款　11	定期储蓄　20
商业银行在中央银行的总储备　14.8+0.2	中央银行对商业银行的贷款　10

表 2-39　中央银行的资产负债表

资　　产	负　　债
对外净资产(NFA)　8.45	流通中的货币(C)　10
对银行部门的信贷(LB)　10	储备(R)　15
政府债券(SH)　5	
特别国债　1.55	

商业银行的资产负债表又回复到特别国债发行前的状态,中央银行持有了 1.55 的特别国债。这里需要指出的是市场资金的流动性又回复到特别国债发行前的状态,中央银行购买特别国债使得财政部发行特别国债中性化。

从上面的整个置换过程中可以看出,实际上就是财政部用 1.55 的国债置换了中央银行 2 000 的外汇,中央银行获得 1.55 特别国债,可以在公开市场上买卖或回购以实现调节货币供应量的目的。同时,财政部获得的 2 000 的外汇注资外汇投资公司,由外汇投资公司来运作,以实现外汇的保值增值。财政部 1.55 特别国债的发行对市场的流动性没有影响,不会直接影响市场资金的变化,只不过提供了国债给中央银行作为货币政策的操作工具,同时又给外汇投资公司注入了资金。从商业银行和中央银行的资产负债表来看,商业银行只是作为一个中介过渡,资产负债表最终没有发生任何变化,对商业银行没有任何影响;中央银行的负债方没有发生变化,但资产方发生了变化,特别国债和对外净资产发生了置换,特别国债增加了 1.55,对外净资产减少了 1.55。

相比央行票据的发行,特别国债的操作有一定的优势:一是央行票据的偿付期限比较短,一旦到期,中央银行必须滚动发行,这种不断发行央行票据增加了中央银行的操作成本,而国债的偿付期限就比较长,例如这次发行的特别国债的偿还期限就是 10 年,从而可以避免短期的反复操作带来的成本提高;二是财政部通过特别国债的发行筹集的外汇资金注入中国投资公司,拓宽了外汇的投资渠道。

央行还可以利用特别国债进行公开市场业务操作。央行 2007 年 9 月 4 日首次以特别国债为抵押进行了正回购操作①,从市场回笼了 100 亿元资金。这是央行对于特别国债的首次运用。由上面的例子,假定中央银行抵押 1 单位特别国债,回笼 1 单位资金,如果商业银行购买,商业银行在中央银行的储备减少 1,则中央银行和商业银行的资产负债表分别为表 2-40 和表 2-41。

---

① 所谓正回购,是一方以一定规模债券作抵押融入资金,并承诺在日后再购回所抵押债券的交易行为。正回购也是央行经常使用的公开市场操作手段之一,央行利用正回购操作可以达到从市场回笼资金的效果。

表 2-40 中央银行的资产负债表

资产	负债
对外净资产（NFA） 8.45	流通中的货币（C） 10
对银行部门的信贷（LB） 10	储备（R） 14
政府债券（SH） 5	
特别国债 0.55	

表 2-41 商业银行的资产负债表

资产	负债
向公众贷款 15	活期储蓄 11
向政府贷款 11	定期储蓄 20
商业银行在中央银行的总储备 14	中央银行对商业银行的贷款 10
特别国债 1	

商业银行的准备金下降，潜在的贷款能力下降，中央银行特别国债的操作起到了紧缩宏观经济的作用。

2.2.4 货币政策工具分类

从央行的自主性角度来划分，货币政策工具可以概括为两大类：一类是常备工具（standing facilities）；另一类是货币市场工具（money market instrments）。

1. 常备工具

常备工具主要是商业银行使用的故而对央行来说带有被动性。具体地说，常备工具主要有两个特点：(1) 常备工具的自主使用权主要掌握在商业银行手里，由它们来决定向央行融资的数量，当然央行会正式或非正式地设置融资限额，特别是在融资利率低于市场利率时更是如此。常备工具的存在为商业银行在出现特殊困难时提供了紧急资金的来源，借此央行承担其最后贷款人的职能。(2) 利率是预先确定的，当利率出现变动时便向市场传送出强的政策信号，当利率提高时，预示着货币政策将收紧；当利率降低时，意味着银根在放松，这是央行利率的宣告效应。

2. 货币市场工具

近 20 年来央行控制货币供应量和利率的自主性增强，央行越来越依赖于货币市场工具。货币市场的工具包括直接公开市场操作与回购协议两类主要形式,两者都属于典型的市场型操作工具,但也存在着明显的差异。公开市场操作直接影响二级市场上的证券的价格,对于银行间市场利率,仅通过流动性总量的改变间接产生影响;而回购协议直接影响市场利率,尽管回购协议有证券作抵押,但通常情况下,证券的卖方以相同的价格在将来确定的某个时间购回该证券,回购交易双方仅商议回购期的利率水平,在将回购协议视作抵押贷款时更是如此。

货币市场工具和常备工具相比有许多优越性,(1)货币市场工具的运用由央行主动发出,央行可以自主地决定交易的数量、时机和期限,这给予央行在控制货币市场条件方面以相当大的自主性。(2)由于这种操作的利率水平事先并不确知,可以根据市场情况随时调整;当市场自身的条件发生变化时,也可以进行短期调节;即便是央行由于判断失误而多向市场注入流动性或收回过多流动性,央行可即时调整,具有更大的灵活性。(3)央行货币市场工具的运用是通过市场机制发生作用的,具有高度的竞争性,不会产生市场扭曲,尤其是在商议回购协议工具下,证券价格并不发生明显的变化,市场预期也不发生根本性的变化,在对市场运行产生较小影响的前提下,央行实现对市场流动性的调整,这特别适用于流动性总水平发生临时性或季节性的变化下央行的相机调控,是一种典型的微调工具。(4)央行货币市场操作的影响面比较广,可以是参与市场交易的所有主体,在交易对手的范围有所限定的情况下,也可以通过这些指定交易对手迅速将央行调控的影响传递给其他市场主体,央行的操作启动快、传播快,具有相对较短的时滞。(5)央行货币市场操作工具的选择面比较宽,可以是货币市场上所有成熟发育的工具,这既包括国内各种证券资产,也包括外汇资产,既含有二级市场上的买卖或回购交易形式,又含有一级市场上新工具(如国库券、央行融资券)的发行,还含有央行直接的信贷拍卖形式。当然,作为央行调控的货币市场的间接工具,必须具有一定的交易规模和良好的信用条件。

3. 货币政策工具临时性操作

公开市场业务的操作具有瞬时性、准确性和可逆性等优点,是货币政策的日常操作工具,能够平衡资金市场的供求关系,如中国春节通常需要大量现金,因此中央银行会通过公开市场业务注入大量的现金,满足市场的要求。一旦春节过后,公开市场工具到期,过多的现金又回笼到中央银行(图2-6)。由图2-6可以看出,货币发行有明显的季节性特点,每年1、2月份是现金发行的高峰期。

假定春节需要大量现金,商业银行购买现金500,则银行储备下降500,现金增加500。银行储备下降,中央银行可以通过逆回购业务向商业银行融通资金500,满足储备要求(见表2-42)。

第2章 货币乘数和货币流通速度

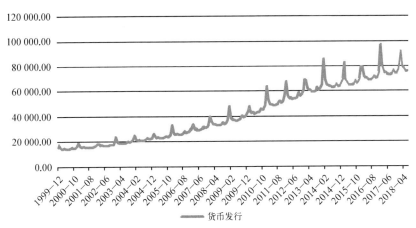

图2-6 1999年12月至2018年4月中央银行的货币发行(单位:亿元)

表2-42 中央银行的资产负债表

资　产	负　债
对政府的贷款(LG)　500	流通中的货币(C)　1 000+500
对外净资产(NFA)　1 500	银行储备(R)　2 000-500+500
对银行的贷款(LB)　500	央行的金融票据(FP)　2 000
持有的证券(SH)　1 000	政府储蓄(GD)　500
贴现贷款(DL)　500	国库现金(GC)　500
回购(RP)　1 000+500	
常备信贷便利(SF)　1 000	

第二种情况,银行储备下降,中央银行还可以通过外汇掉期业务融通资金,如在即期买入美元资产500①,远期卖出人民币资产500,满足储备要求(见表2-43)。

表2-43 中央银行的资产负债表

资　产	负　债
对政府的贷款(LG)　500	流通中的货币(C)　1 000+500
对外净资产(NFA)　1 500	银行储备(R)　2 000-500+500

---

① 美元资产以人民币计价。

(续表)

资　　产	负　　债
对银行的贷款(LB)　500	央行的金融票据(FP)　2 000
持有的证券(SH)　1 000	政府储蓄(GD)　500
贴现贷款(DL)　500	国库现金(GC)　500
回购(RP)　1 000	
常备信贷便利(SF)　1 000	
外汇掉期(美元资产)　500	

从中央银行资产负债表中政府存款的变动来看,政府储蓄变动也有明显的季节性特点,年末集中支出,因此也会对基础货币产生冲击,需要通过公开市场的操作熨平波动。我国央行政府存款的高峰一般出现在10—11月份,这与我国财政收支和国债发行的时间安排有关。企业半年度缴税导致财政收入也呈现季节性波动的特点,3季度财政部有意控制国债发行速度,以免国库资金余额过高,4季度一般密集发债,导致10—11月份政府存款余额最高,12月份一般集中安排支出,年底政府存款的余额快速下降(如图2-7),因此政府收入和支出有季节性特点,需要货币政策工具实行平滑操作,维持市场的平稳。

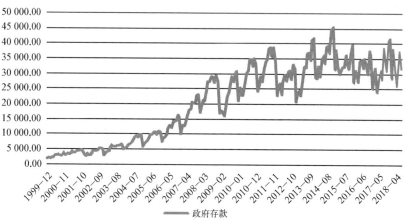

图2-7　1999年12月至2018年4月政府储蓄的变动(单位：亿元)

如果年末集中交税,则政府储蓄上升500,银行储备下降500,同样银行储备下降,商业银行可以通过中央银行逆回购业务向中央银行融通资金500,满足储备要求(见表2-44)。当然,银行储备下降,中央银行也可以通过外汇掉期业务融通资金,如在即期买入美元资产500,远期卖出人民币资产500,满足储备要求。

表2-44 中央银行的资产负债表

资　　产	负　　债
对政府的贷款(LG)　500	流通中的货币(C)　1 000
对外净资产(NFA)　1 500	银行储备(R)　2 000 − 500 + 500
对银行的贷款(LB)　500	央行的金融票据(FP)　2 000
持有的证券(SH)　1 000	政府储蓄(GD)　500 + 500
贴现贷款(DL)　500	国库现金(GC)　500
回购(RP)　1 000 + 500	
常备信贷便利(SF)　1 000	

如果政府扩大支出200,则政府储蓄下降200,假定政府在X公司购买200商品,X公司把获得的收入存在商业银行,这是一笔原始存款,最终商业银行的储备会增加200。为了使得银行储备稳定,央行可以通过正回购回笼资金200,银行储备会下降200。当然,中央银行也可以通过外汇掉期业务回笼流动性200(见表2-45)。

表2-45 中央银行的资产负债表

资　　产	负　　债
对政府的贷款(LG)　500	流通中的货币(C)　1 200
对外净资产(NFA)　1 500	银行储备(R)　2 000 + 200 − 200
对银行的贷款(LB)　500	央行的金融票据(FP)　2 000
持有的证券(SH)　1 000	政府储蓄(GD)　500 − 200
贴现贷款(DL)　500	国库现金(GC)　500
回购(RP)　1 000 − 200	
常备信贷便利(SF)　1 000	

公开市场业务包括正回购、逆回购和外汇掉期等,中央银行可以抹平临时性的流动性增加或减少,保持货币市场流动性的日常基本稳定,实现宏观经济目标。短期货币政策工具调节流动性,平抑市场短期流动性波动,如在春节期间,保持现金的供应,春节过后,现金需求下降,此时工具到期,现金回笼,货币政策工具自动退出。前面分析过,商业银行之

间的信用活动,如果没有中央银行的参与,基础货币是不会改变的,对货币市场流动性不会产生大的冲击,如果中央银行参与,如公开市场业务、常备信贷便利等,都会导致基础货币的变动。尽管政府开支不是中央银行的货币政策操作,但由于政府储蓄的变动会导致中央银行资产负债表的变化和基础货币的变动,也相当于中央银行的货币政策操作,因此中央银行往往也通过货币政策的操作,平抑市场流动性的波动。

2.3 基础货币和货币乘数交互影响货币供给

2.3.1 理论分析

根据货币供给量的定义式 $M = mB$,如果货币乘数 m 和基础货币 B 同时发生变动,那么变动后的货币供给量为 $M^* = (m + \Delta m)(B + \Delta B)$,货币供给量的变动额为 $\Delta M = M^* - M = m\Delta B + \Delta mB + \Delta m\Delta B$,式中:基础货币变动导致货币供应量的变动额为 $m\Delta B$;货币乘数变动导致货币供应量的变动额为 $\Delta m(B + \Delta B)$。如果基础货币和货币乘数同时增加,将会使得货币供给量加速增加,反之亦然。但是,如果基础货币和货币乘数的变动方向相反时,货币供给量的最终变动 ΔM 将会取决于基础货币和货币乘数的变动大小,具体说,ΔM 将会取决于 $m\Delta B$ 和 $\Delta m(B + \Delta B)$ 相对变动的大小。当基础货币增加,而货币乘数下降时,若 $m\Delta B > \Delta m(B + \Delta B)$,那么最终的货币供给量将会上升;若 $m\Delta B < \Delta m(B + \Delta B)$,那么最终的货币供给量将会下降。而当基础货币减少,货币乘数上升时,根据 $m\Delta B$ 和 $\Delta m(B + \Delta B)$ 大小,也可以得出对应的结论。

如果对货币供给量 $M = mB$ 从增长率的角度来进行分析,等式左右两边取对数并对时间求导后会得到 $\dfrac{\dot{M}}{M} = \dfrac{\dot{m}}{m} + \dfrac{\dot{B}}{B}\left(\dfrac{\mathrm{d}X}{\mathrm{d}t} = \dot{X}\right)$。如果基础货币和货币乘数的增长率都大于0,即 $\dfrac{\dot{m}}{m}, \dfrac{\dot{B}}{B} > 0$,那么货币供给量将会加速增长,如果基础货币和货币乘数的增长率呈反向变化,即 $\dfrac{\dot{m}}{m} \times \dfrac{\dot{B}}{B} < 0$ 时,最终的货币供给量的变化将取决于这两个增长率的数值大小,即若基础货币的增长率的绝对数值大于货币乘数的增长率的绝对数值,那么最终货币供给量将会和基础货币同向变动,反之亦然。因此,根据我国实际的基础货币和货币乘数的经济数据,就可以对我国的货币供给量的变化进行判断。

2.3.1.1　1999—2008年8月我国货币信贷的变化

1999—2008年,我国的货币供应量和基础货币一直是上升的。2001年,我国加入WTO,国际收支不断改善,外汇储备和外汇占款不断增加,基础货币由再贷款支撑转向外汇占款支撑。从货币乘数的变化来看,2006年以前货币乘数不断上升,2007年以后开始下降,主要是由于法定准备金率下调的缘故(见图2-8)。2007年央行为了控制流动性过剩,对冲外汇占款的增加,仅2007年这一年就上调了10次法定准备金率,2008年上半年5次上调法定准备金率,货币乘数转而下降,但基础货币和货币供应量还继续上升,说明基础货币增长的幅度超过货币乘数下降幅度对货币供应量的影响。

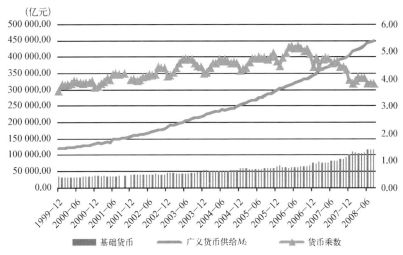

图2-8　1999—2008年货币供应量、基础货币和货币乘数的变化

随着货币供应量的增加,银行信贷也随之上升(见图2-9),1999—2006年,货币信贷上升是由基础货币和货币乘数共同作用的结果。而2007—2008年8月货币和信贷的增加主要是由基础货币的增加带来的市场流动性的上升。

2.3.2　后危机时代我国货币信贷的变化——基于基础货币和货币乘数的分析

2007年7月美国次贷危机爆发,其影响当时主要仅限于美国内部。2008年9月份以后国际金融形势发生了变化,随着美国第四大投资银行雷曼兄弟公司申请破产保护,美国次贷危机进一步恶化,并迅速演变为波及全球的金融风暴。由于国际金融危机爆发,2008年9月份开始,我国货币政策由"从紧"转向"适度宽松",经过了短暂的调整后,11月份和

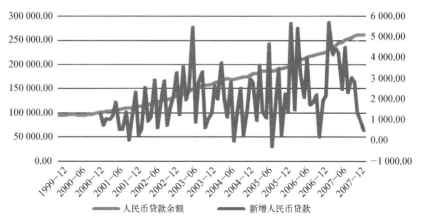

图 2-9　1999—2008 年人民币贷款余额和新增贷款的变化（单位：亿元）

12月份新增贷款开始增长。2008年底银行信贷增加主要是由于我国基础货币迅速增加导致的。根据央行公布的数据,2008年11月份我国广义货币供应量比10月份增加5 512.34亿元,人民币贷款新增4 769亿元;12月份广义货币供应量增加16 521.94亿元,人民币贷款增加7 400亿元,货币供应量和新增贷款呈现大幅度回升的态势。从货币乘数变化来看,2008年10月份我国的广义货币供应量货币乘数为3.92,11月份、12月份分别下降为3.84和3.68,11、12月份基础货币分别增加为3 617.41亿元、9 889.62亿元,因此,2008年底的货币信贷增加主要是由于基础货币增加所导致的。货币乘数下降反映了金融危机时期商业银行超额准备金较高,货币信贷没有得到有效扩张。2008年9月以后央行四次有区别地下调存款准备金率。

实际上,我国在2009年的法定存款准备金没有发生变动,直到2010年1月,央行开始上调准备金率,希望通过存款准备金这个货币政策手段来回收市场上的流动性,接着面对国内日益加大的通胀压力,央行开始不断提高法定存款准备金率。

1. 2010—2012年我国货币供给和信贷分析

2010年一整年,广义货币供给都呈现出稳定的上升趋势,基础货币在1月至9月之间,增长较为缓慢,9月之后开始出现明显的上升趋势,而货币乘数在这一年上下波动十分明显,货币乘数在2010年5月达到一个该年最高值后就开始呈现一个下降的趋势。2010年,央行为了收回市场上过剩的流动性,开始不断提升法定存款准备金率,在其他条件不变的情况下,法定存款准备金率的上升将会使得货币乘数下降。根据央行的货币政策执行报告,可以发现,金融机构的超额准备金率在前三季度是不断下降,直到第四季度才有一个回升。当央行希望通过提高法定存款准备金率来回笼货币时,具有超额准备金的金融机构可以通过减少超额准备金来满足新的准备金的要求,而不影响自身的资金放贷等业务,这样就会使得超额准备金率下降,一定程度上会抵消货币乘数的下降。因此,在2010年,尽管央行采取紧缩的货币政策,不断提高存款准备金率,但是随着金融机构超额准备金率的降低,货币乘数不是直线下降,而是由于两者的共同作用,在波动中不断下降(见图2-10)。货币乘数整体是下降的,为什么2010年的广义货币还是不断上升的,这是由于基础货币较为稳定的上升。考虑到货币乘数变动的绝对数额与基础货币的绝对数额相较来说更小,不断上升的基础货币使得我国2010—2012年初的货币供给仍然不断上升。而2010—2012年初基础货币会不断上升的重要原因就是外汇占款的不断增加。在我国外贸双顺差的情况下,大量的外汇带给人民币较大的升值压力,为了稳定汇率,央行被动地在外汇市场上抛人民币买外币,这样使得中央银行的外汇资产不断增加,同时,基础货币也不断增加。

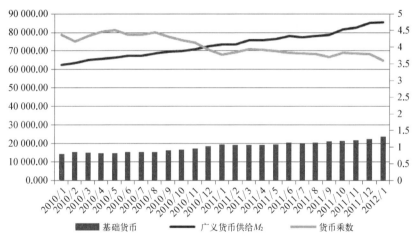

图2-10 2010年1月—2012年1月基础货币(亿元),
货币乘数和广义货币供给 M_2(亿元)

在2011年,面对国内不断上升的CPI,央行仍然实施紧缩性的货币政策,不断上调存款准备金率,但是货币乘数因为法定存款准备金率的上调而下降。根据2011年的央行货币政策执行报告,金融机构超额准备金率的下降,可以部分解释货币乘数变动较缓的原因。观察2010年1月至2012年1月的贷款和新增信贷的数据可以发现,贷款一直保持着稳定的上升趋势,而新增信贷在每年的一月会出现一个极大值。尽管监管机构希望通过一系列的货币政策来回收流动性,但是金融机构还是将资金投放出去,而在一月之后,更为严厉的监管实施后,新增的信贷有明显的下降。2010年全年新增信贷为7 951.073亿元,2011年全年新增信贷为6 875.114亿元,与2009年比较,都有较大幅度的下降(见图2-11)。

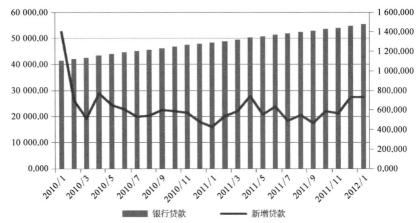

图 2-11　2010—2012 年 1 月贷款和新增信贷(单位:亿元)

数据来源:CEIC 数据库和中国人民银行网站。

总的来说,因为 2008 年金融危机,政府为了保持经济增长向市场投放了大量的流动性,因而国内市场上存在着明显的流动性过剩问题,物价上涨压力不断增加。尽管从 2010 年开始,央行开始采取紧缩的货币政策,不断调高法定存款准备金率,还采取加息的政策,但是流动性过剩的问题并没有被很好地解决。一方面,央行为了维持汇率稳定,不断在市场上购买外币抛售人民币,使得央行的外汇占款和我国的基础货币不断上升;另一方面,尽管央行希望通过紧缩的货币政策来降低货币乘数,但是金融机构超额准备金的存在,并且使用超额准备金来满足新的准备金要求,使得提高准备金率的政策效果并不是那么明显。

2. 2012—2015 年我国货币供给和信贷分析

2012—2015 年,广义货币供给是不断上升的,这是由于基础货币较为稳定的上升和货币乘数上升的缘故。基础货币会不断上升的重要原因仍然是外汇占款的不断增加,货币乘数上升主要是由于中央银行持续下调法定准备金率的缘故(见图 2-12)。

2012 年,央行为刺激经济,开始不断下调法定存款准备金率,货币乘数趋于上升。此外,由于外汇占款的持续增加,基础货币不断上升。2014 年以来,央行也多次下调存款准备金率,货币乘数进一步上升,货币供给持续上升。观察 2012 年 2 月—2015 年 3 月的贷款和新增信贷的数据可以发现,贷款一直保持着稳定的上升趋势,而新增信贷也有较大幅度的上升。2012 年全年新增贷款为 8 196.295 亿元;2013 年全年新增贷款为 8 905.181 亿元;2014 年全年新增贷款为 9 780.855 亿元,并且 2014 年的新增信贷超过 2009 年的历史高位;2015 年全年新增贷款继续上升,为 112 692.90 亿元,超过 2014 年的新增信贷(见图 2-13)。

第 2 章 货币乘数和货币流通速度

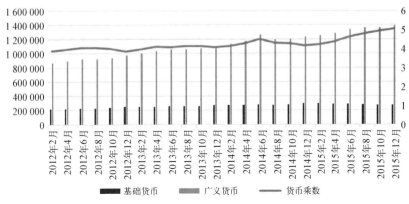

图 2-12　2012—2015 年基础货币(亿元),
货币乘数和广义货币供给 M_2(亿元)

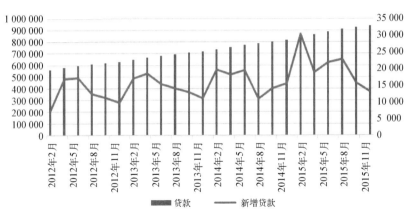

图 2-13　2012—2015 年贷款和新增信贷(亿元)

3. 近年来我国货币供给和信贷分析

近年来,国际经济逐步复苏,我国经济企稳,为了适应我国经济新常态的现状,同时配合国家去产能、去库存、去杠杆的要求,中国人民银行采取了稳健的货币政策,在使用货币政策支持经济去产能、去库存,促进经济在经济结构调整基础上得到稳步增长的同时,注意降低经济的杠杆,严格控制金融风险和通货膨胀风险。

从货币供给角度来看,2016 年 1 月,我国广义货币供应量达到 1 416 319.55 亿元,2016 年 12 月达到了 1 550 066 亿元,到 2017 年 12 月份,达到了 1 676 768.54 亿元,而基础货币在以上月份的数额分别为 290 411.8 亿元、308 979.61 亿元以及 321 870.76 亿元,可以得到以上月份的货币乘数分别为 4.88、5.02 以及 5.21(见图 2-14)。从以上数据可以看出,由于经济的恢复和稳步增长,我国的基础货币和广义货币的供给量在 2016—

2017年呈现出上升趋势,同时,由于央行实行稳健的货币政策,注重控制物价水平上涨的风险以及配合国家经济去杠杆的要求,货币供给以及基础货币的扩张速度是比较缓和的。

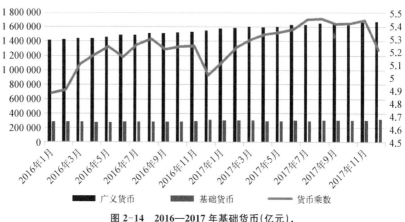

图 2-14　2016—2017 年基础货币(亿元),
货币乘数和广义货币供给 M_2 (亿元)

同样,从 2016—2017 年信贷角度来看,2016 年 1 月我国存款性金融机构人民币贷款余额为 962 857.84 亿元,2016 年 12 月达到 1 063 353.35 亿元,到 2017 年底,存款性金融机构人民币贷款余额达到了 1 201 320.99 亿元。从上面的数据可以看出,在 2016—2017 年的两年中,伴随着经济的平稳增长,我国的信贷规模在不断扩张,但扩张的速度较为温和(见图 2-15),反应了央行稳健的货币政策的基调,在支撑经济新常态的稳步增长的前提下严控经济过热的风险。

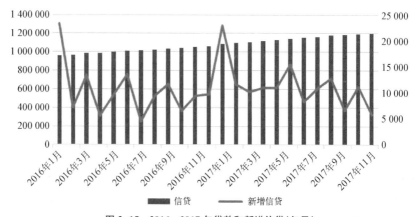

图 2-15　2016—2017 年贷款和新增信贷(亿元)

实际上,从1999—2018年整个过程来看,广义货币供应量和基础货币基本上都是一直上升的,因为我国的外汇储备和外汇占款也基本上一直是上升的。1999—2006年货币乘数基本上是上升的,2007—2012年货币乘数基本上是下降的,2012年开始货币乘数又是上升的,其主要原因是法定准备金率的变化。从法定准备金率的变动来看,1999—2006年法定准备金率调整次数并不多,有升有降,货币乘数保持上升趋势。2007—2008年为了控制流动性过剩,中央银行不断提高法定准备金率,货币乘数开始下降。2008年由于国际金融危机冲击,中央银行转向下调法定准备金率,货币乘数短暂上升,2010年随着经济恢复,通货膨胀压力抬头,央行开始上调法定准备金率,货币乘数转而下降。

2012年中国经济进入新常态,外汇储备和外汇占款增长缓慢,中央银行通过降低法定准备金率向市场释放流动性,货币乘数又开始上升,货币和信贷也持续上升。

2.4 影子银行、货币政策与信用创造

2008年的金融危机对世界经济金融带来了深远的影响,直至现在,这种影响仍然没有消除。而在这次金融危机的发酵酝酿中,一种新的金融体系扮演着十分重要的角色,这种金融体系就是"影子银行体系"(shadow banking system)。影子银行的概念诞生较晚,至今尚未有统一的明确定义,影子银行的概念由美国太平洋投资管理公司首席执行官麦考莱(Paul McCulley)在2007年的美联储会议上提出,他提出"影子银行是非银行投资渠道、工具和结构性产品杠杆化的组合"。国际货币基金组织(International Monetary Fund)总结了国际学术界关于界定影子银行的三个标准。第一,从参与实体来看,影子银行是指游离在货币当局的监管体系之外,与银行相对应的金融中介机构,例如各种可以像银行一样进行借短贷长活动,但受到较少监管的非银行金融机构,或者可以实施具有期限、信用和流动性转换功能活动,但无中央银行流动性支持的参与实体;第二,从实施活动来看,是指创新金融工具和金融活动,例如进行与银行业务相类似的金融活动,但是受到很少监管甚至不受监管的实体机构,在这一方面,资产证券化是一个重要的例子(在2008年的金融危机中,以次级住房贷款为基础创设的证券化资产扮演了十分重要的角色);第三,从创新市场来看,是指证券化市场或者金融衍生品市场,例如证券化市场以及提供短期资金的回购市场。当然,以上关于影子银行的界定更多地是站在发达国家尤其是美国的金融现实上做出的,由于各国经济发展、金融结构以及监管方面的差异,影子银行在各国的发展表现存在着很大的不同。2013年,金融稳定理事会(Financial Stability Board)在《2013年全球影子银行监测报告》最后总结的,"具体何种活动才算影子银行业务,可能并不存在国际口径,要视不同经济的金融体系和金融体系的具体情况而定"。因此,就我国而言,影子银行

体系的规模和存在方式是十分不同的,在美国,影子银行体系更多的是各种资产证券化活动和衍生产品的存在,而在我国则更多地表现在银行开展的"类贷款"方面,正如前中国人民银行行长周小川在 2011 年指出的,"在中国,影子银行的构成与发达市场国家存在较大区别"。

由于影子银行体系同货币之间有着密切的联系,因此对中央银行货币政策的实施以及银行的信用创造和货币创造活动也会产生重要的影响。

2.4.1 我国影子银行的界定

根据信用行为机制的不同(货币型信用行为机制和非货币型信用行为机制),影子银行业务可以划分为银行影子和传统影子银行。

银行影子是指银行从事的"类贷款"业务,本质上与银行的贷款业务相同,以规避监管机构的监管和贷款相关规定为目的,以不规范的会计记账为手段,通过创造信用货币为企业提供融资业务,主要表现有:同业代付、买入转售以及以信托投资公司、证券公司、基金子公司以及保险公司等非银行金融机构为通道,行使信托受益权转让、信用挂钩收益互换产品、基金特定资产理财业务等。银行影子在资产扩张、创造货币的同时创造信用,满足实体的融资需求,却没有被记录在贷款科目下,由于银行影子主要借助于第三方银行或非银行金融机构为通道,因此多表现为银行资产负债表上的资产方的同业资产。

传统影子银行是指非银行金融机构在银行之外独立开展的,通过货币转移来创造信用为实体提供融资的业务。这种影子银行的形式主要表现为货币市场基金以及资产证券化等,由于这种金融活动在美国等发达国家已经有较长时间的发展,因此被称为传统的影子银行。具体而言,是指非银行机构(信托公司、证券公司、财务公司、金融租赁公司以及小额贷款公司等)将募集到的资金通过信托贷款、资产管理计划、设备租赁、抵押贷款、信用贷款等方式,转移给实体经济借款人的行为。

西方国家的影子银行资金主要来源是基金,产品的底层往往是次级贷款,主要表现是资产证券化业务和回购业务,也就是说,西方国家的影子银行业务主要表现为我们上面所说的传统影子银行,而在我国,影子银行更多地表现为银行影子,本质仍然是与贷款相同的资产创造负债的信用货币创造行为。我国的影子银行和西方发达国家的影子银行存在着很大的差异,主要是由于经济体制、金融结构、金融监管和历史发展的不同形成的,我国的资产证券化相对于西方发展十分滞后,而在我国商业银行在金融体系中的特殊地位又使得我国的影子银行同商业银行的资产负债表外进行的贷款业务紧密相关,也即银行影子。

2.4.2 银行影子的信用创造机制

以次级贷款和资产证券化为基础的传统影子银行的信用创造活动创造出来的是具有货币属性的广义流动性,这同由中央银行基础货币创造出来的狭义流动性不同,而在银行影子的信用创造机制中,我们将看到银行通过各种通道进行"类信贷"活动,从而进行狭义的信用创造并影响货币供给。也就是说,传统的影子银行业务通过货币转移创造信用但不进行狭义的流动性创造,而银行影子在创造信用的同时创造了狭义的流动性。

通过分析银行资产方的基本构成,有助于了解影子银行的运作方式和业务种类。根据资产科目不同可以将银行影子业务分为"同业渠道"和"投资渠道",按照对手方的不同,前者又可以进一步划分为"银行同业渠道(如同业代售、买入返售等)"和"非银行同业渠道(如同业拆放等)",后者则包括银信合作、银证合作、券商资管通道、基金子公司通道、票据和信托受益权的"信贷资产转移投资资产"模式等。下面分别分析三种银行影子的信用货币创造机制。

第一,"银行同业渠道"是指银行向企业提供类似贷款的融资,且在该过程中创造等量货币,但是却通过两家银行的操作,将本应记在贷款科目下的资产隐藏于同业资产下,从而规避了资本充足率要求和信贷投放限制。以同业代付为例,假设B银行委托A银行向企业提供融资,且承诺在未来某一时间向A银行还本付息。在这个过程中,A银行按照同业资金运用计入"同业拆出"科目,同时在负债方增加企业的等额存款。对金融总量的影响是,信用与货币同时等额扩张,银行通过创造货币向企业提供了信用。B银行将承诺的本息记在表外,资产负债表没有发生任何变化。在这个过程中,A银行为"通道机构",起到隐匿贷款资产的作用,B银行在规定日期还本付息,是真正的资金来源方和风险承担者。同业代付下的银行影子同传统的贷款活动没有本质的区别(见表2-46)。

表 2-46 银行同业渠道的信用创造

商业银行 A

资　　产	负　　债
同业拆出　100	企业存款　100

企业

资　　产	负　　债
企业存款　100	借款　100

第二,"非银行同业渠道"指的是银行发行理财产品或其他方式筹借资金,以同业拆

借、同业存放和买入返售中的任何一种方式,向非银行金融机构借出资金,再通过委托贷款等方式转为企业存款。这种形式的银行影子涉及的会计实践如表2-47所示。商业银行B发行理财产品100,同业拆出100;非银行金融机构拆入100,向企业发放委托贷款100,同样表内业务转移到了表外(见表2-47)。

表2-47 非银行同业渠道的信用创造

商业银行B

资　　产	负　　债
同业拆出　100	发行理财产品　100

非银行的金融机构

资　　产	负　　债
委托贷款　100	同业拆入　100

第三,"投资渠道"是指银行向非金融企业提供类似贷款的融资,并创造等量的货币,但通过与金融机构的合作,将本应记在贷款科目下的资产隐藏于投资资产下,从而规避信贷投向限制。常见的模式主要有银信合作等,目的是将实质上的信贷资产隐匿为投资资产。如表2-48所示,T信托公司设立投资于企业Q的信托产品,B银行购买该信托产品,从而实现向Q企业提供融资的目的。在这里,信托公司只是帮助银行实现贷款合规化的通道,在货币创造中不起实质作用,创造货币和信用的主体仍然是银行。同样商业银行B发行理财产品100,购买信托产品100;信托公司向企业发放贷款100。

表2-48 "银信合作"模式的信用创造

商业银行B

资　　产	负　　债
信托产品　100	发行理财产品　100

信托公司T

资　　产	负　　债
信托公司贷款　100	信托产品　100

第四,"贷款转让"也是通过与金融机构的合作,将本应记在贷款科目下的资产隐藏于投资资产下,从而规避信贷投向限制。如表2-49所示,B银行发行理财产品,然后贷款给企业,这时候贷款资产在表内。B银行把这笔贷款转让给信托公司,信托公司把贷款打包成信托产品,商业银行C购买信托产品,因此商业银行B的贷款资产从表内移到了表外。

第2章 货币乘数和货币流通速度

表 2-49 "银信合作"模式的信用创造

商业银行 B

资产	负债
贷款 100	发行理财产品 100

信托公司

资产	负债
贷款转让 100	信托产品 100

商业银行 C

资产	负债
信托产品 100	发行理财产品 100

第五,"过桥企业"是指银行向非金融企业提供类似贷款的融资,并创造等量的货币,但通过信托公司与过桥企业的合作,将本应记在贷款科目下的资产隐藏于信托资产下,从而规避信贷投向限制。如表 2-50 所示,信托公司设立投资于企业的信托产品,另一家"过桥企业"购买了信托公司的信托产品,B 银行购买该信托产品,从而实现向企业提供融资的目的。在这里,信托公司和过桥企业只是帮助银行实现贷款合规化的通道,在货币创造中不起实质作用,创造货币和信用的主体仍然是银行。

表 2-50 "银信合作"模式的信用创造

信托公司

资产	负债
企业贷款 100	发行信托产品 100

另一家企业

资产	负债
信托产品 100	借款 100

商业银行

资产	负债
信托产品 100	理财产品 100

以上几种业务模式的银行影子运作方式的共同点在于,贷款业务被隐藏在资产负债表之外,从而规避了信贷投放的管制并隐藏了风险,且在提供了信用的同时进行了货币创造。

近几年来,我国银行的表外业务规模一直在增长,2016年末,我国银行业金融机构表外业务(含委托贷款)余额为82.36万亿元,比2015年末增加16.2万亿元,增长率为24.48%,表外资产规模相当于表内资产规模的42.41%,比上年末提高3.07个百分点,其中委托贷款12.38万亿元,承兑汇票10.43万亿元。2017年末,我国银行表外业务余额达到253.52万亿元(含托管资产表外部分),表外资产规模相当于表内资产总规模的109.16%,比2016年提高12.04个百分点。表外业务的增长一定程度上意味着我国以银行影子为主要形式的影子银行规模的扩张,其中的风险隐患、对货币政策和信用创造的影响值得关注。

2.4.3 影子银行对货币乘数的影响

一般来说,银行体系扩张信用、创造派生存款的能力要受到缴存中央银行存款准备金的限制。一般银行机构所吸收的存款并不能全数用于发放贷款,其中有一部分要按规定的比例缴存中央银行,形成在中央银行的准备金存款。

而影子银行通过发行理财产品等获得的资金,也会留存一部分作为应付客户提存或应对风险的准备金,这样,在每笔理财产品获得的资金中,总有一部分要作为风险准备金不能发放贷款。

我们可以通过一个简单的例子来说明这一原理和过程。为此先作几个抽象假设:① 创造和削减银行存款是在整个商业银行体系内发生的,并且假定只存在活期存款;② 商业银行法定准备金率为 r,影子银行的风险准备金率为 n;③ 商业银行的存款中有固定比率的存款流入影子银行,假定一笔原始存款为 R,留在银行体系的存款为 aR,而流入影子银行的资金为 $(1-a)R$,购买影子银行理财产品。

设:整个社会有商业银行甲、乙、丙、丁等,影子银行 A、B、C、D 等,一笔原始存款 R,一部分存款流入影子银行,因此,假定甲银行具有原始存款为 aR,按照法定准备金率 r 的要求,应有 raR 的准备金,其他 $(1-r)aR$ 作为资产可运用于放款。此时,甲银行的资金处于均衡状态。如表 2-51 所示。

表 2-51 甲 银 行

资　　产	负　　债
准备金 raR	存款 aR
贷款 $(1-r)aR$	
总计 aR	总计 aR

同时,由于一部分存款流入影子银行,因此 A 银行发行理财产品获得资金 $(1-a)R$,

第 2 章 货币乘数和货币流通速度

留存风险准备金 $n(1-a)R$,其他 $(1-n)(1-a)R$ 作为资产可运用于放款。此时,影子银行 A 的资金处于均衡状态,见表 2-52。

表 2-52 影子银行 A

资产	负债
风险准备金 $n(1-a)R$	理财产品 $(1-a)R$
贷款 $(1-n)(1-a)R$	
总计 $(1-a)R$	总计 $(1-a)R$

甲银行和影子银行 A 的贷款形成新的存款存入乙银行,乙银行又在扣除了存款准备金之后发放贷款,那么在乙银行的资产负债表上就会多出一笔纪录,见表 2-53。

表 2-53 乙 银 行

资产	负债
准备金 $ra[(1-r)aR+(1-n)(1-a)R]$	存款 $a[(1-r)aR+(1-n)(1-a)R]$
贷款 $(1-r)a[(1-r)aR+(1-n)(1-a)R]$	
总计 $a[(1-r)aR+(1-n)(1-a)R]$	总计 $a[(1-r)aR+(1-n)(1-a)R]$

同样,乙银行的存款也有 $(1-a)$ 的部分资金理财产品流入影子银行 B,B 银行在扣除了风险准备金之后发放贷款,那么在影子银行 B 的资产负债表上就会多出一笔纪录。如表 2-54 所示。

表 2-54 影子银行 B

资产	负债
准备金 $n(1-a)[(1-r)aR+(1-n)(1-a)R]$	理财产品 $(1-a)[(1-r)aR+(1-n)(1-a)R]$
贷款 $(1-n)(1-a)[(1-r)aR+(1-n)(1-a)R]$	
总计 $(1-a)[(1-r)aR+(1-n)(1-a)R]$	总计 $(1-a)[(1-r)aR+(1-n)(1-a)R]$

这一过程循环往复,最终在商业银行系统上就会形成如下结果,见表 2-55。

表 2-55 商业银行系统的存款创造

银行	存款	贷款	准备金
甲	aR	$(1-r)aR$	raR
乙	$aR[(1-r)a+(1-n)(1-a)]$	$(1-r)aR[(1-r)a+(1-n)(1-a)]$	$raR[(1-r)a+(1-n)(1-a)]$

(续表)

银行	存款	贷款	准备金
丙	$aR[(1-r)a+(1-n)(1-a)]^2$	$(1-r)aR[(1-r)a+(1-n)(1-a)]^2$	$raR[(1-r)a+(1-n)(1-a)]^2$
……	……	……	……
合计	$aR/\{1-[(1-r)a+(1-n)(1-a)]\}$	$(1-r)aR/\{1-[(1-r)a+(1-n)(1-a)]\}$	$raR/\{1-[(1-r)a+(1-n)(1-a)]\}$

同样这一过程循环往复,最终在影子银行系统上就会形成如下结果,见表2-56。

表2-56 影子银行系统的存款创造

银行	理财产品	贷款	风险准备金
A	$(1-a)R$	$(1-n)(1-a)R$	$n(1-a)R$
B	$(1-a)R[(1-r)a+(1-n)(1-a)]$	$(1-n)(1-a)R[(1-r)a+(1-n)(1-a)]$	$n(1-a)R[(1-r)a+(1-n)(1-a)]$
C	$(1-a)R[(1-r)a+(1-n)(1-a)]^2$	$(1-n)(1-a)R[(1-r)a+(1-n)(1-a)]^2$	$n(1-a)R[(1-r)a+(1-n)(1-a)]^2$
……	……	……	……
合计	$(1-a)R/\{1-[(1-r)a+(1-n)(1-a)]\}$	$(1-n)(1-a)R/\{1-[(1-r)a+(1-n)(1-a)]\}$	$n(1-a)R/\{1-[(1-r)a+(1-n)(1-a)]\}$

可见,影子银行具有商业银行同样的信贷扩张能力,能够规避中央银行的信贷投放的管制,通过金融创新,不断增加社会信贷的投放量,使得社会融资规模不断扩大,企业的债务水平也不断上升。

从上面的分析可以看出: $m=\dfrac{1}{1-[(1-r)a+(1-n)(1-a)]}=\dfrac{1}{ra+n(1-a)}$, 因此,影子银行扩张信用的能力决定于三个因素,即流入影子银行的资金大小、商业银行法定准备金率和影子银行风险准备金率。流入影子银行体系资金越多,影子银行信贷也就越多;商业银行法定准备金率越高,留在商业银行体系的资金就越多,流入影子银行体系的资金就会减少;影子银行风险准备金率越高,影子银行的信贷扩张能力就越小,相反信贷扩张能力就越大。

以上分析没有考虑流通中的现金和商业银行有超额准备金,如果考虑到流通中的现金和银行体系有超额准备金,则货币乘数的扩张能力会下降。我们定义基础货币 $B=C+H+R^e$,式中: C 是流通中的现金; H 是准备金存款; $H=H^f+H^s$; H^f 是商业银行体系

第 2 章　货币乘数和货币流通速度

的准备金存款；$H^f = raR/\{1-[(1-r)a+(1-n)(1-a)]\}$；$H^s$ 是流入影子银行的风险准备金存款；$H^s = n(1-a)R/\{1-[(1-r)a+(1-n)(1-a)]\}$；$R^e$ 是商业银行超额准备金存款。总的资金供给 $D = D^f + D^s$，式中：D^f 是商业银行的总存款；D^s 是影子银行发行理财产品获得的资金总额。因此，$D^f/D = a$，$D^s/D = 1-a$，$H^f/D^f = r$，$H^s/D^s = n$。假定 $C/D = k$，$R^e/D = e$，因此能够得到：

$C = kD$，$R^e = eD$，$H^f = rD^f = raD$，$H^s = nD^s = n(1-a)D$，再根据：

$B = C + H + R^e = C + H^f + H^s + R^e = kD + raD + n(1-a)D + eD = [k + ra + n(1-a) + e]D$

因此能够得到：

$$D = \frac{1}{k+ra+n(1-a)+e}B$$

资金总供给①：

$$M = C + D = \frac{1+k}{k+ra+n(1-a)+e}B$$

资金供给的乘数：$m = \dfrac{1+k}{k+ra+n(1-a)+e}$。因此：$\dfrac{\partial M}{\partial k} = -\dfrac{1-[ra+n(1-a)+e]}{[k+ra+n(1-a)+e]^2}B < 0$，意味着随着 k 的上升，货币供给是下降的。$\dfrac{\partial M}{\partial r} = -\dfrac{a(1+k)}{[k+ra+n(1-a)+e]^2}B < 0$，即随着法定准备金率的上升，货币供给是下降的。$\dfrac{\partial M}{\partial a} = -\dfrac{(1+k)(r-n)}{[k+ra+n(1-a)+e]^2}B$，如果 $r > n$，则 $\dfrac{\partial M}{\partial a} < 0$；如果 $r < n$，则 $\dfrac{\partial M}{\partial a} > 0$，但通常情况下正规银行体系的法定准备金率要高于影子银行的风险准备金率，因此随着流入正规银行体系的资金越多，流入影子银行体系的资金减少，货币供应量会增加。

因此，能够得到商业银行的存款总额：$D^f = \dfrac{a}{k+ra+n(1-a)+e}B$，商业银行的贷款总额：$L^f = \dfrac{(1-r)a}{k+ra+n(1-a)+e}B$，商业银行准备金存款总额：$R^f = \dfrac{ra}{k+ra+n(1-a)+e}B$。

---

① 这里的资金总供给相当于 M_2，但是影子银行没有存款，因此这里我们用资金总供给来说明银行体系存款和影子银行体系理财产品资金的总和。

同样能够得到影子银行发行理财产品总额：$D^s = \frac{(1-a)}{k+ra+n(1-a)+e}B$，影子银行的贷款总额：$L^s = \frac{(1-n)(1-a)}{k+ra+n(1-a)+e}B$，影子银行风险准备金总额：$R^s = \frac{n(1-a)}{k+ra+n(1-a)+e}B$。

应该说，考虑到流通中的现金和超额准备金率，无论是商业银行还是影子银行的信贷创造能力下降，这和传统的货币创造理论是一样的。因此，从整个的银行体系（包括正规银行和影子银行）来看，贷款总额为：$L = \frac{a(1-r)+(1-a)(1-n)}{k+ra+n(1-a)+e}B$。

2.4.4 影子银行对货币供给影响的实证研究

为了考察影子银行对货币供给的影响，我们选取银行委托贷款、信托贷款和未贴现银行承兑汇票等作为影子银行的贷款规模，货币供给我们选取 M_2 来度量，现金比率选取流通中现金与银行存款的比率，法定准备金率我们选取大型存款类金融机构的数据来度量。

数据说明：数据选取 2014 年 12 月份至 2018 年 9 月份，由于是月度数据，对变量进行季节调整，再取对数。数据来源于 iFinD 数据库和中国人民银行网站。根据前面理论分析，本书构建如下的计量模型：$M_{2t} = \theta_0 + \theta_1 k_t + \theta_2 r_t + \theta_3 s_t + \varepsilon_t$

式中：k 为现金比率；r 为法定准备金率；s 为影子银行的总信贷；θ_1 的符号预期为负；θ_2 的符号预期为负；θ_3 符号预期为正。实证研究我们采用动态的最小二乘估计（DOLS，Stock and Watson, 1993），这种方法优于 OLS 方法和 Johansen 的协整方法，这种方法在处理小样本和偏差的动态变化方面优于 OLS。Johansen 协整方法是完全信息的技术方法，某一个方程的系数估计受其他方程设定错误形式的影响，而 DOLS 是稳健的单方程估计方法，由于包括变量差分的前置项和滞后项，纠正了模型变量的内生性问题，同时采用 GLS 方法估计纠正了误差项的序列相关问题。并且 DOLS 和 Johansen 的分布一样，有渐进的最优性质。

2.4.4.1 单位根检验

首先对以上序列进行单位根检验，本书采用 Eviews9.0 软件进行检验，ADF 和 PP 单位根检验的结果（见表 2-57）如下。

从检验结果来看，在 5% 的显著性水平下，货币供应量是不平稳序列；在 5% 的显著性水平下，现金比率在 ADF 统计量下是不平稳序列，在 PP 统计量下是平稳序列。在 5% 的显

表 2-57 单位根检验结果

序列	ADF 单位根检验			PP 检验			结论
	检验形式	ADF检验值	概率	检验形式	PP检验值	概率	
M_2	(c, t, 1)	-2.753 996	0.221 3	(c, t, 1)	-1.816 681	0.690 0	不平稳
ΔM_2	(c, 0, 0)	-7.263 361	0.000 0	(c, 0, 4)	-7.276 828	0.000 0	平稳
k	(c, 0, 2)	-1.879 171	0.338 7	(c, 0, 3)	-3.869 793	0.004 6	一个不平稳,一个平稳
Δk	(0, 0, 1)	-8.115 202	0.000 0	(0, 0, 13)	-21.721 40	0.000 0	平稳
r	(c, 0, 0)	-1.768 832	0.390 8	(c, 0, 3)	-1.775 101	0.387 8	不平稳
Δr	(0, 0, 0)	-5.943 517	0.000 0	(0, 0, 4)	-6.110 249	0.000 0	平稳
s	(c, 0, 3)	-1.743 266	0.402 7	(c, 0, 5)	-1.278 221	0.631 6	不平稳
Δs	(0, 0, 1)	-2.680 874	0.008 5	(0, 0, 4)	-4.973 584	0.000 0	平稳

注:(c, t, m)表示单位根检验方程中是否含有常数项、趋势项和滞后阶数(或 Newey-West 带宽)。ADF 检验的最优滞后阶数根据 AIC 信息准则选择,带宽根据 NW Bartlett Kernel 选择。

著水平下,法定准备金率是不平稳序列,影子银行的总信贷是不平稳序列。在 1% 的显著性水平下,所有变量的一阶差分序列都是平稳序列。

2.4.4.2 动态的最小二乘估计

对上述方程进行实证研究,模型包含 4 个变量:货币供应量、现金比率、法定准备金率与影子银行总信贷等变量。自变量的前置项和滞后项的阶数都是 1 阶,模型的估计结果见表 2-58。

表 2-58 DOLS 模型估计的结果

因变量	M_2		
自变量	回归系数	自变量	回归系数
C	13.563 24*** (14.898 16)	$\Delta k(+1)$	-0.092 670 (-0.840 395)

(续表)

因变量	M_2		
自变量	回归系数	自变量	回归系数
k	-0.451 562* (-1.815 503)	$\Delta r(+1)$	-0.250 990 (-0.827 414)
r	-0.924 435*** (-6.913 325)	$\Delta s(+1)$	0.626 763** (2.188 209)
a	0.599 371*** (6.981 749)	$\Delta k(-1)$	0.119 011 (1.218 740)
Δk	0.308 135* (2.032 766)	$\Delta r(-1)$	0.084 932 (0.337 856)
Δr	0.405 459 (1.482 848)	$\Delta s(-1)$	-0.103 298 (-0.366 520)
Δs	-0.069 761 (-0.253 574)		
R^2	0.982 681	s.e	0.011 028
$a-R^2$	0.975 754	Log likelihood	124.708 4
SSR	0.015 937	F-statistic	141.850 9(0.000 0)

注：( )—t 检验值，＊＊＊、＊＊、＊分别表示在1%、5%、10%的显著性水平下拒绝零假设。

从 DOLS 估计结果来看，现金比率对货币供应量 M_2 影响的长期弹性为 -0.451 562，法定准备金率对货币供应影响的长期弹性为 -0.924 435，影子银行信贷对货币供应量影响的长期弹性为 0.599 371，所有的符号都符合预期。现金比率、法定准备金率与货币供应量变动方向相反，而影子银行信贷上升，货币供应量增加，意味着 s 上升，a 是下降的，在 $r>n$ 的条件下，$\frac{\partial M}{\partial a}<0$，即随着 a 下降，M_2 是上升的，和理论分析是一致的。

2.4.5 影子银行的风险与监管

2.4.5.1 影子银行的风险

第一，流动性风险。我国的影子银行主要是银行借助各种通道进行"类贷款"业务的银行影子，在提供"类贷款"的过程中，理财产品与信托产品扮演着重要的角色，但理财与信托产品面临的一个问题是存在着期限错配的问题。投资者为了高回报,往往会选择回报率较高的期限较长的影子银行产品进行投资,而融资者为了降低融资成本,可能会倾向于选择短期理财产品来融通资金。为了稳定高收益以吸纳更多资金,商业银行可能会选择推出新产品偿还旧产品来缓解期限错配带来的流动性风险和兑付危机,但若经济发生转变,资金链条出现问题,将会出现十分严重的后果。

第二,信用风险。影子银行相关产品为了吸引足够资金往往需要提供较高的收益率,但市场上却不一定能够获得足够偿付该收益率的稳定收益项目。投资项目一旦出现问题,偿还本金和利息将会存在重大困难。我国的信托产品除证券、基金外,主要投向房地产、建筑业、租赁和商务服务业、批发零售业和制造业等,但这些行业都面临着行业周期和产能过剩的问题。2017年政府对于房地产市场的调控政策不断出台收紧,表明了房地产行业时刻面临的大规模的调控,极可能带来影子银行业务资金链的断裂。

第三,对货币政策的消极影响。影子银行尤其是银行影子对货币政策有着巨大影响。这会导致货币政策操作工具与货币供应量之间关系的不确定性,因为银行影子会在中央银行紧缩流动性时为了获取高收益而投放"流动性",银行影子还会打破信贷流向等方面的限制。银行影子还会对货币政策的传导渠道,尤其是利率传导渠道造成扭曲,货币流通速度也会变得难以测度。

2.4.5.2 影子银行的监管

影子银行带来了表内资产的表外化,增大了信用风险。2015年6月银监会发布《中国银监会信托公司行政许可事项实施办法》,理顺行业准入和退出标准,促进有序竞争。该办法促进信托公司打破"刚性兑付",提出分类监管、分类经营,公司评级与展业范围挂钩,鼓励做大做强,进一步加强风险监管,促进信托业公司转型,首次明确了分类经营的具体内涵,加强行业监管透明化,推动行业集中度提升以及资源优化配置。2016年11月23日,银监会发布关于《商业银行表外业务风险指引(修订征求意见稿)》,强调五项原则:第一,全覆盖原则,对表外业务统一管理;第二,分类管理原则,区分具体的业务种类以及风险种类;第三,实质重于形式原则,按业务实质和风险实质分类管理;第四,内控优先原则,坚持风险为本,审慎经营;第五,信息透明原则,按要求披露表内外信息。2016年12月19日中国人民银行表示收缩表外业务纳入表内管理是大势所趋。2017年起,把金融机构的表外业务纳入宏观审慎评估体系(MPA)的广义信贷部分,将债券投资、股权及其他投资等纳入其中,显示出强监管的趋势。

实行利率市场化是减少影子银行产品的重要措施。加快利率市场化,充分发挥利率在金融市场中对供求关系起到的杠杆作用,给予正常利率市场更大的灵活度和自由度,使商业银行等金融机构最大程度地对社会闲置资金进行吸收与合理安排,降低系统性风险;

努力改变因长时间分业经营与监管造成的金融市场分割,建立金融监管体制上较为统一的监管思维和框架,在现有机构上设置推进各机构的相互联系与合作,避免出现因为监管标准不一而形成的监管断层和监管真空,减少影子银行通过制度漏洞进行套利的机会。

2.5 货币流通速度和宏观经济政策

货币流通速度的变动会影响到货币政策的效力,即使是货币流通速度发生微小的变动,如果事先估计不足,也会使货币政策的效果受到严重的影响。如在经济周期性的急剧高涨时期,中央银行打算抑制经济发展,而企业和银行受其自身利益驱使,仍将积极运用闲置的货币余额,它们可以通过金融创新手段发行商业票据和可转让定期存单等,将社会上的闲置资金吸引过来,用其收入弥补开支。这时,即使货币供应量不变,货币的流通速度却加快了,结果总需求、生产、物价都上升了,从而阻碍中央银行货币政策目标的实现。

货币流通速度是研究货币市场的一个重要变量。根据 $MV = PQ$(式中:M 是货币供应量;V 是货币流通速度;Q 是总产量;P 是价格水平。)经变换可得:$V = PQ/M$。由凯恩斯的货币理论,货币需求 $MD/P = L(Y, i)$,(Y 为国民收入;i 为利率)由货币需求和货币供给相等,得 $V = Q/L(Y, i)$,因此货币市场上的利率变化影响着实际货币需求,从而影响货币流通速度。由上式可得:$\partial V/\partial i \times i/V = -L_2 i/L$,货币流通速度的利率弹性等于负的实际货币需求的利率弹性,由于 $L_2 < 0$,则实际货币需求的利率弹性为负,因此货币流通速度的利率弹性为正,利率提高,货币需求下降,人们都不愿持有货币,商品销售的收入都会尽快转手,货币流通速度加快;当利率下降时,货币需求上升,持有货币的机会成本降低,人们并不急于将其脱手,货币流通速度减慢。

2.5.1 货币流通速度与 LM 曲线

如果利率变化时,资产的货币需求 MD_A 变化大,即资产的货币需求对利率有较大的弹性,货币流通速度 V 的变化就大;如果资产的货币需求对利率变化的反应小,货币流通速度就只有很小的变化。

货币主义者认为,货币需求 MD 对利率的变化是相当缺乏弹性的,因此,货币流通速度 V 就会在利率发生较大变化时变化很小。对利率缺乏弹性的货币需求曲线 MD 是一条很陡的曲线,如图 2-16(a) 所示。由于货币需求曲线很陡,据此而绘出的 LM 曲线也会很陡,如图 2-16(b) 所示。一些极端的货币主义者甚至认为,MD 和 LM 曲线都是垂直线。

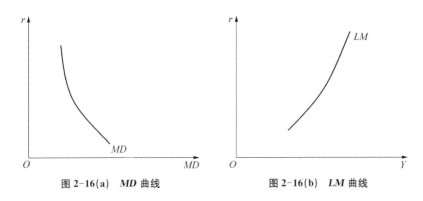

图 2-16(a)　MD 曲线　　　　　图 2-16(b)　LM 曲线

图 2-17(a)说明了陡的 LM 曲线会使财政政策的作用大大减弱,而相对平缓的 LM 曲线则会使财政政策的作用大大增强。图中 LM_1 为反映货币主义者观点的 LM 曲线,货币需求对利率变动的反应小。当政府开支增加时,IS 曲线会由 IS_1 移动到 IS_2,均衡点由 A 点移动到 B 点,这意味着挤出效应大,利率上升,从 r_1 增加到 r_2;而对实际国民收入的影响小,总产量仅从 Y_1 增加到了 Y_2。这种情况说明,如果货币需求对利率的弹性小,导致货币流通速度 V 对政府开支(G)的变动反应很小,那么纯粹的财政政策对经济的作用就是极其有限的,它对国民收入几乎不起什么作用。图 2-17(a)中的 LM_2 表示凯恩斯主义的观点,货币需求对利率的弹性大,货币流通速度也因此而有更大的变化。当政府开支增加,使 IS_1 移动到 IS_2 时,利率小幅上升,从 r_1 上升到 r_3,挤出效应很小,于是国民收入由 Y_1 大幅增加到了 Y_3。只要货币需求对利率变动的反应大,政府开支增加就可以引起货币流通速度的较大增加,使财政政策的作用加强。

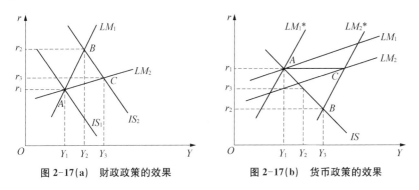

图 2-17(a)　财政政策的效果　　　　　图 2-17(b)　货币政策的效果

LM 曲线的形状对货币政策是否起作用也是至关重要的。如图 2-17(b)所示,标有"*"号的 LM 曲线较陡,表示货币主义者"货币流通速度不变"的观点;不标"*"号的 LM 曲线较平缓,表示凯恩斯主义者中那些极端强调财政政策的经济学家的观点。当中央银行执行扩张性货币政策时,货币供给 MS 增加,利率 r 下降,导致投资 $I(r)$ 上升和总需求增大。总需求的增大会引起实际国民收入 Y 增加,使交易的货币需求 MD_T 增加,引起货币需求曲线右移。货币需求曲线的右移意味着 LM 曲线的右移。

货币主义者的 LM 曲线陡,当货币供给量增加使 LM 曲线从 LM_1^* 移动到 LM_2^*,利率会由 r_1 大幅下降到 r_2,总产量(即实际国民收入)也会由 Y_1 大幅增加到了 Y_2。凯恩斯主义者的 LM 曲线相对平缓,增加同量的货币供给,使 LM 曲线在图 2-17(b)中向右平行移动同样的距离,从 LM_1 移动到 LM_2,利率下降的幅度很小,产量增加的幅度也很小,因此货币政策的作用也要比前者小得多。

可见,货币需求对利率的弹性越大,LM 曲线就越平缓,财政政策就越有效,货币政策越无效;货币需求对利率的弹性越小,LM 曲线就越陡,财政政策作用就越小,货币政策作用越大。

2.5.2 货币流通速度和价格水平

当中央银行采取扩张性的货币政策时,货币供应量增加,在利率管制的条件下,实际货币需求基本保持不变,对货币流通速度的影响很小,货币供应量和物价的变化基本上是同比例的。在利率市场化的条件下,货币流通速度随着利率的变化而变化,当货币供应量增加时,利率下降,货币流通速度下降,价格水平下降,这样,在 $M = (Q/V)P$ 中,Q/V 增大,M 对 P 的斜率增大,因此价格水平下降。在金融市场比较发达的情况下,货币供应量的利率效应是很明显的,这样中央银行在货币市场上的操作对物价的上涨通过利率的作用而起着一种制衡作用。因此,$PQ = F(B, m, V) = F(B, k, r_d, r_t, e, t, i)$,中央银行通过三大政策工具的调控主要通过影响基础货币、货币乘数和利率从而影响货币供应量和货币流通速度,最终影响总产出和物价水平。

货币流通速度上升,同等数量的资金实现的商品价值也就大,相应的商品交易数量也增加,在商品供给量不变的条件下,商品价格上升;但是如果商品交易,进一步增加了商品生产的规模和闲置资源的利用,则商品价格不会上升,同时产出增加。$M \cdot V = PQ$,$dQ/dV = M/P$,在实际货币供应量不变的条件下,货币流通速度变化 1%,国民收入的变化为 (MS/P)%。货币市场上的短期融资有的没有改变货币供应量,但加快了货币流通速度,提高了资金的使用效率,从而促进了经济增长。因此,其政策含义为:中央银行可以进行工具的搭配,保持货币供应量不变,促使利率变化,影响货币流通速度,从而实现宏观经济的目标。

2.6 金融危机下宏观经济均衡

国际金融危机爆发以后,为了应对金融危机,美国政府采取宽松的财政政策,美联储还配合政府采取量化宽松政策向市场注入流动性,财政赤字最终被货币化。从凯恩斯的宏观经济理论来看,低利率和财政政策搭配,能够有效地扩大支出,刺激经济,解决流动性陷阱问题(见图2-18)。美国采取扩张性的财政政策,IS曲线向右移到IS_1,国内产出增加,利率上升,但利率上升对私人投资有挤出效应,此时美联储采取量化宽松政策,LM向右移到LM_1,利率水平回到原来水平i_0,国内产出继续增加。低利率的量化宽松政策和扩张性的财政政策相结合,有利于刺激经济,遏制危机。

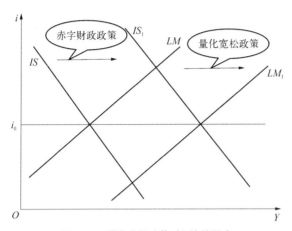

图2-18 量化宽松政策对经济的影响

实际上,量化宽松政策能否恢复经济依赖于IS和LM曲线的利率弹性。随着次贷危机的不断加剧,整个信贷市场笼罩在一片阴霾之中,金融机构之间都不愿意相互借贷,并最大限度保持足够的现金,以应对可能出现的债务支付。美国、欧洲、日本、俄罗斯和韩国等国家向市场大量注入流动性,以恢复市场信心。央行降息和降低法定准备金率的目的是向市场提供更多的流动性,增加银行的信贷能力,保持经济的稳定增长。但是,我国央行连续几次下调利率和法定准备金率,银行体系的流动性增加,而全球经济不景气,中国经济面临一定的困境,也出现金融机构惜贷,同时企业和个人往往也不愿意借款,因此央行大量注入流动性,希望这些资金能够进入实体经济,刺激经济增长。

2.6.1 "流动性陷阱"阻碍了经济恢复

从货币市场的角度来看,在金融危机的情况下,金融机构和投资者都持币观望,不愿意贷款或购买金融资产,市场存在"流动性陷阱"。当货币供过于求时,资金的价格即利率下降,而利率下降可以刺激出口、投资和消费,从而刺激经济增长,因此中央银行调控利率进而调控宏观经济走势。但这样的传导渠道也会失效:当利率降到很低的水平时,市场参与者宁可持有货币而不愿贷款或购买金融资产,此时的投机性货币需求是无限弹性的,市场参与者只愿意卖出债券,持有现金,经济学上称这种现象为"流动性陷阱"。诺贝尔经济学奖得主克鲁格曼曾这样解释"流动性陷阱"——名义利率持续下降并接近于零,但仍然无法刺激总需求,即流动性陷阱会使货币政策失效。而目前国际金融危机冲击下就存在"流动性陷阱"问题,受次贷危机的冲击,许多美国金融机构持有大量的不良资产,资产负债表恶化,尽管央行降低利率,提供大量流动性,但是金融机构"惜贷",在经济形势不明朗的情况下,这些金融机构不愿意贷款或购买金融资产,以防资产负债表进一步恶化。另外,投资者对市场丧失信心,他会从银行提出存款、卖出股票和债券等,纷纷将自己各种金融资产变现,导致整个市场的流动性短缺,无论央行如何下调利率或扩张货币,投资者都不愿意购买金融资产,保持手头足够的现金。在存在"流动性陷阱"的情况下,货币流通速度下降,扩张性的货币政策是无效的,因为金融机构或投资者都把钱放在口袋里,而不去贷款或购买金融资产向别人融通资金。在存在流动性陷阱的情况下,LM 曲线图 2-19 所示,假定初始状态 IS 与 LM、BP 相交于 GDP 为 Y_0 水平,小于充分就业的水平 Y_f,此时如果采取扩张性的货币政策,LM 右移到 LM_1,国内产出并没有增加,货币政策是无效的。

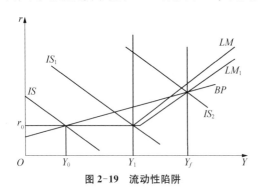

图 2-19 流动性陷阱

但此时财政政策是有效的,如果政府采取扩张性的财政政策,IS 右移到 IS_1,交 LM 于小于充分就业的国内产出 Y_1 水平,财政政策是有效的。在固定汇率下,BP 曲线是不变的(假定模型是固定汇率)。如果要达到充分就业状态,必须经济恢复,LM 恢复正常,利率上升,IS_1 右移到 IS_2,实现充分就业均衡。

2.6.2 实体经济存在"投资陷阱"

从实体经济的角度来看,存在"投资陷阱"。从投资的角度来看,投资受利率变动的影响,投资的变动取决于投资对利率的敏感程度,如果利率变动对投资的影响不大,则投资对利率不敏感。当企业家对未来的预期变得不确定时,或对未来的预期非常悲观时,无论利率怎么下降,投资都不会增加,即投资对利率不敏感,这就是"投资陷阱"。从次贷危机的情况来看,次贷危机导致资产市场价格下降,居民实物资产和金融财富缩水,削减居民的消费和投资的信心,同时次贷危机导致居民对未来收入产生悲观预期,社会失业人数会增加,次贷危机也使得世界各国的总需求下降,影响各国的出口,出口企业对前景更加担忧。因此,即使央行降低利率或采取其他扩张性的货币政策,由于投资信心缺乏,投资者也不愿意投资,出现了"投资陷阱"现象;同时实体经济的增长放缓,也进一步削弱消费者和投资者的信心。在投资陷阱的情况下,扩张性的货币政策不可能起到刺激经济的作用,央行刺激经济的措施不可能被实体经济吸收,货币政策无法向实体经济传导。如果存在投资陷阱,IS 曲线将是垂直的,如果央行采取扩张性的货币政策,LM 右移到 LM_1,国内产出不变,货币政策是无效的;如果采取扩张性的财政政策,IS 右移到 IS_1,国内产出由 Y_0 增加到 Y_f,财政政策是有效的(见图 2-20)。

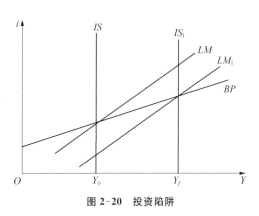

图 2-20 投资陷阱

在"流动性陷阱"和"投资陷阱"共存的情况下,货币流通速度下降,美国和欧洲等经济恢复都更需要政府财政政策的直接刺激,同时市场的自动调节也将缓解次贷危机的压力,但这需要一段较长的调整时间。同样在国际金融危机的冲击下,我国也面临通货紧缩的威胁,政府主要通过适度宽松的货币政策和积极的财政政策刺激经济。如 2008 年 9 月以来四次有区别地下调存款准备金率,适当调减公开市场操作力度。2008 年 9 月 16 日、10 月 8 日、10 月 29 日、11 月 27 日和 12 月 22 日,连续 5 次降息,100 天时间内,大约平均每 20 天降息一次。2008 年 11 月 5 日,国务院部署进一步扩大内需促进经济平稳较快增长的措施,计划到 2010 年总共投入 4 万亿进行投资,扩大内需、促进经济增长。

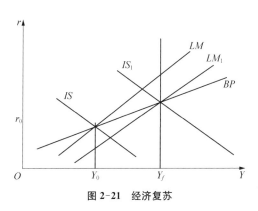

图 2-21 经济复苏

如果经济复苏,IS 和 LM 曲线都恢复正常,则积极的财政政策和货币政策会导致产出和物价水平都上升(如图 2-21),因此通货膨胀预期上升,潜在通货膨胀压力上升。

通常货币流通速度和利率变动等因素有关,如利率下调,货币需求上升,持有货币的机会成本降低,人们并不急于消费和投资,尤其在经济不景气时更是如此,货币流通速度变慢,通货紧缩恶化。而利率上调,货币需求下降,持有货币的机会成本上升,人们增加消费和投资,尤其在经济高涨时,货币流通速度上升,通货膨胀加剧。而在金融危机期间,各国央行

(如美联储、欧洲央行、日本央行等)把利率降得很低,人们对货币需求无限大,货币市场陷入"流动性陷阱",这时候货币流通速度很低,货币政策效果较弱,因此货币流通速度是影响货币政策有效性的关键因素。而财政政策效果却不一样,政府扩大支出,会直接加快货币流通速度,经济会相应扩张,这也是在金融危机时期财政政策更有效的原因,各国都加大财政刺激经济的力度。

从我国的货币流通速度变动来看,2005年第一季度到2008年第3季度,货币流通速度有上升趋势,而从2008年第4季度开始货币流通速度迅速下降,如2008年第3季度货币流通速度为0.168 157,而第4季度下降到0.159 801,2009年第1季度为0.138 839,第2季度进一步下降到0.136 525(见图2-22,表中数据都经过季节调整),2009年上半年货币流通速度下降幅度达到14.51%。由此可以看出从2009年第1、2季度,虽然货币供应量增加,但是货币流通速度大幅度下滑,因此虽然货币扩张,但物价还是继续下滑,经济增长速度变缓。

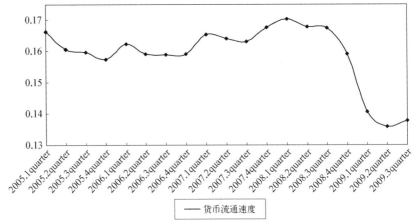

图2-22 2005年第一季度至2009年第三季度我国广义货币供应量的流通速度

数据来源:中国人民银行和国家统计局。图中数据经过季节调整。

实际上影响货币流通速度的因素很多,除了利率以外,还有通货膨胀率、其他金融资产的收益率、市场预期,等等。如果通货膨胀率上升,持有货币的机会成本上升,货币流通速度将加快;如果其他金融资产(如债券和股票等)的收益率上升,持有货币愿望将降低,货币流通速度也将加快;如果市场预期经济前景改善,人们扩大消费和投资,货币流通速度将加快。实际上,货币流通速度和这些因素往往是相互影响、相互作用的,如通货膨胀率上升会加速货币流通速度,货币流通速度上升也会进一步加剧通货膨胀,如一旦经济恢复,货币流通速度加快,通货膨胀将上升。此外,货币流通速度还与资金空转有关,资金空转,意味着货币流通速度下降。

国际金融危机时期,为了促进实体经济交易顺利完成,拉动内需,刺激国内经济的增长,必须提升货币流通速度,增加货币政策拉动经济的有效性。信贷资金必须进入实体经济,刺激消费和投资,防范资产市场泡沫,提高货币流通速度,如果资金没有进入实体经济,即使货币供应量增加,对经济增长的贡献也不会太大。

2.6.3 "资金空转"和货币流通速度下降

货币供给主要包括两个过程,一是中央银行向商业银行释放资金的过程,主要是通过货币政策工具扩大基础货币的供给。基础货币是影响货币供应量的重要因素,是央行投放货币的闸口,也是商业银行贷放资金的来源。2008年9月以后,基础货币增加,商业银行可创造货币的资金增加,如果货币乘数上升,甚至是不变,货币供应量都会大幅度上升,也就意味着只要商业银行把资金贷出去,货币供应量就会大幅度上升。基础货币激增意味着银行资金面宽松,货币市场利率有下行的趋势。货币市场流动性充裕和货币市场利率下降,可能会迫使央行降息,否则商业银行的负担加重,或者需要央行通过央票继续回笼资金,调节资金的投放,稳定货币市场利率水平。由此可以看出,央行放闸的资金,如果没有完全渗入实体经济,导致货币市场利率不断下行,央行必须通过央票继续回笼资金,稳定市场利率,这体现了资金在商业银行和中央银行之间的空转。

货币供给的第二个过程是商业银行向企业和居民贷款,经过多轮储蓄和信贷的循环,货币供给增加。根据我国2009年1月份的信贷数据,1月份新增贷款增加1.62万亿元,信贷激增引起了政府和市场的广泛关注。除此之外,货币和信贷数据有几点值得注意,一是M_1和M_2之间的剪刀差。2009年1月M_2同比增长18.79%,而M_1仅为6.68%,M_2与M_1增速出现超过12个百分点的"剪刀差"。我们知道M_1主要包括流通中的现金和活期存款,M_2主要包括M_1、活期储蓄存款和定期储蓄,M_1和M_2之间的剪刀差表明货币供应量增加更多地体现在居民、企业、财政的定期存款增加上。虽然银行贷款增加,但是资金的循环最终又沉淀在居民、企业和财政手中,活期存款变化不大,没有发挥货币的支付和循环作用,也就是说,虽然货币供应量增加,但是货币流通速度下降了,实体经济的支出和收入循环交易量没有大幅度上升,国内生产总值也不会大幅度上升。实际上,活期存款下降,定期存款上升意味着投资和消费没有大幅度增加,资金以定期存款形式沉淀在银行体系,对内需的拉动作用有限。二是票据融资约占贷款总量的4成,2009年1月为6 239亿元。票据融资上升可能主要是票据融资套利机制导致的,因为票据的融资利率要低于商业银行的存款利率,这就存在套利机制。企业通过票据贴现获得低成本资金,而企业存款则能够获得更高的利息,这就表现为大部分资金流向企业票据贴现贷款,票据融资增加。从票据套利机制来看,资金在银行和企业之间空转,没有渗入实体经济。三是企业贷款和居民储蓄激增。根据统计数据,2009年1月份居民户贷款增加1 214亿元,非金融性公司及其他部门贷款增加1.5万亿元。在储蓄存款和定期存款的增加中,1月份居民户存款增加1.53万亿元,非金融性公司及其他部门存款减少919亿元,财政存款增加488亿元。其中,1月份居民储蓄大幅度增加的合理解释是春节前居民年终薪资收入增加,居民储蓄存款增加,而企业贷款和居民户存款的上升也反映了资金在银行、企业和居民之间的空转,即银行贷款给企业,企业派发了员工福利和奖金,居民把资金存在银行,资金转了一圈,又回到银行手里。在这个过程中,没有消费和投资的交易过程,资金完成了一个空转的循环。

因此,资金在中央银行和商业银行之间空转,以及在商业银行、企业和居民之间空转至少反映了以下问题:

一是货币政策的有效性下降。资金空转,意味着尽管央行打开资金池的闸门,但是资金并没有进入实体经济,货币流通速度减慢,投资和消费不会大幅度上升,消费和投资信心有待进一步恢复,货币政策的有效性下降。

二是货币市场流动性过剩迫使央行降息或者央行要继续通过增发央票回笼资金,否则货币市场利率会一路下行,套利交易将继续存在。尽管央行采取宽松的货币政策,但是如果资金没有进入实体经济,只在金融市场上空转,将增加商业银行资产运作和央行货币政策调控的难度。

三是应更大程度上发挥财政政策的功能。资金空转说明货币流通速度下降,货币政策的效果较弱,拉动内需要发挥财政政策的作用,要更多地依赖政府投资、减税或转移支付来刺激经济,促进经济平稳较快增长。

2.7 货币供给的外生性和内生性理论探讨及实证研究

2.7.1 前言

货币供给的外生性和内生性反映了货币供给的内在机制,影响货币政策调控目标选择、货币政策调控的有效性等关键问题,但是关于外生性和内生性的争论由来已久,并没有形成最终一致的观点。

自从20世纪50年代后期以来,研究货币供给主要可以分为两派:一派是货币数量论传统研究(the quantity money traditions)的经济学家,包括Friedman和Schwartz,Meltzer,David Fand等。另一派是货币存量的观点(the money stock determination),主要有James Tobin,Samuelson,Ronald Tiegan等。货币外生性观点强调货币需求函数是稳定的,中央

第 2 章　货币乘数和货币流通速度

银行能够控制货币基础,进而也可以控制广义货币。费里德曼和舒尔茨(Friedman and Schwartz,1963)通过对美国的货币史分析表明,货币当局只要控制了高能货币就能控制货币供应量。弗里德曼强调真实货币需求主要决定于由真实因素产生的真实永久收入,并且是稳定的,费里德曼认为确定一个与真实经济增长相适应的货币供给增长速度并保持稳定,应该是央行调节经济活动最有效的方式。

而后凯恩斯学派强调在经济中商业银行的主要功能是给实体经济融通资金,反过来决定货币供给的数量。托宾(Tobin,1963,1969)认为货币是内生的,一是强调银行与非银行金融机构在货币创造能力方面是趋同的;二是非银行金融机构的存款创造能力随其贷款融资活动的增加而增加。这样,就货币创造能力而言,商业银行与其他金融机构之间除了程度上的差异之外,已经不存在本质上的区别,进而货币与其他金融资产也是趋向同一的。正是公众的资产偏好变化进而对资产结构的调整,决定了货币供给的变动具有内生性,是公众的货币需求决定了货币供给,而不是单凭实行法定准备金率管制就能对货币供给进行控制。

从凯恩斯学派和货币学派的争论中可以看出,凯恩斯学派认为货币需求创造出货币供给,货币需求变动对货币供给的影响是根本的,央行对货币供给的控制能力较弱;货币学派强调货币乘数的稳定性,央行控制了基础货币,就控制了货币供给,央行完全可以通过货币政策工具的操作调节基础货币的变化。货币供给的外生性和内生性不仅仅是理论上的争论,更重要的还在于货币政策的实践,如果货币供给完全由央行外生决定,则央行可以通过货币控制调节价格水平和经济增长水平;如果货币供给是内生的,央行控制货币供给的能力下降,货币政策的有效性较小。

如果从辩证的角度来看,货币供应量既有外生性,也有内生性特点(姜波克,陆前进,1999),中央银行可以通过货币政策工具调控基础货币或货币乘数,对货币供给有一定的影响力;但另一方面货币的创造能力还要取决于商业银行、企业和个人的行为,取决于商业银行的放款意愿、企业和个人借款能力、市场利率和金融风险等因素,货币供给过程是相对复杂的,货币调控央行可以发挥较大的作用,同时又要顺从市场规律,外因必须依赖内因而起作用。

从实证方面来看,Edward J. Bomhoff(1977)通过 Box-Jenkins 方法来预测美国的货币乘数,结果显示这种预测比通常的回归模型要精确 30% 多。James M. Johannes 和 Robert H. Rasche(1979)建立模型预测货币乘数,结果显示预测效果比回归模型精确。Hamid Roland C. Craigwell 和 Hyginus Leon(1990)研究了货币和收入之间的因果关系,潜在的因果关系对货币定义和去趋势化的技术非常敏感。Gang Yi(1992)从理论和实证两个方面探讨了中国的货币供给过程,指出经过了十多年的经济改革,在 20 世纪 90 年代初,中国的货币供给总体上仍然由中央银行行政管理手段控制,而不是通过经济杠杆调节。Tack

Yu(1996)考察了名义价格刚性对通货膨胀和产出的影响,黏性价格的模型能够更好解释通货膨胀和产出之间的关系,这种结论几乎不依赖于货币是否内生。Baghestani 和 Tracy Mott(1997)研究了货币供给、基础货币和市场利率和储蓄利率之差之间的协整关系,认为这几个序列存在长期的均衡关系。Jean Gauger(1998)从实证上探讨了经济变量对货币乘数的影响,结果显示经济变量对货币乘数有显著影响。Yoshimasa Aoki 和 Yasunobu Tomoda(2009)研究了效用函数货币模型(money in utility)和现金-信贷模型(cash-credit model)中最优货币数量的弗里德曼规则(Friedman rule),结论是弗里德曼规则依赖于内生贴现因子。Seth Carpenter 和 Selva Demiralp(2012)发现美联储储备余额从金融危机前的 200 亿美元,上升到超过 10 000 亿,大幅度增加,通常储备余额影响货币乘数和货币供给,如果预期储备余额对经济有影响,则不可能通过标准的货币乘数模型来解释。

万解秋、徐涛(2001)认为我国 M_2 的供给有较强的内生性。孙杰(2004)认为在1992—1998 年间,除了经济增长和价格水平对货币供给的影响明显增强外,货币供给中来自公司融资行为的影响力超过了货币政策对货币供给的影响力,货币供给表现出内生性特征。胡建渊、陈方正(2005)认为从我国货币政策的实践来看,货币供给具有明显的内生性,即货币供给的变量是由政府和市场共同决定的。宋玮、黄燕芬(2006)认为在管制利率体制下,利率外生性强化了货币供给的内生性,我国货币供给呈现强内生性的特点。陈昭(2007)研究发现近代的货币供给主要受到收入和价格的影响,因此近代货币供给是一个内生变量,并且价格因素对货币供给的影响程度超过收入因素对货币供给的影响程度。周莉萍(2011)认为货币乘数的本质是描述货币创造的基本机制,金融市场和金融创新的发展确实弱化了货币乘数论的基础。李治国(2007)认为货币当局资产负债结构调整,导致我国基础货币过快增加和货币乘数持续上升。胡援成(2000)研究发现我国的货币乘数 M_1 相对平稳,而货币乘数 M_2 则呈略上升的趋势。从我国近 22 年的货币供应量的平均增长变动来看,其主要取决于基础货币的增长,而货币乘数变动的影响则非常小,几乎可以忽略不计。黄燕芬(2006)采用的 Johansen 协整检验以及 Engle-Granger 两步法的分析结果均显示,基础货币与货币供应量之间不存在协整关系,即我国的货币乘数不稳定。鲁国强、曹龙骐(2007)得出我国货币供给内生性较明显的结论,并且就内生性下如何提高央行货币调控能力提出了建设性建议。

2.7.2 货币供给的外生性

货币供应量是在中央银行供应基础货币的基础上,由中央银行、商业银行和非银行部门相互作用,经过商业银行体系创造出来的。基础货币 B 的数学表达式为:$B = C + R$,式中:C 为流通中的现金;R 为商业银行上缴的准备金。基础货币是整个银行体系存款扩张、货币创造的基础,其数额大小对货币供应总量具有决定性的影响。货币供应量与基础货币的比值即为货币乘数,即:$M_1 = m_1 \times B$,$M_2 = m_2 \times B$。按照传统的分析方法,货币乘数受中央银行的法定准备金率、商业银行的超额准备金率、流通在外的现金比率以及定期存款比率等因素的影响,即:$m_1 = \dfrac{1+k}{r+e+t \cdot r_t + k}$;$m_2 = \dfrac{1+k+t}{r+e+t \cdot r_t + k}$。式中:$r$ 为活期存款法定存款准备金率;e 为超额存款准备金率;t 为定期存款与活期存款的比率;r_t 为定期存款的法定准备金率;k 为现金比率。活期存款法定准备金率和定期存款的准备金率是由中央银行自身决定的,因此是可以控制。从货币供给的外生观点出发,货币乘数是稳定的,因此货币供给和基础货币之间应该有稳定的长期关系。

2.7.3 货币供给的内生性

货币供给:$MS = m \times B$,两边取对数:$\ln MS = \ln B + \ln m$。货币供给的内生性强调货币供给并不完全是由中央银行控制的,而是受到货币需求的影响,包括利率、GDP 等经济变量的影响。本节从个人效用最大化角度出发来推导货币需求函数,以确定货币需求对货币供给是否有显著影响。

1. 理论分析

(1) 基本假设。

典型的个人效用函数为

$$U_t = \sum_{t=0}^{\infty} \beta^t u(c_t, l_t) = \sum_{t=0}^{\infty} \beta^t u(c_t, 1 - n_t - g(c_t, m_t)) \tag{2-1}$$

$u(c_t, l_t)$ 是二阶连续的可微严格凹函数,其中 β 是主观贴现因子,$0 < \beta < 1$;c_t 表示 t 期的实际消费;l_t 表示 t 期闲暇(leisure)时间;u 是消费和闲暇的增函数,边际效用是消费和闲暇的减函数;n_t 表示工作(work)时间;$g(c, m)$ 表示购物时间(shopping time)。为了获得消费品,必须花费时间 g 来购买,$g(c_t, m_t)$ 是消费 c 和实际货币余额 $m_t = \dfrac{M_t}{P_t}$ 的函数①,式中:M_t 表示个人在 t 期初获得,并持有至期末的名义货币存量;P_t 是 t 期的价格水平。购买消费品的时间和购买的消费品数量成正向变动关系,而对于购买既定量的消费品而言,持有货币有利于交易和节省购买时间,因此和持有的货币成反向变动关系,其中 $g_c \geq 0$,$g_m \leq 0$,$g_{cc} \geq 0$,$g_{cm} \leq 0$,因此闲暇 $l = 1 - n - g(c, m)$。假定劳动力

---

① 其中名义变量用大写字母表示,实际变量用小写字母表示。

供给是一定的,因此 n_t 是固定的,令 $z_t = 1 - n_t$,则 $l_t = z_t - g(c_t, m_t)$,$U_t = \sum_{t=0}^{\infty} \beta^t u(c_t, l_t) = \sum_{t=0}^{\infty} \beta^t u(c_t, z_t - g(c_t, m_t))$

个人 t 期的预算约束条件由下式给出:

$$c_t + k_t + m_t + b_t = (1 - \tau_t)f(k_{t-1}, g_t) + (1 - \delta)k_{t-1} + (1 + r_{t-1})b_{t-1} + \frac{m_{t-1}}{1 + \pi_t} \quad (2-2)$$

因为 t 期的交易是在 t 期的价格水平下进行的,名义变量剔除掉当期的价格水平变成实际变量。在这个等式中:τ_t 表示支付给政府税收的税率;b_t 表示 t 期末发行的债券的国内私人净持有量;$f(k_{t-1}, g_t)$ 为生产函数,表示国内实际产出;k_t 为资本存量;g_t 为政府支出;$k_t = (1 - \delta)k_{t-1} + x_t$;投资为 x_t;δ 是资本的折旧率;r_t 为 t 期的实际利率水平;π_t 为通货膨胀率。(2-2)式是宏观经济均衡等式的约束。假定生产函数

$$f(k_{t-1}, g_t) = k_{t-1}^\alpha g_t^{1-\alpha} \quad (2-3)$$

(2) 均衡分析。

为了得到个人效用最大化问题的一阶条件,我们构建拉格朗日函数:$U_t = \sum_{t=0}^{\infty} \beta^t \left[u(c_t, m_t) - \lambda_t(c_t + k_t + m_t + b_t - (1-\tau_t)f(k_{t-1}, g_t) - (1-\delta)k_{t-1} - (1+r_{t-1})b_{t-1} - \frac{m_{t-1}}{1+\pi_t}) \right]$,对 c_t、m_t、b_t、k_t 求导,得到跨时最优化的一阶条件(Euler condition):

$$u'_c(c_t, m_t) - \lambda_t = 0 \quad (2-4)$$

$$u'_m(c_t, m_t) - \lambda_t + \lambda_{t+1}\beta \frac{1}{1+\pi_{t+1}} = 0 \quad (2-5)$$

$$-\lambda_t + \lambda_{t+1}\beta(1+r_t) = 0 \quad (2-6)$$

$$-\lambda_t + \lambda_{t+1}\beta\alpha(1-\tau_{t+1})k_t^{\alpha-1}g_{t+r}^{1-\alpha} + (1-\delta)\beta\lambda_{t+1} = 0 \quad (2-7)$$

解出 λ_t,λ_{t+1} 进一步得到:

$$u_c(c_t, m_t) = (1 + r_t)\beta u_c(c_{t+1}, m_{t+1}) \quad (2-8)$$

$$u_c(c_t, m_t) = u_m(c_t, m_t) + \frac{1}{1+\pi_{t+1}}\beta u_c(c_{t+1}, m_{t+1}) \quad (2-9)$$

$$u_c(c_t, m_t) = (1 + \alpha(1-\tau_{t+1})k_{t+1}^{\alpha-1}g_{t+1}^{1-\alpha} - \delta)\beta u_c(c_{t+1}, m_{t+1}) \quad (2-10)$$

第 2 章 货币乘数和货币流通速度

方程(2-8)是标准欧拉方程(Euler equation),当典型代理人效用最大化时,消费者不可能通过各期间的消费转移而获益。在方程(2-9)中,左边表示为了提高一单位的实际货币余额而必须放弃的当前消费的数量而导致的效用减少 $u_c(c_t, m_t)$,在等式右边,第一项表示个人增加一单位货币用于交易所获得的边际效用 $u_m(c_t, m_t)$,第二项表示一单位实际货币储蓄在 $t+1$ 期可以购买的消费数量所带来的 $t+1$ 期消费的边际效用在 t 期折现值 $\frac{\beta u_c(c_{t+1}, m_{t+1})}{1+\pi_{t+1}}$。消费和实际货币余额都能够给消费者带来效用,这两个一阶条件体现了在典型代理人效用最大化条件下,消费的跨期边际效用相等,以及消费和货币的边际效用之间的关系。方程(2-10)和方程(2-8)有类似的含义,根据(2-8)和(2-10)能够得到:

$$r_t = \alpha(1-\tau_{t+1})k_t^{\alpha-1}g_{t+1}^{1-\alpha} - \delta \tag{2-11}$$

实际利率等于资本的税后边际产出减去资本的折旧率,资本的边际产出必须要能够弥补利息支出,而且还要能够补偿资本的折旧。如果资本折旧为 0,则资本的税后边际产出就等于实际利率。

将式(2-8)与(2-9)联立可以得到:

$$\frac{u_c(c_t, m_t)}{u_m(c_t, m_t)} = \frac{1}{1-\dfrac{1}{(1+r_t)(1+\pi_{t+1})}} = \frac{1+i_t}{i_t} \tag{2-12}$$

其中第二个等式是 Fisher 平价等式[①],$1+i_t = (1+r_t)(1+\pi_{t+1})$,反映了实际利率与名义利率的关系,货币的边际效用和消费的边际效用之比为名义利率,意味着典型代理人增加消费的机会成本是利率,当消费的边际效用大于利率的时候,他将多消费,少持有货币,相反,当消费的边际效用小于利率的时候,他将少消费,多持有货币。假定"Ponzi 骗局"不存在,横截性条件成立:$\lim_{t\to\infty}\lambda_t k_t = 0$,$\lim_{t\to\infty}\lambda_t b_t = 0$,$\lim_{t\to\infty}\lambda_t m_t = 0$。

(3) 理论模型的封闭解。

假定个人的定期效用函数具有等弹性的形式:

$$u(c_t, l_t) = \gamma \ln c_t + (1-\gamma)\ln l_t$$

进一步令闲暇 $l_t = z_t - g(c_t, m_t) = (m_t/c_t)^\varphi$ (Hueng,1999),这样能够得到效用函数为:$u(c_t, m_t) = [\gamma - (1-\gamma)\varphi]\ln c_t + (1-\gamma)\varphi \ln m_t$ (2-13)

把(2-13)式代入(2-8)式得到最优消费:

---

① 费雪平价等式:$1+i_t = (1+r_t)\dfrac{P_{t+1}}{P_t}$。

$$\frac{1}{c_t} = (1+r_t)\beta \frac{1}{c_{t+1}} \tag{2-14}$$

把(2-13)式代入(2-12)式得到货币需求方程为

$$m_t^d = \left(\frac{(1-\gamma)\varphi}{\gamma-(1-\gamma)\varphi}\right)\left(1+\frac{1}{i_t}\right)c_t \tag{2-15}$$

根据(2-15)式,实际货币需求是消费和名义利率的函数,消费增加,货币需求增加,利率下降,货币需求上升。货币需求和消费正向变动,和利率反向变动,也就是说,国内实际货币余额随着消费增加而上升,与持有货币的机会成本(i_t)反向变化。

因此,$M_t^d = \left(\frac{(1-\gamma)\varphi}{\gamma-(1-\gamma)\varphi}\right)\left(1+\frac{1}{i_t}\right)P_t c_t = \left(\frac{(1-\gamma)\varphi}{\gamma-(1-\gamma)\varphi}\right)\left(1+\frac{1}{i_t}\right)$ NC_t,$NC = Pc$ 表示名义消费水平。两边取对数:$\ln M_t^d = \ln\left(\frac{(1-\gamma)\varphi}{\gamma-(1-\gamma)\varphi}\right) + \ln\left(1+\frac{1}{i_t}\right) + \ln NC_t$,又因为:$\ln\left(1+\frac{1}{i_t}\right) \sim \ln\left(\frac{1}{i_t}\right)$,所以 $\ln M_t^d = \ln\left(\frac{(1-\gamma)\theta}{\gamma-(1-\gamma)\theta}\right) - \ln i_t + \ln NC_t$。进一步,货币供给 = 货币需求:$\ln M_t^s = \ln\left(\frac{(1-\gamma)\varphi}{\gamma-(1-\gamma)\varphi}\right) - \ln i_t + \ln NC_t$。因为货币供给:$MS = k \times B$,所以 $\ln k_t = \ln\left(\frac{(1-\gamma)\varphi}{\gamma-(1-\gamma)\varphi}\right) - \ln i_t + \ln NC_t - \ln B_t$,式中:$\frac{\partial \ln k_t}{\partial \ln NC_t} = 1 > 0$;$\frac{\partial \ln k_t}{\partial \ln i} = -1 < 0$;$\frac{\partial \ln k_t}{\partial \ln B_t} = -1 < 0$。

从货币内生的观点出发,货币乘数不再是由中央银行决定,要受到经济体内部因素的影响,特别是货币需求的影响,货币供应并不是央行能够完全控制的,要受到利率、消费水平等因素的影响。

2. 实证研究

(1) 数据来源。

样本数据:1999 年 12 月至 2018 年 7 月,数据主要来自中国人民银行网站、CEIC 数据库。具体指标①:m 为货币乘数;nc 为名义消费水平;b 为基础货币;i 为存款利率水平。m、nc 都进行季节调整,所有变量都取对数。

(2) 单位根检验。

在进行 ARDL 协整检验之前,我们要检验序列的平稳性,以保证变量单整的阶数不会大于 1,即不要出现 $I(2)$ 过程,如果出现 $I(2)$,则会产生伪回归,Ouattara(2004)认为如果

---

① 这里的变量:$m_t = \ln k_t$,$nc_t = \ln NC_t$,$li_t = \ln i_t$,$b_t = \ln B_t$。

出现 $I(2)$ 变量,则 Pesaran(2001)提供的 F 统计量将不再有效,因此必须对变量进行单位根检验,以保证单整阶数小于 2。首先本书对序列进行单位根 ADF 和 PP 检验,单位根检验的结果(见表 2-59)如下。

表 2-59 单位根检验结果

ADF 单位根检验				PP 单位根检验			
序列	检验形式	ADF检验值	概率	序列	检验形式	PP检验值	概率
m_t	(c, 0, 1)	-0.192 737	0.936 0	m_t	(c, 0, 8)	-0.894 280	0.788 8
dk_t	(0, 0, 2)	-6.904 638***	0.000 00	dk_t	(0, 0, 8)	-17.426 51***	0.000 0
nc_t	(c, t, 1)	2.606 322	1.000 0	nc_t	(c, t, 3)	2.265 270	1.000 0
dnc_t	(c, 0, 0)	-21.330 02***	0.000 0	dnc_t	(c, 0, 0)	-20.143 50***	0.000 0
b_t	(c, t, 1)	0.940 625	0.999 9	b_t	(c, t, 7)	0.157 027	0.997 6
db_t	(c, 0, 4)	-4.297 873***	0.000 6	db_t	(c, 0, 9)	-19.009 28***	0.000 0
li_t	(c, 0, 1)	-1.658 983	0.450 7	li_t	(c, 0, 8)	-1.820 603	0.369 9
dli_t	(0, 0, 0)	-9.941 955***	0.000 0	dli_t	(0, 0, 6)	-10.262 97***	0.000 0

注:(1)(c,t,n)中 c、t、n 分别表示 ADF 检验中的截距项、时间趋势项以及滞后阶数(或 Newey-West 带宽),滞后期根据 AIC 标准选择,带宽根据 NW Bartlett Kernel 选择。(2)d 表示差分,*、**、*** 分别表示在 10%、5% 和 1% 的显著性水平下拒绝原假设,即时间序列是平稳过程。

如果原序列在 5% 的显著性水平下不能够拒绝单位根假设,可以认为是非平稳的序列,则 m,nc,b,li 其一阶差分序列在 1% 显著性水平下拒绝单位根假设,该序列是一阶单整序列。

本书的实证研究采取自回归分布滞后的协整方法(ARDL cointegration approach),自回归分布滞后协整方法(Pesaran et al.(1998),Pesaran et al.(2001)主要优点体现在以下几个方面:一是它适合小样本分析;二是模型并不要求同阶单整,变量或者是 $I(0)$,或者是 $I(1)$,或者兼而有之。

针对上述模型,我们可以建立下列 ARDL 协整计量模型:

$$\Delta m_t = \alpha_i + \sum_{j=1}^{n1}\beta_j \Delta m_{t-j} + \sum_{j=0}^{n2}\sigma_j \Delta nc_{t-j} + \sum_{j=0}^{n3}\delta_j \Delta li_{t-j}$$
$$+ \sum_{j=0}^{n4}\gamma_j \Delta b_{t-j} + \lambda_1 m_{t-1} + \lambda_2 nc_{t-1} + \lambda_3 li_{t-1}$$
$$+ \lambda_4 b_{t-1} + \varepsilon_t \tag{2-16}$$

这种方法通过模型中滞后水平变量联合检验的显著性来判断是否存在长期稳定的协整关系,如果所有的短期项都等于零,则存在长期的协整关系。由于 F 检验对模型的滞后期非常敏感,因此在方程中我们选择最大滞后期,根据 AIC 准则或 SBC 准则,判断模型的滞后期。F 检验有两个关键水平,如果所有的变量都是 $I(0)$,则选择下限;如果所有的变量都是 $I(1)$,则选择上限。如果 F 检验值大于上限值,则拒绝 $\lambda_1 = \lambda_2 = \lambda_3 = \lambda_4 = 0$,所有变量是协整的。如果 F 检验值小于下限值,则不能够拒绝零假设,变量之间不存在协整关系。如果 F 检验值落在上下限之间,则结论是不确定的。变量是否均衡回归,还可以构建误差项,如果误差项的系数符号是负的,并且显著,则变量向均衡回归,误差修正项系数的大小反映了向均衡回归的速度。如果所有变量都是协整的,我们就可以估计 ARDL 模型的短期和长期系数。

(3) ARDL 协整检验①。

在进行边限协整检验前要建立形式如同式(2-16)的误差修正模型,边限协整检验就是对滞后解释变量 k_t、nc_t、i_t、b_t 的系数进行联合显著性检验。

由于观测值是月度数据,ARDL 模型中最大滞后阶数我们取 12 阶。F 统计量用于检验原假设:所有水平变量的系数为零(即水平变量之间不存在长期关系),我们记作 $F(m_t \mid nc_t, b_t, li_t)$。此时对 m_t、nc_t、b_t、li_t 的系数联合显著性检验如表 2-60。

表 2-60 货币乘数的边限协整检验结果②

自 由 度	F 统 计 量	显著性水平
(4, 157)	2.321 7*	0.059

注: * 表示在 10% 的显著性水平下拒绝零假设。

在原假设 $H_0: \lambda_1 = \lambda_2 = \lambda_3 = \lambda_4 = 0$ 成立时,不管 m_t,nc_t,li_t,b_t 是 $I(0)$ 还是 $I(1)$ 过程,Pesaran 已经计算出了该检验 F 统计量的临界范围表。查表可知,在 90% 的置信水平,我们不能拒绝 m_t,nc_t,b_t,li_t 之间没有长期关系的原假设,F 检验结果在 5% 的显著性水平下拒绝不存在协整关系的零假设,所以 m_t,nc_t,b_t,li_t 之间存在长期协整关系。

同时,我们还要考虑:k,i_t,b_t 对 nc_t 是否有长期的影响?同样方法我们可以得到以下结果:$F(nc_t \mid m_t, b_t, li_t) = 0.841\,66(p = 0.501)$、$F(b_t \mid m_t, nc_t, li_t) = 1.128\,0(p = 0.345)$、$F(li_t \mid m_t, nc_t, b_t) = 4.056\,3(p = 0.004)$。

第一个方程和第四个方程有长期协整关系(在 10% 的显著性水平下,有长期协整关系);第二个方程和第三个方程没有长期协整关系。下面估计第一个方程 ARDL-cointegration 模型,最大滞后值取 12 阶,根据 SBC 准则,选择 ARDL(1, 0, 1, 0)模型,

---

① 也称之为 ARDL 边限检验方法(ARDL bounds testing approach)。
② 此处利用软件 Microfit5.0。

ARDL(1,0,1,0)模型的具体参数如表2-61,表中:y表示货币乘数;x_1表示消费;x_2表示基础货币;x_3表示利率。

表2-61 我国货币乘数的ARDL(1,0,1,0)模型

回归元	系 数	T 值	P 值
$y(-1)$	0.93 476	37.421 3	[0.000]
x_1	0.016 968	1.458 6	[0.146]
x_2	-0.844 33	-25.018 8	[0.000]
$x_2(-1)$	0.804 93	22.237 1	[0.000]
x_3	-0.001 842 8	-1.123 9	[0.262]
$inpt$	0.208 09	1.728 3	[0.085]
T	0.265 8E-3	1.454 4	[0.147]
R^2	0.994 28	$F(6,216)$	6 262.2[0.000]
调整的R^2值	0.994 13	DW-统计量	2.048 1

(4)误差修正模型和长期协整关系。

根据前面的估计结果,进一步,我们可以得到误差修正模型的估计参数,见表2-62。

表2-62 我国货币乘数的ARDL(1,0,1,0)模型的误差修正模型

回归变量	系数	T 值	P 值
dx_1	0.016 968	1.458 6	[0.146]
dx_2	-0.844 33	-25.018 8	[0.000]
dx_3	-0.001 842 8	-1.123 9	[0.262]
dT	0.265 8E-3	1.454 4	[0.147]
$ecm(-1)$	-0.065 240	-2.611 8	[0.010]
$ecm = y - 0.260\,09 x_1 + 0.603\,96 x_2 + 0.028\,246 x_3 - 3.189\,6 inpt - 0.004\,073\,9 T$			
$R^2 = 0.76\,626$		$AIC = 703.282\,7$	
调整的$R^2 = 0.75\,977$		$SBC = 691.357\,6$	
$DW = 2.048\,1$		F统计量$= 141.619\,3[0.000]$	

由误差修正模型能够看出,短期内,当期消费水平对当期货币乘数有正的影响,但不显著。当期的基础货币对货币乘数有显著负的影响,符合理论分析。当期利率水平对货币乘数有负的影响,但系数不显著。误差修正项ECM的系数为-0.065 240,并且有正确

的符号(负号),误差修正项系数表明经济受到冲击以后,以6.5%速度向均衡回复。格兰杰(Granger,1988)指出如果变量是协整的,一定有短期和长期的因果关系,误差修正项统计上高度显著,说明消费、利率和基础货币是影响货币乘数的长期格兰杰原因。同样我们可以得到长期均衡的系数如表2-63。

表2-63 我国货币乘数的ARDL(1,0,1,0)模型的长期系数

回归变量	长期关系系数	T 值	P 值
x_1	0.260 09	1.884 9	[0.061]
x_2	-0.603 96	-3.414 8	[0.001]
x_3	-0.028 246	-1.269 8	[0.206]
$inpt$	3.189 6	3.258 8	[0.001]
T	0.004 073 9	2.384 9	[0.018]

由上表可知,除了x_3,模型长期关系系数都是显著的。按估计的长期关系系数,我们得到如下的货币乘数函数:

$$y = 0.260\,09x_1 - 0.603\,96x_2 - 0.028\,246x_3 \\ + 3.189\,6inpt + 0.004\,073\,9T \tag{2-17}$$

货币乘数对消费的弹性系数为0.260 09,货币乘数和消费正向变动,符合理论分析。货币乘数对利率的弹性系数为-0.028 246,利率对货币乘数的影响为负,但不显著。货币乘数和基础货币的变动相反,和理论分析也基本一致。

(5) ARDL模型的Granger因果检验。

货币乘数、消费、基础货币和利率存在长期的均衡关系,我们可以考察变量之间的因果关系。格兰杰(Granger,1969,1988)指出如果$I(1)$变量是协整的,一定有短期和长期的因果关系,但不能够通过一阶差分的VAR模型获得,而必须通过VEMC模型来分析格兰杰因果关系。而对于ARDL模型,建立下列模型:

$$\Delta m_t = \alpha_1 + \beta_1 t + \sum_{i=1}^{p_1}\vartheta_{1i}\Delta m_{t-i} + \sum_{i=0}^{p_2}\eta_{1i}\Delta nc_{t-i} \\ + \sum_{i=0}^{p_3}\kappa_{1i}\Delta li_{t-i} + \sum_{i=0}^{p_4}\omega_{1i}\Delta b_{t-i} + \psi_1 ECT_{t-1} + \upsilon_{1t}$$

$$\Delta nc_t = \alpha_2 + \beta_2 t + \sum_{i=1}^{q_1}\eta_{2i}\Delta nc_{t-i} + \sum_{i=0}^{q_2}\vartheta_{2i}\Delta m_{t-i} \\ + \sum_{i=0}^{q_3}\kappa_{2i}\Delta li_{t-i} + \sum_{i=0}^{q_4}\omega_{2i}\Delta b_{t-i} + \psi_2 ECT_{t-1} + \upsilon_{2t}$$

第2章 货币乘数和货币流通速度

$$\Delta li_t = \alpha_3 + \beta_3 t + \sum_{i=1}^{s_1} \kappa_{3i} \Delta li_{t-i} + \sum_{i=0}^{s_2} \vartheta_{3i} \Delta m_{t-i}$$
$$+ \sum_{i=0}^{s_3} \eta_{3i} \Delta nc_{t-i} + \sum_{i=0}^{s_4} \omega_{3i} \Delta b_{t-i}$$
$$+ \psi_3 ECT_{t-1} + \upsilon_{3t}$$

$$\Delta b_t = \alpha_4 + \beta_4 t + \sum_{i=1}^{t_1} \omega_{4i} \Delta b_{t-i} + \sum_{i=0}^{t_2} \vartheta_{4i} \Delta m_{t-i}$$
$$+ \sum_{i=0}^{t_3} \eta_{4i} \Delta nc_{t-i} + \sum_{i=0}^{t_4} \theta_{4i} \Delta li_{t-i}$$
$$+ \psi_4 ECT_{t-1} + \upsilon_{4t}$$

式中：Δ 表示一阶差分；残差 υ_{it} 是白噪音，服从标准正态分布；ECT_{t-1} 是滞后一期的误差修正项，如果变量之间没有协整关系，则不包含误差修正项。如果变量之间存在协整关系，则至少存在一个方向的格兰杰因果关系，VECM 模型适合检验变量之间的格兰杰因果关系，该模型能够检验长期、短期和长短期联合的格朗杰因果检验。我们可以根据 Wald 检验确定格兰杰因果关系的方向。ECT 系数显著则表示存在长期的格兰杰因果关系，而对于短期的格兰杰因果关系，如检验方程 1 消费 nc 到 m 的格兰杰因果关系，需要检验联合假设，对任意 i，$\eta_{1i}=0$，而短期和长期格兰杰原因则需要联合检验变量滞后项和误差修正项系数为 0 的 Wald 统计量，如果显著，则表示存在强格兰杰因果关系。

表 2-64 格兰杰因果检验的结果

因变量	因果检验				
	短期（弱因果关系）				长期
	$\sum \Delta m_{t-i}$	$\sum \Delta nc_{t-i}$	$\sum \Delta li_{t-i}$	$\sum \Delta b_{t-i}$	ECT_{t-1}
	χ^2 统计量				T 统计量
$\sum \Delta m_{t-i}$	—	0.947 532 (0.622 7)	12.687 91*** (0.001 8)	9.973 633*** (0.006 8)	1.941 597* (0.053 5)
$\sum \Delta nc_{t-i}$	0.287 305 (0.866 2)	—	5.598 055 (0.060 9)	0.682 997 (0.710 7)	4.949 804*** (0.000)
$\sum \Delta li_{t-i}$	0.625 390 (0.731 5)	7.298 209 (0.026 0)	—	4.661 486* (0.097 2)	-2.067 999*** (0.039 9)
$\sum \Delta b_{t-i}$	4.706 732 (0.095 0)	0.522 581 (0.770 1)	5.104 063 (0.077 9)	—	-6.592 395*** (0.000)

(续表)

因变量	因果检验			
	短期和长期相结合(强因果关系)			
	$\sum \Delta m_{t-i}$, ECT_{t-1}	$\sum \Delta nc_{t-i}$, ECT_{t-1}	$\sum \Delta li_{t-i}$, ECT_{t-1}	$\sum \Delta b_{t-i}$, ECT_{t-1}
	χ^2 统计量			
$\sum \Delta m_{t-i}$	—	5.650 416 (0.129 9)	18.539 40*** (0.000 3)	9.986 461** (0.018 7)
$\sum \Delta nc_{t-i}$	40.073 89 (0.000)	—	28.305 01*** (0.000)	49.811 37*** (0.000)
$\sum \Delta li_{t-i}$	5.219 382 (0.156 4)	10.239 25** (0.016 6)	—	5.407 320 (0.144 3)
$\sum \Delta b_{t-i}$	47.412 80 (0.000)	50.507 66 (0.000)	53.438 20*** (0.000)	—

注：表中误差修正项是 t 检验值，其他的是相应的 χ^2 统计量，***，** 和 * 分别表示1%，5%和10%的显著性水平。因变量是 m_t 的方程，根据AIC准则，ARDL最优的滞后阶数分别选择(4，3，1，4)；第二个方程最优滞后阶数分别选择(3，1，0，0)；第三个方程最优滞后阶数分别选择(1，0，0，4)，第四个方程最优滞后阶数分别选择(4，4，3，1)。

从表2-64可以看出变量之间长期和短期的格兰杰原因，短期内利率和基础货币都是货币乘数的格兰杰原因；利率是消费的格兰杰原因；货币乘数和利率是基础货币的格兰杰原因。从长期来看，误差修正项系数显著，意味着解释变量是被解释变量的长期格兰杰原因。从长期和短期因果关系的综合来看，利率和基础货币还和货币乘数存在强因果关系；货币乘数、利率和基础货币是消费的强格兰杰原因；消费也是利率的强格兰杰原因；货币乘数、利率是基础货币的强格兰杰原因。

2.7.4 脉冲响应函数和方差分解

VECM格兰杰因果检验有它的局限性，因为因果关系不能够提供样本外变量之间影响的相对重要性，这弱化了VECM格兰杰因果检验的可靠性，它们是样本内的格兰杰因果检验，它们不能够提供系统样本外的动态特征，因此我们通过脉冲反映函数和方差分解来考察变量样本外的相互关系。而方差分解通过变量预测方差的分解，能够提供影响变量变动的相对重要性，实际上，方差分解是一种样本外的因果关系检验。方差分解也能够通过脉冲反映函数来反映。为了考察变量之间的短期波动关系，我们利用VAR的模型来分析：

第 2 章　货币乘数和货币流通速度

$$\Delta m_t = \sum_{j=1}^{n} \alpha_j \Delta m_{t-j} + \sum_{j=1}^{n} \beta_j \Delta nc_{t-j} + \sum_{j=1}^{n} \delta_j \Delta li_{t-j} + \sum_{j=1}^{n} \theta_j \Delta b_{t-j} + \mu_t \quad (2-18)$$

为了考察变量之间的相互影响关系,我们可以通过脉冲反映函数和方差分解来分析样本期外的解释变量对被解释变量影响的相对重要性。方差分解能够估计某一个变量方差变动对因变量方差变动的影响程度,但是它不能够指出这种影响是正的还是负的,是短期冲击,还是长期的影响,而脉冲响应函数就是反应变量之间的动态变化,是 VAR 系统中某一个变量一单位的冲击对其他变量的影响。

VAR 模型的残差可能是彼此相关的,对一个变量的冲击可能由于残差的相关性,导致对其他变量的冲击,也就是说,我们很难区分变量变动的冲击真正来源,因此必须利用 Cholesky 分解,因为 Cholesky 分解能够通过残差的正交化解决这一问题,但必须事先确定变量的因果顺序。如果方程残差的相关性相当低,则方差分解和脉冲响应函数结果对变量的顺序是不敏感的;如果相当高,则方差分解和脉冲响应函数结果对变量的顺序会相当敏感。通常变量的排序是先是最外生的变量,后是最内生的变量。

(1) 变量相关性分析。

通过中国的实际数据,我们对货币乘数、国内消费、利率和基础货币进行相关性分析,结果表明(见表 2-65)。货币乘数的变动率和消费增长率负相关,相关性相对较小,和基础货币的变动率负相关,相关性最高,和利率的变动负相关。

从表 2-65 中可以看出,货币乘数和基础货币相关性较高,和消费、利率相关性较低,消费和基础货币的相关性为 0.21,因此 4 个变量的排序应该为:Δli,Δnc,Δb 和 Δm。

表 2-65　变量间相关系数

变　量	货币乘数 (Δm)	国内消费 (Δnc)	基础货币 (Δb)	利　率 (Δli)
货币乘数(Δm)	1	-0.118 0	-0.866 0	-0.118 1
国内消费(Δnc)	-0.118 0	1	0.210 3	0.027 9
基础货币(Δb)	-0.866 0	0.210 3	1	0.070 6
利率(Δli)	-0.118 1	0.027 9	0.070 6	1

(2) 广义脉冲反应函数。

脉冲响应函数能够反映变量之间短期内相互作用的关系,对某一个变量一单位的冲击,会导致其他变量相应的动态变化。构建 VAR 模型,我们将变量的一阶差分数据进行 VAR 模型的估计。首先确定内生变量 Δm、Δnc、Δli、Δb 的滞后期数,根据 AIC 标准,确定滞后阶数为 1,进一步对 VAR 模型稳定性进行检验,从图 2-23 的 AR 根图可以看出,所选滞后 1 阶的 VAR 模型所有根模的倒数小于 1,即位于单位圆之内,说明我们所选 VAR 模型是稳定的。如果不考虑变量的先后顺序,我们考察变量的广义脉冲函数。

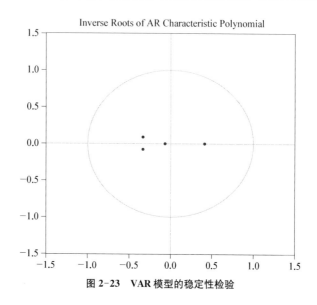

图 2-23 VAR 模型的稳定性检验

当某一个变量发生冲击变化时,那么其他变量在接下来的时期将会如何反应,我们可以通过脉冲响应函数来分析。图 2-24 显示,当利率出现一单位标准差的正冲击时,货币乘数反向变动,影响逐步减弱。当消费受到冲击后,短期内对货币乘数的冲击也是反向的,5 个月后,影响逐步消失。基础货币冲击后,货币乘数下降,最终影响逐步消失。

脉冲响应函数的结果表明,总体上,利率、消费、基础货币对货币乘数的影响的时间相对较短,持续的时间不长。

通过图 2-24 的脉冲响应函数图可以看到,VAR 模型估计得内生变量在序列冲击时随着时间的推移影响会逐步趋于稳定。由此可见方程(2-11)对应的 VAR 模型是一个稳定的系统,这与前面的分析完全一致。

(3) 方差分解。

VAR 的方差分解能够给出随机信息的相对重要性,我们通过对货币乘数的变化即 m 的一阶差分数据进行独立的方差分解。通过这种方式,我们可以总结出在 m 的变化值中,消费的改变、利率、基础货币变化以及 m 自身的改变所引起的方差占总方差的百分比,根据变量之间的相关性大小选择方差分解的顺序。

表 2-66 是对方程(2-18)中变量的方差分解结果,顺序为 li、nc、b。结果表明,从利率受到冲击后的第 3 个月,利率的变动对货币乘数的波动解释占 3.61%,冲击的第 10 个月

第2章 货币乘数和货币流通速度

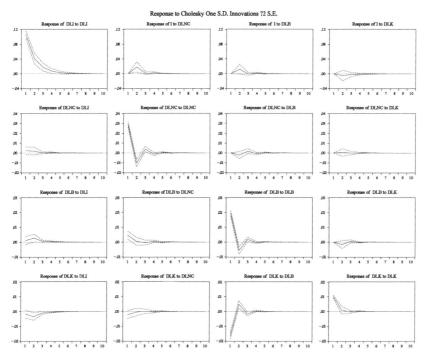

图 2-24 货币乘数的脉冲响应函数(1995—2012)

之后,利率的变化对货币乘数波动率的影响程度稳定在 3.67% 的水平左右。而消费的变化对货币乘数的波动的影响,在冲击发生后的第 1 个月占比约 1.23%,在第 10 个月过后,比例稳定在 1.22%。基础货币的变化对货币乘数的波动的影响,在冲击发生后的第 1 个月占比约 71.48%,在第 10 个月过后,基础货币的变化影响货币乘数波动性的比重稳定在 70.76%。由此可以看出,影响货币乘数变动最主要的因素是基础货币,而利率和货币乘数的本身也是影响货币乘数的关键因素。

表 2-66 变量预测的方差分解

	$D(li)$	$D(nc)$	$D(b)$	$D(m)$
	$D(m)$的方差分解			
1	0.735 332	1.232 971	71.476 49	26.555 21
3	3.605 619	1.184 897	70.832 29	24.377 19
5	3.665 304	1.221 561	70.759 41	24.353 72
10	3.666 920	1.223 215	70.756 90	24.352 97

（续表）

	$D(li)$	$D(nc)$	$D(b)$	$D(m)$
	$D(nc)$的方差分解			
1	0.605 371	99.394 63	0.000 000	0.000 000
3	0.858 989	98.302 12	0.805 348	0.033 545
5	0.869 296	98.217 53	0.879 205	0.033 966
10	0.869 591	98.215 16	0.881 212	0.034 040
	$D(li)$的方差分解			
1	100.000 0	0.000 000	0.000 000	0.000 000
3	96.275 60	2.431 872	1.093 338	0.199 190
5	96.216 23	2.464 804	1.116 795	0.202 175
10	96.215 12	2.465 346	1.117 262	0.202 269
	$D(b)$的方差分解			
1	0.296 497	5.282 053	94.421 45	0.000 000
3	1.943 176	4.833 070	92.513 71	0.710 047
5	1.974 219	4.877 928	92.427 26	0.720 597
10	1.974 993	4.879 840	92.424 50	0.720 671

2.7.5 主要结论及政策含义

实际上,从货币市场均衡的角度来看,货币乘数还受消费、利率水平和基础货币等因素的影响,货币乘数体现出内生性特点。

实证研究发现货币乘数对消费的弹性系数为0.260 09,货币乘数和消费正向变动,符合理论分析。货币乘数对利率的弹性系数为-0.028 246,利率对货币乘数的影响为负,但不显著。基础货币对货币乘数影响显著为负,和理论分析也基本一致。误差修正项ECM的系数为0.065 240,并且有正确的符号(负号),误差修正项系数表明经济受到冲击以后,以6.52%速度向均衡回复。误差修正项统计上高度显著,说明消费、利率和基础货币是影响货币乘数的长期格兰杰原因。

从格兰杰因果检验来看,短期内消费和基础货币都是货币乘数的格兰杰原因;利率是消费的格兰杰原因;基础货币是利率的格兰杰原因;货币乘数、消费和利率是基础货币的格兰杰原因。从长期来看,误差修正项系数显著,意味着解释变量是被解释变量的长期格兰杰原因。从长期和短期因果关系的综合来看,消费、利率和基础货币还和货币乘数存在

第 2 章 货币乘数和货币流通速度

强因果关系;利率和基础货币是消费的强格兰杰原因;消费和基础货币也是利率的强格兰杰原因;货币乘数、利率是基础货币的格兰杰原因。

脉冲响应函数的结果表明,利率、消费、基础货币对货币乘数的影响的时间相对较短,持续的时间不长。从方差分解的结果可以看出,影响货币乘数变动最主要的因素是基础货币,但利率和货币乘数的本身也是影响货币乘数变动的关键因素。

第3章

货币和信贷之间的理论关系

3.1 货币、信贷和债券之间的关系

从我国商业银行和中央银行的资产负债表来看货币供给和银行信贷之间的关系,我们扩展第1章表1-1的资产负债表,融入债券发行和债券投资的分析,其资产负债表如表3-1。

表3-1 商业银行的资产负债表

资 产	负 债
贷款 LP 有价证券及投资 PB 缴存准备金存款 RB	储蓄 D 向中央银行的借款 CB

由我国商业银行的资产负债表来看,资产项目中最主要的贷款,包括短期贷款、中长期贷款和票据融资贷款等;有价证券及投资包括商业银行购买的企业债券、票据等其他有价证券;缴存准备金存款主要是指商业银行存放在中央银行账户上的法定准备金和超额准备金。从负债方来看,活期储蓄和定期储蓄主要是企业和居民在商业银行的活期储蓄和定期储蓄;向中央银行的借款主要是中央银行对商业银行的再贷款和再贴现贷款。由商业银行的资产和负债均衡可知,$LP+PB+RB=D+CB$。中国人民银行的资产负债表如下(见表3-2)。

表3-2 中国人民银行的资产负债表

资 产	负 债
国外净资产 NFA 对存款货币银行的债权 CB	储备货币 B 发行货币 C 金融机构的存款 RB

由中央银行的资产和负债均衡可知:

$$NFA+CB=C+RB,$$

由上述两式左右相加可得:

$$NFA+CB+LP+PB+RB=C+RB+D+CB$$

因此，$M_2 = C + D = NFA + CB + LP + PB + RB - RB - CB = NFA + LP + PB$，这样上述关系就近似地简化为：$M_2 = NFA + LP + PB$。

随着金融市场的发展，金融机构更多的资金投资金融市场债券，对银行信贷有一定的替代作用，因此除了考察银行信贷对货币政策的传导作用外，也必须考虑投资债券市场对货币政策传导的影响。

在我国，中央银行货币政策通过银行信贷对宏观经济总量的影响是货币政策传播的一条重要渠道，我国中央银行的货币政策对宏观经济的影响主要是通过银行信贷渠道起作用的，货币政策的操作主要是直接或间接地影响着商业银行的贷款。货币政策通过银行贷款渠道的传导实际上就是中央银行通过货币市场的操作影响银行贷款，进一步影响投资和总产出。如中央银行采取扩张性的货币政策，银行超额储备增加，银行信贷能力增强，派生存款增加，银行贷款增加，投资上升，产出增加；中央银行采取紧缩性的货币政策，银行超额储备下降，银行信贷能力减弱，派生存款减少，银行贷款减少，投资下降，产出减少。我国企业的融资也主要是通过银行贷款，如 2008 年、2009 年国内非金融机构部门融资，其中银行贷款融资达到 82.4%、80.5%，债券融资 11.8%、15.7%（包括国债和企业债），股票融资为 5.8%、3.8%。但是，随着中国债券融资规模的扩大，货币政策的债券市场渠道正逐步增强，债券融资对银行贷款起到了一定的替代作用。如商业银行持有的债券越多，则发放贷款将下降。也就是说，商业银行如果用发放贷款的钱来购买债券，则持有的债券将增加，银行贷款将减少。商业银行购买的债券越多，则对银行贷款的挤出也越大，商业银行购买债券和发放银行贷款存在一定的替代关系。

实际上，商业银行的存款，可以用来贷款，也可以用来投资，购买债券，如果商业银行贷款减少，则购买债券会相应增加。因此，商业银行购买债券，则贷款会下降，也就是说，贷款变化依赖于商业银行的融资，如果商业银行投资债券，则银行贷款会相应减少，信贷渠道会弱化，资产市场渠道会增强。因此，在控制贷款规模的情况下，银行会有更多的资金配置债券，对债券的需求也会进一步增加，债券对银行信贷将起到一定的替代作用，从货币政策的传导机制来看，货币政策的债券渠道会逐步增强。

随着我国中央银行公开市场业务的逐渐大规模的开展，商业银行资产负债表中的债券的比率将逐渐上升，这样中央银行的货币政策通过银行贷款渠道取决于银行贷款和这些融资工具的替代关系，替代性的大小直接影响着货币政策信贷渠道效果的强弱。由于我国金融市场发展相对滞后，在我国商业银行的资产和负债表上，相比银行贷款，债券占的比例较小，这样如果中央银行采取紧缩性的货币政策，则银行贷款减少，企业的投资也就相应减少，银行贷款和债券融资的替代程度较低。随着我国金融市场的逐步发展和金融工具的逐步完善，货币政策的资产市场效果会逐步增强，这一点将是以后发展的趋势。如中央银行提高法定准备金率收紧货币和信贷，银行贷款会下降，但是如果商业银行或企业还可以通过债券市场渠道获得资金支持,这样提高法定准备金率对经济收缩效果将减弱。

我国中央银行的货币政策对宏观经济的影响主要是通过银行信贷渠道起作用的,因为在利率、汇率管制和金融市场还不成熟的条件下,货币政策的操作主要是直接或间接地影响着商业银行的贷款,而我国企业的融资也主要是通过银行贷款。从理论上来看,如果中央银行采取扩张性的货币政策,银行储蓄和超额准备金会增加,银行贷款会增加,投资、消费或政府支出会增加,进而总需求增加,总产出上升。中央银行的货币政策还会影响企业和个人的资产负债表,进而影响企业和个人的净财富。如果中央银行采取扩张性货币政策,股票价格上升,企业和个人的净财富上升,道德风险和逆向选择下降,银行对企业和个人的贷款会上升,产出会增加,这是银行贷款的资产负债表渠道。中央银行采取扩张性的货币政策,利率下降,企业和个人的现金流会增加,道德风险和逆向选择下降,银行贷款会增加,总需求上升,产出增加。此外,中央银行扩张性货币政策,还会导致价格水平非预期上升,企业和个人的净财富水平上升,银行贷款增加,投资增加,产出上升,这也是银行信贷渠道之一。

随着我国中央银行公开市场业务的逐渐大规模的开展,银行发行债券融资比例的上升,银行和企业的资产负债表中的债券的比率将逐渐上升,同时企业通过自身融资的能力也不断加强。从中国社会融资总规模中贷款、债券和股票融资的规模及占比能够看出,银行贷款仍然在社会融资总规模中占比很高,但债券融资占比不断提高,无论是存量还是增量,债券都有上升的趋势(见表3-3)。这样中央银行的货币政策通过银行贷款渠道也取决于银行贷款和这些融资工具的替代关系,替代性的大小直接影响着货币政策贷款渠道的强弱。

表3-3 贷款、债券和股票融资的占比   单位:%

年份	社会融资总额存量			社会融资总额增量		
	贷款占比	债券占比	股票占比	贷款占比	债券占比	股票占比
2002	87.22	0.41	4.56	92.90	1.80	3.10
2003	87.46	0.78	4.03	95.50	1.50	1.60
2004	89.82	0.72	3.89	93.90	1.60	2.40
2005	92.31	1.51	3.69	89.80	6.70	1.10
2006	92.04	2.15	3.52	88.90	5.40	3.60
2007	91.08	2.50	4.22	87.20	3.80	7.30
2008	91.82	3.78	4.20	85.20	7.90	4.80
2009	90.75	5.22	3.69	87.00	8.90	2.40

(续表)

年份	社会融资总额存量			社会融资总额增量		
	贷款占比	债券占比	股票占比	贷款占比	债券占比	股票占比
2010	89.84	5.85	3.80	85.90	7.90	4.10
2011	88.89	6.75	3.79	82.40	10.60	3.40
2012	87.68	8.18	3.46	80.70	14.30	1.60
2013	87.44	8.65	3.14	84.50	10.50	1.30
2014	86.60	9.50	3.10	79.10	14.70	2.60
2015	85.40	10.60	3.30	72.60	19.10	4.90
2016	84.13	11.49	3.70	72.82	16.85	6.97
2017	85.00	10.50	3.80	89.58	2.31	4.49

数据来源：iFinD 数据库。

随着商业银行和企业通过金融市场融资的比例逐渐扩大,信贷渠道会减弱,资产市场渠道会增强。因此我国债券市场的快速发展,中央银行货币政策通过银行信贷的传导在理论上需要进一步研究。

3.2 我国货币政策的传导渠道分析——基于银行贷款和债券替代关系的研究

3.2.1 文献综述

凯恩斯(1932)的货币传导渠道认为中央银行通过公开市场业务增加货币供给,货币供应量上升,利率下降,总需求上升,总产出上升,其中利率起着关键作用。而弗里德曼(1956)的货币渠道认为货币供应量上升,总财富上升,总需求增加,进一步导致总产出上升。无论是凯恩斯的货币渠道,还是弗里德曼的货币渠道,货币传导机制一直被认为是货币政策传导的主要渠道。

而"信贷观"基本观点认为,在金融市场信息不对称和金融资产不完全替代的条件下,货币政策能够改变银行的资产结构,限制银行的可贷资金,从而影响那些依赖于银行贷款而无法有效获得替代资金来源的那些企业,进而影响产出。中央银行货币政策通过银行信贷对宏观经济总量产生影响:首先,由于资本市场的不完全性导致银行贷款和其他金融资产的不完全替代;其次,虽然某些大银行可以通过发行大额存单(CD)等融资方式隔离货币紧缩对银行贷款的影响,但大多数小银行的银行贷款直接受货币政策的影响,同样大企业能够通过发行商业票据(CP)等融资方式避免银行贷款对投资的影响,但大多数小企业对银行贷款的依赖性很强;最后,银行借贷市场上的信息的不对称是影响银行信贷的重要原因,如经济衰退使得借贷市场上的逆向选择和道德风险增加,银行减少贷款。

20世纪50年代初出现的信贷可获性理论(credit availability doctrine)是信贷传导机制的雏形。20世纪70年代末80年代初,信息经济学的发展为信用配额说提供了新的理论支持,在此基础上Stiglitz和Weiss(1981)提出了均衡信贷配额(credit rationing)理论,认为在不完全信息下,高利率会增加借款人的道德风险,从而引发信贷配额现象,即部分借款人即使愿意支付更高的利率或进行抵押也无法获得银行贷款,均衡状态下贷款需求超出贷款供给。这确立了信贷渠道作为货币政策传导机制的基础。在此基础上,Bernanke等人对信贷传导理论做了较为完善和全面的阐述。Bernanke和Blinder(1988)以一个类似于IS-LM模型的理论框架,说明即使存在凯恩斯所述的流动性陷阱,在传统的利率传导机制无效的情况下,货币政策也可以通过信用供给的变动导致CC曲线的移动,银行借贷为货币传导提供了一条重要途径。Bernanke和Blinder(1992)分析认为,在信息不对称条件下,金融中介机构的贷款在企业融资中处于重要地位。Bernanke-Blinder模型中主要的假定是,银行不能用发行存托凭证(CDs)或新股权等其他渠道的资金替代零售存款。文章研究表明在紧缩货币政策的初期,随着银行存款的减少,银行首先出售资产中的证券投资;而随着时间的推移,银行贷款逐渐减少,证券投资则开始恢复,最终存款的减少几乎完全由贷款减少吸收,从而证明了货币政策确实能影响银行的可贷资金。此后Bernanke和Gertler(1994)进一步形成了两种具体的信贷传导理论,即资产负债表渠道(balance-sheet channel)和银行贷款渠道(bank lending channel)。资产负债表渠道的理论基础是,货币政策的变动不仅影响市场利率本身,还直接或间接影响借款者的财务状况,改变企业面临的外部融资溢价,影响企业投资。研究发现,美国企业的利息保障倍率[①]与联邦基金利率有高度的相关性,联邦基金利率的升高会立即导致企业利息保障倍率的上升,最终使企业的资产负债表状况恶化。Gertler和Gilchrist(1993)通过考察紧缩货币政策如何影响大、小企业的存货和短期债务发现,金融市场的信息不完全使得在紧缩货币政策时期,银行贷款从小企业转流向大企业,贷款总量的减少也主要源于对房地产、家庭部门的贷款量下降。这些部门更依赖于银行贷款而无法获得其他渠道的短期融资,从而货币政策的银行借款途径对它们的影响较大,而对可以直接通过股票和债券市场融资的大

---

① 通常用"利息保障倍率"(coverage ratio)来衡量企业的财务状况。为表述方便,将这一比率定义为利息支付与息税前利润(EBIT)的比率。

企业而言影响较小。

另一方面,Romer 和 Romer(1990)通过对美国战后紧缩货币政策时期金融市场与实体经济关系的分析则认为,没有明显证据支持货币政策的信贷渠道,传统的货币(利率)渠道是货币政策影响实体经济的主要途径。文章认为该时期美国商业银行可通过非储蓄的方式进行融资,从而减弱了货币政策对银行信贷的直接影响。同时,他们以美联储宣布改变货币政策的变量衡量外生性的货币政策冲击,通过实证研究发现,在紧缩货币政策时期货币存量滞后项与产出变动高度相关,信贷量下降时间与 GNP 下降时间相同,表明货币存量才是决定产出的关键因素,而信贷量在很大程度上是由产出决定的。

早期这些文献研究都无法很好的解决变量的内生性问题,即究竟是银行信贷减少导致产出的下降,还是产出的下降降低了企业的贷款需求从而导致信贷量的下降。对此,Kashyap,Stein and Wilcox(1993)通过研究在紧缩货币政策时期银行贷款量与企业商业票据发行量之间的关系,证明了信贷传导机制的存在。他们发现在银行贷款减少的同时,企业发行商业票据呈现上升趋势,说明银行贷款的减少并非内生性的源自产出下降导致的贷款需求的减少,而是由于货币政策导致的贷款供给的减少。但是,由于小企业无法通过发行商业票据进行短期融资,因此这一研究无法证实小企业贷款量减少的外生性。Nilsen(2002)的研究则从银行贷款的另一个替代品——贸易信贷(trade credit)①的角度给予了有力的支持。文章研究发现,在货币政策紧缩时期,由于小企业以及一些缺乏债券评级的大企业无法发行商业票据融资,它们转向以成本更为高昂的贸易信用方式融资,以弥补贷款减少对企业现金流的影响。这证明了对于小企业银行贷款的减少也是由于贷款供给的减少,支持了信贷渠道的理论。

Peek,Rosengren 和 Tootell(2003)独辟蹊径,用公众对于经济的预期作为解释变量,控制贷款需求对于银行信贷量及经济增长的影响,使用衡量银行系统健康状况的 CAMEL 评级指标作为衡量银行系统贷款供给的代理变量,从而识别出贷款供给对产出的影响。同时文章发现对银行资金依赖性高的部分(企业存货)受贷款供给影响最大,贷款供给对于经济有着重要的影响,证明货币政策信贷渠道在美国经济中确实存在。Kashyap 和 Stein(2000)通过研究商业银行资产负债表微观数据,发现资产流动性差的银行的信贷发放量受货币政策影响更大。这从银行资产的微观角度证明了对小银行来说,贷款与其他资产之间是不完全替代的关系,这些银行贷款量的减少是其贷款供给而非客户的需求下降导致的,这有力地支持了货币政策信贷渠道理论。Chatelain,Ehrmann,Generale 等(2003)对欧元区银行数据的研究也支持了上述结论。

---

① 贸易信贷指由供应商提供给企业的信贷条件,是企业重要的短期信贷来源。企业可通过推迟支付应付账款的方式获得短期融资。

第3章 货币和信贷之间的理论关系

总之,西方货币政策传导机制大体可归纳为两类:"货币观"(包括利率渠道、汇率渠道、资产价格渠道等)和"信贷观"。"货币观"至今仍是占主流的货币政策传导理论,不过其局限性在于,这一理论建立在完全信息的发达金融市场假设上,而忽视信息不完全问题和金融市场的自身结构问题。与之相对应的"信贷观"建立在信息不对称的假设基础上,最早在20世纪50年代提出,但直到20世纪80年代以后才被广泛关注,并引发了西方学者在20世纪80年代和90年代的争论。

国内的学者对于我国货币政策传导渠道的研究具有较大的争议。李斌(2001)实证研究证明,我国货币供应量和信贷总量都是比较切合我国现实需要的中间目标,其中信贷总量的相关性更大一些,信贷总量对经济运行,具有举足轻重的作用。周英章等(2002)通过格兰杰因果检验表明,信用渠道和货币渠道均是我国货币政策的主要传导因素,但与货币渠道相比,信用渠道在我国货币政策传导中具有明显的相对重要性。陈飞等(2002)通过脉冲响应函数的研究表明,近年来货币供应量、信贷总额和实际利率的冲击对国内生产总值起到了一定的作用。其中信贷总额的冲击可以在当期引起GDP的增长,但对国内生产总值方差贡献率相对较小,持续期较短,而货币供给和实际利率对于GDP的影响均存在一定的滞后,但货币供给量对国内生产总值的方差贡献率相对较大,且作用时间较长。王国松(2004)通过对我国通货紧缩时期货币政策的研究发现,尽管表面上我国通货紧缩时期的货币政策并没有有效地促进银行信贷,甚至出现了一定的"惜贷"现象以及金融机构存贷差扩大,但是宽松的货币政策增加了银行的可用资金,从这个意义来说,我国货币政策的信贷传导渠道仍然有效。蒋瑛琨等(2005)研究表明,90年代以后,从对货币政策的最终目标——物价和产出的影响显著性来看,贷款的影响最为显著,其次是M_2,M_1的影响最不显著,表明信贷渠道在我国货币政策传导机制中占有重要地位。

盛松成等(2008)通过实证研究认为,我国基本不存在货币传导渠道,主要的传导渠道是银行贷款,信贷规模是事实上的中介目标,直接调控经济,并引导货币供应量的变化。黄武俊等(2010)研究证明,我国信贷规模和货币供应量都是货币政策的中介目标,两种货币政策传导渠道同时存在,并且两者之间相互依存,相互影响。胡莹、仲伟周(2010)通过构造贷款市场总体均衡模型,认为当银行满足资本充足率和存款准备金率要求时,货币政策的银行信贷传导渠道表现出有效性;而当贷款市场中的银行不能满足资本充足率或存款准备金率要求时,货币政策的银行信贷传导渠道则表现出无效性。江群、曾令华(2008)认为1998—2007年信贷渠道在我国货币政策传导机制中占有重要地位,但是不同经济景气阶段,信贷渠道在不同的环节上出现了梗阻。胡晓阳、谢宇(2009)实证结果发现:从货币政策到信贷市场传导过程中,我国货币供应量M_0、M_1和M_2与金融机构贷款总额之间存在长期均衡稳定关系;从信贷市场到实体经济传导过程中,我国金融机构贷款总额与GDP月度数据即月度工业增加值、当期居民消费物价指数(CPI)和全社会消费品零售总额(CUS)之间存在长期均衡稳定关系,但是有一定程度的梗塞。

3.2.2 央行货币政策的传导渠道——基于银行信贷和债券替代关系的分析

1. 资产完全替代下货币政策传导机制

在银行贷款和政府债券完全替代的条件下,中央银行的货币政策(如公开市场业务)的传导主要是通过货币渠道传播的。

由凯恩斯的货币需求理论,货币需求包括交易性的货币需求、预防性的货币需求和投机性的货币需求,货币需求是产出 y 和债券利率 i 的函数。由货币供给等于货币需求,得

$$M = M^d(i, y) \tag{3-1}$$

式中: M 为货币供给。

由 IS 曲线,产出 y 是利率 i 的函数:

$$y = Y(i) \tag{3-2}$$

由上述两式分别对 M 求导并化简得:

$$\frac{dy}{dM} = \frac{Y_i}{M_i^d + M_y^d Y_i} \tag{3-3}$$

式中: $Y_i < 0$; $M_i^d < 0$; $M_y^d > 0$。

(3-3)式表示中央银行通过货币供应量的变化对产出的影响,它是货币政策传导的唯一的货币渠道(利率渠道),即货币政策工具(公开市场买入债券)→M↑→i(利率)↓→投资↑→总支出↑→收入↑。这里债券完全替代银行贷款融资,这是唯一的货币传导渠道。

2. 银行信贷和债券不完全替代下货币政策传导机制

货币政策通过银行贷款渠道的传导实际上就是中央银行通过货币市场的操作影响银行贷款,进一步影响投资和总产出。如中央银行采取紧缩性的货币政策,银行储备减少,银行贷款减少,投资下降,产出下降。下面将具体分析银行贷款和债券不完全替代下中央银行货币政策对产出的影响。

3. 模型的推导

假定银行贷款和债券融资不完全替代(银行贷款和债券融资同时存在,债券不完全替代银行贷款),则货币供应量: $M = LP + PB + NFA$。PB 是银行持有债券,为了分析问题的方便,不考虑对外净资产 NFA,则货币供应量 $M = PB + LP$。

第3章 货币和信贷之间的理论关系

由商业银行的资产和负债均衡可知,$LP+PB+RB=D+CB$,则商业银行的利润:

$$\begin{aligned}\pi &= i_L LP + iPB + i_R R - i_D D - i_R CB - OC - VC \\ &= i_L LP + iPB + i_R(R-CB) - i_D D - OC - VC \\ &= i_L LP + iPB + i_R(R-LP-PB-R+D) - i_D D - OC - VC \\ &= (i_L - i_R)LP + (i-i_R)PB + (i_R - i_D)D - OC - VC \end{aligned}$$

式中:OC 表示固定的经营成本;VC 表示贷款违约的损失;i_L、i_D、i、i_R 分别为商业银行向公众贷款、公众存款、债券和商业银行在中央银行的准备金存款利率。

而 $VC = p \cdot LP$,p 是信贷的违约概率。假定 p 是 LP/y 的线性函数:$p = f\left(\dfrac{LP}{y}\right) = \beta \dfrac{LP}{y}$,则商业银行利润:

$$\begin{aligned}\pi &= (i_L - i_R)LP + (i-i_R)(M-LP) \\ &\quad + (i_R - i_D)D - OC - \beta\dfrac{LP^2}{y}\end{aligned}$$

商业银行选择最优贷款量以最大化利润,则:

$$\dfrac{\partial \pi}{\partial LP} = (i_L - i_R) - (i-i_R) - 2\beta \dfrac{LP}{y} = 0$$

$$\dfrac{\partial^2 \pi}{\partial LP^2} = -\dfrac{2\beta}{y} < 0$$

由此得到商业银行贷款供给:

$$LP_s = g(v, y) = \dfrac{i_L - i}{2\beta} y \tag{3-4}$$

式中:$v = i_L - i$;$g_v > 0$。

企业对贷款的需求为:$LP_d = \lambda I$,I 为企业的投资,λ 为投资中通过贷款融资的比例,I 受总产出 y 和企业的融资成本 c 的影响,即 $I = I(y, c)$,而 $c = \lambda i_L + (1-\lambda)i = i + \lambda(i_L - i) = i + \lambda(v)v$,因此:

$$LP_d = \lambda I = \lambda \cdot I(y, c) = L(v, i, y) \tag{3-5}$$

式中:$L_v < 0$;$L_i > 0$;$L_y > 0$。

根据(3-4)、(3-5)式,贷款需求等于贷款供给,得到:

$$L(v, i, y) = g(v, y) \tag{3-6}$$

投资需求受贷款利率 i_L 和债券利率 i 的影响,因此国内产出也是 v 和 i 的函数:

$$y = Y(v, i) \tag{3-7}$$

式中：$Y_i < 0$；$Y_v < 0$ ①。

货币供给等于货币需求：

$$M = M^d(y, i) \tag{3-8}$$

由(3-8)式对 M 求导得到：

$$1 = M_i^d \frac{\mathrm{d}i}{\mathrm{d}M} + M_y^d \frac{\mathrm{d}y}{\mathrm{d}M} \tag{3-9}$$

由(3-7)式对 M 求导得到：

$$\frac{\mathrm{d}y}{\mathrm{d}M} = Y_i \frac{\mathrm{d}i}{\mathrm{d}M} + Y_v \frac{\mathrm{d}v}{\mathrm{d}M} \tag{3-10}$$

由(3-6)式对 M 求导得到：

$$L_v \frac{\mathrm{d}v}{\mathrm{d}M} + L_i \frac{\mathrm{d}i}{\mathrm{d}M} + L_y \frac{\mathrm{d}y}{\mathrm{d}M} = g_v \frac{\mathrm{d}v}{\mathrm{d}M} + g_y \frac{\mathrm{d}y}{\mathrm{d}M} \tag{3-11}$$

联立方程组(3-9)式、(3-10)式、(3-11)式，即：

$$\begin{pmatrix} M_y^d & M_i^d & 0 \\ -1 & Y_i & Y_v \\ L_y - g_y & L_i & L_v - g_v \end{pmatrix} \begin{pmatrix} \dfrac{\mathrm{d}y}{\mathrm{d}M} \\ \dfrac{\mathrm{d}i}{\mathrm{d}M} \\ \dfrac{\mathrm{d}v}{\mathrm{d}M} \end{pmatrix} = \begin{pmatrix} 1 \\ 0 \\ 0 \end{pmatrix}$$

因此求解能够得到：

$$\frac{\mathrm{d}y}{\mathrm{d}M} = \frac{Y_i - \dfrac{\dfrac{L_i}{L_v - g_v}}{Y_v}}{(M_i^d + M_y^d Y_i) - \dfrac{M_y^d L_i - M_i^d L_y + M_i^d g_y}{\dfrac{L_v - g_v}{Y_v}}} \tag{3-12}$$

---

① $Y_v < 0$，表明企业通过贷款融资与债券融资的能力不对等，当贷款利率上升时，企业无法完全通过增加债券市场融资弥补银行贷款成本的增加，从而导致投资下降。

第3章 货币和信贷之间的理论关系

(3-12)式就是包含信贷渠道和货币渠道的货币政策对国民收入的影响。此式表示中央银行货币市场操作影响货币供给,在银行贷款和债券不完全替代的条件下,货币供给变动对产出的影响大小。

4. 传导渠道的分析

分析(3-12)式可以看出,货币政策的传导渠道以及有效性主要取决于各种资产的替代性,具体而言,可分为以下几种情况。

(1) 银行部门发放贷款和购买债券完全替代,即 $g_v \to +\infty$,则 $\lim\limits_{g_v \to +\infty} \dfrac{\mathrm{d}y}{\mathrm{d}M} = \dfrac{Y_i}{M_i^d + M_y^d Y_i}$,与(3-3)式相同,退化成唯一的货币政策货币传导渠道的公式,此时货币政策不存在信贷渠道。

(2) 私人部门的银行借款和债券融资完全替代,即 $L_v \to -\infty$,则 $\lim\limits_{L_v \to -\infty} \dfrac{\mathrm{d}y}{\mathrm{d}M} = \dfrac{Y_i}{M_i^d + M_y^d Y_i}$,退化成唯一的货币政策货币传导渠道的公式,此时货币政策不存在信贷渠道。

(3) 企业通过贷款融资与债券融资的能力对等,投资决定不受贷款利率和债券利率的利差影响,即 $Y_v \to 0$,则 $\lim\limits_{Y_v \to 0} \dfrac{\mathrm{d}y}{\mathrm{d}M} = \dfrac{Y_i}{M_i^d + M_y^d Y_i}$,(3-12)式就退化成与(3-3)式相同的形式,此时货币政策不存在信贷渠道。

从上述分析可以看出,货币政策信贷传导渠道存在的条件是:$g_v < +\infty$(银行部门的贷款和债券不完全替代);$L_v > -\infty$(私人部门的银行借款和债券融资不完全替代);$Y_v < 0$(企业通过贷款融资与债券融资的能力不对等)。

(4) 银行部门的贷款和债券完全不替代,同时私人部门的银行借款和发行债券完全不替代,即 $g_v \to 0$ 和 $L_v \to 0$,由(3-12)得到:$\lim\limits_{g_v \to 0, L_v \to 0} \dfrac{\mathrm{d}y}{\mathrm{d}M} = \dfrac{L_i}{M_y^d L_i - M_i^d (L_y - g_y)}$。这反映了在债券与信贷资产完全不替代的条件下,货币政策对产出的影响。

(5) 货币和债券完全替代,即 $M_i^d \to -\infty$,$\lim\limits_{M_i^d \to -\infty} \dfrac{\mathrm{d}y}{\mathrm{d}M} = 0$。即当货币与债券完全替代时,货币政策无效。此时 LM 曲线是水平的①,中央银行改变货币供给无法影响市场利

---

① 由 $0 = M_i^d + M_y^d y_i$,得到 $\dfrac{\mathrm{d}y}{\mathrm{d}i} = \dfrac{-M_i^d}{M_y^d}$,所以 $\dfrac{\mathrm{d}i}{\mathrm{d}y} = \dfrac{M_y^d}{-M_i^d}$,当 $M_i^d \to -\infty$,$\dfrac{\mathrm{d}i}{\mathrm{d}y} = 0$。

率,也不影响私人部门的投资需求,从而导致货币政策无效。

(6) 当货币和债券完全不替代,即 $M_i^d \to 0$,$\lim\limits_{M_i^d \to 0} \dfrac{\mathrm{d}y}{\mathrm{d}M} = \dfrac{Y_i(L_v - g_v) - L_i Y_v}{M_y^d Y_i(L_v - g_v) - M_y^d L_i Y_v}$。此时 LM 曲线垂直①。

综合以上的分析,可以总结如下(图 3-1):中央银行的货币政策通过货币市场的操作影响商业银行储备的数量。如果中央银行采取紧缩性的货币政策,在商业银行超额储备为零的情况下,为达到法定准备金标准,从商业银行资产负债表的资产方来看,商业银行可能的行为有两种选择:一是削减银行贷款供给,二是卖出持有的债券,弥补可贷资金的减少。从负债方来看,可以通过非储蓄的方式进行融资(如发行金融债券或定期存单),弥补可贷资金的减少。如果通过其他融资方式弥补可贷资金的减少,货币政策的贷款渠道对总需求就没有影响。如果商业银行选择削减贷款供给,减少可贷资金,企业面临贷款供给的减少,可能采取的措施有:通过其他融资方式如发行企业债券、商业票据(CP)等进行

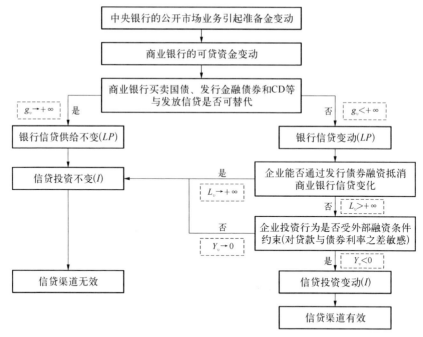

图 3-1 货币政策信贷渠道有效性图解

---

① 由 $\dfrac{\mathrm{d}i}{\mathrm{d}y} = \dfrac{M_y^d}{-M_i^d}$,当 $M_i^d \to 0$,$\dfrac{\mathrm{d}i}{\mathrm{d}y} = +\infty$。

融资以弥补银行贷款的减少,或者削减外部融资。如果企业削减投资,则货币政策的信贷渠道是有效的;如果企业通过其他融资方式弥补银行贷款的减少,则信贷渠道就是无效的。当企业无法通过其他外部融资方式弥补银行贷款的减少时,企业是否减少投资还取决于投资决定是否对贷款与债券利率之差敏感;若企业投资需求不受其影响,则信贷渠道也无效。

也就是说,如果银行或企业能够找到替代方式获得资金,从而维持银行信贷不变,则货币政策的信贷渠道就是无效的。在我国,随着银行债券市场和企业债券市场规模不断扩大,融资比例上升,国家紧缩信贷的影响往往会被债券融资替代,信贷渠道会弱化。

总之,随着债券融资对银行信贷的替代,央行货币政策的操作对信贷的影响可能会被资产市场的融资弥补,货币政策的信贷渠道可能会弱化。我们认为随着中国债券融资规模的扩大,货币政策的债券市场渠道逐步增强,债券融资对银行贷款起到了一定的替代作用,债券市场发展将进一步强化货币渠道的作用。也就是说,随着我国金融市场的逐步发展和金融工具的逐步完善,货币政策的资产市场效果逐步增强。如中央银行提高法定准备金率收紧货币,银行贷款会下降,但是如果商业银行或企业还可以通过其他渠道获得资金支持,这样提高法定准备金率对银行信贷收缩效果将较弱,信贷渠道有效性下降,但货币渠道有效性将增强。

3.3 影子银行业务对货币政策信贷传导机制的影响

随着我国影子银行的出现以及发展,尤其是银行影子的存在,对我国的货币政策实施带来的巨大的挑战,从理论上来分析影子银行的存在对货币政策实施效果的影响就具有一定的现实意义。正如前面所提到的,我国的影子银行业务主要表现在银行影子,也即商业银行将贷款业务转移到自身资产负债表以外在资产负债表上仅仅表现为同业资产,因此我们可以拓展上面模型得到一个由商业银行直接参与影子银行业务的模型。

为了构建该模型,首先做出一些假定,第一,影子银行和传统银行之间存在着紧密联系,银行同时提供传统银行业务和影子银行业务[①],而银行在传统银行业务和影子银行业务比重之间做选择的依据是利润最大化原则;第二,影子银行业务同传统银行业务的区分标准在于其规避了中央银行的法定存款准备金要求;第三,信贷由贷款和债券构成,其反映了经济中融资量的多少,而流动性由货币、影子银行的负债和公众持有债券组成,其反映了经济中支付手段的多少;第四,在各种资产中,货币具有完全的流动性和零收益,贷款

---

① 这一点比较贴近我国影子银行的现实情况,前文提到过,我国的影子银行业务更多的是银行通过各种通道提供的"类贷款"业务,也即银行影子。

具有零流动性和最高的收益,债券和影子银行负债具有一定流动性及收益性(可以视为同一类资产)。模型在传统 IS-LM 模型产品市场和货币市场的基础上引入贷款市场。

3.3.1 理论模型的构建

假定影子银行的资产负债表如表 3-4。

表 3-4 简化的影子银行的资产负债表

资产	负债
影子银行贷款 SL	理财产品储蓄 SD

影子银行的资金来源是发行理财产品 SD,假定理财产品的利率较高,为正规银行的贷款利率 i_L,影子银行贷款 SL,并且 $SL = SD$,影子银行无需缴纳法定准备金,假定影子银行的贷款利率为 i_S,其中 $i_S > i_L$,令 $\eta = i_S - i_L > 0$。因此影子银行的利润为

$$\pi = i_S SL - i_L SD - OC - VC = (i_S - i_L)SL - OC - VC$$

式中:OC 表示影子银行固定的经营成本;VC 表示影子银行贷款违约的损失。而同样 $VC = p \cdot SL$,p 是影子银行信贷的违约概率。假定 p 是 SL/y 的线性函数:$p = f\left(\dfrac{SL}{y}\right) = \beta \dfrac{SL}{y}$,则影子银行利润:

$$\pi = (i_S - i_L)SL - OC - \beta \frac{SL^2}{y}$$

影子银行选择最优贷款量以最大化利润,则:

$$\frac{\partial \pi}{\partial SL} = (i_S - i_L) - 2\beta \frac{SL}{y} = 0$$

$$\frac{\partial^2 \pi}{\partial SL^2} = -\frac{2\beta}{y} < 0$$

由此得到影子银行贷款供给:

$$SL_s = h(\eta, y) = \frac{i_S - i_L}{2\beta} y \tag{3-13}$$

式中:$\eta = i_S - i_L$;$h_\eta > 0$。

企业对银行贷款的需求为:$LP_d = \lambda_1 I_1$,I_1 为企业的投资,λ_1 为投资中通过贷款融资的比例,I_1 受总产出 y 和企业的融资成本 c_1 的影响,即 $I_1 = I_1(y, c_1)$,而 $c_1 = \lambda_1 i_L + (1 -$

第3章 货币和信贷之间的理论关系

$\lambda_1)i = i + \lambda_1(i_L - i) = i + \lambda_1 v$，因此：

$$LP_d = \lambda_1 I_1 = \lambda_1 \cdot I_1(y, c_1) = L(v, i, y) \tag{3-14}$$

其中 $L_v < 0$, $L_i > 0$, $L_y > 0$。

根据(3-4)、(3-14)式，银行贷款需求等于贷款供给，得到：

$$L(v, i, y) = g(v, y) \tag{3-15}$$

企业对影子银行贷款的需求为：$SL_d = \lambda_2 I_2$，式中：I_2 为企业通过债券和影子银行等获得的资金投资；λ_2 为投资中通过影子银行贷款融资的比例。同样，I_2 受总产出 y 和企业的融资成本 c_2 的影响，即 $I_2 = I_2(y, c_2)$，而 $c_2 = \lambda_2 i_S + (1-\lambda_2)i = i + \lambda_2(i_S - i) = i + \lambda_2 \eta$，因此，影子银行贷款需求为

$$SL_d = \lambda_2 I_2 = \lambda_2 \cdot I_2(y, c_2) = K(\eta, i, y) \tag{3-16}$$

其中 $K_\eta < 0$, $K_i > 0$, $K_y > 0$。

根据(3-13)、(3-16)式，影子银行贷款需求等于贷款供给，得到：

$$K(\eta, i, y) = h(\eta, y) \tag{3-17}$$

投资需求受贷款利率 i_L，影子银行利率 i_S，债券利率 i 的影响，因此国内产出也是 v，η 和 i 的函数：

$$y = Y(v, \eta, i) \tag{3-18}$$

其中 $Y_i < 0$, $Y_v < 0$ ①, $Y_\eta < 0$。

货币供给等于货币需求：

$$M = M^d(y, i) \tag{3-19}$$

由(3-19)对 M 求导得到：

$$1 = M_i^d \frac{\mathrm{d}i}{\mathrm{d}M} + M_y^d \frac{\mathrm{d}y}{\mathrm{d}M} \tag{3-20}$$

由(3-18)对 M 求导得到：

$$\frac{\mathrm{d}y}{\mathrm{d}M} = Y_i \frac{\mathrm{d}i}{\mathrm{d}M} + Y_v \frac{\mathrm{d}v}{\mathrm{d}M} + Y_\eta \frac{\mathrm{d}\eta}{\mathrm{d}M} \tag{3-21}$$

由(3-15)对 M 求导得到：

$$L_v \frac{\mathrm{d}v}{\mathrm{d}M} + L_i \frac{\mathrm{d}i}{\mathrm{d}M} + L_y \frac{\mathrm{d}y}{\mathrm{d}M} = g_v \frac{\mathrm{d}v}{\mathrm{d}M} + g_y \frac{\mathrm{d}y}{\mathrm{d}M} \tag{3-22}$$

---

① $Y_v < 0$，表明企业通过贷款融资与债券融资的能力不对等，当贷款利率上升时，企业无法完全通过增加债券市场融资弥补银行贷款成本的增加，从而导致投资下降。

由(3-17)对 M 求导得到：

$$K_\eta \frac{\mathrm{d}\eta}{\mathrm{d}M} + K_i \frac{\mathrm{d}i}{\mathrm{d}M} + K_y \frac{\mathrm{d}y}{\mathrm{d}M} = h_\eta \frac{\mathrm{d}\eta}{\mathrm{d}M} + h_y \frac{\mathrm{d}y}{\mathrm{d}M} \tag{3-23}$$

联立方程组(3-20)式、(3-21)式、(3-22)式、(3-23)式，即：

$$\begin{pmatrix} M_y^d & M_i^d & 0 & 0 \\ -1 & Y_i & Y_v & Y_\eta \\ L_y - g_y & L_i & L_v - g_v & 0 \\ K_y - h_y & K_i & 0 & K_\eta - h_\eta \end{pmatrix} \begin{pmatrix} \dfrac{\mathrm{d}y}{\mathrm{d}M} \\ \dfrac{\mathrm{d}i}{\mathrm{d}M} \\ \dfrac{\mathrm{d}v}{\mathrm{d}M} \\ \dfrac{\mathrm{d}\eta}{\mathrm{d}M} \end{pmatrix} = \begin{pmatrix} 1 \\ 0 \\ 0 \\ 0 \end{pmatrix}$$

因此，求解能够得到：

$$\frac{\mathrm{d}y}{\mathrm{d}M} = \frac{Y_i - \dfrac{L_i}{\dfrac{L_v - g_v}{Y_v}} - \dfrac{K_i}{\dfrac{K_\eta - h_\eta}{Y_\eta}}}{(M_i^d + M_y^d Y_i) - \dfrac{M_y^d L_i - M_i^d L_y + M_i^d g_y}{\dfrac{L_v - g_v}{Y_v}} - \dfrac{M_y^d K_i - M_i^d K_y + M_i^d h_y}{\dfrac{K_\eta - h_\eta}{Y_\eta}}}$$

(3-24)

(3-24)式就是包含正规银行和影子银行信贷渠道和货币渠道的货币政策对国民收入的影响。此式表示中央银行货币市场操作影响货币供给，在银行贷款和债券不完全替代的条件下，货币供给变动对产出的影响大小。

3.3.2 传导渠道的分析

分析(3-24)式可以看出，同样货币政策的传导渠道以及有效性主要取决于影子银行和银行贷款之间的替代性，具体而言，可分为以下几种情况。

(1) 银行部门发放贷款和购买债券完全替代，影子银行贷款和银行贷款完全替代，即 $g_v \to +\infty$，$h_\eta \to +\infty$，则 $\lim\limits_{\substack{g_v \to +\infty \\ h_\eta \to +\infty}} \dfrac{\mathrm{d}y}{\mathrm{d}M} = \dfrac{Y_i}{M_i^d + M_y^d Y_i}$，与(3-3)式相同，退化成唯一的货币政策货币传导渠道的公式，此时货币政策不存在信贷渠道。

(2) 私人部门的银行借款和债券融资完全替代，私人部门的影子银行借款和银行贷款

第 3 章 货币和信贷之间的理论关系

完全替代,即 $L_v \to -\infty$,$K_\eta \to -\infty$,则 $\lim\limits_{\substack{L_v \to -\infty \\ K_\eta \to -\infty}} \dfrac{\mathrm{d}y}{\mathrm{d}M} = \dfrac{Y_i}{M_i^d + M_y^d Y_i}$,退化成唯一的货币政策货币传导渠道的公式,此时货币政策不存在信贷渠道。

(3) 企业通过贷款融资与债券融资的能力对等,通过贷款融资与影子银行贷款融资的能力对等,投资决定不受贷款利率和债券利率的利差,以及影子银行贷款利率和贷款利率之差的影响,即 $Y_v \to 0$,$Y_\eta \to 0$,则 $\lim\limits_{\substack{Y_v \to 0 \\ Y_\eta \to 0}} \dfrac{\mathrm{d}y}{\mathrm{d}M} = \dfrac{Y_i}{M_i^d + M_y^d Y_i}$,(3-24)式就退化成与(3-3)式相同的形式,此时货币政策不存在信贷渠道。

从上述分析可以看出,货币政策信贷传导渠道存在的条件是:$g_v < +\infty$(银行部门的贷款和债券不完全替代),$h_\eta < +\infty$(银行部门的贷款和影子银行贷款不完全替代);$L_v > -\infty$(私人部门的银行借款和债券融资不完全替代),$K_\eta > -\infty$(私人部门的银行借款和影子银行融资不完全替代);$Y_v < 0$(企业通过贷款融资与债券融资的能力不对等),$Y_\eta < 0$(企业通过贷款融资与影子银行贷款融资的能力不对等)。

(4) 银行部门的贷款和债券完全不替代,同时私人部门的银行借款和发行债券完全不替代,即 $g_v \to 0$ 和 $L_v \to 0$,同时企业通过贷款融资与影子银行贷款融资的能力完全对等,即 $Y_\eta \to 0$,由(3-24)得到:$\lim\limits_{\substack{g_v \to 0, L_v \to 0 \\ Y_\eta \to 0}} \dfrac{\mathrm{d}y}{\mathrm{d}M} = \dfrac{L_i}{M_y^d L_i - M_i^d (L_y - g_y)}$。这反映了在债券与信贷资产完全不替代的条件下,以及通过贷款融资与影子银行贷款融资的能力完全对等,货币政策对产出的影响。

(5) 货币和债券完全替代,即 $M_i^d \to -\infty$,$\lim\limits_{M_i^d \to -\infty} \dfrac{\mathrm{d}y}{\mathrm{d}M} = 0$。即当货币与债券完全替代时,货币政策无效。此时 LM 曲线是水平的,中央银行改变货币供给无法影响市场利率,也不影响私人部门的投资需求,从而导致货币政策无效。

(6) 当货币和债券完全不替代,即 $M_i^d \to 0$,$\lim\limits_{M_i^d \to 0} \dfrac{\mathrm{d}y}{\mathrm{d}M} =$

$\dfrac{Y_i(L_v - g_v)(K_\eta - h_\eta) - L_i Y_v (K_\eta - h_\eta) - K_i Y_\eta (L_v - g_v)}{M_y^d Y_i(L_v - g_v)(K_\eta - h_\eta) - M_y^d L_i Y_v (K_\eta - h_\eta) - M_y^d K_i Y_\eta (L_v - g_v)}$。此时 LM 曲线垂直。

也就是说,如果银行或企业能够找到替代方式获得资金,从而维持银行信贷不变,则货币政策的信贷渠道就是无效的。在我国,随着银行债券市场和企业债券市场规模不断扩大,融资比例上升,国家紧缩信贷的影响往往会被债券融资替代,信贷渠道会弱化。

总之,随着债券融资对银行信贷的替代,央行货币政策的操作对信贷的影响可能会被资产市场的融资弥补,货币政策的信贷渠道可能会弱化。但是我国影子银行信贷的增加可能会弥补银行信贷的减少,银行信贷的渠道也可能进一步强化。

第一,影子银行会增强货币供给的内生性,导致货币流通速度难以控制且难以测度,货币监测的难度加大;第二,影子银行会对货币政策的传导,如信贷和利率传导渠道造成影响;第三,影子银行对经济具有扩张作用,会导致产出扩张和债券利率上升。

由于在我国影子银行的主要表现形式为"类贷款"活动的银行影子,而该模型适用的正是银行参与影子银行业务的情况,因此对于我国货币政策的执行有着一定的参考意义,在货币政策的制定中,应该考虑影子银行的存在带来的影响,同时,由于影子银行带来的一系列货币政策执行中的不良干扰,对于影子银行的监管应当得到重视。

我们认为随着中国债券融资规模的扩大,货币政策的债券市场渠道逐步增强,债券融资对银行贷款起到了一定的替代作用,债券市场发展将进一步强化货币渠道的作用。也就是说,随着我国金融市场的逐步发展和金融工具的逐步完善,货币政策的资产市场效果逐步增强。如中央银行提高法定准备金率收紧货币,银行贷款会下降,但是如果商业银行或企业还可以通过其他渠道获得资金支持,这样提高法定准备金率对银行信贷收缩效果将较弱,信贷渠道有效性下降,但货币渠道有效性将增强。

3.3.3 结论

我们的理论研究认为,如果中央银行采取紧缩性的货币政策,从商业银行资产负债表的资产方来看,商业银行可能的行为有两种选择:一是削减银行贷款供给;二是卖出持有的债券,弥补可贷资金的减少。如果银行或企业能够找到替代方式获得资金,从而维持银行信贷不变,则货币政策的信贷渠道就是无效的,货币政策的传导将主要依赖货币渠道。特别是影子银行的迅速发展,影子银行信贷的增加进一步强化了货币政策信贷渠道的传导。随着金融市场的建设,融资方式的多元化,货币政策的信贷渠道有所弱化,货币政策货币传导渠道增强。

一是长期以来信贷渠道是我国货币政策传导的主要渠道,央行通过对货币调控,可以有效地实现货币政策的信贷传导。

二是信贷渠道正面临挑战。随着中国金融市场的发展,替代银行信贷的工具增加,会导致货币政策银行信贷的渠道弱化。

三是我国货币政策的操作必须考虑债券市场对货币政策传导的影响。随着债券市场规模的日益扩大,债券市场对货币政策的信贷渠道替代也越来越大,这一点是货币政策传导中必须注意的。

相应地,我国货币政策的中间目标也发生了变化。1984—1992年,我国货币政策的中介目标是贷款规模,实际上和操作目标是一致的,并没有严格区分操作目标和中间目标。

第3章 货币和信贷之间的理论关系

但由于贷款规模控制本身的缺陷和商业银行资产结构的变化,使通过贷款规模来控制货币供应量的效果越来越小。于是中央银行建立了能够预示社会总需求变化的货币供应量统计制度,1994年作为监测目标向社会公布,并于1996年将货币供应量正式确立为货币政策的中介目标,短期内主要考察M_1。1993—1996年,货币政策的操作目标是基础货币和货币乘数,对货币乘数的控制主要是对备付金的控制。对基础货币的控制是通过对中央银行的资产的控制实现的。1998年中央银行取消贷款规模,正式确定货币供应量为中央银行的中介目标,货币供应量不仅包括信贷规模,也包括金融机构持有债券的净额和外汇占款的增加。

在金融市场发展、金融创新和开放经济条件下,货币政策的中介目标体系也必须做出相应的调整,一国需考虑的已经不单纯是选择哪个金融变量作为中介指标,还要考虑使所选变量接近中介指标的标准或保持其内在质量。金融市场的发展和频繁的国际短期资本流动引发的国内货币需求水平不稳定,这使一国对于货币不同统计层面上的计量更加困难,对各国中央银行最终目标的实现构成了现实的威胁。金融机构能容易地从金融市场获得所需的流动性,有实力的企业也广泛地从国际金融市场上得到所需信贷资金,货币总量的可控性下降了,而波动性增加了。金融市场发展和金融创新使各种可充当中介指标的金融变量内生性越来越强,而与货币政策工具之间的联系却变得日益松散和不稳定。这样,各国不得不把中间目标转向更广义的货币指标,或从对国内借贷的数量限制转向对利率水平的调节,或者干脆不再注重货币总量而改用其他中介目标,有的国家甚至直接盯住货币政策的最终目标。

在中国,中央银行必须同时确定包括货币供应增长速度、信贷增长速度、基准利率,多重中间目标并存的状况,反映了金融市场分割的现实。从我国的实际情况来看,我国货币政策的中介目标是货币供应量(M_2)、信贷,同时兼顾汇率目标。随着我国外汇体制的改革和人民币汇率的逐步浮动,可逐步放弃汇率中介目标,人民币汇率弹性不断增加。随着金融创新和金融工具的发展,关于货币层次的鉴定会更复杂,同时对货币供应量变动的控制也越来越难,货币供应量和最终目标的联系可能会越来越弱,因此央行计划推出"社会融资增速指标"包括全部金融机构(包括银行、证券、信托等)对社会实体经济的融资,认为该指标与GDP的拟合程度较好[①]。长期以来,中央银行主要通过调控基础货币来控制货币信贷的增长,而社会融资增速指标的调控需要中央银行数量化的调控目标转向价格型的调控目标如利率。2008年国际金融危机爆发以后,中国政府推出了4万亿的投资计划,地方政府融资平台不断发展起来,通过正规银行体系不能够获得信贷,往往逃避管制,通

---

① 实际上社会融资规模和货币供应量M_2是接近的。

过影子银行筹集信贷资金,影子银行信贷对正规银行信贷起到一定的补充作用,但是影子银行信贷毕竟是表外业务,会面临较大的风险,因此2018年央行等部委发布资管新规,进一步加强对影子银行的监管。央行资产负债的调整主要是控制货币信贷总量,对社会融资规模的直接调控能力相对较弱,社会融资规模的总量控制必须通过利率工具调节。实际上,随着金融创新和金融工具的日益发展,西方国家的政策目标也都逐步向利率目标转化,通过资金价格来调整市场融资成本。

短期内货币信贷仍然是货币政策的一个中间目标,央行货币政策的工具也主要是调控货币信贷的变化,如果社会融资增速指标作为央行决策的指标,数量型操作目标应该逐步向价格型操作目标转向,资金总量的供求变化更需要通过利率变化来调整。基础货币操作目标向利率目标转变,这需要一个过程,因为我国利率并没有充分市场化,货币市场上的利率还不能完全起到中央银行信号指示器的功能和调节社会融资规模的功能。货币政策中间目标的转变需要央行继续稳步推进利率市场化,增加人民币汇率弹性,为完善货币政策的调控做准备。

3.4 信贷和社会融资规模

3.4.1 社会融资总规模

社会融资规模是指实体经济(境内非金融企业和住户)从金融体系获得的资金。其中,增量指标是指一定时期内(每月、每季或每年)获得的资金额,存量指标是指一定时期末(月末、季末或年末)获得的资金余额。社会融资规模包括对实体经济发放的人民币贷款、对实体经济发放的外币贷款、委托贷款、信托贷款、未贴现的银行承兑汇票、企业债券和股票等直接融资。

随着我国金融市场的发展,金融工具的丰富以及商业银行表外业务等其他融资方式的发展,传统的信贷规模指标已经难以反映金融对实体经济的支持程度。自2010年中国人民银行开始公布社会融资规模指标以来,经过数年的探索,2016年,社会融资规模正式成为我国的货币政策中介目标。社会融资规模的内容主要包括:金融机构表内业务及表外业务对实体经济提供的资金支持;实体经济通过标准化的融资手段在金融市场上获得的融资(股权融资、债券融资等)以及其他非标工具融资。具体来看:社会融资规模＝人民币贷款＋外币贷款＋委托贷款＋信托贷款＋银行承兑汇票＋非金融企业境内股票＋企业债券＋保险公司赔偿＋投资性房地产＋其他融资(见表3-5)。

第3章 货币和信贷之间的理论关系

表3-5 社会融资总额构成表

金融机构表内资金支持	人民币贷款
	外币贷款
金融机构表外资金支持	委托贷款
	信托贷款
	银行承兑汇票
实体经济通过标准融资工具在金融市场融资	股权融资
	企业债券融资
实体金融通过非标准工具获得的资金	保险公司赔偿
	投资性房地产
	其他融资

下面是2002—2017年中国社会融资规模与人民币贷款、外币贷款、委托贷款、信托贷款、企业债券和企业股票等(见表3-6)。

表3-6 社会融资规模　　　　　　　　　　　　　　　单位：亿元

指标名称	社会融资规模存量	人民币贷款	外币贷款(折合人民币)	委托贷款	信托贷款	企业债券	非金融企业境内股票
2002	148 532	118 208	5 232	4 515		609	6 773
2003	181 655	143 505	6 624	5 116		1 418	7 314
2004	204 143	164 026	7 737	8 267		1 474	7 936
2005	224 265	185 841	8 588	9 242		3 378	8 269
2006	264 500	216 134	9 361	11 091	2028	5 698	9 303
2007	321 326	251 580	11 411	14 407	3 732	8 035	13 564
2008	379 765	298 625	11 993	18 599	6 877	14 358	15 965
2009	511 835	392 095	18 649	25 258	11 238	26 734	18 886
2010	649 869	470 121	21 614	36 422	15 103	38 042	24 722
2011	767 478	545 811	24 445	44 143	17 142	51 814	29 098
2012	914 186	627 682	31 095	51 692	29 999	74 819	31 601
2013	1 074 575	716 813	33 333	72 214	48 329	92 925	33 718
2014	1 228 591	814 300	34 700	93 300	53 500	116 900	38 000

(续表)

指标名称	社会融资规模存量	人民币贷款	外币贷款(折合人民币)	委托贷款	信托贷款	企业债券	非金融企业境内股票
2015	1 382 800	927 500	30 200	110 100	54 500	146 300	45 300
2016	1 559 900	1 051 900	26 300	132 000	63 100	179 200	57 700
2017	1 746 400	1 190 300	24 800	139 700	85 300	183 700	66 500

从表3-6来看,人民币贷款占比最高,如果再加上外币贷款、委托贷款和信托贷款,则贷款占比会更高。股票融资规模占比最小,所以股票市场发展潜力巨大。

3.4.2 货币供应量和社会融资规模

在当前中央对金融体系对实体经济的资金支持十分重视的背景下,将社会融资总额纳入货币政策中介目标进行监控,具有重大的现实意义。根据货币供应量的定义 $M_2 = C+D$,由于 $D=LP+R$,因此 $M_2=LP+(C+R)=LP+MB$,货币供应量等于贷款总额加上流通中现金和准备金总额,货币供应量等于银行信贷加上基础货币,这是最简单的货币供应量和银行信贷、基础货币之间的关系①。从图3-2可以看出,货币供应量与银行

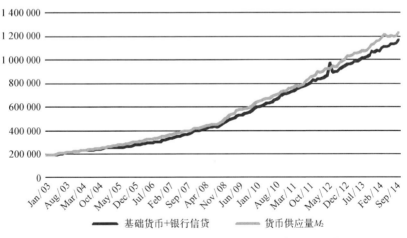

图3-2 信贷、基础货币和货币供应量(2003年1月—2014年12月)(单位:亿元)

---

① 根据第1章内容,货币供应量 M_2 等于银行信贷和外汇占款之和,如果基础货币都是由外汇占款支撑,则货币供应量 M_2 也等于银行信贷和基础货币之和。

第 3 章 货币和信贷之间的理论关系

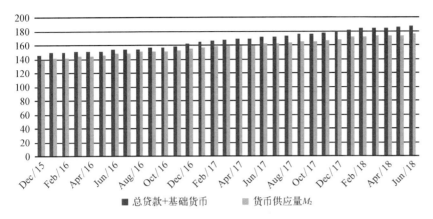

图 3-3 总信贷、基础货币和货币供应量(2015 年 12 月至 2018 年 06 月)(单位：万亿元)

信贷和基础货币之和的走势是接近的。

2015 年以后，除了人民币贷款和外币贷款，再加上委托贷款、信托贷款和未贴现银行承兑汇票等，总信贷和基础货币之和与货币供应量 M_2 的比较见图 3-3，两者变动趋势也是一致的。

根据第 1 章分析，货币供应量等于银行信贷加上外汇占款。实际上，如果基础货币主要由外汇占款支撑，外汇占款等于基础货币，这两个等式是相通的，因此数据也应该是接近的①。

假定我国中央银行和商业银行的资产负债表如表 3-7 和 3-8 所示。

表 3-7 中国人民银行的资产负债表

资产	负债
对存款货币银行的债权 CB	储备货币 B 发行货币 C 金融机构的存款 RB

中央银行的资产是向金融机构的贷款，负债是基础货币，包括流通中的现金和商业银行的准备金存款。

---

① 当然，本书只是探讨货币供应量、银行信贷和基础货币之间的理论关系，第 1 章研究了货币供应量、银行信贷和外汇占款的理论关系，从中可以看出几者之间的变动趋势关系，考虑到金融体系的复杂性和金融产品的多样性，并不是完全的绝对相等关系。

表 3-8　商业银行的资产负债表

资　　产	负　　债
贷款 LP 缴存准备金存款 RB	储蓄 D 向中央银行的借款 CB

从商业银行的资产负债表来看,资产项目中最主要的贷款和准备金存款。从负债方来看,包括储蓄和向中央银行的借款。

假定初始状态是金融机构向企业提供贷款,形成另一些企业的储蓄和流通中的现金。根据企业的资产负债表(见表 3-9)。

表 3-9　企业的资产负债表

资　　产	负　　债
流通中现金 C1 储蓄 D1	向金融机构的原始借款 CB1 向金融机构的派生借款 LP1

根据企业的资产负债表,资产等于负债,$C1 + D1 = CB1 + LP1$。实际上 $CB1 = C1 + RB1$,形成了基础货币的一部分。

表 3-10　家庭的资产负债表

资　　产	负　　债
流通中现金 C2 储蓄 D2	向金融机构的原始借款 CB2 向金融机构的借款 LP2

同样,假定家庭初始状态是金融机构向家庭提供贷款,形成另一些家庭的储蓄和流通中的现金,根据家庭的资产负债表(见表 3-10),$C2 + D2 = CB2 + LP2$,同样 $CB2 = C2 + RB2$,形成了基础货币的另一部分。

进一步假定企业存在闲置资金,允许企业发行债券融资,债券发行记为 PB,并且其他企业用闲置资金购买这些债券,则企业持有债券为 PB,储蓄减少到 $D3$,向金融机构的借款会减少到 $LP3$①,则资产负债表变为(见表 3-11)。

---

① 企业用存款购买 PB,存款减少 PB,在法定准备金率一定的条件下,最终贷款也会相应减少,假定减少到 $LP3$,最终法定准备金会减少 rPB,因此 $CB1 - CB3 = rPB$。

第 3 章　货币和信贷之间的理论关系

表 3-11　企业的资产负债表

资　　产	负　　债
流通中现金 $C1$	向金融机构的原始借款 $CB3$
企业储蓄 $D3$	向金融机构的借款 $LP3$
持有债券 PB	发行债券 PB

根据资产负债表平衡,则 $C1+D3+PB=CB3+LP3+PB$,为了分析问题的简便,假定家庭不购买企业债券,因此 $C1+D3+PB+C2+D2=CB3+LP3+PB+CB2+LP2$,得到 $C+D=CB+LP$,根据货币供应量的定义 $M_2=C+D$,因此 $M_2=CB+LP$,货币供应量等于贷款总额 LP 加上向金融机构的原始借款 CB。

假定允许企业发行股票,企业筹集资金为 CE,企业和家庭有闲置资金,购买这些股票,则企业持有股份为 $CE1$,企业储蓄减少到 $D4$,向金融机构的借款也会减少到 $LP4$,所有者权益增加 $CE1$。家庭持有股份为 $CE2$,家庭储蓄减少到 $D5$,向金融机构的借款减少到 $LP5$,所有者权益增加 $CE2$[①],则企业和家庭资产负债表变为(见表 3-12,表 3-13)。

表 3-12　企业的资产负债表

资　　产	负　　债
流通中现金 $C1$	向金融机构的原始借款 $CB4$
企业储蓄 $D4$	向金融机构的借款 $LP4$
持有债券 PB	发行债券 PB
有价证券 $CE1$	所有者权益 $CE1$

表 3-13　家庭的资产负债表

资　　产	负　　债
流通中现金 $C2$	向金融机构的原始借款 $CB5$
家庭储蓄 $D5$	向金融机构的借款 $LP5$
有价证券 $CE2$	所有者权益 $CE2$

企业和家庭购买企业股票,根据企业的资产负债表:$C1+D4+PB+CE1=CB4+LP4+PB+CE1$,根据家庭资产负债表平衡,则 $C2+D5+CE2=CB5+LP5+CE2$,因此 $C1+D4+PB+CE1+C2+D5+CE2=CB4+CB5+LP4+LP5+PB+CE1+CE2$,得到 $C+D=CB4+CB5+LP4+LP5$,根据货币供应量的定义 $M_2=C+D$,再由 $CB4+$

---

① 同样的道理,企业和家庭用存款购买 CE,存款减少 CE,在法定准备金率一定的条件下,最终贷款也会相应减少,假定分别减少到 $LP4$ 和 $LP5$,最终法定准备金会分别减少 $rCE1$ 和 $rCE2$,因此 $(CB3+CB2)-(CB4+CB5)=rCE$,因此 $CB4+CB5=(CB1+CB2)-rPB-rCE=CB-r(PB+CE)$。

$CB5 = CB - r(PB+CE)$,因此 $M_2 = LP + PB + CE + [CB - (1+r)PB - (1+r)CE]$,货币供应量等于贷款、债券、股票的总额,加上$[CB - (1+r)PB - (1+r)CE]$,这是完整的货币供应量和社会融资规模之间的关系。如果考虑企业股票债券由企业购买,或企业和家庭都购买,其结论也是一致的。在 CB 和 $[(1+r)PB + (1+r)CE]$ 比较接近的情况下,货币供应量和社会融资规模也比较接近(见表3-14)。

表3-14 社会融资规模和货币供应量 单位:万亿元

时间	社会融资规模存量:期末值	货币供应量M_2
2015-12	138.14	139.23
2016-01	141.57	141.63
2016-02	142.52	142.46
2016-03	144.75	144.62
2016-04	145.59	144.52
2016-05	146.33	146.17
2016-06	147.99	149.05
2016-07	148.37	149.16
2016-08	149.81	151.10
2016-09	151.51	151.64
2016-10	152.43	151.95
2016-11	154.35	153.04
2016-12	155.99	155.01
2017-01	159.61	157.59
2017-02	160.69	158.29
2017-03	162.80	159.96
2017-04	164.14	159.63
2017-05	165.17	160.14
2017-06	166.86	163.13
2017-07	167.95	162.90
2017-08	169.36	164.52
2017-09	171.14	165.57
2017-10	172.11	165.34
2017-11	173.60	167.00
2017-12	174.64	167.68

(续表)

时间	社会融资规模存量：期末值	货币供应量 M_2
2018-01	177.59	172.08
2018-02	178.73	172.91
2018-03	179.93	173.99
2018-04	181.41	173.77
2018-05	182.14	174.31
2018-06	183.27	177.02

因此，从理论上来看，在 CB 和 $[(1+r)PB+(1+r)CE]$ 比较接近的情况下，这两者之间应该具有一致性，货币供应量和社会融资规模是接近的，一个是从资金的供给方来衡量资金规模，一个是从资金的需求方来考察资金规模。如果从金融部门的角度来看，一个是从资产方来考察资金总量；一个是从负债方来考察资金总量。从整个社会资金供给的总量来看，银行体系总储蓄构成了资金的总供给，满足资金的总需求，包括间接融资需求和直接融资需求等。具体来看，包括信贷需求、债券融资需求和股票融资需求等，总供给和总需求也基本上是一致的。

货币政策的中介目标是联系货币政策的最终目标和操作目标的桥梁和纽带，通过对中介目标的监测和评价，可以评估货币政策实施的效果并且根据经济发生的新变化及时调整货币政策以促进最终目标的实现。因此，货币政策的中介目标应当具有以下特性：第一，相关性。货币政策的中介目标必须同货币政策的操作目标和最终目标都具有很高的相关性，否则通过对中介目标的监测无法评估货币政策实施的效果和达成最终目标的可能性。例如，在货币流通速度较为稳定的情况下，广义货币供应量便是一个很好的中介目标，因为在流通速度稳定的情况下，货币供应量既可以由操作目标很好的控制，又可以反应经济运行的状况。第二，可测性。中介目标的选取的重要目的之一便是能够反应经济运行状况，而要反映经济运行状况，中介目标必须具有很高的可测性，否则中介目标便失去了意义。第三，可控性。作为操作目标和最终目标的桥梁和纽带，货币政策的中介目标必须具有可控性，也就是可以通过货币政策的操作工具和操作目标来控制，否则中介目标也就失去货币政策实行效果的指示器功能。货币政策的中介目标不是一成不变的，中介目标的选取会随着经济发展和经济环境的变化而变化。以费雪的现金交易方程式来讲，$MV=PT$，式中：M 为一定时期内流通中货币的平均量，V 代表货币的流通速度，P 为经济中各类商品的平均价格，T 为各种商品的交易量，对该等式取对数并且移项可得：$m=p+t-v$，其中小写字母分别表示其大写字母所对应变量的对数值。可见，如果交易量 t 及其增长速度和货币平均流通速度 v 在一定时期内可以保持稳定，货币供应量 m 直接决定了价格水平 p，要实现保持价格水平稳定抑制通货膨胀的货币政策最终目标，货币供应

量 M 可以作为一个较好的中介目标,而当 t 和 v 尤其是 v 所代表的货币平均流通速度因为各种原因的影响而变得难以测度的时候,货币供应量 M 便不再是那么合适的货币政策中介目标。美联储 1993 年起放弃将货币供应量作为货币政策的中介目标转而使用关注联邦基金目标利率的泰勒规则,正是有一定上述因素。而在当今的中国,随着电子银行电子支付以及影子银行等的存在和发展,货币的平均流通速度也渐渐变得难以测度,这也引起了国内许多学者关于中国货币政策中介目标是否应该从数量型向价格型转变的讨论。1996 年以前,中国人民银行并没有明确的货币政策中介目标,当时信贷规模和现金投放承担着类似于货币政策中介目标的角色。在计划经济时代,我国并未建立起完全的现代化的银行体系,在大统一的国家银行体制下控制信贷规模和现金投放量便直接控制了向社会投放的流动性规模和结构,事实上,在这个时候,信贷的规模和现金投放扮演的角色既具有货币政策工具又具有货币政策操作目标和中介目标的多重性质。1996 年中国人民银行正式引入货币供应量这一指标,至此,货币供应量成为我国的货币政策中介目标,货币供应量中介目标引入之时,信贷规模限制尚未取消,两者共同发挥着中介目标的作用,1998 年我国对信贷规模的直接控制被取消,此后我国逐渐确立了以广义货币供应量 M_2 为中介目标的货币政策框架。以货币供应量为目标,随着金融市场和金融工具的发展和多样化,货币供应量与经济增长、通货膨胀的相关性越来越弱,中央银行希望能够找到更强的中间目标。在 CB 和 $[(1+r)PB+(1+r)CE]$ 差异较大的情况下,这两者之间应该不具有一致性,自 2010 年中国人民银行开始编制社会融资规模指标以来,经过数年的探索,2016 年社会融资规模正式成为我国的货币政策中介目标。但值得指出的是,从理论分析来看,货币供应量和社会融资规模具有一致性,因此社会融资规模作为中间目标有类似的缺点。尽管如此,从社会融资规模的结构性变化,能够看出社会融资的结构,资源的配置状况,以及货币政策调控,如何完善货币信贷的调控。

3.5 无现金社会下的货币政策

3.5.1 电子货币

电子货币是一种以电子形式存在的支付方式,并不是有形的支付方式。电子货币能够通过计算机、手机和网络等工具在经济实体之间或者使用者之间相互转移。电子货币能够用来购买商品和服务,但也可以局限于某些在线社区,如游戏或社会网络。加密货币和虚拟货币是电子货币的范畴,电子支付在买者和卖者之间直接进行,电子货币能够消除中介、中间过程,以及与基础实施相关的成本,这一点与传统的支付方法是不同的。传统的方法要通过银行和清算公司,电子货币使资金流动更加简单、更加透明。电子货币使得支付更加快捷,交易成本降低,电子货币的使用减少储藏和运输货币的成本和风险。尽管电子货币类似于实物货币,但是电子货币所有权能够瞬时或无边界的转移。

3.5.2 电子现金和数字现金

电子货币中还存在电子现金,以电子化或数字化形式存在的现金,具有"可存储型"和"可交换性",与现实中的纸币现金有类似的特点。买方可以向发行电子现金的银行购买电子现金,并在该银行开设电子现金账户,购买的电子现金可以存放该账户。电子现金可以随时提取,可以从该账户提出电子现金存储到自己的电脑或手机上。可以用电子现金购买商品和劳务,如果卖方接受电子现金,可以支付电子现金购买商品,用卖方的公钥加密电子现金,传送给对方,交易完成。和纸币一样,电子现金不记名、不挂失,如果丢失或被盗,会遭受损失。电子现金比纸币更加方便,交易更加快捷,因此电子现金买卖交易相对比较便宜。数字货币跨境转移非常快,只要对方银行接受数字现金,任何人和任何银行通过互联网都可以使用数字现金,甚至个人对个人的电子现金支付都可以。当然电子现金也会产生洗钱等不法行为,通过电子现金传送到国外,难以跟踪到实际证据。电子现金只是现实中纸币的替代,电子现金是对原货币体系的现金替代。

电子现金的货币兑换问题也是一个重要问题,电子现金货币兑换的成本很低,现实经济中的货币兑换成本较高。电子现金对货币供给的影响:如果电子现金只是对现实中纸币等的替代,则对货币供给没有影响,也就是说,如果商业银行发行电子现金,现实经济中现金同等程度减少,并且电子现金不会用来贷款,即保持电子现金100%储备,则货币供给不变。如果商业银行把电子现金用来贷款,则电子现金就参与到货币创造中,其创造的货币供应量是电子现金除以法定准备金率,货币供应量增加了。

3.5.3 无现金社会[①]

金融创新和互联网时代的来临,使得使用现金的人越来越少,大多数人都使用电子货币。所谓无现金社会就是经济体没有现金的流通,所有的商品和服务交易或债务支付、汇款等都是通过支付卡和电子支付渠道完成的,包括借记卡、贷记卡、电子支付转账、支付宝

---

① 理论分析是一种理想状态,在现实中,无现金社会并不是完全消除现金,而是最大程度减少实物货币的流通和使用,主要交易都是通过电子货币完成的。换句话说,它是电子货币与现金货币的结合体,但是电子支付占据主导地位。

支付、微信支付、电子汇款等。整个世界越来越无现金化，在英国买公共汽车票不再接受现金支付；法国超过1 000欧元的交易不容许用现金，用现金支付超过1 000欧元是非法的；在美国拥有大量现金货币可能会被没收掉。2016年欧洲中央银行决定到2018年底取消面值500欧元纸币的生产，因为普通民众很少使用，甚至60%的欧洲人从来没有见过500欧元的纸币，但是500欧元的纸币主要用来逃税、恐怖主义交易和其他一些非法交易活动。此举既意味着向不法行为宣战，同时也意味着欧元区正迈向无现金社会。斯堪的纳维亚半岛国家丹麦、挪威和瑞典正在迈向无现金社会，因为它们怀疑它们的货币正在被用在非法活动上，它们无法跟踪现金交易，因此丹麦计划到2030年前实现无现金社会。

但是在一些新兴市场经济国家却不同，在印度所有支付中电子支付不到5%，大部分都是现金支付，2014年印度现金占GDP的比率为11.8%，是世界上最高的，中国是9.4%，巴西是4%（见表3-15），但是印度计划鼓励电子支付，希望能够迈向无现金社会，遏制"黑钱"的流动。印度流通的纸币数量也是比较高的，超过其他主要经济体，如2012—2013年印度的纸币流通数量是764.7亿元，而同期美国是345亿元。

表3-15 有关国家现金占GDP的比率

时间	巴 西	加拿大	中 国	芬 兰	法 国	欧元区	香 港	冰 岛	印 度	日 本
2001	0.028 6	0.034 0	0.141 5	0.018 6	0.022 5	0.038 1	0.076 7	0.011 6	0.108 8	0.140 1
2002	0.033 5	0.034 6	0.142 0	0.042 2	0.046 7	0.057 5	0.087 1	0.011 4	0.114 2	0.154 7
2003	0.029 9	0.033 7	0.143 7	0.047 6	0.052 1	0.064 1	0.101 5	0.012 2	0.122 2	0.157 8
2004	0.031 6	0.033 2	0.131 7	0.054 5	0.057 5	0.069 3	0.106 7	0.012 1	0.124 1	0.158 3
2005	0.032 3	0.032 5	0.126 3	0.059 2	0.062 4	0.065 2	0.100 6	0.012 6	0.125 5	0.159 8
2006	0.035 6	0.032 7	0.123 4	0.062 7	0.066 2	0.076 3	0.099 8	0.012 1	0.128 9	0.160 1
2007	0.037 8	0.032 1	0.112 4	0.062 1	0.067 6	0.079 5	0.095 6	0.011 5	0.128 3	0.161 5
2008	0.037 2	0.032 5	0.107 1	0.067 1	0.073 9	0.077 2	0.099 7	0.015 7	0.129 6	0.165 3
2009	0.039 6	0.035 4	0.109 6	0.076 3	0.079 4	0.092 4	0.117 0	0.018 1	0.135 2	0.174 7
2010	0.038 9	0.034 8	0.108 1	0.076 9	0.080 2	0.091 5	0.123 0	0.023 5	0.138 3	0.173 6
2011	0.037 2	0.034 5	0.103 7	0.077 1	0.082 1	0.086 4	0.128 2	0.025 3	0.129 5	0.180 2
2012	0.038 9	0.034 9	0.101 2	0.078 1	0.083 2	0.097 9	0.138 2	0.025 3	0.124 9	0.184 3
2013	0.038 3	0.035 1	0.098 2	0.080 3	0.085 8	0.102 7	0.146 7	0.024 7	0.122 0	0.188 3
2014	0.038 2	0.035 2	0.093 6	0.084 6	0.089 6	0.093 6	0.145 9	0.024 7	0.118 1	0.190 2
2015	0.037 6	0.037 8	0.091 7	0.087 7	0.092 8	0.103 5	0.145 6	0.024 9	0.120 3	0.193 8
2016	0.037 1	0.039 5	0.091 9	0.088 5	0.095 1	0.101 6	0.156 7	0.025 4	0.057 1	0.199 1
2017	0.038 2	0.040 0	0.085 4	—	—	0.114 4	0.164 8	0.026 6	0.106 0	0.204 0

(续表)

时间	丹麦	韩国	挪威	俄罗斯	沙特	南非	瑞典	泰国	英国	美国
2001	0.034 5	0.032 3	0.029 8	0.069 7	0.071 3	0.034 5	0.043 2	0.091 7	0.023 0	0.057 6
2002	0.033 8	0.031 6	0.028 8	0.075 2	0.073 6	0.032 4	0.041 6	0.096 9	0.022 6	0.059 6
2003	0.034 6	0.030 1	0.028 6	0.092 7	0.068 5	0.033 7	0.040 7	0.100 8	0.022 9	0.059 9
2004	0.034 6	0.028 3	0.026 7	0.098 1	0.062 0	0.033 1	0.038 8	0.102 8	0.021 4	0.058 9
2005	0.035 4	0.028 3	0.026 1	0.101 6	0.052 2	0.033 1	0.038 2	0.098 9	0.021 8	0.058 0
2006	0.035 5	0.028 7	0.024 8	0.113 8	0.049 1	0.034 6	0.036 3	0.092 1	0.022 1	0.056 5
2007	0.035 4	0.028 0	0.023 7	0.123 9	0.046 3	0.032 3	0.034 7	0.092 8	0.023 8	0.054 7
2008	0.034 0	0.027 8	0.021 1	0.105 9	0.042 6	0.030 7	0.033 1	0.095 2	0.025 0	0.057 7
2009	0.035 3	0.032 3	0.022 3	0.119 1	0.054 9	0.031 0	0.033 7	0.104 1	0.027 9	0.061 7
2010	0.034 5	0.034 1	0.020 8	0.124 9	0.048 2	0.030 0	0.029 9	0.103 1	0.028 3	0.063 1
2011	0.033 8	0.036 4	0.019 6	0.114 4	0.047 6	0.033 5	0.027 4	0.110 4	0.028 9	0.066 7
2012	0.034 7	0.039 4	0.018 1	0.112 5	0.059 1	0.034 5	0.026 2	0.109 3	0.029 3	0.069 6
2013	0.034 5	0.044 2	0.017 6	0.113 6	0.051 1	0.033 6	0.022 7	0.110 4	0.030 1	0.071 6
2014	0.034 0	0.050 3	0.016 8	0.111 6	0.054 2	0.034 5	0.021 1	0.113 7	0.029 9	0.074 3
2015	0.034 6	0.055 4	0.017 0	0.102 2	0.068 7	0.034 1	0.017 5	0.112 0	0.031 1	0.076 2
2016	0.034 3	0.059 2	0.016 2	0.102 0	0.070 4	0.034 3	0.014 2	0.112 0	0.032 9	0.078 5
2017	0.033 1	0.062 3	0.014 7	0.103 6	0.067 1	0.033 6	0.012 6	0.112 2	0.032 2	0.080 9

数据来源：CEIC 数据库。

生活在无现金社会中,所有的货币财产都在银行中,十分清楚地被记录下来。如果由于银行经营不善,出现问题,储蓄者又提不出现金,这时候储蓄者和银行是绑架在一起,银行的损失,储蓄者也部分承担,储蓄者面临的风险更大了。即使有储蓄保险,超过保险的部分怎么办？银行体系面临两个冲突的目标：一是自身利润的最大化；二是自身的金融安全问题。无现金社会对银行来说,能够获得更大的收益,不用管理、运输和储存现金,可以减少雇员,降低管理成本,能够获得更多的利润。在无现金社会中,所有的货币都在银行体系中,在银行体系中完成所有的循环,形成一个封闭的体系。在现金社会中,现金能够流通,则现金形成了和银行体系相对独立的流通渠道,它能存在于任何地方,被任何人持有。

一个有效的电子支付系统有利于货币流通速度加快,同等数量的货币能够带来更大的产出。丹麦已经有计划在所有的商店交易中不使用现金,即在所有的商品和服务交易中,拒绝现金支付,只能够用电子支付,可能会成为第一个不使用纸币和硬币的国家。除了丹麦,斯堪的纳维亚半岛国家,包括挪威、瑞典等,在所有的支付中,现金支付不到6%,而且占GDP的比例都较低。在美国和欧元区纸币和硬币约占M_2的10%,计划减少现金的使用也在逐步迈向无现金社会。

1. 无现金社会的优点

无现金社会主要有以下收益。

一是更加方便。无现金社会最大的优点是方便,所有的交易都比较迅速,没有延迟,也不需要排队,不需要储蓄存折,转账非常容易和快捷,货币能够迅速转到对方账户,整个转账过程非常透明,支付信息很容易收集、跟踪和查询,有利于防范腐败。还有,也不用担心钱财被盗,出去旅行不再需要带现金,也更加安全,不存在现金丢失的风险。

二是无现金社会有利于刺激总需求,促进经济增长。在无现金社会中,现金转换为活期存款,银行把资金贷出去,满足消费和投资需求,产出会进一步增加。在无现金社会,银行可以实行负利率,可能会迫使储蓄者购买债券。还有,银行体系实行低利率,迫使储蓄者投资和消费,刺激经济和就业。根据麦迪公司的报告,电子交易能够带来新兴市场经济国家GDP增长0.8%,带来发达国家经济增长0.3%,因为电子交易提高了货币流通速度,增加了经济效率。

二是降低了成本。进入无现金社会,不需要ATM机器,降低了经营和管理成本。中央银行也不需要发行纸币和管理,降低了成本,提高了经济效率,交易成本下降。无现金社会有利于防范多种风险,如现金运输风险、防止现金被盗、自然灾害带来的风险等。

三是能够有效遏制地下经济和"黑钱"的产生。过去资本流动可以通过地下钱庄,无论热钱流进还是流出,都可以通过现金交易,逃避管制,而在无现金社会,这一点将难以做到。如2012年加拿大的地下经济规模约424亿美元,约占GDP的2.3%,无现金社会将有利于消除黑市。还能够防止犯罪和腐败,有效防范洗钱,通过不正当交易的洗钱大部分都是通过现金交易完成的,而在无现金社会里,能够更有效的遏制不法行为。无现金社会能够防范恐怖主义、毒品交易、武器走私等,有利于切断他们的资金来源。

四是有利于税收缴纳,防止税收逃避,增加了税基。信用卡替代现金交易能够保留所有的交易记录,所有的操作和转账都是透明的,政府能够有效地征缴税收,所有的交易都能被跟踪到。也就是说,如果进入无现金社会,税收逃避是很难的,以前由于税收逃避,中产阶级的税收负担加重了。因此,进入无现金社会,普通人的税收负担会减少。持有现金使得资金流动难以监管,资金流进流出,可能进行投机或一些违法活动,因此消除现金可以减少这些违法活动。

五是货币能够最大程度被有效利用。电子货币支付有利于货币循环,减少摩擦成本,货币流通速度上升,有利于促进经济增长。非现金社会也刺激了非现金支付体系技术的发展和成熟。

六是进入无现金社会,有利于防范假钱。在现金社会中,总有一些不法分子制造假钱,牟取暴利,影响经济秩序的稳定和社会安全,如果进入无现金社会,能够防范假钱问题。

七是使用纸币会影响人们的健康,而无现金社会则没有问题。每一张钞票的使用都经过无数次的转手,纸币上沾满了细菌,不利于人们的健康,因此无现金社会对健康也是有利的。

2. 无现金社会的缺点

尽管无现金社会有上述优点,但也存在一系列缺点。

一是侵犯隐私,没有私人的交易空间。在无现金社会个人几乎没什么隐私,因为政府总是可以跟踪到你的每一笔交易,当一个人买什么或去什么地方旅行,政府总是有据可查。因此无现金社会可能意味着个人没有任何隐私,只要政府愿意,总是可以查到你过去做了什么,也严重损害了个人的自由。

二是储蓄保险。无现金社会迫使人们把货币存放在银行,存放在银行的钱要受储蓄保险的约束,而储蓄保险金额有一个上限,因此个人存款者别无选择。如果在无现金社会,存款保险限额不提高,则投资者无法规避风险。

三是负利率。如果是无现金社会,很可能进入负利率时代,如果实行负利率政策,储蓄者不但不能够获得收益,而且还要付出成本。在现金时代,存款者可能会把钱提出,而进入无现金社会,投资者没有选择,只能够把钱放在银行里,负利率类似于向储蓄者征收税收,可能会导致其损失。特别是一些个人预防性资金放在银行里都会面临损失,这样部分储蓄者可能会把资金转向有现金的地区或国家。当然一些储蓄者可能会增加消费和投资,产出会增加,政府也可以征收更多的税收以偿付自己的债务。日本、丹麦和瑞典实行负利率,可能会引发现金取出和资本外逃,因此这些国家将不得不采取资本管制。

四是政府约束。进入无现金社会,政府支出可能难以约束,因为在现金社会,如果政府支出不合理,居民将不会通过税收支持,但是现在难以制约,在无现金社会里,政府更容易通过税收弥补支出。

五是无现金社会,政府铸币税下降。铸币税是政府的一项税收来源,流通中的现金是央行发行的负债,但是央行却不用支付利息,这部分利息节省就是央行获得的铸币税。如果没有现金流通,中央银行就不能够获得铸币税。同时,现金存放在商业银行,商业银行还要支付利息,商业银行的铸币税会下降。

六是不利于儿童管理他们的零钱。没有现金,儿童管理和储存自己的零钱,需要过早接触手机或银行卡,父母往往不愿意儿童过早接触这些移动设备。还有,手机和银行卡都要设置和记住这些密码,对老年人、文化水平低的群体可能会面临困难,如果他们寻求帮助,这些信息就会泄露。

当然还有一些住在偏远落后的地区的人,或一些老年人不会使用电子支付系统,或银行体系的电子支付业务,政府可能还需要培训和帮助他们,银行体系还需要应对客户咨询等相关问题,这些反过来也会增加成本。非法移民将会失去工作,因为都是电子系统操作,这些人身份容易确认,不被政府承认,因此可能会无法进行银行体系的交易。大量非法移民的存在,有可能导致社会的不稳定。美元作为世界储备货币,在美国之外,1996年人们持有的美国钞票高达70%,如果限制人们持有美元现金,则人们就会货币替代,持有其他国家的现金,将影响美元的国际储备货币的地位。无现金社会依赖于电子支付体系的安全,如果支付体系出现任何问题,可能都会影响社会的正常运转。在有现金支付的时代,如果电子系统出现问题,市场有进一步缓冲,人们可以选择现金交易。实际上,现金交易是对电子交易的有益补充,两者相互制约相互发展。

3.5.4 "黄金"非货币化和"纸币"非货币化

无现金社会实际上就是纸币非货币化,类似于黄金非货币化。1974年9月国际货币基金组织成立了一个专门研究和实施国际货币改革的"临时委员会",经过一年半时间的讨论和讨价还价,于1976年1月在牙买加首都金斯顿达成了一个协议,称为《牙买加协议》。"牙买加协议"的一项重要内容就是黄金非货币化,黄金与货币彻底脱钩,它不再是平价的基础,也不能用它来履行对国际货币基金组织的义务,成员国货币不能与黄金挂钩。黄金非货币化,意味着黄金既不再是各国货币的平价基础,也不能用于官方之间的国际清算。无现金社会意味着纸币非货币化,纸币不再作为商品或服务买卖之间的结算,纸币退出流通。

黄金非货币化与纸币非货币化有一些类似的特点:

一是黄金和纸币都是货币,黄金非货币化和纸币非货币化一样,意味着黄金和纸币都退出流通领域,不能作为商品买卖或债务偿付等的结算或清算手段。

二是在黄金本位制或信用本位制下,黄金和纸币都具有避险功能。如美元发行过多或通货膨胀,人们都希望持有黄金。同样,当银行面临风险或预期通货膨胀时,储蓄者会提出现金,预防风险。黄金或纸币对金融风险防范都有一定的缓冲功能,对老百姓起到一定的保护作用。

三是黄金和纸币一样,老百姓都可以窖藏。黄金老百姓可以自己储藏、保管,传给下一代保存。纸币也一样,也可以自己储藏、保管,作为财产转移给他人或下一代使用。

四是黄金和纸币都是不记名的,无法从黄金和纸币的本身判断出它的所有者。黄金和纸币的流通都无法跟踪或记录,只是一种交易媒介,保护了交易者的隐私。

黄金非货币化和纸币非货币化也有一些不同点。主要包括：

首先，两者的价值不一样。黄金是实物资产，即使黄金非货币化，但黄金本身还是有价值的，有一定的保值功能，有抗风险能力。而纸币本身没有价值，纸币非货币化，纸币既没有保值功能，也不能够抗风险。

其次，纸币发行有铸币税，黄金是实物货币，没有铸币税。纸币非货币化，政府获得的铸币税下降了。

最后，黄金本身有价值，在牙买加体系之前，黄金是世界货币，能够在各国流通。而纸币是由一个的国家信用作为担保的，是本国强制流通的货币。黄金非货币化，黄金作为大宗商品，是国际上一种重要商品，有自己的国际价格，也是一国的储备资产之一。而纸币非货币化，它的国家信用随之消失，当然，一国的纸币消失，如果其他国家发行纸币，可以进行货币替代，持有其他国家的纸币。欧洲和美国非现金化必须加强互相协调，因为如果欧洲实行非现金化，美国没有，欧洲的储蓄者可能会持有美元。

3.5.5　无现金社会的货币政策

根据前面内容，我们仍然定义 $k=C/D_d$，$t=D_r/D_d$，这是公众的偏好；$r_d=DRR/D_d$，$r_t=TRR/D_r$ 是中央银行的行为；$e=ER/D_d$，它是商业银行在现金和储蓄之间的选择以满足每天交易，是银行储蓄和负债的比。则基础货币 $MB=C+DRR+TRR+ER=(k+r_d+r_tt+e)D_d$，$C=k/[k+r_d+r_tt+e]D_d$，$D_d=1/[k+r_d+r_tt+e]MB$，$D_r=t/[k+r_d+r_tt+e]MB$，$M_1=C+D_d=(1+k)/(r_d+r_tt+e+k)MB$，$M_2=C+D_d+D_r=(1+k+t)/(r_d+r_tt+e+k)MB$，式中：$MB$ 为基础货币；C 为现金；DRR 为活期存款的法定准备金；TRR 为定期存款的法定准备金；ER 为超额准备金；k 为现金与活期存款的比率；t 为定期存款与活期存款的比率；r_d 为活期存款的法定准备金率；r_t 为定期存款的准备金率；e 为超额准备金和活期存款的比率。

如果是无现金社会，则 $C=0$，$k=0$，因此货币乘数 $m_1=1/(r_d+r_tt+e)$，$m_2=(1+t)/(r_d+r_tt+e)$，在基础货币不变的情况下，货币乘数会扩大，货币供应量会上升。现金是漏出量，不参与货币创造，如果没有现金，基础货币不变，意味着现金转换为活期存款参与货币扩张，货币供应量增加。在无现金社会中，如果央行降低法定准备金率，则货币扩张会更大；如果提高法定准备金率，货币收缩也会更大。也就是说，基础货币没有漏出量，都参与到货币创造中，因此法定准备金率的变化对货币供给的影响更大。当然公开市场业务、常备信贷便利对货币供应量的影响相当于对超额准备金的操作，其结论也是类似的。还有，无现金社会会加速货币流通，货币流通速度反映了货币供给和 GDP 之间的关系，如果货币流通速度下降，意味着货币供给增长的速度快于 GDP，较多的货币才能满足经济增长,或者说需要更多的债务来满足增长;货币流通速度上升意味着经济是健康的,较少的货币就能够满足经济增长,较少的债务就能够刺激增长,货币流通速度下降意味着经济增长缓慢或经济表现不佳。

　　以上的分析是基于无现金社会中的原纸币现金全部转换为活期储蓄,而且没有电子现金,当然在现实中会涉及很多问题,比如无现金社会中,是否纸币现金完全转化为电子现金,如果完全转换为电子现金,并且商业银行不贷出去,则货币乘数不变。还有,中央银行的储备管理体系的制度安排是不是会发生变化,也就是说,商业银行发行电子货币是不是要受中央银行法定准备金制度的约束,这些都会影响货币供给过程和货币政策的实施。最后,货币发行是否有严格规定,商业银行和非金融机构是不是也可以独立发行电子货币,这将会弱化中央银行的货币发行功能。

第4章

通货膨胀和铸币税

4.1 货币政策和通货膨胀率

4.1.1 货币超发

国际金融危机之前,中国持续出现双顺差,外汇储备增加,外汇市场供给大于需求导致人民币升值的预期。贸易顺差大幅增长的同时,大量游资流入国内"赌"人民币升值,使得我国外汇储备不断攀升,人民币升值压力进一步增加。实际上,从2007—2008上半年情况可以看出,中国的流动性过剩是内外因素共同作用的结果。外部因素主要是国际收支双顺差、投机资本的流入;而内部因素,主要是国内的货币政策、不断增高的国内储蓄(企业、居民、政府)等。

由于我国汇率制度及货币供给机制,外汇储备增长必然带来货币供给量的等量增长,加大了货币政策操控的难度。另一方面,亚洲金融危机后,我国开始摆脱通货紧缩的阴影,而经济上行时,货币政策却没有及时地应对经济的变化做出相应的调整,仍然实行相对积极的货币政策,致使我国货币当局发行的超额货币不断积累。1998—2008年,长时期的积累,形成大量的超额货币,因此将近10年的货币政策对我国流动性过剩有巨大的"贡献",这是我国当时流动性过剩的一个不可小视的内部因素。此外,长期以来,我国消费需求不足,国内金融体系尚不完善,投融资渠道狭窄使得我国居民储蓄率较高。中国的储蓄率较高,内需不足造成我国经济增长主要依靠投资与出口来拉动,在产出过剩、投资成为宏观经济主要调控对象的情况下,出口部门快速增长对保持经济快速增长、扩大就业的作用日渐显著。内需不足导致国民经济对出口的过分依赖,内外双重因素共同造成了当时国内的货币失衡。由于银行体系过多的流动性,银行信贷和投资上升,通货膨胀的压力上升,中央银行为了控制通货膨胀,必须进行冲销干预,回笼货币,但大量发行央行票据会导致利率上升,缩小了与国外的利差,人民币升值压力上升。同时,中央银行为了稳定汇率,必须干预外汇市场,买进外汇,抛出本币,则本国货币供应量增加,银行体系的流动性进一步上升,又会流向房地产市场和股票市场,进一步推动房地产市场和股票市场泡沫的增加,宏观经济进入一个顾此失彼的调控困境。

国际金融危机期间,我国采取了适度宽松的货币政策,降低利率和法定准备金率,同时推出4万亿的投资计划,经济下滑的势头被遏制住,外汇储备和外汇占款继续增加。

2009年9月末我国外汇储备达到22 725.95亿美元,外汇储备持续上升。同时人民币升值预期上升,热钱流入增加,2009年9月份我国外汇储备增加618亿美元,再考虑到汇率变化对外汇储备的重估,热钱继续流入,外币流动性持续上升。2009年全年信贷规模达到9.57万亿元,市场的流动性不断增加,货币供应量继续上升,而随着经济企稳回升,通货膨胀预期开始上升。

4.1.2 货币供应量变动和价格水平

根据 Cagan 货币需求,$\frac{M_t^d}{P_t} = Y_t e^{-\alpha i_t}$,我们可以看出货币与价格水平的关系,式中:$M_t^d$ 是货币需求;P_t 是价格水平;Y_t 是国内产出;i_t 是名义利率,两边取对数能够得到:

$$\ln M_t^d - \ln P_t = -\alpha i_t + \ln Y_t \tag{4-1}$$

对数形式用小写字母表示,则式(4-1)为

$$m_t^d - p_t = -\alpha i_t + y_t$$

假设货币供应量 m 是外生给定的。在均衡条件下,需求等于供给:$m_t^d = m_t^s = m_t$,因此货币均衡条件:

$$m_t - p_t = -\alpha i_t + y_t \tag{4-2}$$

根据费雪方程式:$i_t = r_t + E_t p_{t+1} - p_t$,其中 r_t 是实际利率,(4-2)式变为

$$m_t - p_t = -\alpha(r_t + E_t p_{t+1} - p_t) + y_t \tag{4-3}$$

假定实际利率和国内产出都是不变的,并标准化为0,则:$m_t - p_t = -\alpha(E_t p_{t+1} - p_t) + y_t$,因此:

$$p_t = \frac{1}{1+\alpha}(m_t - y_t) + \frac{\alpha}{1+\alpha} E_t p_{t+1} \tag{4-4}$$

所以,现在的价格水平取决于预期未来的价格水平。把(4-4)式往后推一期,得到:

$$p_{t+1} = \frac{1}{1+\alpha}(m_{t+1} - y_{t+1}) + \frac{\alpha}{1+\alpha} E_{t+1} p_{t+2}$$

两边取期望值能够得到:

$$E_t p_{t+1} = \frac{1}{1+\alpha} E_t(m_{t+1} - y_{t+1}) + \frac{\alpha}{1+\alpha} E_t(E_{t+1} p_{t+2}) \tag{4-5}$$

第4章 通货膨胀和铸币税

将式(4-5)代入(4-4)式,消去 $E_t p_{t+1}$,

$$p_t = \frac{1}{1+\alpha}\left((m_t - y_t) + \frac{\alpha}{1+\alpha}E_t(m_{t+1} - y_{t+1})\right) + \left(\frac{\alpha}{1+\alpha}\right)^2 E_t p_{t+2}$$

重复这些步骤,依次消去 $E_t p_{t+2}$, $E_t p_{t+3}$ 等等,我们得到:

$$p_t = \frac{1}{1+\alpha}\sum_{s=t}^{\infty}\left(\frac{\alpha}{1+\alpha}\right)^{s-t}E_t(m_s - y_s) + \lim_{T\to\infty}\left(\frac{\alpha}{1+\alpha}\right)^T E_t p_{t+T} \tag{4-6}$$

假定横截性条件成立:

$$\lim_{T\to\infty}\left(\frac{\alpha}{1+\alpha}\right)^T E_t p_{t+T} = 0 \tag{4-7}$$

为了消除价格水平导致的自生性投机泡沫(speculative bubbles),横截性条件(4-7)式成立,均衡价格水平为

$$p_t = \frac{1}{1+\alpha}\sum_{s=t}^{\infty}\left(\frac{\alpha}{1+\alpha}\right)^{s-t}E_t(m_s - y_s) \tag{4-8}$$

也就是,价格水平取决于货币供应量和国内产出的预期的加权平均,这里权重以几何级数递减,未来的货币供应量和产出对当期的价格影响较小,离当期越远的货币供应量和产出预期变动对价格水平的影响就越小。如果预期货币供应量和国内产出永远保持常数 $\bar{m}$ 和 $\bar{y}$ 不变,由式(4-8)可知,价格水平也是常数,$\bar{p} = \bar{m} - \bar{y}$,价格水平是不变的。

假设货币供应量每期以固定的百分比 μ 的速度增长,国内产出以固定的百分比 λ 的速度增长,$m_t = \bar{m} + \mu t$,$y_t = \bar{y} + \lambda t$,在这种情况下,

$$\begin{aligned}p_t &= \frac{1}{1+\alpha}\sum_{s=t}^{\infty}\left(\frac{\alpha}{1+\alpha}\right)^{s-t}[m_t + \mu(s-t) - y_t - \lambda(s-t)] \\ &= (m_t - y_t) + \frac{\mu-\lambda}{1+\alpha}\left[\left(\frac{\alpha}{1+\alpha}\right)\times 1 + \left(\frac{\alpha}{1+\alpha}\right)^2\times 2 + \cdots\right] \\ &= (m_t - y_t) + \left(\frac{\mu-\lambda}{1+\alpha}\right)\alpha(1+\alpha) = (m_t - y_t) + \alpha(\mu - \lambda)\end{aligned}$$

得到:

$$p_t = (m_t - y_t) + \alpha(\mu - \lambda) \tag{4-9}$$

货币供应量以 μ 的速度上升,国内产出以 λ 的速度上升,则 $p_{t+1} - p_t = \mu - \lambda$,价格水平也会以 $(\mu - \lambda)$ 的速度上升。

从中国的实际数据来看,中国的货币供应量增长率一直较高,而且常常高于经济增长

率与通货膨胀率之和,从1987—2017年,货币供应量增长率与经济增长率、通货膨胀率之间的缺口达到5.27%,这也就是"中国货币超发之谜"(见图4-1),关于中国货币超发之谜的解释有多种,有的学者认为GDP和CPI被低估了,CPI只统计房租,没有统计房价;GDP中没有包括灰色收入、隐藏的收入等。有的学者认为货币超发之谜是由于货币流通速度不稳定导致的,货币流通速度慢,意味着创造同样的产出需要的货币就多,货币流通速度快,创造同样的产出需要的货币就少。由于中国金融市场不发达,金融深化程度不高,货币流通速度缓慢,同样的产出,需要的货币供应量就多。中国人民银行易纲行长早年认为,超额货币主要是被市场化改革推动的货币化所吸收,包括以土地招拍挂和住房改革为代表的实务货币化吸纳了货币供应量。

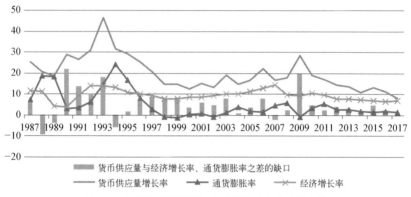

图4-1　货币供应量增长率、通货膨胀率和货币供应量
增长率与经济增长率、通货膨胀率之差的缺口

根据以上的分析可知,关于货币超发之谜没有统一的解释,每一种解释都是从某一个侧面来考察,货币超发之谜既有银行体系和金融市场内在的缺陷,货币流通速度低,也有实体经济的不均衡。应该说货币超发之谜反映的是货币现象,体现了我国金融深化和实体经济发展存在的问题,如长期以来,我国房地产发展迅速,房价持续上涨,更多的资金流向房地产行业,房地产行业一路高歌猛进,应该吸纳了大量的货币投放。

4.2　铸币税的分类和测算

4.2.1　引言

1949年中华人民共和国成立后,中华人民共和国的中央银行是中国人民银行,它是

第4章 通货膨胀和铸币税

1948年12月1日在原华北银行的基础上通过合并改组建立的，总行在北京。和过去苏联以及东欧社会主义国家一样，中国人民银行也曾是"一身二任"：既办理全国的工业、农业、商业信贷业务及城乡居民储蓄业务，又执行中央银行的职能，即代理财政金库，独占货币发行权，管理全国的金融业。1983年9月，国务院做出决定：中国人民银行不再兼办工商信贷和储蓄业务，而专门行使中央银行职能，以加强信贷资金的集中管理和综合平衡。这标志着我国银行体制的一个重大转变。即从复合中央银行制转向单一中央银行制。1984年1月1日，中国工商银行从中国人民银行分离出来，正式成立，从而使得中国人民银行能够专门行使中央银行的职能。中央银行垄断货币的发行权，成为全国唯一的现钞发行机构。发行货币是中央银行最重要的资金来源，由中央银行发行出来的货币，一部分形成银行等金融机构的库存现金，而大部分则形成流通中的现金。流通中的现金和存款机构在中央银行的准备金存款（以及银行和公众手中的少量硬币）共同构成了一个非常重要的变量——基础货币。由于货币印刷的费用和货币面值相比是微不足道的，因此拥有货币发行权的中央银行就掌握了一种重要的收入来源，即铸币税收入。这种收入又以中央银行利润上交的形式转化成中央政府的财政收入。因此，中央银行独占货币发行的最终结果是使政府掌握了一笔巨大的财源。许多时候，通过增加货币发行来向公众征收一种变相的税收，是一些政府经常使用的手段。一般情况下，获得最大铸币税往往并不是中央银行的政策目标，但是货币发行带来铸币税这个事实是毋庸置疑的。

长期以来我国外汇储备不断增加，在人民币对美元汇率保持相对稳定的情况下，中央银行干预外汇市场，买进外汇，投放本币，使得外汇占款和基础货币迅速增加。可以说，外汇占款是我国基础货币的主要来源。随着基础货币的变化，中央银行的铸币税也会发生相应的变动，货币发行和基础货币不断增加，铸币税也会随之上升。在部分法定准备金制度之下，为了控制商业银行的货币创造能力，中央银行规定商业银行必须将一定比例的负债来源缴存于央行账户中，同时，央行作为各商业银行的清算中心。一般情况下，商业银行存放在央行准备金账户中的准备金是没有利息的，而在我国，央行对法定准备金是付息的。那么，对央行来说，货币发行将会获得铸币税，而对准备金付息则会消耗铸币税。实际上，关于铸币税，从不同的角度来看有不同的定义，因此铸币税的测算结果和影响大小也会不同。

关于铸币税的研究至少可以追溯到19世纪初，(Thornton, 1802)，Bresciani-Turroni (1937) 和 Cagan (1956) 在其著作中对铸币税都进行了探讨；上世纪70年代后，Milton Friedman (1971)，Phelps (1973)，Sargent (1981, 1987)，以及 Sargent and Wallace (1981) 都对铸币税进行了深入研究，作出了一系列重要贡献。不仅如此，在最近的高级经济学教科书中 (Walsch, 2003; Romer, 1996) 都对铸币税进行了一定篇幅的探讨。关于铸币税的定义，众多经济学家从不同的角度给出了多种定义。铸币税作为政府收入的来源之一，可以说是一种税收。Drazen(1985)给出铸币税的三种基本定义：(1) 将铸币税定义为通货膨胀税的同义词；(2) 认为铸币税是私人部门持有货币而不是生息资产的机会成本；(3) 铸币税是与货币创造相关的总收入，即为 $\mu h+(r-n)\alpha$，式中：μ 是高能货币的名义增长率；h 是高能货币；r 是实际利率；n 是人口增长率；α 是政府赚取利息的实际资产存量，$a < h$。在国内外的相关研究中，对于铸币税的定义存在着不同的观点，但在众多铸币税的研究中，多数指的是货币铸币税，机会成本铸币税或者通货膨胀税。Martin Klein and Manfred J. M Neumann(1990)进一步提出了货币铸币税的概念，即 $S = \Delta M/P$，式中：P 代表价格水平；ΔM 代表货币供应量的变动。货币铸币税度量的是政府拥有发行货币的垄断权，因此在创造货币中所获得的收益。同时，他们认为铸币税是货币当局凭借发行货币的垄断力量而获得的所有收入的总和。他们还提出了铸币税收入净值概念，从构成来看，具体包括货币铸币税收入、私人部门的债务收入和国外的债务收入，以及央行操作收入，用公式表示为：$S = S^M + \dfrac{i^P A^P + i^F A^F}{P} + \dfrac{G}{P}$，式中：$S^M$ 为货币铸币税；A^P 和 A^F 分别表示私人部门的债务和国外的债务；i^P 和 i^F 分别为国内私人债务和国外债务名义利率；P 为一般物价水平；G 为中央银行操作带来的收入。Obstfeld and Rogoff(1996) 也定义了铸币税和通货膨胀税，认为铸币税是一国政府通过新发行货币去购买商品和非货币性资产而获取的实际收益；通货膨胀铸币税指的是货币持有者由于通货膨胀，实际余额发生变动而遭受的资本损失。这部分资本损失转移到政府手中，并将其定义为通货膨胀铸币税，即 $S = \pi(M/P)$，式中：P 代表价格水平；M 代表货币供给量；π 代表通货膨胀率。Hochreiter 和 Rovelli(2002)根据 Drazen(1985)，Klein 和 Neumann(1990)关于货币创造所带来总的收入的探讨，重新定义了铸币税，这种定义类似于财政铸币税(fiscal seigniorage)的概念，是对铸币税的总体测度，所有与货币创造相关而获得的收入都包含在内，如货币扩张获得的收入、货币创造购买资产获得的收入等(Uzagalieva, Ainura, 2005)。财政铸币税区分了货币扩张的融资功能和税收功能，注重于货币扩张给政府带来的净收益，不仅涉及基础货币的扩张，也涉及对货币扩张的管理，还包括以前货币扩张给政府带来的收益。尽管铸币税有不同的定义，许多学者认为铸币税收入是政府融通资金的重要来源(Bruni, Penati and Porta, 1989；Gros, 1993)。Obstfeld 和 Rogoff (1996) 指出 1990—1994 年，铸币税收入帮助美国融通了政府支出的 2.19%，约占 GDP 的 0.44%。全世界各国政府在 1965 至 1994 年间铸币税收入占政府支出的比例从最低的 1% 到最大的将近 31% 不等(Haslag and Bhattacharya,1999)。20 世纪 60—70 年代，欧洲铸币税收入占政府支出的比例平均超过 5% 多((Klein and Neumann 1990)；在西欧，1971—1990 年铸币税收入占 GDP 的比例大约 0.5%(Click 1998, Gros 1993)。Kun,J(2003)的研究显示 1999—2002 年欧元区铸币税占 GDP 的比例分别为：0.4%，0.9%，0.4% 和 0.1%。此外，

第4章 通货膨胀和铸币税

Hochreiter, E.和 R. Rovelli.(2002)也给出了铸币税定义,并考察了发展中国家捷克、匈牙利和波兰等的铸币税变化,结果显示1997年捷克铸币税占GDP比例为3%,匈牙利1995年铸币税占GDP为7.4%,而波兰1993年铸币税占GDP为5.6%,这些发展中国家的铸币税比例远高于发达国家的比例。铸币税实际上就是央行垄断货币发行权而获得的收益,铸币税有不同的定义,反映了从不同经济角度对铸币税的理解,可以从资产、负债和财政的角度等来考察铸币税,这是对铸币税在不同过程中的不同定义,体现了铸币税的来源、分配和使用等的情况。

根据供给学派的拉弗曲线,政府最优的税率是使政府税收最大化,政府税收和税率存在倒"U"型的特征,即存在一个最优税率,这个税率使得政府的边际税收为0,从而总税收达到最大化,这体现了实体经济中政府税收和税率之间的关系。类似地,从货币层面来看,铸币税和通货膨胀率也存在这样的关系,Cagan(1956)探讨了铸币税最大化下的通货膨胀率,当通货膨胀率是货币需求的利率半弹性的倒数的时候,央行获得的铸币税最大。也可用拉弗曲线表示铸币税随着通货膨胀率的变化而变动。如果政府想通过增加货币供给获得超过最优水平的铸币税,其结果只能导致加速的通货膨胀。铸币税的变化与货币需求函数是紧密联系的,在货币市场均衡的条件下,不同的货币需求函数也决定了铸币税变动的特征。

通常央行的货币政策目标并不一定是铸币税的最大化,铸币税也不是政府融资的主要工具,铸币税是货币发行的产物,是央行垄断货币发行特许权价值的体现。但货币发行过程中在某些特殊的情况下,央行追求最大铸币税,如央行需要融通政府大量的财政赤字,政府希望获得最多的铸币税。铸币税的最大化取决于货币需求对通货膨胀率变动的弹性,在不同的弹性之下,铸币税的曲线是不同的,铸币税取到最大值或最小值。

除了上述中央银行的铸币税,Baltensperger Ernst 和 Thomas J. Jordan(1997)还给出了商业银行铸币税的定义,认为储蓄利率低于债券利率(市场利率),商业银行也可以获得铸币税。Neunmann(1996)定义了财政铸币税和总铸币税,财政铸币税是指政府对央行的债务和央行上缴的利润,减去央行对政府债务的利息支出;总铸币税不仅包括货币铸币税,还包括央行购买私人部门债务和外债获得的利息收益。

国内关于铸币税的研究主要有:谢平(1994)按基础货币增量的计算方法,计算了中国1986—1993年的铸币税收入。谢冰(1994)计算了中国1986—2003年期间的铸币税收入。张明艳、江航翔(2003)认为中央银行基础货币并不直接产生铸币税,一方面,中央银行先通过负债形成资金来源,并发生利息支出,另一方面,中央银行通过资产运用获得收入,所获收入扣减利息支出以及中央银行履行职责必须开支的各项费用后形成利润,此利润即属于铸币税。神玉飞、许一(2005)通过对我国相关变量的数据的计算,阐述了我国财政赤字、铸币税和资本外逃现象之间的关系,并且通过分析基本证实了上述三者之间存在着相互作用。汪洋(2005)讨论了在不同货币体系下,铸币税对政府和中央银行的含义。并且在分析了我国中央银行资产负债表后,对2003年我国政府获得的铸币税收入的规模进行了估计。吴汉洪,崔永(2006)探讨了通货膨胀与铸币税征收的关系,并利用我国1952—2004年的相关数据进行了实证研究与分析。得出的结论是:为了避免恶性通货膨胀和实现最优化铸币税的征收,我国的货币余额增长率应当控制在22%—24%水平以内,而通货膨胀率应当控制在11%—14%水平以内。张健华,张怀清(2009)测算了1986年至2008年人民银行铸币税的规模,并从货币铸币税和机会成本铸币税两个角度说明了人民银行铸币税的运用。张怀清(2010)对中央银行铸币税给出了理论上的定义,同时他详细地讨论了在货币可兑换和不可兑换两种情况下,中央银行铸币税的测算。陈宇峰、贵斌威(2015)从金融抑制的角度定义了4种铸币税:传统的铸币税、利差型铸币税、金融抑制税和隐性铸币税,这与通常的定义(Obstfeld and Rogoff,1996;Klein and Neumann,1990;Neumann,1992)有所不同。

4.2.2 中央银行铸币税的测算

1. 货币铸币税

Neumann(1992)指出货币铸币税(monetary seigniorage)是基础货币剔除掉价格水平的变动;同样,Obstfeld和Rogoff(1996)定义了铸币税,认为铸币税表示一国政府通过新发行货币去购买商品和非货币性资产而获取的实际收益。根据Obstfeld和Rogoff(1996)的定义(还包括Frieman,1971;Calvo,1978,1988;Grilli,1989;Bruno and Fischer,1990;Blanchard and Fisher,1989),一国政府t期的实际铸币税收入为:$S_M = \dfrac{M_t - M_{t-1}}{P_t}$,式中的分子表示从$t-1$期到$t$期名义货币供应的增长量;分母$P_t$将名义货币供应的增长量转换为政府的实际收入①,因此货币铸币税:$S_M = \dfrac{\Delta M_0}{P}$。如果考虑到基础货币包含现金和银行储备(即$M_0 = C+R$),则$S_M = \dfrac{\Delta C + \Delta R}{P}$,式中:$C$表示流通中的现金;$R$表示银行储备。货币铸币税反映了货币发行所带来的潜在收益,基础货币发行的越多,货币铸币税也就越多;价格水平越小,货币铸币税也会增大。货币铸币税和基础货币正向变化,和价格水平反向变化。如果考虑到基础货币主要来源于外汇占款,则外汇储备和汇率的变动也会

---

① S_M实际上是货币性铸币税,在实际测算过程中M常用基础货币,即将公式中的M换成基础货币M_0,则公式变为$S_M = \dfrac{(M_0)_t - (M_0)_{t-1}}{P_t}$。

影响铸币税的变动,$S_M = \dfrac{\Delta M_0}{P} = \dfrac{\Delta NFA}{P}$,式中:$NFA$ 表示外汇占款,外汇占款是汇率和外汇储备的乘积,因此 $NFA = S \times FA$,式中:S 表示汇率;FA 表示外汇储备。这样 $S_M = \dfrac{\Delta NFA}{P} = \dfrac{\Delta S \times FA + S \times \Delta FA}{P}$,汇率和外汇储备的变动都会影响货币铸币税的变化。

2. 机会成本铸币税

Klein 和 Neumann(1990)、Neumann(1992)、Honohan(1996)给出了铸币税的另一种度量,机会成本铸币税(opportunity seigniorage):$S = i\dfrac{M_0}{P} = i\dfrac{C+R}{P}$,$i$ 是私人部门持有生息资产的收益率,机会成本铸币税是持有生息资产的收益率和基础货币的乘积。机会成本铸币税的这个概念隐含的意义是:私人部门持有无息货币而不是生息资产[①]所带来的利息损失,这构成私人部门的机会成本,与之相对应,政府因为发行货币(从而让私人部门持有这部分货币)就获得了这部分的收益(Gros,1989)。我们以央行因外汇占款增加被迫发行货币的过程为例进行说明。央行买入 F 量的外汇资产,同时将增加基础货币供应量 M_0(见表4-1),$M_0 = eF$。

表 4-1　央行的资产和负债

资　产	负　债
eF	M_0

作为央行负债的基础货币可以看成是一种零息的债券,而作为资产方的外汇资产却是可以取得收益的,这部分利息收益被货币发行者占有。所以,货币发行方凭借其垄断货币发行的权力就获得了特定的收益,这个收益就是铸币税。换句话说,不兑换的纸币可以看成是对政府的零息贷款,于是铸币税的获得是因为政府有能力以货币的形式发行零息债券而取得的利息节约。同样,如果考虑外汇占款是基础货币的主要来源,则机会成本铸币税,$S^O = i\dfrac{M_0}{P} = i\dfrac{NFA}{P} = i\dfrac{S \times FA}{P}$,同样,汇率和外汇储备的变化会影响机会成本铸币税的变动。

如果考虑到对准备金付息,将机会成本铸币税的公式可表示为

$$\begin{aligned} S^O &= i\dfrac{C}{P} + (i-i^r)\dfrac{RR}{P} + (i-i^e)\dfrac{ER}{P} \\ &= i\dfrac{M_0}{P} - i^r\dfrac{RR}{P} - i^e\dfrac{ER}{P} \end{aligned} \tag{4-10}$$

---

① 比如说政府债券,外国政府债券等。

式中：i 是私人部门持有生息资产的收益率，RR 是法定准备金，ER 是超额准备金，i^r 是法定准备金的利率，i^e 是超额准备金的利率，C 表示通货，M_0 表示基础货币。如果考虑基础货币增加是由于现金、法定储备和超额储备增加导致的，机会成本铸币税的现值①为

$$\frac{NPV(S^0_{1\cdots\infty})}{P} = \frac{\Delta B}{P} - \frac{i^r}{i}\frac{\Delta RR}{P} - \frac{i^e}{i}\frac{\Delta ER}{P} \tag{4-11}$$

式中：$\frac{i^r}{i}\frac{\Delta RR}{P} + \frac{i^e}{i}\frac{\Delta ER}{P}$ 是无限期准备金付息的贴现之和，实际上 $\frac{\Delta B}{P} - \frac{i^r}{i}\frac{\Delta RR}{P} - \frac{i^e}{i}\frac{\Delta ER}{P}$ 就是扣除利息支付的货币铸币税。因此，可以看出：在理论上，当期限趋向于无穷时，无限期的机会成本铸币税的现值接近货币铸币税，当对准备金不付息时，无限期的机会成本铸币税的现值就等于货币铸币税；当对准备金付息时，无限期的扣除利息机会成本铸币税的现值将等于扣除利息的货币铸币税。

根据定义，我们就可以测算我国中央银行的机会成本铸币税，具体根据其计算公式 $S^O = i\frac{M_0}{P} - i^r\frac{RR}{P} - i^e\frac{ER}{P}$。物价 P 选择 CPI 指标，数据来自国泰安数据库，并对数据进行处理，使得 1985 年成为基期；持有生息资产的收益率 i 选取的是个人人民币一年储蓄存款利率，i^r 是法定准备金的利率，i^e 是超额准备金的利率，当一年中利率发生变化时，取当年最后一次变化后的利率；M_0 是基础货币，数据来自当年的货币当局资产负债表中储备货币；GDP 数据使用的是当年的名义 GDP；法定准备金率来自中国人民银行网站，对于当年发生的变动，选择年末时的法定存款准备金率；超额准备金率②来自中国人民银行每个季度的货币政策执行报告。

根据定义，我们还可以测算我国中央银行的货币铸币税，具体根据其计算公式：

$$S = \frac{\Delta M_0}{P} = \frac{\Delta M_0}{M_0}\frac{M_0}{P} = g_M\frac{M_0}{P}，式中 g_M 表示基础货币增长率。$$

---

① 因为如果考虑到 $\Delta B = \Delta C + \Delta RR + \Delta ER$，则：

$$\frac{NPV(S^0_{1\cdots\infty})}{P} = \frac{1}{P}\left\{\frac{i\Delta C}{(1+i)} + \frac{i\Delta C}{(1+i)^2} + \frac{i\Delta C}{(1+i)^3} + \cdots\right\} + \frac{1}{P}\left\{\frac{(i-i^r)\Delta RR}{1+i} + \frac{(i-i^r)\Delta RR}{(1+i)^2} + \frac{(i-i^r)\Delta RR}{(1+i)^3} + \cdots\right\} + \frac{1}{P}\left\{\frac{(i-i^e)\Delta ER}{1+i} + \frac{(i-i^e)\Delta ER}{(1+i)^2} + \frac{(i-i^e)\Delta ER}{(1+i)^3} + \cdots\right\} = \frac{\Delta C}{P} + \left(1-\frac{i^r}{i}\right)\frac{\Delta RR}{P} + \left(1-\frac{i^e}{i}\right)\frac{\Delta ER}{P} = \frac{\Delta B}{P} - \frac{i^r}{i}\frac{\Delta RR}{P} - \frac{i^e}{i}\frac{\Delta ER}{P}$$

② 2001—2010 年的超额准备金率来自当年的货币政策执行报告，而 1998—2000 年的超额准备金率数据不全面。1989 年，中央银行对金融机构备付金率作了具体规定，要求保持在 5%—7%。1998 年将各金融机构在人民银行的准备金存款和备付金存款两个账户合并，称为"准备金存款"账户。因此，在本部分的测算中，1998—2000 年的超额准备金率以 6% 来进行估算。

第4章 通货膨胀和铸币税

表4-2 1985—2014年中央银行机会成本铸币税

单位：亿元

年份	基础货币M_0	利率(%)	法定准备金①	法定准备金利率(%)	超额准备金	超额准备金利率(%)	CPI	机会成本铸币税	机会成本铸币税占GDP之比(%)	机会成本铸币税占财政收入之比(%)
1985	2 284.10	7.20	420.50	4.32	470.30	4.32	100	125.97	1.39	6.28
1986	2 818.60	7.20	565.30	4.32	557.80	5.76	81	138.10	1.42	6.90
1987	3 181.70	7.20	670.20	5.04	527.50	5.76	87	144.67	1.36	7.50
1988	3 983.60	8.64	841.40	5.04	508.80	6.48	104	197.65	1.78	11.40
1989	4 911.20	11.34	1 041.70	7.20	812.10	8.64	122	257.35	2.41	15.45
1990	6 387.30	8.64	1 390.60	6.84	1 414.60	6.84	165	218.17	1.92	12.26
1991	7 931.40	7.56	1 809.80	6.12	2 031.50	6.12	171	213.17	1.66	11.57
1992	9 228.00	7.56	2 335.40	6.12	2 656.50	6.12	182	249.93	1.68	13.06
1993	13 147.00	10.98	2 884.60	9.18	3 507.10	9.18	208	449.46	2.63	21.50
1994	17 217.80	10.98	3 961.20	9.18	4 426.00	9.18	259	465.22	2.49	23.09
1995	20 759.80	10.98	5 246.50	9.18	6 742.50	9.18	303	459.24	2.28	22.29
1996	26 888.50	7.47	7 612.40	8.28	6 866.20	7.92	328	257.40	1.18	11.40
1997	30 632.80	5.67	9 248.70	7.56	6 319.16	7.02	337	164.89	0.70	6.42
1998	31 335.30	3.78	8 425.54	3.24		3.24	334	211.60	0.83	7.16

① 1985—1997年的法定准备金和超额准备金数据是直接来源于货币当局当年的资产负债表。1998—2010年的法定准备金数据是根据每一年的存款准备金数额、法定准备金率以及超额准备金率，分别计算得出。

(续表)

年份	基础货币 M_0	利率(%)	法定准备金	法定准备金利率(%)	超额准备金	超额准备金利率(%)	CPI	机会成本铸币税	机会成本铸币税占GDP之比(%)	机会成本铸币税占财政收入之比(%)
1999	33 620.10	2.25	7 364.25	2.07	7 364.25	2.07	330	136.84	0.50	3.95
2000	36 491.40	2.25	8 009.50	2.07	8 009.50	2.07	331	147.87	0.49	3.65
2001	39 851.73	2.25	7 539.32	2.07	9 549.81	2.07	333	163.04	0.49	3.31
2002	45 138.18	1.98	9 208.53	1.89	9 929.87	1.89	331	160.73	0.44	2.81
2003	52 841.36	1.98	12 754.93	1.89	9 803.07	1.62	335	192.95	0.47	2.98
2004	58 856.11	2.25	20 984.00	1.89	14 688.80	1.62	348	198.19	0.43	2.61
2005	64 343.13	2.25	24 673.04	1.89	13 718.21	0.99	354	238.87	0.45	2.67
2006	77 757.83	2.52	31 603.87	1.89	16 855.39	0.99	359	332.96	0.55	3.08
2007	101 545.40	4.14	55 112.78	1.89	13 303.08	0.99	377	803.89	1.13	5.91
2008	129 222.33	2.25	69 269.86	1.62	22 836.71	0.72	399	406.24	0.51	2.64
2009	143 985.00	2.25	85 220.21	1.62	17 208.99	0.72	396	438.18	0.50	2.53
2010	185 311.08	2.75	123 331.88	1.62	13 333.18	0.72	409	734.00	0.73	3.61
2011	224 641.76	3.50	152 479.88	1.62	16 311.80	0.72	431	1 223.86	1.09	5.08
2012	252 345.17	3.000	164 548.67	1.62	27 150.53	0.72	442	1 065.43	0.88	4.02
2013	271 023	3.000	184 791.18	1.62	21 250.99	0.72	453.63	1 098.71	0.85	3.86
2014	294 093	2.750	199 948.67	1.62	26 993.07	0.72	462.67	1 005.91	0.73	3.32

注：数据来源为国泰安数据库、中国资讯行—中国统计数据库和中国人民银行网站。

第4章 通货膨胀和铸币税

表 4-3　1985—2014 年中央银行货币铸币税[①]　　　　单位：亿元

年份	基础货币 M_0	基础货币增长率 $g_M(\%)$	CPI	货币铸币税	货币铸币税占GDP之比(%)	货币铸币税占财政收入之比(%)
1985	2 284.10		100			
1986	2 818.60	23.40	81	814.29	6.40	31.08
1987	3 181.70	12.88	87	471.12	3.39	18.64
1988	3 983.60	25.20	104	965.39	6.65	42.59
1989	4 911.20	23.29	122	937.37	6.69	42.91
1990	6 387.30	30.06	165	1 163.49	10.23	65.36
1991	7 931.40	24.17	171	1 121.27	8.76	60.88
1992	9 228.00	16.35	182	828.88	5.57	43.31
1993	13 147.00	42.47	208	2 684.30	15.72	128.38
1994	17 217.80	30.96	259	2 058.41	11.00	102.17
1995	20 759.80	20.57	303	1 409.46	6.99	68.42
1996	26 888.50	29.52	328	2 420.13	11.09	107.15
1997	30 632.80	13.93	337	1 265.79	5.37	49.31
1998	31 335.30	2.29	334	215.15	0.85	7.28
1999	33 620.10	7.29	330	742.85	2.72	21.42
2000	36 491.40	8.54	331	941.55	3.12	23.27
2001	39 851.73	9.21	333	1 102.03	3.33	22.40
2002	45 138.18	13.27	331	1 808.98	4.95	31.67
2003	52 841.36	17.07	335	2 691.88	6.60	41.53
2004	58 856.11	11.38	348	1925.11	4.17	25.38
2005	64 343.13	9.32	354	1 694.51	3.23	18.95
2006	77 757.83	20.85	359	4 515.74	7.45	41.83
2007	101 545.40	30.59	377	8 239.96	11.59	60.53

① 1984 年基础货币相关数据缺少，因此货币铸币税是从 1986 年开始测算。

(续表)

年份	基础货币 M_0	基础货币增长率 g_M(%)	CPI	货币铸币税	货币铸币税占GDP之比(%)	货币铸币税占财政收入之比(%)
2008	129 222.33	27.26	399	8 827.19	11.12	57.43
2009	143 985.00	11.42	396	4 153.84	4.76	24.01
2010	185 311.08	28.70	409	13 004.24	13.01	64.02
2011	224 641.76	21.22	431	11 062.25	9.85	45.90
2012	252 345.17	21.22	442	12 117.21	10.03	45.68
2013	271 023	21.29	453.63	12 718.05	9.81	44.65
2014	294 093	21.06	462.67	13 387.10	9.73	44.12

注：数据来源为国泰安数据库，中国资讯行—中国统计数据库和中国人民银行网站。

通过表4-2和表4-3可以看出，1985—2014年，测算出的货币铸币税较机会成本铸币税大很多。这与张健华，张怀清(2009)[①]的观点和研究结果相似，他们认为货币铸币税一般高估中央银行铸币税。1986年至1996年，货币铸币税占财政收入之比非常显著，说明在这一段时间内，货币铸币税起着非常重要的作用。1997年至2014年的货币铸币税相较于前一个时间段来说，数额和占比都有了明显的下降，但是和同时期的机会成本铸币税相比，货币铸币税的测算结果也是较为显著的。另一方面，1985年至1998年的机会成本铸币税占财政收入的比重较为显著，之后，1999年至2014年，其占财政收入的比重一直在2%以下，而机会成本铸币税占GDP之比，也呈现出类似一个趋势，只是其波动幅度相较来说更小一点。总体看来，1985年至2014年测算出的机会成本铸币税和货币铸币税以及各自占GDP和财政收入的占比，波动幅度很大，这主要是由于基础货币变动、物价水平变动和利率水平变动所导致的。

我们来看一下货币铸币税和机会成本铸币税之间存在的关系。如果考虑基础货币增加是由于现金增加导致的，机会成本铸币税的现值为

$$\frac{NPV(S_{1\cdots\infty}^O)}{P} = \frac{1}{P}\left\{\frac{i\Delta C}{1+i} + \frac{i\Delta C}{(1+i)^2} + \frac{i\Delta C}{(1+i)^3} + \cdots\right\} \quad (4\text{-}12)$$
$$= \frac{\Delta C}{P} = \frac{\Delta M_0}{P}$$

---

① 张健华，张怀清(2009)认为以货币铸币税表示中央银行可运用资产的变化更为准确，用于测算中央银行铸币税则不准确，在通货膨胀率不是很高的情况下，货币铸币税高估了中央银行铸币税。

如果基础货币增加是由于法定准备金增加导致的,则从无限期的角度来看,机会成本铸币税的现值为

$$\frac{NPV(S_{1\cdots\infty}^O)}{P} = \left(1 - \frac{i^r}{i}\right)\frac{\Delta RR}{P} = \left(1 - \frac{i^r}{i}\right)\frac{\Delta M_0}{P} \qquad (4\text{-}13)$$

如果基础货币增加是由于超额准备金增加导致的,则从无限期的角度来看,机会成本铸币税的现值为

$$\frac{NPV(S_{1\cdots\infty}^O)}{P} = \left(1 - \frac{i^e}{i}\right)\frac{\Delta ER}{P} = \left(1 - \frac{i^e}{i}\right)\frac{\Delta M_0}{P} \qquad (4\text{-}14)$$

如果基础货币增加是由这三者共同导致的,则

$$\frac{NPV(S_{1\cdots\infty}^O)}{P} = \frac{\Delta C}{P} + \left(1 - \frac{i^r}{i}\right)\frac{\Delta RR}{P} + \left(1 - \frac{i^e}{i}\right)\frac{\Delta ER}{P} \qquad (4\text{-}15)$$

因此,可以看出:在理论上,当期限趋向于无穷时,无限期的机会成本铸币税的现值等于货币铸币税,但是实际测算出的结果表明货币铸币税较机会成本铸币税大很多,如果考虑到无限期的情况,机会成本铸币税将趋近于货币铸币税。

4.2.3 商业银行的铸币税

除了上述中央银行的铸币税,Ernst Baltensperger 和 Thomas J. Jordan(1997)还给出了商业银行铸币税的定义。我国活期储蓄利率较低,低于定期存款利率,商业银行也可以获得铸币税。张怀清(2008)提到商业银行铸币税是指商业银行凭借在存款市场具有一定程度的垄断力,从而获得的利润。

联系本书前部分中央银行的机会成本铸币税的定义与公式:$S = i\frac{B}{P}$,表示中央银行因发行货币而获得的收益。那么相对应地,商业银行的铸币税应该为 $BS = (i-r)\frac{D}{P} + (i-i)\frac{T}{P} = (i-r)\frac{D}{P}$,表示商业银行作为特殊的金融机构,当人们将货币以活期存款的形式存放在商业银行时,商业银行只支付了活期储蓄的利率而不是市场利率,活期存款利率支出的节省对商业银行来说是一种收益。而对于定期存款,商业银行以市场利率支付存款者利息,因此这部分对商业银行来说,不存在收益。上两个等式中,i 表示市场利率,考虑到我国利率并没有完全市场化,在本书中的测算中仍然使用人民币一年储蓄存款利率来表示 i。对应地,r 表示活期储蓄利率,D 表示活期存款,T 表示定期存款。

接着,考虑到商业银行会将一定比例的存款上交中央银行,作为存款准备金,那么商业银行的铸币税的公式应为

$$BS = \frac{(1-\rho)D}{P}(i-r) - \frac{\rho Dr}{P} + \frac{(1-\rho)T}{P}(i-i) - \frac{\rho Ti}{P}$$
$$= \frac{[i(1-\rho)-r]D}{P} + \frac{[i(1-\rho)-i]T}{P} \tag{4-16}$$

式中,ρ 表示法定准备金率。

而我国的中央银行对存款准备金付息,因此对商业银行铸币税的公式进行进一步修正,得到

$$BS = \frac{(1-\rho)D}{P}(i-r) + \frac{(1-\rho)T}{P}(i-i)$$
$$+ i^r \frac{RR}{P} + i^e \frac{ER}{P} - \frac{\rho Dr}{P} - \frac{\rho Ti}{P} \tag{4-17}$$

对于活期存款未上交央行部分 $(1-\rho)D$,其获得的收益就是商业银行支付活期储蓄利率而不是支付市场利率所节省的支出 $\frac{(1-\rho)D}{P}(i-r)$。对于活期存款上交央行的部分 ρD,一方面商业银行从央行处获得准备金的利息①,另一方面,商业银行支付给存款者活期储蓄利率,因此两者之差即为这部分活期存款所获得的收益。对于定期存款,分析的方法类似。将两部分收益加总在一起,即得商业银行铸币税的公式,进一步可得

$$BS = \frac{[i(1-\rho)-r]D}{P} + \frac{[i(1-\rho)-i]T}{P} + i^r \frac{RR}{P} + i^e \frac{ER}{P}$$
$$= \frac{[i(1-\rho)-r]D}{P} - \frac{i\rho T}{P} + i^r \frac{RR}{P} + i^e \frac{ER}{P} \tag{4-18}$$

因此,从商业银行铸币税公式能够看出,活期存款越多,对存款准备金付息越多,商业银行铸币税越多;法定准备金率越高,定期存款越多,商业银行铸币税越少。

根据表 4-4 可以看出,1985—2012 年测算出的商业银行铸币税呈现一个波状趋势,1985—1997 年商业银行铸币税整体呈小幅震荡下降状态,1998—2014 年处于小幅波动,相对平稳的阶段,最近两年呈现下降的趋势。活期存款利率,一年期的定期存款利率,定期存款和法定存款准备金率的变动,使得商业银行铸币税的数据呈现出上下波动性。商业银行铸币税整体呈上升趋势,这主要是由于活期存款和准备金的大幅上升,我国是一个

---

① 这部分准备金的利息包括对所有准备金,即定期存款和活期存款准备金的付息。

第4章 通货膨胀和铸币税

高储蓄率的国家。尽管在2008年金融危机后,国家出台一系列的政策以期刺激内需拉动经济增长,但是从数据可以看出,储蓄额仍不断增长,这成为商业银行铸币税上升的重要原因之一。商业银行铸币税占财政收入的比重,在1985—2014年整体呈现一个逐步震荡下降的趋势,在1993年达到一个最大值,2000—2014年,商行铸币税占财政收入的比例相对平缓,上下小幅波动。此外,商业银行铸币税占GDP的比重在测算期间大致呈现下降再趋于相对平缓,再下降的趋势,1986、1989年达到最大值,这也体现了利率和准备金等变化的特点。

表4-4 1985—2014年商业银行铸币税　　单位:亿元

年份	整存整取一年的利率(%)	法定准备金率(%)	活期存款利率(%)	活期存款	定期存款	商业银行铸币税	商业银行铸币税占GDP之比(%)	商业银行铸币税占财政收入之比(%)
1985	7.20	10.0	2.88	2 353.10	1 857.60	109.82	1.21	5.48
1986	7.20	10.0	2.88	3 527.30	2 489.60	156.23	1.52	7.36
1987	7.20	12.0	2.88	4 260.10	3 383.40	159.79	1.32	7.27
1988	8.64	13.0	2.88	4 816.50	4 114.70	185.66	1.23	7.88
1989	11.34	13.0	2.88	5 003.10	5 558.90	257.95	1.51	9.68
1990	8.64	13.0	2.16	6 148.80	7 672.40	263.68	1.40	8.98
1991	7.56	13.0	1.80	7 688.80	9 611.10	297.04	1.36	9.43
1992	7.56	13.0	1.80	10 679.70	12 613.00	345.60	1.28	9.92
1993	10.98	13.0	3.15	10 415.70	18 063.40	441.21	1.24	10.15
1994	10.98	13.0	3.15	13 252.10	24 324.70	458.25	0.95	8.78
1995	10.98	13.0	3.15	16 101.80	33 883.00	473.67	0.77	7.59
1996	7.47	13.0	1.98	19 712.80	44 514.10	494.77	0.69	6.68
1997	5.67	13.0	1.71	24 648.70	53 910.60	468.32	0.59	5.41
1998	3.78	8.0	1.44	27 749.50	63 034.20	255.25	0.30	2.58
1999	2.25	6.0	0.99	32 381.80	69 103.70	174.51	0.19	1.52
2000	2.25	6.0	0.99	38 494.50	75 549.60	200.20	0.20	1.49
2001	2.25	6.0	0.99	44 182.79	87 924.80	219.85	0.20	1.34
2002	1.98	6.0	0.72	53 603.76	106 083.00	256.02	0.21	1.35
2003	1.98	7.0	0.72	64 372.58	126 894.00	282.35	0.21	1.30

(续表)

年份	整存整取一年的利率(%)	法定准备金率(%)	活期存款利率(%)	活期存款	定期存款	商业银行铸币税	商业银行铸币税占GDP之比(%)	商业银行铸币税占财政收入之比(%)
2004	2.25	7.5	0.72	74 502.52	146 611.00	402.68	0.25	1.53
2005	2.25	7.5	0.72	83 247.09	176 109.00	406.26	0.22	1.28
2006	2.52	9.0	0.72	98 962.51	219 568.00	507.82	0.23	1.31
2007	4.14	14.5	0.72	122 184.85	250 882.00	825.61	0.31	1.61
2008	2.25	15.5	0.36	131 998.17	308 949.00	562.30	0.18	0.92
2009	2.25	15.5	0.36	183 198.83	388 779.00	750.54	0.22	1.10
2010	2.75	18.5	0.36	221 993.37	459 230.00	961.83	0.24	1.16
2011	3.5	21.5	0.50	239 099.24	561 743.20	866.42	0.18	0.83
2012	3.00	20	0.35	254 004.46	665 484.57	922.03	0.17	0.79
2013	3.00	20	0.25	278 717.00	769 233.93	997.21	0.17	0.77
2014	2.75	20	0.35	287 797.00	880 318.40	846.40	0.13	0.60

注：数据来源为 CEIC 数据库，国泰安数据库，中国资讯行——中国统计数据库和中国人民银行网站。

4.2.4 总铸币税

总的铸币税等于中央银行铸币税加上商业银行铸币税，其中，中央银行铸币税测算的是机会成本铸币税，总铸币税用公式来表示为

$$TS = CS + BS = i\frac{C}{P} + (i - i^r)\frac{RR}{P} + (i - i^e)\frac{ER}{P}$$
$$+ \frac{[i(1-\rho) - r]D}{P} - \frac{i\rho T}{P} + i^r \frac{RR}{P} + i^e \frac{ER}{P} \quad (4-19)$$

$$TS = CS + BS = i\frac{B}{P} + \frac{[i(1-\rho) - r]D}{P} - \frac{i\rho T}{P} \quad (4-20)$$

式中：CS 表示中央银行机会成本铸币税；BS 表示商业银行铸币税。

根据前文的定义以及对相关数据的测算，我们就可以计算我国 1985—2012 年的总铸币税(见图 4-2)。

从图 4-2 可以观察到，1985—2014 年，由于我国相关经济变量的大幅增加，如基础货

第4章 通货膨胀和铸币税

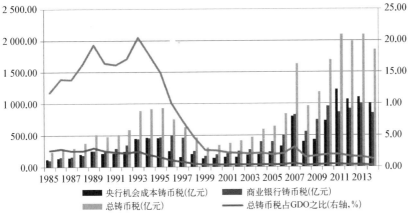

图 4-2　1985—2014 年总铸币税

注：数据来源为 CEIC 数据库，国泰安数据库，中国资讯行—中国统计数据库和中国人民银行网站。

币、活期存款等，使得这一期间的总铸币税不断增加。同时，因为利率、物价等数据的不断变化，总铸币税的两个组成部分（中央银行铸币税和商业银行铸币税）在这一期间存在着上下波动，总铸币税也呈现上下波动的状态。1985—1994 年，总铸币税占财政收入的比重呈现一个上升趋势，并在 1994 年达到一个最大值，1995—2014 年，总铸币税占财政收入的比重呈现一个下降趋势，并趋向于相对平稳。总铸币税收入一直占财政收入的一个较大的比重，特别是 1985—1997 年，其占财政收入一直维持在 10％以上。而总铸币税占 GDP 的比重在 1985—2014 年，整体呈现一个下降的趋势，并逐步趋向平稳，但波动幅度要小一些，总铸币税体现了机会成本铸币税和商业银行铸币税共同作用和特点。

4.2.5　中央银行利润和财政铸币税

4.2.5.1　中央银行的利润

考察中央银行利润，首先从中央银行的资产负债表开始，表 4-5 是简化的中央银行的资产负债表。

表 4-5　简化的中国人民银行资产负债表

资　产	负　债
对外净资产（NFA） 对中央政府的债权（GB） 对存款货币银行的债权（LB）	流通中现金（C） 银行储备（R） 政府储蓄（DG） 央行票据（FP）

根据表4-5,资产与负债相等,机会成本铸币税①为:$i_t \frac{C_{t-1}+R_{t-1}}{P_t} = i_t \frac{NFA_{t-1}}{P_{t-1}} + i_t \frac{GB_{t-1}}{P_t} + i_t \frac{LB_{t-1}}{P_t} - i_t \frac{DG_{t-1}}{P_t} - i_t \frac{FP_{t-1}}{P_t}$,因此如果中央银行负债不支付利息,资产也不获得利息,则左边机会成本铸币税=右边机会成本铸币税。从经济学的意义来看,左边的机会成本铸币税表示中央银行获得的铸币税,右边表示中央银行转移出去的机会成本铸币税。如果假定中央银行负债不支付利息,资产不获得利息,则中央银行获得的机会成本铸币税就等于转移出去的机会成本铸币税。为了区别这两种机会成本铸币税,我们定义前面一种为机会成本铸币税,定义后面一种为转移的机会成本铸币税,右边正项表示其他方获得转移支付的铸币税,而负项表示中央银行获得转移支付的机会成本铸币税。

值得指出的是,从上式左边来看,扣除利息后的机会成本铸币税为$S^O = i \frac{C}{P} + (i-i^r) \frac{RR}{P} + (i-i^e) \frac{ER}{P}$,从右边来看扣除利息的机会成本铸币税②为$(i-(i^f+\dot{e})) \frac{NFA}{P} + (i-i^g) \frac{GB}{P} + (i-i^O) \frac{LB}{P} - (i-i^d) \frac{DG}{P} - (i-i^{FP}) \frac{FP}{P}$,这样两种机会成本铸币税的结果是不一样的,这里扣除利息的机会成本铸币税不等于转移的机会成本铸币税,正因为如此,也引出关于铸币税的多种定义和理解(陈宇峰、贵斌威,2015)。如果转移的机会成本铸币税为正,则表示中央银行失去铸币税,如果转移支付铸币税为负,则表示中央银行获得铸币税,即转移支付的机会成本铸币税部分转移给了自己。

中央银行的利润指的是中央银行在货币创造过程中通过其资产负债业务所获得的并且上交政府的净收入。其实现途径主要有三种:(1)外汇占款增加。当中央银行买进外汇时,资产中外汇占款增加,同时负债中的基础货币也等量增加,即中央银行把等量的基础货币注入到了金融体系中。一方面,中央银行将外汇储备进行投资可得到一笔收入;另

---

① 机会成本铸币税(Klein and Neumann,1990;Neumann,1992;Honohan,1996):$S = i \frac{B}{P} = i \frac{C+R}{P}$,式中:$i$是私人部门持有生息资产的收益率,通常取市场化的基准利率;B是基础货币;P是一般价格水平。机会成本铸币税是市场利率与实际基础货币余额的乘积。如果考虑到我国对准备金付息,则机会成本铸币税要扣除掉支付利息的那一部分,公式可表示为:$S^O = i \frac{C}{P} + (i-i^r) \frac{RR}{P} + (i-i^e) \frac{ER}{P} = i \frac{B}{P} - i^r \frac{RR}{P} - i^e \frac{ER}{P}$,式中:$i$是私人部门持有生息资产的收益率;$RR$是法定准备金;$ER$是超额准备金;$i^r$是法定准备金的利率;$i^e$是超额准备金的利率。

② 当然也包括对资产方支付利息。

一方面,对于商业银行存放在中央银行的准备金,中央银行须为此支付利息。这对于商业银行来说,使得它们失去了获得更多利息的机会(相当于是向中央银行纳了税)。因此,中央银行的外汇资产收入扣减中央银行支付的准备金利息和其他一些交易成本后,即为中央银行的收入。(2) 从公开市场买进国债和其他票据。中央银行通过公开市场业务买进国债和其他票据,中央银行因此得到相应利息收入和其他可能的增值收入。(3) 给商业银行提供贷款。中央银行给商业银行提供贷款或者进行票据贴现,会获得相应的利息收入等。(4) 发行央行票据。中央银行通过央票发行冲销基础货币的增加,发行央票央行要支付相应的利息,将会增加央行的成本,减少央行的收入。

从表 4-5 简化的中央银行的资产负债表可以看出,中央银行的利润为资产方获得的收益减去负债方付出的成本,因此中央银行的利润(π^{CB}) 可以由以下公式进行表示:

$$\pi^{CB} = (i^f + \dot{e})NFA + i^g GB + i^O LB - i^r R - i^d DG - i^{FP} FP \quad (4\text{-}21)^{\textcircled{1}}$$

式中:i^f 外国基准利率;$\dot{e}$ 是汇率的变动率($\dot{e} > 0$ 表示本币贬值;$\dot{e} < 0$ 表示本币升值);i^g 是国债利率;i^O 是央行对金融机构贷款的利率;i^d 是政府存款的利率;i^{FP} 是中央银行发行债券的利率。对上述公式,进行进一步的分解可以得到:

$$\begin{aligned}\pi^{CB} = & (i^f + \dot{e} - i)NFA + i(NFA + GB + LB \\ & - DG - FP) - (i - i^g)GB - (i - i^O)LB \\ & - i^r R + (i - i^d)DG + (i - i^{FP})FP\end{aligned} \quad (4\text{-}22)$$

利率 i 仍然选取的是一年的定期存款利率。根据资产负债表中,资产等于负债,可以继续得出:

$$\begin{aligned}\pi^{CB} = & (iB - i^r R) + (i^f + \dot{e} - i)NFA - (i - i^g)GB \\ & - (i - i^O)LB + (i - i^d)DG + (i - i^{FP})FP\end{aligned} \quad (4\text{-}23)$$

等式两边同时除以价格水平,则:

$$\begin{aligned}\frac{\pi^{CB}}{P} = & \left(i\frac{B}{P} - i^r \frac{R}{P}\right) + (i^f + \dot{e} - i)\frac{NFA}{P} \\ & - (i - i^g)\frac{GB}{P} - (i - i^O)\frac{LB}{P} \\ & + (i - i^d)\frac{DG}{P} + (i - i^{FP})\frac{FP}{P}\end{aligned} \quad (4\text{-}24)$$

在实际问题中,准备金分为法定准备金和超额准备金,如果将两者进行区分的话,则公

---

① $(i^f + \dot{e})NFA^{CB}$ 表示持有外汇储备所获得的收益(用本币表示)。

式为

$$\frac{\pi^{CB}}{P} = (i^f + \dot{e} - i)\frac{NFA}{P} + (i^g - i)\frac{GB}{P} + (i^O - i)\frac{LB}{P} \\ + (i - i^d)\frac{DG}{P} + (i - i^{FP})\frac{FP}{P} + \left(i\frac{B}{P} - i^r\frac{RR}{P} - i^e\frac{ER}{P}\right) \quad (4-25)$$

式中:第一项 $(i^f + \dot{e} - i)\frac{NFA}{P}$ 是中央银行持有外汇资产超过持有本币资产获得的收益;第二项 $(i^g - i)\frac{GB}{P}$ 是购买政府债券获得超过市场利率的收益;第三项 $(i^O - i)\frac{LB}{P}$ 是给金融机构贷款获得超过市场利率的收益;第四项 $(i - i^d)\frac{DG}{P}$ 是央行支付政府储蓄利率低于市场利率的收益;第五项 $(i - i^{FP})\frac{FP}{P}$ 央行支付央票利率低于市场利率的收益;第六项 $i\frac{B}{P} - i^r\frac{RR}{P} - i^e\frac{ER}{P}$ 是中央银行的机会成本铸币税。当然上述每一项如果是正值,则代表中央银行的收益,相反则表示央行的损失。从(4-25)式还可以看出,中央银行的利润是机会成本铸币税与转移的机会成本铸币税之差,如果机会成本铸币税=转移的机会成本铸币税,则中央银行的利润为0,如果机会成本铸币税不等于转移的机会成本铸币税,则中央银行的利润依赖于两者的相对大小。由此可见,中央银行利润是中央银行机会成本铸币税的没有被转移出去的部分。如果中央银行机会成本被完全转移出去,则中央银行利润为0;如果中央银行机会成本被部分转移出去,则剩余部分就是中央银行利润;如果中央银行机会成本铸币税被过度转移出去,则中央银行会出现亏损,净资产将为负。

根据以上定义,我们就可以测算我国中央银行的利润①,市场利率 i 仍然选取的是一年的定期存款利率,i^f 选取的是美国国库券1年期利率,$\dot{e}$ 是人民币对美元汇率的变动率,i^g 选取的是特别国债利率②,i^O 选取的是央行对金融机构贷款的一年期利率,i^d 选取

---

① 值得指出的是这里是根据简化的央行资产负债表测算,只是对中央银行利润的估算,假定其他项变化较小或为零,与实际的中国人民银行资产负债表略微有出入,但基本能够反映中央银行利润的变化趋势。

② 迄今,我国发行过两次特别国债,分别是1998年和2007年。财政部于1998年发行了2 700亿元特别国债,期限30年,年利率为7.2%。2007年,特别国债发行了八期,利率各不相同,期限为10年或15年。对于非一年的利率,根据复利计算公式,得到年化收益率再进行相关的测算。在中央银行1985—2012年的利润测算中,1985—2006年选取1998年的折算后的特别国债利率数据来进行测算,2007—2012年选取2007年的折算后的特别国债加权平均利率数据来进行测算(权重为当期筹资额占总筹资额比例)。

活期存款利率①，i^{FP} 选取的是中央银行发行票据②所支付的利率③（一年期并且选择年末数据）。

表 4-6 1985—2014 年中央银行利润　　　　　　　　　单位：亿元

	$\dfrac{(i^f+\dot{e}-i)}{P}NFA^{CB}$	$\dfrac{(i-i^g)}{P}CG^{CB}$	$\dfrac{(i-i^O)}{P}LB^{CB}$	$\dfrac{(i-i^d)}{P}DG^{CB}$	$\dfrac{(i-i^{FP})}{P}FP$
1985	0.81	9.05	16.19	15.91	0.00
1986	-1.43	11.49	18.21	12.70	0.00
1987	-2.90	14.86	34.82	11.63	0.00
1988	-4.08	20.05	8.91	11.48	0.00
1989	-8.14	31.79	23.68	23.16	0.00
1990	-4.27	22.96	22.21	14.94	0.00
1991	-16.68	22.79	12.46	16.36	0.00
1992	-29.71	24.89	13.41	7.30	0.00
1993	-58.97	53.80	16.63	17.82	0.00
1994	-106.80	46.07	14.53	25.19	0.00
1995	-121.01	36.93	-6.84	25.15	0.00
1996	-71.43	17.18	-139.43	20.51	0.00
1997	-24.07	8.27	-157.21	17.46	0.00
1998	42.76	-0.62	-52.78	12.09	0.00
1999	102.58	-7.96	-71.28	6.82	0.00
2000	160.64	-7.94	-62.49	11.80	0.00
2001	68.01	-14.06	-51.97	10.79	0.00
2002	-24.55	-16.70	-38.00	11.75	0.00

① 央行对政府存款支付活期存款利率。
② 2002 年，为实现宏观金融调控目标，中国人民银行于 2002 年 9 月 24 日将 2002 年 6 月 25 日至 9 月 24 日公开市场操作中未到期的正回购债券全部转为相应的中央银行票据。从 2003 年 4 月 22 日起，中国人民银行正式发行中央银行票据。因此在本部分，从 2003 年开始测算央行利润中央行票据的相关部分。
③ 2003 年的票据利率数据不全，故本书选取的是 2003 年第三十八期央行票据（6 个月期）的参考收益率。通过计算，将其转化为年化收益率再进行相关的测算。

(续表)

	$(i^f+\dot{e}-i)$ $\dfrac{NFA^{CB}}{P}$	$(i-i^g)$ $\dfrac{CG^{CB}}{P}$	$(i-i^O)$ $\dfrac{LB^{CB}}{P}$	$(i-i^d)$ $\dfrac{DG^{CB}}{P}$	$(i-i^{FP})$ $\dfrac{FP}{P}$
2003	-86.11	-16.71	-39.94	18.64	-8.51
2004	-115.73	-14.17	-43.65	25.64	-31.58
2005	156.53	-13.56	-35.78	32.53	19.44
2006	511.03	-11.06	-24.51	51.20	-22.87
2007	68.46	25.10	5.63	155.32	7.47
2008	-328.73	-53.17	-22.82	80.36	0.06
2009	-931.89	-51.81	-19.53	101.31	52.00
2010	-1 326.94	-30.54	-25.51	141.87	23.62
2011	-1 880.74	-2.14	-8.32	158.24	0.54
2012	-1 571.86	-19.40	-32.12	124.43	-15.39
2013	-1 724.00	-18.90	-24.64	173.44	-8.21
2014	-1 593.33	-26.81	-59.40	162.23	-10.15
	$i\dfrac{B}{P}-i^r\dfrac{RR}{P}-i^e\dfrac{ER}{P}$	转移的机会成本铸币税	中央银行的利润	中央银行利润占GDP之比(%)	中央银行利润占财政收入之比(%)
1985	125.97	8.517 232	117.46	1.30	5.86
1986	138.10	18.435 83	119.67	1.23	5.98
1987	144.67	40.942 78	103.72	0.98	5.38
1988	197.65	21.559 03	176.09	1.59	10.16
1989	257.35	40.447 28	216.90	2.03	13.02
1990	218.17	34.513 77	183.66	1.61	10.32
1991	213.17	35.566 88	177.61	1.39	9.64
1992	249.93	60.711 47	189.22	1.27	9.89
1993	449.46	111.577 8	337.88	1.98	16.16
1994	465.22	142.204 3	323.02	1.73	16.03
1995	459.24	125.952 6	333.29	1.65	16.18
1996	257.40	-71.327 7	328.72	1.51	14.55

第4章 通货膨胀和铸币税

(续表)

	$i\dfrac{B}{P}-i^r\dfrac{RR}{P}-i^e\dfrac{ER}{P}$	转移的机会成本铸币税	中央银行的利润	中央银行利润占GDP之比(%)	中央银行利润占财政收入之比(%)
1997	164.89	-142.339	307.23	1.30	11.97
1998	211.60	-108.249	319.85	1.26	10.82
1999	136.84	-188.639	325.48	1.19	9.39
2000	147.87	-242.872	390.75	1.30	9.66
2001	163.04	-144.835	307.87	0.93	6.26
2002	160.73	-41.897	202.63	0.55	3.55
2003	192.95	19.326	173.62	0.43	2.68
2004	198.19	63.854	134.34	0.29	1.77
2005	238.87	-257.841	496.71	0.95	5.56
2006	332.96	-574.921	907.88	1.50	8.41
2007	803.89	-200.513	1 004.40	1.41	7.38
2008	406.24	172.315	233.93	0.29	1.52
2009	438.18	707.243	-269.06	-0.31	-1.56
2010	734.00	1 105.406	-371.40	-0.37	-1.83
2011	1 223.86	1 711.492	-487.63	-0.43	-2.02
2012	1 206.99	1 411.305	-204.31	-0.17	-0.77
2013	1 098.71	1 515.228	-416.52	-0.32	-1.46
2014	1 005.91	1 355.042	-349.13	-0.25	-1.15

注：数据来源为CEIC数据库，国泰安数据库，中国资讯行—中国统计数据库，国研网统计数据库，中国人民银行网站和美联储网站。

观察表4-6可以发现：1985—2007年，中央银行利润总量整体趋势是上升的，特别是2005—2007年，中央银行利润大幅上升。2008—2014年，中央银行利润却大幅下降，其中2009—2014年的央行利润为负值。这是由于：在国际金融危机时期，随着美联储不断下调联邦基金利率，债券利率也不断下降，我国外汇储备投资于美国债券所获得的收益率降低。美国债券的利率已经低于央行票据的利率，央行的冲销干预是亏损的，中央银行利润因此大幅下降。另一方面，中央银行利润占GDP和财政收入的比重变化趋势相似，以央行利润占GDP的比重为例，1989年，1993年，其占GDP的比重都出现了一个较大值，这是基础货币、利率、政府存款和政府发行债券等因素共同影响的结果,也反映了当时的宏观经济状况,央行利润受国内外宏观经济变量影响明显。

观察表 4-6,可以发现 1998—2014 年,第一项(外汇资产的收益)和第六项(机会成本铸币税)是影响中央银行利润的主要因素,而且机会成本铸币税对中央银行的利润影响始终是正向的。

4.2.5.2 财政铸币税

王利民、左大培(1999)指出铸币税在现代最广义的定义是指政府在发行货币中获得的利润,具体包括(1)中央银行上交财政的利润;(2)中央银行通过直接购买国债向财政提供的资金,即财政赤字货币化;(3)财政(央行)直接发行通货所获得的收益。

本书根据政府的预算约束平衡,重新定义财政铸币税。现考虑政府的收入和支出,可以得到以下等式:$G_t + i_t^b B_{t-1}^P = T_t + (B_t^P - B_{t-1}^P)$。式中:$G_t$ 为 t 期的政府购买支出;$i_t^b B_{t-1}^P$ 为对 $t-1$ 期政府债券利息支出;$T_t = \tau_t P_t Y_t$(τ_t 为 t 期税率)为政府 t 期的税收收入;$(B_t^P - B_{t-1}^P)$ 为 t 期新发行的债券数量;B_{t-1}^P 为 $t-1$ 期末 t 期期初的私人部门债券存量。

如果融入中央银行①,则可以得到以下等式:

$$G_t + i_t^b B_{t-1}^P + i_t^c GB_{t-1} + DG_t - DG_{t-1} \\ = T_t + (B_t^P - B_{t-1}^P) + (GB_t - GB_{t-1}) + i_t^d DG_{t-1} + \pi_t^{CB} \tag{4-26}$$

式中:DG_{t-1} 为 $t-1$ 期末的政府在央行存款;$DG_t - DG_{t-1}$ 为 t 期内政府存款的变动额;$i_t^d DG_{t-1}$ 为央行对政府存款的利息支付额;$i_t^c GB_{t-1}$ 为对 $t-1$ 期央行持有政府债券进行的利息支出额;$(GB_t - GB_{t-1})$ 为 t 期新发行的债券中央行持有的数量;π_t^{CB} 为中央银行上缴的利润。

进一步,我们可以得到以下等式:

$$\frac{G_t - T_t}{P_t} + i_t^b \frac{B_{t-1}^P}{P_t} = \frac{B_t^P - B_{t-1}^P}{P_t} + \left\{ \frac{GB_t - GB_{t-1} - i_t^c GB_{t-1}}{P_t} \right. \\ \left. - \frac{DG_t - DG_{t-1} - i_t^d DG_{t-1}}{P_t} + \frac{\pi_t^{CB}}{P_t} \right\} \tag{4-27}$$

式中,括号内就为财政铸币税(fiscal seigniorage)$\left\{ \dfrac{GB_t - GB_{t-1} - i_t^c GB_{t-1}}{P_t} - \right.$

---

① 本书中的政府包括财政部和中央银行,财政铸币税也包括中央银行。

第 4 章 通货膨胀和铸币税

$\dfrac{DG_t - DG_{t-1} - i_t^d DG_{t-1}}{P_t} + \dfrac{\pi_t^{CB}}{P_t} \}$,具体包括央行对政府债权的变动,政府存款的变动,央行上缴的利润,扣除对央行支付的利息,再加上央行对政府存款所支付的利息等。

根据 $\dfrac{\pi^{CB}}{P} = (i^f + \dot{e} - i)\dfrac{NFA}{P} + (i^g - i)\dfrac{GB}{P} + (i^O - i)\dfrac{LB}{P} + (i - i^d)\dfrac{DG}{P} + (i - i^{FP})\dfrac{FP}{P} + \left(i\dfrac{B}{P} - i^r\dfrac{RR}{P} - i^e\dfrac{ER}{P}\right)$,(4-27)式可以写成:

$\dfrac{G_t - T_t}{P_t} + i_t^b \dfrac{B_{t-1}^P}{P_t} = \dfrac{B_t^P - B_{t-1}^P}{P_t} + \{\dfrac{GB_t - GB_{t-1}}{P_t} - i_t\dfrac{GB_{t-1}}{P_t} - \dfrac{DG_t - DG_{t-1}}{P_t} + i_t\dfrac{DG_{t-1}}{P_t} + (i_t^f + \dot{e}_t - i_t)\dfrac{NFA_t}{P_t} + (i_t^O - i_t)\dfrac{LB_t}{P_t} + (i_t - i_t^{FP})\dfrac{FP_t}{P_t} + \left(i_t\dfrac{B_t}{P_t} - i_t^r\dfrac{RR_t}{P_t} - i_t^e\dfrac{ER_t}{P_t}\right)\}$,其中 $i_t^g = i_t^c$。括号中仍然是财政铸币税,这是对财政铸币税的另一种定义,也是财政铸币税,它反映了机会成本铸币税和财政铸币税的关系。该式意味着财政铸币税等于机会成本铸币税转移给政府的那部分铸币税 $(i^f + \dot{e} - i)\dfrac{NFA}{P} + (i^O - i)\dfrac{LB}{P} + (i - i^{FP})\dfrac{FP}{P} + \left(i\dfrac{B}{P} - i^r\dfrac{RR}{P} - i^e\dfrac{ER}{P}\right)$,政府债券发行的变动及市场利息支付 $\left(\dfrac{GB_t - GB_{t-1}}{P_t} - i_t\dfrac{GB_{t-1}}{P_t}\right)$,政府存款的变动及获得市场利息 $\left(-\dfrac{DG_t - DG_{t-1}}{P_t} + i\dfrac{DG_{t-1}}{P_t}\right)$。这两种定义是从不同的角度来看财政铸币税,是对财政铸币税的不同理解,两者是相等的,即

$$\{\dfrac{GB_t - GB_{t-1} - i_t^c GB_{t-1}}{P_t} - \dfrac{DG_t - DG_{t-1} - i_t^d DG_{t-1}}{P_t} + \dfrac{\pi_t^{CB}}{P_t}\}$$

$$= \{\dfrac{GB_t - GB_{t-1}}{P_t} - i_t\dfrac{GB_{t-1}}{P_t} - \dfrac{DG_t - DG_{t-1}}{P_t} + i\dfrac{DG_{t-1}}{P_t}$$

$$+ (i^f + \dot{e} - i)\dfrac{NFA}{P} + (i^O - i)\dfrac{LB}{P} + (i - i^{FP})\dfrac{FP}{P}$$

$$+ \left(i\dfrac{B}{P} - i^r\dfrac{RR}{P} - i^e\dfrac{ER}{P}\right)\}$$

从上述的分析能够看出,中央银行机会成本铸币税、转移的机会成本铸币税、央行利润和财政铸币税等之间的联系。转移的机会成本铸币税转移给政府的为 $(i - i^g)\dfrac{GB}{P} -$

$(i-i^d)\dfrac{DG}{P} - (i-i^{FP})\dfrac{FP}{P}$；转移给非政府的为 $(i-i^f-\dot{e})\dfrac{NFA}{P} + (i-i^O)\dfrac{LB}{P}$。机会成本铸币税和转移的机会成本铸币税之差就形成中央银行的利润。而财政铸币税包括中央银行的利润、扣除中央银行转移给非政府的那部分机会成本铸币税，以及政府债券发行、政府存款的变动和政府债券、政府存款获得的市场净利息（表4-7）。

表4-7 转移的机会成本铸币税、中央银行利润和财政铸币税的分解

铸币税	分 解	含 义
中央银行的利润 (1)-(2)	机会成本铸币税(1)	$i\dfrac{B}{P} - i^r\dfrac{RR}{P} - i^e\dfrac{ER}{P}$
	转移的机会成本铸币税(2)	$(i-i^f-\dot{e})\dfrac{NFA}{P} + (i-i^g)\dfrac{GB}{P} + (i-i^O)\dfrac{LB}{P} - (i-i^d)\dfrac{DG}{P} - (i-i^{FP})\dfrac{FP}{P}$
转移的机会成本铸币税(1)+(2)	转移给政府的机会成本铸币税(1)	$(i-i^g)\dfrac{GB}{P} - (i-i^d)\dfrac{DG}{P} - (i-i^{FP})\dfrac{FP}{P}$
	转移给非政府的机会成本铸币税(2)	$(i-i^f-\dot{e})\dfrac{NFA}{P} + (i-i^O)\dfrac{LB}{P}$
财政铸币税(1)-(2)+(3)	机会成本铸币税(1)	$i\dfrac{B}{P} - i^r\dfrac{RR}{P} - i^e\dfrac{ER}{P}$
	转移给非政府的机会成本铸币税(2)	$(i-i^f-\dot{e})\dfrac{NFA}{P} + (i-i^O)\dfrac{LB}{P} - (i-i^{FP})\dfrac{FP}{P}$
	政府债券发行、政府存款的变动和政府债券、政府存款获得的市场净利息(3)	$\dfrac{GB_t - GB_{t-1}}{P_t} - i_t\dfrac{GB_{t-1}}{P_t} - \dfrac{DG_t - DG_{t-1}}{P_t} + i_t\dfrac{DG_{t-1}}{P_t}$

接下来，测算1985—2014年我国的财政铸币税，其中，$i_t^g GB_{t-1}^{CB}$为对 $t-1$ 期央行持有政府债券进行的利息支出额，在计算这个利息支出额时，GB_{t-1} 选择的是央行对中央政府的债权，i_t^g 选取的是特别国债利率，i_t^d 选取的是活期存款利率①，其他变量选取同前。

结合前文对中央银行利润的测算结果和图4-3可以发现，1985—2014年财政铸币税在很大程度上是受到央行利润变动的影响，央行利润是影响财政铸币税的重要因素。央行对政府债权的变动，政府存款的变动等也部分地解释了财政铸币税的数值变化。1985—1999年，财政铸币税的绝对数额表现出较为稳定的特征，2000年、2003年、2004

---

① 特别国债利率的选取同前。

第 4 章 通货膨胀和铸币税

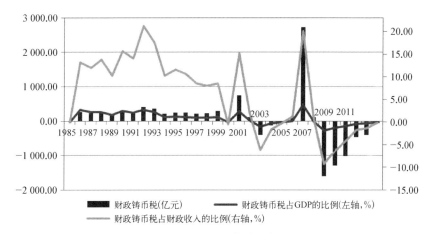

图 4-3　1985—2014 年财政铸币税

注：数据来源为 CEIC 数据库，国泰安数据库，中国资讯行—中国统计数据库，国研网统计数据库，中国人民银行网站。

年、2005 年、2009—2010 年，财政铸币税出现负的数值，2007 年财政铸币税达到一个最大值。从财政铸币税占 GDP 的比重来看，基本上都在 3% 以内，1985—2014 年，大致呈现出一个下降的趋势；从财政铸币税占财政收入的比重来看，波动幅度较为剧烈，1985—2014 年，整体呈现出一个下降的趋势，期间存在较大的上下波动，其在 2007 年达到一个最大值，这与央行发行的债券、央行上缴的利润等较大有关（图 4-3）。因此，从财政铸币税占 GDP 的比重，以及其占财政收入的比重，可以看出，财政铸币税的影响不容忽视。

根据财政铸币税的分解可以看出，在 2000 年以前，财政铸币税、机会成本铸币税、转移给非政府的机会成本铸币税和政府债券、存款余额和利息的变动相对比较平缓，2000 年以后，波动相对较大（见图 4-4）。这主要由于以下几个原因：一是外汇占款大幅度上升和央行票据大量发行，转移给非政府的机会成本铸币税上升；二是政府债券发行上升，政府发行的长期特别国债，主要还由央行持有，政府债券和利息变动较大；三是政府存款上升，随着中国经济的增长和政府收入的上升，政府在央行的存款也会增加，因此政府存款和利息变化也较大。同时，2008 年金融危机的爆发，货币政策调控的转变，也加剧了这几者的变化，财政铸币税的变动也相应增加。

总之，从前面中央银行铸币税、商业银行铸币税和财政铸币税三者的分析能够看出，每一类铸币税都有各自的特点：一是铸币税征收依赖于主体的垄断特征。央行有垄断货币发行的特权；商业银行有垄断吸收储蓄的特权；政府（包括财政部和央行）有财政赤字货币化和获得央行利润的权利，因此就形成了特定主体的铸币税。二是每一类铸币税都受多种因素的影响。中央银行的货币铸币税主要由基础货币和价格水平决定，机会成本铸

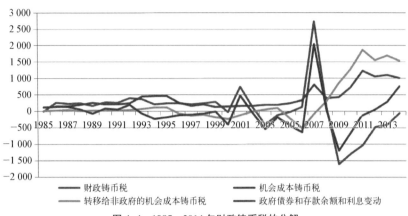

图 4-4 1985—2014 年财政铸币税的分解

注：数据来源为 CEIC 数据库，国泰安数据库，中国资讯行—中国统计数据库，国研网统计数据库，中国人民银行网站。

币税主要受利率水平和实际货币余额的影响；商业银行铸币税主要有利率水平、法定准备金、超额准备金以及相应的利率水平等因素决定；财政铸币税主要受央行对政府债权、央行利润、对央行支付的利息等因素的影响，因此每一类铸币税的波动往往较大，这从前面铸币税的波动特征也能够看出。三是铸币税之间还存在包含关系。财政铸币税包括中央银行的利润，而中央银行利润也是机会成本铸币税的一部分，因此财政铸币税也包含了机会成本铸币税和央行利润的一部分。

实际上，铸币税不同于其他显性税收，它依赖于经济主体特定的社会功能而获得潜在收益，这种收益是伴随着它的经济活动而产生的，铸币税的变动往往伴随相应的经济现象和经济政策的变化[①]。

4.3 货币铸币税的分解和通货膨胀税

4.3.1 货币铸币税的分解

从货币铸币税的角度来研究，根据其公式：$S = \dfrac{\Delta M}{P} = \dfrac{\Delta M}{M}\dfrac{M}{P} = \mu \dfrac{M}{P}$，式中 μ 表

---

① 如央行铸币税的升高往往伴随通货膨胀的上升，商业银行铸币税的上升往往是由于金融抑制的缘故，财政铸币税的上升往往是由于财政赤字的货币化导致的。

第 4 章 通货膨胀和铸币税

示基础货币增长率。从通货膨胀税的角度来看,通货膨胀税等于税率乘以计税基础,式中税率是通货膨胀率,计税基础是实际的货币余额,因此可得其公式:$I = \pi \times M/P$,式中 π 表示通货膨胀率。如果假定货币需求采用卡甘模型函数形式,即用公式表示为:$M/P = Ay^{\alpha}e^{-\beta\pi}$,式中:$A$ 为常数;α 为实际货币余额的收入弹性;β 为通货膨胀对实际货币需求的影响大小。

根据以上相关知识,将货币铸币税以其占名义 GDP 的百分比所表示时,可以得到货币铸币税新的表示公式:$S^* = (\Delta M/P)/y = \Delta M/Py = \mu m$,式中,$\mu = \Delta M/M$,表示货币供给的增长率;$m = M/Py$ 以产出百分比所表示的实际货币余额。进一步根据货币铸币税的定义能够得到:

$$\begin{aligned}
S^* &= \frac{M_t - M_{t-1}}{P_t Y_t} = \frac{M_t}{P_t Y_t} - \frac{M_{t-1}}{P_{t-1} Y_{t-1}} + \frac{M_{t-1}}{P_{t-1} Y_{t-1}} - \frac{M_{t-1}}{P_t Y_t} \\
&= \left(\frac{M_t}{P_t Y_t} - \frac{M_{t-1}}{P_{t-1} Y_{t-1}} \right) + \frac{M_t}{P_t Y_t} \left(\frac{M_{t-1}}{M_t} \frac{P_t Y_t}{P_{t-1} Y_{t-1}} - \frac{M_{t-1}}{M_t} \right) \\
&= \left(\frac{M_t}{P_t Y_t} - \frac{M_{t-1}}{P_{t-1} Y_{t-1}} \right) + \frac{M_t}{P_t Y_t} \left(\frac{(1+g)(1+\pi)}{1+\mu} - \frac{1}{(1+\mu)} \right) \\
&= \Delta m + gm + \pi m \text{ ①}
\end{aligned}$$

需要说明的是 $S^* = \Delta m + gm + \pi m$ 所表示的含义。即将铸币税的组成分为三个部分(都以产出的百分比表示),分别是(1) 货币扩张所带来的实际货币余额的变动(Δm);(2) 货币扩张所带来的经济增长(gm);(3) 货币扩张所带来的通货膨胀影响,即通货膨胀税(πm)。将通货膨胀税以其占名义 GDP 的百分比所表示时,可以得到通货膨胀铸币税新的表示公式是:$I = (\pi \times M/P)/y = \pi M/Py = \pi m$。根据 $S^* = \Delta m + gm + \pi m$ 以及 $I = \pi m$,当 $\Delta m = g = 0$ 时,$S^* = I = \pi m$,即铸币税等于通货膨胀税。

根据公式 $I = (\pi \times M/P)$,来对我国 1985—2017 年的通货膨胀税进行测算,见表 4-8。

根据表 4-8 可以看出,1985—2017 年,通货膨胀税的数额波动幅度较大。由于在 1998 年、1999 年、2002 年和 2009 年通货膨胀为负,因此相对应的通货膨胀税也为负。1985—2017 年,通货膨胀税占 GDP 的比例出现了几次大幅的升降变动,数据的波动主要

---

① 其中 g 表示经济增长率:$\frac{Y_t}{Y_{t-1}} = 1 + g$;$\pi$ 是通货膨胀率:$\frac{P_t}{P_{t-1}} = 1 + \pi$。在 μ 和 $g\pi$ 很小的情况下,$\frac{(1+g)(1+\pi)}{1+\mu} - \frac{1}{1+\mu} \approx g + \pi$。

表 4-8　1985—2010 年通货膨胀税　　　　　　　　　　　单位：亿元

	基础货币 B	通货膨胀率(%)	通货膨胀税	通货膨胀税占GDP之比(%)	通货膨胀税与财政收入之比(%)
1985	2 284.10	9.34	213.36	2.34	10.64
1986	2 818.60	6.48	172.40	1.76	8.61
1987	3 181.70	7.31	203.92	1.91	10.57
1988	3 983.60	18.76	549.45	4.92	31.70
1989	4 911.20	17.99	552.13	5.14	33.15
1990	6 387.30	3.10	119.88	1.05	6.73
1991	7 931.40	3.42	158.61	1.23	8.61
1992	9 228.00	6.39	323.98	2.17	16.93
1993	13 147.00	14.70	929.12	5.42	44.44
1994	17 217.80	24.13	1 604.14	8.54	79.62
1995	20 759.80	17.08	1 170.20	5.78	56.80
1996	26 888.50	8.31	681.59	3.11	30.18
1997	30 632.80	2.79	253.73	1.07	9.88
1998	31 335.30	−0.79	−74.31	−0.29	−2.51
1999	33 620.10	−1.41	−144.08	−0.53	−4.15
2000	36 491.40	0.42	45.91	0.15	1.13
2001	39 851.73	0.69	82.72	0.25	1.68
2002	45 138.18	−0.80	−109.22	−0.30	−1.91
2003	52 841.36	1.20	189.21	0.46	2.92
2004	58 856.11	3.90	659.24	1.42	8.69
2005	64 343.13	1.80	326.99	0.62	3.66
2006	77 757.83	1.51	326.76	0.53	3.03
2007	101 545.40	4.80	1 292.43	1.80	9.49
2008	129 222.33	5.90	1 909.34	2.38	12.42
2009	143 985.00	−0.71	−257.38	−0.29	−1.49
2010	185 311.08	3.30	1 495.17	1.48	7.36
2011	224 641.76	5.40	2 814.54	2.48	11.68
2012	252 345.17	2.60	1 484.38	1.21	5.60

第4章 通货膨胀和铸币税

(续表)

	基础货币 B	通货膨胀率(%)	通货膨胀税	通货膨胀税占GDP之比(%)	通货膨胀税与财政收入之比(%)
2013	271 023.09	2.60	1 556.01	1.19	5.46
2014	294 093.02	2.00	1 271.42	0.91	4.19
2015	276 377.49	1.40	825.15	0.56	2.54
2016	308 979.61	2.00	1 290.65	0.83	3.87
2017	321 870.76	1.59	1 054.85	0.62	2.97

注：数据来源为国泰安数据库，中国资讯行—中国统计数据库，国研网统计数据库，世界银行网站和中国人民银行网站。

是由于通货膨胀率不断变化以及基础货币不断增加的原因。2011年之后其数据持续下降，通货膨胀税减少。虽然基础货币在增加，但通货膨胀率在下降。2014年以后，通货膨胀税占GDP之比都维持在1%以下。通货膨胀税与财政收入之比在1994年达到最大值79.62%，可以看出当时高通货膨胀率的情况下，通货膨胀税较高。1985—2017年，通货膨胀税占财政收入的趋势与其占GDP的趋势相似，但是前者较后者占比数据更大，且波动更为猛烈。

4.3.2 最优通货膨胀税下的通货膨胀率

如果不考虑经济增长和实际货币余额变动，则铸币税等于通货膨胀税，货币增长率和通货膨胀率相同。Cagan(1956)探讨了铸币税最大化下的通货膨胀率，得到当通货膨胀率是货币需求的利率半弹性的倒数的时候，央行获得的铸币税最大。根据卡甘的货币需求函数 $M/P = Ay^{\alpha}e^{-\beta\pi}$，并将其代入通货膨胀税的计算公式 $I = \pi \times M/P$，可得以下公式：$I = \pi \times [Ay^{\alpha}e^{-\beta\pi}]$。对于 $I = \pi \times [Ay^{\alpha}e^{-\beta\pi}]$，当通货膨胀率等于0时，通货膨胀税等于零。为了求解使得通货膨胀税达到最大值的通货膨胀率，将通货膨胀税对通胀率求一阶导数，并令等式为零时，即可求解出满足条件的通货膨胀率。最终可以求得 $\pi^* = 1/\beta$。图4-5是铸币税的Laffer曲线：

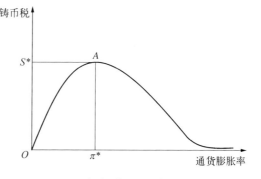

图4-5 铸币税的Laffer曲线

根据 Laffer 曲线可以看出,随着通货膨胀率的不断上升,铸币税(准确说是通货膨胀税)先是上升,在达到一个最大值后会逐渐下降,当通货膨胀率为 π^* 时,铸币税达到最大值。从理论分析上,可以看出原因。根据通货膨胀税的计算公式 $I = \pi \times M/P$。从本质上来说,通货膨胀税是一种隐形的税收,税率是通货膨胀率,计税基础是实际的货币余额。随着通货膨胀率即税率的不断上升,公众愿意持有的实际货币余额会不断下降,在 $\pi < \pi^*$ 时,通货膨胀税会不断增加;当 $\pi > \pi^*$ 时,随着通胀率的上升,公众愿意持有的实际货币余额会大幅的下降,这就使得两者的乘积——通货膨胀税不断下降。根据拉弗曲线,在既定的铸币税水平下,对应一个低的通货膨胀率和一个高的通货膨胀率(Bruno and Fisch,1990;Sargent and Wallace,1981),如果通货膨胀率比最优铸币税下的通货膨胀率低,经济在正确的轨道上,政府还可以通过提高通货膨胀水平获得更多的铸币税。如果通货膨胀率比最优铸币税下的通货膨胀率高,那么政府想通过增加货币供给获得超过最优水平的铸币税,其结果只能导致加速的通货膨胀。

当考虑实际利率时,机会成本铸币税 $S = i\dfrac{M}{P} = (\pi+R)[Ay^\alpha e^{-\beta\pi}]$ $(\alpha,\beta>0)$,因此最优铸币税 $S^* = \max\limits_{(\pi)}(\pi+r)[Ay^\alpha e^{-\beta\pi}]$,此时最优铸币税下的通货膨胀率为 $\pi^* = \dfrac{1}{\beta} - r$,当实际利率 r 为 0 时,通货膨胀税等于机会成本铸币税。因为 β 可以通过实证数据测算出来,这样就可以得到通货膨胀税达到最大化的通货膨胀率。

4.3.3 货币铸币税和通货膨胀税

根据铸币税公式 $S_t = \Delta m + gm + \pi m$(都是以名义 GDP 百分比来表示)以及通货膨胀税公式 $I_t = \pi m$,式中 $m = M/Py$。因此,我们对相关变量进行单位根检验,结果如表 4-9 所示。

表 4-9 模型中相关变量单位根检验结果

变量	ADF 单位根检验			PP 检验			结论
	检验形式	ADF 检验值	概率	检验形式	PP 检验值	概率	
S	(c, 0, 0)	-3.392071	0.019 0	(c, 0, 3)	-3.482 484	0.015 4	平稳
Δm	(c, 0, 1)	-5.136 938	0.000 2	(c, 0, 1)	-5.136 938	0.000 2	平稳
gm	(c, 0, 0)	-5.879 332	0.000 0	(c, 0, 1)	-5.877 386	0.000 0	平稳
πm	(c, 0, 0)	-3.135 216	0.034 5	(0, 0, 7)	-1.643 702	0.093 8	平稳

注:(c, t, m)分别表示常数项、趋势项和滞后阶数,据 AIC 信息准则判定最优滞后阶数,(1) 代表扣除利息的货币铸币税,(2) 代表扣除利息的机会成本铸币税。

第4章 通货膨胀和铸币税

从检验结果来看,在5%的显著性水平下,所有序列 ADF 检验是平稳序列,除了 πm, PP 检验也都是平稳序列,还有在10%的水平下,πm 也是平稳的,因此变量回归不会出现伪回归。

在均衡状态的情况下,铸币税和通货膨胀税是相等的,因为货币增长率和通货膨胀率相等。如果不是均衡状态,假定 $\Delta m = g = 0$ 时,铸币税和通货膨胀税可以看出是随机关系,而非严格意义上的等式关系。当 $\Delta m = g = 0$ 时,为了考察 S_t 和 πm 的关系[①],我们考察下面回归方程式[②],期间为 1986 年[③]至 2017 年,括号内是 t 检验值。

$$S_t = 4.438\,613 + 1.016\,228\pi m$$
$$(5.713\,974)\,(3.560\,910)$$

Adjusted R - squared = 0.297 096   Durbin - Watson stat = 1.517 102

F = 12.680 08

上面的回归式子表明 S_t 和 πm 之间的确存在着明显的一个关系,并且 πm 的系数在 5%的显著性水平下显著。当 πm(以名义 GDP 百分比表示)增加 1%时,将会使得 S_t(以名义 GDP 百分比表示)增长 1.016 2%。低的 D-W 统计量说明模型设定的误差,而非序列相关,因为我们排除了 Δm 和 g 的影响。

接着,我们不再假设 $\Delta m = g = 0$,将 $\Delta\mu$ 和 gm 的影响考虑进来,并以此来研究 S_t 和 πm 之间的关系。根据 $S_t = \Delta m + gm + \pi m$,来对 1986 年至 2017 年的数据进行实证分析。结果如下(括号内为 t 值):

$$S_t = -1.358\,376 + 0.771\,954\pi m + 1.254\,605\Delta m + 1.627\,085 gm$$
$$(-2.416\,306)\,(10.664\,91)\quad(19.030\,38)\quad(10.315\,96)$$

Adjusted R - squared = 0.955 368   Durbin - Watson stat = 2.017 970

F - statistic = 222.190 0

上面的结果显示出:在加入 Δm 和 gm 的影响后,调整的 R^2 大幅度提高,模型的拟合效果较好,S_t 和 πm 之间也存在一个明显的关系,并且 πm 的系数在 5%的显著性水平下显著。当 πm(以名义 GDP 百分比表示)增加 1%时,S_t(以名义 GDP 百分比表示)会增加

[①] 此处,重新计算名义货币铸币税(占名义 GDP 百分比),即 $S_t = \Delta B/GDP$,以及名义通货膨胀税(占名义 GDP 百分比),即 $\pi m = \pi \times B/GDP$。

[②] 严格来说,这个实证方程是没有截距项。在没有截距项的情况下,方程被迫通过原点,会使得可决系数 R^2 不稳定。因此,在这个实证方程中加入了截距项。

[③] 1984 年基础货币相关数据缺少,不能测算 1985 年的基础货币增长率。因此,货币铸币税是从 1986 年开始测算,同时,这部分的实证检验的时间区间为 1986 年至 2017 年。

0.771 954%。

4.3.4 主要结论

理论分析认为,货币铸币税的组成可分为三个部分(都以产出的百分比表示),分别是实际货币余额变动铸币税(Δm);货币扩张所带来的经济增长铸币税(gm);货币扩张所带来的通货膨胀税(πm)。

1985 年至 2017 年,通货膨胀税占 GDP 的比例波动较大,数据的波动主要是由于通货膨胀率不断变化以及基础货币不断增加的原因。2014 年以后,通货膨胀税占 GDP 之比都维持在 1% 以下。1985 年至 2017 年,通货膨胀税占财政收入的趋势与其占 GDP 的趋势相似,但是前者较后者之比数据更大,且波动幅度也更大。

本节从实证的角度研究了我国货币铸币税和通货膨胀税的关系。通过两个回归方程,得到结论是:货币铸币税和通货膨胀税等经济变量之间存在长期的稳定关系。如果不考虑 Δm 和 gm 的影响,当 πm(以名义 GDP 百分比表示)增加 1% 时,将会使得 S_t(以名义 GDP 百分比表示)增长 1.016 2%。如果考虑 Δm 和 gm 的影响,当 πm 增加 1% 时,S_t 会增加 0.771 954%。

本节还研究了最优铸币税,从理论角度来看,如果是 Cagan 货币函数形式,使得通货膨胀税达到最大化值的通货膨胀率是 $1/\beta$。当然还模型可以进一步拓展,探讨铸币税最大化和通货膨胀率之间的关系。

4.4 央行利润、财政铸币税和通货膨胀率的非线性关系

根据卡甘的研究(Cagan,1956),货币需求函数是影响最优铸币税的关键因素,如果考虑到典型代理人的效用最大化,则铸币税的变化与效用最大化的货币需求函数相联系。假设经济主体的效用函数和约束条件有相似的特征,通过建立典型代理人微观基础的跨期均衡模型,可以得到消费者跨期效用最大化的货币需求函数(Blanchard and Fischer,1989;Obstfeld and Rogoff,1996;Walsh,1998;Lucas,2000)。假定典型代理人瞬间效用函数为 $u(c,m)$,其中人均实际消费 $c=\dfrac{C}{PN}$;人均实际货币余额 $m=\dfrac{M}{PN}$;C 是总消费;M 是名义货币余额;P 是一般价格水平;N 是总人口。我们假定 $u_c,u_m>0$,且函数 $u(c,m)$ 是严格的凹函数,瞬间贴现率为 θ,人一生的效用函数为:$V=\int_0^{\infty} u(c,m)\mathrm{e}^{-\theta t}\mathrm{d}t$。

第4章 通货膨胀和铸币税

典型代理人面临的人均预算约束为：$c+\dot{k}+\dot{m}=w+rk-n(k+m)-\pi m+x$，其中 k 是人均资本投入；人均投资的变动 $\dot{k}=\dfrac{dk}{dt}$；人均实际货币余额的变动 $\dot{m}=\dfrac{dm}{dt}$；w 是实际工资水平；r 是实际利率水平；人均收入水平为 $w+rk$；x 表示典型代理人获得政府的实际人均转移支付；通货膨胀率 $\pi=\dfrac{\dot{P}}{P}$；n 是人口增长率。令人均总资产 $a=k+m$，则预算约束能够写成：$\dot{a}=[w+x+(r-n)a]-[c+(r+\pi)m]$，其中 $(r+\pi)$ 是名义利率 i，是持有货币的机会成本。

为了求最优解，我们构建哈密尔顿函数：$H_t=u(c,m)e^{-\theta t}+\lambda e^{-\theta t}\{[w+x+(r-n)a]-[c+(r+\pi)m]\}$，因此可以得到最优化的一阶条件：$\dfrac{\partial H_t}{\partial c_t}=u_c(c,m)e^{-\theta t}-\lambda e^{-\theta t}=0$，$\dfrac{\partial H_t}{\partial m_t}=u_m(c,m)e^{-\theta t}-\lambda(r+\pi)e^{-\theta t}=0$，$\dfrac{\partial H_t}{\partial a}=-\dfrac{d\lambda e^{-\theta t}}{dt}$。

进一步能够得到最优解：

$$u_c(c,m)=\lambda \tag{4-28}$$

$$u_m(c,m)=\lambda(r+\pi) \tag{4-29}$$

$$\dot{\lambda}-\theta\lambda=-(r-n)\lambda \tag{4-30}$$

假定"Ponzi 骗局"不存在，横截性条件成立：$\lim_{t\to\infty}\lambda e^{-\theta t}a=0$。将式(4-28)与式(4-29)联立能够可以得到：

$$\frac{u_c(c_t,m)}{u_m(c_t,m)}=\frac{1}{r+\pi} \tag{4-31}$$

假定个人的定期效用函数具有等弹性的形式：

$$u(c,m)=[\gamma^{\frac{1}{\theta}}c^{\frac{\theta-1}{\theta}}+(1-\gamma)^{\frac{1}{\theta}}m^{\frac{\theta-1}{\theta}}]^{\frac{\theta}{\theta-1}} \tag{4-32}$$

把(4-32)式代入(4-31)式便可以得到跨期均衡模型中的货币需求函数：

$$m_t^d=\left(\frac{1-\gamma}{\gamma}\right)\left(\frac{1}{i_t}\right)^\theta c_t \tag{4-33}$$

根据(4-33)式，实际货币需求是名义利率和消费的函数。与持有货币的机会成本 (i_t) 反向变化，利率下降，货币需求上升；与消费正向变动，消费增加，货币需求增加。

以上是典型代理人效用最优化和宏观经济预算等式约束条件下的货币需求函数，在货币供给等于货币需求的条件下，$m_t^s = m_t^d = m_t$，实际货币余额：$m_t = \dfrac{M_t}{P_t} = \left(\dfrac{1-\gamma}{\gamma}\right)\left(\dfrac{1}{i_t}\right)^{\theta} c_t$。实际货币余额是决定铸币税的重要因素，如机会成本铸币税：$s^O = i_t \dfrac{M_t}{P_t}$。

实际上，我们计算铸币税往往考察铸币税占国内产出的比例来反映铸币税的大小，例如扣除央行付息的机会成本铸币税：$s^o = i\dfrac{C}{PY} + (i-i^r)\dfrac{RR}{PY} + (i-i^e)\dfrac{ER}{PY}$，因此扣除央行付息的机会成本铸币税能够写成货币需求函数乘积的形式：$s^O = i\dfrac{C}{PY} + (i-i^r)\dfrac{RR}{PY} + (i-i^e)\dfrac{ER}{PY} = \left(\dfrac{iC+(i-i^r)RR+(i-i^e)ER}{M}\right)\dfrac{M}{PY}$，其中 $\dfrac{M}{PY} = \left(\dfrac{1-\gamma}{\gamma}\right)\left(\dfrac{1}{i_t}\right)^{\theta}\dfrac{c_t}{y_t}$；$y_t$ 是人均实际GDP，令 $\dfrac{M}{PY} = \left(\dfrac{1-\gamma}{\gamma}\right)\left(\dfrac{1}{i_t}\right)^{\theta}\dfrac{c_t}{y_t} = h(\pi)$，并令 $\left(\dfrac{iC+(i-i^r)RR+(i-i^e)ER}{M}\right) = g(\pi)$，定义为铸币税因子，因此：$s^O = g(\pi)h(\pi)$，机会成本铸币税是铸币税因子和货币需求函数的乘积①。机会成本铸币税两边取对数能够得到：$\ln s^O = \ln g(\pi) + \ln h(\pi)$，我们对机会成本铸币税在均衡状态 $\pi = \pi^*$ 的附近进行泰勒的二阶展开得到：

$$\ln s^O = [\ln g(\pi) + \ln h(\pi)]|_{\pi=\pi^*} + \left[\dfrac{g'(\pi)}{g(\pi)} + \dfrac{h'(\pi)}{h(\pi)}\right]\bigg|_{\pi=\pi^*}(\pi-\pi^*)$$
$$+ \dfrac{1}{2}\left[\dfrac{g'(\pi)}{g(\pi)} + \dfrac{h'(\pi)}{h(\pi)}\right]'\bigg|_{\pi=\pi^*}(\pi-\pi^*)^2 + o(\pi^3) \tag{4-34}$$

令 $\varepsilon_g = \dfrac{\pi g'(\pi)}{g(\pi)}$，$\varepsilon_h = \dfrac{\pi h'(\pi)}{h(\pi)}$，可知二次项系数：$\dfrac{1}{2}\left[\dfrac{g'(\pi)}{g(\pi)} + \dfrac{h'(\pi)}{h(\pi)}\right]' = \dfrac{1}{2}\left[\dfrac{\varepsilon_g + \varepsilon_h}{\pi}\right]' = \dfrac{1}{2\pi}\left[\dfrac{d(\varepsilon_g + \varepsilon_h)}{d\pi} - \dfrac{(\varepsilon_g + \varepsilon_h)}{\pi}\right]$。

因此：(1) 当 $\left[\dfrac{d(\varepsilon_g + \varepsilon_h)}{d\pi} - \dfrac{(\varepsilon_g + \varepsilon_h)}{\pi}\right]\bigg|_{\pi=\pi^*} < 0$，机会成本铸币税呈"倒 U 型"曲线；

---

① 实际上，货币铸币税、央行利润和转移的机会成本铸币税都可以转换成两者乘积的形式，可以进行类似的分析。

第 4 章　通货膨胀和铸币税

(2) 当 $\left[\dfrac{d(\varepsilon_g + \varepsilon_h)}{d\pi} - \dfrac{(\varepsilon_g + \varepsilon_h)}{\pi}\right]\Big|_{\pi=\pi^*} > 0$，机会成本铸币税呈"U 型"曲线；

(3) 当 $\left[\dfrac{d(\varepsilon_g + \varepsilon_h)}{d\pi} - \dfrac{(\varepsilon_g + \varepsilon_h)}{\pi}\right]\Big|_{\pi=\pi^*} = 0$，机会成本铸币税既不是"U 型"曲线，也不是"倒 U 型"曲线。

其中名义利率 i_t 等于实际利率 r_t 加上通货膨胀率 π_t，$i_t = r_t + \pi_t$。如果考虑到 $[\ln h(\pi)]''|_{\pi=\pi^*} = \theta\left(\dfrac{1}{r+\pi^*}\right)^2$，则意味着 $[\ln g(\pi)]''|_{\pi=\pi^*} < -\theta\left(\dfrac{1}{r+\pi^*}\right)^2$，机会成本铸币税呈"倒 U 型"曲线；如果 $[\ln g(\pi)]''|_{\pi=\pi^*} > -\theta\left(\dfrac{1}{r+\pi^*}\right)^2$，机会成本铸币税呈"U 型"曲线；如果 $[\ln g(\pi)]''|_{\pi=\pi^*} = -\theta\left(\dfrac{1}{r+\pi^*}\right)^2$，机会成本铸币税既不是"U 型"曲线，也不是"倒 U 型"曲线。

当典型代理人实现效用最大化时，实际货币余额 $h(\pi)$ 与通货膨胀率反向变化，也就是说，通货膨胀率上升时，本国居民会减少所持有的货币；若 $g(\pi)$ 与通货膨胀率正向变化，即通货膨胀率变大时，$g(\pi)$ 变大。因此，假如铸币税呈现 U 型曲线的形状，通货膨胀率变大时，货币余额 $h(\pi)$ 下降，当 $\pi < \pi^*$ 时，随着通货膨胀率上升，$g(\pi)$ 上升的幅度小于实际货币余额 $h(\pi)$ 下降的幅度，铸币税会不断下降；当 $\pi > \pi^*$ 时，随着通胀率的上升，公众愿意持有的实际货币余额 $h(\pi)$ 下降放缓，这样 $g(\pi)$ 上升的幅度会大于实际货币余额下降的幅度，铸币税不断上升。也就是说，随着通货膨胀率的上升，货币需求是下降的，货币需求和通货膨胀率反向变化，而 $g(\pi)$ 和通货膨胀率是同向变化。在最大值的左边，随着通货膨胀率的上升，$g(\pi)$ 上升比实际货币余额 $h(\pi)$ 下降要慢，所以铸币税下降；在最大值的右边，随着通货膨胀率的上升，$g(\pi)$ 上升比实际货币余额 $h(\pi)$ 下降要快，所以铸币税上升。也就是说，符合 $[\ln g(\pi)]''|\pi=\pi^* > -\left(\dfrac{1}{r+\pi^*}\right)^2$，铸币税呈"U 型"曲线。

根据二次函数的特点，机会成本铸币税的极大值点为 $(\pi^{\max}, s^{\max})$

$$\pi^{\max} = \pi^* - \left\{\dfrac{g'(\pi)}{g(\pi)} + \dfrac{h'(\pi)}{h(\pi)}\right\} \Big/ \left[\dfrac{g'(\pi)}{g(\pi)} + \dfrac{h'(\pi)}{h(\pi)}\right]'\Big|_{\pi=\pi^*}$$

$$s^{\max} = e^{[\ln g(\pi) + \ln h(\pi)]|_{\pi=\pi^*}} - \dfrac{1}{2}\dfrac{\left\{\left[\dfrac{g'(\pi)}{g(\pi)} + \dfrac{h'(\pi)}{h(\pi)}\right]|_{\pi=\pi^*}\right\}^2}{\left[\dfrac{g'(\pi)}{g(\pi)} + \dfrac{h'(\pi)}{h(\pi)}\right]'|_{\pi=\pi^*}}$$

$$= [\ln g(\pi) + \ln h(\pi)]|_{\pi=\pi^*} - \dfrac{\varepsilon_g + \varepsilon_h}{2\pi} \dfrac{1}{\dfrac{\partial \ln \dfrac{(\varepsilon_g + \varepsilon_h)}{\pi}}{\partial \pi}}\Big|_{\pi=\pi^*}$$

假定机会成本铸币税是"倒 U 型"的曲线,从二次函数铸币税的特点来看,如果一阶导数大于 0,二阶导数小于 0,则铸币税是递增的,并且是凸函数;如果一阶导数小于 0,二阶导数大于 0,则铸币税是递减的,并且是凹函数。函数极大值的右侧一阶导数小于 0,二阶导数大于 0,铸币税是递减的,是凹函数;极大值的左侧一阶导数大于 0,二阶导数小于 0,铸币税是递增的,并且是凸函数。随着通货膨胀率上升,经过最大值点后,一阶导数转向下降,二阶导数大于 0,最大值的右边是凹函数,左边是凸函数。如果一阶导数等于 0,二阶导数小于 0,则该点是铸币税极大值。

因此,在跨期均衡模型的框架下,铸币税的变动呈现 U 型特征或倒 U 型特征,在典型代理人效用最大化的条件下,中央银行铸币税存在最小值或最大值。中央银行铸币税的变动是由实际货币余额 $h(\pi)$ 和 $g(\pi)$ 相互作用的结果,实际货币余额 $h(\pi)$ 是通货膨胀率的减函数,$g(\pi)$ 是通货膨胀率的增函数(或减函数),这两者的变动趋势决定了铸币税的变动。

4.4.1 实证分析

4.4.1.1 数据来源和方法

我们采用季度数据进行实证研究,根据数据的可得性,数据区间选取:1998 年 1 季度至 2014 年 4 季度。消费者物价指数采用环比数据(2005 = 100),物价以及国内生产总值等数据来自 CEIC 数据库,并对相关变量进行季节调整。

类似于扣除利息的机会成本铸币税 $s^O = g(\pi)h(\pi)$,其他的铸币税和央行利润等都能够写成这种形式,如货币铸币税[①]占 GDP 的比例:$s^M = \dfrac{\Delta M_t}{M_t} \dfrac{M_t}{P_t Y_t}$。扣除利息的货币铸币税:$s^M = \left(\dfrac{\Delta B}{M} - \dfrac{i^r}{i}\dfrac{\Delta RR}{M} - \dfrac{i^e}{i}\dfrac{\Delta ER}{M} \right) \dfrac{M}{PY}$。机会成本铸币税占 GDP 的比例:$s^O = i_t \dfrac{M_t}{P_t Y_t}$。央行利润占 GDP 的比例:$s^\pi = \left[(i^f + \dot{e} - i)\dfrac{NFA}{M} + (i^g - i)\dfrac{CG}{M} + (i^O - i)\dfrac{LB}{M} + (i - i^d)\dfrac{DG}{M} + (i - i^{FP})\dfrac{FP}{M} + \left(i\dfrac{B}{M} - i^r\dfrac{RR}{M} - i^e\dfrac{ER}{M} \right) \right] \dfrac{M_t}{P_t Y_t}$。财政铸币税占 GDP 的比例:$s^F = \Bigg\{ \dfrac{GB_t - GB_{t-1} - i_t^c GB_{t-1}}{M_t} - \dfrac{DG_t - DG_{t-1} - i_t^d DG_{t-1}}{M_t} +$

[①] 货币铸币税是一国新增货币发行而获得的实际购买力。货币铸币税和机会成本铸币税是从不同角度对央行铸币税的定义,而央行利润和财政铸币税的定义是在央行铸币税基础上的延伸。

第 4 章 通货膨胀和铸币税

$\left.\dfrac{\pi_t^{CB}}{M_t}\right\}\dfrac{M_t}{P_tY_t}$。转移的机会成本铸币税占 GDP 的比例：$s^T = \left[(i-(i^f+\dot{e}))\dfrac{NFA}{M}+(i-i^g)\dfrac{CG}{M}+(i-i^O)\dfrac{LB}{M}-(i-i^d)\dfrac{DG}{M}-(i-i^{FP})\dfrac{FB}{M}\right]\dfrac{M_t}{P_tY_t}$。通货膨胀率：$\pi_t = \ln\dfrac{P_t}{P_{t-1}}$。根据前面的理论分析和方程(4-34)可知，货币铸币税、机会成本铸币税等能够写成通货膨胀率和通货膨胀率二次项线性方程，因此我们建立如下实证模型：

$$s_t = a_0 + a_1 T + a_2 \pi_t + a_3 \pi_t^2 + \varepsilon_t \tag{4-35}$$

式中：a_0 是常数项；a_1，a_2，a_3 分别是时间趋势、通货膨胀率、通货膨胀率平方的系数。其中 a_3 反映了铸币税关于通货膨胀的二阶导数(Ehrhart et al, 2009)，如果 $a_3 > 0$，表示铸币税曲线是"U"型的，如果 $a_3 < 0$，表示铸币税曲线是"倒 U"型的。

本部分选取自回归分布滞后的协整方法(ARDL cointegration approach)，并建立如下回归方程式：

$$\Delta s_t = \alpha_i + \beta_i T + \sum_{j=1}^{n1} \phi_j \Delta s_{t-j} + \sum_{j=0}^{n2} \kappa_j \Delta \pi_{t-j} + \sum_{j=0}^{n3} \sigma_j \Delta \pi_{t-j}^2 \\ + \lambda_1 s_{t-1} + \lambda_2 \pi_{t-1} + \lambda_3 \pi_{t-1}^2 + \varepsilon_t \tag{4-36}$$

检测变量间的协整关系，采用 F 检验方法。Pesaran 等(2001)获得了 F 检验两个渐进的关键值，一个是上限值，一个是下限值。如果所有序列是 $I(0)$，用下限值来检验长期稳定的关系，其他情况都用上限值来检验协整关系。

4.4.1.2 ARDL 协整

1. 单位根检验

为了检验变量平稳性，对所有相关序列分别采用 ADF 和 PP 两种方法进行单位根检验，结果见表 4-10。

表 4-10 模型中相关变量单位根检验结果

变量	ADF 单位根检验			PP 检验			结论
	检验形式	ADF 检验值	概率	检验形式	PP 检验值	概率	
s_t^M	(c, 0, 0)	−6.689 208	0.000 0	(c, 0, 5)	−6.992 598	0.000 0	平稳
Δs_t^M	(0, 0, 1)	−10.908 64	0.000 0	(0, 0, 4)	−19.155 40	0.000 0	平稳

(续表)

变量	ADF 单位根检验			PP 检验			结论
	检验形式	ADF 检验值	概率	检验形式	PP 检验值	概率	
$s_t^M(1)$	(c, 0, 1)	-4.265 314	0.001 1	(c, 0, 4)	-6.390 316	0.000 0	平稳
$\Delta s_t^M(1)$	(0, 0, 0)	-14.494 05	0.000 0	(0, 0, 5)	-18.719 63	0.000 0	平稳
s_t^O	(c, t, 1)	-4.806 721	0.001 2	(c, t, 3)	-3.666 720	0.031 7	平稳
Δs_t^O	(c, 0, 0)	-6.522 712	0.000 0	(c, 0, 4)	-6.741 451	0.000 0	平稳
$s_t^O(2)$	(c, t, 1)	-3.031 412	0.131 8	(c, t, 3)	-2.916 862	0.164 0	不平稳
$\Delta s_t^O(2)$	(c, 0, 0)	-8.585 547	0.000 0	(c, 0, 2)	-8.557 531	0.000 0	平稳
s_t^π	(c, t, 2)	-3.157 863	0.103 2	(c, t, 5)	-2.047 184	0.563 9	不平稳
Δs_t^π	(c, 0, 0)	-4.277 341	0.001 1	(c, 0, 2)	-4.303 458	0.001 1	平稳
s_t^F	(c, 0, 0)	-7.252 994	0.000 0	(c, 0, 1)	-7.255 844	0.000 0	平稳
Δs_t^F	(0, 0, 1)	-10.088 51	0.000 0	(0, 0, 65)	-31.652 54	0.000 0	平稳
s_t^T	(c, t, 0)	-3.426 447	0.057 7	(c, t, 5)	-2.003 740	0.587 4	不平稳
Δs_t^T	(0, 0, 1)	-2.436 581	0.015 6	(0, 0, 1)	-3.871 411	0.000 2	平稳
π_t	(c, 0, 0)	-3.755 340	0.005 3	(c, 0, 3)	-3.799 289	0.004 6	平稳
$\Delta \pi_t$	(0, 0, 0)	-11.281 52	0.000 0	(0, 0, 0)	-11.281 52	0.000 0	平稳
π_t^2	(c, 0, 0)	-3.219 500	0.023 2	(c, 0, 4)	-6.031 157	0.000 0	平稳
$\Delta \pi_t^2$	(0, 0, 0)	-15.432 24	0.000 0	(0, 0, 1)	-15.694 47	0.000 0	平稳

注：(c, t, m)分别表示常数项、趋势项和滞后阶数，据AIC信息准则判定最优滞后阶数，(1)代表扣除利息的货币铸币税，(2)代表扣除利息的机会成本铸币税。

从检验结果来看，在5%的显著性水平下，除了扣除利息的机会成本铸币税、转移的机会成本铸币税和央行利润，所有序列ADF检验是平稳序列，PP检验也是平稳序列。单位根检验的结果显示扣除利息的机会成本铸币税和转移的机会成本铸币税是不平稳的，但一阶差分都是平稳的。在10%的显著性水平下，央行利润的ADF检验平稳，PP检验不平稳，两者一阶差分都平稳。

2. 协整检验

首先检验货币铸币税和通货膨胀率、通货膨胀率的平方项等之间的协整关系。利用F统计量对s_t^M，π_t，π_t^2的系数进行联合显著性检验。结果显示：F统计量 = 2.811 7(p = 0.050)，可以判定，在10%的显著性水平下，s_t^M，π_t，π_t^2之间存在长期协整关系。

然后，估计ARDL的协整模型。经过比较，本书选取标准误较小的ARDL(0, 0, 1)模型，参数估计如表4-11。

表 4-11 ARDL(0, 0, 1)模型

变量	系数	T 值	P 值	变量	系数	T 值	P 值
π_t	1.219 8	1.188 4	[0.239]	$\pi_t^2(-1)$	58.647 7	1.652 2	[0.104]
π_t^2	58.603 2	1.147 8	[0.256]				
t	0.323 3E-3	1.223 9	[0.226]	$inpt$	0.018 972*	1.878 8	[0.065]
R^2	0.31 277	调整的 R^2 值	0.26 618	F(4, 59)	6.713 1 [0.000]	DW-统计量	2.218 0

注：***、**、*分别表示在1%、5%、10%水平下拒绝原假设。

最后，进行诊断检验和稳定性检验。本书自相关检验采用拉格朗日乘数，函数设定采用 reset 检验，稳定性采用 CUSUM 和 CUSUM 平方进行检验，此外还检验残差的正态性和异方差。表 4-12 的结果显示该模型不存在自相关及异方差稳定，且函数设定正确。

表 4-12 ARDL(0, 0, 1)模型的误差诊断模型的诊断检验

检验类型	统计量值	伴随概率	F 统计量值	伴随概率
自相关检验	CHSQ(4) = 3.834 6	[0.429]	F(4, 55) = 0.876 35	[0.484]
RESET 检验	CHSQ(1) = 0.038 863	[0.844]	F(1, 58) = 0.035 241	[0.852]
残差的正态性检验	CHSQ(2) = 7.416 0	[0.025]		
异方差	CHSQ(1) = 0.090 008	[0.764]	F(1, 62) = 0.087 318	[0.769]

图 4-6 结果显示，在 5%的显著性水平下该模型是稳定的。

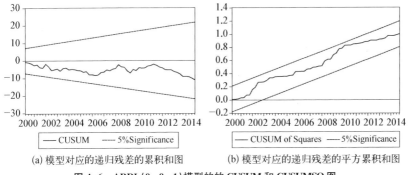

(a) 模型对应的递归残差的累积和图　　(b) 模型对应的递归残差的平方累积和图

图 4-6 ARDL(0, 0, 1)模型的的 CUSUM 和 CUSUMSQ 图

3. 长期协整关系

通过前文对模型联合检验的显著性判断滞后水平变量间存在长期稳定的协整关系，其系数见表 4-13。

表 4-13 ARDL(0, 0, 1)模型的长期系数

变量	长期系数	T 值	P 值	变量	长期系数	T 值	P 值
π_t	1.219 8	1.188 4	[0.239]	t	0.323 3E−3	1.223 9	[0.226]
π_t^2	117.250 9*	1.916 0	[0.060]	$inpt$	0.018 972*	1.878 8	[0.065]

注：(1) 模型因变量是 S^M。(2) ***、**、* 分别表示在 1%、5%、10% 的水平下拒绝原假设。

由表 4-13 可知，通货膨胀率二次项的系数显著为正，因此货币铸币税和通货膨胀率的关系呈"U"型曲线关系，我们得到如下的货币铸币税函数：

$$s_t = 1.219\,8\pi_t + 117.250\,9\pi_t^2 + (0.323\,3\text{E}-3)t + 0.018\,972\,inpt \quad (4-37)$$

4.4.1.3 其他铸币税的 ARDL 协整检验

首先，我们可以考察扣除利息的货币铸币税、机会成本铸币税、央行利润、财政铸币税、转移的机会成本铸币税等的 ARDL 协整检验。边限协整检验的结果如表 4-14 所示。

表 4-14 其他铸币税边限协整检验

类别	F 检验	P 值
扣除央行付息的货币铸币税	$F(s_t^M \mid \pi_t, \pi_t^2) = 9.299\,7$	0.000
机会成本铸币税	$F(s_t^o \mid \pi_t, \pi_t^2) = 3.702\,1$	0.018
扣除央行付息的机会成本铸币税	$F(s_t^O \mid \pi_t, \pi_t^2) = 6.351\,3$	0.001
央行利润	$F(s_t^\pi \mid \pi_t, \pi_t^2) = 6.486\,3$	0.001
财政铸币税	$F(s_t^F \mid \pi_t, \pi_t^2) = 3.967\,1$	0.013
转移的机会成本铸币税	$F(s_t^T \mid \pi_t, \pi_t^2) = 4.002\,6$	0.014

由 F 检验的结果我们可以判定，扣除利息的货币铸币税、机会成本铸币税、央行利润、财政铸币税、转移的机会成本铸币税等和 π_t、π_t^2 之间存在长期协整关系。

其次，同样我们继续估计 ARDL-cointegration 模型。按照 AIC 标准，机会成本铸币税、央行利润、财政铸币税、转移的机会成本铸币税等的 ARDL 模型的具体参数估计见表 4-15。

表 4-15 显示，根据有些铸币税变动的特点，本书还考虑了时间趋势（Mankiw，1987；Poterba and Rotemberg，1990）。在央行利润和转移的机会成本铸币税中我们加入了 2005 年虚拟变量，因为 2005 年第 3 季度我国进行了人民币汇率形成机制的改革，以 2005 年第三季度作为转折点，人民币汇率弹性增加，并且我国的外汇储备也不断上升，这对我国外汇占款及其收益的影响较大。

最后，我们对各变量间长期协整关系给出长期系数。结果如表 4-16 所示。

第4章 通货膨胀和铸币税

表4-15 ARDL 模型①

变量	抑除利息的货币铸币税 ARDL(0,0,4) 系数	机会成本铸币税 ARDL(4,0,3) 系数	抑除利息的机会成本铸币税 ARDL(3,0,3) 系数	央行利润 ARDL(3,4,1) 系数	财政铸币税 ARDL(0,3,2) 系数	转移的机会成本铸币税 ARDL(3,4,1) 系数
(-1)		0.66 378*** (6.063 7)	0.61 625*** (5.620 6)	0.99 513*** (8.542 9)		1.047 7*** (8.757 1)
(-2)		0.34 163** (2.678 9)	0.39 901*** (3.482 8)	0.26 771 (1.439 6)		0.27 857 (1.456 2)
(-3)		0.019 459 (0.15 837)	$-0.12\,995$ $(-1.347\,9)$	$-0.35\,774^{***}$ $(-2.976\,7)$		$-0.42\,209^{***}$ $(-3.629\,1)$
(-4)		$-0.13\,109$ $(-1.550\,9)$				
π_t	0.014 437 (0.024 976)	0.12 823*** (4.078 1)	0.12 147*** (3.905 9)	$-0.020\,327$ $(-0.48\,961)$	$-1.666\,1^{***}$ $(-3.276\,7)$	0.11 893*** (3.052 6)
$\pi_t(-1)$				$-0.10\,995^{**}$ $(-2.675\,1)$	$-0.89\,630$ $(-1.579\,2)$	0.040 524 (1.007 6)
$\pi_t(-2)$				0.061 098** (2.338 6)	2.273 7*** (4.185 8)	$-0.064\,494^{**}$ $(-2.698\,0)$
$\pi_t(-3)$				$-0.034\,550$ $(-1.494\,2)$	$-0.81\,751^{**}$ $(-2.265\,5)$	0.5 546E$-$3 (0.025 867)
$\pi_t(-4)$				$-0.041\,437^{*}$ $(-1.771\,9)$		0.073 726*** (3.420 2)
π_t^2	25.527 5 (0.97 655)	$-2.309\,7^{*}$ $(-1.695\,7)$	$-2.420\,3^{*}$ (-1.852)	3.318 4* (1.886 8)	81.837 3*** (3.365 1)	$-4.517\,9^{**}$ $(-2.679\,8)$

① 受篇幅限制，模型的诊断检验和稳定性检验不再一一列出，如需要，可向作者索取。

(续表)

变量	扣除利息的货币铸税 ARDL(0, 0, 4) 系数	机会成本铸币税 ARDL(4, 0, 3) 系数	扣除利息的机会成本铸币税 ARDL(3, 0, 3) 系数	央行利润 ARDL(3, 4, 1) 系数	财政铸币税 ARDL(0, 3, 2) 系数	转移的机会成本铸币税 ARDL(3, 4, 1) 系数
$\pi_t^2(-1)$	36.251 6* (1.851 9)	2.679 1*** (2.703 1)	2.584 9*** (2.769 8)	8.117 0*** (4.574 3)	65.731 2*** (2.713 2)	−5.082 7*** (−2.929 7)
$\pi_t^2(-2)$	29.767 6 (1.399 3)	0.23 710 (0.22 947)	0.43 915 (0.44 519)		−79.158 7*** (−3.356 4)	
$\pi_t^2(-3)$	51.105 1** (2.686 3)	−2.783 6*** (−2.741 7)	−2.338 1** (−2.436 8)			
$\pi_t^2(-4)$	−54.48** (−2.604 1)					
t	0.2 238E−3 (1.571 0)	0.1 657E−5 (0.15 930)	−0.2 273E−5 (−0.20 819)	0.4 991E−4** (2.041 1)		−0.4 707E−4** (−2.286 8)
$inpt$	0.0 083 241 (1.642 7)	0.5 406E−3 (1.340 9)	0.2 907E−3 (1.081 3)	−0.0 012 346* (−2.009 8)	−0.0 070 692** (−2.662 3)	0.0 013 749** (2.250 6)
d_{2005}				−0.8 874E−3 (−1.624 9)		0.7 630E−3 (1.480 3)
	$R^2 = 0.451\ 22$	$R^2 = 0.939\ 38$	$R^2 = 0.918\ 68$	$R^2 = 0.985\ 11$	$R^2 = 0.382\ 12$	$R^2 = 0.984\ 79$
	$a-R2 = 0.38\ 138$	$a-R2 = 0.92\ 795$	$a-R2 = 0.90\ 512$	$a-R2 = 0.98\ 105$	$a-R2 = 0.30\ 488$	$a-R2 = 0.98\ 064$
	$F(7, 55) = 6.460\ 4[0.000]$	$F(10, 53) = 82.137\ 0[0.000]$	$F(9, 54) = 67.780\ 1[0.000]$	$F(12, 44) = 242.629\ 8[0.000]$	$F(7, 56) = 4.947\ 5[0.000]$	$F(12, 44) = 237.355\ 9[0.000]$
	DW = 2.024 0	DW = 1.558 1	DW = 1.745 0	DW = 1.936 7	DW = 1.598 0	DW = 1.954 8

注：( )—t检验值。[ ]—p值。***、**、*分别表示在1%、5%、10%的水平下拒绝原假设。

第 4 章 通货膨胀和铸币税

表 4-16 ARDL 模型的长期系数

变量	扣除利息的货币铸币税 长期系数	机会成本铸币税 长期系数	扣除利息的机会成本铸币税 长期系数	央行利润 长期系数	财政铸币税 长期系数	转移的机会成本铸币税 长期系数
π_t	0.014 437 (0.024 976)	1.207 2 (1.391 6)	1.059 2 (1.125 2)	-1.529 6* (-1.908 8)	-1.106 2* (-1.993 3)	1.766 7** (2.179 5)
π_t^2	88.169 4*** (2.776 6)	-20.493 5 (-0.740 23)	-15.121 6 (-0.585 56)	120.501 1** (2.036 6)	68.409 9** (2.018 4)	-100.220 6** (-2.126 0)
t	0.2 238E$-$3 (1.571 0)	0.1 560E$-$4 (0.17 107)	-0.1 982E$-$4 (-0.184 64)	0.5 259E$-$3*** (3.716 7)		-0.4 913E$-$3*** (-3.757 3)
$inpt$	0.0 083 241 (1.642 7)	0.0 050 888* (1.978 3)	0.0 025 345 (1.156 7)	-0.013 010*** (-3.628 4)	-0.0 070 692*** (-2.662 3)	0.014 352*** (4.362 8)
$d_{2\,005}$				-0.0 093 508* (-1.961 1)		0.0 079 648* (1.834 4)

注:***,**,* 分别表示在 1%,5%,10% 的显著性水平下拒绝零假设。

由上表可知,扣除利息的货币铸币税和央行利润的通货膨胀率的二次项的系数显著为正,即扣除利息的货币铸币税和央行利润对通货膨胀率的二阶导数大于0,则扣除利息的货币铸币税和通货膨胀率呈"U"型曲线关系,也就是说,无论货币铸币税,还是扣除利息的货币铸币税都有"U"型曲线关系,央行利润和财政铸币税也呈"U"型曲线关系。机会成本铸币税和扣除利息的机会成本铸币税的二次项都为负,但是都不显著,因此机会成本铸币税和扣除利息的机会成本铸币税既没有"U"型特征,也没有"倒 U"型特征。转移的机会成本铸币税的通货膨胀率的二次项显著为负,转移的机会成本铸币税对通货膨胀率的二阶导数小于0,因此转移的机会成本铸币税与通货膨胀率呈现"倒 U"型曲线关系。

4.4.2 主要结论

研究结果表明中央银行的货币铸币税通常会高估央行的铸币税;扣除利息后的货币铸币税和扣除利息后的机会成本铸币税会进一步下降。中央银行的利润是机会成本铸币税减去转移的机会成本铸币税之差,机会成本铸币税和转移的机会成本铸币税是影响中央银行利润的重要因素,国际金融危机以后,转移的机会成本铸币税影响中央银行利润较大。转移的机会成本铸币税实际上是对铸币税的另一种定义,体现了中央银行机会成本铸币税是怎样被转移分配的。

进一步定义财政铸币税包括央行对政府债权的变动,政府存款的变动,央行上缴的利润,扣除对央行支付的利息,再加上央行对政府存款所支付的利息等,它反映了央行获得的铸币税,以及财政与央行资产和负债项目交易中所获得的收入和支付的成本变动情况。

研究显示机会成本铸币税、央行利润、财政铸币税等都可以分解为铸币税因子和货币需求的乘积的形式,在一定条件下,铸币税呈倒 U 型特征或 U 型特征。实证结果显示我国中央银行货币铸币税、央行利润和财政铸币税的变动存在 U 型特征;但机会成本铸币税既没有 U 型特征,也没有"倒 U 型特征"。转移的机会成本铸币税存在倒 U 型特征。实际上,货币铸币税是无限期机会成本铸币税的近似值(陆前进和朱丽娜,2014),体现了铸币税的长期变化,机会成本铸币税体现了铸币税的短期变动,而典型代理人效用的最优化反映了经济主体长期追求的目标,经济主体的最优化也会渗透在货币铸币税的长期变化上。短期内货币市场的均衡是主要的,机会成本铸币税的变动主要体现货币市场的短期变化,并不能够反映经济主体的福利变化,可能也是货币铸币税和机会成本铸币税变动不一致的主要原因。

从理论上来看,货币铸币税和机会成本铸币税直接和货币供给相联系,在货币市场均衡的条件下,货币需求也决定了货币铸币税和机会成本铸币税的变化,而转移的机会成本铸币税体现了铸币税的转移支付,和央行的外汇、债券买卖和再贷款相联系,因此转移的机会成本铸币税呈现"倒 U"型特征,这可能也是转移的机会成本铸币税的不同之处。

从中央银行铸币税和中央银行的利润研究能够看出,中央银行利润是铸币税的一部分,是中央银行垄断货币发行而获得的一种特许权价值。实际上,转移的货币铸币税是央行铸币税的运用,从另一个角度来看,没有转移出去的铸币税,也构成了央行利润的一部分,即如果转移的机会成本铸币税为负,则表示央行获得这部分铸币税,央行的利润是增加的。因此,央行利润和央行的机会成本铸币税相联系,它反映了央行初次获得的铸币税一部分转化为央行的利润,一部分又被央行转移出去。而财政铸币税就包含央行转给财政的那一部分铸币税,以及财政与央行债权债务之间的关系,这也构成了财政铸币税的一部分,这可能也部分解释了央行利润和财政铸币税变动有共同的特点。

4.5 铸币税和通货膨胀税——基于央行冲销干预影响的分析

实际上,通货膨胀率是影响铸币税和通货膨胀税的重要因素(Easterly et al,1995;Kiguel and Neumeyer,1995)。吴汉洪、崔永(2006)探讨了我国铸币税征收和通货膨胀的关系,实证分析了为了避免恶性通货膨胀和最优化铸币税的征收,指出我国货币余额增长率和通货膨胀率应该控制的范围。殷孟波,邱宇(2010)分析拟合了我国现阶段最大化铸币税的通胀水平,并借此分析最优铸币税和宏观金融风险的关系,进一步提出了相关政策建议。长期以来,我国国际收支双顺差导致外汇储备增长较快,外汇占款增加,基础货币上升,为了控制通货膨胀,央行又必须采取冲销干预措施来抵消外汇占款增加。我国面临的通货膨胀压力上升,我国国际收支经常项目、资本和金融项目呈现双顺差,国际储备资产持续增长。2006 年 11 月,外汇储备突破了 1 万亿美元,成为全世界外汇储备最多的国家。至 2014 年 12 月,我国的外汇储备总额达到 38 430.18 亿美元。当国际收支盈余时,外汇市场上外汇供给增加,人民币面临升值压力,中央银行为了稳定汇率,必须买进大量外汇,外汇占款上升,外汇占款占中央银行总资产的比率不断增加,在中央银行的所有资产中,外汇占款的比率最高,到 2014 年 12 月底这一比例为 80.02%[①]。

在人民币对美元汇率保持相对稳定的情况下,外汇占款增加,基础货币也会迅速增加,外汇占款是我国基础货币的主要来源。为了控制货币供应量和通货膨胀上升,中央银行必须通过货币政策工具操作吸收基础货币增加,即通过冲销干预的手段控制货币供应

---

① 数据来源:www.pbc.gov.cn。

量。我国央行冲销干预(sterilized intervention)主要是通过货币政策工具,如央票、正回购等公开市场工具操作等来抵消外汇市场干预对货币供应量的影响,控制货币供应量上升,防范通货膨胀。即使冲销干预,也存在不完全冲销干预、完全冲销干预和过度冲销干预的情况,政府采取不同的操作必然带来不同程度的货币供应量的改变。冲销干预影响基础货币,必将反映到通货膨胀率上来。国内一些学者研究表明外汇储备增加存在明显的通货膨胀效应,冲销干预对通货膨胀有一定的平抑作用(方先明等,2006;曲强等,2009;陈舒薇等,2009)。

冲销干预影响通货膨胀率,进而影响铸币税和通货膨胀税的变动。其中争论的一个问题是,获得铸币税是不是影响货币政策操作的一个原因呢?Eduard Hochreiter,Riccardo Rovelli and Georg Winc-kler(1996)考察了捷克、匈牙利、罗马尼亚这几个国家的中央银行铸币税占GDP的比重,发现该比重相当高,由此得出了中央银行一定程度上依赖铸币税融资的结论。那么,究竟哪些因素导致货币政策对铸币税的影响呢?通胀率对铸币税影响是毋庸置疑的,也有一些研究认为铸币税是通货膨胀税的同义词,其原因在于:理论分析中一般将铸币税当作是导致通货膨胀、特别是恶性通货膨胀的主要根源。实际上,央行的货币政策目标往往并不都考虑最优铸币税,而是更多地关注宏观经济的总量目标,其对铸币税和通货膨胀税的影响也是间接的,因此关于铸币税的研究并不都是集中在最优铸币税上。如Eckstein and Leiderman(1992)利用货币和消费的跨期模型分析了消费、货币需求和通货膨胀之间的关系,进行参数估计,考察了铸币税和通货膨胀的福利成本。David Fielding and Paul Mizen(2001)研究了铸币税收入和固定汇率之间的冲突,如果过度依赖铸币税,浮动汇率制度优于固定汇率制度。冲销干预是央行货币政策操作的一个重要方式,Janos Kun.(2003)考察了捷克、爱沙尼亚、匈牙利、波兰、斯洛文尼亚等国家的铸币税收入,分析了这些国家扩张性货币政策能否提高铸币税,认为随着这些国家采用欧元,这些国家的铸币税会略有下降,但欧洲央行冲销干预将不会影响这些国家央行的利润。Obert Nyawata(2012)探讨了中央银行票据冲销干预面临的问题,冲销干预对央行铸币税将有一定影响。

4.5.1 铸币税、通货膨胀税

1. 货币铸币税和通货膨胀税

货币铸币税:$S = \dfrac{\Delta M}{P}$,Milton Friedman(1953)认为货币当局总是可以增加基础货币供给以提高货币铸币税,因为基础货币增加,价格水平上升导致公众持有的实际货币余额下降,公众将会增加对名义基础货币的需求,结果价格水平上升导致货币铸币税增加。变换货币铸币税：$S = \frac{\Delta M}{P} = \frac{\Delta M}{M} \frac{M}{P} = \mu \frac{M}{P}$，假定货币数量说成立，有 $M_t = K_t P_t Y_t$，式中 K_t 是货币供应量占名义国民收入的比例，容易得到：

$$\mu_t = \frac{\Delta M_t}{M_t} = \frac{\Delta K_t}{K_t} + \frac{\Delta P_t}{P_t} + \frac{\Delta Y_t}{Y_t} = k_t + \pi_t + g_t$$

式中：$\mu_t = \dot{M}_t/M_t$；$g_t = \dot{Y}_t/Y_t$；$k_t = \dot{K}_t/K_t$；$\pi_t = \frac{\dot{P}_t}{P_t}$。若 K_t 不变，则 k_t 为 0，于是 $\mu_t = \pi_t + g_t$。因此，铸币税和通货膨胀率的关系：$S = \frac{\Delta M}{P} = \mu \frac{M}{P} = (\pi_t + g_t) \frac{M}{P} = \pi_t \frac{M}{P} + g_t \frac{M}{P}$。

而关于通货膨胀税的研究，最重要的是凯恩斯和弗里德曼。凯恩斯(1923)是完全阐述现代意义上的"通货膨胀税"概念的第一人，而 Milton Freidman(1953)对通货膨胀税的讨论引起了经济学界对通货膨胀税的重新探讨，他强调"通货膨胀税一般指当政府增发纸币并导致一般物价水平上升时，微观经济单位个体所持有的纸币贬值，就如同政府对持纸币者征收了税收。"通胀税与铸币税收入是有区别的，根据 Obstfeld and Rogoff (1996) 的定义，通胀税收入为：$\frac{M_{t-1}}{P_{t-1}} - \frac{M_{t-1}}{P_t} = \frac{P_t - P_{t-1}}{P_t} \cdot \frac{M_{t-1}}{P_{t-1}}$。因为 $\frac{P_t - P_{t-1}}{P_t} = \frac{P_t - P_{t-1}}{P_{t-1}} \times \frac{P_{t-1}}{P_t} = \frac{\pi_{t-1}}{1+\pi_{t-1}} \approx \pi_{t-1}$，因此上式可以写成：$IT = \frac{P_t - P_{t-1}}{P_t} \frac{M_{t-1}}{P_{t-1}} = \pi_{t-1} \frac{M_{t-1}}{P_{t-1}}$，即通货膨胀通过影响实际货币余额而使现金持有者所遭受的总资本损失。政府的财政赤字可以通过货币发行来融通，货币发行增加，价格水平上涨，则货币的购买力下降，相当于对货币持有者征收了税收，税基是实际货币余额，税率就是通货膨胀率(Marty,1967)。另一方面，通货膨胀税的增加还可能是由于实际货币余额的上升导致的，通货膨胀税的变动依赖于通货膨胀率和实际货币余额相对变动。如果通货膨胀率下降，公众更愿意增加持有货币，本国实际货币余额上升，本国通货膨胀税也可能上升。

4.5.2 铸币税和通货膨胀税——基于央行票据冲销的视角

我国央行货币政策目标要保持币值稳定，以此促进经济增长[①]，要控制通货膨胀率，而

---

① 见 2005 年中国人民银行法。

不是要获得最大铸币税,因此央行主要是通过货币政策的冲销操作控制货币供应量,进一步控制通货膨胀①,通货膨胀率的变动会对铸币税和通货膨胀税产生影响。

1. 基础货币变动和中央银行的冲销干预

中央银行可以通过冲销干预影响基础货币,进而控制货币供给的增加。根据表 4-5 简化的中国人民银行的资产负债表,我们有:$GB + NFA + LB = C + R + DG + FP$,所以 $B = C + R = LB + GB + NFA - FP - DG$

外汇占款增加,保持基础货币稳定,中央银行有二种冲销方法:一是基于资产的冲销方法,中央银行减少资产项;二是基于负债的冲销方法,中央银行增加负债项。导致我国基础货币增加的主要是外汇占款,而对外汇占款冲销的主要工具是央行发行票据②,因此下面主要分析我国央行通过央行票据来冲销外汇占款对铸币税和通货膨胀税的影响。

根据我国中央银行的资产负债表,我们可以变换上述铸币税和通货膨胀税公式。机会成本铸币税:

$$S = i\frac{M}{P} = i\frac{NFA + GB + LB - DG - FP}{P}$$
$$= (r + \pi)\frac{NFA + GB + LB - DG - FP}{P}$$

通货膨胀税:$IT = \pi\frac{M}{P} = \pi\frac{NFA + GB + LB - DG - FP}{P}$

如果实际利率为 0,则铸币税和通货膨胀税相同。从上述公式来看,通货膨胀率是影响通货膨胀税和铸币税的关键指标,而央行要通过控制基础货币来控制货币供应量的上升,我国央行主要是通过冲销干预控制基础货币,进而控制通货膨胀率。如果从货币铸币税角度来看,基础货币的变动直接影响 S;而从机会成本铸币税和通货膨胀税的角度来看,不仅基础货币影响铸币税、通货膨胀税,而且通货膨胀率也是影响铸币税和通货膨胀税的重要因素。如果只考虑外汇占款和央票冲销干预的影响,则机会成本铸币税和通货膨胀税的变动:$\Delta S = (r + \pi)\frac{\Delta NFA - \Delta FP}{P}$;$\Delta IT = \pi\frac{\Delta NFA - \Delta FP}{P}$。

---

① 方先明,裴平,张谊浩(2006)实证分析得出结论:中国的外汇储备增加具有明显的通货膨胀效应,中国人民银行的货币冲销效应总体上是有效的。

② 央票冲销影响基础货币的变化,法定准备金率调整也是央行冲销的一种手段,但存在超额准备金的情况下,提高法定准备金率并不影响基础货币。

第 4 章　通货膨胀和铸币税

央行的冲销干预不仅影响实际货币余额,也影响通货膨胀率,实际货币余额和通货膨胀率的变动共同影响铸币税和通货膨胀税的大小[1]。因此,如果外汇储备增加,基础货币和外汇占款都会增加,通货膨胀预期和通货膨胀压力上升,中央银行进行冲销干预,回笼货币,基础货币下降或增长缓慢,这样冲销干预对通货膨胀和公众持有的实际货币余额都会有影响,对铸币税和通货膨胀税的影响是这两种效应的叠加。

为了便于分析,我们将通胀税和铸币税都表示成实际国民收入的比例形式(Fisch,1982;Buiter,2007)[2]。$S_t = iM_t/P_tY_t = i_tK_t = (r_t + \pi_t)K_t = r_tK_t + \pi_tK_t$ [3]。同样通货膨胀税也可以写成:$IT = \dfrac{P_t - P_{t-1}}{P_t} \dfrac{M_{t-1}}{P_{t-1}Y_{t-1}} = \pi_{t-1}K(i_{t-1})$

2. 最优化理论模型设定

下面以央票的冲销手段为代表,来考虑央行冲销业务对通胀税和铸币税的影响。定义 RCB 为央行利润函数,假定央行对金融机构和政府的贷款利率都等于政府债券收益率,也等于央行对准备金存款所付利率 i_t。外汇资产收益率和央行票据利率设为 i_t^*、i_t^{FP}(假定这两个利率已知且不变)。因此,根据表 4-5 中央银行的资产负债表可得央行的利润:

$$RCB_t = i_tLB_t + i_t^*NFA_t + i_tGB_t \\ - i_t^{FP}FP_t - i_tR_t - i_tDG_t \tag{4-38}$$

该式左边为央行的利润函数[4]。右边 i_tLB_t 为央行对银行等金融机构贷款所取得的利息收入;i^*NFA_t 为央行持有外汇资产的收益;i_tGB_t 为对政府贷款(或持有政府债券)的利息收入;$i_t^{FP}FP_t$ 为央票利息支出;i_tR_t 由于对存款准备金付息而产生的利息支出;i_tDG_t 对政府存款的利息支出;假定汇率不变。由央行资产负债表得:$LB_t = R_t + C_t + FP_t + DG_t - GB_t - NFA_t$,将其代入(4-38)式得:

---

① 见 Craig Ben and Guillaume Rocheteau,(2005);Chadha,Jagjit S and Andrew G Haldane and Norbert Janssen (1998)。

② Fischer(1982)用基础货币的变动和名义 GNP 的比率度量铸币税:
$\dfrac{seigniorage}{GNP} = \dfrac{\dot{C}}{Y} = \dfrac{\dot{C}}{C}\dfrac{C}{Y} = \left(\eta_y \dfrac{\dot{y}}{y} + \eta_p \dfrac{\dot{P}}{P}\right)\dfrac{C}{Y}$,式中:$C$ 表示基础货币;η_y 是货币需求的收入弹性;η_p 是货币需求的价格弹性。

③ 如果是货币铸币税,则 $S_t = \Delta M_t/P_tY_t = \mu K = kK + gK + \pi K$(其中 $k = \dfrac{\Delta K}{K}$,$K = \dfrac{M}{PY}$),如果 $k = 0$,则 $S_t = \Delta M_t/P_tY_t = gK + \pi K$。

④ 实际上,从央行自身的约束来看,央行的利润中包含铸币税。

$$RCB_t = i_t C_t + (i_t - i_t^{FP})FP_t + (i_t^* - i_t)NFA_t \qquad (4\text{-}39)$$

现考虑政府的预算约束(Blinder and Solow,1973;Haslag,1998)①：

$$G_t + i_t B_{t-1}^T + DG_t - DG_{t-1} = T_t + (B_t^T - B_{t-1}^T) \\ + i_t DG_{t-1} + RCB_t \qquad (4\text{-}40)$$

(4-40)式中：左边 G_t 为 t 期的政府购买支出；$i_t B_{t-1}^T$ 为对 $t-1$ 期政府债券利息支出；DG_{t-1} 为 $t-1$ 期期末即 t 期期初的政府存款；$DG_t - DG_{t-1}$ 为 t 期内政府存款的变动。(4-40)式右边 $T_t = \tau_t P_t Y_t$(τ_t 为 t 期税率)为政府 t 期的税收收入；$(B_t^T - B_{t-1}^T)$ 为 t 期新发行的债券数量；B_{t-1}^T 为 $t-1$ 期期末 t 期期初的债券存量；$i_t DG_{t-1}$ 为央行对政府存款的利息支付；RCB_t 为中央银行上缴的利润。

将(4-39)代入(4-40)得：

$$G_t + i_t B_{t-1}^T + DG_t - DG_{t-1} = \tau_t P_t Y_t + (B_t^T - B_{t-1}^T) + i_t DG_{t-1} + i_t C_t \\ + (i_t - i_t^{FP})FP_t + (i_t^* - i_t)NFA_t$$

在上式两端都除以 $P_t Y_t$(Walsch,2003)得到：

$$\frac{G_t}{P_t Y_t} + \frac{i_t B_{t-1}^T}{P_t Y_t} + \frac{g_{t-1}^{DG} DG_{t-1}}{P_t Y_t} = \tau_t + \frac{g_{t-1}^b B_{t-1}^T}{P_t Y_t} + i_t \frac{DG_{t-1}}{P_t Y_t} + i_t \frac{C_t}{P_t Y_t} \\ + (i_t - i_t^{FP})\frac{FP_t}{P_t Y_t} + (i_t^* - i_t)\frac{NFA_t}{P_t Y_t}$$

$$(4\text{-}41)$$

令 $\dfrac{G_t}{P_t Y_t} = g_t$ 为政府支出比例(占 GDP 的比例)；$\dfrac{B_{t-1}^T}{P_t Y_t} = b_t$② 为 t 期期初的债券比例；$\dfrac{DG_{t-1}}{P_t Y_t} = \omega_t$③ 为 t 期期初政府存款的比例；$\dfrac{NFA_t}{P_t Y_t} = f_t$ 为外汇占款占 GDP 的比例；

---

① 在这里我们把财政部门和中央银行结合在一起作为政府部门,因此政府部门的约束就是(4-40)式。

② 注意这里的 b_t 分子是 B_{t-1}^T 当然 $\dfrac{B_t - B_{t-1}}{P_t Y_t}$ 也可以写成分子是 B_t 的形式,即 $\dfrac{g_{t-1}^b B_t}{(1+g_{t-1}^b)P_t Y_t}$,可以令 $\dfrac{B_t}{P_t Y_t} = B_t$,实际上,这两种形式的最终分析结果是相同的。此外,如果 g_{t-1}^b 非常小,则 $\dfrac{B_t - B_{t-1}}{P_t Y_t} = \dfrac{g_{t-1}^b B_{t-1}}{P_t Y_t} = \dfrac{g_{t-1}^b B_t}{(1+g_{t-1}^b)P_t Y_t} \approx \dfrac{g_{t-1}^b B_t}{P_t Y_t}$。

③ 注意这里的 ω_t 分子是 DG_{t-1}。

第4章 通货膨胀和铸币税

$\dfrac{FP_t}{P_t Y_t} = b_t^{FP}$ 为发行的央票占 GDP 的比例；g_{t-1}^{DG}，g_{t-1}^{b} 为政府存款和政府债券的增长率。

$C_t/M_t = C_t/(R_t + C_t) = \rho_t$，且 $K(i_t) = \dfrac{M_t}{P_t Y_t}$；推得：$\dfrac{C_t}{P_t Y_t} = \dfrac{\rho_t M_t}{P_t Y_t} = \rho_t K(i_t)$。

进一步地，(4-41)式可以变形为

$$g_t + i_t b_t + g_{t-1}^{DG} \omega_t = \tau_t + b_t g_{t-1}^{b} + i_t \omega_t + (i_t^* - i_t) f_t \\ + (i_t - i_t^{FP}) b_t^{FP} + i_t \rho_t K(i_t) \quad (4\text{-}42)$$

假定税收和发行货币是政府的两种融资方式，那么有效的融资策略就是使得源于税率的福利损失和源于通胀的福利损失之和最小化。Bailey(1956)认为因为持币而被政府征收的税收即通货膨胀税，这种税收和其他税种一样会对纳税人的经济行为造成扭曲。在下面的分析中，将借鉴这一思路，将公共财政和通货膨胀税联系起来考虑。此时，政府政策的目标函数为

$$L = a\pi^2 + \tau^2 \quad a > 0 \quad (4\text{-}43)$$

式中：$a\pi^2$ 代表央行对维持价格稳定的努力；τ^2 项是税收的平方，税收即反映人民的赋税负担，有效的经济政策应是使源于税率的福利损失和源于通货膨胀的福利损失之和最小化。Phelps(1973)建立了铸币税和传统税收的静态模型，指出应该从公共财政的角度来考虑最优通货膨胀率的问题。传统的税收是一种税收，通货膨胀也是一种税收，从政府最优的角度来看，使得政府税收的社会成本最小化，也是政府的一项目标，如 Mankiw(1987)、Grilli(1989)、Poterba.J. and J.Rotemberg(1990)[①]。假定央行可以通过控制货币发行，间接控制名义利率，则在费雪方程式成立的情况下，央行可以调控通胀率，政府将选择最优的通胀率以使得社会福利损失函数达到最小值[②]。

4.5.3 两种情况的探讨

1. 现金持有比例 K 不变的情况

可以由(4-42)式求得税收比率的表达式：

[①] Poterba.J. and J.Rotemberg 提供了多个国家通货膨胀和其他税收联合变动情况的证据，还可见 Trehan and Walsh(1990)、Edward and Tabellini(1991)、Evans J. L. Amey M. C.(1996)、Nissan Liviatan and Roni Frish(2006)。

[②] 类似的选择见 Giancarlo Gandolfo(2001)，P261；也可见格哈德.伊宁(2002)，P66。

$$\tau_t = g_t + i_t(b_t - \omega_t) + g_{t-1}^{DG}\omega_t - b_t g_{t-1}^b - (i_t^* - i_t)f_t \\ - (i_t - i_t^{FP})b_t^{FP} - i_t \rho_t K(i_t) \quad (4\text{-}44)$$

考虑货币持有比例不变的情况，$K(i_t) = K$ 为常数①。将该式代入(4-44)可以得到：

$$\tau_t = g_t + i_t(b_t - \omega_t) + g_{t-1}^{DG}\omega_t - b_t g_{t-1}^b - (i_t^* \\ - i_t)f_t - (i_t - i_t^{FP})b_t^{FP} - i_t \rho_t K$$

将该表达式代入(4-43)，得到：

$$L_t = a\pi_t^2 + [g_t + i_t(b_t - \omega_t) + g_{t-1}^{DG}\omega_t - b_t g_{t-1}^b \\ - (i_t^* - i_t)f_t - (i_t - i_t^{FP})b_t^{FP} - i_t \rho_t K]^2$$

对 π_t 求导，得一阶条件：

$$2a\pi_t + 2[g_t + i_t(b_t - \omega_t) + g_{t-1}^{DG}\omega_t - b_t g_{t-1}^b - (i_t^* - i_t)f_t \\ - (i_t - i_t^{FP})b_t^{FP} - i_t \rho_t K](b_t - \omega_t + f_t - b_t^{FP} - \rho_t K) = 0$$

($i_t = r_t + \pi_t$，假定实际利率 r_t 不变)

解得：

$$\pi_t = \frac{\begin{matrix}(i_t^* - r_t)f_t + (r_t - i_t^{FP})b_t^{FP} - r_t(b_t - \omega_t) \\ + r_t \rho_t K + b_t g_{t-1}^b - g_t - g_{t-1}^{DG}\omega_t\end{matrix}}{[a + (b_t - \omega_t + f_t - b_t^{FP} - \rho_t K)^2]} \times \\ (b_t - \omega_t + f_t - b_t^{FP} - \rho_t K)$$

令 $E_t = -r_t(b_t - \omega_t) + r_t \rho_t K + b_t g_{t-1}^b - g_t - g_{t-1}^{DG}\omega_t$，$F_t = b_t - \omega_t + f_t - b_t^{FP} - \rho_t K$

于是

$$\pi_t = \frac{[(i_t^* - r_t)f_t + (r_t - i_t^{FP})b_t^{FP} + E_t]F_t}{[a + F_t^2]} \quad (4\text{-}45)$$

且 $\dfrac{\partial^2 L}{\partial \pi^2} = 2a + 2F_t^2 > 0$ 即，此时损失函数取得最小值。

2. 基于央票冲销干预的分析

(1) 不进行对冲的情况。此时 $b_t^{FP} = 0$，最优通胀率为

$$\pi_{1t} = \frac{[(i_t^* - r_t)f_t + E_t]F_{1t}}{(a + F_{1t}^2)}$$

因为 $IT_t = K(i_{t-1})\pi_{t-1} = K\pi_{t-1}$；$S_t = K(i_t)i_t = Ki_t$，可得：

---

① K 为常数也反映了货币流通速度不变的情况。

第 4 章 通货膨胀和铸币税

$$IT_t = K\pi_{t-1} = K\frac{[(i^*_{t-1}-r_{t-1})f_{t-1}+E_{t-1}]F_{1t-1}}{[a+F^2_{1t-1}]}$$

$$S_t = \frac{1}{\rho_t}Ki_t = \frac{1}{\rho_t}K(r_t+\pi_t) = \frac{1}{\rho_t}K\left[\frac{[(i^*_t-r_t)f_t+E_t]F_{1t}}{[a+F^2_{1t}]}+r_t\right]$$

其中 $F_{1t}=b_t-\omega_t+f_t-\rho_t K$。

(2) 部分对冲的情况。假设 t 期对冲比例为 ϕ_t,且 $0<\phi_t<1$,于是 $b_t^{FP}=\phi_t f_t$ 代入(4-45)式得到:

$$\pi_{2t} = \frac{\{[(i^*_t-\phi_t i^{FP}_t)+(\phi_t-1)r_t]f_t+E_t\}F_{2t}}{(a+F^2_{2t})}$$

通胀税和铸币税分别是:

$$IT_t = K\frac{\{[(i^*_{t-1}-\phi i^{FP}_{t-1})+(\phi-1)r_{t-1}]f_{t-1}+E_{t-1}\}F_{2t-1}}{(a+F^2_{2t-1})}$$

$$S_t = K\left\{\frac{[((i^*_t-\phi i^{FP}_t)+(\phi-1)r_t)f_t+E_t]F_{2t}}{(a+F^2_{2t})}+r_t\right\}$$

其中 $F_{2t}=b_t-\omega_t+(1-\phi)f_t-\rho_t K$。

(3) 发行央票来完全对冲。此时 $f_t=b_t^{FP}$ 代入(4-45),有:

$$\pi_{3t} = \frac{[(i^*_t-i^{FP}_t)f_t+E_t]F_{3t}}{[a+F^2_{3t}]}$$

通胀税和铸币税分别是:

$$IT_t = K\left\{\frac{[(i^*_{t-1}-i^{FP}_{t-1})f_{t-1}+E_{t-1}]F_{3t-1}}{(a+F^2_{3t-1})}\right\}$$

$$S_t = K\left\{\frac{[(i^*_t-i^{FP}_t)f_t+E_t]F_{3t}}{(a+F^2_{3t})}+r_t\right\}$$

式中 $F_{3t}=b_t-\omega_t-\rho_t K$。

通过以上的理论分析可以看出,影响铸币税和通货膨胀税的因素主要有外汇储备投资的收益率、央票的发行利率、政府支出比例(占 GDP 的比例)、债券比例、政府存款比例、为外汇占款占 GDP 的比例、发行的央票占 GDP 的比例、政府存款和政府债券的增长率等因素。如果假定其他因素不变,只考虑央行的冲销干预,则可以比较分析不同冲销力度的干预对铸币税和通货膨胀税的影响。

(4) 几种情况比较分析。

在我们的模型当中,$F_t=b_t-\omega_t+f_t-b_t^{FP}-\rho_t K=b_t-\omega_t+(1-\phi)f_t-\rho_t K$ ($0\leqslant$

$\phi \leqslant 1$)。因此假定其他变量不变,随着冲销比例的增加,F_t 是下降的。由前面知道:
$\pi_t = \dfrac{[(i_t^* - r_t)f_t + (r_t - i_t^{FP})b_t^{FP} + E_t]F_t}{[a + F_t^2]}$,通常有 $i_t^* > i_t^{FP} > r_t$①,因此 $[(i_t^* - r_t)f_t + (r_t - i_t^{FP})b_t^{FP} + E_t]$ 的值随着冲销干预的增加,其值也是下降的。如果政府更加注重通货膨胀目标,则 $a \geqslant 1$,为讨论不同的冲销情况带来的差别,令 $x = \dfrac{F}{a + F^2} = \dfrac{1}{\dfrac{a}{F} + F}$。由于 $\dfrac{a}{F} + F \geqslant 2\sqrt{\dfrac{a}{F}F} = 2\sqrt{a} \geqslant 2 (F \geqslant 0)$ 或 $\leqslant -2 (F < 0)$,因此 $-0.5 \leqslant x \leqslant 0.5$ ($x \neq 0$),在这个区域内,函数值是单调递增的,见表4-17。

表4-17 函数 x 的变动趋势(令 $a = 1$)

F	$(-\infty, -1)$	-1	$(-1, 0)$	$(0, 1)$	$+1$	$(1, +\infty)$
$\dfrac{\partial x}{\partial F} = \dfrac{1 - F^2}{(1 + F^2)^2}$	<0	0	>0	>0	0	<0
$\dfrac{\partial^2 x}{\partial F^2} = \dfrac{-2F(3 - F^2)}{(1 + F^2)^3}$		>0			<0	
x	递减	极小值	递增	递增	极大值	递减

因此随着冲销比例的增加,F_t 是下降的,x 也是下降的。

下面分几种情况进行讨论。

① 如果 $b_t \geqslant \omega_t + \rho_t K$,则 $F_t \geqslant 0$,同时若 $E_t \geqslant 0$,$[(i_t^* - r_t)f_t + (r_t - i_t^{FP})b_t^{FP} + E_t] \geqslant 0$,则随着冲销比例大,通胀率将会越来越小,$\pi_3 < \pi_2 < \pi_1$,从而铸币税和通货膨胀税呈现一样的变化趋势,冲销干预导致铸币税和通货膨胀税下降。见表4-18。

② 如果 $b_t \geqslant \omega_t + \rho_t K$,则 $F_t \geqslant 0$,同时若 $E_t < 0$,但 $[(i_t^* - r_t)f_t + (r_t - i_t^{FP})b_t^{FP} + E_t] \geqslant 0$,则随着冲销比例大,通胀率将会越来越小,$\pi_3 < \pi_2 < \pi_1$,从而铸币税和通货膨胀税呈现一样的变化趋势,冲销干预导致铸币税和通货膨胀税下降。见表4-18。

③ 如果 $b_t \geqslant \omega_t + \rho_t K$,则 $F_t \geqslant 0$,同时若 $E_t < 0$,但 $[(i_t^* - r_t)f_t + (r_t - i_t^{FP})b_t^{FP} + E_t] < 0$,则随着冲销比例大,通胀率将会越来越大,$\pi_3 > \pi_2 > \pi_1$,冲销干预导致铸币税和通货膨胀税上升,与上面的结论相反。

④ 在 $b_t < \omega_t + \rho_t K$,则 $F_t < 0$,同时若 $E_t \geqslant 0$,则 $[(i_t^* - r_t)f_t + (r_t - i_t^{FP})b_t^{FP} + E_t] \geqslant 0$,则随着冲销比例大,通胀率将会越来越大,$\pi_3 > \pi_2 > \pi_1$,冲销干预导致铸币税

---

① 也就是说,假定外汇储备投资在国外的收益要高于央票发行的利率。

第4章 通货膨胀和铸币税

和通货膨胀税上升。

⑤ 在 $b_t < \omega_t + \rho_t K$,则 $F_t < 0$,同时若 $E_t < 0$,但 $[(i_t^* - r_t)f_t + (r_t - i_t^{FP})b_t^{FP} + E_t] \geqslant 0$,则随着冲销比例大,通胀率将会越来越大,$\pi_3 > \pi_2 > \pi_1$,冲销干预导致铸币税和通货膨胀税上升。

⑥ 在 $b_t < \omega_t + \rho_t K$,则 $F_t < 0$,同时若 $E_t < 0$,但 $[(i_t^* - r_t)f_t + (r_t - i_t^{FP})b_t^{FP} + E_t] < 0$,则随着冲销比例大,通胀率将会越来越小,$\pi_3 < \pi_2 < \pi_1$,冲销干预导致铸币税和通货膨胀税下降。见表4-18。

从理论分析的角度,通货膨胀率的变化受多种因素变化的影响,本书把这些因素分为冲销干预因素和非冲销干预因素的影响,冲销因素 b_t^{FP}、f_t,而 r_t 和 b_t、ω_t、K 等都是非冲销干预因素,反映了实际利率、政府支出比例 g_t、t 期期初的债券比例 b_t、t 期期初政府存款的比例 ω_t 等的影响。在 K 不变的情况下,上述6种情况反映了不同非冲销干预因素可能变化的情况,央行冲销干预对通货膨胀率的影响,从而导致对铸币税和通货膨胀税的变动①。

3. K 不为常数的情况

以上是 K 为常数的情况,假定 K 不为常数,现金需求函数为卡甘的货币需求函数形式:$\frac{M}{P} = AY^a e^{-\beta i}$,则 $K = \frac{M}{PY} = AY^{a-1} e^{-\beta i}$,这里 M 表示现金货币余额,将该式代入(4-44)可以得到:

$$\tau_t = g_t + i_t(b_t - \omega_t) + g_{t-1}^{DG}\omega_t - b_t g_{t-1}^b - (i_t^* - i_t)f_t \\ - (i_t - i_t^{FP})b_t^{FP} - Ai_t\rho_t Y_t^{a-1} e^{-\beta i_t}$$

其中 $i_t = r_t + \pi_t$,假定实际利率 r_t 不变。

为了求解,对 $xe^{-\beta x}$ 进行泰勒一阶线性展开得到,$i_t e^{-\beta i_t} = (r_t + \pi_t)e^{-\beta(r_t + \pi_t)} = r_t e^{-\beta r_t} + (e^{-\beta r_t} - \beta r_t e^{-\beta r_t})\pi_t + o(\pi_t)$,令 $c = r_t e^{-\beta r_t}$,$d = e^{-\beta r_t} - \beta r_t e^{-\beta r_t}$,因此 $i_t e^{-\beta i_t} = c + d\pi_t$,这样上式可以变为

$$\tau_t = g_t + i_t(b_t - \omega_t) + g_{t-1}^{DG}\omega_t - b_t g_{t-1}^b - (i_t^* - i_t)f_t \\ - (i_t - i_t^{FP})b_t^{FP} - A\rho_t Y_t^{a-1}(c + d\pi_t)$$

将该表达式代入(4-43):

$$L_t = a\pi_t^2 + [g_t + i_t(b_t - \omega_t) + g_{t-1}^{DG}\omega_t - b_t g_{t-1}^b - (i_t^* - i_t)f_t \\ - (i_t - i_t^{FP})b_t^{FP} - AY_t^{a-1}(c + d\pi_t)]^2$$

---

① 实际上,③④和⑤这三种情况只存在理论上的可能性,而实际上存在的可能性较小。

表格 4-18 三种冲销情况结果一览表

	完全不对冲		部分对冲		完全对冲
π_t	$\dfrac{[(i_t^* - r_t)f_t + E_t]F_{1t}}{(a + F_{1t}^2)}$	$>$	$\dfrac{\{[(i_t^* - \phi_t i_t^{FP}) + (\phi_t - 1)r_t]f_t + E_t\}F_{2t}}{(a + F_{2t}^2)}$	$>$	$\dfrac{[(i_t^* - i_t^{FP})f_t + E_t]F_{3t}}{[a + F_{3t}^2]}$
IT_t	$K\left[\dfrac{[(i_{t-1}^* - r_{t-1})f_{t-1} + E_{t-1}]F_{1t-1}}{[a + F_{1t-1}^2]}\right]$	$>$	$K\left\{\dfrac{[((i_{t-1}^* - \phi i_{t-1}^{FP}) + (\phi - 1)r_{t-1})f_{t-1} + E_{t-1}]F_{2t-1}}{(a + F_{2t-1}^2)}\right\}$	$>$	$K\left[\dfrac{[(i_{t-1}^* - i_{t-1}^{FP})f_{t-1} + E_{t-1}]F_{3t-1}}{[a + F_{3t-1}^2]}\right]$
S_t	$K\left[\dfrac{((i_t^* - r_t)f_t + E_t)F_{1t}}{[a + F_{1t}^2]} + r_t\right]$	$>$	$K\left\{\dfrac{[((i_t^* - \phi i_t^{FP}) + (\phi - 1)r_t)f_t + E_t]F_{2t}}{(a + F_{2t}^2)} + r_t\right\}$	$>$	$K\left[\dfrac{((i_t^* - i_t^{FP})f_t + E_t)F_{3t}}{(a + F_{3t}^2)} + r_t\right]$

第4章 通货膨胀和铸币税

对 π_t 求导,得一阶条件:

$$2a\pi_t + 2[g_t + i_t(b_t - \omega_t) + g_{t-1}^{DG}\omega_t - b_t g_{t-1}^b - (i_t^* - i_t)f_t$$
$$- (i_t - i_t^{FP})b_t^{FP} - A\rho_t Y^{a-1}(c + d\pi_t)](b_t - \omega_t + f_t - b_t^{FP}$$
$$- A\rho_t Y_t^{a-1} d) = 0$$

解得:

$$\pi_t = \frac{\begin{array}{c}(i_t^* - r_t)f_t + (r_t - i_t^{FP})b_t^{FP} - r_t(b_t - \omega_t) \\ + AY^{a-1}c + b_t g_{t-1}^b - g_t - g_{t-1}^{DG}\omega_t\end{array}}{[a + (b_t - \omega_t + f_t - b_t^{FP} - A\rho_t Y_t^{a-1} d)^2]} \\ (b_t - \omega_t + f_t - b_t^{FP} - A\rho_t Y_t^{a-1} d)$$

同样令 $E_t = -r_t(b_t - \omega_t) + A\rho_t Y_t^{a-1}c + b_t g_{t-1}^b - g_t - g_{t-1}^{DG}\omega_t$,$F_t = b_t - \omega_t + f_t - b_t^{FP} - A\rho_t Y_t^{a-1} d$

于是 $\pi_t = \dfrac{[(i_t^* - r_t)f_t + (r_t - i_t^{FP})b_t^{FP} + E_t]F_t}{[a + F_t^2]}$

且 $\dfrac{\partial^2 L}{\partial \pi^2} = 2a + 2F_t^2 > 0$ 即,此时损失函数取得最小值。

因为:

$$IT_t = K(i_{t-1})\pi_{t-1} = AY_t^{a-1}e^{-\beta i_{t-1}}\pi_{t-1} = AY_t^{a-1}e^{-\beta(\pi_{t-1} + r_{t-1})}\pi_{t-1}$$
$$\approx AY_t^{a-1}e^{-\beta r_{t-1}}\pi_{t-1} \text{①};$$

$S_t = AY_t^{a-1}K(i_{t-1})i_{t-1} = AY_t^{a-1}e^{-\beta i_t}i_t \approx AY_t^{a-1}[c + d\pi_t]$,其中 $c = r_t e^{-\beta r t}$,$d = e^{-\beta r t} - \beta r_t e^{-\beta r t}$,可得:

$$IT_t = AY_t^{a-1}e^{-\beta r_{t-1}}\frac{[(i_{t-1}^* - r_{t-1})f_{t-1} + (r_t - i_t^{FP})b_t^{FP} + E_{t-1}]F_{t-1}}{[a + F_{t-1}^2]}$$

$$S_t = AY_t^{a-1}(c + d\pi_t)$$
$$= AY_t^{a-1}\left\{c + d\frac{[(i_t^* - r_t)f_t + (r_t - i_t^{FP})b_t^{FP} + E_t]F_t}{[a + F_t^2]}\right\}$$

同样,我们可以得出三种不同冲销干预情况下的铸币税和通货膨胀税的变动情况,见表4-19②。

---

① 此处利用了泰勒的一阶展开式。
② 注意这里的 $E_t = -r_t(b_t - \omega_t) + c\rho_t AY_t^{a-1} + b_t g_{t-1}^b - g_t - g_{t-1}^{DG}\omega_t$,$F_t = b_t - \omega_t + f_t - b_t^{FP} - d\rho_t AY^{a-1}$。

如果 $d > 0$ ①，利用上述分析方法，可以对三种不同冲销进行比较，同样我们可以得出相似的结论：

① 如果 $b_t \geqslant \omega_t + A\rho_t Y_t^{a-1} d_t$，则 $F_t \geqslant 0$，同时若 $E_t \geqslant 0$，则 $[(i_t^* - r_t)f_t + (r_t - i_t^{FP})b_t^{FP} + E_t] \geqslant 0$，则随着冲销比例大，通胀率将会越来越小，$\pi_3 < \pi_2 < \pi_1$，从而铸币税和通货膨胀税呈现一样的变化趋势，冲销干预导致铸币税和通货膨胀税下降。

② 如果 $b_t \geqslant \omega_t + A\rho_t Y_t^{a-1} d_t$，则 $F_t \geqslant 0$，同时若 $E_t < 0$，但 $[(i_t^* - r_t)f_t + (r_t - i_t^{FP})b_t^{FP} + E_t] \geqslant 0$，则随着冲销比例大，通胀率将会越来越小，$\pi_3 < \pi_2 < \pi_1$，从而铸币税和通货膨胀税呈现一样的变化趋势，冲销干预导致铸币税和通货膨胀税下降。

③ 如果 $b_t \geqslant \omega_t + A\rho_t Y_t^{a-1} d_t$，则 $F_t \geqslant 0$，同时若 $E_t < 0$，但 $[(i_t^* - r_t)f_t + (r_t - i_t^{FP})b_t^{FP} + E_t] < 0$，则随着冲销比例大，通胀率将会越来越大，$\pi_3 > \pi_2 > \pi_1$，冲销干预导致铸币税和通货膨胀税上升，与上面的结论相反。

④ 在 $b_t < \omega_t + A\rho_t Y_t^{a-1} d_t$，则 $F_t < 0$，同时若 $E_t \geqslant 0$，则 $[(i_t^* - r_t)f_t + (r_t - i_t^{FP})b_t^{FP} + E_t] \geqslant 0$，则随着冲销比例大，通胀率将会越来越大，$\pi_3 > \pi_2 > \pi_1$，冲销干预导致铸币税和通货膨胀税上升。

⑤ 在 $b_t < \omega_t + A\rho_t Y_t^{a-1} d_t$，则 $F_t < 0$，同时若 $E_t < 0$，但 $[(i_t^* - r_t)f_t + (r_t - i_t^{FP})b_t^{FP} + E_t] \geqslant 0$，则随着冲销比例大，通胀率将会越来越大，$\pi_3 > \pi_2 > \pi_1$，冲销干预导致铸币税和通货膨胀税上升。

⑥ 在 $b_t < \omega_t + A\rho_t Y_t^{a-1} d_t$，则 $F_t < 0$，同时若 $E_t < 0$，但 $[(i_t^* - r_t)f_t + (r_t - i_t^{FP})b_t^{FP} + E_t] < 0$，则随着冲销比例大，通胀率将会越来越小，$\pi_3 > \pi_2 > \pi_1$，冲销干预导致铸币税和通货膨胀税下降。

同样地，在 K 变动的情况下，上述 6 种情况也反映了不同非冲销干预因素可能变化的情况，央行冲销干预对通货膨胀率的影响，从而导致对铸币税和通货膨胀税的变动情况②。

4. 铸币税变动的解释及相关福利成本分析

之所以出现上述的情况，这是由于央行的冲销干预不仅影响通货膨胀率，也影响实际货币余额，铸币税的变化是这两种效应的叠加。我们考察铸币税为 $\dfrac{S_t}{Y_t} = i_t \dfrac{M_t}{P_t Y_t} = (\pi_t + r_t)K_t$，如果 K 为常数，则铸币税取决于冲销干预对通货膨胀的影响。当 K 不为常数时，利率变化，一方面利率增大使得货币持有比例降低，间接导致铸币税有降低的趋势；另一方面，利率会直接导致机会成本铸币税上升，铸币税总的效果要看两方面综合的结

---

① $d > 0$ 意味着 $1 - \beta r_t > 0$。
② 同样，③、④和⑤这三种情况只存在理论上的可能性，而实际上存在的可能性较小。

第4章 通货膨胀和铸币税

表4-19 三种冲销情况结果一览表

	完全不对冲	部 分 对 冲	完 全 对 冲
π_t	$\dfrac{[(i_t^* - r_t)f_t + E_t]F_{1t}}{(a + F_{1t}^2)}$	$\dfrac{\{[(i_t^* - \phi_t i_t^{FP}) + (\phi_t - 1)r_t]f_t + E_t\}F_{2t}}{(a + F_{2t}^2)}$	$\dfrac{[(i_t^* - i_t^{FP})f_t + E_t]F_{3t}}{[a + F_{3t}^2]}$
IT_t	$AY_t^{\alpha-1}e^{-\beta r_{t-1}}\dfrac{[(i_{t-1}^* - r_{t-1})f_{t-1} + E_{t-1}]F_{1t-1}}{[a + F_{1t-1}^2]}$	$AY_t^{\alpha-1}e^{-\beta r_{t-1}}\dfrac{\{[(i_{t-1}^* - \phi i_{t-1}^{FP}) + (\phi-1)r_{t-1}]f_{t-1} + E_{t-1}]F_{2t-1}\}}{(a + F_{2t-1}^2)}$	$AY_t^{\alpha-1}e^{-\beta r_{t-1}}\dfrac{[(i_{t-1}^* - i_{t-1}^{FP})f_{t-1} + E_{t-1}]F_{3t-1}}{[a + F_{3t-1}^2]}$
S_t	$AY_t^{\alpha-1}\left\{c + d\dfrac{[(i_t^* - r_t)f_t + E_t]F_{1t}}{[a + F_{1t}^2]}\right\}$	$AY_t^{\alpha-1}\left\{c + d\dfrac{\{[(i_t^* - \phi i_t^{FP}) + (\phi-1)r_t]f_t + E_t\}F_{2t}}{(a + F_{2t}^2)}\right\}$	$AY_t^{\alpha-1}\left\{c + d\dfrac{[(i_t^* - i_t^{FP})f_t + E_t]F_{3t}}{(a + F_{3t}^2)}\right\}$

果。在①、②和⑥情况下,冲销干预导致利率下降,利率下降导致铸币税降低的效应大于利率下降引起货币持有比例上升从而间接导致铸币税上升的效应,从而铸币税整体下降。在③、④和⑤情况下,冲销干预导致利率下降,利率下降导致铸币税降低的效应小于利率下降引起货币持有比例上升从而间接导致铸币税上升的效应,从而铸币税整体上升。而在其他情况,铸币税的变化要视利率变动导致铸币税变动的效应和利率变动引起货币持有比例变动从而间接导致铸币税变动的效应比较。

铸币税的变化也会反映到通货膨胀的福利成本上,Bailey(1956)考察了通货膨胀的福利成本[①],利用 Bailey 消费者剩余方法(Bailey's consumer surplus approach),我们可以分析铸币税的变化和通货膨胀的福利成本。假定无论何种冲销,经济都处于通货膨胀轨道 $\pi_t > 0$,初始状态在 m_0、i_0,铸币税为 $i_0 O m_0 A$(假定实际利率为 0),通货膨胀税也为 $i_0 O m_0 A$(铸币税和通货膨胀税相等),通货膨胀的福利成本为 $A m_0 T$。中央银行可以通过公开市场业务调节货币供给,控制价格水平的变化。假定货币供给以 δ 的速度增加,为了维持货币的购买力,对商品和服务的需求会增加,价格水平将上升,通货膨胀率将等于货币增加的速度 $\pi = \delta$。由于通货膨胀,货币持有者将减少实际货币余额的需求,实际货币余额由 m_0 下降到 m_1,铸币税由面积 $i_0 O m_0 A$ 变化到面积 $i_1 O m_1 C$,通货膨胀税由 $i_0 O m_0 A$ 也变为 $i_1 O m_1 C$,通货膨胀的福利成本为 $C m_1 T$[②]。如果央行采取冲销干预,货币供给会下降,由 S_1 右移到 S_2,通货膨胀会下降,实际货币余额持有将上升,由 m_1 上升到 m_2,铸币税和通货膨胀税的面积由 $i_1 O m_1 C$ 变化到 $i_2 O m_2 B$(见图 4-7),通货膨胀的福利成本为 $B m_2 T$。如果完全冲销,S_2 右移到 S_0,利率下降到 i_0,通货膨胀下降到 π_0,铸币税和通货膨胀税为 $i_0 O m_0 A$,通货膨胀的福利成本为 $A m_0 T$[③]。实际上从冲销干预对铸币税的影响大小来看,如果冲销干预导致铸币税和通货膨胀税不断下降,则冲销过后的面积 $i_2 O m_2 B$ 应该小于 $i_1 O m_1 C$,面积 $i_0 O m_0 A$ 小于 $i_2 O m_2 B$。同时通货膨胀的福利成本不断下降,$C m_1 T > B m_2 T > A m_0 T$。

因此,央行冲销干预对铸币税和通货膨胀税的影响大小依赖于通货膨胀效应和实际货币余额变动效应的相对变化,冲销干预导致利率下降,如果利率下降导致铸币税降低的效应大于利率下降引起货币持有比例上升从而间接导致铸币税上升的效应,从而铸币税

---

① 分析通货膨胀的福利成本也可见 Tatom, A. John, 1976; Craig Ben and Guillaume Rocheteau, 2005。

② 这就是通货膨胀的福利成本三角(The Welfare Triangle),它是由 Martin Bailey 提出的,后来许多经济学家都利用它分析过通货膨胀的福利成本,也可见 Gupta Rangan and Josine Uwillingye. (2009)。

③ 如果冲销干预 S_0 右移到 T 点,则铸币税为 0,福利成本也为 0,即名义利率为 0 时,通货膨胀的福利成本最小,这也是著名的弗里德曼原则(Friedman rule [Friedman, 1969])。

第4章 通货膨胀和铸币税

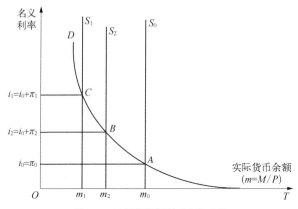

图 4-7 冲销干预福利成本的度量

下降。在上述情况下,冲销干预的福利成本都会越来越小,冲销干预提高了货币持有者的福利。当然,还存在随着冲销干预不断增加,通货膨胀上升[①],铸币税和通货膨胀税增加,通货膨胀的福利成本上升的情形。

4.5.4 结论

主要结论如下:一是我国央行冲销干预是稳定货币供应量的主要手段,冲销干预对通货膨胀和公众持有的实际货币余额都会有影响,对铸币税和通货膨胀税的影响是这两种效应的叠加。

二是通过联合分析货币当局的资产负债表和财政部的收支平衡关系,在社会福利损失最小化的约束条件下,分析铸币税和通货膨胀税的变化,也反映了货币政策和财政政策的协调。在这一政策目标下,我们得出了央票冲销和通货膨胀率变动的数量关系。

三是通过分析央票冲销对通货膨胀率的影响,进一步本书得出铸币税和通货膨胀税的变动情况。在三种情况下,随着冲销干预的增加,铸币税和通货膨胀税是下降的。在其他三种情况下,随着冲销干预的增加,铸币税和通货膨胀税是上升的。

最后是提供了铸币税和通货膨胀税变动的理论解释,并进一步探讨了铸币税、通货膨胀税变动的福利成本。因此有效的冲销干预能够降低通货膨胀率,降低铸币税和通货膨胀税,减少社会福利损失,提高货币持有者的福利。

---

① 这种情况下货币需求函数可能是向上倾斜的。

4.6 政府税收税率和通货膨胀率关系的理论和实证研究

4.6.1 引言

通常税收和发行货币是政府的两种融资方式,那么有效的融资策略就是使得源于税率和源于铸币税融资的社会福利损失之和最小化。Bailey(1956)认为因为持币而被政府征收的税收即通货膨胀税,这种税收和其他税种一样会对纳税人的经济行为造成扭曲。Phelps(1973)建立了铸币税和传统税收的静态模型,指出应该从公共财政的角度来考虑最优通货膨胀率的问题。在李嘉图等价(Richardian equivalence)原理存在的条件下,政府没有必要发行债券,如果政府支出改变,政府可以通过调整税率以实现政府收支均衡,但是这将导致较高的扭曲效应,税收的额外经济损失会上升。Barro(1979)建议用政府债券融资以保持税率不变,若当期的政府支出高出正常水平时,发行债券融资;当低于正常水平时,收回债券,这是 Barro 强调政府通过借款融资以达到政府收支平衡。Mankiw(1987)强调通过通货膨胀融资,认为政府可以通过发行货币融通政府支出,可以用货币、财政政策融通政府支出的赤字,因此政府税率、名义利率和通货膨胀率将同向变化,保持一致。实际上,传统的税收是一种税收,铸币税也是一种税收,从政府最优的角度来看,使得政府税收的社会成本最小化,也是政府的一项目标。曼昆原则(Mankiw,1987)假定政府选择税率和通货膨胀率征收税收同时使得社会扭曲成本最小化,因此最优的一阶条件为:政府税收的边际社会成本跨期是相等的;通货膨胀的边际成本跨期也是相等的;政府税收的边际社会成本和铸币税的边际社会成本是相等的,通货膨胀率和政府税收税率正相关。类似的研究还包括 Poterba and Rotemberg(1990)[①]等。尽管 Mankiw(1987)的实证研究显示通货膨胀率和税率之间存在正相关关系,但是随后的一些实证研究却没有证实这一点。他的结论受到一些批评,如该模型假定货币流通速度不变,没有考虑数据的随机结构等。Trehan and Walsh(1990)弥补了这些缺陷,考虑到非平稳的随机扰动,认为税收平滑在美国并不存在。Roubini and Sachs(1989)研究 15 个发达国家,其中 12 个国家没有显著关系,5 个国家(France, Austria, Italy, Ireland and Denmark)存在负相关关系。Poterba and Rotemberg(1990)研究显示日本和美国有正相关关系,而法国、英国和西德却没有这种关

---

① 通货膨胀作为铸币税融资的一种方式,Poterba and Rotemberg 提供了多个国家通货膨胀和税收联合变动情况的证据,还可见 Trehan and Walsh(1990)、Edward and Tabellini(1991)、Evans J.L. Amey M.C.(1996)、Nissan Liviatan and Roni Frish(2006)。

系。Edwards and Tabellini(1991)研究了21个发展中国家,其中17个国家没有显著的关系,4个国家存在显著关系,但却是负相关。Roubini(1991)研究了92个发展中国家,其中15个国家存在显著的正相关关系,37个国家统计上没有显著的关系,40个国家存在统计上显著的负相关关系。Evans and Amey(1996)研究显示大多数OECD国家不满足曼昆原则,Ashworth and Evans(1998)对32个发展中国家进行研究也得出类似的结论。因此,曼昆原则并没有得到充分的实证支持,一些学者认为制度因素可能是影响曼昆原则成立的重要原因,其中中央银行的独立性就是一个重要问题,因为中央银行的独立性影响货币政策的实施。如果中央银行有较高的独立性,在面对经济下滑和失业率时,中央银行会相应采取扩张性的货币政策;还有金融体系稳定的目标,如果利率较高,或财政赤字导致利率上升的压力,中央银行会放弃价格稳定目标而增加货币供给,降低利率以稳定金融体系,这些行为都会影响税率和通货膨胀率之间的关系。Nolivosy and Vuletin(2013)研究了中央银行的独立性对最优税收和铸币税之间关系的影响,认为税率和通货膨胀率正相关的关系是中央银行独立性的减函数,中央银行独立性越低,税率和通货膨胀率之间的关系为正;中央银行独立性高,税率和通货膨胀率之间的关系为负。实际上,与国外研究税率和通货膨胀率关系相比,国内研究铸币税相对比较多(范爱军,2002;张怀清,2010等),但对政府税收和铸币税之间直接关系探讨的相对较少。曾康霖(2002)认为铸币税的增加与财政赤字相关,认为在我国以铸币税去弥补财政赤字是不可避免的,重要的问题是把握住一个度。王云清、朱启贵(2012)从财政扩张的角度探讨了政府支出增加对消费、投资和通货膨胀的影响,认为政府支出对通货膨胀的影响,主要表现为先下降后上升。王进杰、贾英姿(2004)根据中国数据,分析表明中国铸币税收入阶段性的符合最优税收理论中的曼昆规则。郝硕博、李上炸(2009)从实现社会福利极大化的角度,构建起包括铸币税、一般税收和公债在内的政府筹资方式模型,在税率、经济增长率、通货膨胀率等因素既定的情况下,政府对铸币税的依赖将与对公债的发行联系在一起,并且随着人均财政支出等因素的变化而变化。实际上,在他们的研究中往往只涉及税率和通货膨胀率的变动,并不考虑两者之间的变动关系。

4.6.2 税率和通货膨胀率之间的关系——典型代理人最优化理论模型设定

假设经济主体的效用函数和约束条件有相似的特征,通过建立典型代理人模型,融入微观基础的分析,使得模型的分析更加接近于现实经济。经常项目跨时均衡方法(Obstfeld and Rogoff,1995,1996)就是考察消费者跨期效用最大化的最优行为基本模型,它是融入了微观基础的跨期均衡模型。典型的个人效用函数为

$$U_t = \sum_{s=t}^{\infty} \beta^{s-t} u\left(C_s, \frac{M_s}{P_s}\right) \tag{4-46}$$

式中:C_t 表示消费;M_t 表示个人在 t 期初获得,并持有至期末的名义货币存量;P_t 是 t 期的价格水平。我们假定 u_c, $u_{M/P} > 0$,且函数 $u(C, M/P)$ 是严格凹的,β 是主观贴现因子。

个人 t 期的预算约束条件由下式给出:

$$B_t + \frac{M_t}{P_t} = (1+r_{t-1})B_{t-1} + \frac{M_{t-1}}{P_t} + Y_t - C_t - T_t \tag{4-47}$$

因为 t 期的交易是在 t 期的价格水平下进行的,名义变量剔除掉当期的价格水平变成实际变量。如果考虑到对消费品征税,则 $T_t = \tau_t C_t$,表示支付给政府的净税收,τ_t 为消费税税率,r_{t-1} 是 $t-1$ 期市场的实际利率①,B_t 表示 t 期末本国发行债券私人净持有量。

将预算约束条件(4-47)往前延伸一个时间段,并且在等式两边同除以 $1+r$,得到:

$$\frac{B_{t+1}}{1+r} + \frac{M_{t+1}}{P_{t+1}(1+r)} = B_t + \frac{M_t}{P_{t+1}(1+r)} + \frac{Y_{t+1} - C_{t+1}(1+\tau_{t+1})}{1+r}$$

因此:$\dfrac{B_{t+1}}{1+r} + \dfrac{M_{t+1}}{P_{t+1}(1+r)} = \left(B_t + \dfrac{M_t}{P_t}\right) - \dfrac{M_t}{P_t}\left[1 - \dfrac{P_t}{P_{t+1}(1+r)}\right] + \dfrac{Y_{t+1} - C_{t+1}(1+\tau_{t+1})}{1+r}$

把上式代入等式(4-47)消去 $B_t + M_t/P_t$。重复以上过程,并利用 Fisher 平价关系②得到:

$$1 - \frac{P_t}{P_{t+1}(1+r)} = \frac{i_t}{1+i_t}$$

我们得到个人无限期跨时预算约束条件:

$$\sum_{s=t}^{\infty} \left(\frac{1}{1+r}\right)^{s-t} \left[C_s(1+\tau_s) + \frac{i_s}{1+i_s}\left(\frac{M_s}{P_s}\right)\right]$$
$$= (1+r)B_{t-1} + \frac{M_{t-1}}{P_t} + \sum_{s=t}^{\infty} \left(\frac{1}{1+r}\right)^{s-t} Y_s \tag{4-48}$$

---

① 通常假定实际利率为常数。

② 费雪平价等式:$1 + i_t = (1+r_t)\dfrac{P_{t+1}}{P_t}$。

第4章 通货膨胀和铸币税

假定不存在庞氏骗局,横截性条件存在:$\lim_{N\to\infty}\left(\frac{1}{1+r}\right)^N\left(B_{t+N}+\frac{M_{t+N}}{P_{t+N}}\right)=0$。初始金融财产与可支配收入的现值之和,必须等于分别用于消费与持有实际货币余额的支出现值之和。

在无限期的预算约束条件下,为了得到个人效用最大化问题的一阶条件,我们构建拉格朗日函数:

$$U_t = \sum_{s=t}^{\infty}\left[\beta^{s-t}u\left(C_s,\frac{M_s}{P_s}\right)\right]-\lambda_t\left(\sum_{s=t}^{\infty}\left(\frac{1}{1+r}\right)^{s-t}\right.$$

$$\left[C_s(1+\tau_s)+\frac{i_s}{1+i_s}\left(\frac{M_s}{P_s}\right)\right]-(1+r_{t-1})B_{t-1}$$

$$\left.-\frac{M_{t-1}}{P_t}-\sum_{s=t}^{\infty}\left(\frac{1}{1+r}\right)^{s-t}Y_s\right)$$

对 C_t、C_{t+1}、$\frac{M_t}{P_t}$ 分别求导,得到跨时最优化的一阶条件(Euler condition):

$$u'_c\left(C_t,\frac{M_t}{P_t}\right)-\lambda_t(1+\tau_t)=0 \tag{4-49}$$

$$\beta u'_c\left(C_{t+1},\frac{M_{t+1}}{P_{t+1}}\right)-\lambda_t\left(\frac{1}{1+r}\right)(1+\tau_{t+1})=0 \tag{4-50}$$

$$u'_{\frac{M}{P}}\left(C_t,\frac{M_t}{P_t}\right)-\lambda_t\frac{i_t}{1+i_t}=0 \tag{4-51}$$

令主观贴现因子 $\beta=\left(\frac{1}{1+r}\right)$,进一步可以得到:

$$\frac{u_C\left(C_t,\frac{M_t}{P_t}\right)}{1+\tau_t}=\frac{u_C\left(C_{t+1},\frac{M_{t+1}}{P_{t+1}}\right)}{1+\tau_{t+1}} \tag{4-52}$$

$$u_{M/P}\left(C_t,\frac{M_t}{P_t}\right)=\frac{i_t}{1+i_t}\frac{u_C\left(C_{t+1},\frac{M_{t+1}}{P_{t+1}}\right)}{1+\tau_{t+1}}=\frac{u_C\left(C_t,\frac{M_t}{P_t}\right)}{1+\tau_t}$$

$$-\frac{P_t}{P_{t+1}(1+r)}\frac{u_C\left(C_{t+1},\frac{M_{t+1}}{P_{t+1}}\right)}{1+\tau_{t+1}} \tag{4-53}$$

方程(4-52)是标准欧拉方程(Euler equation),当典型代理人效用最大化时,消费者不可能通过各期间的消费转移而获益。在方程(4-53)中,左边表示个人增加一单位货币用于交易所获得的边际效用 $u_{M/P}\left(C_t, \dfrac{M_t}{P_t}\right)$;在等式最右边,第一项表示为了提高一单位的实际货币余额而必须放弃的当前消费的数量而导致的效用减少 $u_C\left(C_t, \dfrac{M_t}{P_t}\right)/(1+\tau_t)$,第二项表示一单位实际货币储蓄在 $t+1$ 期可以购买的消费数量所带来的 $t+1$ 期消费的边际效用在 t 期折现值 $\dfrac{P_t}{P_{t+1}(1+r_t)}\dfrac{u_C\left(C_{t+1}, \dfrac{M_{t+1}}{P_{t+1}}\right)}{1+\tau_{t+1}}$。消费和实际货币余额都能够给消费者带来效用,这两个一阶条件体现了在典型代理人效用最大化条件下,消费的跨期边际效用相等,以及消费和货币的边际效用之间的关系。

将式(4-52)与式(4-53)联立能够可以得到:

$$\frac{u_C\left(C_t, \dfrac{M_t}{P_t}\right)/(1+\tau_t)}{u_{M/P}\left(C_t, \dfrac{M_t}{P_t}\right)} = \frac{1}{1-\dfrac{1}{1+r}\dfrac{P_t}{P_{t+1}}} = \frac{1+i_t}{i_t} \tag{4-54}$$

消费的边际效用和实际货币的边际效用之比为 $\dfrac{1+i_t}{i_t}$,也反映了持有货币的机会成本,如果利率上升,持有货币的机会成本会上升,实际货币余额的边际效用会上升,消费的边际效用会下降。假定个人的效用函数具有等弹性的形式:

$$u\left(C, \dfrac{M}{P}\right) = \gamma \ln C_t + (1-\gamma)\ln \dfrac{M_t}{P_t} \tag{4-55}$$

把(4-55)式代入(4-54)式得到货币需求方程为

$$\dfrac{M_t^d}{P_t} = \left(\dfrac{1-\gamma}{\gamma}\right)\left(1+\dfrac{1}{i_t}\right)C_t(1+\tau_t) \tag{4-56}$$

根据(4-56),实际货币需求是消费和名义利率的函数,消费增加,货币需求增加,利率下降,货币需求上升。货币需求和消费正向变动,和利率反向变动,也就是说,国内实际货币余额随着消费增加而上升,与持有货币的机会成本(i_t)反向变化。

根据(4-49)式和(4-50)式得到:$C_t^{-1}/(1+\tau_t) = \beta(1+r_{t+1})C_{t+1}^{-1}/(1+\tau_{t+1})$,假定 $\beta(1+r) = 1$,因此:$C_{t-1}(1+\tau_{t-1}) = C_t(1+\tau_t)$,而由(4-56)式得到 $\dfrac{i_t}{1+i_t}\left(\dfrac{M_t}{P_t}\right) = \left(\dfrac{1-\gamma}{\gamma}\right)C_t(1+\tau_t)$,代入方程(4-48)得到:

第4章 通货膨胀和铸币税

$$\sum_{s=t}^{\infty}\left(\frac{1}{1+r}\right)^{s-t}\left[C_s(1+\tau_s)+\left(\frac{1-\gamma}{\gamma}\right)C_s(1+\tau_s)\right]$$

$$=(1+r)B_{t-1}+\frac{M_{t-1}}{P_t}+\sum_{s=t}^{\infty}\left(\frac{1}{1+r}\right)^{s-t}Y_s$$

因此:

$$C_t(1+\tau_t) = \frac{\gamma}{\sum_{s=t}^{\infty}\left(\frac{1}{1+r}\right)^{s-t}}\left[(1+r)B_{t-1} + \frac{M_{t-1}}{P_t} + \sum_{s=t}^{\infty}\left(\frac{1}{1+r}\right)^{s-t}Y_s\right] \tag{4-57}$$

在无限期的禀赋经济的条件下,$C_t(1+\tau_t)$ 是稳定的。将货币需求函数代入铸币税的计算公式: $\frac{M_t}{P_t} - \frac{M_{t-1}}{P_t} = \left(\frac{1-\gamma}{\gamma}\right)\left(1+\frac{1}{i_t}\right)C_t(1+\tau_t) - \frac{1}{(1+\pi_{t-1})}\left(\frac{1-\gamma}{\gamma}\right)\left(1+\frac{1}{i_{t-1}}\right)C_{t-1}(1+\tau_{t-1})$ ①

由 $C_{t-1}(1+\tau_{t-1}) = C_t(1+\tau_t)$,意味着铸币税:

$$\frac{M_t}{P_t} - \frac{M_{t-1}}{P_t} = \left(\frac{1-\gamma}{\gamma}\right)\left(1+\frac{1}{i_t}\right)C_t(1+\tau_t) - \frac{1}{(1+\pi_{t-1})}\left(\frac{1-\gamma}{\gamma}\right)\left(1+\frac{1}{i_{t-1}}\right)C_t(1+\tau_t)$$

$$= \left(\frac{1-\gamma}{\gamma}\right)C_t(1+\tau_t)\left[\left(1+\frac{1}{i_t}\right) - \frac{(1+r_{t-1})}{i_{t-1}}\right] \tag{4-58}$$

铸币税随着利率等的变化而变化,利率上升,铸币税下降;利率下降,铸币税上升。我们假设在每一期政府都平衡预算,政府支出和债券利息支付等于政府税收、铸币税和新发行的债券,政府预算约束为: $G_t + r_{t-1}B_{t-1} = \tau_t C_t + \frac{M_t - M_{t-1}}{P_t} + \Delta B_t$,式中: G_t 表示政府支出;新增债券发行 $\Delta B_t = B_t - B_{t-1}$。

两边同除以国内产出 Y_t: $\frac{G_t}{Y_t} + \frac{r_{t-1}B_{t-1}}{Y_t} = \tau_t\frac{C_t}{Y_t} + \frac{M_t - M_{t-1}}{P_t Y_t} + \frac{\Delta B_t}{Y_t}$,在典型代理人效用最优化的条件下,由方程(4-58),政府预算约束变为

---

① $\frac{M_{t-1}}{P_t} = \frac{P_{t-1}}{P_t} \times \frac{M_{t-1}}{P_{t-1}}$。因为 $\frac{P_t - P_{t-1}}{P_{t-1}} = \pi_{t-1}$,所以 $\frac{P_{t-1}}{P_t} = \frac{1}{1+\pi_{t-1}}$。

$$\frac{G_t}{Y_t} + \frac{(1+r_{t-1})B_{t-1}}{Y_t} = \tau_t \frac{C_t}{Y_t} + \left(\frac{1-\gamma}{\gamma}\right)\frac{C_t}{Y_t}(1+\tau_t)\left[\left(1+\frac{1}{i_t}\right) - \frac{(1+r_{t-1})}{i_{t-1}}\right] + \frac{B_t}{Y_t}$$

，进一步可以得到政府预算约束等式：

$$h_t + (1+r_{t-1})b_{t-1} = \left[\tau_t + \left(\frac{1-\gamma}{\gamma}\right)(1+\tau_t)\left[\left(1+\frac{1}{i_t}\right) - \frac{(1+r_{t-1})}{i_{t-1}}\right]\right]c_t + b_t \tag{4-59}$$

式中：$h_t = \frac{G_t}{Y_t}$；$c_t = \frac{C_t}{Y_t}$；$b_{t-1} = \frac{B_{t-1}}{Y_t}$；$b_t = \frac{B_t}{Y_t}$。我们可以把政府预算约束(4-59)写成无限期预算约束的形式：

$$\sum_{s=t}^{\infty}\left(\frac{1}{1+r}\right)^{s-t}\left[\left[\tau_s + \left(\frac{1-\gamma}{\gamma}\right)(1+\tau_s)\left[\left(1+\frac{1}{(r_s+\pi_s)}\right) - \frac{(1+r_{s-1})}{(r_{s-1}+\pi_{s-1})}\right]\right]c_s\right]$$
$$= (1+r)b_{t-1} + \sum_{s=t}^{\infty}\left(\frac{1}{1+r}\right)^{s-t}h_s \tag{4-60}$$

同样，横截性条件存在：$\lim_{N\to\infty}\left(\frac{1}{1+r}\right)^N(b_{t+N}) = 0$，无限期的政府税收和铸币税等于初始的财富和无限期的政府支出之和。其中名义利率 i_t 等于实际利率 r_t 加上通货膨胀率 π_t，$i_t = r_t + \pi_t$。根据式(4-57)，令 $(1+\tau_t)c_t = a$，则式(4-60)变为以下方程：

$$\sum_{s=t}^{\infty}\left(\frac{1}{1+r}\right)^{s-t}\left[a - \frac{a}{1+\tau_s} + \left(\frac{1-\gamma}{\gamma}\right)\left[\left(1+\frac{1}{(r_s+\pi_s)}\right) - \frac{(1+r_{s-1})}{(r_{s-1}+\pi_{s-1})}\right]a\right]$$
$$= (1+r)b_{t-1} + \sum_{s=t}^{\infty}\left(\frac{1}{1+r}\right)^{s-t}h_s \tag{4-61}$$

为了分析政府税率和通货膨胀率之间的关系，对无限期的预算约束分以下几种情况讨论：

(1) 税率和通货膨胀率在不同的时期保持相对稳定，即 $\tau_s = \tau_t$，$\forall s > t$；$\pi_s = \pi_t$，$\forall s \geq t-1$，政府的预算约束式(4-61)变为

第 4 章 通货膨胀和铸币税

$$\left[a - \frac{a}{1+\tau_t} + \left(\frac{1-\gamma}{\gamma}\right)\left[\left(1 - \frac{r_t}{(r_t+\pi_t)}\right)\right]a\right]\sum_{s=t}^{\infty}\left(\frac{1}{1+r}\right)^{s-t}$$

$$= (1+r)b_{t-1} + \sum_{s=t}^{\infty}\left(\frac{1}{1+r}\right)^{s-t}h_s \tag{4-62}$$

如果政府选择税率实现政府预算约束的均衡,对式(4-62)两边通货膨胀率 π_t 求导:

$$\frac{a}{(1+\tau_t)^2}\frac{\mathrm{d}\tau_t}{\mathrm{d}\pi_t} + \left(\frac{1-\gamma}{\gamma}\right)\left[\left(\frac{r_t}{(r_t+\pi_t)^2}\right)\right]a = 0, \tag{4-63}$$

因此: $\frac{\mathrm{d}\tau_t}{\mathrm{d}\pi_t} = -\left(\frac{1-\gamma}{\gamma}\right)\left[\left(\frac{r_t}{(r_t+\pi_t)^2}\right)\right](1+\tau_t)^2 < 0$

意味着政府收支平衡的条件下,税率和通货膨胀率是反向变动的。如果政府支出增加,政府增加税率和提高通货膨胀率搭配达到预算均衡。

(2) 由(1)可以看出,政府税率和通货膨胀率是反向变动的,但是政府税率和通货膨胀率也存在同向变动的可能,如果政府税率和通货膨胀率是跨期变动的,针对政府预算约束式(4-61)做如下变换:

$$\sum_{s=t}^{T}\left(\frac{1}{1+r}\right)^{s-t}\left[a - \frac{a}{1+\tau_s} + \left(\frac{1-\gamma}{\gamma}\right)\left[\left(1+\frac{1}{i_s}\right) - \frac{(1+r_{s-1})}{(r_{s-1}+\pi_{s-1})}\right]a\right.$$
$$\left. + \frac{2a}{1+\tau_s}\right] + \sum_{s=T+1}^{N}\left(\frac{1}{1+r}\right)^{s-t}\left[a - \frac{a}{1+\tau_s} + \left(\frac{1-\gamma}{\gamma}\right)\left[\left(1+\frac{1}{i_s}\right)\right.\right.$$
$$\left.\left. - \frac{(1+r_{s-1})}{(r_{s-1}+\pi_{s-1})}\right]a - \left(\frac{1-\gamma}{\gamma}\right)\left[\left(1+\frac{1}{i_s}\right) - \frac{(1+r_{s-1})}{(r_{s-1}+\pi_{s-1})}\right]2a\right]$$
$$- \sum_{s=t}^{T}\left(\frac{1}{1+r}\right)^{s-t}\left[\frac{2a}{1+\tau_s}\right] + \sum_{s=T+1}^{N}\left(\frac{1}{1+r}\right)^{s-t}\left[\left(\frac{1-\gamma}{\gamma}\right)\left[\left(1+\frac{1}{i_s}\right)\right.\right.$$
$$\left.\left. - \frac{(1+r_{s-1})}{(r_{s-1}+\pi_{s-1})}\right]2a\right] + \left(\frac{1}{1+r}\right)^{N}(b_{t+T}) = (1+r)b_{t-1} + \sum_{s=t}^{\infty}\left(\frac{1}{1+r}\right)^{s-t}h_s \tag{4-64}$$

上述变换的含义是,在时间 T 之前,加上 $\sum_{s=t}^{T}\left(\frac{1}{1+r}\right)^{s-t}\left[\frac{2a}{1+\tau_s}\right]$,因此在 T 期之前,随着通货膨胀率的上升,税率是上升的,在时间 T 之后,减去 $\sum_{s=T+1}^{N}\left(\frac{1}{1+r}\right)^{s-t}\left[\left(\frac{1-\gamma}{\gamma}\right)\right.$ $\left.\left[\left(1+\frac{1}{i_s}\right) - \frac{(1+r_{s-1})}{(r_{s-1}+\pi_{s-1})}\right]2a\right]$,因此在 T 期之后,随着税率的上升,通货膨胀率是上升的,也就是说,T 期之前的通货膨胀率的上升和税率上升被 T 期后税率下降和通货膨胀下降所抵消,无限期的预算约束条件仍然是存在的,不过整个过程政府税率和通货膨胀率

是同向变化的。

为了保持政府预算约束成立,预算约束要同时加上 $\sum_{s=T+1}^{N}\left(\frac{1}{1+r}\right)^{s-t}\left[\left(\frac{1-\gamma}{\gamma}\right)\left[\left(1+\frac{1}{i_s}\right)-\frac{(1+r_{s-1})}{(r_{s-1}+\pi_{s-1})}\right]2a\right]$ 和减去 $\sum_{s=t}^{T}\left(\frac{1}{1+r}\right)^{s-t}\left[\frac{2a}{1+\tau_s}\right]$。当 $N\to\infty$ 时,因此政府预算约束式(4-64)变为

$$\sum_{s=t}^{T}\left(\frac{1}{1+r}\right)^{s-t}\left[a+\frac{a}{1+\tau_s}+\left(\frac{1-\gamma}{\gamma}\right)\left[\left(1+\frac{1}{i_s}\right)-\frac{(1+r_{s-1})}{(r_{s-1}+\pi_{s-1})}\right]a\right]$$
$$+\sum_{s=T+1}^{\infty}\left(\frac{1}{1+r}\right)^{s-t}\left[a-\frac{a}{1+\tau_s}-\left(\frac{1-\gamma}{\gamma}\right)\left[\left(1+\frac{1}{i_s}\right)-\frac{(1+r_{s-1})}{(r_{s-1}+\pi_{s-1})}\right]a\right]$$
$$=(1+r)b_{t-1}+\sum_{s=t}^{\infty}\left(\frac{1}{1+r}\right)^{s-t}h_s \tag{4-65}$$

仍然假定横截性条件存在,满足:$\lim_{N\to\infty}\left\{-\sum_{s=t}^{T}\left(\frac{1}{1+r}\right)^{s-t}\left[\frac{2a}{1+\tau_s}\right]+\sum_{s=T+1}^{N}\left(\frac{1}{1+r}\right)^{s-t}\left[\left(\frac{1-\gamma}{\gamma}\right)\left[\left(1+\frac{1}{i_s}\right)-\frac{(1+r_{s-1})}{(r_{s-1}+\pi_{s-1})}\right]2a\right]+\left(\frac{1}{1+r}\right)^{N}(b_{t+T})\right\}=0$

式(4-65)是政府的无限期的预算约束,这样的预算约束意味着政府税率和通货膨胀率是同向变动的。

同样,假定 $\tau_s=\tau_t$,$\forall s>t$;$\pi_s=\pi_t$,$\forall s\geq t-1$,政府的预算约束式(4-65)变为

$$\left[a+\frac{a}{1+\tau_t}+\left(\frac{1-\gamma}{\gamma}\right)\left[\left(1-\frac{r_t}{i_t}\right)a\right]\right]\sum_{s=t}^{T}\left(\frac{1}{1+r}\right)^{s-t}$$
$$+\left[a-\frac{a}{1+\tau_t}-\left(\frac{1-\gamma}{\gamma}\right)\left[\left(1-\frac{r_t}{i_t}\right)a\right]\right]\sum_{s=T+1}^{\infty}\left(\frac{1}{1+r}\right)^{s-t}$$
$$=(1+r)b_{t-1}+\sum_{s=t}^{\infty}\left(\frac{1}{1+r}\right)^{s-t}h_s \tag{4-66}$$

对式(4-66)两边通货膨胀率 π_t 求导:

$$\frac{\mathrm{d}\tau_t}{\mathrm{d}\pi_t}=\frac{\left(\frac{1-\gamma}{\gamma}\right)\left[\left(\frac{r_t}{i_t^2}\right)\right]}{\frac{1}{(1+\tau_t)^2}}>0 \tag{4-67}$$

意味着政府收支平衡的条件下,税率和通货膨胀率是同向变动的,如果政府支出增加,在无限期的政府预算约束条件下,政府增加税率和通货膨胀率上升搭配满足政府的预算均衡。正是由于是无限期的政府约束条件,政府部门可以在 T 之前,使通货膨胀上升,

并使政府税率上升;而在 T 期之后,使政府税率下降,并使通货膨胀下降,这样前后抵消,政府预算约束仍然平衡,但是政府税率和通货膨胀率变动的方向是相同的。

因此,在不同的政府预算约束条件下,政府税率和通货膨胀率的变动也显示出不同的相关性,也就是说,不同的政府预算约束的变动轨迹,就会有不同的政府税率和通货膨胀率之间的变动关系,同时在政府目标的条件下,政府税率与通货膨胀率变动的幅度、变动方向也受政府预算约束的影响。

4.6.3 典型代理人的效用最大化和政府的财政目标

假定政府的目标是实现财政盈余目标,我们把政府目标损失函数写成:

$$L = \frac{1}{2}\sum_{s=t}^{\infty}\kappa^{s-t}(d_s - \bar{d})^2 \tag{4-68}$$

式中:d_t 表示政府的财政盈余;$\bar{d}$ 是财政盈余目标;κ 是贴现因子;h_t 表示政府支出。财政盈余为

$$d_t = \tau_t c_t - h_t = \left(a - \frac{a}{1+\tau_t}\right) - h_t \tag{4-69}$$

h_t 表示政府支出。把式(4-69)代入式(4-68),在政府预算约束式(4-62)的条件下,构建拉格朗日函数:

$$\begin{aligned} L = &\frac{1}{2}\sum_{s=t}^{\infty}\kappa^{s-t}(d_s - \bar{d})^2 - \xi_t\bigg\{\bigg[a - \frac{a}{1+\tau_t} + \left(\frac{1-\gamma}{\gamma}\right)\\ &\bigg[\left(1 - \frac{r_t}{(r_t+\pi_t)}\right)\bigg]a\bigg]\sum_{s=t}^{\infty}\left(\frac{1}{1+r}\right)^{s-t} - (1+r)b_{t-1}\\ &- \sum_{s=t}^{\infty}\left(\frac{1}{1+r}\right)^{s-t}h_s\bigg\} \end{aligned} \tag{4-70}$$

假定 $\kappa = \dfrac{1}{1+r}$,在政府损失函数最小化的条件下,对 τ_t, ξ_t 求导得到:

$$\left\{\sum_{s=t}^{\infty}\kappa^{s-t}\left[\left(a - \frac{a}{1+\tau_t}\right) - \bar{d}\right] - \sum_{s=t}^{\infty}\kappa^{s-t}h_s\right\}\left(\frac{a}{(1+\tau_t)^2}\right)$$
$$+ \xi_t\left(-\frac{a}{(1+\tau_t)^2}\right)\sum_{s=t}^{\infty}\left(\frac{1}{1+r}\right)^{s-t} = 0$$

$$\left[a - \frac{a}{1+\tau_t} + \left(\frac{1-\gamma}{\gamma}\right)\left[\left(1 - \frac{r_t}{(r_t+\pi_t)}\right)\right]a\right]\sum_{s=t}^{\infty}\left(\frac{1}{1+r}\right)^{s-t}$$

$$-(1+r)b_{t-1} - \sum_{s=t}^{\infty}\left(\frac{1}{1+r}\right)^{s-t}h_s = 0$$

因此：

$$\tau_t = \frac{a}{-\xi_t - \frac{r}{1+r}\sum_{s=t}^{\infty}\left(\frac{1}{1+r}\right)^{s-t}h_s + a - \bar{d}} - 1 \qquad (4\text{-}71)$$

$$\xi_t = \frac{(1+r)b_{t-1} - \sum_{s=t}^{\infty}\left(\frac{1}{1+r}\right)^{s-t}\left[\bar{d} + \left(\frac{1-\gamma}{\gamma}\right)\left[\left(1 - \frac{r_t}{(r_t+\pi_t)}\right)\right]a\right]}{B_1}，定义$$

$$B_1 = \sum_{s=t}^{\infty}\left(\frac{1}{1+r}\right)^{s-t}。$$

由方程(4-71)，进一步能够得到：

$$\frac{\mathrm{d}\tau_t}{\mathrm{d}\pi_t} = \frac{a}{\left(-\xi_t - \frac{r}{1+r}\sum_{s=t}^{\infty}\left(\frac{1}{1+r}\right)^{s-t}h_s + a - \bar{d}\right)^2}\frac{\mathrm{d}\xi_t}{\mathrm{d}\pi_t}$$

$$= -\frac{a}{\left(-\xi_t - \frac{r}{1+r}\sum_{s=t}^{\infty}\left(\frac{1}{1+r}\right)^{s-t}h_s + a - \bar{d}\right)^2}$$

$$\frac{(1-\gamma)}{\gamma}\left[\frac{r_t}{(r_t+\pi_t)^2}\right]a < 0 \qquad (4\text{-}72)$$

因此：$\frac{\mathrm{d}\tau_t}{\mathrm{d}\pi_t} < 0$，税率和通货膨胀率负相关，也就是说，如果政府实现财政盈余目标和平衡预算约束，则税率和通货膨胀率是负相关。政府为了实现财政目标，同时在典型代理人可以获得效用最大化的条件下，税率上升，消费下降，同时实际货币需求上升，通货膨胀率下降，因此税率和通货膨胀率反向变化，这一点与曼昆原则不同。

政府支出与政府税率之间的关系：

$$\frac{\mathrm{d}\tau_t}{\mathrm{d}h_t} = \frac{\frac{r}{1+r}a}{\left(-\xi_t - \frac{r}{1+r}\sum_{s=t}^{\infty}\left(\frac{1}{1+r}\right)^{s-t}h_s + a - \bar{d}\right)^2} > 0 \qquad (4\text{-}73)$$

政府支出与政府税率之间是正相关关系。政府支出上升，财政盈余下降，为了使得政府的损失函数最小化，政府税率上升，政府支出和税率同向变动。政府支出下降，财政盈

第 4 章 通货膨胀和铸币税

余上升,为了使得政府的损失函数最小化,政府税率下降,政府支出和税率同向变动。

资源禀赋和政府税率之间的关系：

$$\frac{\mathrm{d}\tau_t}{\mathrm{d}a} = \frac{-\left[\frac{(1+r)b_{t-1}}{B_1} + \frac{r}{1+r}\sum_{s=t}^{\infty}\left(\frac{1}{1+r}\right)^{s-t}h_s\right]}{\left(-\xi_t - \frac{r}{1+r}\sum_{s=t}^{\infty}\left(\frac{1}{1+r}\right)^{s-t}h_s + a - \bar{d}\right)^2} < 0 \quad (4\text{-}74)$$

资源禀赋和政府税率之间关系是负相关关系。如果资源禀赋上升,在政府损失函数最小化和政府预算约束平衡的条件下,政府税率下降。实际上,政府损失函数最小化,消费上升,税率下降,因此资源禀赋和政府税率之间负相关关系。

政府支出与政府税率、通货膨胀率的斜率之间的关系：

$$\partial \frac{\mathrm{d}\tau_t}{\mathrm{d}\pi_t}/\partial h_t = -\frac{\frac{2r}{1+r}a}{\left(-\xi_t - \frac{r}{1+r}\sum_{s=t}^{\infty}\left(\frac{1}{1+r}\right)^{s-t}h_s + a - \bar{d}\right)^3}$$

$$\frac{(1-\gamma)}{\gamma}\left[\frac{r_t}{(r_t+\pi_t)^2}\right]a < 0 \quad (4\text{-}75)$$

政府支出与政府税率、通货膨胀率的斜率之间是负相关关系。政府支出上升,财政盈余下降,或财政赤字上升,使得政府损失函数最小化,政府税率需要提高,而在政府预算约束平衡的条件下,通货膨胀率下降,但通货膨胀率下降的幅度小于税率上升的幅度,斜率变动是下降的,因此政府支出与政府税率、通货膨胀率的斜率之间是负相关关系。反之,政府支出下降,财政盈余上升,或财政赤字下降,使得政府损失函数最小化,政府税率需要降低,而在政府预算约束平衡的条件下,通货膨胀率上升,但是通货膨胀率上升的幅度大于税率下降的幅度,因此斜率是上升的,政府支出与政府税率、通货膨胀率的斜率负相关。

资源禀赋与政府税率、通货膨胀率的斜率之间的关系：

$$\partial \frac{\mathrm{d}\tau_t}{\mathrm{d}\pi_t}/\partial a = \frac{2a\left(\frac{(1+r)b_{t-1}}{B_1} + \frac{r}{1+r}\sum_{s=t}^{\infty}\left(\frac{1}{1+r}\right)^{s-t}h_s\right)}{\left(-\xi_t - \frac{r}{1+r}\sum_{s=t}^{\infty}\left(\frac{1}{1+r}\right)^{s-t}h_s + a - \bar{d}\right)^3} \quad (4\text{-}76)$$

$$\frac{(1-\gamma)}{\gamma}\left[\frac{r_t}{(r_t+\pi_t)^2}\right] > 0$$

资源禀赋与政府税率、通货膨胀率的斜率之间正相关。如果资源禀赋上升,一种情况是在政府损失函数最小的情况下,政府税率上升,在政府预算约束平衡的条件下,通货膨胀率下降,下降的幅度大,斜率是上升的。另一种情况,消费会上升,在政府损失函数最小的情况下,政府税率下降,在政府预算约束平衡的条件下,通货膨胀率上升,因为上升的幅度大,斜率是上升的。同样,如果资源禀赋下降,一种情况是在政府损失函数最小的情况下,政府税率下降,在政府预算约束平衡的条件下,通货膨胀率上升,上升的幅度小,斜率是下降的。另一种情况,消费会下降,在政府损失函数最小的情况下,政府税率上升,在政府预算约束平衡的条件下,通货膨胀率下降,因为下降的幅度小,斜率是下降的。因此能够看出资源禀赋与政府税率、通货膨胀率的斜率之间正相关。

同样,针对政府预算约束式(4-66),构建拉格朗日函数:

$$L = \frac{1}{2}\sum_{s=t}^{\infty}\kappa^{s-t}(d_s - \bar{d})^2 - \xi_t \left(\sum_{s=t}^{T} \left(\frac{1}{1+r}\right)^{s-t} \left[a + \frac{a}{1+\tau_s} + \left(\frac{1-\gamma}{\gamma}\right) \left[\left(1-\frac{r_t}{i_s}\right)\right]a \right] + \sum_{s=T+1}^{\infty} \left(\frac{1}{1+r}\right)^{s-t} \left[a - \frac{a}{1+\tau_s} - \left(\frac{1-\gamma}{\gamma}\right) \left[\left(1-\frac{r_t}{i_s}\right)\right]a \right] - (1+r)b_{t-1} - \sum_{s=t}^{\infty}\left(\frac{1}{1+r}\right)^{s-t} h_s \right) \quad (4-77)$$

令 $\kappa = \frac{1}{1+r}$,对 τ_t,ξ_t 求导得到:

$$\left\{ \sum_{s=t}^{\infty}\left(\frac{1}{1+r}\right)^{s-t}\left[\left(a - \frac{a}{1+\tau_t}\right) - \bar{d}\right] - \sum_{s=t}^{\infty}\left(\frac{1}{1+r}\right)^{s-t}h_s \right\}\left(\frac{a}{(1+\tau_t)^2}\right)$$
$$+ \xi_t \left(\frac{a}{(1+\tau_t)^2}\right)\left(\sum_{s=t}^{T}\left(\frac{1}{1+r}\right)^{s-t} - \sum_{s=T+1}^{\infty}\left(\frac{1}{1+r}\right)^{s-t} \right) = 0$$

$$\sum_{s=t}^{T}\left(\frac{1}{1+r}\right)^{s-t}\left[a + \frac{a}{1+\tau_s} + \left(\frac{1-\gamma}{\gamma}\right)\left[\left(1-\frac{r_t}{i_s}\right)\right]a\right]$$
$$+ \sum_{s=T+1}^{\infty}\left(\frac{1}{1+r}\right)^{s-t}\left[a - \frac{a}{1+\tau_s} - \left(\frac{1-\gamma}{\gamma}\right)\left[\left(1-\frac{r_t}{i_s}\right)\right]a\right]$$
$$-(1+r)b_{t-1} - \sum_{s=t}^{\infty}\left(\frac{1}{1+r}\right)^{s-t}h_s = 0$$

同样能够得到:

$$\tau_t = \frac{a}{\xi_t\frac{B_2}{B_1} + \left(a - \frac{r}{1+r}\sum_{s=t}^{\infty}\left(\frac{1}{1+r}\right)^{s-t}h_s - \bar{d}\right)} - 1 \quad (4-78)$$

$$\xi_t = -\frac{A_1 + \left[\frac{r}{1+r}\sum_{s=t}^{\infty}\left(\frac{1}{1+r}\right)^{s-t}h_s - (a-\bar{d})\right]B_2}{\frac{B_2^2}{B_1}}, 式中:A_1 = (1+r)b_{t-1} +$$

$$\sum_{s=t}^{\infty}\left(\frac{1}{1+r}\right)^{s-t}h_s - \left[a+\left(\frac{1-\gamma}{\gamma}\right)\left[\left(1-\frac{r_t}{(r_t+\pi_t)}\right)a\right]\sum_{s=t}^{T}\left(\frac{1}{1+r}\right)^{s-t} - \left[a-\right.$$

$$\left.\left(\frac{1-\gamma}{\gamma}\right)\left[\left(1-\frac{r_t}{i_t}\right)a\right]\sum_{s=T+1}^{\infty}\left(\frac{1}{1+r}\right)^{s-t}; \quad B_2 = \left(\sum_{s=t}^{T}\left(\frac{1}{1+r}\right)^{s-t} - \sum_{s=T+1}^{\infty}\right.$$

$$\left.\left(\frac{1}{1+r}\right)^{s-t}\right), 并且 A_1 和 B_2 是同号。由方程(4-78),进一步能够得到:$$

$$\frac{\mathrm{d}\tau_t}{\mathrm{d}\pi_t} = \frac{\left[\left(\frac{1-\gamma}{\gamma}\right)\left[\left(\frac{r_t}{i_t^2}\right)a\right]a\right]}{\left\{\xi_t\frac{B_2}{B_1} + \left(a - \frac{r}{1+r}\sum_{s=t}^{\infty}\left(\frac{1}{1+r}\right)^{s-t}h_s - \bar{d}\right)\right\}^2} > 0 \quad (4\text{-}79)$$

因此,$\frac{\mathrm{d}\tau_t}{\mathrm{d}\pi_t} > 0$,税率和通货膨胀率正相关,也就是说,如果政府实现财政赤字目标和平衡预算约束,则税率和通货膨胀率是正相关。在 T 期前,税率下降,财政赤字上升,为了实现财政目标,一方面消费增加,政府税收增加,另一方面实际货币余额上升,通货膨胀率下降。在 T 期后,消费下降,税率上升,同时实际货币需求下降,通货膨胀率上升。因此,税率和通货膨胀率同向变化,这一点与曼昆原则是相同的。

政府支出与政府税率之间的关系:

$$\frac{\mathrm{d}\tau_t}{\mathrm{d}h_t} = -\frac{a}{\left\{\xi_t\frac{B_2}{B_1} + \left(a - \frac{r}{1+r}\sum_{s=t}^{\infty}\left(\frac{1}{1+r}\right)^{s-t}h_s - \bar{d}\right)\right\}^2}\frac{1}{B_2} \quad (4\text{-}80)$$

如果 $B_2 > 0$,政府支出与政府税率之间负相关;如果 $B_2 < 0$,政府支出与政府税率关系正相关。如果政府支出增加,在 T 期前,消费下降,税率上升,财政赤字下降,一方面消费下降,另一方面政府为了实现财政目标和预算约束平衡,实际货币余额下降,通货膨胀率上升。在 T 期后,税率下降,消费上升,同时实际货币需求下降,通货膨胀率上升。因此,政府支出与政府税率的关系不确定。

资源禀赋和政府税率之间的关系:

$$\frac{\mathrm{d}\tau_t}{\mathrm{d}a} = \frac{(1+r)b_{t-1} + \sum_{s=t}^{\infty}\left(\frac{1}{1+r}\right)^{s-t}h_s}{B_2\left[\xi_t\frac{B_2}{B_1} + \left(a - \frac{r}{1+r}\sum_{s=t}^{\infty}\left(\frac{1}{1+r}\right)^{s-t}h_s - \bar{d}\right)\right]^2} \quad (4\text{-}81)$$

资源禀赋和政府税率之间相关关系也不确定,但和 B_2 同号。通常在资源禀赋一定的条件下,政府税率和消费反向变化。如果资源禀赋增加,在 T 期前,在政府财政目标和消费者效用最大化的条件下,消费增加,税率下降,同时实际货币需求上升,通货膨胀率下降;在 T 期后,消费下降,税率上升,同时实际货币需求下降,通货膨胀率上升,因此资源禀赋对税率的最终影响不确定。同样,如果资源禀赋减少,在 T 期前,在消费者效用最大化的条件下,消费下降,税率上升,同时实际货币需求下降,通货膨胀率上升;在 T 期后,消费上升,税率下降,同时实际货币需求上升,通货膨胀率下降,因此资源禀赋对税率的最终影响不确定。

政府支出与政府税率、通货膨胀率的斜率之间的关系:

$$\partial \frac{\mathrm{d}\tau_t}{\mathrm{d}\pi_t}/\partial h_t = -\frac{2\left[\left(\frac{1-\gamma}{\gamma}\right)\left[\frac{r_t}{i_t^2}\right]a\right]\frac{1}{B_2}}{\left\{\xi_t \frac{B_2}{B_1}+\left(a-\frac{r}{1+r}\sum_{s=t}^{\infty}\left(\frac{1}{1+r}\right)^{s-t} h_s - \bar{d}\right)\right\}^3} \quad (4\text{-}82)$$

政府支出与政府税率、通货膨胀率的斜率之间关系不确定。如果 $B_2<0$,政府支出与政府税率、通货膨胀率的斜率之间是正相关关系;如果 $B_2>0$,政府支出与政府税率、通货膨胀率的斜率之间负相关。如果政府支出增加,在政府损失函数最小的情况下,在 T 期前,消费下降,税率上升,财政赤字下降,同时在典型代理人效用最大化的条件下,实际货币余额下降,通货膨胀率上升,如果通货膨胀率上升的幅度大,斜率是下降的;如果通货膨胀率上升的幅度小,因此斜率是上升的。在 T 期后,消费上升,税率下降,财政赤字上升,同时在典型代理人效用最大化的条件下,实际货币余额上升,通货膨胀率下降,如果通货膨胀率下降得小,斜率是上升的;如果通货膨胀率下降的幅度大,斜率是下降的。斜率的最终大小取决于 T 期前后斜率变动的相对大小,因此随着政府支出的上升,政府税率、通货膨胀率的斜率不能够确定。还有另一种情况,如果政府支出增加,在政府损失函数最小的情况下,在 T 期前,消费上升,税率下降,财政赤字下降,同时在典型代理人效用最大化的条件下,实际货币余额上升,通货膨胀率下降,如果通货膨胀率下降的多,斜率是下降的;如果通货膨胀率下降的少,斜率是上升的。在 T 期后,消费下降,税率上升,财政赤字上升,同时在典型代理人效用最大化的条件下,实际货币余额下降,通货膨胀率上升,如果通货膨胀率上升的多,斜率是下降的;如果通货膨胀率上升的相对较少,斜率是上升的。斜率的最终大小取决于 T 期前后斜率变动的相对大小,因此随着政府支出的上升,政府税率、通货膨胀率的斜率不能够确定。

资源禀赋与政府税率、通货膨胀率的斜率之间的关系:

$$\partial \frac{\mathrm{d}\tau_t}{\mathrm{d}\pi_t}/\partial a = \frac{\left[\left(\frac{1-\gamma}{\gamma}\right)\left[\frac{r_t}{i_t^2}\right]2a\right]\left\{(1+r)b_{t-1}+\sum_{s=t}^{\infty}\left(\frac{1}{1+r}\right)^{s-t} h_s + \bar{d}\right\}}{B_2\left\{\xi_t \frac{B_2}{B_1}+\left(a-\frac{r}{1+r}\sum_{s=t}^{\infty}\left(\frac{1}{1+r}\right)^{s-t} h_s - \bar{d}\right)\right\}^3}$$

(4-83)

第4章 通货膨胀和铸币税

资源禀赋与政府税率、通货膨胀率的斜率之间是不确定关系,但与 B_2 同向。如果 $B_2 > 0$,资源禀赋与政府税率、通货膨胀率的斜率之间是正相关关系;如果 $B_2 < 0$,资源禀赋与政府税率、通货膨胀率的斜率之间负相关。如果资源禀赋上升,一种情况是在时期 T 之前,在政府损失函数最小的情况下,政府税率上升,在政府预算约束平衡的条件下,通货膨胀率上升,如果通货膨胀率上升的少,斜率是上升的;如果通货膨胀率上升的大,斜率是下降的。在时期 T 之后,政府税率下降,在政府预算约束平衡的条件下,通货膨胀率下降,如果通货膨胀率下降的少,斜率是上升的;如果通货膨胀率下降的大,斜率是下降的。因此资源禀赋对政府税率、通货膨胀率斜率的影响依赖于 T 期前后斜率变动的相对大小。另一种情况,T 期前,消费上升,在政府损失函数最小的情况下,政府税率下降,在政府预算约束平衡的条件下,通货膨胀率下降,如果通货膨胀率下降得少,斜率是上升的;如果通货膨胀率下降得大,斜率是下降的。T 期后,消费下降,政府税率上升,在政府预算约束平衡的条件下,通货膨胀率上升,如果通货膨胀率上升得少,斜率是上升的;如果通货膨胀率上升得大,斜率是下降的。资源禀赋对政府税率、通货膨胀率斜率的影响依赖于 T 期前后斜率变动的相对大小。因此,资源禀赋对政府税率、通货膨胀率斜率的影响不确定。

由此可以看出,以典型代理人效用最大化、以财政盈余为目标,税率和通货膨胀率正相关或负相关。因此在政府不同目标的条件下,税率和通货膨胀率既可能正相关,也可能负相关,见表4-20。

表4-20 政府税率和通货膨胀率的关系

	政府实现财政目标	
	第一个政府约束	第二个政府约束
税率	式(4-71)	式(4-78)
税率与通货膨胀率的斜率	式(4-72)	式(4-79)
税率与通货膨胀率的斜率符号	小于0	大于0
是否符合曼昆原则	不符合	符合
政府支出与政府税率的关系	正相关	不确定(与 B_2 反向)
政府支出与税率、通货膨胀率斜率的关系	负相关	不确定(与 B_2 反向)
资源禀赋与政府税率的关系	小于0	不确定(与 B_2 同向)
资源禀赋与税率、通货膨胀率斜率的关系	大于0	不确定(与 B_2 同向)

从以上的分析可以看出,在典型代理人效用最大化的目标下,我们得到跨期消费关系和相应的货币需求的函数,同时在不同的政府目标和政府预算约束的条件下,我们得到税率和通货膨胀率之间理论关系,这种关系是受政府预算约束的影响,同时政府需要满足自己的目标,这种内在逻辑和 Mankiw(1987)的研究是不同的。Mankiw 等研究的是政府选

择税率和通货膨胀率以使得社会扭曲成本最小化,在这样的目标函数下得到税率和通货膨胀率的理论关系。而本书在政府目标和政府预算约束的条件下,税率和通货膨胀率不仅有正相关关系,也有负相关关系,而且政府支出和资源禀赋对税率与通货膨胀率的斜率的影响是不同的。

实际上,政府目标的选择和预算约束条件影响税率和通货膨胀率之间的关系,税率和通货膨胀率的关系是在典型代理人效用最优化、政府损失函数最小化和政府预算约束条件下被内生决定的。

4.6.4 政府税收和铸币税扭曲成本比较分析

我们在典型代理人效用最大化和(或)政府的政策目标条件下,考察了税收税率和铸币税税率之间的关系,这一关系有利于我们分析政府税收和铸币税税收的扭曲成本。根据 Berument(1998)的税收的社会成本函数,我们定义政府税收成本函数是政府税率的函数 $l(\tau_t) = \frac{1}{1+\delta}\tau_t^{1+\delta}$,中央银行成本函数是通货膨胀的函数 $n(\pi_t) = \frac{1}{1+\eta}\pi_t^{1+\eta}$,其中 δ, η 都是非负常数,因此政府税收总的扭曲成本(distortion cost)是: $w = \sum_{s=t}^{\infty}(1+r_t)^{-(s-t)}\left[\frac{1}{1+\delta}\tau_s^{1+\delta} + \frac{\chi}{1+\eta}\pi_s^{1+\eta}\right]$,式中 χ 是权重,从上述几种情况可以看出,从同样的起始点 (τ_t, π_t) 开始,在同样通货膨胀率的条件下,如果通货膨胀率处于上升阶段,τ_{1t} 和 π_t(如政府目标损失函数的第二种情况)正相关,τ_{1t} 也处于上升阶段;τ_{2t} 和 π_t(如政府目标损失函数的第一种情况)负相关,τ_{2t} 处于下降阶段,因此在政府目标损失函数的第二种情况下,税收的扭曲成本 $w_1 = \sum_{s=t}^{\infty}(1+r_t)^{-(s-t)}\left[\frac{1}{1+\delta}\tau_{1s}^{1+\delta} + \frac{\chi}{1+\eta}\pi_s^{1+\eta}\right]$ 要高于政府目标损失函数的第一种情况下扭曲成本 $w_2 = \sum_{s=t}^{\infty}(1+r_s)^{-(s-t)}\left[\frac{1}{1+\delta}\tau_{2s}^{1+\delta} + \frac{\chi}{1+\eta}\pi_s^{1+\eta}\right]$,因为: $w_1 - w_2 = \sum_{s=t}^{\infty}(1+r_s)^{-(s-t)}\left[\frac{1}{1+\delta}\tau_{1s}^{1+\delta} - \frac{1}{1+\delta}\tau_{2s}^{1+\delta}\right] > 0$。因此: $w_1 > w_2$,从理论上来看第二种情况总税收的扭曲成本要高于第一种情况下的扭曲成本,福利损失更大一些。

从同样的起始点 (τ_t, π_t) 开始,在同样税率的条件下,如果税率处于上升阶段,通货膨胀也上升,税率和通货膨胀率正相关。如果在政府宏观经济目标损失最小(政府第二种约束)下的税率与通货膨胀率正相关,一个扭曲成本用 w_3 表示,一个扭曲成本用 w_4 表示,这两者大小,依赖于两者之间的斜率,若 $\frac{\partial \pi_{3t}}{\partial \tau_t} > \frac{\partial \pi_{4t}}{\partial \tau_t}$,则 $w_3 > w_4$,如果 $\frac{\partial \pi_{3t}}{\partial \tau_t} < \frac{\partial \pi_{4t}}{\partial \tau_t}$,

第4章 通货膨胀和铸币税

则 $w_3 < w_4$。如果在政府宏观经济目标损失最小下的税率与通货膨胀率负相关,若 $\dfrac{\partial \pi_{3t}}{\partial \tau_t} > \dfrac{\partial \pi_{4t}}{\partial \tau_t}$,则 $w_3 < w_4$。同样如果 $\dfrac{\partial \pi_{3t}}{\partial \tau_t} < \dfrac{\partial \pi_{4t}}{\partial \tau_t}$,则 $w_3 > w_4$。

从以上分析可以看出,通货膨胀率和税率斜率的变动反映了社会福利损失的变化和扭曲成本的大小,这一点和个人效用函数最大化、政府目标和预算约束条件是相联系的。

4.6.5 实证分析

实证研究主要考察政府税率和通货膨胀率之间的关系,以及政府支出、要素禀赋对政府税率、通货膨胀率斜率的影响。根据前面理论模型分析可知政府税率和通货膨胀率既可能正相关,也可能负相关;政府支出、要素禀赋与税率的关系,以及政府支出、要素禀赋对政府税率、通货膨胀率斜率的影响也不尽相同。

4.6.5.1 数据来源和实证模型

我们采用我国的年度数据进行实证研究,数据区间选取:1952—2013 年。主要变量:国内生产总值,财政收入,国内消费物价水平,财政支出。根据消费者物价指数的环比数据计算得到定基的物价指数(2005 = 100)。数据来源:国内生产总值、价格水平、财政收入和财政支出等年度数据均来自 CEIC 数据库。根据定基物价指数,我们求出通货膨胀率: $\pi_t = \ln(P_t/P_{t-1})$。政府税率[①]: $\tau_t = \dfrac{财政收入}{国内生产总值}$。政府支出占国内生产总值的比率: $exd_t = \dfrac{政府支出}{国内生产总值}$。资源禀赋的变动我们用实际国民生产总值增长率来代替: $gdpgrow_t = \ln \dfrac{GDP_t}{GDP_{t-1}}$。

根据前面理论分析,本书构建如下的计量模型:

$$\tau_t = \theta_0 + \theta_1 \pi_t + \theta_2 exd_t + \theta_3 \pi_t \times exd_t + \theta_4 gdpgrow_t \\ + \theta_5 gdpgrow_t \times \pi_t + \varepsilon_t \tag{4-84}$$

如果 θ_1 为正,则税率和通货膨胀率之间正相关;如果 θ_1 为负,则税率和通货膨胀率之间负相关。根据理论模型的分析,θ_1 的符号预期可正可负,如果 θ_1 的符号为正,意味着税率和通货膨胀率的变动是第二种预算约束条件的结果;如果 θ_1 的符号为负,税率和通货膨

[①] 这样计算还可见(Mankiw,1987;Poterba and Rotemberg,1990),体现了平均的税率水平。

胀率的变动符合第一种情况下的政府约束条件。同样,如果θ_2为正,则政府支出和政府税率正相关;如果θ_2为负,则政府支出与税率负相关,在政府目标损失函数最小化的情况下,在第一种政府约束条件下是正相关,在第二种政府约束条件下是不确定的,既可能正相关,也可能负相关。如果θ_3为正,意味着政府支出与税率和通货膨胀率的斜率之间正相关;如果θ_3为负,意味着政府支出与税率和通货膨胀率的斜率之间负相关,在政府财政目标和第一种政府约束条件下,θ_3符号为负,第二种政府约束条件下,θ_3符号为不确定,但是与政府支出和政府税率关系的符号相同。如果θ_4为正,资源禀赋与政府税率是正相关;如果θ_4为负,资源禀赋与政府税率负相关,在政府财政目标和第一种政府约束条件下,θ_4符号为负;在第二种政府约束条件下,符号也不确定。如果θ_5为正,则资源禀赋与税率和通货膨胀率的斜率之间正相关,意味着随着资源禀赋增加,税率和通货膨胀率的斜率是上升的;如果θ_5为负,则随着资源禀赋增加,税率和通货膨胀率的斜率之间负相关。在政府财政目标和第一种政府约束条件下,θ_5符号为正;在第二种政府约束条件下,θ_5预期符号也不确定。

4.6.5.2 单位根检验

首先对以上序列进行单位根检验,本书采用Eviews6.0软件进行检验,ADF和PP单位根检验的结果见表4-21。

表4-21 单位根检验结果

序列	ADF单位根检验			PP检验			结论
	检验形式	ADF检验值	概率	检验形式	PP检验值	概率	
τ_t	(c, 0, 6)	-1.743 702	0.404 1	(c, 0, 4)	-1.314 268	0.617 6	不平稳
$\Delta\tau_t$	(0, 0, 5)	-2.095 026	0.035 8	(0, 0, 6)	-7.102 208	0.000 0	平稳
π_t	(c, 0, 2)	-2.728 127	0.075 4	(c, 0, 4)	-3.476 966	0.012 0	平稳
$\Delta\pi_t$	(0, 0, 1)	-8.077 065	0.000 0	(0, 0, 28)	-12.164 20	0.000 0	平稳
exd_t	(c, 0, 0)	-1.737 694	0.407 5	(c, 0, 8)	-1.714 438	0.419 0	不平稳
Δexd_t	(0, 0, 0)	-6.939 066	0.000 0	(0, 0, 22)	-7.218 859	0.000 0	平稳
$exd_t \times \pi_t$	(0, 0, 1)	-8.744 027	0.000 0	(c, 0, 5)	-4.353 317	0.000 9	平稳
$\Delta exd_t \times \Delta\pi_t$	(c, 0, 1)	-9.570 763	0.000 0	(0, 0, 42)	-20.150 49	0.000 0	平稳
$gdpgrow_t$	(c, 0, 1)	-5.967 014	0.000 0	(c, 0, 35)	-4.644 680	0.000 3	平稳

(续表)

序列	ADF 单位根检验			PP 检验			结论
	检验形式	ADF 检验值	概率	检验形式	PP 检验值	概率	
$\Delta gdpgrow_t$	(0, 0, 4)	-7.147 338	0.000 0	(0, 0, 20)	-15.698 41	0.000 0	平稳
$gdpgrow_t \times \pi_t$	(c, 0, 0)	-5.334 740	0.000 0	(c, 0, 4)	-5.534 350	0.000 0	平稳
$\Delta gdpgrow_t \times \Delta \pi_t$	(0, 0, 0)	-12.527 01	0.000 0	(0, 0, 4)	-14.912 74	0.000 0	平稳

注：(c, t, m)表示单位根检验方程中是否含有常数项、趋势项和滞后阶数(或 Newey-West 带宽)。ADF 检验的最优滞后阶数根据 AIC 信息准则选择，带宽根据 NW Bartlett Kernel 选择。

从检验结果来看，在 5% 的显著性水平下，政府税率是不平稳序列；在 10% 的显著性水平下，通货膨胀率是平稳序列。在 5% 的显著性水平下，政府支出是不平稳序列，但政府支出与通货膨胀率的乘积、资源禀赋的增长率和资源禀赋的增长率与通货膨胀率的乘积等都是平稳序列。在 1% 的显著性水平下，所有变量的一阶差分序列都是平稳序列。

4.6.5.3 税率和通货膨胀率之间的关系

1. GMM 的实证分析

对方程(4-84)进行实证研究，模型包含 6 个变量：政府税率、通货膨胀率、政府支出、资源禀赋、政府支出与通货膨胀率的交叉项、资源禀赋与通货膨胀率的交叉项等变量，其中政府税率、通货膨胀率、政府支出与通货膨胀率的交叉项、资源禀赋与通货膨胀率的交叉项是内生变量，政府支出、资源禀赋是外生变量。考虑到内生变量与随机干扰项相关的主要来源可能主要是同期的测量误差引起的，我们用滞后期的内生变量作为原内生变量的工具变量，因此选择外生变量和内生变量的滞后 1 期、2 期作为 GMM 模型的工具变量，模型的估计结果见表 4-22。

表 4-22 GMM 模型估计的结果

因变量	Δtax		
工具变量	Δexd, $\Delta gdpgrow$, $\Delta \pi_t(-1)$, $\Delta exd \times \Delta \pi_t(-1)$, $\Delta gdpgrow \times \Delta \pi_t(-1)$, $\Delta \pi_t(-2)$, $\Delta exd \times \Delta \pi_t(-2)$, $\Delta gdpgrow \times \Delta \pi_t(-2)$		
自变量	回归系数	T 检验值	概率
C	-0.000 527	-0.459 103	0.648 0
$\Delta \pi_t$	0.135 437	2.071 948	0.043 2

(续表)

自 变 量	回归系数	T检验值	概 率
Δexd	0.798 293	14.449 85	0.000 0
$\Delta exd \times \Delta\pi_t$	2.314 945	2.423 120	0.018 8
$\Delta gdpgrow$	0.004 657	0.180 452	0.857 5
$\Delta gdpgrow \times \Delta\pi_t$	−0.783 950	−2.857 043	0.006 1
R^2	0.804 822	s.e	0.011 028
$a-R^2$	0.786 409	DW	2.142 009
SSR	0.006 446	J − statistic	0.033 258

从 GMM 估计结果来看,除了资源禀赋,在 5% 的显著性水平下,所有变量回归系数全部通过检验。从检验结果可知,政府税率和通货膨胀率是正相关,同向变动,随着通货膨胀率上升,税率也会上升,1% 的通货膨胀率上升,则会有 0.13% 的税率上升。政府支出与政府税率同向变动,政府支出上升,政府税率也会上升,1% 的政府支出上升,则有 0.79% 的政府税率上升。政府支出与通货膨胀率的交叉项对政府税率的影响为正,意味着政府支出对政府税率与通货膨胀率的斜率影响为正,政府支出上升,政府税率与通货膨胀率的斜率的上升,如果有 1% 的政府支出的上升,就会有 2.3% 的政府税率与通货膨胀率的斜率上升。资源禀赋与政府税率变动正相关,与理论符号相反,但是系数不显著。资源禀赋和通货膨胀率的交叉项对税率的影响为负,意味着资源禀赋的上升,政府税率与通货膨胀率的斜率下降,1% 的资源禀赋的上升,就有 0.78% 的政府税率与通货膨胀率的斜率的下降。

从上述的实证结果来看,模型变量变动的预期符号能够解释政府财政目标损失函数最小化和第二种政府预算约束条件下政府税率与通货膨胀率变动的相关关系,以及政府支出、资源禀赋和他们各自与通货膨胀率交叉项与政府税率之间的关系。政府税率和通货膨胀率正相关,也就是说,如果政府实现财政盈余目标和平衡预算约束,则税率和通货膨胀率是正相关。税率下降,财政赤字上升,消费增加,政府税收增加,同时政府为了实现财政目标,在典型代理人可以获得效用最大化的条件下,实际货币余额上升,通货膨胀率下降。因此,税率和通货膨胀率同向变化。政府支出与政府税率之间是正相关关系,政府支出上升,财政盈余下降,为了使得政府的损失函数最小化,政府税率上升,政府支出和税率同向变动。资源禀赋和政府税率正相关,和理论不符,但系数不显著。政府支出与政府税率、通货膨胀率的斜率之间是正相关关系。政府支出上升,财政盈余下降,或财政赤字上升,使得政府损失函数最小化,政府税率需要提高,而在政府预算约束

第4章 通货膨胀和铸币税

平衡的条件下,通货膨胀率上升,但政府税率上升幅度更大,因此政府支出与政府税率、通货膨胀率的斜率之间正相关。资源禀赋与政府税率、通货膨胀率的斜率之间负相关。如果资源禀赋上升,消费会上升,在政府损失函数最小的情况下,政府税率下降,在政府预算约束平衡的条件下,通货膨胀率上升,但通货膨胀率上升的幅度大,因此两者之间负相关。

因此,通货膨胀率、政府支出和政府税率相关性为正,是同向变动,政府支出与通货膨胀率的交叉项与政府税率同向变动,即政府支出与政府税率与通货膨胀率的斜率同向变动,资源禀赋与通货膨胀率的交叉项与政府税率反向变动,即资源禀赋与政府税率与通货膨胀率的斜率反向变动。上述结果和政府在财政目标损失函数最小化,以及第二种政府预算约束的条件下的理论分析一致,能够解释变量的变动方向及变量之间的关系。模型的 R^2 为80.5%,调整的 R^2 为78.6%,模型有较好的拟合优度。

2. VAR 分析

(1) VAR 模型。

考虑到内生变量之间相互影响,我们通过 VAR 模型来分析变量之间的动态关系,通过变量之间的向量自回归模型和脉冲响应函数等研究政府税率,通货膨胀率,政府支出、资源禀赋对政府税率与通货膨胀率斜率的影响。

由于是年度数据,本书选取滞后阶数为3,同时确保 VAR 方程回归的残差没有序列相关和异方差等,VAR 模型的估计结果如表 4-23 所示。

表 4-23 VAR 模型的估计结果

	Δtax	$\Delta \pi_t$	$\Delta exd \times \Delta \pi_t$	$\Delta gdpgrow \times \Delta \pi_t$
$\Delta tax(-1)$	-0.023 653 [-0.290 02]	0.183 093 [0.611 43]	0.063 948 [1.129 35]	-0.115 910 [-2.239 92]
$\Delta tax(-2)$	-0.030 124 [-0.347 92]	0.044 943 [0.141 37]	0.004 759 [0.079 17]	0.053 146 [0.967 39]
$\Delta tax(-3)$	0.072 998 [0.904 55]	0.138 174 [0.466 31]	0.026 200 [0.467 60]	0.011 087 [0.216 52]
$\Delta \pi_t(-1)$	-0.089 300 [-0.631 62]	0.421 076 [0.811 12]	0.033 440 [0.340 66]	0.115 799 [1.290 83]
$\Delta \pi_t(-2)$	0.247 880 [1.820 36]	-0.862 988 [-1.726 03]	-0.085 143 [-0.900 58]	-0.069 068 [-0.799 38]
$\Delta \pi_t(-3)$	0.057 077 [0.478 94]	-0.453 757 [-1.036 99]	-0.066 964 [-0.809 31]	-0.052 278 [-0.691 37]
$\Delta exd(-1) \times \Delta \pi_t(-1)$	0.510 406 [0.719 91]	-2.700 062 [-1.037 21]	-0.390 065 [-0.792 42]	-0.628 886 [-1.397 97]

(续表)

	Δtax	$\Delta \pi_t$	$\Delta exd \times \Delta \pi_t$	$\Delta gdpgrow \times \Delta \pi_t$
$\Delta exd(-2) \times \Delta \pi_t(-2)$	-1.395 996 [-2.093 45]	2.200 430 [0.898 70]	0.010 321 [0.022 29]	0.191 227 [0.451 95]
$\Delta exd(-3) \times \Delta \pi_t(-3)$	-0.522 669 [-0.903 18]	2.561 826 [1.205 67]	0.352 257 [0.876 72]	0.249 134 [0.678 49]
$\Delta gdpgrow(-1) \times \Delta \pi_t(-1)$	-0.189 050 [-0.667 53]	1.131 645 [1.088 26]	0.168 825 [0.858 59]	-0.468 813 [-2.608 89]
$\Delta gdpgrow(-2) \times \Delta \pi_t(-2)$	-0.459 621 [-1.438 46]	1.946 862 [1.659 43]	0.306 326 [1.380 81]	-0.057 914 [-0.285 66]
$\Delta gdpgrow(-3) \times \Delta \pi_t(-3)$	-0.377 514 [-1.628 90]	1.989 214 [2.337 60]	0.325 626 [2.023 64]	0.173 027 [1.176 63]
C	-0.000 218 [-0.164 07]	0.000 685 [0.140 33]	0.000 167 [0.181 20]	0.000 182 [0.215 86]
Δexd	0.718 027 [13.607 8]	-0.388 879 [-2.007 19]	-0.072 141 [-1.969 15]	0.095 306 [2.846 63]
$\Delta gdpgrow$	0.007 318 [0.317 77]	-0.177 042 [-2.093 61]	-0.051 750 [-3.236 32]	0.033 999 [2.326 60]
R^2	0.873 247	0.550 429	0.652 119	0.676 163
调整的 R^2	0.830 996	0.400 572	0.536 158	0.568 217
残差平方和	0.004 172	0.056 244	0.002 011	0.001 680
回归(残差)标准差	0.009 966	0.036 594	0.006 920	0.006 324
F 统计量	20.668 12	3.673 032	5.623 630	6.263 916
对数似然函数值	190.510 1	116.372 1	211.306 7	216.439 8
AIC 信息准则	-6.158 250	-3.556 915	-6.887 954	-7.068 063
SC 信息准则	-5.620 605	-3.019 270	-6.350 309	-6.530 418

注:[ ]中是 t 统计量。

从表 4-23 可以看出,政府税率方程(F 统计量 = 20.668 12,R^2 = 0.873 247,调整的 R^2 = 0.830 996)、通货膨胀率方程(F 统计量 = 3.673 032,R^2 = 0.550 429,调整的 R^2 = 0.400 572)、政府支出与通货膨胀率交叉项的方程(F 统计量 = 5.623 630,R^2 = 0.652 119,调整的 R^2 = 0.536 158)、资源禀赋与通货膨胀率交叉项的方程(F 统计量 = 6.263 916,R^2 = 0.676 163,调整的 R^2 = 0.568 217)等的估计系数向量统计上是显著的。其中根据政

府税率方程,政府税率能够更好地被模型解释,政府税率的 R^2 较高也反映了政府税率与通货膨胀率、政府支出与资源禀赋等的高度相关性。

从模型的估计结果来看,在政府税率的方程中,滞后1期的通货膨胀率与政府税率变动负相关,滞后2、3期的通货膨胀率与政府税率变动正相关。滞后1期的政府支出与通货膨胀率的交叉项对政府税率变动有正影响,滞后2、3期的政府支出与通货膨胀率的交叉项对政府税率变动有负影响①。滞后1、2、3期的资源禀赋与通货膨胀率的交叉项对政府税率变动有负影响,这与预期的符号相同,资源禀赋上升,政府税率与通货膨胀率的斜率下降。

从通货膨胀率的方程来看,尽管回归系数都不显著,但是1、2、3期滞后项的政府税率都与通货膨胀率都正相关,与理论分析一致,通货膨胀率与政府税率同向变动。滞后1期的政府支出与通货膨胀率的交叉项对通货膨胀率变动有负影响,滞后2期、3期的政府支出与通货膨胀率的交叉项对通货膨胀率变动有正影响。滞后1、2、3期的资源禀赋与通货膨胀率的交叉项对通货膨胀的影响都为正。

在政府支出与通货膨胀率的交叉项的方程中,滞后期的政府税率和政府支出与通货膨胀率的交叉项都是正相关,滞后1期的通货膨胀率与政府支出与通货膨胀率的交叉项正相关,滞后2期、3期的通货膨胀率与政府支出与通货膨胀率的交叉项负相关。滞后期的资源禀赋与通货膨胀率的交叉项和政府支出与通货膨胀率的交叉项都是正相关。

从资源禀赋与通货膨胀率的交叉项的方程来看,滞后1期的政府税率和资源禀赋与通货膨胀率的交叉项是负相关,滞后2、3期的政府税率和资源禀赋与通货膨胀率的交叉项是正相关,滞后1期的通货膨胀率与资源禀赋与通货膨胀率的交叉项是正相关,滞后2期、3期的通货膨胀率与资源禀赋与通货膨胀率的交叉项负相关。滞后1期的政府支出与资源禀赋、通货膨胀率的交叉项是负相关,滞后2、3期的政府支出与资源禀赋、通货膨胀率的交叉项是负相关。

从上述四个方程的回归来看,变量之间相互影响,不同的滞后期对因变量的影响也不同,从单方程的结果来看,单个变量在不同时期对因变量的影响往往有正有负,系统内的变量相互作用,最终决定变量的长期变动走势。

最后从两个外生变量的变动来看,在政府税率的方程中,政府支出对政府税率有显著

---

① 尽管滞后2期的政府支出与通货膨胀率的交叉项对政府税率变动有显著负影响,但是滞后1期有正的影响,同时从政府支出与通货膨胀率的交叉项的回归方程来看,1、2、3期滞后项的政府税率和政府支出与通货膨胀率的交叉项全部正相关,因此最终两者变动来看,政府支出与通货膨胀率的交叉项与政府税率变动关系是这些变量相互作用的结果,这从后面的脉冲反映函数图能够看出是正相关关系。

正的影响,和理论分析完全一致,资源禀赋对政府税率有正的影响,与预期符号不符,但不显著,和 GMM 的结果一致。此外,在通货膨胀率的方程中,政府支出对通货膨胀率有显著负的影响,资源禀赋对通货膨胀率也有显著负的影响。在政府支出与通货膨胀率交叉项的方程中,政府支出对政府支出与通货膨胀率交叉项有显著负的影响,资源禀赋对政府支出与通货膨胀率交叉项也有显著负的影响。在资源禀赋与通货膨胀率交叉项的方程中,政府支出对资源禀赋与通货膨胀率交叉项有显著正的影响,资源禀赋对资源禀赋与通货膨胀率交叉项也有正的影响。因此,从上述四个方程能够看出,两个外生变量对因变量有比较显著的影响。

(2) 方差分解和脉冲反映函数。

① VAR 模型的稳定性检验。

为了检验被估计的 VAR 模型是否恰当,本书对 VAR 模型的平稳性进行检验从图 4-8 的 AR 根图可以看出,所选滞后 3 阶的 VAR 模型所有根模的倒数小于 1,即 VAR 模型的特征方程的根均位于单位圆之内,说明我们所选 VAR 模型是稳定的。

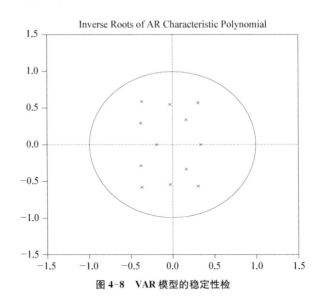

图 4-8　VAR 模型的稳定性检

② 变量相关性分析。

VAR 模型的残差可能是彼此相关的,对一个变量的冲击可能由于残差的相关性,导致对其他变量的冲击,也就是说,我们很难区分变量变动的冲击真正来源,因此必须利用 Cholesky 分解,但必须事先确定变量的因果顺序。如果方程残差的相关性相当低,则方差分解或脉冲响应函数结果对变量的顺序是不敏感的;如果相当高,则方差分解和脉冲响应函数结果对变量的顺序会相当敏感。通常变量的排序是先是最外生的变量,后是最内生

第4章 通货膨胀和铸币税

的变量。我们对政府税率、通货膨胀率、政府支出与通货膨胀率的交叉项、资源禀赋与通货膨胀率的交叉项进行相关性分析,结果见表4-24。

表4-24 VAR模型残差的相关性

变量	Δtax	$\Delta \pi_t$	$\Delta exd \times \Delta \pi_t$	$\Delta gdpgrow \times \Delta \pi_t$
Δtax	1	-0.258 7	-0.233 5	0.283 0
$\Delta \pi_t$	-0.258 7	1	0.949 8	-0.233 1
$\Delta exd \times \Delta \pi_t$	-0.233 5	0.949 8	1	-0.389 3
$\Delta gdpgrow \times \Delta \pi_t$	0.283 0	-0.233 1	-0.389 3	1

从表4-24中可以看出,4个变量的排序应该为:$\Delta exd \times \Delta \pi_t$,$\Delta \pi_t$,$\Delta gdpgrow \times \Delta \pi_t$,$\Delta tax$。

③ 方差分解。

预测误差方差的百分比变动主要是由于变量本身的冲击和其他变量的冲击所导致,因此根据方差分解,可以看出通货膨胀率、政府支出与通货膨胀率交叉项、以及资源禀赋与通货膨胀率交叉项与政府税率之间的关系。从方差分解的表4-25来看,预测误差的方差可以由模型每一个变量的冲击来解释,一般来讲,对序列本身的冲击能够解释误差方差的大部分,尽管这种冲击也会影响其他变量,但对本身的影响通常是最大的。从表4-25还可以看出,政府支出与通货膨胀率的交叉项、通货膨胀率与资源禀赋和通货膨胀率的交叉项能够较好解释政府税率的变动,在第10年,对政府税率预测误差方差的解释分别为:16.34%,7.01%,6.02%,通货膨胀预测误差方差被政府支出与通货膨胀率的交叉项解释相对较多,也显示政府支出对政府税率与通货膨胀率的斜率的解释力较强,是影响政府税率与通货膨胀率斜率的重要因素。

表4-25 方差分解

	$\Delta exd \times \Delta \pi_t$	$\Delta \pi_t$	$\Delta gdpgrow \times \Delta \pi_t$	Δtax
	$\Delta exd \times \Delta \pi_t$ 的方差分解			
1	100.000 0	0.000 000	0.000 000	0.000 000
3	94.846 49	1.212 369	3.205 625	0.735 515
5	91.856 39	1.724 714	5.681 970	0.736 922
10	91.386 48	1.899 543	5.898 606	0.815 372
15	91.369 38	1.899 981	5.914 295	0.816 341

(续表)

	$\Delta exd \times \Delta \pi_t$	$\Delta \pi_t$	$\Delta gdpgrow \times \Delta \pi_t$	Δtax
	$\Delta \pi_t$ 的方差分解			
1	89.052 81	10.947 19	0.000 000	0.000 000
3	80.624 26	13.355 71	5.693 202	0.326 826
5	76.274 77	14.717 75	8.655 160	0.352 326
10	75.748 02	15.041 66	8.769 791	0.440 528
15	75.731 58	15.039 86	8.786 872	0.441 689
	$\Delta gdpgrow \times \Delta \pi_t$ 的方差分解			
1	0.109 469	25.471 03	74.419 50	0.000 000
3	1.662 118	20.696 13	74.147 88	3.493 875
5	1.986 433	20.783 09	73.790 40	3.440 076
10	2.155 420	20.829 07	73.430 20	3.585 314
15	2.155 981	20.822 90	73.435 06	3.586 065
	Δtax 的方差分解			
	14.527 02	3.524 794	0.000 408	81.947 77
	15.077 22	7.023 210	4.837 668	73.061 90
	16.223 16	7.043 680	5.670 387	71.062 78
	16.342 95	7.012 615	6.017 532	70.626 90
	16.340 80	7.011 379	6.033 146	70.614 68

根据表4-25，政府支出与通货膨胀率的交叉项、通货膨胀率、资源禀赋与通货膨胀率的交叉项自己的冲击对本身影响分别为91.37%，15.03%，73.43%，意味着政府支出与通货膨胀率的交叉项对自身的影响最大，资源禀赋与通货膨胀率的交叉项对自身的影响相对小一些，通货膨胀率自己的冲击对本身影响较小。影响小意味着它们被其他变量冲击解释要多一点。通货膨胀受政府支出与通货膨胀率的交叉项、资源禀赋与通货膨胀率的交叉项影响相对较大。而资源禀赋与通货膨胀率的交叉项被通货膨胀率解释的相对较多，通货膨胀率是影响资源禀赋与通货膨胀率的交叉项的重要因素。

④ 累积的广义脉冲反应函数

脉冲响应函数反映了一个变量对另一个变量一个标准差冲击的响应，因此根据脉冲响应函数，可以看出通货膨胀率、政府支出与通货膨胀率的交叉项、资源禀赋与通货膨胀率的交叉项等对政府税率影响的方向、大小和持续时间(见图4-9)。通货膨胀率上升冲击将导致政府税率上升，意味着通货膨胀率与政府税率是同向变动，是正相关关系，符合理论分析。政府支出与通货膨胀率的交叉项的冲击上升,政府税率上升,并逐步趋向于均衡,政府支出与通货膨胀率的交叉项与政府税率也是同向变动,意味着政府支出上升,政府税率与通货膨胀率的斜率上升。资源禀赋与通货膨胀率的交叉项冲击上升政府税率持续下降并逐步趋向于均衡,资源禀赋与通货膨胀率的交叉项与政府税率是反向变化,是负相关,意味着资源禀赋上升,政府税率与通货膨胀率的斜率下降,资源禀赋对政府税率和通货膨胀率的斜率影响为负。从通货膨胀率、政府支出与通货膨胀率的交叉项、资源禀赋与通货膨胀率的交叉项对政府税率影响方向来看,和 GMM 的分析也基本是一致的,通货膨胀率、政府支出与通货膨胀率的交叉项对政府税率的影响方向相同,都为正,而资源禀赋与通货膨胀率交叉项对政府税率的影响为负。

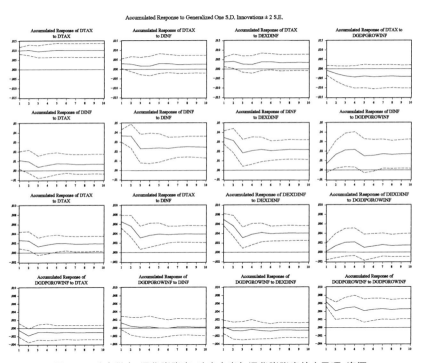

图 4-9 政府税率、通货膨胀率、政府支出与通货膨胀率的交叉项、资源禀赋与通货膨胀率的交叉项变动的累积广义脉冲响应函数

因此,从 GMM 和 VAR 实证模型的结果来看,我国的政府税率和通货膨胀率是正相关,并且政府支出与政府税率都是正相关,同时政府支出对政府税率、通货膨胀率的斜率影响为正,而资源禀赋对政府税率、通货膨胀率的斜率影响为负。这一实证结果也符合前面理论模型的分析,反映了长期以来我国政府税率和通货膨胀率的调整要考虑到财政目标,政府关注财政目标的变化,我国政府收支的长期约束均衡更符合理论模型第二种长期约束的情形,即政府税率和通货膨胀率正相关。

4.6.6 结论

我们修正了政府的无限期预算约束,一种是政府税率与通货膨胀率正相关预算约束;另一种是政府税率与通货膨胀率负相关的情况,这两种约束体现政府收支平衡的两种情形。

从理论的分析来看,在政府财政目标损失函数最小化和第一种政府预算约束平衡的情况下,政府税率与通货膨胀率负相关,政府支出与政府税率的关系正相关,政府支出对政府税率与通货膨胀率的斜率影响为负,资源禀赋与政府税率负相关,资源禀赋对政府税率与通货膨胀率斜率的影响为正。在政府财政目标损失函数最小化和第二种政府预算约束平衡的情况下,政府税率与通货膨胀率正相关,但政府支出与政府税率的关系不确定,政府支出对政府税率与通货膨胀率的斜率影响也不确定,资源禀赋与政府税率关系不确定,资源禀赋对政府税率与通货膨胀率斜率的影响也不确定。

在不同的政府约束条件下,政府税率与通货膨胀率既可能正相关,也可能负相关,但在这两种情况下,政府支出、资源禀赋对政府税率、政府税率与通货膨胀率斜率的影响会有所不同。以上分析的理论意义在于我们不仅给出了政府税率与通货膨胀率正相关变动,也给出负相关变动的解释。

我们对我国 1952 年至 2013 年样本数据进行实证研究,无论是 GMM 的估计,还是 VAR 的脉冲反映函数和方差分解,结果显示政府税率与通货膨胀率正相关,政府支出与政府税率的关系正相关,政府支出对政府税率与通货膨胀率的斜率影响为正,资源禀赋对政府税率与通货膨胀率斜率的影响为负。实证结果符合前面理论分析的结论,在政府财政目标损失函数最小化和第二种政府预算约束平衡的情况下,政府税率和通货膨胀率是正相关,其他变量的变动也符合这种情况下的预期符号。在政府财政目标损失函数最小化和第二种政府预算约束平衡的情况下,政府税率与通货膨胀率的变动能够解释中国 1952 至 2013 年政府税率与通货膨胀率的变动关系。虽然本书的结论和"曼昆原则"的结论是相同的,但是模型的分析框架和影响机制并不相同,我们模型的结论不仅有正相关,也有负相关,并且还能够考察政府支出、资源禀赋等对政府税率,以及对政府税率与通货膨胀率斜率的影响,更能解释现实经济的变化。

我们综合了政府目标和政府预算约束来考察税率和通货膨胀率的理论关系,政府调整税率,在政府约束条件下,实现政府目标,一国的生产消费就是为满足人们日益增长的物质和文化的需要,这也符合典型代理人效用函数的最大化,同时政府追求自己的财政目标,这两者结合更能反映我国的实际情况。在政府预算约束和政府财政目标最优化的统一框架内,既能解释税率和通货膨胀率之间存在正相关关系,也能够解释两者之间存在负相关关系,既符合曼昆原则,也能够解释许多学者得出的负相关关系。

第5章

货币政策目标

为实现货币政策的最终目标,中央银行要通过政策工具对操作目标进行直接调控。操作目标一方面连接货币政策的中介目标(汇率或货币总量)或指示变量,另一方面连接中央银行的政策工具。货币政策的目标是一个体系,具体而言,包括操作目标、中介目标和最终目标。最终目标即为中央银行想要实现的宏观经济运行状况,操作目标是中央银行能够通过货币政策工具(如公开市场操作,再贴现和再贷款、存款准备金率等)直接控制的目标(如基础货币供给量、短期利率等),而中介目标则是联系操作目标和最终目标的纽带,中介目标的选取十分重要,使用具体的货币政策工具来实现操作目标之后,由于政策传导的滞后等因素,中央银行很难直接预计和观测到最终目标的实现情况,更加难以根据宏观经济的变化来及时调整政策以适应经济中的新情况。因此,在操作目标和最终目标之间需要设立中介目标,及时反映货币政策的实施效果和状况以及经济的变化,以便于中央银行对货币政策作出相应的调整。货币政策工具的使用和货币市场调控目标的选择通常可用表 5-1 表示。

表 5-1 政策工具和调控目标

政 策 工 具	操作目标	中介目标	宏观经济目标
公开市场操作 (包括国债发行和二级市场上的交易) 中央银行对金融机构的再融资(数量和利率) 法定准备金率	准备金 短期利率 基础货币	货币量 中长期利率 信贷量 汇率	经济增长 物价稳定 国际收支平衡 充分就业

5.1 中央银行操作目标的选择

操作目标是货币政策的近期目标,是中央银行货币政策工具的直接调控对象。经常被选作操作目标的短期利率是银行同业拆借利率。银行同业拆借市场作为货币市场的基础,其利率是整个货币市场的基准利率。中央银行通过调控银行同业拆借利率就可以改变货币供应量,影响长期利率水平。

操作目标是中央银行货币政策实施的关键变量,可以是价格(如短期利率)或数量(如基础货币)变量。中央银行选择怎样的操作目标进行操作,不仅取决于其管理资产负债表的能力,还取决于其货币政策策略(中介目标或指示变量的选取)和国内金融市场的发展。

而且,操作目标的选择影响中央银行可以使用的政策工具(如公开市场操作、再融资政策、外汇掉期),不同的政策工具对于价格或数量目标有不同的影响。

发达国家市场化程度高,因而大都以市场利率作为操作目标。由于新兴市场经济体市场化程度相对较低,主要以储备、基础货币、汇率、净外汇资产作为操作目标,但已出现向利率目标转化的趋势。

5.1.1 货币政策操作目标的种类

操作目标由中央银行直接控制,代表了货币冲击传导的第一步。中央银行是基础货币的唯一供应者,可以控制它的价格(如短期利率),或者它的数量(如基础货币或它的一个组成部分-银行储备、净国际储备、净国内资产等)。如果中央银行能够及时获得市场情况的完全信息,以价格或数量为操作目标具有相同的意义。

由于基础货币供求的不确定与不稳定性,当中央银行以数量为目标时会导致货币市场利率的波动,中央银行资产负债表的变化是外生的;而当以短期利率为目标时会导致基础货币的波动,中央银行资产负债表的变化是内生的。如图5-1所示,在以利率为目标的A、B两种情况下,货币供求的冲击使基础货币数量产生波动,如B_0B_1或B_0B_2;而在以基础货币为目标的C、D两种情况下,货币供求的冲击使利率水平产生波动。

短期利率便于监测并容易被公众理解,政策变化的信号容易辨认,具有很强的指示效应。同时,政策效应还可以通过货币渠道或资产负债表途径传导,因为调整利率会促使银行调整其资产组合,包括它们的贷款行为。稳定的货币市场利率便于银行的流动性管理。基础货币为操作目标的先决条件是货币乘数及货币需求函数等相对稳定,金融自由化和技术革新一般会导致这一稳定关系的变化。因而越来越多处于过渡阶段及新兴市场国家的中央银行更愿意以短期利率为操作目标,大多数工业国家从20世纪70年代早期开始瞄准货币市场利率。

当前,大多数工业国家的中央银行,以及大多数转轨及新兴市场国家的中央银行以短期利率为操作目标,而货币市场不发达或以货币总量为中介目标的国家以基础货币数量为操作目标。对操作目标水平的调整不仅可以取得与货币政策最终目标一致的货币条件,而且可以吸收或投放由流动性产生的峰谷或峰底,以达到日常流动性管理的目的。

与短期利率相对照,当货币市场无效或没有很好发展,数量指标在货币政策传导机制中起着决定性作用,一般选择数量变量作为操作目标。缺乏有效的货币和证券市场会使货币冲击主要通过数量的变化传导,因而数量目标一般是货币市场欠发达国家的操作目标,其中许多国家有资本流动限制和金融管制,使货币乘数和货币需求具有稳定性。在转型阶段,货币需求和乘数关系不稳定,短期利率和通胀间变化关系不明确时,操作目标在

第5章 货币政策目标

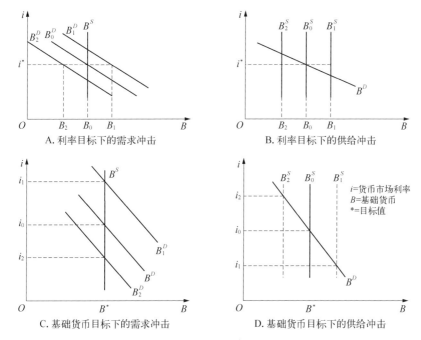

图 5-1 货币冲击与货币政策操作目标的选择

数量和利率目标间的选择尤其困难。在市场波动、资本外逃或出现银行危机时,数量目标比利率目标有优势,允许利率的自动调整以起到稳定汇率的缓冲作用。

中央银行采用的中介目标或指示变量也影响操作目标的选择。价格变量在任何货币政策中介目标策略下均可用作操作目标,而瞄准数量变量只适用于货币中介目标,特定条件下也适用于汇率中介目标。

如果货币市场和金融工具不发达,中央银行没有间接的货币政策工具达到利率目标;或者当高通胀发生,货币总量增长与通胀间紧密联系时,控制住基础货币就控制了货币供应量,进而控制了通货膨胀,选择基础货币为操作目标更具有优越性。而当货币乘数强烈波动破坏了基础货币与货币总量间的稳定关系时,短期利率就可作为良好的操作目标。当基础货币需求的利率弹性很低时,以短期利率为操作目标也是可取的。

当一个国家处于从固定汇率制向浮动汇率制转轨的进程中时,有时会同时采用汇率和货币目标。为了同时实现货币目标和汇率目标,中央银行必须采取冲销干预的措施。

5.1.2 我国操作目标的选择(1984—2012)

发达国家市场化程度高,因而大都以市场利率作为操作目标。由于新兴市场经济体市场化程度相对较低,主要以储备、基础货币、汇率、净外汇资产作为操作目标,但已出现向利率目标转化的趋势。采用数量目标的国家也逐步将短期货币市场利率作为货币政策操作的辅助指标(见表5-2)。

表5-2 新兴市场经济体货币政策操作目标

国家或地区	主要目标	辅助目标
香港特区	汇率	
印 度	银行储备	中央银行利率、3—14天回购利率
印度尼西亚	现金和银行储备	同业拆借利率
韩 国	银行储备、隔夜拆借利率	汇率
马来西亚	3个月中央银行干预利率	
新加坡	汇率	同业拆借利率
泰 国	基础货币	同业拆借利率、隔夜利率和1个月回购利率、汇率
巴 西	隔夜回购利率	
智 利	每日实际利率[1]	
哥伦比亚	隔夜利率	
墨西哥	银行储备累积余额[2]	
秘 鲁	基础货币	同业拆借利率、汇率、法定储备余额
以色列	短期存贷款利率	
波 兰	短期利率[1]	
俄罗斯	净外汇资产最小目标;月度中央银行净国内资产最大目标;汇率日值	国库券收益、同业隔夜;利率
沙特阿拉伯	银行储备和隔夜回购利率	
南 非	1998年之前为隔夜拆借利率、之后为隔夜回购利率	

注:(1)目标对外公开。
(2)1999初采用通货膨胀目标时取消。
资料来源:Van't Dack(1999,P14)。

我国操作目标的选择也经历了一个历史的发展过程,1948—1984年,中央银行建立之前,我国实行的是计划经济,货币政策的传导从政策工具直接到最终目标,没有形成市场化的传导过程。在1984年中央银行成立以后,建立了部分储备体系,为了控制商业银行的货币创造能力,中央银行规定商业银行的负债来源中必须有一定的比例缴存于央行账户中,央行同时作为各商业银行的清算中心。从1984年到1998年,信贷规模是一个总的信贷分配计划,满足部门和地方融资的需要,它是一种自下而上的信贷计划分配模式,所以在资金信贷上存在过度扩张。如果存在资金缺口,中央银行通过再贷款满足商业银行的流动性。直接的货币控制意味着中央银行直接控制他们的资产,进而控制他们的负债(基础货币的主要部分),再贷款的规模是主要的操作目标。

由第1章可知:$M = C + D_d + D_t = LP + (NFA + LG + GB)$,因此货币供给主要包括对公众的贷款($LP$),对政府的贷款($LG + GB$),对外净资产($NFA$)。假定($LG + GB + NFA$)是外生决定的和不变的,中央银行可以通过控制$LP$来控制货币供给。所以,在信贷规模的体制下,中央银行事先根据经济增长计划,确定"LP"的信贷数量,用再贷款规模来控制货币供给是非常简单的,但实际上对国家或中央银行来说制定这样全面和精确的计划是很难的,存在下列不利和不确定的因素:

(1) 这种决策过程忽略了将来的可能的经济条件的变化,可能导致信贷供给的较大的偏差;

(2) 货币供给是刚性的,不能够消除临时性的冲击;

(3) 中央银行的决策需要拥有所有的经济信息,这似乎是不可能的;

(4) 宏观经济政策的调整往往要滞后于经济行为之后;

(5) 随着金融市场和金融工具的发展,中央银行资产和负债包含更多的金融工具,信贷规模和货币供给之间稳定的数量关系被打破,控制信贷规模来控制货币供给更难了。

1995年,《中国人民银行法》制定,确定了中国人民银行用市场化手段进行调控的法律地位。在1998年,中国人民银行进行了两项重要性的制度性改革:一是用指导性的计划管理取代了信贷规模的管理;二是合并了准备金账户和备付金账户,同时法定准备金率下调了5个百分点,从13%下降到8%。商业银行有更多的自主权去管理自己的资产,这两项改革为从直接调控向间接调控创造了条件。

在1998年,中央银行取消了信贷规模,从直接的货币控制向间接的货币控制转变。由于我国的利率没有完全市场化,利率之间的联动机制并不完善,因此数量指标优于价格指标。从我国的实际来看,中央银行确定基础货币或超额准备金率作为操作目标,中央银行通过监控商业银行的超额储备,进一步管理基础货币。根据$M = C + D_d + D_t = LP + (NFA + LG + GB)$可知,控制$LP$,并不意味着控制了$M_2$,即使$LG + GB$是稳定的,$NFA$也不是稳定的,特别是我国2001年加入WTO,外汇储备和外汇占款持续增加,因此中央银行更加关注货币供应量的变化,而不仅仅是信贷总量的变动。控制货币供应量的变化,必须有效调控基础货币的变动。从我国中国人民银行的资产负债表上可以看出,我国的基础货币主要是储备货币,包括货币发行、金融机构在中央银行的存款。我国历年基础货币的变化见图5-2。从图5-2中可以看出,我国的基础货币平缓上升,保持了相对的稳定性,适合做我国的操作目标,即中央银行能够有效地控制基础货币的变动。

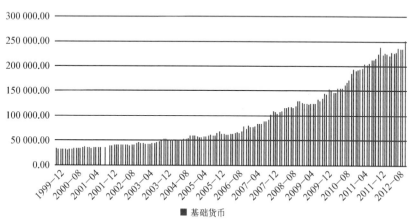

图5-2 我国基础货币的变化(单位:亿元)

资料来源:www.pbc.gov.cn。

从1999—2012年来看,中央银行调控货币信贷主要通过控制基础货币的变化来调节,因为我国基础货币的来源主要来自外汇储备和外汇占款的增加,货币供给单一,守住中央银行总阀门,就能够有效控制市场流动性。因此,中央银行综合使用法定准备金率、存贷款利率、公开市场业务、票据发行等工具对冲外汇占款的增加。当然中央银行注重基础货币的变动,以此来控制货币信贷,同时也会关注货币市场利率的变化,包括兼顾同业拆借利率、回购利率、票据贴现利率等的变化,保持货币市场流动性的平稳变化。

5.2 经济新常态下的货币政策操作目标

2012年以来,我国进入经济新常态,宏观经济发生了很大的变化,(1)外需下降,国际收支盈余下降,外汇占款和基础货币不再持续上升,而是转向有升有降。(2)货币供给的来源不再仅依赖于外汇占款,而是转向对货币存款机构的债权的增加。(3)宏观调控更多依赖常备信贷便利工具,来满足或调节货币市场流动性。(4)我国经济增长率开始下降,由高速度增长转向高质量增长。(5)2017年特朗普政府上台,和中国打贸易战,外贸形势更加严峻。

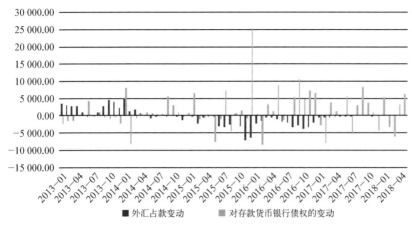

图 5-3 我国外汇占款的变动和对存款货币银行债权的变动(单位：亿元)

从图 5-3 可以看出,以前外汇占款总是持续增加,而现在有升有降,特别是 2015 年以后,外汇占款下降较多;对存款货币银行债权也有升有降,但最近几年上升较多,意味着我国货币供给和货币调控机制的转型,传统的货币供给和调控模式必须转变。

5.2.1 利率走廊

进入 20 世纪 90 年代,加拿大、澳大利亚等国家放弃货币供应量作为货币政策的中介目标转而采取控制利率波动区间的"利率走廊"制度。这些国家采取"利率走廊"制度的原因在于：第一,进入 20 世纪 90 年代,西方国家逐步降低了法定准备金率,准备金的降低带来了人们对于中央银行可能会失去对利率的控制的担忧;第二,随着信息技术的发展,信用工具不断发展,货币需求变得十分不稳定,货币供给和经济之间的关系逐渐不再稳定,货币供应量作为中介目标的相关性减弱,这些国家开始更加关心利率。

具体来说,利率走廊机制是指中央银行利用商业银行的趋利性向其提供存贷便利,商业银行不会以高于中央银行提供贷款便利的利率在同业拆借市场上拆入资金,也不会以低于中央银行提供的存款便利的利率更低的利率在同业拆借市场上拆出资金,从而商业银行借贷资金的利率被限制在一定的范围内,从而控制整个金融市场利率的操作机制,存贷款便利的利率水平,通过控制存贷便利利率之差,中央银行便可以控制市场利率的波动区间。在利率走廊机制下,中央银行提供的贷款便利通常是隔夜贷款,商业银行可以在贷款便利的利率水平下按照自身的需求借入任意数量的资金,中央银行提供的存款便利通常是准备金存款利率。

如图 5-4 所示,商业银行的资金需求为 R,需求曲线的斜率为负,中央银行提供的贷

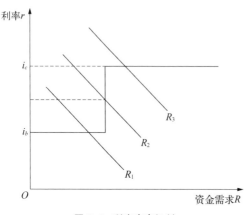

图 5-4 利率走廊机制

款便利利率为 i_c，存款便利利率为 i_b。当同业拆借市场上对资金的需求不旺盛时，也即商业银行的资金需求曲线位于同 i_b 水平线相交的位置（如 R_1 所示）时，同业市场上的资金拆出利率低于中央银行提供的存款便利利率 i_b，从而商业银行不会在同业拆借市场上拆出资金，而是将多余资金存在中央银行，从而利率的下限被固定在 i_b 的水平上。当同业拆借市场上的资金需求提高时，商业银行的资金需求曲线向右移动至同中央银行提供的贷款便利利率水平 i_c 相交时，商业银行不会以高于 i_c 的利率水平在同业拆借市场上拆入资金，从而利率水平的上限被固定在 i_c 的水平上。通过控制存贷款便利的利差，中央银行可以将利率水平控制在一定的区间内，形成一条"走廊"。

利率走廊制度有着非常明显的优点，第一，在货币供应量作为货币政策中介目标同产出水平之间的相关性逐渐降低时，通过利率走廊这一利率手段有利于提高货币政策的效率；第二，在利率走廊机制下，中央银行的操作具有简便性，中央银行只需设定存贷款便利的利率差，便可以利用商业银行的趋利性实现控制利率波动区间的政策目的；第三，通过走廊利率上下限的设定可以引导市场预期，从而促进货币政策目标意图的传达和政策效果的实现。

在我国积极推进利率市场化的大背景下，利率走廊的设置无疑是值得我国中央银行关注和学习借鉴的。2013 年，我国创新金融调控工具，通过常备信贷便利向商业银行提供流动性，因此在数量型目标向价格型目标转变的过程中，可以设定利率走廊，满足市场流动性需求，把利率控制在一定的幅度内。我国利率还没有完全市场化，采取利率走廊作为中央银行货币政策的操作目标，有一定的缓冲区间，对中国的宏观调控体系有一定的现实意义。

5.2.2 中央银行货币市场操作目标选择的理论分析

随着中国金融改革的进一步深化和利率市场化和市场化调控工具的不断完善，中央银行可以更加精准调控货币市场利率。商业银行在中央银行的准备金存款：$TR = RR + ER = BR + NBR$，总准备金存款 TR 等于法定准备金存款加上超额准备金存款，或者等于借入储备加上非借入储备。如果货币市场发达，能够满足日常的融资需求，商业银行通

第5章 货币政策目标

常不会保留过多的资金在手边,如果商业银行准备金存款不满足要求,它必须通过同业拆借市场拆借资金以满足准备金要求,中央银行通过调节同业拆借利率来调控市场流动性,实现货币政策目标。如果中央银行希望收紧货币政策,它就从同业拆借市场抽走资金,提高同业拆借利率,商业银行借贷成本提高,货币信贷会收紧。因此,随着商业银行管理机制的完善和货币市场不断发展,商业银行不会保留过多的准备金存款,它会通过货币市场来调节每天的余缺而最大化资金的使用效率,也使得中央银行通过同业拆借市场调控利率成为可能。

中央银行货币市场的操作目标是中央银行直接调控的目标,其主要目的是通过操作目标控制中介目标,因此中央银行在确定操作目标时,主要是根据既定的中介目标来确定。中央银行的操作目标主要有:利率目标,$i=i^*$;非借入储备目标,$NBR=NBR^*$;借入储备目标,$BR=BR^*$,$*$ 表示目标变量。非借入储备是中央银行通过公开市场主动注入的资金,是中央银行可以直接控制的,而非借入储备是商业银行向中央银行借入的资金,是被动的,中央银行不能够直接控制,只能够间接调控,如我国的常备信贷便利借入的资金就是借入储备。由此可以看出中央银行调节货币供给,一是控制调节的数量目标;二是控制调节的价格目标。控制调节的数量目标主要是控制借入储备和非借入储备。货币供应量 $M=F(i,B)=mB$,式中:i 为短期利率;B 为基础货币;m 为货币乘数。对上式两边微分得:$dM=dmB=Bdm+mdB$,如果货币乘数不变,则 $dm=0$,$dM=mdB$,中央银行控制了基础货币就控制了货币供应量目标,基础货币的变化等于非借入储备的变化和借入储备的变化之和即 $dB=dNBR+dBR$,如果中央银行以非借入储备为操作目标,则 $dNBR=0$,$dB=dBR$,控制了借入储备就控制了基础货币;如果中央银行以借入储备为操作目标,则 $dBR=0$,$dB=dNBR$,中央银行控制了非借入储备就控制了货币供应量。如果货币乘数受利率的影响波动较大,即使控制了货币基础,也难以控制货币供应量,因此中央银行更多地转向短期利率的控制(如同业拆借利率)。

在货币乘数不变的条件下,借入储备或非借入储备的变化导致货币供给的变化,而利率变化导致货币乘数和货币需求的变化。这样可以从货币供求来看数量目标和价格目标的选择,货币供给 $MS=b_0i+bNBR+u$,货币需求 $MD=a_0-ai+v$,若以货币供应量为中介目标,中央银行在非借入准备金(NBR)和短期利率(i)之间选择。在没有扰动的情况下,以 NBR 和 i 为操作目标的结果相同。目标的确定主要来自扰动项 u 和 v,即目标的选择取决于货币供给函数和货币需求函数的相对不稳定性。若其他条件不变,如果货币需求函数相对货币供给函数越不稳定,则应以数量目标而非价格目标;相反如果货币供给函数相对货币需求函数越不稳定,应更加倾向于使用价格目标而非数量目标,这样对货币供应量目标的影响较小。假定实际货币供给曲线为 SS_0,如果货币需求不稳定,在 DD_1 和 DD_2 之间波动,中央银行钉住利率目标,由于货币需求的不确定,货币供应量波动大

(M_1—M_4);如果确定非借入储备目标,货币供应量波动变小(M_2—M_3),如图5-5(1)所示。同样在货币需求的波动大于货币供给时,以利率为操作目标,货币供应量波动大(M_1—M_4),以非借入储备为操作目标,波动小(M_2—M_3),如图5-5(2)所示。

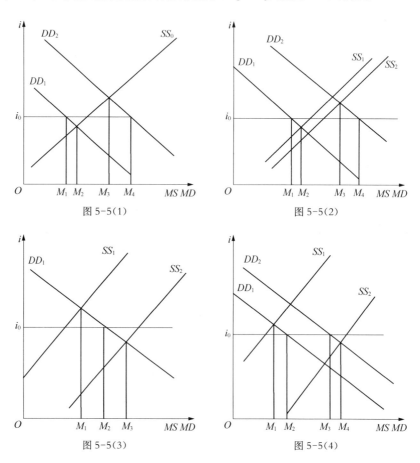

图5-5 中央银行操作目标的选择

如果实际货币供给曲线在SS_1和SS_2之间范围内波动,钉住利率目标,货币供应量波动为0;如果货币当局确定非借入储备目标,货币供应量波动的幅度(M_1—M_3),比利率目标下波动幅度大,如图5-5(3)所示。同样,在货币供给波动大于货币需求时,利率目标优于非借入储备目标,如图5-5(4)所示,即利率目标下货币供应量波动(M_2—M_3)小于非借入储备下货币供应量波动(M_1—M_4)。

因此,根据货币供给和货币需求函数不稳定的比较,就可以选择正确的目标。这样随着外部条件的变化,可相应地适宜地选择操作目标(详见表5-3)。在保持利率不变的条件下,货币供应量的波动主要受随机变量 v 的方差的影响;在保持非借入储备不变的情况下,货币供应量的变动受 u 的方差等其他因素影响。

表 5-3 中央银行操作目标的选择

操作目标	波动来源	使货币供给误差最小化的情况
NBR 为操作目标	货币需求或货币需求的波动大于货币供给	货币供给函数无弹性和货币需求有弹性
利率为操作目标	货币供给或货币供给的波动大于货币需求	货币供给函数有弹性和货币需求函数无弹性

由此可以看出,如果货币乘数不稳,货币供给就不稳,应选择利率为目标,这时当货币供给函数有弹性和货币需求函数无弹性时,货币供给的目标损失最小。如果货币乘数稳定,应选择数量目标如 NBR,当货币供给函数无弹性和货币需求函数有弹性时,货币供应量目标损失最小。上述目标的确定和判定是建立在理论分析的基础之上,中央银行如果能够判断出货币供求的波动情况,就较易确定操作目标。

当然,以上的分析是有发达的货币市场和中央银行成熟的间接调控,但随着我国中央银行间接调控机制的不断完善,公开市场业务和再贴现调控商业银行准备金头寸日益加强,同业拆借利率反应更加敏感,应该怎样选择操作目标来调控货币供应量和利率是中央银行必须考虑的首要问题。随着国债市场、同业拆借市场和票据市场的发展,我国中央银行操作目标的选择应该向同业拆借利率、非借入储备和借入储备等操作目标转化;随着利率的市场化深入和同业拆借市场日益完善,同业拆借利率应该会成为一个重要的操作目标。

5.2.3 利率规则和中央银行对同业拆借市场的调节

进入 20 世纪 90 年代,随着货币供应量指标同宏观经济状况之间的关系渐渐变得难以捉摸,美国联邦储备委员会放弃了单一制的货币供应量的货币政策的中介目标,转而采取调控联邦基金利率的货币政策,而美联储对联邦基金利率进行调节的原则即为 1993 年由斯坦福大学教授约翰·泰勒(John Taylor)提出的泰勒规则,泰勒规则提供了一种短期利率依经济运行状况而调整的方法,具体来讲,就是根据经济运行的通货膨胀缺口和产出缺口,以及经济运行在长期内的均衡实际利率(经济在充分就业水平相适应的实际利率)来确定中央银行的短期利率工具的利率水平的方法。用公式可以表示为

$$r_t = \pi_t + \alpha(\pi_t - \pi_t^*) + \beta(y_t - \bar{y}_t) + rr$$

式中:r_t 表示中央银行应设定的短期目标利率;π_t 为通货膨胀率;y_t 为产出水平;$\pi_t - \pi_t^*$

为通货膨胀缺口;$y_t - \bar{y}_t$ 为产出缺口;rr 为长期内的均衡实际利率;α 和 β 为模型参数,可以分别看作中央银行在设定短期利率目标水平时对通货膨胀缺口和产出缺口的关注度。假如 $\alpha + \beta = 1$,如果在设定短期利率目标时中央银行更加关心通货膨胀缺口,则 α 可能被赋予更大的值,也即处于 1/2 和 1 之间,而若中央银行更加关注产出缺口,则 β 便会被赋予更大的值。

从泰勒规则的公式中可以很容易得到以下结论:

第一,若通货膨胀水平超出通货膨胀目标水平,且产出超出了充分就业水平,则经济面临着过热的风险,通货膨胀压力扩大,为了降低通胀压力,中央银行应该将货币政策利率工具的短期利率水平设定在较高的水平上,避免经济过热。

第二,若通货膨胀水平低于通货膨胀目标水平,且产出低于充分就业水平,则经济面临着紧缩和衰退的风险,此时中央银行应该将货币政策利率工具的短期水平设定在较低的水平上以刺激经济,避免经济衰退。

第三,尽管根据经典的凯恩斯经济理论,经济停滞和通货膨胀不可能同时存在,但是 20 世纪 70 年代西方经济体的滞涨则用事实说明了经济停滞和通货膨胀是可能同时出现的。在经济停滞和通货膨胀同时出现的情况下,中央银行面临着正的通货膨胀缺口和负的产出缺口,这个时候货币政策利率工具的利率水平的确定则取决于中央银行对通货膨胀和产出的权衡,假如中央银行更加关注通货膨胀问题,则可以将 α 设定在较高的水平上,相反,如果中央银行更加关注产出下降的问题,则可以将 β 设定在较高的水平。

一方面,中央银行可通过公开市场业务对同业拆借利率进行灵活的调节。中央银行调节的货币市场上的这三个操作目标实际上都是彼此联系的,储备的变化必然导致短期利率的变化,反之短期利率的变动也必然影响储备的供给和需求。同业拆借利率是一个重要指标,当同业拆借利率高于预期的目标利率时,储备短缺,低于预期的目标利率时表示储备充裕,中央银行以此来进行公开市场业务的操作,这是中央银行防御性操作的重要部分,以抵销其他因素对储备的影响,进而对同业拆借利率施加影响,维持货币供应量目标和利率目标。

商业银行非借入储备主要通过公开市场业务操作来调节;借入储备主要是通过拆借资金或再贴现来调节的,中央银行主动控制的是调节非借入储备,我们通过图

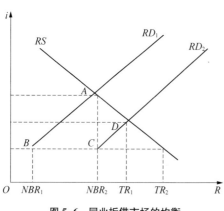

图 5-6 同业拆借市场的均衡

5-6 来说明。RS 是储备的供给曲线，它是同业拆借利率的减函数，RD 是储备的需求函数，它是同业拆借利率的增函数。开始时均衡点在 A 点，B 点表示非借入储备是 NBR_1，借入储备是 0，但储备需求大于储备供给。商业银行在同业拆借市场拆借资金或向中央银行进行贴现，无论哪一种情况同业拆借利率都上升，储备供给沿着 BA 到达均衡点。如果中央银行通过公开市场业务供给非借入储备（NBR_2-NBR_1），则 B 点移动到 C 点，然后沿着 CD 到达均衡点，D 点在 A 点的下方，这样中央银行可根据目标的同业拆借利率来进行公开市场业务调节储备供给的数量。

另一方面，中央银行又通过调控同业拆借利率来维持外汇市场和宏观金融的稳定，如当投机资金大量冲击外汇市场时，中央银行通过公开市场业务和再贴现政策提高同业拆借利率，短期资金流向拆借市场；同时当经济过热时，中央银行提高同业拆借利率，大量资金也被吸收到短期货币市场，长期投资下降，经济过热得到控制。在这里我们看到同业拆借市场的双重功能，一是调控货币政策的中介目标；二是对短期投机资金的冲击进行调节。

如果由于外来冲击导致货币需求增加，在中央银行不干预的情况下，储备需求增加，借入储备增加，同业拆借利率上升。如果中央银行钉住同业拆借利率，在公开市场上买进国库券，非借入储备供给增加，同业拆借利率和借入储备不变。同时储备增加，货币供应量增加，货币供给等于货币需求，利率不变。如图 5-7 所示，开始货币市场的均衡点在 A，储备市场的均衡点在 A_1，当货币需求由 MD_1 上升到 MD_2 时，储备需求上升到 RD_2，在储备供给不变的条件下，同业拆借利率上升，但如果中央银行提供（$NBR_2 - NBR_1$）的非借入储备时，同业拆借利率不变，同时货币供给增加，货币市场的供求达到均衡点 B，储备市场达到均衡点 B_1。

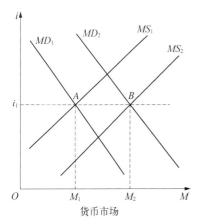
货币市场

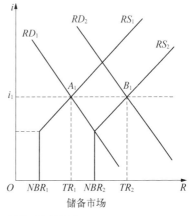
储备市场

图 5-7 中央银行对同业拆借利率的调节

中央银行调节同业拆借利率是为了适应宏观经济的变化;控制同业拆借利率实际上是为了控制储蓄和投资,以防止宏观经济的波动即通货膨胀和经济紧缩。同业拆借利率变动,其他短期利率都相应发生变动,又由于长期利率是短期利率的某种平均,长期利率也相应发生变动,短期投资和长期投资都相应变动,中央银行控制同业拆借利率以此达到国内经济的稳定和发展。

5.2.4 操作目标与政策工具

对操作目标进行调控需要特定的货币政策工具,不同的政策工具对操作目标有不同的适用性。

储备要求。存款准备金制度要求存款机构将其吸收的商业存款,按一定比例存入中央银行,这对于控制货币增长具有很大作用。但准备金比率的变化既不适用于操纵短期利率,也不适用于灵活操纵基础货币,在流动性管理方面功能较弱,但在一定程度上能够稳定货币乘数。

再融资政策。再融资政策即为再贴现窗口和再贷款的发展,包括再贴现和再贷款,再贴现或再贷款用于金融机构面临资金缺口时的融资,再贴现利率能够起到利率指示器的作用,能够调控利率目标。

公开市场操作。公开市场操作是一种常用的货币政策工具,随着货币市场的发展日益成为主要货币政策工具,包括二级市场上的一次性交易或回购协议,可用于瞄准短期利率目标或基础货币。对于利率操作目标,固定利率的额度投标是合适的程序。价格投标对基础货币和利率目标都适用,中央银行让参加者出价并决定想买或卖的数量。如果中央银行在拍卖前宣布了要分配的数额,将接受拍卖的价格结果,这一程序用于数量目标。另一方面,如果中央银行不宣布必要的拍卖数量,可以基于产生瞄准的数量或价格的投标报价决定分配额度,这一程序对价格和数量目标都保留了充分的弹性。

与准备金制度、再贴现窗口相比较,公开市场操作的交易方式操作便利、运用灵活。而且,公开市场操作的期限较短,平均约为1—2周,交易方式简便,到期自动清算,可以灵活调控基础货币或货币市场利率。

公开市场类操作。公开市场类操作即中央银行在一级市场出售政府或中央银行证券,类似于公开市场操作。数量投标用于瞄准利率,价格投标既适用于利率目标,也适用于基础货币目标。中央银行的信贷和存款拍卖工具,包括公共部门存款的转移也是如此。

如果外汇供给过多,中央银行在外汇市场上的一次性非冲销操作可用于瞄准汇率,冲销干预可用作瞄准基础货币。

价格和数量目标均取决于中央银行控制其资产负债表的能力。两者主要的区别是，中央银行瞄准短期利率时，资产负债表的调整是为达到设定的利率目标所需货币数量，货币数量是内生的。相反，当中央银行瞄准货币数量时，外生地决定并控制数量水平，接受利率的变动，利率是内生的。大多数操作工具对资产负债表有类似的作用，是操作目标的特性使它们具有内生性或外生性。

5.3 中央银行利率体系和基准利率的确定

5.3.1 再贷款和再贴现利率

为推进中央银行利率体系建设，人民银行改革了再贴现利率和贴现利率的生成机制。我国于1986年开始正式开展对商业银行的票据再贴现业务，再贴现利率是在同期各档次银行贷款利率的基础上下浮5%—10%；1996年5月起，改为再贴现利率在相应档次的再贷款利率基础上下浮5%—10%；1998年3月21日，人民银行改革了再贴现利率和贴现利率的生成机制，规定再贴现利率作为独立的利率档次由中央银行确定，贴现利率在再贴现利率的基础上加0.9个百分点生成；1998年7月1日将再贴现利率由6.03%降至4.32%，贴现利率的最高加点幅度提高为2个百分点；1998年12月规定，贴现利率最高限为同期银行贷款利率(含浮动)。再贴现利率成为中央银行一项独立的货币政策工具，服务于货币政策需要。

再贷款是货币政策工具之一，主要用于调节金融机构的短期头寸。2004年3月25日起，中国人民银行对金融机构实行再贷款浮息制度，即中国人民银行在国务院授权的范围内，根据宏观经济金融形势，在再贷款(再贴现)基准利率基础上，适时确定并公布中央银行对金融机构贷款(贴现)利率加点幅度，提高了中央银行引导市场利率的能力。

1. 再贷款

再贷款是货币政策工具之一，主要用于调节金融机构的短期头寸。中央银行运用再贷款手段保持基础货币的稳定，以控制货币供应量。中央银行对商业银行再贷款数额的变化引起中央银行资产的变化，进而导致流通中现金或商业银行在中央银行的存款准备金的变化，或是两者同时变化，引起基础货币的变化。

1984年10月，中国人民银行下发《信贷资金管理试行办法》，人民银行对专业银行实施再贷款，分为计划内贷款和临时性贷款两个档次。规定从1985年起，中国人民银行对专业银行的计划内贷款利率按月息3.9‰执行，临时性贷款按月利率4.2‰计息。1987年1月1日起，人行对专业银行1985年1月1日以后发放的贷款实行期限利率。贷款期限分为三类：一是日拆性贷款(原临时贷款)，期限最长不超过 20 天，按月利率 5.4‰计息；二是季节性贷款，最长不超过 4 个月，按月利率 5.7‰计息；三是年度性贷款(原计划内贷款)，期限为一至二年，按月利率 5.4‰计息(见表5-4)。

表 5-4 中国再贷款利率的调整

调整日期	期限种类				调整目的
	计划内贷款	临时性贷款			
1985.1.1	3.9‰(月息)	4.2‰(月息)			
	年度性 贷款利率	季节性 贷款利率	日拆性 贷款利率		
1987.1.1[4]	6.48%	6.84%	6.48%		
1987.9.21	7.2%[1]	6.84%	6.48%		收紧财政和信贷
1988.9.1	8.28%[2]	7.56%	6.84%[2]		
1990.3.21	9%[3]				双紧方针不变，适当调整力度
1990.8.21	7.92%				
1991.4.21	7.2%				
	20 天内	3 个月内	6 个月内	1 年期	改进和完善专业银行贷款管理
1993.4.1[5]	6.84%	7.02%	7.2%	7.38%	
1993.5.15[6]	8.46%	8.64%	8.82%	9.0%	
1993.7.11[7]	10.08%	10.26%	10.44%	10.62%	
1996.05.01	9%	10.08%	10.17%	10.98%	
1996.08.23	9%	9.72%	10.17%	10.62%	
1997.10.23	8.55%	8.82%	9.09%	9.36%	
1998.03.21	6.39%	6.84%	7.02%	7.92%	
1998.07.01	5.22%	5.49%	5.58%	5.67%	
1998.12.07	4.59%	4.86%	5.04%	5.13%	
1999.06.10	3.24%‰	3.51%	3.69%	3.78%	
2002.02.21	2.70%	2.97%	3.15%	3.24%	
2004.03.25	3.33%	3.6%	3.78%	3.87%	
2008.1.1	4.14%	4.41%	4.59%	4.68%	
2008.11.27	3.06%	3.33%	3.51%	3.60%	

(续表)

调整日期	期限种类				调整目的
	20 天内	3 个月内	6 个月内	1 年期	改进和完善专业银行贷款管理
2008.12.23	2.79%	3.06%	3.24%	3.33%	
2010.12.26	3.25%	3.55%	3.75%	3.85%	
2015.10.24	2.9%	3.2%	3.4%	3.5%	

注：(1) 1988年规定，逾期贷款按日利率3‰，计收利息；人行各省市分行可根据当地银根松紧情况，在规定利率的基础上向上浮动5%；
(2) 1988年8月30日，逾期贷款日利率由3‰，调整为5‰；
(3) 1990年3月21日起，贷款不再划分档次；
(4) 逾期贷款日利率为3‰；
(5) 逾期贷款日利率为3‰；
(6) 逾期贷款日利率为4‰；
(7) 逾期贷款日利率为5‰。
资料来源：孔宪勇，《利率管理实务大全》，中国金融出版社，1994。

1998年，人民银行灵活运用再贷款手段，增强商业银行资金供应能力。1998年1月份，中国人民银行向国有商业银行发放再贷款780亿元。1998年末再贷款余额比年初下降1 972亿元，剔除因财政部发行2 700亿元特别国债和向国有商业银行注入资本金后相应导致再贷款减少的因素，全年再贷款比上年少收回1 459亿元，等于增加了商业银行的资金供应。1999年对金融机构再贷款增加1 222亿元，占当年基础货币增加额的30%。

再贷款利率缺乏弹性会给金融机构造成套利机会，而且低于货币市场利率的再贷款利率会导致基础货币的过多投放。2004年3月25日起，中国人民银行对金融机构实行再贷款浮息制度，即中国人民银行在国务院授权的范围内，根据宏观经济金融形势，在再贷款（再贴现）基准利率基础上，适时确定并公布中央银行对金融机构贷款（贴现）利率加点幅度，提高了中央银行引导市场利率的能力。

再贷款的功能也不断发生转变，开始主要满足商业银行的融资，扩大货币供给。随着我国货币政策工具的完善，中央银行再贷款不再是日常融资的主要工具，主要是针对"三农"、小微企业等的贷款，特别是我国进入经济新常态，中央银行再贷款加大了对农业和小微企业的贷款[①]（见图5-8）。2018年第二季度，增加支农支小再贷款和再贴现额度共

---

① 2018年6月28日，发布《中国人民银行办公厅关于加大再贷款再贴现支持力度 引导金融机构增加小微企业信贷投放的通知》，进一步完善信贷政策支持再贷款、再贴现管理，将不低于AA级的小微、绿色和"三农"金融债，AA+、AA级公司信用类债券纳入信贷政策支持再贷款和常备借贷便利（SLF）担保品范围。

1 500亿元,下调支小再贷款利率0.5个百分点,改进优化信贷政策支持再贷款管理,引导金融机构增加小微企业信贷投放,降低小微企业融资成本。2018年6月末,全国支农再贷款余额为2 522亿元,支小再贷款余额为944亿元,扶贫再贷款余额为1 553亿元,再贴现余额为1 901亿元。2018年10月22日,为改善小微企业和民营企业融资环境,人民银行决定在2018年6月再贷款和再贴现额度1 500亿元的基础上,再增加再贷款和再贴现额度1 500亿元,支持金融机构扩大对小微企业、民营企业的信贷投放。2018年12月19日,根据中小金融机构使用再贷款和再贴现支持小微企业、民营企业的情况,人民银行决定再增加再贷款和再贴现额度1 000亿元,也就是说,人民银行通过再贷款和再贴现等再融资形式进一步定向支持小微企业和民营企业。

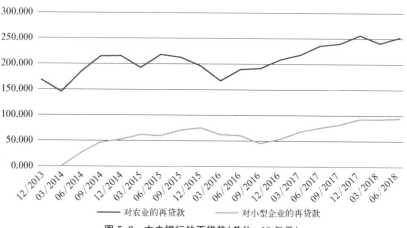

图5-8 中央银行的再贷款(单位:10亿元)

数据来源:CEIC数据库。

2. 再贴现

1985年,人民银行颁布了《商业票据承兑、贴现的暂行办法》,规定各金融机构在资金不足时,可以向人民银行办理再贴现业务。于1986年开始正式开展对商业银行的票据再贴现业务,1986年8月1日起,再贴现利率按同档次贷款利率降低月息0.3‰执行。1987年1月1日起,为了鼓励票据承兑贴现,再贴现利率按同档次再贷款利率降低5%—10%计收利息。由于受到种种条件的限制,其发展速度不是很快。截止1993年底,全国再贴现贷款余额为48.66亿元,仅占同期央行再贷款余额的0.49%。因此,再贴现这一政策工具的作用不大。

1998年3月改革再贴现利率和贴现利率的形成机制,放开了贴现和转贴现利率。从1998年3月起,再贴现利率不再与同期再贷款利率直接挂钩,而是作为一种独立的利率体系。同时下调了再贴现利率;延长了再贴现的最长期限,使其与票据承兑及贴现的期限保持一致。贴现利率在再贴现利率的基础上加0.9个百分点生成;1998年7月1日将再贴现利率由6.03%降至4.32%,贴现利率的最高加点幅度提高为2个百分点;1998年12月规定,贴现利率最高限为同期银行贷款利率(含浮动)(见表5-5)。再贴现利率成为中央银行一项独立的货币政策工具,服务于货币政策需要。

表5-5 中国再贴现利率的调整

调整时间	再贴现利率(%)	调整时间	再贴现利率(%)
1986.8.1	*	2001.09.11	2.97
1987.1.1	**	2004.03.25	3.24
1998.03.21	6.03	2008.1.1	4.32
1998.07.01	4.32	2008.11.27	2.97
1998.12.07	3.96	2008.12.23	1.8
1999.06.10	2.16	2010.12.26	2.25

* 按同档次贷款利率降低月息0.3‰执行。
** 按同档次中央银行贷款利率下浮5%—10%。
资料来源:www.pbc.gov.cn。

为了发挥再贴现政策的作用,促进商业票据承兑、贴现与再贴现业务的开展,1999年6月10日,人民银行将再贴现利率由3.96%下调到2.16%,下调1.8个百分点,下调幅度达45%。同时,增加对各分行再贴现额度,再贴现业务量大幅增长,年末央行再贴现票据余额达到502亿元,同比增加169亿元,增长51%。为进一步理顺利率体系,以利于票据市场的健康发展,从2001年9月11日起,中国人民银行将再贴现利率由2.16%提高到2.97%。为控制基础货币投放,中国人民银行从2004年3月25日起,将再贴现利率加0.27个百分点。

5.3.2 我国基准利率体系的选择和构建

基准利率是指金融市场上具有普遍参照作用的利率,其他利率水平或者金融资产的价格均可以根据这一利率水平来确定。基准利率是利率市场化和利率传导机制中的重要组成部分。"十三五"规划指出,未来我国货币政策转型的方向是构建利率走廊,实行价格型的货币政策调控。2015年10月,我国放开存款利率浮动上限,为我国货币政策由数量型向价格型的转变创造了良好的条件。在此基础上,构建一套以中央银行政策利率为核心、中央银行可以有效控制的多层次、有弹性、能够充分反映市场供求关系的基准利率体系,是实现货币政策成功转型的关键所在。基准利率应当是建立在充分的市场流动性、良好的市场主体以及多元参与市场结构基础上的货币市场利率,其应当满足相关性、可控性、传导性和稳定性要求。

在价格型货币政策调控下,当局的政策目标通过设定的基准利率逐层传导至微观主体以达到相应的政策目的,而基准利率是沟通政策工具传导各个环节的桥梁和纽带,因此基准利率必须同政策工具保持紧密的相关性,在货币当局对政策工具进行操作时基准利率应当能够发生相应的变动,这样才能够保证政策利率的有效传导和货币政策目标的实现。基准利率在满足同货币当局政策利率相关的同时,也必须满足可控性,也即货币当局能够对基准利率施加控制和影响。由于基准利率是价格型货币政策实施过程中政策利率传导的桥梁和纽带,因此基准利率必须保证货币政策在各个环节传导的畅通,具有优良的传导功能。最后,为了保持金融市场运行的稳定,基准利率应当具有相当的稳定性,以避免带来金融市场的急剧波动和混乱。

从 2015 年底以来我国的货币政策操作实践来看,我国价格调控的实现方式主要是利率走廊,主要的政策着力点在于努力强化以常备信贷便利(SLF)和中期信贷便利(MLF)为代表的政策利率体系,作为构建利率走廊的调控基础。在我国利率市场化改革初步完成的基础上,未来我国货币政策框架转型的重点在于疏通政策利率向其他市场的传导机制(易刚,2016),要疏通政策利率向其他市场的传导机制,构建合理的适合我国国情的基准利率体系以及疏通利率的传导机制十分重要。而当前我国面临的主要问题在于缺乏真正的统一的基准利率。有学者认为,我国应当将 Shibor 作为短期基准利率体系的核心,将存贷款作为中长期基准利率体系的核心。Shibor 于 2007 年 1 月 4 日正式创建,是由信用等级较高的银行报出的人民币拆出利率计算的算术平均利率,其为单利、无担保、批发性利率。当前 Shibor 报价银团由 18 家报价银行组成,报价银行是公开市场一级交易商或外汇市场做市商,在中国货币市场上人民币交易相对较为活跃、信用披露比较充分的银行。当前我国 Shibor 报价品种主要有隔夜、一周、两周、一个月、两个月、三个月、半年、九个月以及一年的期限品种。我们选取 3 个月的 Shibor 和 3 个月的定期存款利率做比较,3 个月的 Shibor 可以看作是操作目标,定期储蓄利率可以看作是中间目标,两者之间的走势见图 5-9。

经检验两个变量的原变量是不平稳的,但一阶差分都是平稳的,从两者之间的回归结果来看,两者之间存在稳定的协整关系,回归结果的残差是平稳的。

$$\text{Depositrate} = 1.328\,668 - 0.000\,647t + 0.459\,933\text{Shibor}$$
$$T = (58.697\,08) \quad (-81.132\,99)(78.936\,20)$$
$$R^2 = 0.770\,128 \quad a - R^2 = 0.769\,972 \quad SE = 0.356\,879 \quad F-\text{Statistic} = 4\,961.704$$

Shibor 和储蓄利率变动方向一致,存在长期稳定的关系,误差修正模型如下:

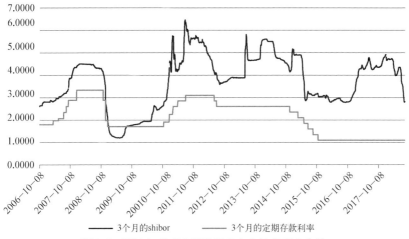

图 5-9 2006 年 10 月 8 日至 2018 年 8 月 17 日 3 个月
Shibor 和 3 个月的定期存款利率(%)

数据来源：iFinD 数据库。

$\Delta\text{Depositrate} = -0.000\,290 + 0.197\,826\Delta\text{Shibor} - 0.003\,227\text{ECTt} - 1$

$T = (-0.646\,878)\quad(15.857\,95)\quad(-2.560\,521)$

$R^2 = 0.082\,398\quad a-R^2 = 0.081\,775\quad SE = 0.024\,310\quad F-\text{Statistic} = 132.315\,7$

从误差修正模型来看，短期内 Shibor 对存款利率也有显著影响，当利率偏离长期均衡水平时，会以 0.3% 的速度向均衡水平回归，长期均衡是稳定的，从这个角度来看，Shibor 适合做中央银行的操作目标。我们在对这两个变量做格兰杰因果检验，结果显示两者互为对方格兰杰原因。

还有人指出，我国基础利率体系仍然不够完善、基准利率体系建设受到体制性、机制性因素制约，应当大力发展国债市场、完善国债利率期限结构，健全反应市场供求关系的国债收益率曲线。从国债市场的角度来看，国债的信用等级高，国债利率也常常作为货币市场的主要利率，起到传递货币政策信号的作用。图 5-10 是 3 个月的国债利率和 3 个月定期利率的比较。

经检验定期存款利率和国债到期收益率两个变量的原变量是不平稳的，但一阶差分都是平稳的，从两者之间的回归结果来看，两者之间也存在稳定的协整关系，回归结果的残差是平稳的。

$\text{Depositrate} = 1.248\,252 - 0.000\,184 + 0.463\,849\text{treasurebond}$

$T = (42.902\,34)\quad(-23.093\,41)(37.139\,57)$

$R^2 = 0.258\,920\quad a-R^2 = 0.258\,562\quad SE = 0.561\,695\quad F-\text{Statistic} = 724.965\,7$

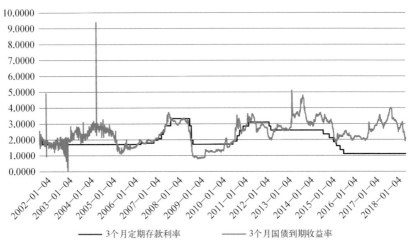

图 5-10　2012 年 1 月 4 日至 2018 年 8 月 17 日 3 个月
国债收益率和 3 个月定期存款利率(%)

数据来源：iFinD 数据库。

Shibor 和储蓄利率变动方向一致，也存在长期稳定的关系，误差修正模型如下。

$$\Delta Depositrate = -0.000\,270 + 0.002\,201\Delta treasurebond - 0.001\,448ECT_{t-1}$$
$$T = (-0.797\,398)\quad(1.367\,794)\quad(-2.393\,707)$$
$$R^2 = 0.001\,714\quad a-R^2 = 0.001\,232\quad SE = 0.021\,803\quad F-Statistic = 3.553\,292$$

从误差修正模型来看，短期内国债利率对存款利率没有显著影响，当利率偏离长期均衡水平时，会以 0.14% 的速度向均衡水平回归，长期均衡是稳定的，从这个角度来看，国债利率不适合做中央银行的操作目标，因为短期内国债利率对存款利率影响不显著。我们在对这两个变量做格兰杰因果检验，结果显示两者没有格兰杰因果关系，因此国债利率不能够有效影响储蓄利率。

也有学者提出应当以银行间债券市场回购利率作为短期基准利率，以金融机构一年期存款利率和三年期国债收益率分别作为中期和长期的基准利率。还有学者认为以常备信贷便利(SLF)、中期信贷便利(MLF)等货币政策新工具对引导中期货币市场利率具有十分重要的作用，在构建基准利率体系的时候应当充分重视。总结上面的观点，我们可以看到，在基准利率的选择和基准利率体系的构建上，Shibor 和国债的收益率被普遍认为是较好的用于构建基准利率体系的基准利率，但是从实证结果来看，Shibor 更适合作为货币政策的操作目标。因此说，在未来，要构建我国有效的基准利率体系，实现货币政策的成功转型，进一步培育 Shibor 以及完善我国的货币市场是十分必要的。

总之，未来我国基准利率的选取和基准利率体系的构建方式不唯一，但最终选取的基准利率种类以及基准利率体系都应当符合我国经济发展的实际,满足相关性、可控性、传导性以及稳定性的要求。

5.4 货币政策中的利率目标

5.4.1 我国的中间目标

1984—1992年,我国货币政策的中间目标是贷款规模。但由于贷款规模控制本身的缺陷和商业银行资产结构的变化,使通过贷款规模来控制货币供应量的效果越来越小。于是中央银行建立了能够预示社会总需求变化的货币供应量统计制度,1994年作为监测目标向社会公布,并于1996年将货币供应量正式确立为货币政策的中介目标,短期内主要考察M_1。1998年中央银行取消贷款规模,正式确定货币供应量为中央银行的中介目标。中央银行的货币供应量分为三个层次M_0、M_1和M_2(见图5-11),并和国内信贷的相关性都较高,其相关性分别为:0.978 993,0.986 216,0.999 513,因此M_2适合作为我国货币政策的中介目标。

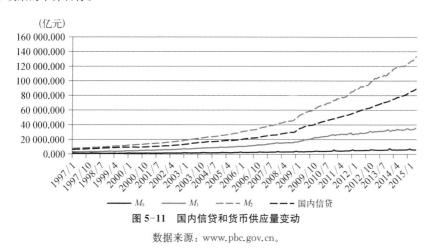

图5-11 国内信贷和货币供应量变动

数据来源:www.pbc.gov.cn。

5.4.2 货币政策目标的选择-普尔分析

如果货币政策当局可以在利率或者货币量之间选择货币政策工具,普尔(Poole,1970)分析了货币政策工具如何选择的问题。中央银行为确定政策安排,必须先分清利率的变化是总需求的变化所引起的,还是由于货币供应量的变化所引起的。在这种情况下,中央银行应当保持市场利率不变,还是应保持货币数量固定不变而允许利率变化,普尔通过比较两种政策下的产出方差变动,对这一问题进行了分析。

普尔假定政策的目标是稳定实际产出,并把物价水平视为固定不变的。以对数形式表达的 IS-LM 基本模型的一个简单变形为

$$y_t = -\alpha i_t + u_t \tag{5-1}$$

$$m_t = -c i_t + y_t + v_t \tag{5-2}$$

式(5-1)代表的是总需求关系式,其中产出是利率的减函数,需求还取决于外生的干扰 u_t。式(5-2)给出了对货币的需求函数,是利率的减函数,产出的增函数,并受到随机冲击 v_t 的影响。u 和 v 都可以看作是服从均值为零且彼此不相关的连续过程,y 是产出缺口的一种衡量标准。政策制定者的目标是使产出偏离的方差(即 $E[y_t]^2$)最小化,在没有冲击的情况下,产出缺口的均衡水平为 $y=0$。

如果以货币存量为政策工具,由(5-1)式、(5-2)式可得均衡产出为

$$y = \frac{\alpha m + cu - \alpha v}{\alpha + c}$$

设定 m 值以满足 $E[y]=0$ 的条件,得到 $y=(cu-\alpha v)/(\alpha+c)$。假设 u 与 v 不相关,在货币供给为政策工具条件下的目标函数值为

$$E_m[y_t]^2 = \frac{c^2 \sigma_u^2 + \alpha^2 \sigma_v^2}{(\alpha+c)^2}$$

当 i 为政策工具时,由(5-1)式可以直接得到产出值,那么,在利率和收入水平一定的情况下,货币供应量为内生。设定 i 值以满足 $E[y]=0$,则

$$E_i[y_t]^2 = \sigma_u^2$$

当 $E_i[y_t]^2 < E_m[y_t]^2$ 时,以利率为操作工具优于以货币供应量为操作工具。满足这一条件需要:

$$\sigma_v^2 > \left(1 + \frac{2c}{\alpha}\right) \sigma_u^2$$

由此可见,当货币需求干扰的方差(σ_v^2)比较大,LM 曲线比较陡峭(LM 曲线的斜率为 $1/c$),而且 IS 曲线比较平缓(IS 曲线的斜率为 $-1/\alpha$)时,以利率为操作工具是较优的选择;相反,如果总需求冲击的方差(σ_u^2)比较大,LM 曲线比较平缓,或者 IS 曲线比较陡峭,以货币供应量为操作工具是较优的选择。

从普尔模型的分析可以看出,当货币冲击比较大时,宜用利率作为中介目标,而当实际冲击比较大时,宜用货币供应量为中介目标。该模型分别从冲击的来源来考察中介目标的选择,冲击的来源包括货币市场的冲击和商品市场的冲击。该模型的分析框架仍然依赖于凯恩斯的宏观经济模型理论分析,它给中央银行的中介目标的选择提供了理论支持。但是,该模型也有内在的缺陷性:一是模型假定完全的市场机制起作用,在现实中往往不满足该条件;二是没有融入外汇市场的分析等;三是它含有 IS-LM 模型的缺陷。

货币供应量不是我国中央银行的唯一中介目标,长期以来,汇率一直是我国中央银行的中介目标。从 1994 年 1 月 1 日起,我国实施人民币汇率并轨,实行以市场供求为基础、单一的、有管理的浮动汇率制度。但就人民币汇率制度的浮动性而言,由于人民币汇率的年波动幅度不超过 1%,国际货币基金组织将人民币汇率制度归入了传统的钉住汇率安排。人民币对美元的名义汇率在 1994 年汇率并轨之后基本上没有大的变化,因此,我国 2005 年之前的汇率制度实际上是一种与美元挂钩的固定汇率制。自 2005 年 7 月 21 日起,我国开始实行以市场供求为基础、参考一篮子货币进行调节、有管理的浮动汇率制度。2005 年 7 月 21 日 19:00 时,美元对人民币交易价格调整为 1 美元兑 8.11 元人民币,作为次日银行间外汇市场上外汇指定银行之间交易的中间价,外汇指定银行可自此时起调整对客户的挂牌汇价。在 2005 年 7 月 21 日之前,人民币汇率事实上成为中央银行控制的一个中介目标。在此之后人民币对美元汇率保持持续升值,升值步伐比较稳定。2008 年国际金融危机爆发,2008 年 9 月至 2010 年 6 月人民币对美元汇率保持了稳定。2010 年 6 月我国重启人民币汇率形成机制改革,人民币对美元汇率恢复弹性,2010 年 6 月至 2015 年 8 月人民币对美元汇率持续升值,升值步伐也相对稳定。2015 年我国又进行了人民币汇率形成机制的改革,人民币对美元汇率开始转向贬值,但是人民币对美元汇率更多地参考一篮子货币进行调整,保持一篮子货币的相对稳定。因此,从人民币汇率形成机制改革的特点来看,1994—2015 年 8 月,人民币对美元汇率是中央银行的一个中间目标。2015 年 8 月以后,一篮子货币汇率即人民币有效汇率成为中央银行一个中间目标。当然,人民币对美元汇率最终走向完全市场化,主要由市场供求关系来决定,将不再成为央行的一个主要货币政策目标。

目前,人民币汇率仍然是中央银行的中介目标,中央银行仍然要维持人民币汇率的基本稳定,一是为了防止人民币大幅度升值对国内出口企业的不利影响;二是防范投机资本的大量涌入;三是要为中国的经济和金融改革赢得时间。中央银行为了实现两个中介目标,必须采取冲销干预的手段。

5.4.3 8·11 汇改后的中间目标的调整

我国"十三五"规划中明确提出"完善货币政策操作目标、调控框架和传导机制,构建目标利率和利率走廊机制,推动货币政策由数量型向价格型转变"。从"十三五"规划定下的货币政策调控方式转型的政策基调来看,未来我国实现数量型货币政策向价格型货币政策转变是必然的结果。货币政策调控手段主要有数量型和价格型两种,数量型手段主要依靠调控货币供应量等数量型目标实现货币政策最终目标,而价格型手段,则主要依赖调控政策利率,再借助利率的传导机制来实现货币政策最终目标。20世纪90年代以来,随着金融市场的不断发展,金融工具的不断丰富,"金融脱媒"不断显现,货币供应量这一数量型货币政策调控的主要变量同经济发展、物价水平变动等经济关键指标的关系逐渐变得不稳定,许多西方国家纷纷采取了放弃数量型货币政策,转而采用价格型货币政策。例如,美国在20世纪90年代放弃了对货币供应量指标的关注,转而采用设定政策利率水平的价格型货币政策调控手段。从各转而使用价格型货币政策调控手段的国家货币政策调控效果来看,采用价格型货币政策调控手段,往往可以取得良好的政策调控效果。

利率是中央银行进行调控的重要的目标变量,是中央银行的货币政策对宏观经济运行产生预期影响的连接点和传送点。它影响着微观经济运行和宏观经济总量,是金融市场之间相互影响的传播信号。在开放经济的条件下,利率的变化会导致宏观经济对内对外均衡的变化,它影响着经济主体和中央银行的预期和决策行为。利率与汇率、国际收支、资本流动等都是相互作用的。利率是投资者持有货币的机会成本,它影响着投资者的流动偏好,在收益最大和风险最小的情况下,调整着金融资产的投资组合,它的变化影响着资产结构的变化和货币市场的均衡。我国改革金融体制,理顺金融市场价格,加强中央银行的宏观调控功能,就是要使利率能准确地反映宏观经济运行的态势和微观经济主体的市场行为,对宏观经济运行起到宣告效应。

价格型货币政策调控的核心在于利率,而西方国家采用价格型货币政策调控手段可以取得成功的主要原因在于,西方国家金融市场发展完善,金融工具十分丰富,利率等变量有着良好的传导渠道,货币政策调控中设定的政策利率可以有效地传导至微观经济主体,进而促进货币政策最终目标的实现。从西方国家的经验看来,我国想要实现货币政策调控由数量型向价格型的转变,就必须完善我国的金融市场,促进利率的市场化和传导机制的畅通。

中央银行以利率作为中介目标,就是要发挥利率良好的传导作用。利率是货币当局用来影响经济条件和经济活动的重要手段,利率影响着潜在投资资源的需求和供给,使社会财富得以有效分配,以及经济主体的投资和消费的决策行为,它也是进行需求管理以保证宏观经济对内对外均衡的主要手段。以利率作为中介目标比较容易监控,因为利率目标清晰,容易观察;市场化的利率虽然只是反应了货币市场的资金供给和需求,但实际上是反映了商品市场的供给和需求状况;利率水平变化快,比较及时地反映市场的变化,能够提供瞬时的信息;利率作为价格目标,很容易被金融机构和企业所理解,能够影响它们的投资行为；不同品种的金融工具和不同期限的利率相互联系，相互影响，以利率为目标，能够调节利率结构。随着我国利率市场化改革的逐步推进，央行货币政策的中间目标更加关注利率的变化，数量型货币政策目标正在向价格型目标转变。

5.5 货币政策的最终目标和我国货币政策的调控分析

5.5.1 中央银行最终目标的选择

1. 中央银行的最终目标

中央银行的最终目标主要是经济增长、物价稳定、充分就业和国际收支的均衡。从长期来看，这四个政策目标是一致的。经济增长，产出增加，出口增加，有利于平抑物价、充分就业和国际收支的均衡；物价稳定是利率和汇率等价格信号稳定的前提，使资产的价格真正能够反应资产的供求，有利于资源的合理配置和持续的经济增长；充分就业使潜在资源得到充分利用，有利于促进经济增长；国际收支的均衡，使本国资源和国际资源都能得到充分利用，既稳定了物价，又促进了经济增长。但从短期来看，中央银行这四大政策目标既相互统一、又是相互矛盾的。一般来讲，物价稳定和经济增长存在着冲突，政府采取扩张性的经济政策促进经济增长，但会导致通货膨胀的上升；充分就业和经济增长是一致的，充分就业促进经济增长，而经济增长反过来又扩大就业；经济增长和国际收支的平衡存在冲突，经济增长进口增加，但扩大出口在短期内很难实现，国际收支会出现逆差；物价稳定和充分就业之间存在着冲突关系，就业增加，需求增加，导致通货膨胀，另外就业增加，在一定的生产技术条件下，生产成本上升，通货膨胀会随之上升；稳定物价和国际收支的均衡是一致的，因为紧缩性的货币政策降低通货膨胀率，同时减少了国内需求，进口减少，另外导致利率上升，资本流入，国际收支改善；充分就业和国际收支的均衡目标存在冲突，充分就业，总收入增加，进口增加，国际收支逆差。

在这四个政策目标中充分就业和经济增长实际上是一致的；物价稳定和国际收支的均衡是一致的，物价稳定是币值的对内稳定，国际收支的均衡是币值的对外稳定（汇率）。因此，中央银行主要面对着经济增长和币值稳定这一对宏观经济目标，而这一对目标之间存在着冲突。长期以来，我国货币政策是双重目标，一是经济增长；二是稳定物价，但在实际操作中往往是顾此失彼，无法兼顾。我国《中国人民银行法》明确规定了货币政策的目标是：保持货币币值的稳定，并以此促进经济的增长。这里面首先提到的是币值稳定，然后才是经济增长。因为经济增长是各项经济政策相互协调配合的结果，不是单一的货币政策所能奏效的，它除了受货币政策影响外，还受财政政策、经济结构因素、经济体制因素等的影响,因此经济增长不适宜作为货币政策的直接目标。另外,受传统的计划经济的影响,我国的投资主体盲目地争规模、上项目的现象比较严重,片面地追求高的发展速度,容易导致投资需求亢奋,如果直接以经济增长为目标,将会导致和加剧通货膨胀,带来经济的剧烈波动。而中央银行以币值稳定为最终目标,一是有利于总需求和总供给的平衡,避免由于总需求和总供给的波动而导致的需求拉上和成本推进的通货膨胀;二是有利于金融市场稳定和健康的发展,价格稳定,实际利率和汇率也必然稳定,这样就防止了金融资产价格的过度波动,使金融资产的价格真正反映金融资产的供求,并使价格真正成为市场的信号,正确引导市场投资者的预期;三是有利于中央银行货币政策的宏观调控,同样有利于促进经济增长,中央银行以币值稳定为最终目标,中央银行的宏观调控就更具有主动性和连续性,更便于通过中介目标直接监控最终目标。

2. 经济增长向"高质量"经济增长转型

2013年中国经济进入新常态,中国的经济发展也进入了一个由过去的高速发展转换到高质量发展的新时代,既要注重数量,更要注重质量。我国宏观经济调控一项重要工作是"扩内需、调结构",扩内需是要保持经济增长,调结构要提高增长的质量。调结构一直是主要任务,而结构调整能否顺利进行直接关系到中国经济的可持续发展问题,关系到中国未来经济能否平稳增长的问题。调结构是我国经济发展和经济改革中的重点和难点,要加大力度推进结构调整,我们认为结构调整包括三个层次。

第一层次是经济增长结构的调整。长期以来我国经济增长主要依赖出口和投资拉动,消费拉动经济相对较弱。国际金融危机爆发以后,外需下降,出口下滑,"保增长"主要依赖政府投资,但是如果政府刺激经济政策减弱或退出,经济增长可能会下滑,因此必须促进国内消费的增长,弥补出口对经济的拉动作用的下滑,经济增长的方式应该由传统的出口和投资拉动转到依赖消费拉动的轨道上来,我国经济增长方式的结构必须进行调整。目前西方国家经济外需仍然低迷,同时西方国家与中国的贸易摩擦不断,中国可能会在未来较长的时间内面临外需不振的情况,美国一直认为中国等国家依赖出口是导致全球经济不平衡的重要原因。自特朗普政府上台以来,贸易保护主义重新抬头,对中国发动贸易战。长期以来,美国的增长方式主要是消费拉动型的增长模式,中国主要依赖于投资和出口,国内消费需求相对较弱,从中美GDP的构成来看,美国的消费占GDP的比例约70%;而中国消费占GDP的比重为35%,体现了美国高消费和中国高储蓄的特点。从宏观经济的平衡关系来看,如果储蓄超过投资,贸易收支盈余;如果储蓄小于投资,贸易收支赤字,而中国高储蓄和美国高消费表现为中国贸易收支盈余,美国为贸易收支赤字。因此,中国必须调整战略,积极转变经济增长方式,"扩内需、调结构"以应对当前复杂的经济局面。

第二层次是经济结构的调整。我们认为首先是产业结构的调整,我国经济增长要主要从依靠资源能源消耗型向依靠科技进步、劳动者素质提高方向发展,要加快经济结构调整,推动科技创新,提高产品的国际竞争力,促进我国产业结构的升级,加快第三产业的发展。近年来,我国第三产业的占比不断提高,我国经济应从主要依靠第二产业带动经济发展向依靠第一、第二、第三产业协调带动经济发展的轨道上来。大力推进企业技术改造,落实国家重点产业调整振兴规划,提高产品的科技含量。其次是区域经济结构的均衡调整和发展。要促进东中西区域经济的协调发展,加快区域产业转移,形成各具特色的产业分布格局。要促进我国区域经济的总体发展和相互协调,形成一套完整的、合理的区域经济布局,为我国区域经济的优化和发展打下基础。最后是城乡结构的调整。积极稳妥推进我国城镇化发展,提升我国城镇地区发展质量和水平。完善强农支农政策,加快发展现代农业和社会主义新农村建设,稳步提高农村需求。经济结构的调整有利于提高劳动生产率,提高经济增长的质量和水平,也有利于提高老百姓的收入,缩小区域差距、城乡差距,促进我国产业经济、区域经济和城乡经济的均衡发展,有利于实现我国的"扩内需"战略。

第三层次是宏观经济政策的结构调整。一是财政政策的结构调整。主要是支出和税收结构的调整,政府支出主要向改善民生和"三农"倾斜,不断完善教育、医疗和住房等社会保障体系。二是货币政策的结构调整。主要是信贷结构的调整,如严格控制对"高杠杆"行业、产能过剩行业的信贷,严格执行有关房地产信贷政策等。向社会就业、重点行业或产业倾斜,支持"三农"和解决中小企业融资难等问题。三是收入分配政策调整。完善收入分配体制改革,提高劳动报酬在初次分配中的比例。要缩小收入差距,目前我国收入差距不断扩大表现在四个方面:农村内部差距、城乡差距、地区差距、行业差距,收入分配差距不断扩大,导致整个社会消费倾向降低,整个社会消费量下降,储蓄增加,因此要加快收入分配制度的改革,遏制我国收入差距扩大的状况。

我们认为经济增长结构的调整要依赖经济结构和政策结构的调整,经济结构和政策结构调整要为经济增长结构调整服务,促进我国经济增长方式的转型。经济增长结构是目标,经济结构是基础,政策结构是手段,我们认为促进这三者之间的相互协调,有利于提高我国经济增长的质量,促进经济的可持续发展。政策结构的调整有利于经济结构的优化,而经济结构的优化能为经济增长的优化服务。要提高传导机制的有效性,要多方面做好工作,从政策层面、经济结构层面等逐步完善,这样我国经济将会进入新一轮的高质量增长期,将转型为主要由消费、投资和出口协调拉动的健康的、可持续的增长。

3. 宏观调控要关注结构调整

国际金融危机爆发后,我国实施积极财政政策和适度宽松货币政策,2011年又转向积极的财政政策和稳健的货币政策,扩大内需将以增加消费需求为重,同时加强经济结构调整。笔者认为我国宏观调控面临很多挑战,需要政府在多方面加以平衡,促进宏观经济的平稳增长。

一是需要在消费和投资之间进行平衡。长期以来,投资一直是拉动中国经济增长的重要引擎。特别在国际金融危机时期,短期内我国经济增长主要是依赖于政府投资支出的拉动,但是从长期来看,必须转向消费。尽管我国消费在平稳增长,但是投资和消费对经济拉动作用仍不平衡,需要进一步提升消费对经济增长的贡献作用,不能仅靠政府投资拉动,否则一旦政府刺激措施减少或退出,经济将会下滑。因此,政府必须要在投资和消费之间平衡,保持宏观经济的可持续增长,需要在增加投资和促进消费之间进行协调,投资和消费支出要彼此换位,扩大内需要逐步转变到依赖消费的增加上,只有这样,才能真正实现经济增长方式转型。

二是需要在促进房地产平稳发展和遏制房地产价格过快上涨之间平衡。应该说,房地产行业的迅速发展促进了我国经济的恢复和增长,有利于保增长、促就业,但同时房地产市场价格过快上涨,老百姓的承受压力不断加大,市场风险也越来越大。因此,政府既要促进房地产市场的平稳增长,维护老百姓的利益,又要遏制房地产价格的过快增长,保证房地产市场的健康发展。

三是在促增长和调结构之间平衡。为了促进经济增长,中央政府采取了积极的财政政策和稳健的货币政策,对经济恢复和增长起到重要作用,但是另一方面也存在过度投资和产能过剩问题,经济结构、行业结构投资仍存在不合理现象,因此在增加投资的同时,要控制对产能过剩行业的投资,明确投资方向和投资重点,提高投资效率,注重经济结构的调整和优化。保增长和调结构要兼顾,促进经济增长,有利于增加就业,改善民生,有利于金融市场和宏观经济稳定;调结构,可以促进消费行业的发展,促进技术创新部门和行业的快速发展。推动经济结构转型和经济的可持续增长,需要在这两者之间取得平衡。

四是在内需和外需之间取得平衡。长期以来,中国经济增长高度依赖出口的增长,出口是中国经济增长的重要引擎。目前在西方发达国家经济恢复步伐不一致,在美国和中国的贸易战不断升级的情况下,我国的外需形势依然严峻,出口形势仍不容乐观。外需下降,中国经济增长必须依赖内需,主要是国内投资和消费需求,特别是消费需求,因此政府需要通过拉动内需,抵消外需的下降,保持经济一定的增长速度。政府需要在出口驱动经济和消费拉动经济之间取得平衡:一方面要继续促进进出口的平稳增长;另一方面要加大刺激消费力度,调整增长方式,推动经济增长方式的转型。

五是在数量型工具和价格型工具调控手段之间取得平衡。货币政策调控包括数量型工具如公开市场业务、法定准备金率,还有价格型工具如调整利率,主要是控制企业的融资成本。调节流动性,通常主要采取公开市场业务,除此之外,一旦通货膨胀或通货紧缩压力较大,央行可能需要调整法定准备金率和利率,因此央行需要在数量型工具和价格型工具之间平衡,提高货币政策调控的针对性和灵活性。

六是需要在居民收入、企业收入和政府收入之间取得平衡。政府要促消费,必须提高人们的收入,使得人们有钱花,同时要完善社会保障体系,使得人们敢花钱。要改革收入分配制度,提高初次分配中劳动者收入所占的比例。目前企业储蓄、政府储蓄较高,老百姓的储蓄相对较低,因此必须调整收入分配比例,切实改善民生,提高老百姓消费意愿,促进老百姓消费。此外,政府要调整投资支出结构,增加对民生工程的投入。对于部分产能过剩行业新上项目必须加以控制,新开工和施工项目投资要适当,不能盲目扩张,加大对民生工程投资支出。

我们认为要注意宏观经济政策效应之间的平衡,宏观调控政策不能够顾此失彼,要合理搭配,目标兼顾,既要保证经济平稳增长,又要促进经济结构调整,加强宏观审慎管理,防范金融风险。

第6章

我国的利率调控

6.1 利率、汇率和价格水平之间的理论关系

6.1.1 汇率和价格水平

购买力平价理论是以货币流通手段基本职能为出发点，两国货币的交换，实质上是两国货币所代表的购买力的交换。两国货币购买力与本国的价格水平，从而与本国的货币数量成反比，两国购买力之比表现为汇率。汇率和两国商品价格的关系遵循开放经济下的一价定律(Law of one price)[①]：$P_i = eP_i^*$，式中：P_i 是 i 商品国内货币的价格；P_i^* 是 i 商品国外货币的价格；e（直接标价法）是汇率，这就是购买力平价说的理论基础。

购买力平价按静态和动态可以分为绝对的购买力平价和相对的购买力平价，前者解释某一时点上汇率决定的基础，后者解释某一时间段上汇率变动的原因。绝对购买力平价由两国物价水平的静态对比获得，其公式为：$e_t = \dfrac{P_t}{P_t^*}$，式中：e_t 表示 t 时刻直接标价法的汇率；p_t 表示 t 时刻本国的一般价格水平；p_t^* 表示 t 时刻外国的一般价格水平。在形式上，绝对购买力平价似乎仅仅是一价定律的简单变形，然而由于 P 和 P^* 都是综合性的物价指数，从一价定律成立到绝对购买力平价成立，中间需要一些较强的前提条件：第一，一价定律对于所有商品都成立；第二，P 和 P^* 的编制中，各种商品的权重应当相等。

相对购买力平价对绝对购买力平价的假定做了放松。它认为交易成本的存在使得一价定律并不能完全成立，同时，各国一般价格水平的计算中，商品及其相应权数都是存在差异的，因此各国的一般物价水平在以同种货币计算的时候并不完全相等，而是存在着一定的、较为稳定的偏离，表示为：$e_t = \theta \cdot \dfrac{P_t}{P_t^*}$，式中：$\theta$ 为常数，$\theta = e_0 \dfrac{P_0^*}{P_0}$；$P_0$ 为本国在

---

① 由商品自身性质和交易成本高低所决定，当某些商品在不同地区的价格存在差异时，商品套利活动(commodity arbitrage)能够使它们的地区价格差异保持在较小范围内，这些商品称作可贸易品(tradable goods)，而相应地，不可移动或者套利成本为无穷大的商品称作不可贸易品(nontradable goods)。在不考虑交易成本时，以同一货币衡量的不同国家的同种可贸易品价格是一致的，表现为等式 $P_i = eP_i^*$，称作开放经济下的一价定律。

基期中的物价水平；P_0^* 为外国在基期中的物价水平；e_0 为基期的双边汇率；e_t 为计算期的汇率；P_t^* 和 P_t 分别为计算期的本国和外国的物价水平。此式表示如果国内物价水平比国外物价水平上升快，则 e_t 上升，本币贬值。对购买力平价等式取对数后对时间 t 求导，得：$\frac{1}{e}\frac{de}{dt} = \frac{1}{P}\frac{dP}{dt} - \frac{1}{P^*}\frac{dP^*}{dt}$，简记做：$\hat{e} = \hat{P} - \hat{P}^*$。这一公式表示，汇率的变动率为两国通胀率的差，如果本国通胀率超过外国，则本币将贬值①。与绝对购买力平价相比，相对购买力平价更具有应用价值，比前者更加符合实际情况；并且，汇率研究的目的，很大程度上不是要确定和重估一个汇率水平，而是对汇率的变动做出解释和预测。

6.1.2 利率和价格水平

名义利率是指包括了通货膨胀因素的利率，通常金融机构公布或采用的利率都是名义利率。实际利率是指货币购买力不变条件下的利率，即剔除了通货膨胀因素以后的利率。

实际利率又分为两种。

1. 经预期通货膨胀率调整后的利率（ex ante real interest rate）

$$1+i = (1+i_r)(1+\pi^e), 1+i = 1+i_r+i_r\pi^e+\pi^e,$$
$$\text{因为 } i_r\pi^e \text{ 很小，所以 } i = i_r + \pi^e$$

2. 事后实际利率（expost real interest rate）

$$1+i = (1+i_r)(1+\pi), 1+i = 1+i_r+i_r\pi+\pi,$$
$$\text{同样 } i = i_r + \pi$$

通常用名义利率减去通货膨胀率即为实际利率：实际利率 i_r = 名义利率 i − 通货膨胀率 π，所以对实际利率的计算通常会出现三种情况：(1) 名义利率高于通货膨胀率时，实际利率为正利率。(2) 名义利率等于通货膨胀率时，实际利率为零。(3) 名义利率低于通货膨胀率时，实际利率为负利率。

6.1.3 汇率和利率

非抵补利率平价（UIP，uncovered interest parity）是指投资者在进行没有抵补的外汇

---

① 将相对购买力平价、非抵补的利率平价和费雪效应结合起来看，在假设两国实际利率相等的情况下，利率平价和相对购买力平价能够统一起来，读者可自行推导。

投资时所获得的收益等于没有汇率风险所获得的收益,即等于预期获得的收益。在这里假定投资者是理性预期和风险中性,没有交易成本和资本管制,套利资金是充分的,债券是完全替代的。所谓套利是指利用两国短期利率的差异,调动资金以赚取利息差额的活动。

假设 i_t,i_t^* 分别是指本国货币和外国货币投资时在 t 到 $t+1$ 期的利率,S_t 代表外汇市场上即期汇率(汇率以直接标价法表示,下同),用 $E_t S_{t+1}$ 表示在 t 期预期 $t+1$ 期的即期汇率。一单位的本国货币投资在本国获得的收益为 $(1+i_t)$,一单位的本国货币投资在外国,兑换成外国货币为 $\frac{1}{S_t}$,投资获得的收益为 $(1+i_t^*)/S_t$,再兑换成本币为 $E_t S_{t+1}(1+i_t^*)/S_t$,则当 $E_t S_{t+1}(1+i_t^*)/S_t = (1+i_t)$ 时,套利活动停止。因此:

$$E_t S_{t+1}(1+i_t^*) = S_t(1+i_t)$$

即用同一单位的本国货币无论是投资在国内或国外的金融资产上,未来所获得的收益是相等的。由上式可得:

$$(E_t S_{t+1} - S_t)/S_t = (i_t - i_t^*)/(1+i_t^*)$$

在 i_t^* 很小的情况下,$1+i_t^* \approx 1$,令 $(E_t S_{t+1} - S_t)/S_t = E(\dot{S})$,表示汇率的预期贬值率,若投资者是风险中性的,则:$i_t^* + E(\dot{S}) = i_t$。利率平价论,主要讲的是短期汇率的决定。它的一个基本条件是,两国的金融市场须高度发达并紧密相联,资金可以在两个不同市场之间自由移动,缺此条件,利率平价论就难以成立。

6.1.4 实际利率平价

实际利率平价是指在不同国家之间实际利率相等,实际利率平价依赖一定的条件。卡比和奥布斯特弗尔德(Cumby & Obstfeld,1984)研究了实际利率平价。

实际利率等于名义利率减去预期的通货膨胀率:

$$r_t = i_t - \frac{E_t P_{t+1} - P_t}{P_t}$$

$$r_t^* = i_t^* - \frac{E_t P_{t+1}^* - P_t^*}{P_t^*}$$

式中:r 是实际利率;i 是名义利率;P 是价格水平;$E_t P_{t+1}$ 是 t 期对 $t+1$ 期价格水平的预期;$\frac{E_t P_{t+1} - P_t}{P_t}$ 是国内预期的通货膨胀率;$\frac{E_t P_{t+1}^* - P_t^*}{P_t^*}$ 是国外预期的通货膨胀率。

由购买力平价①公式：$E_t S_{t+1} = E_t P_{t+1}/E_t P^*_{t+1}$，$S_t = P_t/P^*_t$，两边取对数得：

$$\ln E_t S_{t+1} = \ln E_t P_{t+1} - \ln E_t P^*_{t+1}$$

$$\ln S_t = \ln P_t - \ln P^*_t$$

两式相减得：$\ln E_t S_{t+1} - \ln S_t = (\ln E_t P_{t+1} - \ln P_t) - (\ln E_t P^*_{t+1} - \ln P^*_t)$

因此：$\ln \dfrac{E_t S_{t+1}}{S_t} = \ln \dfrac{E_t P_{t+1}}{P_t} - \ln \dfrac{E_t P^*_{t+1}}{P^*_t}$

又因为：$\ln \dfrac{y}{z} = \ln \left[1 + \dfrac{y-z}{z} \right] \sim \dfrac{y-z}{z}$

所以：$\ln \dfrac{E_t S_{t+1}}{S_t} = \dfrac{E_t S_{t+1} - S_t}{S_t}$，$\ln \dfrac{E_t P_{t+1}}{P_t} = \dfrac{E_t P_{t+1} - P_t}{P_t}$，$\ln \dfrac{E_t P^*_{t+1}}{P^*_t} = \dfrac{E_t P^*_{t+1} - P^*_t}{P^*_t}$

综合上述各式得：$\dfrac{E_t S_{t+1} - S_t}{S_t} = \dfrac{E_t P_{t+1} - P_t}{P_t} - \dfrac{E_t P^*_{t+1} - P^*_t}{P^*_t}$

由实际利率公式得：$r_t - r^*_t = (i_t - i^*_t) - \left(\dfrac{E_t P_{t+1} - P_t}{P_t} - \dfrac{E_t P^*_{t+1} - P^*_t}{P^*_t} \right)$

又由非抵补利率平价：$i_t = i^*_t - \dfrac{E_t S_{t+1} - S_t}{S_t}$，所以：

$$r_t - r^*_t = \dfrac{E_t S_{t+1} - S_t}{S_t} - \left(\dfrac{E_t P_{t+1} - P_t}{P_t} - \dfrac{E_t P^*_{t+1} - P^*_t}{P^*_t} \right) = 0$$

我们得到：$r_t = r^*_t$，即国内和国外实际利率相等。

实际利率平价存在需要 PPP 存在、利率平价存在和费雪方程式成立。在现实中三者同时成立很难满足，因此实际利率平价除了在很长的时间内可能满足，一般是很难成立的。如果用利率平价或购买力平价来衡量则金融一体化程度较高，而用实际利率平价来衡量，则金融一体化程度可能较低。

6.1.5 利率、汇率和价格水平之间的关系

国际金融危机前，随着人民币的持续升值和国内价格水平的上涨，人民币呈现出对外

---

① 购买力平价理论见第 7 章 7.2 节。

升值和对内贬值的现象,相对美元来说,人民币的购买力在上升,而在国内的购买力下降。这是人民币变化的一个重要特征。

2008年前,巨额的外汇储备,国内经济的持续景气,股票市场、房地产市场的持续繁荣引致的外国资本不断流入,再加之来自外国政府的施压,公众对人民币升值的预期上升,这一切都构成了人民升值的强大压力。自2005年7月人民币汇率做出第一次调整以来,人民币汇率一直在不断上升。同时,由于基础货币、M_1、M_2的过快增长,经济体内积聚了大量的流动性,在其推动下,通货膨胀的压力不断增加。2007年上半年经济增长11.5%,上半年CPI比去年同期上涨3.2%,6月份同比上涨4.4%,双双超越央行3%的"警戒线"。2007年上半年CPI变化最明显的特征就是呈现出结构性上涨,主要原因是由于食品价格上涨所带动。物价水平上升,人民币国内的购买力将下降,即人民币在国内是贬值的。因此,这一时期突出地表现为人民币对外升值和对内贬值。

利率和价格水平之间的关系主要体现在实际利率水平的变动,价格水平上升,名义利率不变,实际利率下降,或者名义利率上升幅度跟不上通货膨胀上升的速度,则实际利率下降;如果价格水平不变,名义利率上升,实际利率上升,或价格水平上升的速度跟不上名义利率提高的速度,则实际利率也上升。在实际利率为负的条件下,中央银行上调名义利率以纠正:一是提高利率以高于预期的通货膨胀率,使得实际利率为正;二是提高利率以控制价格水平的上升,遏制通货膨胀。值得指出的是,实际利率是一个相对比较的概念,只要名义利率超过通货膨胀率,实际利率就为正,它和绝对价格水平的高低没有关系,它只与价格水平的变动率有关。若现在绝对价格水平较高,只要物价水平不再上升,即使名义利率不变,实际利率就为正。因此,保证实际利率为正,或者提高名义利率水平超过通货膨胀率;或者名义利率不变,控制价格水平上涨。提高利率能不能控制价格水平的上涨?这是问题关键的所在。实际上,如果价格水平上升主要是由于货币因素推动的,则提高利率有利于遏制通货膨胀的上升;如果价格水平上涨主要由于能源、猪肉价格和粮食价格上升等引致的结构性的上涨,或是由于原材料等国际市场价格上涨导致的,则通货膨胀并不能完全由国内利率提高来控制。

1. **通货膨胀和存贷款利率的关系**

在存贷款利率不变的条件下,通货膨胀影响实际的存贷款利率,对储蓄者和借款者的影响是不同的。通货膨胀率越高,储蓄者的损失越大,借款者的收益越高。例如,存款利率为3%,贷款利率为7%,通货膨胀率为3%,则实际的存款利率为0%,实际的贷款利率为4%。由于物价的上涨,储蓄者获得的3%的利息被3%物价的上涨吞没了;对借款者而言,在物价上涨之前借款购买商品,比物价上涨之后购买同样数量的商品,所支付的货币要少。如果没有通货膨胀,借款者支付的利息为7%,有3%通货膨胀,价格上涨后借款者借款购买同样的商品,要多支付货币3%,相当于支付的利息增加了3%,即7%+3%=

10%,也就是说借款者获得了一个相对的收益。因此,通货膨胀率越高,储蓄者不愿意储蓄,借款者更愿意借款,这样储蓄者和借款者才能避免更多的损失。储蓄者不愿意当前储蓄将来消费,是因为将来购买的商品数量下降;借款者愿意借款是由于现在购买同样的商品所需的货币量比将来购买同样数量的商品所需的货币数量少。因此,储蓄者用现在的储蓄购买的商品比将来用储蓄本金和利息购买的商品数量要少;而借款者用借款资金在现在购买比将来购买能够获得更多的商品,也就是说现在购买比将来购买同样数量的商品支付的货币要少。同样,如果利率提高赶不上通货膨胀的速度,储蓄者不愿意储蓄,借款者也更愿意借款。

如果价格水平上涨较快,实际利率为负,中央银行通过提高利率以获得正的利率水平。在通货膨胀率不变的情况下,提高名义利率超过通货膨胀率,实际利率为正。由于通货膨胀,价格水平会上升,加息后,即使实际利率为正,储蓄者期末存款获得的本息的实际购买力大小依赖于加息的幅度。如果考虑加息,我们把"实际利率 = 名义利率 − 通货膨胀率"改为"实际利率 = 前一期的名义利率 + 加息幅度 − 通货膨胀率"。假定前一期的通货膨胀率为零,并且加息幅度不变,下面分四种情况考虑(见表6-1)。

表6-1 通货膨胀对储蓄者的影响

实际利率 = 前一期的名义利率 + 加息幅度 − 通货膨胀率	本期末获得的本息的购买力
1. 前一期的名义利率 + 加息幅度 < 通货膨胀率,实际利率为负	本期的本息购买力 < 上一期本金的购买力
2. 前一期的名义利率 + 加息幅度 > 通货膨胀率,实际利率为正	本期的本息购买力 > 上一期本金的购买力
(1) 加息幅度 = 通货膨胀率	本期的本息购买力 = 上一期本息的购买力
(2) 加息幅度 > 通货膨胀率	本期的本息购买力 > 上一期本息的购买力
(3) 加息幅度 < 通货膨胀率	本期的本息购买力 < 上一期本息的购买力

从表6-1可以看出,如果实际利率为负,本期的本息的实际购买力比上期本金的购买力都低,本期通货膨胀导致存款出现了绝对损失。如果实际利率为正,本期的本息的实际购买力比上期本金的购买力要高,不会出现绝对损失。但是,由于通货膨胀,本期本息的购买力和上一期相比,如果加息幅度等于通货膨胀率,则本期本息的购买力和上一期相等,存款和上一期的实际收益相同;如果加息幅度大于通货膨胀率,则本期本息的购买力高于上一期,本期存款比上一期划算;如果加息幅度小于通货膨胀率,则本期本息的购买力低于上一期,本期存款没有上一期划算。

如果上一期名义利率和加息之和小于通货膨胀率,存款会出现绝对损失,因此更多存款者把资金移到股市和房地产市场上,导致资产价格上涨。央行加息希望前一期的名义利率和加息之和大于通货膨胀率,以确保存款者不会出现绝对损失,但加息的幅度小于通货膨胀率,因此本期存款没有上一期划算。但是值得指出的是通货膨胀率反映的是总体的价格水平的上升,它并不反映不同产品价格上涨的差异,如果存款者购买的产品是价格指数的产品中价格上涨最快的产品,即使实际利率为正,你可能会出现收益的绝对损失。

如果考虑贷款利率,则"实际贷款利率＝前一期的名义贷款利率＋加息幅度－通货膨胀率"。假定前一期的通货膨胀率为零,并且加息幅度不变,下面也分四种情况考虑(见表6-2)。

表6-2 通货膨胀对借款者的影响

实际贷款利率＝前一期的名义贷款利率＋加息幅度－通货膨胀率	本期期初获得的贷款与期末的还款付息比较
1. 前一期的名义贷款利率＋加息幅度＜通货膨胀率,实际贷款利率为负	本期期初贷款的购买力＞本期期末本息的购买力,借款者获得绝对收益,没有付息成本
2. 前一期的名义贷款利率＋加息幅度＞通货膨胀率,实际贷款利率为正	本期期初贷款的购买力＜本期期末本息的购买力,借款者有付息成本
(1) 加息幅度＝通货膨胀率	本期贷款的本息购买力＝上一期贷款本息的购买力
(2) 加息幅度＞通货膨胀率	本期贷款的本息购买力＜上一期贷款本息的购买力,本期借款没有上一期借款划算
(3) 加息幅度＜通货膨胀率	本期贷款的本息购买力＞上一期贷款本息的购买力,本期借款比上一期借款划算

从表6-2可以看出,如果实际贷款利率为负,本期期初借款的实际购买力比期末本息的购买力高,本期通货膨胀导致本期借款获得了绝对收益。如果实际贷款利率为正,本期期初的借款的实际购买力比期末本息的购买力要低,借款者有付息成本。但是,由于通货膨胀,本期本息的购买力和上一期的本息购买力相比,如果加息幅度等于通货膨胀率,则本期本息的购买力和上一期相等,本期借款和上一期借款的付息成本相同;如果加息幅度大于通货膨胀率,则本期付息成本高于上一期,本期借款没有上一期划算;如果加息幅度小于通货膨胀率,则本期付息成本低于上一期,本期借款比上一期划算。

从银行的角度来看,银行的名义收益率＝名义贷款利率－名义存款利率＝(前一期的贷款利率＋贷款加息幅度)－(前一期的存款利率＋存款加息幅度)＝(前一期的贷款利率－前一期的存款利率)＋(贷款加息幅度－存款的加息幅度)。银行的实际收益率＝银行的名义收益率－通货膨胀率。假定前一期的通货膨胀率为零,则银行名义收益率和实际收益率的变动见表6-3。

表 6-3 存贷款利率的加息幅度对银行名义和实际收益率的影响

	银行名义收益率	银行实际收益率
贷款加息幅度＝存款的加息幅度	不变	
贷款加息幅度＞存款的加息幅度	变大	
贷款加息幅度＜存款的加息幅度	变小	
贷款加息幅度－存款的加息幅度＝通货膨胀率		不变
贷款加息幅度－存款的加息幅度＞通货膨胀率		变大
贷款加息幅度－存款的加息幅度＜通货膨胀率		变小

如果贷款的加息幅度等于存款的加息幅度,则银行的名义收益率不变;如果贷款的加息幅度大于存款的加息幅度,则银行的名义收益率上升;如果贷款的加息幅度小于存款的加息幅度,则银行的名义收益率下降。如果贷款加息幅度与存款加息幅度之差等于通货膨胀率,则银行的实际收益率不变;如果贷款的加息幅度与存款的加息幅度之差大于通货膨胀率,则银行的实际收益率上升;如果贷款的加息幅度与存款的加息幅度之差小于通货膨胀,则银行的实际收益率下降。实际上,2006—2007 年,6 个月和 1 年期的存贷款利差有缩小的趋势(见图 6-1),因此银行的名义收益率也有下降的趋势。如果考虑到国内的通货膨胀率,银行的实际收益率下降较大。

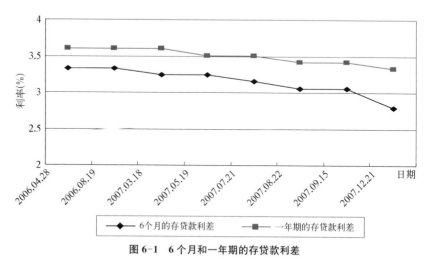

图 6-1　6 个月和一年期的存贷款利差

资料来源:www.pbc.gov.cn。

2. 汇率和价格水平的关系

价格水平上升会影响实际汇率,如果价格水平上升,在名义汇率不变的条件下,实际汇率下降(本币实际升值)。应该说,在人民币存在升值压力的情况下,价格水平的上升加速了人民币实际升值。从理论上来看,如果国际收支盈余,人民币存在升值压力,如果维持名义汇率不变,国内货币供应量增加,价格水平上升,本国货币实际升值,导致出口减少,进口增加,国际收支盈余下降,这是国际收支自动恢复均衡的调整过程。尽管通过价格水平上升进而货币实际升值能够实现宏观经济对外均衡,但却导致国内通货膨胀率较高,即价格水平上升有利于对外均衡,却导致国内老百姓生活水平的下降。因此,在这种情况下,中央银行为了控制价格水平迅速上升,主要通过人民币名义升值、取消出口退税和对部分产品出口征收出口关税、限制某些产品的出口以及扩大内需等措施消除国际收支的盈余,缓解流动性过剩的矛盾。

(1) 人民币实际升值放大。

2008年前通货膨胀和人民币对外升值将使得人民币实际汇率加速增大,实际汇率主要是按下式来计算:$S = \dfrac{EP^*}{P} = \dfrac{E}{P/P^*}$,式中:$S$ 和 E 分别表示实际和名义的汇率水平;P 和 P^* 分别表示国内和国外的一般价格水平。从货币购买力角度看,实际汇率可以视为本国与贸易对象国各自货币的国内实际购买力的比率。按照上式,如果假定国外价格水平不变,国内名义汇率下降,实际汇率下降,人民币实际升值;国内价格水平上升,实际汇率下降,人民币也实际升值[①]。

由上式可知,当期名义汇率 E 是实际汇率 S 的一个重要决定因素,然而汇率 E 既是一个由通货膨胀率等因素决定的内生变量,又是一个受到政府货币当局汇率政策控制的外生变量。这意味着,当期名义汇率很难避免因货币当局汇率政策的作用而发生的扭曲。例如,当名义汇率 E 被货币当局人为的高估或低估时,由于 E 是实际汇率 S 的重要决定因素,因此上式计算得 S 也将发生高估或低估,从而发生扭曲。这样,如果将实际汇率更一般地定义为均衡汇率,那么实际汇率 S 本身就可能偏离均衡汇率。

通常情况下,若当期名义汇率 E 等于基期汇率 E_0,即名义汇率不变,那么本国的通货膨胀率导致本币实际购买力下降,贸易对象国的通货膨胀率越高导致外币的实际购买力就越低,用本币表示的外币价格(汇率)就应当越低。

其次,如果名义汇率升高,即 E 增大,但两国价格水平保持不变,从而实际汇率增大,本国货币的实际购买力下降。如果名义汇率下降,即 E 减小,但两国价格水平保持不变,从而实际汇率下降,本国货币的实际购买力上升。

---

① 2007年11月20日,人民币汇率中间价为1美元兑人民币7.4255元。自2005年初以来,人民币名义汇率升值了9.9%,但考虑到通货膨胀因素,人民币实际升值约17.0%,通货膨胀加快了人民币实际升值的速度。

最后，贸易对象国的通货膨胀率越是高于本国，或本国的通货膨胀率越是低于贸易对象国，本币实际汇率就越是下降，本国的国际竞争力就越弱；相反，贸易对象国的通货膨胀率越是低于本国，或本国的通货膨胀率越是高于贸易对象国，则本币实际汇率就越是上升，本国的国际竞争力就越强。

(2) 冲销干预的压力和政策调控的困境。

2008年前，人民币对外升值和对内贬值导致中央银行的冲销干预的压力增大。一方面，国际收支盈余和人民币升值预期上升，中央银行的外汇占款增加。为了控制外汇占款的大幅度增加，中央银行必须大量发行央行票据进行冲销。另一方面，国内投资过热，价格水平上升，也需要中央银行进行公开市场业务的操作，吸收更多的流动性，因此中央银行冲销干预的压力进一步上升。

人民币国内通货膨胀和对外升值的结合给国家采取一般的经济手段调控经济带来了严重的困境。这主要是加息与升值压力之间的冲突，表现为"流动性过剩"和"人民币升值压力"的双重目标矛盾。从我国央行的货币政策来看，一方面，在银行信贷市场上力求通过维持相对较高的利率，来达到抑制投资过快增长的政策目标，从而一定程度上缓解需求增加导致通货膨胀加剧；同时由于我国国内的通货膨胀，为了防止负利率，国家也不得不提高利率水平，这些都要求提高利率。另一方面，在货币市场上，提高利率会导致我国与外国利差的进一步缩小，从而加剧投机资本流入，这不仅加剧本已过剩的流动性，提高通货膨胀的压力，而且加剧升值压力，并且国内通货膨胀的增加又会进一步加大国家提升利率的压力。于是，这又要求在货币市场中力图维持相对较低的利率，来抑制升值的预期和压力。通货膨胀压力的上升与实际负利率都要求央行提高利率，然而利率上升会导致国内外利差缩小，人民币势必面临更大的升值压力。

由于中国的通货膨胀率上升，中国的实际利率为负。从2007年2月至2007年5月实际利率已经连续五个月是负值，利率位于较低的水平。因此，人民币的对外升值和对内贬值相结合致使政府常规的经济调节政策产生了矛盾，走入困境。

6.2 投机资本的流动——基于利率平价的分析

6.2.1 热钱的套利机制及流入渠道

1. 利用即期交易套利和套汇

投机资本流入主要是套利或套汇，或两者兼而有之。我们通过一个简单的实例来说明投机资本怎样获利的。第一是套利，假定人民币和美元是固定汇率，且1美元=7元人民币,人民币的利率是4%,美元的利率是2%,人民币利率比美元利率高2个百分点。如果有100万美元的投机资本流入中国,则在中国投资获得的收益比在美国投资要高2个百分点,即多获得收益为$100(4\%-2\%)=2$万美元。第二是套汇,假定人民币利率和美元利率都是4%,且人民币有升值趋势,假定一年后人民币由1美元=7元升值到1美元=6元,人民币升值幅度为14.3%,对应地,美元对人民币贬值幅度为16.7%,则100万美元的投机资本在中国能够多获得收益为:$100\times7(1+4\%)/6-100(1+4\%)=17.3$万美元。第三是既套利又套汇,即人民币利率比美元利率高,同时人民币又升值。假定人民币的利率是4%,美元的利率是2%,假定一年后人民币由1美元=7元升值到1美元=6元,则100万美元的投机资本在中国多获得收益为$7\times100(1+4\%)/6-100(1+2\%)=19.3$万美元,它等于套利和套汇的收益之和,投机资本获得的利润是相当高的。

实际上投机资本能否获利可以从利率平价机制得出。假设 i_t, i_t^* 分别是指本国货币和外国货币投资时在 t 到 $t+1$ 期的利率,$E(\dot{S})$ 表示外币汇率的预期贬值率,则根据非抵补利率平价:$E(\dot{S}) = i_t^* - i_t$,也就是说汇率的预期贬值率等于国内外利差。因此,在人民币升值、美元贬值预期的条件下,即美元的预期贬值率 $E(\dot{S})$ 大于0,为了防止投机资金的套利,国内利率应该比美元利率低。假定美元预期贬值率为 $a\%$,则国内利率应该比美元利率低 $a\%$,套利资金则不会获得利润。只要美元贬值预期超过美元和人民币之间的利差,投机资本会不断流入。如果人民币一年升值在10%左右,则美元利率应该比人民币利率高10%(忽略交易成本),则套利资本不能够获得利润。随着人民币利率的上调和美元利率的下调,人民币和美元的利差越来越小。2006年8月19日金融机构一年期存款基准利率上调0.27个百分点,由当时的2.25%提高到2.52%。当时联邦基金利率为5.25%,与我国一年期的存款利差为2.73%。为应付次贷危机,美联储于2007年9月18日美联储四年来首次降息,宣布下调联邦基金利率,由原来的5.25%下调至4.75%,中美利差不断缩小。随后,美国在半年多的时间内连续7次降低利率导致中美利差缩小,并出现利率倒挂,倒挂的趋势也越来越大。

因此,如果考虑我国的实际情况(不考虑交易成本),国外投机资本投资在国内的收益率为 $E(\dot{S})+i$(人民币利率+美元对人民币贬值的幅度),它包括利息收益和人民币升值后货币的汇兑收益;投资在国外的收益率为美国的利率 i^*。因此,当(人民币利率+美元对人民币贬值的幅度)=(美元的利率),则投机资本在国内投资的收益率和在国外投资的收益率相等,投机资本不会流入。当(人民币利率+美元对人民币贬值的幅度)<(美元的利率),则投机资本在国内投资的收益比在国外投资的收益小,国外投机资本也不会流入。当(人民币利率+美元对人民币贬值的幅度)>(美元的利率),则投机资本在国内投资的收益比在国外投资的收益大,投机资本流入会获得更高的收益,但这种情形又可以分为三种情况(见表6-4)。

表 6-4　投机资本流入的套利和套汇

	$\dot{E}(S)>i^*-i$		
情形	1) $i^*=i$	2) $i^*>i$	3) $i^*<i$
结论	套汇，不能套利	套汇的收益大于套利的损失	$\dot{E}(S)>0$，既能套汇又能套利 $\dot{E}(S)=0$，只能套利 $i^*-i<\dot{E}(S)<0$，套利的收益大于套汇的损失

也就是说，在人民币升值与我国利率水平比美国利率水平高的情况下，有大量的资本持续流入。同样，在人民币贬值和美国利率水平不断提高的情况下，资本会流出。2014年以来，美国开始逐步退出量化宽松政策，美联储不断提高联邦基金利率，美元走强，人民币对美元贬值，投机资本流出。同样，当(人民币利率)＝(美元的利率＋人民币对美元贬值的幅度)时，则投机资本在国内投资的收益率和在国外投资的收益率相等，投机资本不会流入。当(人民币利率)＞(美元的利率＋人民币对美元贬值的幅度)，则投机资本在国内投资的收益比在国外投资的收益大，国外投机资本流入。当(人民币利率)＜(美元的利率＋人民币对美元贬值的幅度)时，则投机资本在国内投资的收益比在国外投资的收益小，投机资本流出会获得更高的收益，同样这种情形也可以分为三种情况(见表 6-5)。

表 6-5　投机资本流出的套利和套汇

	$\dot{E}(S)<i^*-i$		
情形	1) $i^*=i$	2) $i^*>i$	3) $i^*<i$
结论	套汇，不能套利	$\dot{E}(S)<0$，既能套汇又能套利 $\dot{E}(S)=0$，只能套利 $i^*-i>\dot{E}(S)>0$，套利的收益大于套汇的损失	套汇的收益大于套利的损失

2. 利用远期交易套利和套汇

投机者还可以利用远期交易套利和套汇，我们也通过一个简单的实例来说明投机资本怎样获利的。第一是套利，假定即期人民币和美元汇率是 1 美元＝7 元人民币，人民币的利率是 4%，美元的利率是 2%，人民币利率比美元利率高 2 个百分点，1 年期人民币对美元远期汇率是 1 美元＝7.137 3 元。如果有 100 万美元的投机资本流入中国，卖出远期美元 100 万，远期汇率是 1 美元＝7.137 3 元，假定 1 年后人民币对美元真实汇率还是 1 美元＝7 元，则卖出远期美元 100 万美元，同时在即期市场上获得 700 万元人民币，利息为 4%，到期时实现交割，人民币本息为 728 万元，其中根据到期即期汇率，700 万元获得 100

万美元,远期市场卖出100万美元,获得713.73万元,因此获得的收益为:(728-700)-(713.73-700)=14.27万元,如果转化成美元,约2万美元。也就是说,在中国投资获得的收益比在美国投资要高2个百分点,即多获得收益为100(4%-2%)=2万美元。第二是套汇,假定人民币利率和美元利率都是4%,1年期人民币对美元远期汇率是1美元=7元。人民币有升值趋势,假定一年后即期汇率人民币由1美元=7元升值到1美元=6元,人民币升值幅度为14.3%,对应地,美元对人民币贬值幅度为16.7%。如果有100万美元的投机资本流入中国,卖出远期美元100万,远期汇率是1美元=7元,假定1年后人民币对美元真实汇率是1美元=6元,则卖出远期美元100万美元,同时在即期市场上获得700万元人民币,利息为4%,到期时实现交割,人民币本息为728万元,其中根据到期即期汇率,700万元获得100万美元,远期市场卖出100万美元,获得700万元,因此获得的收益为:(728/6)-100(1+4%)=17.3万美元。也就是说,100万美元的投机资本在中国能够多获得收益为:100×7(1+4%)/6-100(1+4%)=17.3万美元。第三种是既套利又套汇,即人民币利率比美元利率高,同时人民币又升值。假定人民币的利率是4%,美元的利率是2%,1年期人民币对美元远期汇率是1美元=7.1373。人民币有升值趋势,假定一年后即期汇率人民币由1美元=7元升值到1美元=6元,人民币升值幅度为14.3%,对应地,美元对人民币贬值幅度为16.7%。如果有100万美元的投机资本流入中国,卖出远期美元100万,远期汇率是1美元=7.1373元,假定1年后人民币对美元真实汇率是1美元=6元,则卖出远期美元100万美元,同时在即期市场上获得700万元人民币,利息为4%,到期时实现交割,人民币本息为728万元,其中根据到期即期汇率,700万元获得100万美元,远期市场卖出100万美元,获得713.73万元,因此获得的收益为:(728/6)-100(1+2%)=19.3万美元。也就是说,假定一年后人民币由1美元=7元升值到1美元=6元,则100万美元的投机资本在中国多获得收益为7×100(1+4%)/6-100(1+2%)=19.3万美元,它等于套利和套汇的收益之和,投机资本获得的利润是相当高的。从远期交易和即期交易的结果来看,是一致的,但是由于远期交易能够防范汇率风险,减少损失,如果对将来即期汇率预测错误,损失也会减少。

实际上投机资本能否获利可以从利率平价机制得出。假设 i_t, i_t^* 分别是指本国货币和外国货币投资时在 t 到 $t+1$ 期的利率,$f(\dot{S})$ 表示外币汇率的远期贬值率[①],则根据抵补利率平价:$f(\dot{S})=i_t^*-i_t$,也就是说汇率的远期贬值率等于国内外利差。因此,在人民币升值、美元远期贬值的条件下,即美元的远期贬值率 $f(\dot{S})>0$,国内利率比美元利率低,抵补利率平价成立。假定国内利率比美元利率低 $a\%$,则美元远期贬值率为 $a\%$,如果

---

① $f(\dot{S})$ 表示外币汇率的远期贬值率,即 $f(\dot{S})=\dfrac{F_t-S_t}{S_t}$。

到期时的即期汇率等于远期汇率,则套利资金不会获得利润。但是,如果到期时的即期汇率不等于远期汇率,则只要美元贬值超过美元和人民币之间的利差,$\frac{S_{t+1}-S_t}{S_t} > i_t^* - i_t > 0$,投机资本会不断流入。如果美元利率比人民币利率高10%(忽略交易成本),则人民币一年远期升值在10%左右并且等于实际升值的幅度,则套利资本不能够获得利润。

因此,如果考虑我国的实际情况(不考虑交易成本),根据抵补的利率平价:$(F_t - S_t)/S_t = (i_t^* - i_t)/(1 + i_t)$,如果将来的即期汇率等于远期,即 $S_{t+1} = F_t$,则投机资本不会获利。在 i_t 很小的情况下,$(F_t - S_t)/S_t = (i_t^* - i_t)$,如果投机资本能够获利,意味着 $(S_{t+1} - S_t)/S_t \neq (i_t^* - i_t)$,国外投机资本投资在国内的收益率为 $\frac{S_{t+1}-S_t}{S_t} + i_t$(人民币利率 + 美元对人民币实际贬值的幅度),它包括利息收益和人民币升值后货币的汇兑收益;投资在国外的收益率为美国的利率 i^*。因此,当(人民币利率 + 美元对人民币贬值的幅度)=(美元的利率),则投机资本在国内投资的收益率和在国外投资的收益率相等,投机资本不会流入,即 $\frac{S_{t+1}-S_t}{S_t} = \frac{F_t - S_t}{S_t} = i_t^* - i_t$,根据抵补利率平价,也意味着 $S_{t+1} = F_t$。只有当 $S_{t+1} \neq F_t$ 时,投机者才可能获得收益。在 $S_{t+1} \neq F_t$ 的情况下,当(人民币利率 + 美元对人民币贬值的幅度)<(美元的利率)时,则投机资本在国内投资的收益比在国外投资的收益小,国外投机资本也不会流入。当(人民币利率 + 美元对人民币贬值的幅度)>(美元的利率)时,则投机资本在国内投资的收益比在国外投资的收益大,投机资本流入会获得更高的收益,但这种情形又可以分为三种情况(见表6-6)。

表6-6 投机资本流入的套利和套汇

资本流入	$\frac{S_{t+1}-S_t}{S_t} > i_t^* - i_t$,其中 $S_{t+1} \neq F_t$		
情形	1) $i_t^* = i_t$	2) $i_t^* > i_t$	3) $i_t^* < i_t$
结论	套汇,不能套利	套汇的收益大于套利的损失	$\frac{S_{t+1}-S_t}{S_t} > 0$,既能套汇又能套利 $S_{t+1} = S_t$,只能套利 $i_t^* - i_t < \frac{S_{t+1}-S_t}{S_t} < 0$,套利的收益大于套汇的损失

也就是说,在人民币实际升值与我国利率水平比美国利率水平高的情况下,有大量的资本持续流入。同样,在人民币贬值和美国利率水平不断提高的情况下,资本会流出。同样,当(人民币利率)=(美元的利率 + 人民币对美元贬值的幅度)时,则投机资本在国内投

资的收益率和在国外投资的收益率相等,投机资本不会流入。当(人民币利率)>(美元的利率+人民币对美元贬值的幅度)时,则投机资本在国内投资的收益比在国外投资的收益大,国外投机资本流入。当(人民币利率)<(美元的利率+人民币对美元贬值的幅度)时,则投机资本在国内投资的收益比在国外投资的收益小,投机资本流出会获得更高的收益,同样这种情形也可以分为三种情况(见表6-7)。

表6-7 投机资本流出的套利和套汇

资本流出	$\dfrac{S_{t+1}-S_t}{S_t}<i_t^*-i_t$,其中 $S_{t+1}\neq F_t$		
情形	1) $i_t^*=i_t$	2) $i_t^*>i_t$	3) $i_t^*<i_t$
结论	套汇,不能套利	$\dfrac{S_{t+1}-S_t}{S_t}<0$,既能套汇又能套利 $S_{t+1}=S_t$,只能套利 $i_t^*-i_t>\dfrac{S_{t+1}-S_t}{S_t}>0$,套利的收益大于套汇的损失	套汇的收益大于套利的损失

6.2.2 热钱流入的原因分析

自2005年7月人民币汇率体制改革以来,人民币一直呈现出单向的、持续的升值,人民币汇率变化没有不确定性,对于投机资本来说,这几乎是没有风险的。尽管我国存在资本管制,投机资本不能够自由进出,但是在利益机制的驱动下,投机资本通过各种渠道潜入,使我们防不胜防。同时,外部环境的变化也加剧了投机资本的流入,美国爆发次贷危机以来,美国下调联邦基金利率,进入2008年,中美利率倒挂,进一步加剧了投机资本的流入。

热钱的流入主要有以下几种原因。一是人民币升值较快和升值预期较强。自2005年7月汇改至2009年12月,人民币累计升值约20%,并且人民币升值呈现单向的、持续的变化趋势。我国的经常项目和资本项目双顺差,到2009年12月底,我国的外汇储备达到23 991.52亿美元,外汇供给一直大于外汇需求,人民币升值的预期较强。二是中美利差倒挂。2007年中国人民银行6次上调人民币存贷款利率,而美国次贷危机爆发,美联储自2007年9月18日以来,连续下调联邦基金利率。2008年以来美国的利率降低到人民币存款利率以下,中美利差倒挂趋势越来越大,这进一步刺激了投机资本的流入。三是资产市场价格的上涨。证券市场和房地产市场的繁荣吸引了大量投机资本流入。国际金融危机前,我国经济的高速增长,资产价格不断上涨,为投机资本获利提供了机会。2005年以来股票市场一路狂飙,深沪两市均全线飘红,国内股票市场的非理性上涨,热钱的流入起到了推波助澜的作用。以沪市为例,沪市综合指数已从 2006 年 2 月 6 日的 1 287.66 点,在短短一年多时间内狂涨至 2007 年 9 月 28 日的 5 552.3 点。深市也同样表现出色,深市成份指数已从 2006 年 2 月 6 日的 3 359.5 涨至 2007 年 9 月 28 日的 18 864.6,涨了 5.6 倍。2008 年初,A 股剧烈调整,但热钱却大规模流入。近年来,国内房地产需求一直处于高速增长阶段,房地产投资的预期回报相当可观。2004 年以来,我国房地产销售价格快速攀升,热钱无疑也起到了推波助澜的作用。四是美元持续走软。由于美国次贷危机,美国采取扩张性的货币政策和财政政策导致美元不断走软。美元汇率指数由 2007 年初的 83.31 下降到 2008 年 3 月 17 日的 70.70,美元对欧元的汇率也由 2007 年初的 1.317 0 下滑到 2008 年 4 月 23 日的 1.600 2。

从人民币和美元的基准利率,以及人民币升值的趋势来看,热钱流入中国的动力较强。在我国投机资本既有套利又有套汇的机会,因为人民币利率和美元对人民币的贬值幅度都大于美元的利率。正因为如此,2008 年在美国利率不断下调的情况下,人民币利率上调面临制肘,因为人民币利率上调会扩大投机资本的利润空间,导致更多的投机资本流入,这也是央行利率调控面临困境的原因。

2008 年中美利率倒挂,人民币存在升值压力,套利资本流入能够获利,但在金融市场迅猛发展的今天,国际资本流动的目的往往是获得资本市场的高额收益率。因此,在中国资产市场价格不断上涨的情况下,投机资本不会只呆在银行里,而是投资到股票市场或房地产市场追逐更高的收益,如果这样,则在国内投资获得的收益率等于(投机资本在国内资产市场的收益率 + 美元对人民币贬值的幅度)。资本市场高涨更能吸引"热钱",这也是利率与汇率联动关系特殊性的一个体现。如果投机资本能够套取资产市场的收益,则由利率平价公式可知,只要:$I_t + E(\dot{S}) > i_t^*$,投机资本能够获得收益,其中 I_t 为国内资产市场的收益率。假定资产市场的年平均收益率为 15%,即 $I_t = 15\%$,美元对人民币的贬值幅度为 10%,即 $E(\dot{S}) = 10\%$,美元的利率为 2%,即 $i_t^* = 2\%$,则投机资本获得资产市场和人民币升值的双重收益率为 15% + 10% = 25%,因此投机资本获得的利润为 25% - 2% = 23%。如果投机资金操纵,必然导致资产市场的大幅度波动。

6.2.3 美国退出量化宽松政策对新兴市场经济国家的影响

美联储退出量化宽松政策,美元利率和汇率都上升,情况跟上述正好相反。对一些新兴市场经济国家,特别是阿根廷、土耳其、俄罗斯等国家造成了巨大的冲击,导致这些国家资本外逃,货币大幅度贬值,股市下跌,同样我国也会面临一定的资本流出压力。

美联储退出量化宽松政策,提高利率,美元升值,新兴市场经济国家资本外逃,货币贬值。从 2018 年 5 月 1 日至 8 月 13 日,阿根廷货币比索对美元贬值了 41.16%(见图 6-2),

而 2018 年 5 月 1 日至 8 月 14 日,土耳其货币里拉对美元贬值了 70.30%(见图 6-3)。这类似于 20 世纪 90 年代墨西哥和东南亚的货币危机。实际上,早在 20 世纪 90 年代墨西哥和东南亚国家就发生过货币危机,1994—1995 年墨西哥经历了一次严重的货币危机。1994 年 12 月 20 日,汇率贬值 15%,大量资金外流,很快地在一星期内比索贬值了 50%。墨西哥经济高度依赖进口,贸易项目连年逆差——从 1991 年的 110 亿美元增加到 1994 年的 200 多亿美元;而与此同时大量短期外国资本蜂拥而入——仅 1994 年墨西哥就吸引了 730 亿美元的外资,这些资本大多进入股票、债券和货币市场中赚取投机利润,而对真实产业部门的扶植甚少。1994 年墨西哥经济增长却陷于停顿,加上大选中出现了政治谋杀事件,以及美国连续 6 次提高利率导致大量外资撤逃,人们对墨西哥的经济前景普遍表示担忧,纷纷抛售比索抢购美元,造成比索贬值的压力越来越大。在外汇储备耗失殆尽的时候,墨政

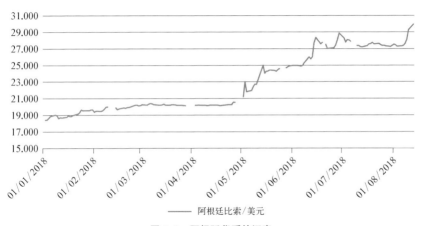

图 6-2　阿根廷货币的汇率

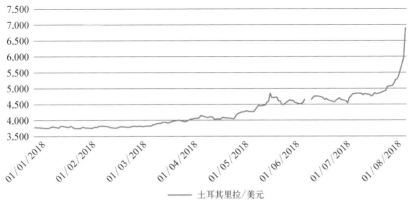

图 6-3　土耳其货币的汇率

府不得不于12月20日宣布比索贬值15%。而后,新汇率马上遭到了更大的投机性冲击,迫使政府转向实行浮动汇率制,比索汇率连创新低。墨西哥危机促使人们采取各种措施来避免下一次危机的产生,然而,1997年的夏天更大的一次货币危机在亚洲开始了。

20世纪90年代中期,东南亚国家面临着经济结构调整的压力。为了驱动经济的增长,各国加快了金融自由化的步伐,竞相放松了金融管制,大量吸引国际资金的流入,希望借资本账户的顺差来缓解经常项目的逆差。据国际金融协会的统计,1996年国际私人资本流入亚洲新兴国家的净额是1 418亿美元,1997年为1 071亿美元。这些巨额资金中有相当部分是短期投机资本,在国际社会对东亚经济的一片看好声中已经悄悄地瞄准了这些国家货币的致命弱点。1997年7—12月,泰国、菲律宾、印度尼西亚、马来西亚和韩国的货币贬值超过了50%。墨西哥和许多亚洲国家卷入货币危机有以下三个常见的理由:(1)由于对美元的固定汇率,本国货币高估导致大规模经常账户的赤字(对于墨西哥和泰国,是GDP的8%)。(2)脆弱的银行和金融机构。(3)对短期资金的流入过分依赖。

阿根廷、土耳其与墨西哥和东南亚国家货币危机情况类似,国际金融危机前,美国降低利率,大量资本流入新兴市场经济国家,国际金融危机后,随着美联储退出量化宽松政策,提高利率,大量资本流出新兴市场经济国家。

2018年4月下旬阿根廷货币比索大幅贬值11.9%,阿根廷比索持续下跌,阿根廷央行不得不在8天内三度上调利率,将基准利率从27.25%升至40%,阿根廷央行希望以此来遏止其货币再次大贬。现任阿根廷总统马克里上任后,经济恢复增长,2018年1月阿根廷的股票指数也上升到历史最高水平。但是,阿根廷的经济过度依赖外债,特别是借美元较多,2016年、2017年阿根廷外债占GDP的比例分别为38.9%和23.1%,都远高于外汇储备的比例。自2017年1月以来到2018年6月份阿根廷的贸易收支一直是逆差,其中2017年7月、11月和2018年5月贸易收支逆差都超过1 000亿美元(见图6-4)。同时,阿根廷通货膨胀率比较高,2015、2016和2017年连续三年超过20%。

受美元走强之影响,阿根廷股票指数开始下跌,在这种情况下,国际市场的资金开始流出阿根廷市场,阿根廷货币大幅度贬值。阿根廷央行以大幅抬升利率来遏制资金外逃,同时,阿根廷政府于2018年5月8日向IMF寻求援助,经过一个月的磋商,阿根廷政府2018年6月7日与国际货币基金组织IMF达成了为期三年的500亿美元待用安排协议。

2018年土耳其一季度GDP同比增速高达7.36%,经济增速较高,经济维持高增速的同时也造成通货膨胀和贸易赤字严重、债务高企等问题。土耳其一直以来都存在贸易逆差,自2000年至2017年期间面临连续18年的经常账户逆差。2017年第4季度,土耳其经常账户逆差占本国名义GDP的比率高达9%。2017年底土耳其外债总额达4 542.8亿美元之多,外债占土耳其GDP之比高达近53.38%。2018年一季度土耳其外债总额达

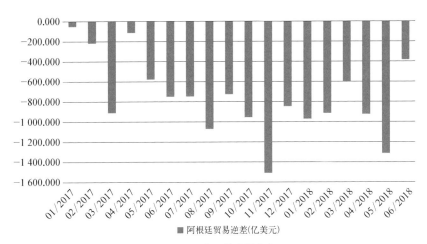

图 6-4 阿根廷的贸易收支

4 666.6亿美元,比2017年第四季度上升了2.7%,而土耳其的外汇储备远远不足以偿付大量的外债,2017年底土耳其外汇储备占GDP的比率为15.99%,远抵于外债的比例。截至2017年12月,土耳其外债总额是外汇储备的3.34倍之多。连年的贸易赤字引发市场对土耳其偿债能力的质疑,叠加土耳其外汇储备不足,极易引发资本外逃。此外,土耳其的通货膨胀率也较高,2017年的通货膨胀率更是超过15%(见表6-8)。特朗普于2018年8月10日表示将对土耳其征收的钢铝关税税率翻倍,并在推特上表示"眼下美国与土耳其的关系不太好"。土耳其是全球第八大钢铁生产国,受此消息的冲击,本就疲弱的土耳其里拉闻讯暴跌,跌至6.87里拉兑1美元。

表 6-8 阿根廷和土耳其的部分宏观经济指标 单位:亿美元,%

时间	阿根廷				土耳其			
	外债	贸易赤字或盈余	外汇储备	通货膨胀率	外债	贸易赤字或盈余	外汇储备	通货膨胀率
2000	54.54	0.42		−0.94	43.45	−9.79	12.52	7.30
2001	61.88	2.32		−1.07	56.72	−5.03	15.09	11.20
2002	160.47	17.05		25.87	54.36	−6.50	15.97	14.30
2003	129.15	12.33		13.44	46.24	−7.08	14.42	9.96
2004	104.14	7.35		4.42	39.81	−8.49	13.29	4.82
2005	57.49	5.72		9.64	34.06	−8.64	13.97	4.98
2006	58.58	5.34	13.78	10.90	37.65	−9.78	16.73	6.32

(续表)

时间	阿根廷				土耳其			
	外债	贸易赤字或盈余	外汇储备	通货膨胀率	外债	贸易赤字或盈余	外汇储备	通货膨胀率
2007	54.12	3.85	16.06	8.83	36.98	-9.29	16.43	6.32
2008	43.38	3.64	12.83	8.58	36.74	-9.15	15.29	8.20
2009	45.57	5.15	14.41	6.28	41.70	-6.02	17.41	5.42
2010	35.06	2.85	12.32	10.78	37.79	-9.26	14.25	7.89
2011	30.29	1.84	8.75	9.47	36.68	-12.71	13.27	6.47
2012	29.68	2.27	7.93	10.03	39.13	-9.66	15.73	9.47
2013	28.77	1.63	5.54	10.62	41.27	-10.47	15.55	8.69
2014	30.84	1.26	5.97	18.57	43.39	-9.02	15.18	11.04
2015	28.65	-0.51	4.30	26.00	46.49	-7.33	14.89	10.41
2016	34.69	0.38	7.08	38.90	47.32	-6.47	15.02	11.36
2017	36.79	-1.33	8.63	23.21	53.38	-9.00	15.99	17.54

数据来源：CEIC 数据库和 iFinD 数据库。

从以上分析可以看出，和上世纪90年代墨西哥、东南亚国家的金融危机类似，导致新兴市场经济国家货币危机的原因主要有：一是通货膨胀率较高，本国货币实际高估；二是经常项目赤字；三是外债水平较高。一旦外部环境变化，就可能导致本国货币大幅度贬值，发生货币危机。

从中国实际情况来看，美联储退出量化宽松政策，对我国人民币汇率和资本流动也会产生不利影响，但是我国通货膨胀率较低、外汇储备水平较高，外债水平也处于合理水平（见表6-9），因此能够有效抵御外部冲击。

表6-9 中国的部分宏观经济指标　　　　　　　　　单位：亿美元，%

时间	中国			
	贸易赤字或盈余	外汇储备	通货膨胀率	外债
1987	-1.410 39	8.225 363	1.884 3	
1988	-2.477 18	7.604 046	5.254 6	
1989	-1.913 87	6.628 719	6.055 2	
1990	2.395 778	9.553 805	1.197 8	
1991	2.056 277	12.563 48	1.438 3	

第6章 我国的利率调控

(续表)

时间	中国			
	贸易赤字或盈余	外汇储备	通货膨胀率	外债
1992	1.025 495	5.821 439	2.661 0	
1993	-2.723 77	6.149 355	6.507 3	
1994	0.919 683	10.239 02	12.382 4	
1995	2.272 963	10.930 32	10.650 5	
1996	1.417 198	12.935 38	6.158 4	
1997	4.231 264	15.229 56	2.235 8	
1998	4.206 238	14.852 92	-0.637 7	
1999	2.683 919	14.754 52	-1.146 9	
2000	2.003 555	14.179 52	0.280 6	
2001	1.683 296	16.429 56	0.582 3	
2002	2.068 954	20.246 81	-0.596 9	
2003	1.534 011	25.067 91	0.912 9	
2004	1.641 652	31.858 72	3.131 2	
2005	4.458 509	36.370 17	1.509 9	
2006	6.451 799	39.269 76	1.426 9	
2007	7.373 232	43.532 81	4.235 7	
2008	6.448 384	42.756 62	5.461 4	
2009	3.828 293	48.002 37	-0.710 9	
2010	2.976 074	47.698 55	3.077 6	
2011	2.054 063	42.979 87	5.553 9	
2012	2.704 124	39.571 22	2.765 0	
2013	2.720 472	40.390 11	2.839 1	
2014	3.626 249	37.205 69	2.136 1	16.979 94
2015	5.437 64	30.775 92	1.628 1	12.499 25
2016	4.890 049	27.679 93	2.298 4	12.651 25
2017	3.549 62	26.440 27	1.867 5	13.978 12

数据来源：CEIC 数据库、iFinD 数据库和国家外汇管理局网站。

6.3 利率的传导机制

6.3.1 传统的利率传导通道

在凯恩斯的宏观经济学模型(IS-LM)中,利率通道是主要的货币政策传导通道。以扩张性的货币政策为例,货币供应量上升($M\uparrow$)导致实际利率下降($i_r\downarrow$),从而降低企业债券融资成本,引起企业投资及消费者住房和耐用消费品投资的上升,促进总需求和产出的增加。其中,影响投资的是实际利率而不是名义利率,是长期利率而不是短期利率:

$$M\uparrow \Rightarrow i_r\downarrow \Rightarrow I\uparrow \Rightarrow Y\uparrow$$

即使在通货紧缩时名义利率趋近于 0 的情况下,货币政策仍可以通过实际利率刺激经济的增长。假定名义利率为 0,扩张的货币供应量($M\uparrow$)能提高预期价格水平($P^e\uparrow$),进而提高预期通货膨胀率($\pi^e\uparrow$),即使名义利率固定为 0 也会降低实际利率($i_r\downarrow$),并通过以上通道刺激消费:

$$M\uparrow \Rightarrow P^e\uparrow \Rightarrow \pi^e\uparrow \Rightarrow i_r\downarrow \Rightarrow I\uparrow \Rightarrow Y\uparrow$$

凯恩斯分析了货币政策由货币领域均衡到商品领域均衡的传导过程。凯恩斯认为,在货币金融领域只存在两种资产:货币和债券。人们总是在两者之间不断进行选择,改变其资产的构成。资产都有收益率,各经济单位经过比较各资产的收益而随时调整资产结构,这个调整必将影响到经济活动。在商品领域,社会的总收入必须与总支出保持均衡,而社会的总支出又是由消费支出、投资支出和政府支出三个部分构成的。

中央银行的货币政策从打破货币领域均衡到波及商品领域均衡的过程是:当货币政策变动时,如中央银行通过公开市场购买债券,货币供给量增加,导致资产收益率下降;经济单位以货币买进债券,债券价格上涨,利率下降,投资者投资增加,引致总需求增加,导致产出增加。例如,扩大货币供应量的作用传递过程可表示为

$$货币政策工具 \rightarrow M\uparrow \rightarrow r(利率)\downarrow \rightarrow 投资\uparrow$$
$$\rightarrow 总支出\uparrow \rightarrow 收入\uparrow$$

货币政策作用的大小主要取决于三个因素:第一,取决于货币需求的利率弹性,即货币需求对利率的敏感程度;第二,取决于投资支出的利率弹性,即利率降低一定量时,投资将增加多少;第三取决于投资乘数,即投资增加一定量时总的有效需求将增加多

少。在传导机制中,利率是核心,如果货币供给量增减后不能对利率产生影响,则货币政策失效。

凯恩斯后的经济学家则从不同的角度丰富发展了凯恩斯的货币政策传导机制理论,称为一般均衡分析。其基本观点是:当中央银行采取松的货币政策而致使货币供给量增加时,在总需求不变的情况下,利率会相应下降,下降的利率会刺激投资,引起总支出与总收入相应增加。但利率下降后,降低了存款人的存款意愿;借贷资金减少或不变,与此同时,实物经济由于收入的增加又引发了更多的货币需求,结果使货币需求量超过了货币供给量,导致下降的利率又重新回升,这是实物领域对金融领域的作用。上升的利率又促使货币需求下降,利率再次回落,循环往复,最终达到一个均衡点。这个点同时满足了金融领域与实物领域两方面的均衡要求。

6.3.2 利率对宏观经济的影响

货币政策操作对宏观经济的影响主要通过什么渠道影响实体经济一直存在争论,许多研究认为货币政策影响实体经济主要通过两个渠道:货币渠道和信贷渠道。如果一国的金融市场比较发达,货币政策的传导主要通过利率渠道;如果一国的金融市场不发达,特别是一些发展中国家,金融市场发展比较落后,货币政策的传导将主要通过信贷渠道。货币政策通过利率渠道传导必须满足两个条件:一是所有的商业银行资金拆借或调剂必须对储备余额的变动敏感;二是在经济交易中没有货币的完全替代品。因此,货币政策调控导致短期利率变动,短期利率变动导致中长期利率的改变,影响企业和家庭的融资成本,进一步影响投资和消费,从利率变动向实体经济的传导这一过程是一个"黑箱",因为难以确定利率变动的数量效应。因此,人们转向关注信贷渠道,信贷传导机制,商业银行在其中发挥重要作用,特别是在银行主导的金融体系国家更是如此,许多发展中国家资金主要来源于银行贷款,借款者难以通过其他方式获得融资,如果银行贷款减少将会导致投资、消费水平下降。在许多发展中国家,由于其他非货币的资产是不完全替代的,因此货币渠道并不是一个唯一渠道,银行信贷渠道也是一个重要渠道。

下面我们通过结构 VAR 方法来分析我国货币政策传导的利率渠道和信贷渠道。结构 VAR 是向量自回归模型的扩展,建立原序列变量的 SVAR 模型,计算预测误差的方差分解,分析变量之间的动态变化和相互影响关系。变量主要包括实际 GDP,贷款(Loan),法定准备金率(RR),央行的政策利率贴现率(RD),银行贷款利率(LR),消费者价格指数(CPI),货币供应量 M_1。样本期限:2002 年 12 月至 2018 年 7 月。对实际 GDP、贷款、消费者价格指数和货币供应量 M_1 等变量进行季节性调整,然后再取对数。为了构建 SVAR 模型,首先我们采用 ADF 和 PP 检验法对这些经济变量进行单位根检验,通过变量之间的结构性向量自回归模型和方差分解等,研究货币信贷变量等对经济增长率和通货膨胀率的影响。

1. 单位根检验

首先对相关经济变量进行单位根检验。本书采用 Eviews9.0 软件进行 ADF 检验(见表 6-10)。

表 6-10 单位根检验结果

变量	ADF 单位根检验			PP 单位根检验		
	(c, t, m)	ADF 检验值	概率	(c, t, m)	PP 检验值	概率
GDP	(c, t, 3)	-1.030 600	0.936 2	(c, t, 8)	-0.213 610	0.992 4
ΔGDP	(c, 0, 2)	-3.380 746	0.012 9	(c, 0, 9)	-13.763 04	0.000 0
$Loan$	(c, t, 3)	-1.528 552	0.816 4	(c, t, 8)	-0.864 532	0.956 7
$\Delta Loan$	(c, 0, 2)	-4.211 889	0.000 8	(c, 0, 5)	-9.923 927	0.000 0
RR	(c, 0, 2)	-1.842 792	0.358 9	(c, 0, 8)	-1.792 781	0.383 3
ΔRR	(0, 0, 1)	-5.513 736	0.000 0	(0, 0, 7)	-10.421 73	0.000 0
RD	(c, 0, 2)	-2.423 909	0.136 6	(c, 0, 4)	-2.111 920	0.240 3
ΔRD	(0, 0, 0)	-9.535 838	0.000 0	(0, 0, 4)	-9.397 595	0.000 0
LR	(c, 0, 2)	-1.699 966	0.429 6	(c, 0, 8)	-1.443 060	0.560 3
ΔLR	(0, 0, 1)	-6.117 936	0.000 0	(0, 0, 6)	-9.141 093	0.000 0
CPI	(c, t, 0)	-0.944 915	0.947 6	(c, t, 7)	-1.593 069	0.792 3
ΔCPI	(c, 0, 1)	-7.662 615	0.000 0	(c, 0, 7)	-13,20701	0.000 0
$M1$	(c, t, 4)	-1.588 382	0.794 1	(c, t, 8)	-1.292 078	0.886 7
$\Delta M1$	(c, 0, 3)	-4.350 039	0.000 5	(c, 0, 8)	-15.278 55	0.000 0

注:(c, t, m)表示单位根检验方程中是否含有常数项、趋势项和滞后阶数。ADF 检验的最优滞后阶数根据 AIC 信息准则选择。

从单位根检验的结果来看,所有原变量在 5% 的显著性水平下都是不平稳的,所有的差分变量都是平稳的。VAR 模型的一个主要缺陷就是没有考虑基于经济、金融理论的变量间的结构性关系,由于缺乏对变量之间的当期影响的考虑,内生变量当期的结构性关系被隐藏到随机扰动项之中。而 SVAR 模型中融入了相关的经济金融理论对变量间的结构性关系予以约束,并能够考察各变量独立的结构化冲击对模型内其他变量的影响。

2. 方差分解

(1) SVAR 模型的建立以及限定。

为了构建 SVAR 模型,本书将所有变量均定义为内生变量。定义 7 维变量向量:

第6章 我国的利率调控

$[\Delta RD, \Delta RR, \Delta M1, \Delta LR, \Delta Loan, \Delta GDP, \Delta CPI]^T$,根据 AIC 信息值最小化准则确定了模型的最优滞后阶数为滞后3阶,由于我们研究货币渠道和信贷渠道传导机制,我们采取短期约束。实质上就是要限定短期条件下的矩阵 A 和 $B(A\varepsilon_t = B\mu_t$, $t = 1, 2, \cdots, T)$,其中 ε_t 是 VAR 模型的扰动项,μ_t 是结构式的扰动项,代表上述5个变量的结构化冲击,$\mu_t \sim VWN(O, I)$。

按照一般分析惯例,我们将 B 主对角线元素都设为 NA,在此基础上再根据现有的经济金融理论以及本书模型的特点,对 A 施以如下约束条件。

第一,第1个变量是贴现率,第2个变量是法定准备金率,这两个变量都是货币政策工具,不受其他内生变量和结构性扰动项的影响,则对应的参数限定为:$A_{12} = A_{13} = A_{14} = A_{15} = A_{16} = A_{17} = A_{21} = A_{23} = A_{24} = A_{25} = A_{26} = A_{27} = 0$。

第二,第3个变量是 M_1,对第4个贷款利率、第5个贷款总额、第6个变量经济增长率、第七个通货膨胀率变量的结构扰动项的冲击反应为0,$A_{31} = A_{34} = A_{35} = A_{37} = 0$。

第三,第4个变量存款利率,对其他等式中的结构扰动项的冲击反应都为0,因此有:$A_{41} = A_{42} = A_{43} = A_{45} = A_{46} = A_{47} = 0$。

第四,第5个变量是银行贷款,对第1个、第2个和第3个和第7个等式中的结构扰动项的冲击反应为0,$A_{51} = 0$, $A_{52} = 0$, $A_{53} = 0$, $A_{57} = 0$。

第五,第6个变量对第4个、第7个等式中的结构扰动项的冲击反应为0,因此有:$A_{64} = 0$, $A_{67} = 0$。

第六,第7个变量对第4个等式中的结构扰动项的冲击反应为0,因此有:$A_{74} = 0$。

$$A = \begin{bmatrix} 1 & 0 & 0 & 0 & 0 & 0 & 0 \\ 0 & 1 & 0 & 0 & 0 & 0 & 0 \\ 0 & NA & 1 & 0 & 0 & NA & 0 \\ 0 & 0 & 0 & 1 & 0 & 0 & 0 \\ 0 & 0 & 0 & NA & 1 & NA & 0 \\ NA & NA & NA & 0 & NA & 1 & 0 \\ NA & NA & NA & 0 & NA & NA & 1 \end{bmatrix}。$$

B 矩阵的形式为

$$B = \begin{bmatrix} NA & 0 & 0 & 0 & 0 & 0 & 0 \\ 0 & NA & 0 & 0 & 0 & 0 & 0 \\ 0 & 0 & NA & 0 & 0 & 0 & 0 \\ 0 & 0 & 0 & NA & 0 & 0 & 0 \\ 0 & 0 & 0 & 0 & NA & 0 & 0 \\ 0 & 0 & 0 & 0 & 0 & NA & 0 \\ 0 & 0 & 0 & 0 & 0 & 0 & NA \end{bmatrix}$$

(2) 模型的稳定性检验。

通过以上对矩阵 A、B 的约束限定,已使得模型可以被识别,相关的经济金融理论也反映在变量间的结构性关系之中。使用 Eviews9.0 软件对参数予以估计,即可得到最终的 SVAR 模型结果。对于 SVAR 模型来说参数本身的估计结果并不重要,重点在于利用其进行方差分解,因此在此略去具体的参数估计结果。在对模型进行方差分解之前,还需要检验模型的稳定性。从图 6-5 看到,模型所有的特征根倒数都在单位圆以内,满足稳定性的条件。

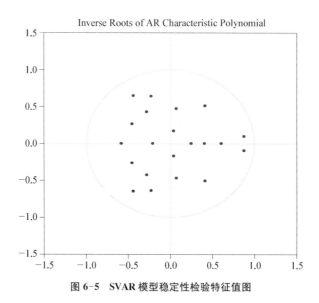

图 6-5 SVAR 模型稳定性检验特征值图

我们将运用构建好的 SVAR 模型分别考察我国利率、货币信贷等因素对于经济增长和通货膨胀率的影响。有必要指出的是,方差分解分析是基于 SVAR 模型所做的结构化方差分解,即各变量的新息冲击 μ_{it} 均是已经剥离了其他变量影响的、单独出现在该变量中的独立的冲击。

(3) 方差分解。

表 6-11 是对 SVAR 模型中的 $[\Delta RD,\ \Delta RR,\ \Delta M1,\ \Delta LR,\ \Delta Loan,\ \Delta GDP,\ \Delta CPI]$ 变量的方差分解结果。结果表明,从经济增长率受到冲击后的第 5 个月,再贴现率对经济增长率的波动解释占 4.04%,冲击的第 15 个月之后,贴现率的变化对经济增长率波动的影响程度为 5.90% 的水平左右,后面基本上也是稳定的。法定准备金率的变化对经济增长率的波动的影响,在冲击发生后的第 5 个月占比约 0.47%,在第 25 个月过后,法定准备金率的变化影响经济增长率波动性的比重稳定在 0.697% 左右。货币供应量 M_1 冲击对经济增长率的影响在第 5 个月约为 5.195%,在第 30 个月,基本稳定在 8.05% 左右。银行贷

款利率对经济增长率的影响在第5个月约为3.34%,到第30个月,基本稳定在3.44%左右。银行贷款的变化对经济增长率波动的影响,在冲击发生后的第5个月内占比为54.00%左右,在第20月过后,银行贷款利率的变化影响经济增长率的比重在51.9%左右,因此银行贷款利率对经济增长率贡献最大。GDP对自身的影响第5个月约为32.15%,在25个月后,基本稳定在29.1%左右。通货膨胀率对经济增长率的影响,在第5个月,影响占比约为0.81%,30个月过后,影响基本稳定在0.92%左右。

贴现率的变化对通货膨胀率波动的影响程度在第5个月约为3.82%,第20个月基本稳定在4.76%左右。法定准备金率对通货膨胀率波动的影响,在冲击发生后的第5个月内占比约5.6%,在第15个月过后,影响通货膨胀率波动性的比重基本稳定在5.30%。货币供应量M_1的波动对通货膨胀率的影响在第5个月约为16.27%,在第25个月基本稳定在16.88%,因此货币对通货膨胀率的影响较大。贷款利率的变化对通货膨胀率波动的影响在第5个月内占比达到2.68%,30个月后基本稳定在3.15%的水平左右。银行贷款对通货膨胀率波动的影响,在冲击发生后的第5个月内占比约4.12%,在第25个月过后,银行贷款的变化影响通货膨胀率波动的比重稳定在7.05%左右。GDP对通货膨胀率的影响在第5个月约为3.13%,在第25个月后,基本稳定在3.36%左右。通货膨胀率变动对自身的影响较大,通货膨胀率的影响在第5个月,为64.35%,在第30个月过后,基本稳定在59.47%左右(见表6-11)。

表6-11 中国经济增长、通货膨胀率的方差分解

	ΔRD	ΔRR	$\Delta M1$	ΔLR	$\Delta Loan$	ΔGDP	ΔCPI
	ΔGDP 的方差分解						
1	2.043 565	0.009 800	0.058 134	0.784 230	62.867 53	34.236 74	0.000 000
5	4.044 959	0.467 637	5.195 459	3.337 713	53.998 65	32.149 53	0.806 049
10	5.414 340	0.529 552	7.614 771	2.953 267	53.233 50	29.424 23	0.830 337
15	5.901 627	0.639 713	8.061 026	3.127 028	52.341 34	29.072 26	0.857 013
20	5.985 960	0.684 080	8.064 689	3.339 490	51.938 02	29.084 29	0.903 472
25	5.983 368	0.695 231	8.046 655	3.424 558	51.812 80	29.115 26	0.922 130
30	5.980 068	0.696 508	8.046 871	3.442 117	51.790 07	29.118 59	0.925 778
35	5.980 733	0.696 418	8.050 262	3.443 227	51.788 75	29.114 63	0.925 975
40	5.981 587	0.696 450	8.051 690	3.443 058	51.788 51	29.112 78	0.925 927
45	5.981 881	0.696 515	8.051 942	3.443 222	51.788 02	29.112 46	0.925 959
50	5.981 922	0.696 544	8.051 933	3.443 373	51.787 75	29.112 49	0.925 991

(续表)

	ΔRD	ΔRR	$\Delta M1$	ΔLR	$\Delta Loan$	ΔGDP	ΔCPI
	ΔCPI 的方差分解						
1	0.294 488	0.356 128	0.933 722	0.000 438	0.035 107	0.006 689	98.373 43
5	3.809 393	5.638 432	16.274 60	2.681 521	4.116 563	3.132 893	64.346 60
10	4.401 867	5.372 881	16.796 26	2.995 063	6.263 452	3.119 983	61.050 49
15	4.699 424	5.307 234	16.928 08	3.010 932	6.981 106	3.196 614	59.876 61
20	4.762 416	5.302 633	16.906 61	3.093 651	7.055 858	3.310 508	59.568 33
25	4.766 956	5.302 954	16.885 08	3.137 676	7.049 373	3.366 424	59.491 54
30	4.765 602	5.302 432	16.880 43	3.149 293	7.049 422	3.379 299	59.473 53
35	4.765 670	5.301 992	16.880 78	3.150 644	7.052 215	3.380 546	59.468 15
40	4.766 059	5.301 830	16.881 22	3.150 582	7.053 682	3.380 468	59.466 16
45	4.766 234	5.301 799	16.881 30	3.150 614	7.054 046	3.380 536	59.465 47
50	4.766 271	5.301 798	16.881 28	3.150 677	7.054 079	3.380 621	59.465 28

综上所述,基于 SVAR 的实证研究,银行贷款对经济增长率的影响较大,而货币供应量 M_1 对通货膨胀率的影响较大,因此能够得到货币政策信贷渠道对经济增长率的影响较大,而货币政策的货币渠道对通货膨胀率的影响较大。也就是说,货币政策的信贷渠道主要影响经济增长率,货币政策的货币渠道主要影响通货膨胀率,这对货币政策的操作有一定的政策含义,信贷增长有利于促进经济增长,而货币变化影响利率水平,有利于遏制通货膨胀率。

6.3.3 利率传导机制的有效性

在价格型货币政策调控中,央行通过设定政策利率作用于货币市场从而影响货币市场利率的变动,货币市场利率的变动又会引起信贷市场和债券市场价格的变动,进而引导居民和企业等微观主体的经济行为,促成货币政策最终目标的实现。例如,当经济面临通货膨胀风险时,中央银行可以采取调高政策利率的手段,政策利率调高后带来货币市场利率的上升,进而信贷利率和债券收益率上升,微观主体面临着更高的融资成本,从而经济活动也会"降温",通货膨胀的风险便会降低。

由于货币供给由中央银行控制,因而央行可以通过观察货币市场上短期资金的需求

第6章 我国的利率调控

状况来调节供给,通过调节政策利率来引导市场利率。央行可以选取的政策利率有:再贷款利率、再贴现利率、常备信贷便利利率、公开市场操作利率、存贷款利率等。政策利率设定后便可以通过两个途径分别传导至居民和企业部门等微观经济主体:

第一,向债券市场利率的传导:中央银行通过货币市场上资金供求状况设定政策利率后,债券市场的利率也会由此发生变化。政策利率变动时,短期市场利率发生变动,市场利率变动反映了市场融资成本高低的变化,债券是一种融资手段,收益率自然会受到市场利率变动的影响。市场利率提高时,反映了资金需求较为旺盛,融资成本提高,债券收益率也会相应提高;而当市场利率降低时,反映了资金需求较为疲软,融资成本较低,从而债券收益率也会降低。央行不仅可以通过调控短期市场利率来调节短期债券的收益率,还可以实现对长期债券收益率的调节,当央行设定的政策利率影响到债券市场导致短期债券的收益率上升时,短期债券市场价格会相应下降,短期债券需求相对于长期债券高,长期债券的价格便会降低,收益率相应也会提高。债券收益率的变动自然会影响到微观主体融资成本的高低,债券收益率提高会带来微观主体融资成本的提高,投资等活动便会受到抑制,通货膨胀风险降低;而当债券收益率降低时,微观主体融资成本相应降低,投资活动便会受到鼓励,有利于促进短期内的经济增长。

第二,向信贷市场的传导:同样地,中央银行的政策利率变动会影响到融资成本的高低,信贷是一种十分重要的融资手段,当央行设定的政策利率抑制了资金的供给后,市场上融资成本自然会提高,信贷利率会上升,而当央行设定的政策利率提高了资金供给时,市场上融资成本相应降低,信贷利率会下降。具体来说,中央银行观察到通货膨胀的风险,便会调高政策利率,政策利率调高后会影响到商业银行从中央银行获取资金的利率,市场利率提高,资金供给受到抑制,微观经济主体向商业银行获取资金的成本也会提高,从而信贷利率提高。除了信贷市场本身的传导外,债券市场和货币市场之间还存在着一定的联动效应,例如,当债券市场收益率提高时,通过债券这一手段融资的成本会大大上升,资金需求便会转移到信贷市场上来,而需求向信贷市场的转移又会带来信贷市场上资金需求的旺盛,信贷市场利率也会提高。信贷市场上利率的变动同样会引起债券市场收益率的变动(见图6-6)。

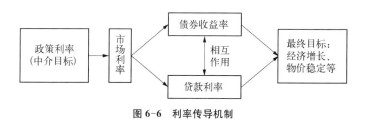

图6-6 利率传导机制

349

6.3.4 我国利率传导机制存在的问题

实现从数量型货币政策调控向价格型货币政策调控的转变,是我国货币政策转型的方向,而要实现价格型货币政策调控的最重要的前提便是利率传导机制的畅通。2015年我国放开了存款利率上限的管制,一般认为这意味着我国利率市场化的完成。尽管如此,我国的利率传导机制仍然存在着很大的问题,利率传导效率并不理想。

6.3.4.1 传导利率选择的难题

利率体系是一个十分庞大的系统,我国的利率体系主要由银行存贷款利率、银行间市场利率、央行常备信贷便利利率、贴现与再贴现利率、民间借贷利率等构成。这些利率,每一种都面向着特定的主体,每种利率之间也存在相互影响关系。从发达国家的经验来看,主要采取基准利率来调控市场利率,如美国主要采取联邦基金利率进行货币政策调控。而我国往往更加关注银行存贷款利率,因而存贷款利率同居民和企业等经济的微观主体往往更加直接相关,很直观的认识是,存款利率提高将会使居民更多地进行存款,而贷款利率提高则会使家庭和企业部门较少地进行贷款。但是,存贷款利率的传导效果差强人意,往往具有一定的时滞,原因在于:第一,居民部门的存款对于存款利率的变动并不敏感,居民的储蓄和存款活动具有较高的稳定性,尤其是社会投资风险频发、社会保障不完善的现状下,存款利率发生的变动,往往并不能在短期内达到对居民部门储蓄和存款行为带来实质性影响的效果。第二,能够在银行获得信贷的往往是具备一定规模的大企业、大单位,这些单位面临着较少的融资约束,融资门槛较低,其通过银行融资往往不会对银行贷款利率的变动有显著的反应。而对贷款利率十分敏感的中小企业,往往被排斥在银行贷款对象之外。尽管中国人民银行也创设了一系列信贷便利工具,也开始采用使用信贷便利的调控手段,中央银行的信贷便利往往可以更加直接地影响到银行体系内的资金拆借利率,却无法直接影响到居民和企业等微观经济主体的借贷利率。这也就是说,在我国的金融体系中,仍然面临着实体经济市场和短期货币市场的分割,使得无论选择何种利率进行利率调控,利率的传导都很难达到理想的效率。

6.3.4.2 房地产经济的影响

房地产行业在我国经济中占据着十分重要的地位,对居民部门的消费和企业部门的投资都有着深刻的影响。我国大量适龄青年存在着购买住房的刚性需求,这意味着房地产市场价格变动比存贷款利率的变化更能够影响其生活,尤其是消费支出。有房的居民通过房地产升值带来的未来财富增长的预期往往会促进家庭部门当前消费的增长,而尚

第6章 我国的利率调控

未购房的居民则因为需要面临一笔巨额的购房支出而抑制当前的消费需求。从企业部门来看,大量企业受到房地产市场财富效应的吸引,纷纷投身房地产投资的潮流,房地产投资的增加影响最终产出。可见,房地产价格对于我国的整体经济活动有着十分显著的影响,如果利率对房地产价格具有显著的影响,则利率的传导可能就是畅通的。利率对于房地产价格的传导包括两个方面:第一,对于贷款分期购房者来说,贷款利率变动带来购房成本变动,成本变动影响购房需求,从而影响到房地产价格;第二,对于已有住房且有着较高财富水平的家庭来说,利率变动会引起投资和投机资本的变动,影响其投资和投机需求,从而影响到房地产价格。

实际上,在我国利率的提高往往遏制不住房地产的价格,因为贷款利率的提高,房地产商的投资成本上升,它会把这个成本转移到消费者身上;消费者贷款利率的提高,意味着消费者将来还款的数额增加,同样购买同质房产的成本也上升了,必然也会导致房地产价格的上升。因此,对我国的房地产市场而言,中央银行利率的提高应该是谨慎的。中央银行利率调整的意义更在于向市场、投资者等传达一种信号,警惕房地产泡沫的危险。实际上我国的房地产需求曲线 H^D 已经不是常态的,而是向右上方倾斜的,随着利率的升高,房地产的需求(包括投资和消费)增加,因为预期将来房产价格上升,对房地产的需求不会因利率上升而下降,因为大部分居民相信将来价格上升获得的收益将超过利率上升而导致的成本。假定房地产的供给曲线 H^S 是垂直的,开始状态利率水平在 r_1,HD 大于 HS,超额需求为 AB,如果利率上升到 r_2,超额需求为 CD,且 CD 大于 AB,利率上升导致过度需求进一步扩大(见图6-7),因此往往会出现政府利率干预,价格上升更快的局面。

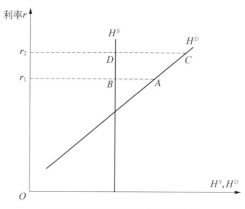

图6-7 中国房地产的供给和需求

在目前我国房地产投资和需求过旺的情况下,存在调整的不对称性,国家通过降低贷款利率促进消费和投资的时候,消费和投资对利率的敏感程度高,效果较好。但政府提高贷款利率削减房地产的投资和需求时,企业和居民对利率的敏感性相对较弱,这主要是由于土地的供给有限,而对住房的需求大,同时公众预期将来价格可能进一步上升而增加现在的需求。

6.3.4.3 融资市场分割

投融资活动对经济运行有着巨大的影响,企业的外部融资有两个来源:第一是通过银行贷款进行间接融资;第二是通过债券市场进行直接融资。在我国,一方面在中央银行放松银根时商业银行会选择扩张信贷,另一方面债券市场等直接融资市场发展较为滞后,企业在面临资金需求时仍然主要依赖通过银行信贷的间接融资手段。社会上的融资手段又因为存在着风险收益难以识别和匹配的问题而面临发展瓶颈。也就是说,在我国存在着直接融资市场和间接融资市场的分割,使得利率难以在直接融资市场和间接融资市场之间有效传导。除了直接融资市场和间接融资市场的分割,我国还存在间接融资市场(如债券市场)内部的分割。我国债券市场分为银行间市场和交易所市场,银行间市场占据了债券市场的主要部分,国债大部分在银行间市场交易,流动性较差,交易不活跃的债券市场是无法产生准确的市场利率的,政策性利率更是难以传导。

6.3.4.4 二元经济结构带来县域和农村贷款市场不充分的竞争

我国因城乡发展的巨大差异而形成了显著的城乡二元结构,大型商业银行在县域以及农村网点往往只存不贷,这就造成了在县域以及农村地区存款市场有着较为激烈的竞争而贷款市场则不存在这样的竞争,贷款市场往往被一两家机构(通常是农合机构以及村镇银行)垄断,在中西部地区尤其如此。这种垄断带来的后果是,县域农村法人机构可以收取高昂的垄断利率,无论央行政策利率基准如何调整,县域农村合作机构以及村镇银行贷款利率都有着极高的自主性,而无需跟随政策利率变动,甚至可以借助垄断优势收取隐形利率,虚化利率调控效果。这就带来了利率传导在县域以及农村地区的效率低下。

6.3.5 我国利率传导机制的优化

6.3.5.1 以中小银行扩充银行体系,扩大利率传导的覆盖范围

由于正规银行对县域以及农村地区覆盖程度有限造成了在这些地区贷款市场的垄断以及高利贷的滋生,并最终导致利率传导在这些区域的梗塞,政策利率难以传导至这些领域。中小银行资金规模小决定了其更加适合为中小微企业服务,且在获取当地企业业务信息方面有着独特的优势,更愿意去服务中小微企业。从这个意义上讲,我国应当建立一定规模的中小型银行,来弥补市场的不足,通过设立中小银行,可以将原先贷款市场垄断和高利贷盛行地区的信贷活动纳入到利率传导机制里面来。鉴于20世纪90年代城市信用社以及农村合作基金会因准入及监管松散带来的不良贷款、挤兑风波以及随后的关闭

潮,应建立适当的监管及适当准入条件以避免各种风险,以确保中小银行的健康发展,成为扩大利率有效传导范围的市场参与者。

6.3.5.2 提高预期引导作用

单纯依靠调节政策利率或者调节供需,市场往往难以迅速观察供需变化和政策导向,从而降低利率传导的效果,存在市场利率跟随政策利率进行调整的敏感性不强的问题。美国的历史经验表明,加强对市场预期的引导有利于提高利率传导的效率。美联储每一个半月左右会召开一次货币政策会议,并发布其对宏观经济的看法以及政策利率调整结果,同时发表对未来经济形势的预测,引导市场对未来政策利率走向的预期。除此之外,美联储还会公布货币政策报告以及其他关于经济和金融形势的分析报告,以及举行新闻发布会来提高货币政策透明度等,这些措施的目的在于加强预期引导,使市场利率能够紧跟政策利率。相比之下,我国的利率调整并未如美国一样定期化,而是仅仅在中央银行选定的试点进行调整,货币当局同市场的沟通不足,这样的做法不利于引导市场预期,提高市场对于经济形势和货币政策的理解,这不仅仅会造成市场利率对政策利率反应的滞后以及不足,更会造成市场的短期波动。在价格型货币政策调控中,预期的引导往往发挥着十分重要的作用。

6.3.5.3 扩大债券市场对实体经济的覆盖范围,促进不同金融市场之间的竞争以降低利率黏性

在利率的传导机制中,信贷市场和债券市场之间存在着一定的相互替代的竞争关系,比如说,较高的债券收益率会促使融资者转向信贷市场筹集资金,而信贷市场上较高的利率又会促使融资者转向债券市场筹集资金。这种相互替代的竞争关系的存在有利于提高政策利率的传导效果,但显而易见的是,这种竞争关系仅仅在债券市场和信贷市场都存在着相当规模的情况下才可以发挥应有的作用,对于绝大多数发展中国家而言,债券市场的发展往往十分滞后,存在规模小,流动性低的问题,在这种情况下,企业筹集资金往往只能依赖银行信贷,这就给银行以较大的信贷定价权,政策利率的传导会因此而变得不畅通。因而培育一个具有相当规模和流动性的债券市场,为实体经济直接筹集资金提供场所就显得十分重要。

6.4 中国利率存在的问题

6.4.1 基准利率倒挂

长期以来,中国货币市场的利率结构和水平不尽合理,利率倒挂现象非常突出。1993

年7月11日之前,商业银行一年期贷款利率与存款利率相等或只高出很小的幅度,有时甚至低于存款利率,商业银行存贷款业务处于亏损状态,而商业银行的准备金利率又比较高。1996年8月23日至1998年3月25日,储备利率高于储蓄利率(见表6-12),再贷款利率高于贷款利率,利率倒挂现象相当严重。储备利率高于储蓄利率,商业银行的发放贷款的动力减弱,而消极地将资金存放中央银行获取利息,不利于资金融通和专业银行向商业银行的转变。再贷款利率高于贷款利率,起不到基准利率的作用,不利于中央银行直接调控向间接调控的转变。在1998年3月25日之前,中国准备金率为13%,加上备付金率5%—7%,达到18%—20%,由于金融环境的改变,中国中央银行改革了准备金制度,将准备金账户和一般存款账户合并,准备金账户直接与清算相联系。1998年3月25日,中央银行进一步调整和理顺中央银行的利率水平和结构,分别下调了准备金率和存贷款利率,同时进一步理顺准备金利率,再贷款利率和再贴现利率。准备金率下调,减轻了商业银行的经营成本,有利于贷款利率下调,存款利率也可相应调整。从理论上来看,准备金利率下调,中央银行的付息减少,有利于央行调整再贷款和再贴现利率。通常,再贷款利率应略低于一年贷款利率,同时再贷款利率应高于再贴现利率。而存款准备金一般是不付利息的,设立存款准备金目的就是抵御存款的挤兑风险,保持商业银行一定的流动性。而上世纪90年代中国中央银行对存款准备金付息,和存款利率差不多,大大降低了商业银行的准备金的机会成本,不利于商业银行加强流动性管理。1998年3月25日下调的准备金利率和一年期存款利率差为0,一年期的贷款利率和再贷款利率之差为0。但下浮幅度不够,实际上,准备金利率应低于存款利率,否则商业银行就会减少贷款,而把贷款资金存入中央银行获取利息。1998年7月1日央行再次下调了存贷款利率和法定准备金利率和再贷款利率(见表6-12)。2003年12月21日,人民银行改革准备金存款利率制度,对金融机构法人法定准备金存款和超额准备金存款采取"一个账户、两种利率"的方式分别计息,法定准备金存款利率维持1.89%不变,超额准备金存款利率由1.89%下调到1.62%。

表6-12 准备金利率、储蓄利率、贷款利率的变动　　　　单位:%

序号	变动日期	一年期的储蓄利率	一年期的贷款利率	法定准备金利率	超额准备金利率
1	1990.3.21	11.34	10.08	7.92	7.92
2	1990.4.15	10.08	10.08	7.92	7.92
3	1990.8.21	8.64	9.36	6.84	6.84
4	1991.4.21	7.56	8.64	6.12	6.12
5	1993.5.15	9.18	9.36	7.56	7.56

第6章 我国的利率调控

(续表)

序号	变动日期	一年期的储蓄利率	一年期的贷款利率	法定准备金利率	超额准备金利率
6	1993.7.11	10.98	10.98	9.18	9.18
7	1996.5.1	9.18	10.98	8.82	8.82
8	1996.8.23	7.47	10.08	8.28	7.92
9	1997.10.23	5.67	8.64	7.56	7.02
10	1998.3.25	5.22	7.92	5.22	
11	1998.7.1	4.77	6.93	3.51	
12	1998.12.7	3.78	6.39	3.24	
13	1999.6.10	2.25	5.85	2.07	
14	2002.2.21	1.98	5.31	1.89	
15	2004.10.29	2.25	5.58	1.89	1.62*
16	2006.4.28		5.85		0.99**
17	2006.8.19	2.52	6.12		
18	2007.03.18	2.79	6.39		
19	2007.05.19	3.06	6.57		
20	2007.07.21	3.33	6.84		
21	2007.08.22	3.60	7.02		
22	2007.09.15	3.87	7.29		
23	2007.12.21	4.14	7.47		
24	2008.09.16		7.20		
25	2008.10.09	3.87	6.93		
26	2008.10.30	3.60	6.66		
27	2008.11.27	2.52	5.58	1.62	0.72
28	2008.12.23	2.25	5.31		
29	2010.10.20	2.50	5.56		
30	2010.12.26	2.75	5.81		
31	2011.02.09	3.00	6.06		
32	2011.04.06	3.25	6.31		
33	2011.07.07	3.50	6.56		
34	2012.06.08	3.25	6.31		
35	2012.7.6	3.00	6.00		

(续表)

序号	变动日期	一年期的储蓄利率	一年期的贷款利率	法定准备金利率	超额准备金利率
36	2014.11.22	2.75	5.60		
37	2015.3.1	2.50	5.35		
38	2015.5.11	2.25	5.10		
39	2015.6.27	2.0	4.85		
40	2015.8.26	1.75	4.6		
41	2015.10.24	1.5	4.35		

资料来源：孔宪勇，《利率管理实用大全》，中国金融出版社，1994年。《中国金融年鉴1997》。《中国人民银行统计季报》，2002.2；www.pbc.gov.cn。

* ——自从2003年12月21日，过度储备利率从1.89%降低到1.62%，法定储备利率仍然固定在1.89%；** ——变动日期是2005年3月17日。

2006年以来，中国央行多次调整存贷款利率水平和中央银行利率体系水平，中央银行在逐步调整利率水平的同时，不断理顺存贷款利率、准备金利率、再贷款利率和再贴现利率结构关系，使得利率能够更好地发挥调节资源配置的功能。

在后危机时代存贷款利率保持一定水平的利差，有利于增强商业银行放贷能力，但过大的利差，也可能抑制商业银行的创新和竞争能力。后危机时代全球经济复苏基础不稳固，为了刺激总需求和促进经济增长，我国仍然保持较高的利差和较低的利率水平。但是，我国利率市场化改革仍然要继续推进，不断纠正不合理的利率水平，优化利率结构。利率市场化是金融市场化改革的一个重要步骤，利率市场化改革有利于合理的利率水平和利率结构的形成。

通常贷款利率和储蓄利率之差要能够弥补融资成本、风险和正常利润，但在许多发展中国家由于缺乏竞争，银行融资成本高，利率差大，会导致储蓄利率低和贷款利率高。存贷利率差大，反映了高的中介成本，一是由于较高的经营成本；二是高利差可能由于大量的不良贷款所致。相反，如果在利率管制的条件下使得利率差过小，甚至差为零，这样商业银行就会出现全面亏损，不利于商业银行独立地承担经营风险。长期以来，我国存贷款利差较大，若考虑准备金付息，实际利差可能更大，也就是说，商业银行的经营成本部分还通过央行的补贴来抵消。据统计，我国上市银行利息净收入占营业收入的比例基本在75%以上，其中中国银行利息净收入占营业收入的比例达到76%；工商银行这一比例则达到79%，利息收益仍然是我国银行收入的主要来源，中间业务的收入大约只有20%，而国外银行的中间业务收入要占到约60%，我国商业银行经营效率和金融创新能力仍有待进一步提高。

实际上，由于利率管制，许多发展中国家的利率低于市场利率水平，因此不利于资金的有效利用。利率水平不合理的主要原因,是因为金融市场缺乏竞争以及政府的控制。利率管制会导致资源不能有效配置。正的利率水平有利于吸引资金,促进投资;同时也有利于缩小银行利率和黑市利率之差,有利于中央银行更加灵活地调控管理利率。使实际利率水平为正的一个重要前提是控制通货膨胀,中央银行应根据通货膨胀的变化适当地调整利率水平,促进正的利率水平的形成。在名义利率不变的条件下,通货膨胀越低,实际利率也相应上升。但是,有一点需要指出的是,中央银行调整利率水平都是根据过去的通货膨胀数据,这些数据自然是滞后的,而对利率变化的实际影响是未来的通货膨胀,因此,在利率管制的条件下,中央银行对未来通货膨胀的估计应成为利率调整所必须考虑的重要因素。

6.4.2　本外币利率不协调

随着利率市场化改革的深入和资本账户的进一步开放,协调本外币利率的关系也将是面临的一个重要问题,国内金融市场和国际金融市场利率之间的联动关系将进一步加强,国外利率和人民币汇率的变化都会影响到国内人民币利率的水平。在高度一体化的市场经济中,国内利率和汇率会出现冲突的现象,会出现套汇和套利的现象,国外利率的变化可能会导致资本单向流动。

就中国本外币利率关系而言,我们面临着怎样协调本币利率、外币在国内的利率和外币在国际金融市场的利率的问题(见图6-8)。如在1994年1月1日至2005年7月21日,人民币汇率基本上处在和美元是固定汇率的水平,从理论上来说,人民币如果自由兑换,这两个利率应该走势相同。由于中国资本账户没有完全放开,国内美元利率和人民币利率调整有相对独立性,变动趋势并不一致,现比较1988年9月至2016年9月美元国内一年期的储蓄利率和人民币的一年期的储蓄利率的变动情况见图6-9。由于中国资本账户没有完全放开,国内美元利率和人民币利率调整有相对独立性。本币利率调整和外币利率调整没有很强的相关性和一致性,说明本币的调整是针对国内目标的,两种利率的调整是相对独立的,这种相对独立性能够存在的一个重要原因是人民币不可以自由兑换,没有形成完全的套利机制。实际上,在人民币汇率面临贬值的时候,本币利率小于外币利率;当人民币汇率面临升值的时候,本币利率大于外币利率。因为当人民币有贬值压力的时候,外币资金流出,供给减少;当人民币汇率有升值压力时,外币资金流入,供给增加。

同样地,本币利率和国际金融市场的利率也不存在很强的相关性和一致性,国内利率的调整是独立于国际金融市场外币利率的。随着利率市场化改革的深入和资本账户的进一步开放,协调本外币利率的关系也将是面临的一个重要问题,国内金融市场和国

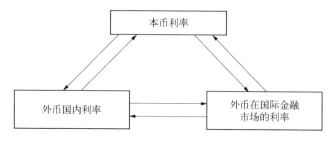

图 6-8 本币利率和外币利率之间的关系

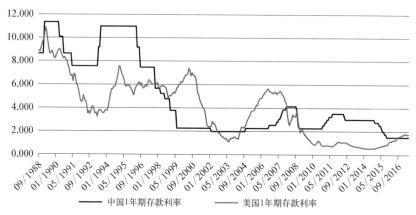

图 6-9 美元国内一年期的储蓄利率和人民币的一年期的储蓄利率的变动

数据来源：www.pbc.gov.cn，CEIC 数据库。

际金融市场利率之间的联动关系将进一步加强，国外利率和人民币汇率的变化都会影响到国内人民币利率的水平，也必将进一步影响到国内宏观经济总量的变化。在高度一体化的市场经济中，国外利率的变化必然会导致汇率变化或国内利率变化，否则可能会引发单向的资本流动。如在人民币升值预期的条件下，为了防止投机资金的套利，国内利率应该比国外美元利率低，如果国内利率比国外美元利率高，会导致"热钱"流入。

目前中国经常项目已实现完全可兑换，国务院 2008 年公布的中国外汇管理条例取消了对企业强制结汇，企业可自行保留经常项目外汇收入，个人的外汇需求基本得到满足，在此基础上，中国将继续完善结售汇体制的改革，过渡到真正意义上的意愿结售汇，实现"藏汇于民"。同时，中国将继续推进人民币在资本项目下的可兑换，推动国内外汇市场的国际化进程，促使国内外汇市场向国际外汇市场迈进，国内外资本的流动将更加频繁。外汇体制的改革将进一步提高外汇市场的广度和深度，资本流动也将更加顺畅，人民币汇率和利率之间的联动关系将更加紧密。

6.4.3 实际负利率

1973年,美国经济学家E·S·萧(E.S.Shaw)和R·I·麦金农(R.I.Mckinnon)在他们先后出版的《经济发展中的金融深化》和《经济发展中的货币、资本》这二本著作中,对发展中国家的金融压制和金融深化作了深刻的研究。他们认为,发展中国家由于人为地压制利率,使实际利率经常为负,投资需求过度膨胀,不得不实施信贷配给,由此引起资金效率低下、金融非中介化等问题。长期以来,中国多次出现过通货膨胀率超过储蓄利率的情况,1987—1988年、1993—1994年由于通货膨胀水平较高,实际利率水平为负(见图6-10)。而最近几年也出现了实际利率为负的情形,如2007—2008年,2010—2011年。实际利率为负导致资源不能有效地配置,正的利率水平有利于吸引资金,促进投资;同时有利于缩小银行利率和黑市利率之差,有利于中央银行更加灵活地调控管理利率。

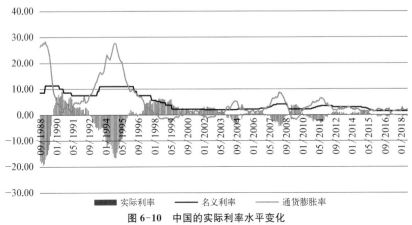

图6-10 中国的实际利率水平变化

数据来源:中国人民银行和国家统计局。

在存贷款利率不变的条件下,通货膨胀影响实际的存贷款利率,对储蓄者和借款者的影响是不同的。通货膨胀率越高,储蓄者的损失越大,借款者的收益越大。在一些发展中国家里,由于金融压制,实际利率水平是负值。其主要原因,一是金融市场缺乏竞争;二是政府对利率的控制。利率压制导致资源不能有效地配置。正的利率水平有利于吸引资金,促进投资;同时有利于缩小银行利率和黑市利率之差,有利于中央银行更加灵活地调控管理利率。在一个稳定的宏观经济和安全的银行监管建立以前,确定正的利率水平是利率市场化的关键,其目的是保证投资的效率,负的利率水平容易导致企业的逆向选择而引起投资收益率下降和国民收入水平的下降①。

6.4.4 民间借贷不规范,利率风险高

长期以来,中小企业融资难问题一直是中国经济发展中的重要问题,根据2013年全国工商联调查,规模以下的中小企业90%没有与金融机构发生任何借贷关系,微小企业95%没有与金融机构发生任何借贷关系。当前,民间借贷全民参与的势头非常明显:据2011年官方数据,温州民间资本超过6 000亿元,江浙一带的80%的中小企业靠民间借贷,年息最高的达到180%,而大多数中小企业的毛利率在3%—5%之间;根据2011年鄂尔多斯官方调研的数据,在房地产泡沫和投资煤矿的热潮中,鄂尔多斯成为北方民间借贷的热点地区,粗略统计,鄂尔多斯民间借贷资金的规模应在2 000亿元以上;官员、银行职员不断卷入高利贷和非法集资案件,中行内蒙古分行行长的妻子被绑架,赎金高达2亿元,起因依然是非法集资和民间借贷,而温州爆发的民间借贷的纠纷和逃债案件,估计八成以上的债主为公务员。2011年在浙江、广东、内蒙古、江苏、河南、福建等地都出现过民间借贷泡沫破灭的现象。据不完全统计显示,一年多时间,仅浙江温州市就有10人因民间借贷自杀,200人跑路,284人被刑事拘留②。

近年来随着网络金融和金融创新的发展,P2P平台等方兴未艾,P2P平台实际上就是民间借贷的互联网化,通过吸收大众存款,再把存款贷出去,这也是一种影子银行。在P2P的发展过程中,其金融风险不容忽视,很多P2P平台通过高息揽储,再高息贷出去,最终形成了一个庞氏骗局,一旦资金链断裂,P2P平台最终会倒闭,因此如何规范网络借贷平台,防范网络平台借贷风险是金融监管的一项重要任务。

央行2002年颁布的《中国人民银行关于取缔地下钱庄及打击高利贷行为的通知》规定:民间个人借贷利率由借贷双方协商确定,但双方协商的利率不得超过中国人民银行公布的金融机构同期、同档次贷款利率(不含浮动)的4倍。超过上述标准的,则界定为高利借贷行为,不受法律保护。关于最高4倍利率规定,一些学者提出质疑(茅于轼,2011)③,而2004年中央银行又确定"金融机构贷款利率原则上不再设定上限",与"不得超过银行同类贷款利率的四倍"的规定相矛盾。

---

① 央行行长周小川2007年9月7日在厦门出席厦洽会期间接受媒体采访时表示,人民银行希望实际利率为正值。
② 见《温州民间借贷纠纷案井喷 5年增长4倍多》,2012-03-07,《法制日报》。《因借款数亿无力偿还 常熟跑路女老板被刑拘》,2012-03-30,《京华时报》。《涉嫌民间借贷纠纷 温州一教育集团董事长被拘》,2012-02-06,《钱江晚报》。
③ 见 http://blog.sina.com.cn/s/blog_49a3971d0102dtxo.html。

中国中小企业融资主要依赖民间融资,而民间融资既没有法律基础,利率风险相对较高,资金链条易受宏观经济形势和政策变化的影响,因此亟须规范民间信贷市场,使民间信贷市场阳光化,促进民间信贷市场有序健康发展。2015年6月23日,最高人民法院通过《最高人民法院关于审理民间借贷案件适用法律若干问题的规定》,该规定突破了银行四倍利率限制,约定的利率未超过年利率24%,受法律保护;约定的利率超过年利率36%,则超过部分的利息认定无效;年利率在24%—36%之间这部分利息,法律不保护,但也不反对。还有关于网贷平台相关法律,该规定明确,借贷双方通过P2P网贷平台形成借贷关系,网络贷款平台的提供者如果仅提供媒介服务,则不承担担保责任;如果P2P网贷平台的提供者被证明其为借贷提供担保,则应承担担保责任。

2015年,我国基本上完成了利率市场化改革,但改革的基本完成并不意味着我国有了像西方发达国家一样市场化程度很高的利率。当前,我国的利率市场化中仍然存在的问题有如下。

(1) 尚缺乏合理的基准利率体系和基准利率形成机制,目前国内采取上海同业拆借利率(Shibor)作为基准利率,上海同业拆借利率由主要做市商成员每日提供的报价决定的,加之市场分割的存在,利率的传导机制尚不十分畅通,基准利率的形成机制尚不够健全。

(2) 金融市场体系不够完善。我国金融市场的发展起步较晚,目前仍然处于初期发展阶段,金融体系的不成熟性主要体现在缺乏监管机制、缺乏金融工具、投机机构规模较小、市场内部分割严重等方面。这直接导致金融市场的利率联动效应较弱,影响了市场流动性,资产间缺乏有效竞争。

(3) 银行业和企业的风险值得关注。在整个金融体系中,商业银行属于最为薄弱的环节,在利率市场化的进程中,商业银行面临着最大的不确定性,市场风险、信用风险和操作风险等不断攀高,另一方面,银行为追求提高利润回报提高利率,也增加了企业的筹资风险,商业银行自身的坏账风险也相应提高。

(4) 金融创新不足。从西方国家的历史经验来看,市场化利率的形成一方面是政府和货币当局政策驱动的结果;另一方面则是金融创新和金融自由化带来的自发的结果。在我国,银行属于垄断行业,垄断成本低于创新成本,因此长期以来银行业缺乏创新的动力。另一方面,受制度因素影响,由于缺乏导向性和激励性政策,金融行业在实施分业管理的过程中,交叉领域的联系性较弱,行业内部整体协同合作较少,也限制了金融产品的创新发展。

总而言之,我国利率市场化当前存在的最主要问题在于,首先,缺乏一个有效的基准利率体系以及基准利率的形成机制;再者,由于市场分割等因素,我国的利率传导机制尚不畅通。而未来我国利率市场化继续深入的主要着力点便在于培养一个合理的基准利率体系和基准利率的形成机制,并进一步打通利率的传导渠道。

6.4.5 影响利率变化的因素

利率变化的影响因素主要有经济因素、政策因素和制度因素。经济因素包括经济周期、通货膨胀、税收等对利率的影响;政策因素指一国的货币政策、财政政策、汇率政策等经济政策的实施对利率的影响;制度因素主要指利率管制下的利率状况。

具体的说,影响利率变动的因素主要有以下几点:

第一,利润的平均水平。既然利息是利润的一部分,利润本身就成为利息的最高界限。因此,利率总在利润率与零之间上下摆动,并随利润率的缓慢下降在长期内有下降趋势。

第二,资金的供求状况。在市场经济条件下,作为金融市场上的商品的"价格"——利率,与其他商品的价格一样受供求规律的制约。

第三,借贷风险。在借贷资金运动过程中可能出现各种风险,如资金不能按期完全收回的违约风险,物价上涨的资金贬值风险,或更有利的投资机会出现后贷款人承受的机会成本损失风险。一般而言,风险越大,则利率要求越高。

第四,国际经济形势。国际间资金流动、商品竞争、外汇储备量及外贸政策都会对利率产生影响。就开放经济而言,国际经济形势对利率的影响主要体现在国际利率与汇率会影响资金流出入,从而引起国内利率的变动。一般而言,国内利率有向国际利率靠拢的趋势;国内市场利率随本币贬值而下降,随本币升值而上升。

第五,国家经济政策。利率取决于国家调节经济的需要,是实现经济目标的工具。国家往往根据其经济政策来干预利率水平,同时又通过调节利率来影响经济。

总之,决定利率及影响利率变动的因素很多很复杂,其中,最终起决定作用的是一国经济活动的状况。因此,要分析一国利率现状及变动,必须结合该国国情,充分考虑到该国的具体情况。

6.5 我国利率市场化改革

中国经济从计划经济向市场经济转变的过程中,金融业逐步开始转型。在以往计划经济条件下,中国对利率和汇率实行管制,但 1978 年改革开放后,开始逐步建立社会主义市场经济体系,市场在资源优化配置中发挥重要作用,利率作为重要的宏观经济指标,对经济的影响越来越大,利率的市场化改革显得也越来越重要。适应市场经济的要求,中国的利率逐步由政府管制向市场调节转变。

第6章 我国的利率调控

中国扩大对外开放,促进金融改革,同时又要防范可能出现金融风险,因此中国的利率市场化改革采取的是渐进式原则,做到积极主动,风险可控。渐进式改革一是有利于防范过快的市场化可能造成金融市场的混乱,避免短期内投机资本的过度流动;二是保证计划性利率向市场利率平稳过渡,引导市场参与者的行为,逐步缩小放松管制后的利率和市场真实利率差异;三是有利于中央银行宏观调控的实施,在市场机制还不成熟的条件下放开利率会限制中央银行宏观调控的能力,因此中国在市场机制逐步完善的基础之上,使隐含利率逐步市场化。

价格机制是市场经济的核心机制之一,是资源稀缺状况的反应和市场进行资源配置的重要信号。利率反映了资金的价格,是金融市场上的重要信号,因而利率机制是金融市场的核心机制之一,其反映了资金的供需状况并发挥着引导资金流动实现资金资源配置的重要功能。除此之外,利率还是货币当局执行货币政策的重要依据和工具,通过观察市场上的利率,货币当局可以确定资金的供求状况,且根据货币政策目标来制定和调整货币政策,同时,利率本身也是货币政策工具,通过设定一定的利率目标或者基准利率,货币当局可以影响到市场利率,从而实现信用紧缩或者信用扩张的目标进而促进货币政策最终目标的实现。

要充分发挥作为金融市场核心机制的利率机制在反映资金稀缺程度、配置资金以及在货币政策运用中的作用,实现充分的利率市场化是必不可少的,容易看到,如果利率没有充分的市场化,而是完全由货币当局决定,或者利率在传导过程中存在各种阻塞,利率是很难反应资金真正的供求状况的,也难以实现通过利率来配置资金资源或者实现货币政策目标的作用。我国"十三五"规划中指出:完善货币政策操作目标、调控框架和传导机制,构建目标利率和利率走廊,推动货币政策由数量型向价格型转变。可见,在未来我国货币政策调控框架的转型中,实现以目标利率和利率走廊来进行货币政策调控是我国货币政策框架转型的方向,无论是目标利率还是利率走廊,核心都在于利率。市场化的利率在这样的货币政策转型中无疑是必要的。

除了市场化的利率之外,在实现向价格型的货币政策调控转型中,基准利率的确定也是必不可少的。基准利率应当是建立在充分的市场流动性、良好的市场主体以及多元参与市场结构基础上的货币市场利率,且满足相关性、可控性、传导性和稳定性要求。

6.5.1 中国的利率政策的演变

6.5.1.1 中国利率市场化改革政策的历史回顾

我国的利率形成的历史背景开始于20世纪50年代初至20世纪80年代末期。在这段时期内我国主要施行的是计划经济。在计划经济时期,由于市场在资源配置中并不能发挥作用,在这段时期内信贷更多采取中央配给的办法,利率由中国人民银行直接指定,同时,由于尚未建立起货币市场,不同的部门和单位之间、微观主体之间面临的资金供给和需求之间是阻断的,因此也不存在利率的传导问题,也就不存在利率的市场化程度一说。我国的经济体制改革始于1978年十一届三中全会后,随后我国逐步确立了建立社会主义市场经济体制的经济体制改革目标。要建立市场经济体制,使市场在资源配置中发挥应有的作用,必然要使作为市场机制核心机制的价格机制发挥作用。而我国也开启了利率市场化的步伐。

在中国集中的计划经济时期(1949—1978),利率受到政府的严格管制,金融机构没有任何利率自主权。计划经济条件下的利率政策有以下特征。

一是利率高度集中的管理体制。计划经济条件下,物资、信贷的分配权都掌握在国家手中,货币的能动性被大大地降低。作为实物经济的对立面,货币只能消极地、静态地去与物资相平衡。因此,没有必要利用利率去调节货币的供求,以低利率政策为主,过低的利率水平主要是为了大规模的经济建设服务。

二是利率政策的目标是为了适应社会主义改造和社会主义建设。计划经济体制下,利率作为经济杠杆的功能蜕化了,利率政策的目标也不是为了促进社会生产力的发展,而是服务于社会主义改造和社会主义建设。

1978年以后,严格的利率管制政策逐渐松动,利率调整频率增加,商业性金融机构有了一定的利率浮动权。2003年,党的十六届三中全会《关于完善社会主义市场经济体制若干问题的决定》进一步指出"稳步推进利率市场化,建立健全由市场供求决定的利率形成机制,中央银行通过运用货币政策工具引导市场利率"[①],利率市场化继续向前推进,但中国利率变化还不能够充分影响价格水平(Aaron N. Mehrotra,2007)。

6.5.1.2 中国的利率市场化改革实践

1. 货币市场利率市场化

在我国集中的计划经济时期,利率受到政府的严格管制,金融机构没有任何利率自主权。利率政策在动员社会闲散资金、促进企业加强经营管理这种低层次的目标下,对国民经济运行发挥着极小的影响作用。1978年以后,严格的利率管制政策逐渐松动,利率调整频率增加,商业性金融机构有了一定的利率浮动权。全国同业拆借利率、国债、金融债回购等货币市场利率率先实现了市场化,但占社会融资份额很大比例的存贷款利率仍由中央银行确定。《商业银行法》第31条规定:"商业银行应当按照中国人民银行规定的存款

---

① 中国人民银行货币政策分析小组:《稳步推进利率市场化报告》,中国货币政策执行报告增刊,2005年1月。

利率的上下限,确定存款利率,并予以公告。"第 47 条规定:"商业银行不得违反规定提高或者降低利率以及采用其他不正当手段,吸收存款,发放贷款。"《人民币利率管理规定》第 5 条规定:"中国人民银行制定、调整以下利率:中国人民银行对金融机构存、贷款利率和再贴现利率;优惠贷款利率;罚息利率;同业存款利率;利率浮动幅度。"

利率政策是我国货币政策的重要组成部分,也是货币政策实施的主要手段之一。目前,中国人民银行采用的利率工具主要有:(1)调整中央银行基准利率,包括:再贷款利率,指中国人民银行向金融机构发放再贷款所采用的利率;再贴现利率,指金融机构将所持有的已贴现票据向中国人民银行办理再贴现所采用的利率;法定存款准备金利率,指中国人民银行对金融机构交存的法定存款准备金支付的利率;超额存款准备金利率,指中央银行对金融机构交存的准备金中超过法定存款准备金水平的部分支付的利率。(2)调整金融机构法定存贷款利率。(3)制定金融机构存贷款利率的浮动范围。(4)制定相关政策对各类利率结构和档次进行调整等。我国人民币存贷款的基准利率由中国人民银行统一制定,存款利率主要依据存款期限的长短;从贷款来看,中国人民银行规定不同期限贷款的法定基准利率,从而对利率的期限结构直接进行规定。

1993 年,党的十四大《关于金融体制改革的决定》提出,我国利率改革的长远目标是:建立以市场资金供求为基础,以中央银行基准利率为调控核心,由市场资金供求决定各种利率水平的市场利率管理体系。

1996 年,中国利率市场化进程正式启动,1996 年 6 月 1 日人民银行放开了银行间同业拆借利率。1996 年,财政部通过证券交易所市场平台实现了国债的市场化发行,1997 年 6 月,借鉴拆借利率市场化的经验,银行间债券回购利率和现券交易价格同步放开,由交易双方协商确定。1998 年 9 月,国家开发银行在银行间债券市场首次进行了市场化发债,1999 年 10 月,国债发行也开始采用市场招标形式,从而实现了银行间市场利率、国债和政策性金融债发行利率的市场化。

全国同业拆借利率、国债、金融债回购等货币市场利率实现市场化,但占社会融资份额很大比例的存贷款利率仍由中央银行确定。我国人民币存贷款的基准利率由中国人民银行统一制定,存款利率主要依据存款期限的长短;从贷款来看,中国人民银行规定不同期限贷款的法定基准利率,从而对利率的期限结构直接进行规定。

2. 存贷款利率的市场化

长期以来,利率和汇率市场化改革一直是我国金融改革的重要任务。在我国集中的计划经济时期,利率受到政府的严格管制,金融机构没有任何利率自主权。1987 年 1 月,人民银行首次进行了贷款利率市场化的尝试,规定商业银行贷款可按国家规定的流动资金贷款利率为基准上浮贷款利率,最高浮动幅度为 20%。1996 年 5 月,为减轻企业的利息支出负担,流动资金贷款利率的上浮幅度由 20% 缩小为 10%,下浮 10% 不变。1998 年、

1999年人民银行连续三次扩大金融机构贷款利率浮动幅度,为鼓励金融机构支持中小企业的发展,对中小企业的贷款利率最高上浮幅度由10%扩大为30%;农村信用社贷款利率最高上浮幅度由40%扩大到50%;对大型企业的贷款利率最高上浮幅度仍为10%,下浮幅度为10%。2002年初开始,根据央行的统一部署,分布在全国的8家县市的农村信用社率先进行浮动利率的试点。分别是:浙江省的瑞安市信用联社和苍南县信用社;黑龙江省的甘南县信用联社;吉林省的通榆县信用社和洮南市洮府信用社;福建省的连江县信用社和泉州市的泉港区信用社;内蒙古自治区的扎兰屯市信用联社。被允许的存款利率的最大浮动范围是30%,贷款利率的最大浮动范围是100%。实施浮动利率后,部分资金从国有四大商业央行"搬家"到试点信用社,贷款利率大幅上扬,贷款数量持续增长①。

2003年以来,人民银行在推进贷款利率市场化方面迈出重要步伐:2003年8月,允许试点地区农村信用社的贷款利率上浮不超过贷款基准利率的2倍;2004年1月1日,人民银行决定商业银行、城市信用社贷款利率浮动区间扩大到[0.9,1.7],农村信用社贷款利率浮动区间扩大到[0.9,2],贷款利率浮动区间不再根据企业所有制性质、规模大小分别制定,而是根据企业的信誉、风险等因素确定。2004年10月29日,中央银行在调高商业银行存贷利率的同时,宣布彻底放开金融机构(不含城乡信用社)贷款利率的上限,城乡信用社贷款利率浮动上限扩大为基准利率的2.3倍,所有金融机构贷款利率下限仍为基准利率的0.9倍,实现了"上限放开、下限管理"的既定目标,标志着我国利率市场化顺利实现了"贷款利率管下限、存款利率管上限"的阶段性目标。这些措施表明,央行对商业银行的利率管制将越来越松,商业银行将获得更大的存款和贷款利率自主定价权。从近几年我国贷款利率的浮动来看,国有独资商业银行、股份制商业银行和区域性商业银行利率区间主要在[0.9 1)、1和(1 1.3];政策性银行主要在[0.9 1)、1;农村信用社和城乡信用社主要处于上浮区间。2013年7月20日,我国全面放开金融机构贷款利率管制,取消金融机构贷款利率0.7倍的下限,由金融机构根据商业原则自主确定贷款利率水准。同时取消票据贴现利率管制,改变贴现利率在再贴现利率基础上加点确定的方式,由金融机构自主确定,对农村信用社贷款利率不再设立上限。

人民币存款利率市场化也取得了重要进展。1999年10月,人民银行批准中资商业银行法人对中资保险公司法人试办由双方协商确定利率的大额定期存款(最低起存金额3 000万元,期限在5年以上不含5年),进行了存款利率改革的初步尝试。2002年2月和12月,协议试点的存款人范围扩大到全国社会保障基金理事会和已完成养老保险个人账户基金改革试点的省级社会保险经办机构。2003年11月,商业银行农村信用社可以开办

---

① 参见《浮动利率试点悄然起步》,《上海证券报资本周刊》,2012-05-19,第一版。

邮政储蓄协议存款(最低起存金额3 000万元,期限降为3年以上不含3年)。2004年10月29日,人民银行决定允许金融机构人民币存款利率在不超过各档次存款基准利率的范围内下浮。标志着我国利率市场化顺利实现了"贷款利率管下限、存款利率管上限"的阶段性目标,经济变量对利率也越来越敏感(Tuuli Koivu,2009)。2012年6月8日,央行宣布将金融机构存款利率浮动区间的上限调整为基准利率的1.1倍,将金融机构贷款利率浮动区间的下限调整为基准利率的0.8倍。此前,按照央行有关规定,我国一般金融机构存款利率不允许有浮动区间,而贷款利率浮动区间的下限为基准利率的0.9倍,这是自2004年10月以来利率市场化进程再次迈出的实质性一步。2014年11月22日,继续将金融机构存款利率浮动区间的上限由存款基准利率的1.1倍调整为1.2倍。2015年3月1日,将金融机构存款利率浮动区间的上限由存款基准利率的1.2倍调整为1.3倍。2015年5月11日起将金融机构存款利率浮动区间的上限由存款基准利率的1.3倍调整为1.5倍。2015年8月26日中央银行放开一年期以上(不含一年期)定期存款的利率浮动上限,活期存款以及一年期以下定期存款的利率浮动上限不变。2015年10月24日,中央银行对商业银行和农村合作金融机构等不再设置存款利率浮动上限,利率弹性不断增加,利率市场化改革稳步推进。目前我国利率管制基本放开,金融市场主体可按照市场化的原则自主协商确定各类金融产品定价。但取消对利率浮动的行政限制后,央行利率调控会更加依赖市场化的货币政策工具。

表6-13 中国利率市场化改革进程

时 间	利率市场化改革项目
1993年	《关于建立社会主义市场经济体制改革若干问题的决定》和《国务院关于金融体制改革的决定》最先明确利率市场化改革的基本设想
1995年	《中国人民银行关于"九五"时期深化利率改革的方案》初步提出利率市场化改革的基本思路
1996年6月1日	放开银行间同业拆借市场利率,实现由拆借双方根据市场资金供求自主确定拆借利率
1997年6月	银行间债券市场正式启动,同时放开了债券市场债券回购和现券交易利率
1998年3月	改革再贴现利率及贴现利率的生成机制,放开了贴现和转贴现利率
1998年8月	国家开发银行在银行间债券市场首次进行了市场化发债
1998年9月	放开了政策性银行金融债券市场化发行利率
1998年	将金融机构对小企业的贷款利率浮动幅度由10%扩大到20%,农村信用社的贷款利率最高上浮幅度由40%扩大到50%
1999年9月	成功实现国债在银行间债券市场利率招标发行,从而实现了银行间市场利率、国债和政策性金融债发行利率的市场化

(续表)

时间	利率市场化改革项目
1999年10月	对保险公司大额定期存款实行协议利率,对保险公司3 000万元以上、5年以上大额定期存款,实行保险公司与商业银行双方协商利率的办法
1999年	允许县以下金融机构贷款利率最高可上浮30%,将对小企业贷款利率的最高可上浮30%的规定扩大到所有中型企业
2000年9月21日	实行外汇利率管理体制改革,放开了外币贷款利率;300万美元以上的大额外币存款利率由金融机构与客户协商确定
2002年3月	将境内外资金融机构对中国居民的小额外币存款,纳入人民银行现行小额外币存款利率管理范围,实现中外资金融机构在外币利率政策上的公平待遇
2002年	扩大农村信用社利率改革试点范围,进一步扩大农信社利率浮动幅度;统一中外资外币利率管理政策
2003年7月	放开了英镑、瑞士法郎和加拿大元的外币小额存款利率管理,由商业银行自主确定
2003年11月	对美元、日元、港币、欧元小额存款利率实行上限管理,商业银行可根据国际金融市场利率变化,在不超过上限的前提下自主确定
2004年1月1日	人民银行再次扩大金融机构贷款利率浮动区间。商业银行、城市信用社贷款利率浮动区间扩大到[0.9,1.7],农村信用社贷款利率浮动区间扩大到[0.9,2],贷款利率浮动区间不再根据企业所有制性质、规模大小分别制定。扩大商业银行自主定价权,提高贷款利率市场化程度,企业贷款利率最高上浮幅度扩大到70%,下浮幅度保持10%不变。在扩大金融机构人民币贷款利率浮动区间的同时,推出放开人民币各项贷款的计、结息方式和5年以上贷款利率的上限等其他配套措施
2004年3月25日	中国人民银行对金融机构实行再贷款浮息制度,在再贷款(再贴现)基准利率基础上,适时确定并公布中央银行对金融机构贷款(贴现)利率加点幅度,提高了中央银行引导市场利率的能力
2004年10月29日	中央银行宣布彻底放开贷款利率的上限,城乡信用社贷款利率最高上浮系数为贷款基准利率的2.3倍,贷款利率下限仍为基准利率的0.9倍,并首次允许存款利率下浮。商业银行的利率决定基本进入市场化阶段,获得更大的存款和贷款利率自主定价权
2004年11月18日	上调境内商业银行一年期美元小额外币存款利率上限0.312 5个百分点,调整后利率上限为0.875%;人民银行不再公布两年期美元、欧元、日元、港元小额外币存款利率上限,改由商业银行自行确定并公布两年期小额外币存款利率
2006年4月28日	中国人民银行上调金融机构贷款基准利率。金融机构一年期贷款基准利率上调0.27个百分点,由现行的5.58%提高到5.85%。其他各档次贷款利率也相应调整。金融机构存款利率保持不变
2006年8月19日	中国人民银行上调金融机构人民币存贷款基准利率。金融机构一年期存款基准利率上调0.27个百分点,由现行的2.25%提高到2.52%;一年期贷款基准利率上调0.27个百分点,由现行的5.85%提高到6.12%;其他各档次存贷款基准利率也相应调整,长期利率上调幅度大于短期利率上调幅度。同时,进一步推进商业性个人住房贷款利率市场化。商业性个人住房贷款利率的下限由贷款基准利率的0.9倍扩大为0.85倍,其他商业性贷款利率下限保持0.9倍不变

(续表)

时 间	利率市场化改革项目
2007年3月18日	自2007年3月18日起上调金融机构人民币存贷款基准利率。金融机构一年期存款基准利率上调0.27个百分点,由现行的2.52%提高到2.79%;一年期贷款基准利率上调0.27个百分点,由现行的6.12%提高到6.39%;其他各档次存贷款基准利率也相应调整
2007年5月19日	从2007年5月19日起,上调金融机构人民币存贷款基准利率。金融机构一年期存款基准利率上调0.27个百分点,一年期贷款基准利率上调0.18个百分点,其他各档次存贷款基准利率也相应调整。个人住房公积金贷款利率相应上调0.09个百分点
2007年7月21日	自2007年7月21日起上调金融机构人民币存贷款基准利率。金融机构一年期存款基准利率上调0.27个百分点,由现行的3.06%提高到3.33%;一年期贷款基准利率上调0.27个百分点,由现行的6.57%提高到6.84%;其他各档次存贷款基准利率也相应调整。个人住房公积金贷款利率相应上调0.09个百分点
2012年6月8日	自2012年6月8日起将金融机构存款利率浮动区间的上限调整为基准利率的1.1倍;将金融机构贷款利率浮动区间的下限调整为基准利率的0.8倍
2013年7月20日	自2013年7月20日起全面放开金融机构贷款利率管制。取消金融机构贷款利率0.7倍的下限,由金融机构根据商业原则自主确定贷款利率水准。取消票据贴现利率管制,改变贴现利率在再贴现利率基础上加点确定的方式,由金融机构自主确定。对农村信用社贷款利率不再设立上限。为继续严格执行差别化的住房信贷政策,促进房地产市场健康发展,个人住房贷款利率浮动区间暂不作调整
2013年	央行开始推进同业存单发行和交易,有序推进利率市场化工作,建立市场利率定价自律机制
2014年11月22日	将金融机构存款利率浮动区间的上限由存款基准利率的1.1倍调整为1.2倍
2015年3月1日	将金融机构存款利率浮动区间的上限由存款基准利率的1.2倍调整为1.3倍
2015年3月31日	推出储蓄保险制度
2015年6月2日	中国人民银行发布了《大额存单管理暂行办法》
2015年10月24日	自2015年10月24日起实行降息、降准,同时放开银行等金融机构存款利率浮动上限,对商业银行和农村合作金融机构等不再设置存款利率浮动上限

资料来源:收集自《中国货币政策报告》相关各期及中国人民银行网站 www.pbc.gov.cn 相关新闻。

表6-13总结了我国自1993年以来利率市场化改革的主要步骤,从中国利率市场化改革可以看出,中国利率市场化改革原则上遵循先贷款后存款、先大额后小额、先农村后城市、先货币市场后信贷市场的步骤。在这一进程中,中国的利率体系将是管制和市场利率并存、有限浮动和自由浮动并存。

为了推进存款利率的市场化,需要推进存款保险制度的建设。我国的存款保险制度早在 1993 年开始就提出讨论,到 2014 年开始立法,经历了 21 年。长期以来,中国老百姓并不关心储蓄保险,因为中国的银行大部分是国有银行,由政府信用支撑,老百姓相信如果银行出现问题,政府一定会提供支持,这就是老百姓储蓄最大的保险。但是,随着商业银行的市场化改革,商业银行自主经营自负盈亏,出现问题,政府不会再兜底,为了保护储蓄者的利益,银行存款需要保险,实行有限赔付和基于风险的差别费率,保护中小储蓄者的利益。2014 年 11 月 30 日,银行存款保险制度开始征求意见,2015 年 3 月 31 日正式发布,从 2015 年 5 月开始实施。

　　2015 年 6 月 2 日,为规范大额存单业务发展,拓宽存款类金融机构负债产品市场化定价范围,有序推进利率市场化改革,中国人民银行制定了《大额存单管理暂行办法》。大额存单是指由银行业存款类金融机构面向非金融机构投资人发行的、以人民币计价的记账式大额存款凭证,是银行存款类金融产品,属一般性存款,大额存单的利率是市场化定价,有利于完善我国利率市场化改革。

　　我国还建立了市场利率定价自律机制,市场利率定价自律机制是由金融机构组成的市场定价自律和协调机制,旨在符合国家有关利率管理规定的前提下,对金融机构自主确定的货币市场、信贷市场等金融市场利率进行自律管理,维护市场正当竞争秩序,促进市场规范健康发展。建立存贷款基准利率集中报价和发布机制,把市场基准利率报价从货币市场拓展至信贷市场。

　　此外,利率市场化要求强化金融监管,如果金融监管不严,银行相信它们不必承担高利率风险贷款的成本,因为政府会保护银行使其免受坏账的损失,那会鼓励银行从事高风险的贷款,银行体系的风险就会上升。因此,应该有一整套完善的法规和金融监管体系,使金融机构能够安全运营,避免企业和金融机构进行风险投机,引起金融体系的混乱。同时改革会计和审计制度,执行外部审计;执行充足的资本率和法定准备金率以保证过度信贷不发生;阻止信贷的过分集中;引入竞争,允许外国银行进入和其他非金融机构的发展。

6.5.1.3　中国利率的市场化改革政策建议

　　通常人们怀疑金融自由化改革和金融危机是否有某种联系,但研究该问题的专家弗赖(Fry;1995)认为,缺乏足够的管理和监督是金融改革失败的主要原因。早期中国的利率市场化改革主要是放松利率管制,增加人民币利率的浮动幅度,但是由于国有银行的高度垄断,市场竞争力较弱,利率市场化改革打破银行业的高度集中,鼓励民间资本进入金融市场(Xiaoqing Fu, Shelagh Heffernan, 2009)。信贷市场没有形成充分竞争的市场基础,民间借贷不规范,中小企业贷款难等问题日益突出,竞争性的市场利率难以形成。中国的利率市场化改革不仅仅是利率的本身问题,需要培育有广度、有深度的市场基础。

(1) 鼓励民营资本进入金融领域,推动金融领域的市场化改革。2012年3月28日,中央决定在温州设立金融综合改革试验区,规范发展民间融资。鼓励和支持民间资金参与地方金融机构改革,依法发起设立或参股村镇银行、贷款公司、农村资金互助社等新型金融组织。在温州建立金融综合改革试验区,有利于推进利率市场化,允许民间资本进入金融服务业,以及民间借贷合法化。温州将在利率市场化方面先行一步,允许温州地区的银行进行利率市场化改革,温州的成功经验将会向全国推广。

(2) 打破国有银行垄断。打破国有银行垄断,鼓励民间资本进入金融领域是下一步中国金融改革的重要步骤,让市场机制配置资源,风险和收益相匹配,引入民资本竞争,提升金融服务水平,也有利于推动利率的市场化。打破垄断,国有银行业将面临更大的挑战,金融产品的合理定价,将有利于存贷款利率的市场化改革。

(3) 提高商业银行管理水平和经营效率,鼓励金融创新。要建立充分竞争的市场,通过设立分行和银行兼并等措施,促进银行的竞争,加强国有银行的资产和负债管理,使银行建立起利益-风险的自我平衡约束机制。商业银行应积极参与国内和国际竞争,增加对风险、融资成本的敏感程度,促进金融创新,提升服务质量,促进合理利率水平和利率结构的形成。

(4) 发展小额贷款公司和村镇银行。为缓解中小企业融资难题,2008年银监会出台了《关于小额贷款公司试点的指导意见》,鼓励有实力的出资人,向中小企业融资,其利率可根据市场资金状况,灵活调整。对于温州符合条件的小额贷款公司还可改制为村镇银行,有利于增加贷款公司资金的来源。

(5) 储蓄保险制度。长期以来,中国虽然没有实行储蓄保险制度,但是公众都相信一旦银行出现问题,政府必然会出面干预,这实际上也是政府提供了一种隐性的担保。相比较而言,显性的储蓄保险比隐性的保险要更有效,在显性的保险情况下,银行要承担一部分成本,谨慎经营的行为相对较强;如果保险是隐性的,由于没有明确的责任义务划分,可能引发银行的寻租行为,不利于经营效率的提高,也不利于监管和信息的透明。目前,国家打破银行垄断,鼓励民间资本进入金融领域,应进一步完善储蓄保险制度,提高金融的稳定和风险防范机制。

(6) 完善法律、监管体系和进行金融机构改革。加强金融机构的监管和加快金融机构的改革(Lardy,1998),提高金融机构的管理水平和经营效率,降低商业银行的不良贷款,提高资金的使用效率,使利率真正反映资金运用的水平。

(7) 建立完善的信用评级体系。中国应该成立权威的信用评级机构,包括对商业银行和企业的经营状况和资信进行评估,这在利率水平的确定中起着十分重要的作用,不同信用等级的银行和企业所获得的利率是不同的,如中央银行对商业银行的贷款和商业银行对企业的贷款应该考虑不同的信用等级采取差别利率。这也是在利率市场化过程中应该做的一项工作。

与货币政策数量型工具相比,价格型工具(主要是利率)可能会更加有效(Wenlang Zhang,2009)。实际上中国的管制利率和市场利率并存,利率市场化改革要建立在一定的条件基础之上。

(1) 控制通货膨胀。一方面,通货膨胀导致实际利率下降,不利于资源的有效分配;另一方面也严重干扰了居民和企业的预期,导致金融产品的定价不稳定和不合理。

(2) 降低准备金率和准备金的利率,直至最终取消对准备金付息。对准备金付息加大了中央银行的成本,并且准备金的利率水平成为货币市场利率的底线,不利于市场化利率的形成。

(3) 基准利率的使用。中央银行要逐渐依赖基准利率来调控货币市场的利率,因为基准利率直接影响着银行的存贷款利率水平和结构,中央银行合理地调整基准利率的结构和水平,存贷款利率会相应变动。

(4) 货币政策工具能影响银行信贷资金的边际成本。这当然要求完善货币市场和优先发展同业拆借市场,因为提高货币政策工具的有效性是利率市场化的前提。货币市场的利率是银行信贷资金边际成本的调控器。央行要发展公开市场业务和再贴现机制,使同业拆借利率和再贴现利率成为调控银行信贷边际成本的重要手段。

(5) 本国市场决定的借贷利率对本国货币政策和国际利率、汇率的反应要及时。随着利率的市场化改革和资本账户的开放,货币政策的工具操作和国外利率和汇率的变化,直接影响着货币市场的利率,影响着银行的信贷资金成本。

(6) 逐步形成市场主导的合理的金融产品的收益率曲线。收益率曲线是商业银行中长期贷款、中长期债券,特别是中长期固定利率贷款和固定利率债券定价的重要参考。形成完整合理收益率曲线需要大力发展货币市场和中长期债券市场,一方面需要优化各期限国债结构,逐步实现国债余额管理和滚动发行,增加短期国债发行的数量和频率;另一方面,还需要大力丰富金融产品,鼓励发展直接融资特别是金融债券、企业债券市场、CD和商业票据市场,允许商业银行和企业发行短期和长期债务工具等,从而引导金融市场向纵深发展。

6.6 房贷利率和外币利率的市场化

房地产业是我国国民经济的重要行业,中国的建筑和房地产业的增加值约占 GDP 比例的 10%。房地产既是消费品,也可以是投资品。1998 年以后,我国取消了住房实物分配制度,买房的按揭政策实施,国家金融部门对房地产的支持力度不断加大。

1998年，当时贷款基准利率超过10%，个人购房意愿不强，住房制度改革进展不大，人民银行决定对居民住房贷款实行优惠利率。1999年9月，人行调整个人住房贷款的期限和利率，将个人住房贷款最长期限从20年延长到30年，同时对自营性个人住房贷款实行优惠利率，设有5年以下和5年以上两个档次的固定利率，5年以下的贷款利率为5.31%，5年以上的贷款利率为5.58%。为了鼓励居民个人买房，2002年2月21日中国人民银行又下调了住房贷款利率，两个档次的利率分别下调为：4.77%和5.04%。

同时，国家对公积金贷款期限也作了相应调整，5年以上的公积金贷款利率按4.59%执行，5年以内的按4.14%执行。2002年2月21日开始，中国人民银行再次降低个人住房公积金贷款利率水平，5年以下（含5年）由4.14%下调为3.6%，5年以上由4.59%下调为4.05%。我国住房公积金的存款利率水平和我国存款利率的调整基本上是保持同步的，其目的也是要适应我国宏观经济调控的趋势。住房公积金存款利率调整影响住房消费，利率上调，促进消费，利率下调，不利于买房。

6.6.1 房贷利率的变化

自1998年以来，我国个人住房贷款余额高速增长，由2004年18 018.5亿元上升到2018年6月底238 400亿元。14年间，个人住房贷款余额增长了约13.23倍。近年来个人住房贷款的增速较高（见图6-11），但有所下降。

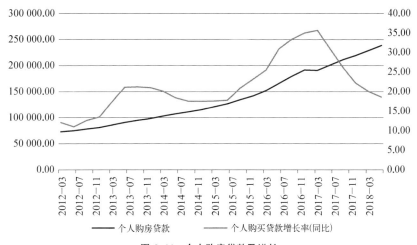

图 6-11　个人购房贷款及增长

国家在促进房地产业平稳、快速发展的同时，房地产业出现了投资势头过猛、房地产价格持续上升的现象。为了防范房地产泡沫，中国人民银行开始提高利率，压缩投资和需求,在提高贷款利率的同时,也提高了个人住房的贷款利率。

2004年10月29日,把个人住房的商业贷款利率分别提高到4.95%和5.31%;住房公积金贷款利率提高到3.78%和4.23%。央行希望通过提高贷款利率,压缩住房需求,以保持房地产市场的平稳发展。由于投资增长过快、货币信贷投放过多、外贸顺差过大等矛盾仍然比较突出。2005年3月,人民银行对个人住房贷款的利率定价机制进行了市场化调整。2005年3月17日,中国人民银行调整了商业银行自营性个人住房贷款政策,将住房贷款优惠利率回归到同期贷款利率水平。同时人民银行实行下限管理,下限利率水平为相应期限档次贷款基准利率的0.9倍(见表6-14)。中国人民银行决定,自2006年8月19日起继续上调金融机构人民币存贷款基准利率。同时,中国人民银行进一步推进商业性个人住房贷款利率市场化,将其利率下限由贷款基准利率的0.9倍扩大到0.85倍。由于住房贷款的期限通常都要高于5年,因此住房贷款利率上升幅度为:5.814% - 5.751% = 0.063%,和贷款利率上升的幅度相比,涨幅不大,国家对住房消费有一定的保护和支持。

2007年3月—12月,央行6次上调人民币存贷款基准利率,进一步控制投资和物价的上涨。2008年9月国际金融危机爆发,2008年10月27日起,金融机构对居民首次购买自住房和改善型普通自住房提供贷款,其贷款利率的下限可扩大为贷款基准利率的0.7倍,最低首付款比例调整为20%(见表6-14)。这些措施表明,央行对商业银行的利率管制将越来越松,商业银行将获得更大的存款和贷款利率自主定价权。2008年12月,国务院办公厅下发《关于促进房地产市场健康发展的若干意见》,全方位刺激楼市,楼市又迎来了一波上涨的高潮。2009年6月,银监会下发《关于进一步加强按揭贷款风险管理的通知》,提示房地产信贷的风险,2010年上半年,颁布"国十一条",调控房地产,2010年下半年,首套房首付上调、加息等政策陆续出台,商业贷款首套房首付统一调至30%,之前90平方米首付20%的优惠取消,各银行将首套房优惠利率调至八五折,甚至一些银行取消了优惠利率。

表6-14 个人住房的商业贷款利率

单位:%

	6个月(含)	1年(含)	1年至3年(含)	3年至5年(含)	5年以上
1996年5月1日	9.72		13.14	14.94	15.12
1996年8月23日	9.18	10.08	10.98	11.7	12.42
1997年10月23日	7.65	8.64	9.36	9.9	10.53
1998年3月25日	7.02	7.92	9	9.72	10.35
1998年7月1日	6.57	6.93	7.11	7.65	8.01
1998年12月7日	6.12	6.39	6.66	7.2	7.56

第6章 我国的利率调控

(续表)

	6个月(含)	1年(含)	1年至3年(含)	3年至5年(含)	5年以上
1999年6月10日	5.58	5.85	5.94	6.03	6.21
2002年2月21日	5.04	5.31	5.49	5.58	5.76
2002年2月21日(优惠利率)		4.77	4.77	4.77	5.04
2004年10月29日	5.22	5.58	5.76	5.82	6.12
2004年10月29日(优惠利率)		4.95	4.95	4.95	5.31
2006年4月28日	5.40	5.85	6.03	6.12	6.39
2006年4月28日(优惠利率)	4.59	4.97	5.13	5.20	5.43
2006年8月19日	5.58	6.12	6.30	6.48	6.84
2006年8月19日(优惠利率)	4.74	5.20	5.36	5.51	5.81
2007年3月18日	5.67	6.39	6.57	6.75	7.11
2007年3月18日(优惠利率)	4.81	5.43	5.58	5.73	6.04
2007年5月19日	5.85	6.57	6.75	6.93	7.20
2007年5月19日(优惠利率)	4.97	5.58	5.74	5.89	6.12
2007年7月21日	6.03	6.84	7.02	7.20	7.38
2007年7月21日(优惠利率)	5.13	5.81	5.97	6.12	6.27
2007年8月22日	6.21	7.02	7.20	7.38	7.56
2007年8月22日(优惠利率)	5.28	5.97	6.12	6.27	6.43
2007年9月15日	6.48	7.29	7.47	7.65	7.83
2007年9月15日(优惠利率)	5.51	6.20	6.35	6.50	6.66
2007年12月21日	6.57	7.47	7.56	7.74	7.83
2007年12月21日(优惠利率)	5.58	6.35	6.43	6.58	6.66
2008年9月16日	6.21	7.20	7.29	7.56	7.74
2008年9月16日(优惠利率)	5.28	6.12	6.20	6.43	6.58
2008年10月9日	6.12	6.93	7.02	7.29	7.47
2008年10月9日(优惠利率)	5.20	5.89	5.97	6.20	6.35
2008年10月30日	6.03	6.66	6.75	7.02	7.20
2008年10月30日(优惠利率)	5.13	5.66	5.74	5.97	6.12
2008年11月27日	5.04	5.58	5.67	5.94	6.12
2008年11月27日(优惠利率)	3.53	3.91	3.97	4.16	4.28
2008年12月25日	4.86	5.31	5.40	5.76	5.94

(续表)

	6个月(含)	1年(含)	1年至3年(含)	3年至5年(含)	5年以上
2008年12月25日(优惠利率)	3.40	3.72	3.78	4.03	4.16
2010年10月20日	5.10	5.56	5.60	5.96	6.14
2010年10月20日(优惠利率)	4.335	4.726	4.76	5.066	5.219
2010年12月27日	5.35	5.81	5.85	6.22	6.4
2011年2月10日	5.60	6.06	6.10	6.45	6.6
2011年4月6日	5.85	6.31	6.40	6.65	6.8
2011年7月7日	6.10	6.56	6.65	6.90	7.05
2012年6月8日	5.85	6.31	6.40	6.65	6.8
2012年7月6日	5.60	6.00	6.15	6.40	6.55
2014年11月22日	5.60	5.60	6.00	6.00	6.15
2015年3月1日	5.35	5.35	5.75	5.75	5.9
2015年5月11日	5.10	5.10	5.50	5.50	5.65
2015年6月28日	4.85	4.85	5.25	5.25	5.4
2015年8月26日	4.60	4.60	5.00	5.00	5.15
2015年10月24日	4.85	4.85	5.25	5.25	5.4

资料来源:www.pbc.gov.cn。

2010—2012年,国家采取多项措施控制房地产的过度投资和房价的过快上涨,包括提高利率、提高首付款的比例和限购等措施。2013年我国经济进入新常态,中央继续加强和完善房地产市场的调控,我国也从重点发展房地产,转向强调经济结构的调整和转型升级,继续对房地产市场采取多种措施控制房价的上涨,保持房地产市场平稳健康的发展。2013—2014年个人住房商业贷款利率不断上升,但2015年又有所下降。2017年,我国房地产政策坚持"房子是用来住的,不是用来炒的"基调,从传统的需求端调整向供给侧增加进行转变,限购限贷限售叠加土拍收紧,供应结构优化,调控效果逐步显现。

房贷利率除了商业贷款利率,还有公积金贷款利率,1999年9月21日,国家对公积金贷款期限作了相应调整,5年以上的公积金贷款利率按4.59%执行,5年以内的按4.14%执行。2002年2月21日开始,中国人民银行再次降低个人住房公积金贷款利率水平,5年以下(含5年)由现行的4.14%下调为3.6%,5年以上由现行的4.59%下调为4.05%。2004年10月29日公积金贷款利率开始上调。2006年8月19日,在存贷款利率水平提高的情况下,也上调了住房公积金存款利率水平,应该有利于住房消费,体现了国家对住房消费的支持。由于我国房地产价格处于较高水平,公积金存款利率上调更多地体现了对消费者预期和信心的引导,对减轻消费者还贷的压力来说影响不大。

2007年,我国住房公积金的贷款利率水平和我国贷款利率的调整基本上保持同步,其目的也是要适应我国宏观经济调控的趋势(见表6-15)。住房公积金贷款利率调整影响了住房消费,因为利率上调,买房的利息支付增加。

表6-15 个人住房的公积金贷款利率　　　　　　　　单位:%

	5年以下(含5年)	5年以上
1997年1月	7.65	8.1
1999年9月21日	4.14	4.59
2002年2月21日	3.6	4.05
2004年10月29日	3.78	4.23
2005年3月17日	3.96	4.41
2006年4月28日	4.10	4.59
2007年3月18日	4.32	4.77
2007年5月19日	4.41	4.86
2007年7月21日	4.50	4.95
2007年8月22日	4.59	5.04
2007年9月15日	4.77	5.22
2008年9月16日	4.59	5.13
2008年10月9日	4.32	4.86
2008年10月30日	4.05	4.59
2008年11月27日	3.51	4.05
2008年12月25日	3.33	3.87
2011年4月6日	4.2	4.7
2011年7月7日	4.45	4.9
2012年6月8日	4.2	4.7
2012年7月6日	4	4.5
2014年11月22日	3.75	4.25
2015年3月1日	3.5	4.00
2015年5月11日	3.25	3.75
2015年6月28日	3.0	3.5
2015年8月26日	2.75	3.25

资料来源:www.pbc.gov.cn。

为了防范房地产泡沫,中国人民银行开始提高利率,压缩投资和需求,在提高贷款利率的同时,也就相应提高了个人住房的贷款利率。提高利率包括提高商业银行的贷款利率、提高第二套住房贷款利率的上浮区间。同时,一些商业银行还提高了第二套住房的首付和二手房的首付,甚至一些商业银行停止对二手房的信贷。2015年中国经济下行压力较大,央行持续下调基准利率,公积金贷款利率也随之下调。

我国住房公积金存款每年结息一次,每年6月30日为职工缴存的住房公积金结息日。住房公积金存款利率由人民银行制定,在结息年度(指上年7月1日至本年6月30日)内缴存的住房公积金按照人民银行规定的活期存款利率计息,上年结转的住房公积金本息,按照人民银行三个月整存整取利率计息。每年6月30日结息后,将住房公积金利息自动转入住房公积金本金,所得利息并入本金起息,且个人住房公积金不征收利息税。住房公积金制度有利于满足职工单位职工住房的基本要求,贷款利率比较低,减轻了买房的部分成本。

提高利率能从成本上抑制住房消费、控制银行信贷及开发商投资扩张冲动,然而在住房需求刚性、房地产市场价格不断上涨的情况下,同时长期以来,人民币升值,海外资本流入,开发商资金来源得到有效扩充,房价持续上涨,因此要不断加强对房地产市场的调控和管理。

6.6.2 外币存款利率的市场化改革

6.6.2.1 外币利率自主定价权增加

我国外币利率市场化改革是一个渐进的过程,先是外币贷款利率的市场化,然后是外币存款利率的市场化。2000年9月21日,我国开始实行外汇利率管理体制改革,放开了外币贷款利率,同时规定300万美元以上的大额外币存款利率由金融机构与客户协商确定。2002年3月,我国将境内外资金融机构对中国居民的小额外币存款,纳入人民银行现行小额外币存款利率管理范围,实现中外资金融机构在外币利率政策上的公平待遇。目前,相比人民币存贷款利率,我国对外币的存贷款利率管制较松,但外币利率的市场化仍有待进一步完善。外币利率自主定价权增加,境内外币利率市场化也在进一步推进。中国银行美元、欧元、英镑和日元的存款利率变动较大,利率水平出现相互交错的情形,反映了市场对资金供求的影响(图6-12)。

2003年7月,中央银行放开了英镑、瑞士法郎和加拿大元的外币小额存款利率管理,由商业银行自主确定。2003年11月,对美元、日元、港币、欧元小额存款利率实行上限管理,商业银行可根据国际金融市场利率变化,在不超过上限的前提下自主确定。2004年11月18日,上调境内商业银行一年期美元小额外币存款利率上限0.3125个百分点,调整后利率上限为0.875%;人民银行不再公布两年期美元、欧元、日元、港元小额外币存款利

第 6 章 我国的利率调控

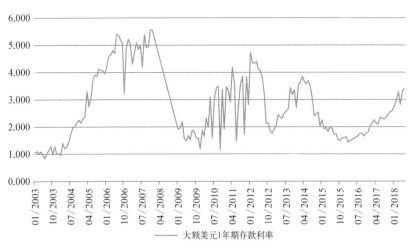

图 6-12 大额美元 1 年期存款利率

率上限,改由商业银行自行确定并公布两年期小额外币存款利率。自 2014 年 3 月 1 日起,上海自贸区开始放开小额外币存款利率上限。我国的外币小额存款利率呈现先下降后上升的趋势(见图 6-13)。

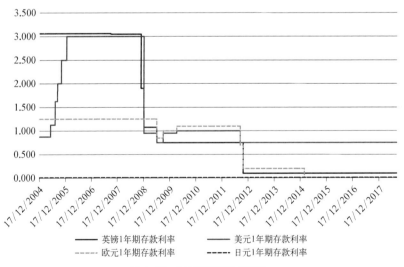

图 6-13 主要外币的存款利率

实际上,我国美元存款利率的调整和美国联邦基金利率的总体走势有一致性,图 6-14 是一年期国内美元利率和美国联邦基金利率走势图。比较可以很明显地看出利率走势的趋同性,但是由于不同金融市场供求关系的变化等,有时也会出现较大的偏离,这也给投机套利提供了机会。同时,由于近年来存在人民币的贬值预期,中国的国内美元利率水平高于美国的利率水平。

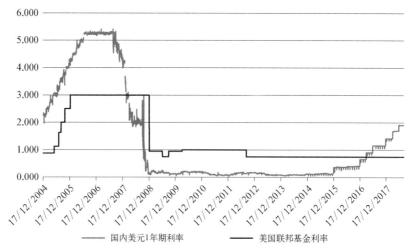

图 6-14　国内美元 1 年期利率和美国联邦基金利率

在资本账户开放的过程中,外币利率市场化改革有利于本外币利率之间的协调和联动,形成合理的本外币利率水平和利率结构。利率政策是我国货币政策的重要组成部分,也是货币政策实施的主要手段之一,我国将继续推进利率市场化,为资源的有效配置和货币政策的有效传导服务。

金融市场上的利率是相互联系、相互制约的,我国外币存款利率要受人民币存款利率和国际金融市场外币基准利率的影响。国际金融危机时期人民币 1 年期的存款利率为 2.25%;美联储的联邦基金利率为 0—0.25%;欧元的基准利率为 2%;日元的基准利率为 0.1%;港币的基准利率为 0.5%。而我国央行 2005 年 12 月 28 日规定美元、欧元、日元、港币等 1 年期存款利率水平的上限分别为:3.000%、1.250%、0.010 0%、2.625%,商业银行也基本上执行的是上限存款利率水平。由此可以看出,我国美元和港币存款利率不仅高于人民币存款利率,而且远高于美联储和香港的基准利率;欧元和日元存款利率低于人民币存款利率,也分别低于欧元区主导利率和日元的基准利率,这种利率之间的不一致性会导致套利资本的流动。

由于国际金融危机时期人民币对美元汇率保持相对稳定,根据利率平价的原理,人民币存款利率和美元的存款利率应该保持一致,这样投资者就不能够获得套利。国内美元存款利率也应该和国际金融市场的美元存款利率相同,投机者就不能够获得利差,否则必然会引发资本流动,导致国内外外币利率趋向于一致。当然,由于存在资本管制和投机的

第6章 我国的利率调控

交易成本,国内外的利率水平并不会完全相同,但会保持变动的趋势一致。如果美元存款利率和人民币存款利率不一致,在人民币对美元汇率稳定的情况下,存美元比存人民币合算,同样地,国内美元存款利率高于国外美元存款利率,资本会流向国内(这要取决于利差和资本流动的成本)。为了消除投机套利机制,随着人民币利率下调和国际金融市场外币利率下调,国内外币存款利率也会相应下调。如2008年12月21日,我国中、工、建行同时下调外币存款利率,其中中行对美元、英镑、港币、加拿大元、瑞士法郎、澳大利亚元和新加坡元的各档储蓄利率均进行了调整,港币和美元一年定存利率分别由此前的2.625%和3.0%下调至0.70%和0.95%;而工商银行在此次调降后的美元和港币的一年期存款利率分别为1.25%和1%,要高于其他银行。农行自2008年12月23日起,也下调了美元和港币小额存款利率,下调后的利率与中行相同。随后,其他商业银行也分别下调了外币存款利率,部分外资银行的存款利率要高于中资银行。

2009年,工农中建等四大国有银行相继调高美元、欧元、港元等外币品种的存款利率,引起了市场的关注。国有银行提高存款利率的水平意味着要吸引更多的外币存款,增加外币贷款,一是由于人民币升值预期上升,投资者更愿意借外币;二是央行和银监会加强了对银行信贷的调控,银行难以进一步扩大信贷规模,因此银行希望通过外币贷款扩大信贷。但这只是一种短期行为:一是外币存款利率仍低于人民币存款利率,外币存款利率并没有多少的吸引力。实际上,根据利率平价的原理,在人民币和美元汇率稳定的条件下,外币存款利率与人民币存款利率相比,仍然处于劣势。国际金融危机时期人民币1年期存款利率是2.25%,美元1年期的存款利率是0.95%(中国银行),存款利率远低于人民币存款利率,公众存美元还是没有存人民币合算。因此,外币存款利率上调对外币总的存款规模不会影响很大,只不过银行之间相互竞争争夺外币存款罢了。二是外币存贷款业务与人民币存贷款业务,不确定性仍然较高。对银行来说,2009年外币存贷款业务的利差大于人民币存贷款业务的利差,外币存贷款业务的利润相对较高,如人民币1年期贷款利率是5.31%,1年期的存款利率是2.25%,存贷款的利差是3.06%;而1年期美元存贷利差相对较大,以中国银行为例,美元1年期的存款利率为0.95%,1年期的贷款利率是4.5075%,利差为3.5575%,比人民币存贷款利差高0.4925%(见图6-15)。在人民币对美元汇率保持稳定的情况下,外币的贷款业务也优于人民币贷款业务,1年期贷款利率比人民币贷款利率低0.8025%,借外币更合算。对银行和企业来说,外币业务优于人民币业务,但是仍有一定的不确定性,企业借外币贷款,面临一定的交易成本,并且人民币对美元汇率也是小幅波动的,仍然存在汇率风险。

总结起来,我国的外币存款利率有以下特点:一是商业银行的外币存款利率和人民币的存款利率形成机制有所不同,外币存款利率的市场化程度较高;二是美元、欧元、日元和港币等存款利率已经放开,商业银行有更大的自主权决定外币存款利率;三是外币存款利

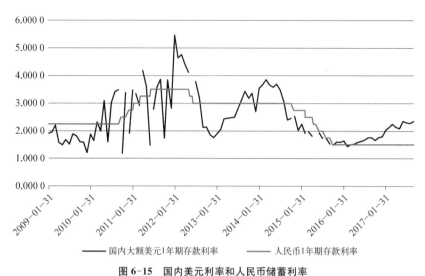

图 6-15 国内美元利率和人民币储蓄利率

率和人民币存款利率、国际金融市场外币存款利率变动往往会出现套利利差,随着国内外利率水平的调整,商业银行外币存款利率必须进行相应的调整。

6.7 中国利率的期限结构分析

6.7.1 利率的期限结构理论

根据西方学者的观点,在决定各种金融资产利率的因素中,期限因素始终是最主要的,因此,利率期限结构理论是利率结构理论的核心内容。利率期限结构指具有相同风险、流动性及税收待遇,但期限不同的金融工具具有不同的利率水平,反映了期限长短对其收益率的影响。期限结构理论所研究的是长短期利率间的关系以及两者变动所产生的影响等问题。在市场经济体制下,货币当局只能控制短期利率,而对实体经济产生影响的是长期利率,因而长期利率与短期利率间的关系稳定才能保证货币政策当局通过控制短期利率来控制长期利率,进而影响宏观经济运行,两者间稳定的关系在货币政策传导中起着重要作用。

国外关于利率期限结构理论的研究分为传统的利率期限结构理论和现代的利率期限结构理论。传统的利率期限结构理论主要集中于研究收益率曲线形状及其形成原因;现代的利率期限结构理论着重研究利率的动态过程。传统的利率期限结构理论包括三个理论:预期理论、流动性溢酬理论和市场分割理论。预期理论一般是指 Hicks-Lutz 理论,是利率期限结构理论中最主要的理论,它假定交易无税收、无风险且交易者理性预期,认为任何证券的利率都同短期证券的预期利率有关,远期利率反映出对未来的即期利率(spot rate)的预期。流动性溢酬理论(liquidity premiums theory)认为预期理论忽视风险规避因素是不完善的。预期理论假定债券市场的债券间存在完全的可替换性,而流动性溢酬理论认为这种完全替换性是不存在的,因为不同利率之间的相互关系不仅与对未来利率的预期有关,还与风险规避因素有关。市场分割理论将整个市场分为不同期限的更小的子市场,认为投资者受到法律、偏好或者投资期限习惯的限制,只能进入子市场中的一个,从而不同期限子市场的利率水平由本身市场的供求双方决定。西方债券市场的经验数据研究证明,三种理论模型中,预期理论表达了对于未来即期利率的信息;偏好理论的流动性升水在期限一年以内的政府债券定价中明显存在,而在一年期以上的债券中则不存在;市场分割理论的经验证明相对较弱。利率期限结构预期理论是金融理论和宏观经济理论的基石之一,它在预测利率未来变动、解释货币政策、建立宏观经济模型等方面都起着重要的作用。

现代的利率期限结构理论是指随机期限结构(stochastic term structure)模型。随机期限结构模型是刻画利率与期限(或时间)之间的非确定性函数关系及其变化规律的有效工具。常见的随机期限结构和衍生证券定价模型,按其研究方法可分为计量经济学的均衡模型(equilibrium models)和现代金融学的无套利模型(no-arbitrage models)两大类。

利率期限结构反映了货币政策信息。根据货币政策传导机制理论,短期利率的变化引起长期利率和股票价格的变化,使借款成本及财富水平发生变化,进而影响实际经济活动。即货币政策传导机制始于短期利率,终于商品和服务的实际支出。因而,估计货币政策操作的短期利率变动会如何影响长期利率的期限结构,是理解货币政策利率传导渠道的关键所在。

6.7.2 中国利率期限结构的实证研究

根据利率期限结构理论,n 期金融资产的收益率 $R_t^{(n)}$ 等于当期和将来每一期(m)预期收益率的加权平均和,$R_t^n = \frac{1}{k}\sum_{i=0}^{k-1} E_t r_{t+im}^m + \rho_{n,m}$,式中:$k = \frac{n}{m}$;$E_t r_{t+im}^m$ 表示 t 期对 $t+i$ 期金融资产收益率的预期;$\rho_{n,m}$ 表示不变的期限风险报酬。假定 $n = 9$,$m = 3$,有一种面值为 100 的金融资产投资期限为 9 个月,假定年利率为 R_t,固定的

风险报酬为 θ_R,则 9 个月的投资收益为:$100 \times \left(1 + (R_t + \theta_R) \times \dfrac{9}{12}\right)$,当然也可以先投资 3 个月,到期后再投资 3 个月,接着再滚动投资 3 个月。假定这几个 3 个月的投资收益率分别为 r_t, $E_t r_{t+1}$, $E_t r_{t+2}$,固定的风险报酬分别为 θ_{r0}, θ_{r1}, θ_{r2},则根据期限结构的有效假说:

$$100 \times \left(1 + (R_t + \theta_R) \times \frac{9}{12}\right) = 100 \times \left(1 + \frac{3}{12}(r_t + \theta_{r0})\right)$$
$$\left(1 + \frac{3}{12}(E_t r_{t+1} + \theta_{r1})\right)$$
$$\left(1 + \frac{3}{12}(E_t r_{t+2} + \theta_{r2})\right)$$

两边取对数能够得到:

$$\ln\left(1 + (R_t + \theta_R) \times \frac{9}{12}\right) = \ln\left(1 + (r_t + \theta_{r0}) \times \frac{3}{12}\right)$$
$$+ \ln\left(1 + (E_t r_{t+1} + \theta_{r1}) \times \frac{3}{12}\right)$$
$$+ \ln\left(1 + (E_t r_{t+2} + \theta_{r2}) \times \frac{3}{12}\right)$$

再根据 $\ln(1+x) \sim x$,因此:$(R_t + \theta_R) \times \dfrac{9}{12} = (r_t + \theta_{r0}) \times \dfrac{3}{12} + (E_t r_{t+1} + \theta_{r1}) \times \dfrac{3}{12} + (E_t r_{t+2} + \theta_{r2}) \times \dfrac{3}{12}$,即 $R_t = \dfrac{3}{9}(r_t + E_t r_{t+1} + E_t r_{t+2}) + \dfrac{3}{9}(\theta_{r0} + \theta_{r1} + \theta_{r2}) - \theta_R$

根据 $R_t^n = \dfrac{1}{k}\sum\limits_{i=0}^{k-1} E_t r_{t+im}^m + \rho_{n,m}$ 可知,长期利率和短期利率存在长期稳定的均衡关系。进一步为了分析问题的方便,假定 $\rho_{n,m} = 0$,则 $R_t^n = \dfrac{1}{k}\sum\limits_{i=0}^{k-1} E_t r_{t+im}^m$,两边减去短期利率 r_t^m,则

$$R_t^n - r_t^m = \frac{1}{k} r_t^m + \frac{1}{k} E_t r_{t+1\times m}^m + \frac{1}{k} E_t r_{t+2\times m}^m + \cdots$$
$$+ \frac{1}{k} E_t r_{t+(t-1)\times m}^m - \frac{1}{k} E_t r_{t+1\times m}^m + \frac{1}{k} E_t r_{t+1\times m}^m - r_t^m$$
$$= \frac{1}{k}(E_t r_{t+1\times m}^m - r_t^m) + \frac{1}{k}(E_t r_{t+2\times m}^m - E_t r_{t+1\times m}^m)$$

$$+ \cdots + \frac{1}{k} E_t r^m_{t+(t-1)\times m} + \frac{1}{k}(E_t r^m_{t+1\times m} - r^m_t) - \frac{k-3}{k} r^m_t$$

$$= \frac{2}{k}(E_t r^m_{t+1\times m} - r^m_t) + \frac{1}{k}(E_t r^m_{t+2\times m} - E_t r^m_{t+1\times m})$$

$$+ \cdots + \frac{1}{k} E_t r^m_{t+(t-1)\times m} - \frac{k-3}{k} r^m_t$$

$$= \cdots \cdots = E_t \sum_{i=0}^{k-1} \left(1 - \frac{i}{k}\right) \Delta^m r^{(m)}_{t+im}$$

因此长期利率与短期利率之差：

$$S_t^{(n,m)} = E_t \sum_{i=0}^{k-1} \left(1 - \frac{i}{k}\right) \Delta^m r^{(m)}_{t+im} + \rho_{n,m}, \text{式中}: S_t^{(n,m)} = R_t^{(n)} - r_t^{(m)}。同样，假定$$

$\theta_R = \theta_{r0} = \theta_{r1} = \theta_{r2} = 0$，则由 $R_t = \frac{3}{9}(r_t + E_t r_{t+1} + E_t r_{t+2})$ 能够得到：

$$S_t^{(n,m)} = \frac{1}{3}(r_t + E_t r_{t+1} + E_t r_{t+2}) - r_t + E_t r_{t+1} - E_t r_{t+1}$$

$$= \frac{2}{3}(E_t r_{t+1} - r_t) + \frac{1}{3}(E_t r_{t+2} - E_t r_{t+1})$$

$$= \frac{2}{3} E_t \Delta r_{t+1} + \frac{1}{3} E_t \Delta r_{t+2}$$

因此，我们可以通过协整和误差修正模型来探讨长期利率和短期利率之间的变动关系，验证利率期限结构的预期假说是否存在，即长期利率与短期利率之差是否是将来短期利率变动的最优预测值。下面我们验证上海同业拆借市场的利率期限结构的预期假说是否存在。

数据说明：我们选取 2006 年 10 月 8 日至 2018 年 10 月 26 日，包括 3 015 个日观察值，shover 表示上海同业拆借市场隔夜拆借利率，sh1w 表示 1 个星期拆借利率，sh2w 表示两个星期拆借利率，sh1m 表示 1 个月拆借利率，sh3m 表示 3 个月拆借利率，sh6m 表示 6 个月拆借利率，sh9m 表示 9 个月拆借利率，sh1y 表示 1 年期拆借利率，以上数据来源于 CEIC 数据库。

6.7.2.1 单位根检验

首先对相关经济变量进行单位根检验。本书采用 Eviews9.0 软件进行 ADF 检验。

根据表 6-16，我们可以发现，shover、sh1w、sh2w、sh1m、sh3m、sh6m、sh9m、sh1y 都是非平稳的，但是经过差分后，序列都是一阶平稳序列。

表 6-16 单位根检验结果

变量	(c, t, m)	ADF 单位根检验 ADF 检验值	概率	变量	(c, t, m)	ADF 单位根检验 ADF 检验值	概率
Shover	(0, 0, 16)	-1.545 687	0.114 9	Sh3m	(c, 0, 3)	-2.123 004	0.235 7
D(shover)	(0, 0, 15)	-20.500 09	0.000 00	D(sh3m)	(0, 0, 2)	-18.377 80	0.000 0
Sh1w	(0, 0, 17)	-1.214 791	0.206 2	Sh6m	(c, 0, 6)	-1.751 408	0.405 2
D(sh1w)	(0, 0, 16)	-21.609 50	0.000 0	D(sh6m)	(0, 0, 5)	-12.388 60	0.000 0
Sh2w	(0, 0, 18)	-1.158 844	0.225 4	Sh9m	(c, 0, 6)	-1.662 173	0.450 5
D(sh2w)	(0, 0, 18)	-18.725 79	0.000 0	D(sh9m)	(0, 0, 5)	-12.694 49	0.000 0
Sh1m	(0, 0, 18)	-1.074 764	0.256 1	Sh1y	(c, 0, 6)	-1.638 163	0.462 8
D(sh1m)	(0, 0, 17)	-15.675 58	0.000 0	D(sh1y)	(0, 0, 4)	-14.156 15	0.000 0

注:(c, t, m)表示单位根检验方程中是否含有常数项、趋势项和滞后阶数。ADF 检验的最优滞后阶数根据 AIC 信息准则选择。

6.7.2.2 协整检验

在进行协整检验之前,首先确立 VAR 模型的结构,以确定最优滞后期,根据 SC 标准选取最优滞后阶数是 3,再根据最优滞后阶数减 1 进行协整检验,得到协整关系数量(见表 6-17)。

表 6-17 Johansen 协整检验结果

特征值	迹统计量	概率	协整数量	最大特征值统计量	概率	协整数量
0.137 010	1 277.302	0.000 0	不存在**	442.645 4	0.000 1	不存在**
0.091 586	834.657 0	0.000 1	最多存在一个	288.550 8	0.000 1	最多存在一个
0.073 103	546.106 2	0.000 0	最多存在两个	228.041 9	0.000 1	最多存在两个
0.056 505	318.064 4	0.000 1	最多存在三个	174.725 6	0.000 1	最多存在三个
0.030 059	143.338 8	0.000 0	最多存在四个	91.681 03	0.000 0	最多存在四个
0.011 120	51.657 76	0.000 4	最多存在五个	33.591 20	0.000 9	最多存在五个
0.004 879	18.066 56	0.097 5	最多存在六个	14.691 88	0.076 4	最多存在六个
0.001 123	3.374 679	0.513 1	最多存在七个	3.374 679	0.513 1	最多存在七个

注:***,**分别表示在 1%、5%的显著性水平下拒绝原假设。

由上述结果,根据迹统计量和最大特征值统计量,当原假设为不存在协整关系时,在 5%的显著性水平下拒绝原假设,所以检验结论是存在 6 个协整关系。我们可以得到 6 个协整向量(见表 6-18),长期利率和短期利率存在长期稳定的协整关系。

表 6-18 Johansen 协整检验结果

向量	SH1Y	SHOVER	SH1W	SH2W	SH1M	SH3M	SH6M	SH9M	C
λ_1	-3.669 838	-1.689 116	3.234 844	-0.798 873	-0.038 665	-1.750 700	4.875 762	-0.297 467	1.034 509
λ_2	0.433 245	-0.298 642	1.593 684	-3.385 857	1.613 996	0.243 221	-1.495 583	1.209 277	-0.247 122
λ_3	0.310 084	-2.264 666	-0.167 944	0.849 111	0.313 365	0.688 585	-0.919 794	0.343 263	0.313 273
λ_4	5.102 281	-0.034 289	0.810 609	0.847 703	-3.203 675	3.058 840	1.243 950	-7.650 689	-0.390 354
λ_5	6.540 628	-0.111 739	-0.102 610	0.011 910	-0.174 543	3.921 547	0.261 431	-10.592 44	0.430 245
λ_6	17.409 74	0.121 946	-0.031 195	0.027 727	-0.042 858	-2.468 914	19.480 40	-34.249 09	-1.319 266

表 6-19 误差协整模型估计的结果

向量	ΔSH1Y	ΔSHOVER	ΔSH1W	ΔSH2W	ΔSH1M	ΔSH3M	ΔSH6M	ΔSH9M
C	2.53E−05 (0.076 402)	8.71E−05 (0.015 092)	2.82E−06 (0.000 450)	−3.32E−05 (−0.005 06)	8.96E−06 (0.002 364)	1.64E−05 (0.026 348)	−3.21E−06 (−0.009 04)	2.31E−05 (0.003 36)
ecm_1	0.000 686 (2.410 227)	0.017 150 (3.450 334)	−0.067 624 (−12.508 6)	−0.020 332 (−3.596 82)	−0.006 523 (−1.998 37)	0.003 451 (6.422 412)	0.000 951 3.104 122	0.000 739 (2.555 463)
ecm_2	−0.000 837 (−2.937 84)	0.026 863 (5.398 972)	0.015 907 (2.939 285)	0.099 164 (17.524 62)	0.016 768 (5.131 354)	−0.003 355 (−6.237 41)	−0.001 059 (−3.453 41)	−0.000 998 (−3.448 25)
ecm_3	−0.000 741 (−2.559 84)	0.065 637 (12.984 62)	0.034 226 (6.225 070)	0.001 056 (0.183 773)	−0.002 110 (−0.635 65)	−0.006 288 (−11.505 9)	−0.000 999 (−3.208 65)	−0.000 741 (−2.521 52)
ecm_4	−0.001 189 (−3.869 88)	−0.011 399 (−2.125 52)	−0.029 383 (−5.037 36)	−0.024 923 (−4.086 44)	0.014 741 (4.185 420)	−0.005 305 (−9.149 65)	−0.001 535 (−4.645 15)	−0.001 342 (−4.300 78)
ecm_5	0.004 709 (15.350 39)	−0.012 078 (−2.254 61)	−0.008 968 (−1.539 14)	−0.006 813 (−1.118 21)	−0.005 868 (−1.667 89)	0.002 690 (4.644 364)	0.005 373 (16.281 45)	0.004 990 (16.014 9)
ecm_6	0.000 539 (1.647 856)	0.002 234 (0.291 301)	0.003 370 (0.542 824)	0.008 112 (1.249 588)	0.005 967 (1.591 80)	0.000 330 (0.535 381)	0.000 395 (1.122 619)	0.000 745 (2.243 728)
R2	0.085 400	0.068 624	0.072 916	0.101 335	0.017 152	0.100 840	0.098 351	0.094 055
调整的 R2	0.083 572	0.066 763	0.071 063	0.099 540	0.015 188	0.099 044	0.096 549	0.092 245

根据协整检验结果,可以看出对应6个特征根这8个变量之间分别存在着6个显著的协整关系。

下面我们利用误差修正模型来分析短期变动关系。根据协整关系,可以构建误差修正模型:$\Delta y_t = \sum_{i=1}^{6} \beta_{yi} ECM_i + C_{yi}$,式中 y 表示不同期限的利率水平,回归结果见表6-19。

从误差修正模型来看,协整方程中上海同业拆借市场利率与误差修正项的变动相反,如在上海同业拆借1年期利率的方程中,ecm_1 系数为正,而协整向量中的系数为负,体现了向长期均衡状态回归的特点。当然,这也说明了长期利率与短期利率之差能够预测短期利率的变动,如果长期利率与短期利率之差较大,则将来短期利率会上升。同样,在上海同业拆借隔夜利率的方程中,ecm_1 系数也为正,而协整向量中的系数也为负,其他方程多数也有类似的特点。从误差修正模型还可以看出,误差修正项的系数都比较小,意味着上海同业拆借利率偏离均衡点,将来向均衡点回复的速度比较慢,对投资者而言,投资要谨慎,同时它也反映了我国货币政策调控机制转型的特点。我国要深化金融体制改革,促进货币市场的发展,货币市场的调整应该是迅速的、瞬时的,能够及时向市场投资者传递有效的信息,保持货币政策传导机制的畅通。

6.7.3 主要结论

本节考察了中国的利率期限结构,从利率期限结构的预期假说来看,长期利率是短期利率的加权平均,长期利率与短期利率有长期稳定的均衡关系。如果预期假说存在,意味着货币市场利率体系变动是由一个共同的随机趋势所推动的,长期利率与短期利率之差是短期利率变动的一个最优预测指标。

本节实证结果显示长期利率与短期利率存在长期的协整关系,意味着上海同业拆借市场是一个有效的市场,市场体系利率变动是由一个共同的随机因素所导致的。当然,上海同业拆借市场也可以作为货币政策工具实施的场所,是货币政策传导的重要基础。上海同业拆借市场有利于形成合理的市场预期,能够有效传达货币政策制定者的意图,从长期来看,所有这几种同业市场工具收益基本是相同的。

误差修正模型显示长期利率与短期利率之差有自我修正的功能,误差修正项显示利率向均衡方向变动的速度大小,短期利率变动最终会向长期均衡方向移动,意味着整个利率变动系统是稳定的。当然,我国应该进一步推动货币市场的发展,特别是上海同业拆借市场的完善,发挥上海同业拆借市场在中国货币政策调控中基础作用,把上海同业拆借利率培育成我国货币政策的基准利率。

第7章

我国的汇率调控

7.1 人民币汇率货币政策传导机制

7.1.1 货币政策汇率传导机制

在开放经济下,汇率传导途径主要通过影响进口商品的本币价格,进而影响进口数量,同时出口商品的价格和数量也会变化,反映了本国货币的出口竞争力。货币政策通过汇率的传导主要有两种途径:汇率对净出口的影响和汇率对资产负债表的影响。

1. 汇率对净出口的影响

汇率途径实质上描述的是国际收支理论的一种标准模式,随着经济全球化和弹性汇率制的实施,货币政策如何通过汇率影响净出口和总支出得到了更广泛的关注。显然,如果一个国家实施固定汇率政策,这一通道难以起作用。经济越开放,这一通道作用越强。

扩张的货币政策增加了货币供应量($M\uparrow$),实际利率的下降($i_r\downarrow$)使本币资产相对于以外币标价的资产而言吸引力降低,从而对本币需求减少,本币贬值,外币升值($E\downarrow$)。本币价值越低,本国产品相对于外国产品越便宜,引致净出口的上升($NE\uparrow$),从而总产出上升($Y\uparrow$)。

$$M\uparrow \Rightarrow i_r\downarrow \Rightarrow E\downarrow \Rightarrow NE\uparrow \Rightarrow Y\uparrow$$

2. 汇率对资产负债表的影响

当大量的国内负债是以外币表示时,汇率的波动通过影响金融企业和非金融企业的资产负债表,对总需求也有重要的影响,这也是大多数新兴市场经济国家的现象。在这些国家中,货币扩张通过以下机制导致汇率贬值,对总需求常有负的影响。

第一种机制是,如果债务合同以外币标价,扩张的货币政策($M\uparrow$)导致本国货币贬值($E\downarrow$),使国内非金融企业的债务负担增加。由于资产通常以国内货币标价,价值不会增加,因而企业的净价值下降($NW\downarrow$)。如上所述,资产负债表的恶化会增加逆向选择和道德风险问题,使借款减少($L\downarrow$),投资减少($I\downarrow$),从而产出下降($Y\downarrow$):

$$M\uparrow \Rightarrow E\downarrow \Rightarrow NW\downarrow \Rightarrow L\downarrow \Rightarrow I\downarrow \Rightarrow Y\downarrow$$

墨西哥和东南亚的金融危机中这一机制起了重要的作用,货币贬值,本国外币债务水平进一步上升。例如,在东南亚货币危机中,这一机制在受危机危害最严重的印度尼西亚尤其明显,其货币贬值了75%,以外币标价债务的卢比值增加了4倍。如果有大量外币标价的债务,一个健康的企业受到这样的冲击也会破产,即使有收益好的投资机会也没有人愿意向其贷款。

第二种机制是,汇率贬值会通过银行资产负债表的恶化导致新兴市场中总需求下降。例如,在东南亚金融危机的国家中,银行和其他金融机构有许多以外币表示的债务,当发生贬值时,这些债务急剧增加。另一方面,企业和家庭的问题意味着他们不能够偿清债务,也导致了金融机构资产负债表资产方的贷款损失。结果是银行和其他金融机构的资产负债表在资产和负债两方面都缩水。而且,这些机构中以外币标价的许多债务期限是很短的,需要很快偿还,因而这些债务值的大幅增加导致流动性问题。银行和其他金融机构资产负债表进一步恶化,结果是缩减贷款。如1997年印度尼西亚,资产负债表恶化,大量银行濒临被迫停业的地步。

贬值对银行资产负债表的影响意味着,扩张的货币政策在新兴市场经济国家可能产生经济紧缩的效果。扩张的货币政策($M\uparrow$)使货币贬值($E\downarrow$),引起银行资产负债表恶化($NW_b\downarrow$),银行贷款下降($L\downarrow$),导致投资和总产出下降($I\downarrow,Y\downarrow$):

$$M\uparrow \Rightarrow E\downarrow \Rightarrow NW_b\downarrow \Rightarrow L\downarrow \Rightarrow I\downarrow \Rightarrow Y\downarrow$$

需要指出的是,只有当经济体系有大量以外币标价的债务时,扩张的货币政策通过汇率对资产负债表的影响,才会产生可能的紧缩效果。这些机制在债务大多以本国货币标价的工业化国家不是那么明显,但在债务结构完全不同、债务以外币标价的新兴市场国家作用效果明显。

7.1.2 理论评述

货币政策传导机制从理论上探讨了货币供给的变化通过什么样的渠道、怎样影响宏观经济总量。这些理论分析提供了对货币政策进行实证研究的理论框架,但是理论的分析都是建立在一定的假设前提之下。主要包括:

(1) 在货币政策的传导中,市场机制充分发挥作用;
(2) 要有完善的金融工具和金融市场;
(3) 对内对外的金融开放,如利率市场化和资本账户的开放等;
(4) 要有完善的金融体制和金融制度。

正是在这些理论前提之下,货币政策才能通过这些渠道较好地传导。相对而言,这些

第7章 我国的汇率调控

理论更符合发达国家的情形,由于发展中国家金融改革和金融发展仍有待进一步改善,因此这些理论在解释发展中国家的货币政策传递需要分析传导的途径及影响机制。

7.1.3 人民币汇率的传导机制

1978年改革开放以来,我国逐步由计划经济转向社会主义市场经济,人民币汇率制度也逐步由双轨制转向单一的汇率体制,人民币汇率形成机制不断完善,人民币汇率市场化改革不断推进,汇率在国际收支调节中发挥越来越重要的作用。随着我国宏观调控机制的不断完善,货币政策对汇率的影响不断走强,汇率对实体经济的影响越来越大。

1. 1979—1993年的人民币汇率制度

为调动各方面的出口积极性,我国于1979年至1993年实行贸易外汇和非贸易外汇额度留成的办法。由于经济现实中存在外汇调剂业务的客观需要,促进了外汇调剂市场的形成和发展。但是,调剂市场和调剂价格的存在,造成了人民币双重汇率的现象。1981—1984年,官方汇率与贸易内部结算价并存,1985—1993年,官方汇率与外汇调剂价格并存。到1993年12月,外汇调剂价为1美元兑8.69元人民币(见图7-1)。

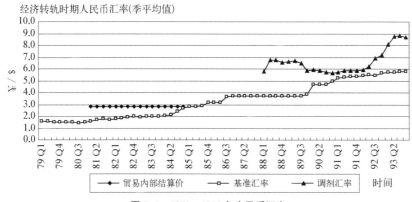

图7-1　1979—1993年人民币汇率

由于我国长期实行的是汇率管制的政策,汇率的变动不是根据货币政策的变动而变动的,货币政策对汇率的影响很小,实际上汇率本身就成为货币政策的一个工具和确定的目标。汇率是宏观经济的一个重要变量,影响对外贸易部门,形成了一个独立的传导机制。

改革开放前,我国建立了独立的人民币汇率制度;改革开放以后到1994年,我国实行的是双重汇率,都是为了增加出口和外汇收入(见图7-2)。因此,我国汇率的传导机制可概括为:

图 7-2　1994 年之前汇率机制的传导

2. 1994—2005 年的人民币汇率制度

从 1994 年 1 月 1 日起,我国实施人民币汇率并轨,实行以市场供求为基础、单一的、有管理的浮动汇率制度,基本上消除了外汇黑市,由中国人民银行制定和管理的官方汇率基本上符合市场均衡汇率。其主要特征是汇率统一;以结汇制取代留成制;以全国联网的统一的银行间外汇市场取代以前的官价市场和分散割离的调剂市场;以管理浮动汇率制取代以前的官价固定调剂价浮动的双重汇率制;以单一货币流通(人民币)取代以前的多种货币流通和计价,人民币汇率保持稳定(见图 7-3)。

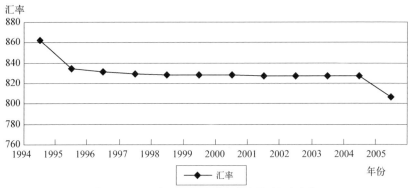

图 7-3　1994 年至 2005 年期间的人民币汇率变化

资料来源:www.safe.gov.cn。

1994—2005 年,我国实现的是有管理的浮动汇率制度,但实际上基本是钉住美元的准固定汇率制度。在这一期间,我国持续的双顺差,外汇储备大幅度上升,并且在 1997—1998 年的东南亚金融危机期间,人民币汇率的稳定促进了区域内的金融稳定,也促进了我国宏观经济的增长(见图 7-4)。

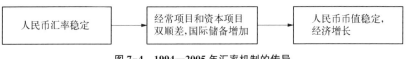

图 7-4　1994—2005 年汇率机制的传导

3. 2005 年 7 月 21 日起对有管理的浮动汇率制度加以完善

2005 年 7 月 21 日,我国改革了人民币汇率制度,人民币汇率更富有弹性。为建立和

第7章 我国的汇率调控

完善我国社会主义市场经济体制,充分发挥市场在资源配置中的基础性作用,建立健全以市场供求为基础的、有管理的浮动汇率制度。自 2005 年 7 月 21 日起,我国开始实行以市场供求为基础、参考一篮子货币进行调节、有管理的浮动汇率制度。2005 年 9 月 23 日,中国人民银行发布了《关于进一步改善银行间外汇市场交易汇价和外汇指定银行挂牌汇价管理的通知》。该通知扩大了银行间即期外汇市场非美元货币对人民币交易价的浮动幅度,从原来的上下 1.5% 扩大到上下 3%;调整了银行对客户美元挂牌汇价的管理方式,实行价差幅度管理,美元现汇卖出价与买入价之差不得超过交易中间价的 1%;现钞卖出价与买入价之差不得超过交易中间价的 4%,银行可在规定价差幅度内自行调整当日美元挂牌价格。这样汇率变动的弹性上升了,市场供求对汇率的影响更大。汇率市场化改革为货币政策通过汇率机制传导创造了有利的条件。

(1) 人民币对美元汇率保持了相对稳定(2005 年 7 月 21 日至 2008 年 8 月 31 日)。

为建立和完善我国市场经济体制,充分发挥市场在资源配置中的基础性作用,建立一个有管理的浮动汇率制度是有利的(张志超,2001)。2005 年 7 月 21 日起,我国开始实行以市场供求为基础、参考一篮子货币进行调节、有管理的浮动汇率制度。2005 年 7 月 21 日,美元对人民币交易价格调整为 1 美元兑 8.11 元人民币,人民币汇率一次性贬值 2%,中国人民银行于每个工作日闭市后公布当日银行间外汇市场美元等交易货币对人民币汇率的收盘价(以撮合方式产生),作为下一个工作日该货币对人民币交易的中间价格。人民币汇率不再钉住单一美元,形成更富弹性的人民币汇率机制。每日银行间外汇市场美元对人民币的交易价在人民银行公布的美元交易中间价上下 3‰ 的幅度内浮动,此后人民币汇率的变动将受到这个初始汇率和每日人民币汇率的波动幅度的影响,如汇改后的第一天人民币对美元汇率在 8.11 上下 3‰ 的区间内变动,第二天在第一天收盘价上下 3‰ 内变动,以此类推(见图 7-5)。

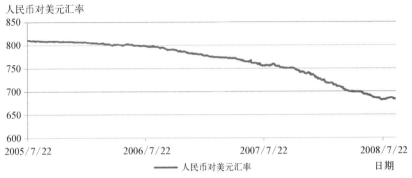

图 7-5　人民币对美元汇率(2005 年 7 月 22 日至 2008 年 8 月 31 日)

数据来源:www.safe.gov.cn。

2006年1月3日,中国人民银行发布《关于进一步完善银行间即期外汇市场的公告》,在银行间外汇市场引入询价交易方式和做市商制度(OTC方式),同时保留撮合方式,中国外汇交易中心于每日银行间外汇市场开盘前向所有银行间外汇市场做市商询价,将全部做市商报价作为人民币对美元汇率中间价的计算样本,去掉最高和最低报价后,将剩余做市商报价加权平均,得到当日人民币对美元汇率中间价,权重由中国外汇交易中心根据报价方在银行间外汇市场的交易量及报价情况等指标综合确定。

这一阶段人民币对美元持续升值,短期资本流入,人民币升值压力增加,外汇占款和外汇储备上升。

(2) 2008年9月1日至2010年6月19日(国际金融危机期间)。

2007年美国次贷危机爆发,随着危机的传播和加剧,全球经济状况进一步恶化,中国面临经济下滑和资本外流的风险。在2008年8月以后,中国放弃了人民币的持续升值,人民币对美元汇率再次保持绝对稳定,一直持续到2010年6月(如图7-6)。

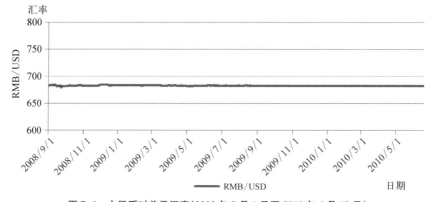

图7-6 人民币对美元汇率(2008年9月1日至2010年6月19日)

数据来源:www.safe.gov.cn。

国际金融危机爆发期间人民币汇率制度的特点是,我国保持了人民币对美元汇率的稳定,有利于促进经济增长和贸易收支稳定。这一时期是特殊时期,所以保持了人民币汇率的绝对稳定。但是这与1995年6月底至2005年7月人民币对美元汇率稳定有所不同,那时的汇率稳定是为了促进对外贸易的发展,规避人民币汇率变动的风险,有利于企业的进出口,是主动行为;而2008年9月至2010年6月人民币汇率的稳定是为了抵御国际金融危机的冲击,维持金融市场的稳定,防止经济进一步下滑,是被动的应对措施。

(3) 2010年6月19日至2015年8月11日。

随着我国积极采取应对危机的措施,经济形势有所好转,外汇市场压力有所上升。2010

年6月19日进行了新一轮的汇改,人民币对美元汇率弹性增加①,我国外汇储备水平仍然很高,外汇市场供给仍然大于需求,人民币汇率继续保持升值,但波动幅度增加(见图7-7)。

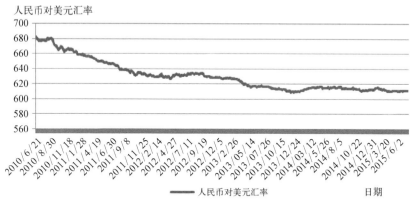

图7-7 人民币对美元汇率(2010年6月19日至2015年8月11日)

数据来源：www.safe.gov.cn。

这一阶段人民币对美元重新恢复升值,也面临"热钱"流入、人民币升值压力增加、外汇占款和外汇储备继续增加的状况。因此,中央银行需要稳步推进人民币汇率的市场化改革,增加人民币汇率变动的不确定性。图7-8显示了人民币汇率的决定和货币政策的汇率传导。

人民币汇率变动,经常账户和资本账户的盈余和赤字形成了企业和个人的外汇收入和支出,其外汇的盈余会通过银行结售汇和存贷款形式流入银行体系,银行体系通过银行间外汇市场调剂外汇余缺,外汇市场还包括柜台市场和远期外汇市场。外汇市场的供给和需求决定人民币汇率水平,同时中央银行的外汇市场的干预和货币市场的操作共同影响人民币汇率水平,人民币汇率水平影响国际收支,进而影响总需求和实际部门的宏观经济总量(见图7-8)。

随着人民币汇率弹性的增加和资本账户的逐步开放,人民币汇率水平更能反映市场需求和供给的变化,汇率对货币政策调控反映更加灵敏,在宏观经济政策的传导中会起着越来越重要的作用。

4. 2015年8月11日至今

2014年以后,外汇市场的供求发生变化。2014年9月开始,银行结售汇(即期+远期)逆差格局一直持续。2015年7月,银行代客即期结售汇逆差总额高达253亿美元,远

---

① 国际金融危机爆发中断了人民币升值的过程,应该说这一次汇改重新恢复了人民币汇率的弹性。

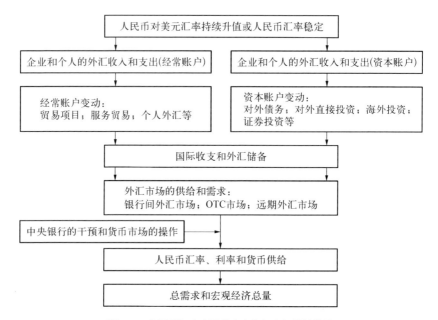

图 7-8 人民币汇率水平的决定和汇率机制的传导

期结售汇逆差 159 亿美元。不仅银行代客即期结售汇顺差下降,而且远期净结汇也有所下降,市场对人民币继续升值的预期不断发生变化,2015 年 8 月银行代客即期结售汇实现逆差 435 亿美元,远期结售汇逆差亦高达 679 亿美元,合计 1 114 亿美元逆差。2015 年 9 月银行代客结售汇逆差达到最大,高达 1 245.6 亿美元,后面银行结售汇(即期+远期)差额之和也一直为负,外汇市场的供求关系正在发生持续变化(见图 7-9)。

因此,2015 年 8 月 11 日,中国人民银行进一步完善人民币汇率的形成机制,规定自当日起,做市商在每日银行间外汇市场开盘前,参考上日银行间外汇市场收盘汇率,综合考虑外汇供求情况以及国际主要货币汇率变化向中国外汇交易中心提供中间价报价[①],人民币对美元汇率的中间价上调 1 136 点,贬值到 6.229 8。实际上,2015 年 8 月 11 日以后几个月,人民币对美元汇率报价主要参考上日银行间外汇市场的收盘汇率,人民币汇率中间价定价简单明确,保持了汇率变动的连续性,但是人民币汇率变动的不确定性上升,人民币汇率中间价变动加快,人民币汇率的渐进性和可控性下降。

2015 年 12 月 11 日,中国外汇交易中心发布人民币汇率指数,强调要加大参考一篮子货币的力度,以更好地保持人民币对一篮子货币汇率基本稳定。从 2016 年第一季度起,人民

---

① 见 www.pbc.gov.cn。

第 7 章 我国的汇率调控

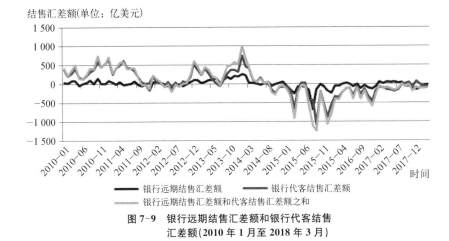

图 7-9 银行远期结售汇差额和银行代客结售
汇差额(2010 年 1 月至 2018 年 3 月)

数据来源：iFinD 数据库。

币对美元汇率中间价转为实施"收盘价＋一篮子汇率"的定价模式①。也就是说,银行间外汇市场上每天早上发布的中间价以做市商提出的报价为基础进行计算。做市商在进行中间价报价时,需要考虑"收盘汇率"和"一篮子货币汇率变化"这两个方面。"收盘汇率"是指上日 16 时 30 分银行间外汇市场上的人民币对美元收盘汇率,主要反映了外汇市场供求状况。"一篮子货币汇率变化"是指为了保持当日人民币汇率基本稳定所要求的人民币对美元双边汇率的调整幅度,主要是为了保持当日人民币汇率指数(如 CFETS 人民币汇率指数)与上一日人民币汇率指数相对稳定②。新一轮汇改后人民币汇率的弹性不断增加,双向波动幅度进一步扩大,市场供求对人民币汇率的影响不断增强(见图 7-10),人民币汇率市场化程度不断提高。

这样,货币政策的实施途径为：中央银行→货币市场→金融机构→企业。货币政策的传导途径为：政策工具→操作目标(基础货币、利率)→中介目标(货币、汇率)→最终目标(经济增长和币值稳定)(见图 7-11)。政策工具主要包括：中央银行的再贷款和再贴现、公开市场业务操作(直接的债券买卖；债券的回购和逆回购；央行票据的发行和买卖；法定准备金率；中央银行的利率调整和窗口指导等。政策工具操作影响利率,进一步影响汇率,从而影响进出口的变化和资本流动,最终影响国内产出和物价水平。

在这个传导的过程中,中央银行通过货币政策工具调整金融机构的头寸,进一步影响货币供给和汇率等,最终传递到实体经济。我国货币政策的传导机制远未完善,仍然要加快市场化的金融体系的建设。

---

① 见中国人民银行货币政策报告 2016 年第 1 期。我国人民币汇率改革一直坚持主动性、渐进性和可控性。笔者认为我国人民币汇率改革的基本原则并没有改变。

② 保持人民币总体币值的相对稳定。

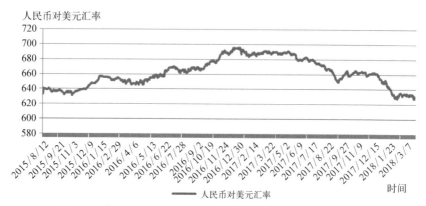

图 7-10 人民币对美元汇率(2015 年 8 月 12 日—2018 年 3 月 30 日)

数据来源：www.safe.gov.cn。

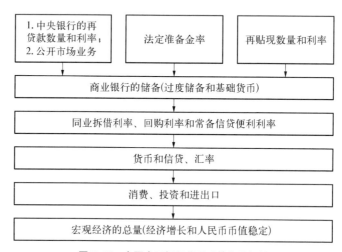

图 7-11 中国人民银行货币政策传导机制

7.2 8·11 汇改人民币汇率参考一篮子货币权重的测度

7.2.1 问题的提出

2005 年 7 月 21 日，我国进行了外汇体制改革，建立了以市场供求为基础的、参考一篮子货币有管理的浮动汇率制度。参考一篮子货币汇率制度是介于固定汇率和浮动汇率之间的一种汇率制度，比固定汇率弹性有所增强，有利于防范投机资本流入和货币危机，而

第 7 章 我国的汇率调控

又不像浮动汇率那样汇率大幅度波动引发金融市场动荡。一些新兴市场经济国家汇率往往都和篮子货币挂钩,有利于实现宏观经济政策目标。2010 年 6 月 19 日,我国进行了新一轮汇改,增强人民币汇率弹性,汇率改革目标是建立以市场供求为基础、参考一篮子货币有管理的浮动汇率制度①,篮子汇率目标仍然是汇率制度改革的重要内容。2015 年 8 月 11 日,中国人民银行进一步完善人民币汇率的形成机制,规定自当日起,做市商在每日银行间外汇市场开盘前,参考上日银行间外汇市场收盘汇率,综合考虑外汇供求情况以及国际主要货币汇率变化向中国外汇交易中心提供中间价报价。2015 年 12 月 11 日,中国外汇交易中心发布人民币汇率指数,强调要加大参考一篮子货币的力度,以更好地保持人民币对一篮子货币汇率基本稳定。从 2016 年第一季度起,人民币对美元汇率中间价转为实施"收盘价+一篮子汇率"的定价模式。新一轮汇改后人民币汇率的弹性不断增加,双向波动幅度进一步扩大,人民币汇率更多地参考一篮子货币进行调整。

我国有管理的浮动汇率制度其中一个重要方面就是参考一篮子货币,即从一篮子货币的角度看汇率,不片面地关注人民币与某个单一货币的双边汇率。这反映了我国有管理浮动汇率制度的特点,既要考虑市场调节机制,又要关注篮子货币汇率的变化。一些经济学家很早就研究过篮子货币的最优权重。根据有效汇率指数变动的特征,Branson 和 Katseli-Papaefstratiou(BK,1980;1981)以稳定贸易条件为政策目标,认为货币篮子的最优权重应取决于出口贸易份额、进口贸易份额以及一些衡量本国在出口方面以及进口方面市场力量的参数(由供求弹性来表示),模型中用弹性变化表示市场的垄断力量。如果该国是出口市场完全垄断的,则最优权重应选择进口权重;如果该国是进口市场完全垄断的,应该选择出口权重为最优权重;如果处于这两者之间,则应选择出口权重和进口权重的加权平均值作为货币篮子权重。Edison and Vardal(1987)参照了 BK 模型,在局部均衡条件下以保持出口稳定为目标时,出口贸易比重可以作为最优货币比重。Turnovsky(1982)研究了一个开放的小国经济,在资本完全流动的条件下,宏观经济达到一般均衡时最优货币权重的选取。Hsiang-Ling Han(2000)在 BK(1981)的基础之上,考虑财政政策、贸易均衡及价格水平三个因素,利用一般均衡模型,得出最优货币权重。

以上文献主要是在货币政策的目标下确定篮子货币最优权重,中国汇率制度是参考一篮子货币有管理的浮动汇率制度,篮子货币的权重是人们关注的焦点。国内外学者和一些文献也先后研究和分析了中国参考一篮子货币的汇率制度。Frankei,J.(2008)对中国的汇率制度进行了新的评估,认为 2005—2008 年人民币汇率并不是带有升值趋势地钉

---

① 中国人民银行副行长、国家外汇管理局局长易纲 2011 年 2 月 13 日指出,中国实行以市场供求为基础、参考一篮子货币进行调节、有管理的浮动汇率制度,这是一直坚持的机制,是中国社会主义市场经济体制目前的最好选择。

住美元,而是钉住篮子货币,到 2007 年年中,美元权重下降到 0.6,欧元权重上升到 0.4,2007 年人民币对美元升值主要是由于欧元对美元升值的缘故。徐晟、唐齐鸣(2008)利用 2005 年 1 月至 2008 年 3 月的日数据估计了人民币货币篮子的影响权重,认为直至 2006 年初我国央行才启动参考盯住篮子货币干预,美元的影响权重逐渐下降。周继忠(2009)对人民币货币篮子的构成方式、稳定程度和承诺水平进行了研究,认为美元在我国货币篮子中的权重远远超出了美国在我国对外贸易中的地位。李凯、陈平(2011)研究认为人民币篮子中货币权重的动态变化,认为 2005 年 7 月 2 日至 2009 年 8 月 13 日美元平均权重达到 88%,同时美元权重存在结构性变化。

7.2.2 理论模型

7.2.2.1 篮子货币权重的测度

为了考察篮子货币的权重,假定央行篮子货币包含 n 种货币,1,2,…,n,如 1 表示美元,2 表示欧元,3 表示日元等,为了便于分析,我们统一计价单位,所有货币都以人民币作为计价单位,对应的权重为 ω_i,则人民币计价的货币指数为

$$I_t = \prod_{i=1}^{n} \left[\frac{E_{ri}(t)}{E_{ri}(0)} \right]^{\omega_i} \qquad (7-1)$$

式中:I_t 为 t 期人民币计价的汇率指数;r 表示人民币;$E_{ri}(t)$ 为 t 期人民币对 i 国货币的汇率,即单位 i 货币的人民币价格;$E_{ri}(0)$ 为 0 期单位 i 货币的人民币价格;$\sum_{i=1}^{n} \omega_i = 1$。

由三角套汇关系:$E_{ri}(t) = S_{1i}(t) \times S_{r1}(t)$,$S_{1i}(t)$ 为 t 期美元对 i 国货币的汇率,即单位 i 货币的美元价格,$S_{r1}(t)$ 表示 t 期人民币对美元汇率,(7-1)式可以化为

$$I_t = \prod_{i=1}^{n} \left[\frac{S_{1i}(t) \times S_{r1}(t)}{S_{1i}(0) \times S_{r1}(0)} \right]^{\omega_i} = \frac{S_{r1}(t)}{S_{r1}(0)} \prod_{i=1}^{n} \left[\frac{S_{1i}(t)}{S_{1i}(0)} \right]^{\omega_i} \qquad (7-2)$$

式中:$S_{r1}(0)$ 表示 0 期人民币对美元汇率;$S_{1i}(0)$ 为 0 期单位 i 货币的美元价格。由 (7-2)式①:

$$\frac{S_{1r}(t)}{S_{1r}(0)} = \frac{1}{I_t} \prod_{i=1}^{n} \left[\frac{S_{1i}(t)}{S_{1i}(0)} \right]^{\omega_i}, 则: \ln \frac{S_{1r}(t)}{S_{1r}(0)} = \sum_{i=1}^{n} \omega_i \ln \frac{S_{1i}(t)}{S_{1i}(0)} - \ln I_t, 如果保持篮子$$

---

① 因为 $S_{r1} = \dfrac{1}{S_{1r}}$。

第7章 我国的汇率调控

货币币值 I_t 稳定,即为常数,则 $\dfrac{S_{1r}(t)}{S_{1r}(0)}$ 和 $\prod_{i=1}^{n}\left[\dfrac{S_{1i}(t)}{S_{1i}(0)}\right]^{\omega_i}$ 是线性关系,有:

$$\mathrm{corr}\left(\ln\dfrac{S_{1r}(t)}{S_{1r}(0)}, \sum_{i=1}^{n}\omega_i\ln\dfrac{S_{1i}(t)}{S_{1i}(0)}\right) = 1$$

上式中权重 ω_i 满足 $\mathrm{corr}\left(\ln\dfrac{S_{1r}(t)}{S_{1r}(0)}, \sum_{i=1}^{n}\omega_i\ln\dfrac{S_{1i}(t)}{S_{1i}(0)}\right) = 1$,意味着在一定的权重下,人民币对美元汇率的变动满足 I_t 为常数。为了研究问题方便,我们定义下面两个指标。

1. 篮子货币指数指标

实际上,$\prod_{i=1}^{n}\left[\dfrac{S_{1i}(t)}{S_{1i}(0)}\right]^{\omega_i}$ 是美元计价的篮子货币指数,也就是说篮子货币里的货币都以美元计价,如 S_{11} 表示美元对美元的汇率,S_{12} 表示欧元对美元的汇率,等等。篮子货币汇率指数是加权几何平均的汇率指数,即:$CBI_t = \prod_{i=1}^{n}\left[\dfrac{S_{1i}(t)}{S_{1i}(0)}\right]^{\omega_i}$,式中 CBI_t 为 t 期的汇率指数(currency basket index),因此:

$$\ln CBI_t = \sum_{i=1}^{n}\omega_i\ln\dfrac{S_{1i}(t)}{S_{1i}(0)} \tag{7-3}$$

2. 人民币对美元汇率指数指标

(7-3)式中 $\dfrac{S_{1r}(t)}{S_{1r}(0)}$ 是人民币和美元汇率的指数化,用 RI(RMB Index)表示,记:

$RI_t = \dfrac{S_{1r}(t)}{S_{1r}(0)}$,进一步得到:

$$\ln RI_t = \ln\dfrac{S_{1r}(t)}{S_{1r}(0)} \tag{7-4}$$

人民币对美元汇率调整参考一篮子货币,意味着人民币汇率指数要跟着篮子货币指数变动而调整,因此获得篮子货币的权重,应根据与篮子货币汇率指数相关性达到最大化条件来确定。如果 I_t 稳定,则 $\mathrm{corr}(\ln RI, \ln CBI) = 1$,意味着人民币对美元汇率调整是钉住篮子货币的,而参考篮子货币调整意味着 $\mathrm{corr}(\ln RI, \ln CBI) \leqslant 1$,我国央行调整人民币对美元汇率要参考一篮子货币,人民币对美元汇率变动和篮子货币汇率变动的相关性较高,因此央行参考篮子货币调整人民币对美元汇率,意味着我们估算篮子货币的权重要根据两者相关系数达到最大化时来确定,是相对合理的方法,即

MAX:

$$\operatorname{corr}(\ln RI, \ln CBI) = \operatorname{corr}\left(\ln \frac{S_{1r}(t)}{S_{1r}(0)}, \sum_{i=1}^{n} \omega_i \ln \frac{S_{1i}(t)}{S_{1i}(0)}\right)$$

$$= \frac{\sum_{i=1}^{n} \omega_i \operatorname{cov}\left(\ln \frac{S_{1r}(t)}{S_{1r}(0)}, \ln \frac{S_{1i}(t)}{S_{1i}(0)}\right)}{S\left(\ln \frac{S_{1r}(t)}{S_{1r}(0)}\right) \sqrt{\sum_{i=1}^{n} \omega_i \omega_j \operatorname{cov}\left(\ln \frac{S_{1i}(t)}{S_{1i}(0)}, \ln \frac{S_{1j}(t)}{S_{1j}(0)}\right)}}$$

$$= \frac{\Gamma^T w}{S\left(\ln \frac{S_{r,t}}{S_{r,0}}\right)(w^T \Omega w)^{\frac{1}{2}}}$$

式中：$\Gamma = \left(\operatorname{cov}\left(\ln \frac{S_{1i}(t)}{S_{1i}(0)}, \ln \frac{S_{1r}(t)}{S_{1r}(0)}\right)\right)$ $(i = 1, \cdots, n)$ 是一个 $n \times 1$ 阶的协方差列向量；$\Omega = \left(\operatorname{cov}\left(\ln \frac{S_{1i}(t)}{S_{1i}(0)}, \ln \frac{S_{1j}(t)}{S_{1j}(0)}\right)\right)$ $(i, j = 1, \cdots, n)$ 是一个 $n \times n$ 的协方差矩阵；$w = (\omega_i)$ 是一个 $n \times 1$ 阶的列向量，且 $\sum_{i=1}^{n} \omega_i = 1$。

上式相关系数是权重的函数，根据 Cauchy-Schwarz 不等式①：

$$(\Gamma^T w)^2 \leqslant (\Gamma^T \Omega^{-1} \Gamma)(w^T \Omega w),$$

当上式取等号时，相关系数最大化，则待估权重为

$$w = \frac{\Omega^{-1} \Gamma}{(1^T \Omega^{-1} \Gamma)} \tag{7-5}$$

式中 1 为元素为 1 的 n 维列向量，因此待估权重 w 是人民币汇率指数和其他每一种货币汇率指数的协方差矩阵，以及其他每一种货币汇率指数之间协方差矩阵的函数，根据汇率指数协方差矩阵就可以估计出每一种货币的权重。进一步地，我们可以得到最大的相关系数：

$$\rho = corr(\ln RI, \ln CBI) = \frac{\sqrt{\Gamma^T \Omega^{-1} \Gamma}}{S\left(\ln \frac{S_{r,t}}{S_{r,0}}\right)} \tag{7-6}$$

7.2.2.2 篮子货币中货币数量的估计

根据每一种货币的权重，我们可以估计出篮子中每一种货币的具体数量。假定这个

---

① Cauchy-Schwarz 不等式 $\left(\sum_{i=1}^{n} a_i b_i\right)^2 \leqslant \left(\sum_{i=1}^{n} a_i^2\right)\left(\sum_{i=1}^{n} b_i^2\right)$ 等式成立的充分必要条件是 $a_i = b_i$，$i = 1, \cdots, n$，其中 $a_i, b_i, i = 1, \cdots, n$ 均为实数。也可见魏宗舒等(2005, p.151)。

第 7 章 我国的汇率调控

货币篮子包括 x_1 数量第一种货币，x_2 数量第二种货币，$\cdots$，x_n 数量第 n 种货币，$CB = x_1 + x_2 + x_3 + \cdots + x_n$，我们把每一种货币都转化成货币 i，则该篮子货币为

$$CB(t) = x_1 S_{i1}(t) + x_2 S_{i2}(t) + x_3 S_{i3}(t) + \cdots + x_n S_{in}(t)，进一步可转化为：$$

$$CB(t) = x_1 S_{i1}(0) \frac{S_{i1}(t)}{S_{i1}(0)} + x_2 S_{i2}(0) \frac{S_{i2}(t)}{S_{i2}(0)} + \cdots + x_n S_{in}(0) \frac{S_{in}(t)}{S_{in}(0)} = \sum_{j=1}^{n} x_j S_{ij}(0) \frac{S_{ij}(t)}{S_{ij}(0)}$$

，为了确定货币数量，令：$\ln CBI = \sum_{j=1}^{n} \omega_j \ln \frac{S_{1j}(t)}{S_{1j}(0)} = \sum_{j=1}^{n} x_j S_{ij}(0) \left(\frac{S_{ij}(t)}{S_{ij}(0)} - 1 \right)$（根据 $\ln x \sim x - 1$）$= \sum_{j=1}^{n} x_j S_{ij}(0) \ln \frac{S_{ij}(t)}{S_{ij}(0)}$，

因此，根据对应项系数相等，可以得到：$\omega_j = x_j S_{ij}(0)$，即

$$x_j = \frac{\omega_j}{S_{ij}(0)} \tag{7-7}$$

式(7-7)反映了最优权重 ω_j 和具体货币篮子 x_j 之间的数量关系，权重越大，数量也就越多；该种货币和美元汇率的基期水平越小，数量越多。由于计价货币选择的是美元，因此 $i = 1$，根据(7-7)式可以求出每一种货币 j 在篮子货币中的数量。

7.2.2.3 新汇改以来篮子货币的权重和数量

我们取新汇改以来一年的数据(2016年4月1日至2018年8月17日)[①]进行研究测度一篮子货币中每一种货币的权重。根据我国银行间外汇市场公布的汇率，篮子中的货币我们取央行每天公布的主要几种国际货币：美元、欧元、日元、港币和英镑等，由于港币和美元是联系汇率制度，港币的权重会集中到美元身上，因此我们在篮子货币中剔除掉港币，只包括美元、欧元、日元和英镑，它们和美元之间汇率能够每天获得。人民币对美元汇率的中间价每天公布，因此我们可以得到汇率指数之间的协方差。由于我们选择的计价货币是美元，因此 $S_{11} = 1$，$\ln \frac{S_{11}(t)}{S_{11}(0)} = 0$，篮子货币指数：$\ln CBI_t = \sum_{i=2}^{n} \omega_i \ln \frac{S_{1i}(t)}{S_{1i}(0)}$（从2开始），式中：$\sum_{i=1}^{n} \omega_i = 1$；$\Omega$ 是一个 3×3 阶矩阵，而不是 4×4 阶矩阵。根据式(7-5)，我们可以求出相关性最大的最优权重(见表7-1)；而由式(7-7)，则可以求出篮子货币中每一种货币的具体数量(见表7-1)[②]。

[①] 我们选取的是新汇改以后数据，随着央行公布数据的增加，可以增加样本数据，重新计算权重。

[②] 具体数据可以向作者索取。

表 7-1 篮子货币中每一种货币的权重和数量估计

	美 元①	欧 元	日 元	英 镑
权重	$\omega_1 = 0.301\,028$	$\omega_2 = 0.330\,219$	$\omega_3 = 0.122\,117$	$\omega_4 = 0.246\,636$
数量	$x_1 = 0.301\,028$	$x_2 = 0.290\,193$	$x_3 = 13.737\,17$	$x_4 = 0.171\,697$

同样由(7-6)式我们可以得到汇率指数相关系数：$\rho = 0.915\,648$，两者之间的线性相关程度约 92%。

7.2.2.4 估计的货币篮子和央行货币篮子的相关性探讨

假定央行的货币篮子是 $\prod_{i=1}^{n}\left[\dfrac{S_{1i}(t)}{S_{1i}(0)}\right]^{\tilde{\omega}_i}$，包含 n 种货币，权重是 $\tilde{\omega}_i$，尽管我们不知道具体的货币篮子，但是我们能够找到和它高度相关的货币篮子②，这个篮子也具有较好的实际意义。由 $\mathrm{corr}\left(\ln\dfrac{S_{1r}(t)}{S_{1r}(0)},\ \sum_{i=1}^{n}\omega_i\ln\dfrac{S_{1i}(t)}{S_{1i}(0)}\right)=0.92$，则 $\mathrm{corr}\left(\sum_{i=1}^{n}\tilde{\omega}_i\ln\dfrac{S_{1i}(t)}{S_{1i}(0)}-\ln I_t,\ \sum_{i=1}^{n}\omega_i\ln\dfrac{S_{1i}(t)}{S_{1i}(0)}\right)=0.92$，因此如果央行确定 I_t 为常数，央行稳定货币篮子币值，即人民币对美元汇率调整是稳定篮子货币目标，有 $\mathrm{corr}\left(\sum_{i=1}^{n}\tilde{\omega}_i\ln\dfrac{S_{1i}(t)}{S_{1i}(0)},\ \sum_{i=1}^{n}\omega_i\ln\dfrac{S_{1i}(t)}{S_{1i}(0)}\right)=0.92$，尽管我们的货币篮子不是央行的货币篮子，但是具有较高的代表性，它和央行的货币篮子相关性很高，央行的货币篮子与我们的货币篮子线性相关性达到 92%。如果 I_t 是变动的，即央行并不是钉住篮子货币，则：

$$\mathrm{corr}\left(\sum_{i=1}^{n}\omega_i\ln\dfrac{S_{1i}(t)}{S_{1i}(0)},\ \sum_{i=1}^{n}\tilde{\omega}_i\ln\dfrac{S_{1i}(t)}{S_{1i}(0)}-\ln I_t\right)=$$

$$\mathrm{corr}\left(\sum_{i=1}^{n}\omega_i\ln\dfrac{S_{1i}(t)}{S_{1i}(0)},\ \sum_{i=1}^{n}\tilde{\omega}_i\ln\dfrac{S_{1i}(t)}{S_{1i}(0)}\right)\dfrac{S\left(\sum_{i=1}^{n}\tilde{\omega}_i\ln\dfrac{S_{1i}(t)}{S_{1i}(0)}\right)}{S\left(\sum_{i=1}^{n}\tilde{\omega}_i\ln\dfrac{S_{1i}(t)}{S_{1i}(0)}-\ln I_t\right)}$$

$$-\mathrm{corr}\left(\sum_{i=1}^{n}\omega_i\ln\dfrac{S_{1i}(t)}{S_{1i}(0)},\ \ln I_t\right)\dfrac{S(\ln I_t)}{S\left(\sum_{i=1}^{n}\tilde{\omega}_i\ln\dfrac{S_{1i}(t)}{S_{1i}(0)}-\ln I_t\right)}=0.92$$

---

① 美元权重 $\omega_1 = 1 - \sum_{i=2}^{4}\omega_i = 0.301\,028$。

② 在模拟研究中，我们只考虑了 5 种主要国际货币，如果加入更多的货币可能会提高货币篮子的相关程度。

进一步地：

$$\operatorname{corr}\Big(\sum_{i=1}^{n}\omega_i\ln\frac{S_{1i}(t)}{S_{1i}(0)},\ \sum_{i=1}^{n}\widetilde{\omega}_i\ln\frac{S_{1i}(t)}{S_{1i}(0)}\Big)$$

$$=0.92\frac{S\Big(\sum_{i=1}^{n}\widetilde{\omega}_i\ln\frac{S_{1i}(t)}{S_{1i}(0)}-\ln I_t\Big)}{S\Big(\sum_{i=1}^{n}\widetilde{\omega}_i\ln\frac{S_{1i}(t)}{S_{1i}(0)}\Big)}$$

$$+\operatorname{corr}\Big(\sum_{i=1}^{n}\omega_i\ln\frac{S_{1i}(t)}{S_{1i}(0)},\ \ln I_t\Big)\frac{S(\ln I_t)}{S\Big(\sum_{i=1}^{n}\widetilde{\omega}_i\ln\frac{S_{1i}(t)}{S_{1i}(0)}\Big)}$$

下面我们分两种情况讨论：

(1) I_t 为常数，则 $\operatorname{corr}\Big(\sum_{i=1}^{n}\omega_i\ln\frac{S_{1i}(t)}{S_{1i}(0)},\ \sum_{i=1}^{n}\widetilde{\omega}_i\ln\frac{S_{1i}(t)}{S_{1i}(0)}\Big)=0.92$，同上面分析。

(2) I_t 不为常数，但 $\operatorname{corr}\Big(\sum_{i=1}^{n}\widetilde{\omega}_i\ln\frac{S_{1i}(t)}{S_{1i}(0)},\ \ln I_t\Big)=0$，$\operatorname{corr}\Big(\sum_{i=1}^{n}\omega_i\ln\frac{S_{1i}(t)}{S_{1i}(0)},\ \ln I_t\Big)=0$，即假定央行决定 I_t 完全独立于国际金融市场的美元汇率，如根据国内通货膨胀或经济增长等目标来确定。因此：

$$\operatorname{corr}\Big(\sum_{i=1}^{n}\omega_i\ln\frac{S_{1i}(t)}{S_{1i}(0)},\ \sum_{i=1}^{n}\widetilde{\omega}_i\ln\frac{S_{1i}(t)}{S_{1i}(0)}\Big)$$

$$=0.92\sqrt{\frac{\operatorname{VAR}\Big(\sum_{i=1}^{n}\widetilde{\omega}_i\ln\frac{S_{1i}(t)}{S_{1i}(0)}-\ln I_t\Big)}{\operatorname{Var}\Big(\sum_{i=1}^{n}\widetilde{\omega}_i\ln\frac{S_{1i}(t)}{S_{1i}(0)}\Big)}}$$

$$=0.92\sqrt{1+\frac{\operatorname{VAR}(\ln I_t)}{\operatorname{Var}\Big(\sum_{i=1}^{n}\widetilde{\omega}_i\ln\frac{S_{1i}(t)}{S_{1i}(0)}\Big)}}\geqslant 0.92$$

如果央行确定 I_t 目标是独立于美元汇率(美元对欧元、日元和英镑等货币的汇率)，则我们货币篮子和央行货币篮子的相关程度会更高。

由此可以看出，我们的货币篮子和央行的货币篮子相关度较高，是央行货币篮子的一个近似，可以用我们的货币篮子来预测人民币对美元汇率的变动。

7.2.3 实证研究

我们的货币篮子和央行的货币篮子有高度的线性相关关系,意味着两者关系可以近似地表示为

$$\sum_{i=1}^{n} \tilde{\omega}_i \ln \frac{S_{1i}(t)}{S_{1i}(0)} = a \left(\sum_{i=1}^{n} \omega_i \ln \frac{S_{1i}(t)}{S_{1i}(0)} \right) + b \ (a \text{、} b \text{ 为常数})$$

因此根据前面汇率指数的相互关系,央行参考篮子货币调整人民币对美元汇率的关系可表示为:

$$\ln \frac{S_{1r}(t)}{S_{1r}(0)} = \sum_{i=1}^{n} \tilde{\omega}_i \ln \frac{S_{1i}(t)}{S_{1i}(0)} - \ln I_t = a \left(\sum_{i=1}^{n} \omega_i \ln \frac{S_{1i}(t)}{S_{1i}(0)} \right) + (b - \ln I_t) + \varepsilon_t \ (I_t \text{ 是}$$

央行的汇率目标,ε_t 为随机扰动项)。

下面估计模型参数,对序列 $\ln \frac{S_{1r}(t)}{S_{1r}(0)}$、$\sum_{i=1}^{n} \omega_i \ln \frac{S_{1i}(t)}{S_{1i}(0)}$ 进行单位根检验,结果显示这两个序列都是 $I(1)$ 过程,其一阶差分都是平稳的,其检验结果见表 7-2。

表 7-2　X 和 Y 序列的单位根检验①

原序列	ADF 统计量	概　率	差分序列	ADF 统计量	概　率
$X(0, 0, 0)$	-1.062 063	0.260 6	$D(X)(0, 0, 0)$	-24.793 56*	0.000 0
$X(c, 0, 0)$	-1.510 336	0.527 9	$D(X)(c, 0, 0)$	-24.778 05*	0.000 0
$X(c, t, 0)$	-1.697 390	0.751 5	$D(X)(c, t, 0)$	-24.757 71*	0.000 0
$Y(0, 0, 0)$	0.195 827	0.742 8	$D(Y)(0, 0, 0)$	-24.776 68*	0.000 0
$Y(c, 0, 0)$	-0.867 366	0.798 3	$D(Y)(c, 0, 0)$	-24.809 58*	0.000 0
$Y(c, t, 0)$	-0.854 060	0.958 8	$D(Y)(c, t, 0)$	-24.790 56*	0.000 0

注:其中 (c, t, n) 分别表示截距项、趋势项和滞后阶数;$Y = \ln \frac{S_{1r}(t)}{S_{1r}(0)}$;$X = \sum_{i=1}^{n} \omega_i \ln \frac{S_{1i}(t)}{S_{1i}(0)}$;
* 表示在 1% 的水平下显著。

由于两个序列都是一阶单整的,可能存在协整关系,做 $\ln \frac{S_{1r}(t)}{S_{1r}(0)}$ 关于 $\sum_{i=1}^{n} \omega_i \ln \frac{S_{1i}(t)}{S_{1i}(0)}$ 的 OLS 回归,消除自相关后(加入 $AR(1)$、$AR(2)$ 是为了消除自相关性),回归结果见表 7-3。

---

① 本书计量软件采用 eviews9.0。

第7章 我国的汇率调控

表7-3 模型估计的结果

变量	Y		
	回归系数	T检验值	P值
C	0.039 823	1.449 327	0.147 8
X	0.506 334	22.221 61	0.000 0
$AR(1)$	1.065 996	25.665 02	0.000 0
$AR(2)$	-0.070 010	-1.682 909	0.092 9
R^2	0.996 273		
$a-R^2$	0.996 253		
DW	2.006 102		

从回归结果来看,模型的拟合优度较高,除常数项外,回归系数全部通过检验,不存在自相关,对残差序列进行ADF检验,检验结果见表7-4。

表7-4 回归模型残差的平稳性检验

残差	ADF统计量	概率
e_t	-24.137 20	0.000 0

从检验结果可知,残差项是平稳的,因此长期来看 $\ln\dfrac{S_{1r}(t)}{S_{1r}(0)}$ 和 $\sum_{i=1}^{n}\omega_i\ln\dfrac{S_{1i}(t)}{S_{1i}(0)}$ 之间存在稳定协整关系,也体现了央行参考篮子货币调控人民币对美元汇率的特点。图7-12显示出模型有良好的拟合效果。

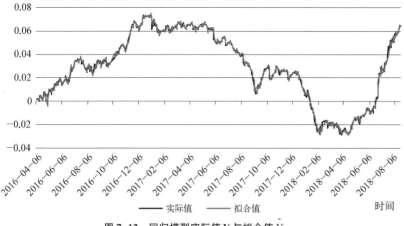

图7-12 回归模型实际值Y与拟合值$\hat{Y}$。

对上述回归方程建立误差修正模型,以滞后一期作为误差修正项(resid01),结果如下:

$$D(Y) = 8.40E-5 + 0.502\,782 \times D(X) + 0.062\,591 \times RESID01(-1)$$

$t =$ （1.154 752） （21.974 85） （1.500 909）

$R^2 = 0.455\,868$，$a-R^2 = 0.453\,982$　　$DW = 1.995\,367$　　$F = 241.702\,0$

方程通过了 F 检验、DW 检验,各回归系数全部显著。经检验,模型的残差也是平稳的。从误差修正模型来看,误差修正系数为 0.062 591,这表明人民币对美元汇率偏离长期均衡水平的偏差中 6.3% 被修正,误差修正系数为正说明了人民币对美元汇率的调整是正向反馈的,这可能与人民币汇率一直受到内外因素影响而加速升值的缘故,这才出现正向反馈的现象。人民币对我们篮子货币的长期弹性为 0.506 334,短期弹性为 0.502 782,长期弹性和短期弹性比较接近,说明人民币汇率参考篮子货币调整相对比较稳定,篮子货币受国内外因素影响而变动也相对较小。

图 7-13 显示了模型的拟合效果,误差模型的拟合优度相对较低(28.4%),这可能主要是人民币对美元汇率的短期波动受随机干扰的因素相对较多,人民币汇率一直是国内外关注的焦点,人民币汇率受各种扰动因素的影响较大。

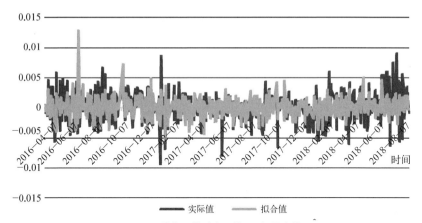

图 7-13　误差修正模型实际值 dY 与拟合值 $d\hat{Y}$

7.2.4　结论

本节主要对篮子货币的币种和权重进行理论和实证研究上的推测,人民币对美元汇率的调整参考一篮子货币,人民币对美元汇率的变动将直接和篮子货币指数的变动高度相关,通过分析人民币对美元汇率变动和篮子货币变动相关性最大化能够确定篮子货币的权重和数量。一是根据人民币汇率指数与篮子货币指数相关性最大化确定篮子货币权重,相关性最大化下货币权重是人民币汇率指数和其他每一种货币汇率指数的协方差矩阵,以及其他每一种货币汇率指数之间协方差矩阵的函数,即 $w = \dfrac{\Gamma^T \Omega^{-1}}{(1^T \Omega^{-1} \Gamma)}$。二是在该货币权重下,最大的相关系数为 $\rho = \dfrac{\sqrt{\Gamma^T \Omega^{-1} \Gamma}}{S\left(\ln \dfrac{S_{r,t}}{S_{r,0}}\right)}$,这是参考一篮子货币调整人民币汇率的最大相关系数,如果相关系数较大,说明我们货币篮子有较好的代表性,和央行货币篮子越接近。三是在该货币权重之下,每一种货币的数量为 $x_j = \dfrac{\omega_j}{S_{ij}(0)}$,这是篮子货币中每一种货币的具体数量。为叙述方便,将表7-1重复列出:

	美元①	欧元	日元	英镑
权重	$\omega_1 = 0.301\,028$	$\omega_2 = 0.330\,219$	$\omega_3 = 0.122\,117$	$\omega_4 = 0.246\,636$
数量	$x_1 = 0.301\,028$	$x_2 = 0.290\,193$	$x_3 = 13.737\,17$	$x_4 = 0.171\,697$

从我们模拟的货币篮子来看,美元占到30.1%,数量为0.30美元;欧元占33.0%,数量为0.29欧元;日元占12.2%,数量为13.74日元;英镑占24.7%,数量为0.17英镑,欧元权重最高,日元权重最低。如果 I_t 为常数,则我们篮子和央行货币篮子的相关性达到0.92,如果 I_t 是变动的,在我们的假设条件下,我们的货币篮子和央行的货币篮子线性相关性更高。我们的实证研究显示人民币对美元汇率和篮子货币之间存在协整关系,证明了央行参考篮子货币调控人民币对美元汇率。通过对误差修正模型的检验,显示人民币对美元汇率参考篮子货币调整的长期弹性和短期弹性比较接近,说明人民币汇率参考篮子货币调整相对比较稳定。误差修正系数为正说明了人民币对美元汇率的调整是正向反馈的,与人民币汇率一直受到内外因素影响而加速升值有关。误差模型的拟合优度相对较低,这可能主要是人民币对美元汇率的短期波动受随机干扰的因素相对较多。通过对模型的预测误差评估,模型预测精度也相对较高,说明我们的篮子货币具有较好的代表性。可以认为我们货币篮子中货币的权重也部分反映了央行货币篮子中这几种货币的相对重要性。实际上,2015年底我国外汇交易中心虽然公布了人民币汇率指数,但我国一直没有编制类似于美元指数的人民币核心汇率指数来反映外汇市场上人民币汇率的连续变化。外汇交易中心可以选择几种主要的国际货币,编制人民币核心汇率指数,每天公布,这样既

---

① 美元权重 $\omega_1 = 1 - \sum\limits_{i=2}^{4} \omega_i = 0.301\,028$。

可以作为人民币汇率波动的市场信号,引导市场预期,也可以建立参考人民币核心汇率指数(一篮子货币)的人民币对美元汇率。

7.3 中国的货币状况指数

从传统的货币政策调控目标来看,货币政策的目标是一个体系,具体而言,包括最终目标、中间目标和操作目标。最终目标即为中央银行想要实现的宏观经济运行状况,操作目标是中央银行能够通过货币政策工具(如公开市场操作、再贴现和再贷款、存款准备金率等)能够直接控制的目标(如基础货币供给量、短期利率等),而中间目标则是联系操作目标和最终目标的纽带。具体而言,使用具体的货币政策工具来实现操作目标之后,由于政策传导的滞后等因素,中央银行很难直接预计和观测到最终目标的实现情况,更加难以根据宏观经济的变化来及时调整政策以适应经济中的新情况。因此在操作目标和最终目标之间需要设立中间目标。操作目标和中间目标的区别在于:第一,货币政策工具影响哪一个目标更快更直接;第二,哪一个目标更能及时反映货币政策的实施效果和状况,以及宏观经济的变化,以便于中央银行对货币政策作出相应的调整。长期以来,短期利率一直是货币政策的操作目标,20世纪90年代,货币状况指数代替短期利率成为货币政策的一个操作目标。

在20世纪90年代早期,加拿大中央银行开发了货币状况指数(MCI)①,目的是提供货币政策状况的信息,考虑到利率和汇率传导渠道,货币状况指数是短期利率和汇率的加权的平均值,最初加拿大和新西兰都把货币状况指数作为操作目标。MCI第一次由加拿大银行在20世纪90年代初建立,是基于短期利率和汇率相对于基期变动的加权平均计算的,它的目的是提供关于经济和通胀的货币政策分析信息。指数的变动显示与某个参考期相比,货币在经济中是紧还是宽松②。MCI最明显的好处是简单明了、易于理解,并在过去被视为较好的指示,不仅专注于利率传导机制,也考虑到汇率的作用,多年来它以不同的方式被中央银行、国际组织,以及一些金融公司使用。

---

① 关于货币状况指数的描述,也可见 Economics Department. 1996. "Summary Indicators of Monetary Conditions." Reserve Bank (of New Zealand) Bulletin 59(3): 223-228 以及 Freedman, Charles. (1995).

② 目前 MCI 作为操作目标功能逐步下降,但它已越来越多地被用作货币政策分析中的一项指标,尽管货币政策工具不再将 MCI 调整到所需的路径,但它有助于告知决策者相对于基期的货币政策状况——货币政策是宽松还是紧缩的。

7.3.1 货币状况指数

MCI 基本公式：$MCI_t = (r_t - r_0) - \mu(q_t - q_0)$，式中：$r_t$ 代表的短期利率；q_t 是汇率的对数。q 增加意味着国内货币在贬值，公式中可以使用利率和汇率的实际或名义值，利率是短期货币市场利率，他们和政策利率紧密联系，货币当局决策能够迅速传递到这些利率。r_0,q_0 表示基期（或参考期）的每个变量水平。如果 $(r_t - r_0)$ 或 $(q_t - q_0)$ 是正的，这意味着当前的利率，或汇率是高于参考期观察值。

MCI 还可以写成标准形式：$MCI_t = \omega_1(r_t - r_0) + \omega_2(q_t - q_0)$，式中的实际汇率 q 是间接标价法而不是直接标价法，是汇率的对数形式，其中 $\omega_1 + \omega_2 = 1$。货币状况指数是短期利率和汇率相对于基期的加权平均和，利率和汇率的权重加起来等于1，其权重可以通过计量模型实证研究得到，权重反映了利率和汇率变动对宏观经济最终目标经济增长或通货膨胀的影响大小。如果利率权重高于汇率权重，则说明利率对经济增长或通货膨胀的影响更大。构建货币状况指数主要是反映两个渠道影响总需求或通货膨胀率，利率上升或汇率升值会导致总需求下降或通货膨胀压力减小。相反，利率下降或汇率贬值会导致总需求上升或通货膨胀压力加大，因此货币状况指数的变化反映了货币政策的松紧状况，使得宏观经济货币政策状况信息通过数量化指标的形式表达出来。

实际上，货币状况指数在货币政策的实践中，有多种用途：一是作为货币政策的操作目标，利率和汇率偏离一定的目标值，意味着最终目标也会偏离目标值；二是作为货币政策规则，意味着利率变动要抵消汇率的偏离，以纠正总需求或通货膨胀率偏离目标水平；三是反映货币政策状态的指标，利率、汇率无需调整来实现货币政策的目标，其作用只是在于反映货币政策的松紧状况。

货币状况指数可以表示为：$MCI_t = (r_t - r_0) + \omega_2/\omega_1(q_t - q_0)$，$\omega_2/\omega_1$ 是汇率和利率变动对最终目标影响的相对重要性，意味着1%的利率变动相当于 ω_2/ω_1% 的汇率变动。构建货币状况指数有三点值得注意：一是最终目标的选择。如果中央银行以通货膨胀率为最终目标，货币状况指数权重的确定就要以通货膨胀率为因变量；如果以经济增长率为目标，则要选择经济增长率为实证模型的因变量。二是实证模型滞后期的选择。一般而言，货币政策影响的最大滞后期2年左右，而且汇率、利率对经济增长或通货膨胀率影响的滞后期也是不同的，依赖于利率或汇率的传导机制，如在开放经济的条件下，汇率对价格水平的影响比利率影响可能更加直接。三是根据宏观经济实际情况，具体问题具体分析，比如有些国家长期利率对消费和投资的影响更大，因此货币状况指数要包括长期利率等。四是货币状况指数是采用名义指标还是实际指标，从理论层面来看，通常应该采用实际指标,因为只有实际经济变量才影响经济主体的决策,当然如果物价稳定,通货膨胀率比较低,名义变量和实际变量计算的货币状况指数具有一致性,特别在短期内价格水平变化不大,可以计算名义货币状况指数来反映货币状况。

7.3.2 以经济增长为目标测算货币状况指数

基于理论分析可以看出,假定利率、汇率主要影响通货膨胀率,通货膨胀的压力主要来源于过度总需求,货币政策通过利率和汇率影响总需求,也就是说,货币政策影响短期货币市场利率,进一步影响私人部门的投资和储蓄,进而影响总需求。另一方面,相对于国外利率水平,短期利率变动引致的国内外利差变动,会导致汇率的变动,进而会影响本国产品的国际竞争力和外部需求的变动,也会影响总需求的变动。长期以来,我国一直重视经济增长这一宏观经济目标,我国人口基数大,每年需要就业的人数规模大,必须通过经济增长来吸收大量的就业人口,必须依靠经济总量的增加来扩大就业,因此经济增长一直是我国宏观经济的重要目标。

为了估计货币状况指数的权重,我们估计总需求方程,以总产出增长作为因变量;利率采取我国商业银行的贷款利率,剔除通货膨胀的影响,得到实际贷款利率;汇率采取人民币实际有效汇率,考察货币状况指数的变动。为了考察变量之间的长期均衡关系,我们采用协整方法探讨总产出和利率、汇率之间的关系。因此,计量模型可以设定为

$$y_t = \alpha + \beta r_t + \gamma q_t + \varepsilon_t$$

根据货币状况指数的标准形式可以看出:$\omega_1 = \dfrac{|\beta|}{|\beta|+|\gamma|}$,$\omega_2 = \dfrac{|\gamma|}{|\beta|+|\gamma|}$,式中 $\beta < 0$,$\gamma < 0$。

数据说明:我们数据选取 1991 年第 4 季度至 2018 年第 2 季度,y_t 是国内总产出的对数形式,r_t 是国内贷款实际利率,q_t 是人民币实际有效汇率对数形式(2010 = 100),以上数据来源于 CEIC 数据库。q_t 来自国际货币基金组织(www.imf.org)。由于是季度数据,对国内总产出等变量进行季节调整,再取对数。货币状况指数的基期选择 1991 年第 4 季度。

7.3.2.1 单位根检验

首先对相关经济变量进行单位根检验,见表 7-5。

根据表 7-5,我们可以发现,y_t 序列、r_t 序列和 q_t 都是非平稳的,但是经过差分后,y_t、r_t 和 q_t 序列都是一阶平稳序列,即 $y_t \sim I(1)$,$r_t \sim I(1)$,$q_t \sim I(1)$。

表 7-5 变量的单位根检验

ADF 单位根检验				PP 单位根检验			
序列	检验形式	ADF 检验-t 值	概率	序列	检验形式	PP 检验值	概率
y_t	(c, t, 0)	-0.230 536	0.991 6	y_t	(c, t, 7)	-0.764 312	0.964 9
dy_t	(c, 0, 0)	-9.069 789***	0.000 00	dy_t	(c, 0, 7)	-9.465 769***	0.000 0
r_t	(c, 0, 11)	-1.070 302	0.724 8	r_t	(c, 0, 9)	-5.570 648	0.000 0
dr_t	(0, 0, 10)	-4.739 554***	0.000 0	dr_t	(0, 0, 10)	-17.373 82***	0.000 0
q_t	(c, 0, 1)	0.940 625	-0.997 1	q_t	(c, 0, 7)	-0.776 355	0.821 4
dq_t	(0, 0, 0)	-10.012 69***	0.000 6	dq_t	(0, 0, 8)	-10.072 85**	0.000 0

注：(1) (c、t、n)中 c、t、n 分别表示 ADF 检验中的截距项，时间趋势项以及滞后阶数（或 Newey-West 带宽），滞后期根据 AIC 标准选择，带宽根据 NW Bartlett Kernel 选择。(2) d 表示差分，*、**、*** 分别表示在10%、5%和1%的显著性水平下拒绝原假设，即时间序列是平稳过程。

7.3.2.2 协整检验

在进行协整检验之前，必须首先确立 VAR 模型的结构，以确定最优滞后期，本部分通过 Eviews9.0 给出的各种标准选取最优滞后阶数为5，考虑到经济增长有长期趋势，加入时间趋势变量。根据得出的最优滞后阶数减1进行协整检验，结果如下（见表 7-6）。

表 7-6 Johansen 协整检验结果——协整关系数量(方程带截距项)

特征值	迹统计量	5%临界值	概率	协整关系数量
0.329 890	70.734 75	35.192 75	0.000 0	不存在***
0.196 634	29.902 78	20.261 84	0.001 7	最多存在一个***
0.071 533	7.570 455	9.164 546	0.099 4	最多存在两个
特征值	最大特征值统计量	5%临界值	概率	协整关系数量
0.329 890	40.831 98	22.299 62	0.000 0	不存在***
0.196 634	22.332 32	15.892 10	0.004 2	最多存在一个***
0.071 533	7.570 455	9.164 546	0.099 4	最多存在两个

注：*** 表示在1%的显著性水平下拒绝原假设。

根据上述结果，无论是根据迹统计量还是最大特征值统计量，当原假设为不存在协整关系时，在1%的显著性水平下拒绝原假设。当原假设为最多存在一个协整关系、最多存在两个时，在1%的显著性水平下不能拒绝原假设。所以，检验结论是存在协整关系的。

表 7-7 Johansen 协整检验结果——协整系数估计(方程带截距项)

y_t	C	r_t	q_t
1.000 000	−24.580 56	480.722 5	78.353 08
标准误	(5.188 92)	(114.139)	(19.532 5)
似然比	858.343 0		

根据表 7-5 至表 7-6 以及协整方程,可以看出 y_t 与 r_t 和 q_t 这几个变量之间存在着显著的协整关系,从长期来看,说明利率上升(下降)幅度增加,能够抑制(促进)经济增长;人民币贬值(升值)幅度增加,能够促进(抑制)经济增长(表 7-7)。

因此,MCI 可以表示为 $MCI_t = 0.8599(r_t - r_0) + 0.1401(q_t - q_0)$,货币状况指数还可以表示为 $MCI_t = (r_t - r_0) + 0.16299(q_t - q_0)$,意味着 1% 的利率变动相当于 0.16% 的汇率变动。

下面我们来分析人民币利率、人民币汇率和经济增长的短期变动关系。根据变量之间的长期协整关系,我们可以构建单一的误差修正模型,融入变量之间的短期和长期关系,可以得出经济增长和货币状况指数的短期变动模型,用 OLS 方法估计(表 7-8)。

表 7-8 误差协整模型估计的结果

经济增长率(dy_t)			
变 量	回归系数	变 量	回归系数
C	0.018 458*** (4.489 333)	dr_t	0.238 386*** (3.005 917)
T	8.90E−06 (0.208 540)	dq_t	−0.082 771*** (−2.946 446)
Ecm_{t-1}	−0.000 319*** (−2.858 477)		
R^2	0.272 890	$a-R^2$	0.244 094
F 统计量	9.476 541(0.000 0)	log likelihood	326.205 0
序列相关性检验	$F(4, 97) = 0.917 5$	异方差检验	F 统计量 = 0.902 618(0.558 7)
模型设定检验	F 统计量 = 1.345 898(0.258 5)	正态性检验	$JB = 61.098 86(0.000 0)$

注:*、**、*** 分别表示在 10%、5% 和 1% 的显著性水平。

从短期模型来看,短期内利率对经济增长为正,与长期变动方向相反,意味着利率上升,短期内国外资本流入,货币供给增加,促进经济增长,汇率对经济增长的影响为负,与长期均衡方向一致,符合理论分析。误差修正项显著为负,意味着在一定的冲击下,系统会向长期均衡回归。

根据模型的检验结果,模型没有自相关、没有异方差、模型设定合理,根据CUSUM检验结果(见图7-14),在指定的范围内,参数估计具有一致性。

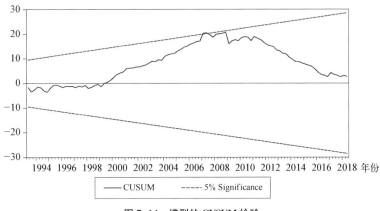

图 7-14 模型的 CUSUM 检验

7.3.3 广义的货币状况指数——金融状况指数

根据货币政策的利率和汇率传导机制,$MCI_t = \omega_1(r_t - r_0) + \omega_2(q_t - q_0)$。从理论角度来看,在货币政策的传导机制中,除了利率和汇率的传导机制外,信贷传导机制,非货币的金融资产传导机制等也发挥着重要作用,因此货币状况指数能够进一步拓展,包括信贷、股价等,这也就是金融状况指数(financial conditions index,FCI)。如在非货币的金融资产传导机制中,中央银行采取扩张性的货币政策,通过资产选择效应导致股票价格上升,引发托宾的"q"下降,即公司的市场价值与资本的重置成本之比下降,因此投资上升,产出上升。

因此,可以构建金融状况指数:$FCI_t = \omega_1(r_t - r_0) + \omega_2(q_t - q_0) + \omega_3(l_t - l_0) + \omega_4(e_t - e_0)$,式中:$l_t$ 是 t 期的信贷水平;l_0 是基期的信贷水平;e_t 是 t 期的股票价格;e_0 是基期的股票价格水平;ω_3,ω_4 是常数。

7.3.3.1 单位根检验

我们对国内信贷、股价等变量进行单位根检验(见表7-9)。

表 7-9 变量的单位根检验

序列	ADF 单位根检验			序列	PP 单位根检验		
	检验形式	ADF 检验-t 值	概率		检验形式	PP 检验值	概率
l_t	(c, t, 1)	-2.952 509	0.150 8	l_t	(c, t, 4)	-2.578 318	0.291 0
dl_t	(c, 0, 0)	-7.981 850***	0.000 00	dl_t	(c, 0, 2)	-8.026 227***	0.000 0
e_t	(c, t, 1)	-3.835 218**	0.018 6	e_t	(c, t, 4)	-3.857 023**	0.017 4
de_t	(c, 0, 0)	-8.035 043***	0.000 0	de_t	(c, 0, 1)	-7.991 986***	0.000 0

注：(1) (c, t, n)中 c、t、n 分别表示 ADF 检验中的截距项、时间趋势以及滞后阶数（或 Newey-West 带宽），滞后期根据 AIC 标准选择，带宽根据 NW Bartlett Kernel 选择。(2) d 表示差分，*、**、*** 分别表示在 10%、5%和 1%的显著性水平下拒绝原假设，即时间序列是平稳过程。

根据表 7-9，我们可以发现，l_t 序列是非平稳的，但是经过差分后是一阶平稳序列。在 5%的显著性水平下，股票价格指数 e_t 的原序列和差分序列都是平稳的。

7.3.3.2 协整检验

融入信贷和股票价格指数，VAR 的最佳滞后阶数为 5。协整检验结果如下（见表 7-10）。

表 7-10 Johansen 协整检验结果——协整关系数量（方程带截距项）

特征值	迹统计量	5%临界值	概率	协整关系数量
0.406 855	128.779 1	76.972 77	0.000 0	不存在*
0.291 188	77.592 12	54.079 04	0.000 1	最多存在一个*
0.196 896	43.864 00	35.192 75	0.004 6	最多存在两个*
0.166 839	22.375 42	20.261 84	0.025 2	最多存在三个*
0.044 760	4.487 665	9.164 546	0.344 3	最多存在 4 个
特征值	最大特征值统计量	5%临界值	概 率	协整关系数量
0.406 855	51.187 03	34.805 87	0.000 3	不存在*
0.291 188	33.728 12	28.588 08	0.010 0	最多存在一个*
0.196 896	21.488 58	22.299 62	0.064 6	最多存在两个
0.166 839	17.887 75	15.892 10	0.024 0	最多存在三个*
0.044 760	4.487 665	9.164 546	0.344 3	最多存在四个

注：*表示在 1%的显著性水平下拒绝原假设。

根据上述结果,无论是根据迹统计量还是最大特征值统计量,当原假设为不存在协整关系时,在1%的显著性水平下拒绝原假设。当原假设为最多存在一个协整关系、最多存在两个和三个协整关系时,在1%的显著性水平下不能拒绝原假设。所以,检验结论是存在一个协整关系。

表 7-11　Johansen 协整检验结果——协整系数估计(方程带截距项)

y_t	C	r_t	q_t	l_t	e_t
1.000 000	−1.120 185	11.211 30	5.661 861	−3.180 066	−0.644 269
标准误	(0.248 84)	(4.464 36)	(1.069 40)	(1.016 30)	(0.205 38)
似然比	2 104.200				

根据表 7-11 可以看出 y_t 与 r_t、q_t、l_t 和 e_t 这几个变量之间存在着显著的协整关系,从长期来看,说明人民币利率上升(或下降),抑制(促进)经济增长;人民币对美元贬值(升值)幅度增加,能够促进(抑制)经济增长;信贷增加(减少),促进(抑制)经济增长;股票价格上升(下降),促进(抑制)经济增长,符合理论分析。

根据上述结论,FCI 可以表示为

$$FCI_t = 0.541\,7(r_t - r_0) + 0.273\,5(q_t - q_0) \\ - 0.153\,7(l_t - l_0) - 0.031\,1(e_t - e_0)$$

金融状况指数还可以表示为 $FCI_t = (r_t - r_0) + 0.505\,0(q_t - q_0) - 0.283\,7(l_t - l_0) - 0.057\,47(e_t - e_0)$,意味着1%的利率变动相当于0.51%的汇率变动,或相当于−0.28%的信贷变动,或相当于−0.06%的股价变动。

下面我们来分析人民币利率、人民币汇率、国内信贷、股票价格指数和经济增长的短期变动关系。同样我们可以构建单一的误差修正模型,融入长期的协整关系,用OLS方法估计结果如下(表 7-12)。

表 7-12　误差协整模型估计的结果

经济增长率(dy_t)			
变　量	回归系数	变　量	回归系数
C	0.006 579 (1.312 563)	dq_t	−0.116 070*** (−4.036 326)
T	−0.001 000*** (−4.702 854)	dl_t	0.114 522** (2.168 149)
dr_t	0.262 869*** (3.749 313)	de_t	0.016 422** (2.708 612)

(续表)

经济增长率(dy_t)			
变 量	回归系数	变 量	回归系数
Ecm_{t-1}	-0.014 618*** (-4.545 629)		
R^2	0.382 957	$a-R^2$	0.343 986
F 统计量	9.826 682(0.000 0)	Log likelihood	326.983 5
序列相关性检验	$F(4, 91)=0.732\ 5$	异方差检验	F 统计量 = 0.565 966(0.756 4)
模型设定检验	F 统计量 = 1.609 287(0.178 7)	正态性检验	$JB=28.862\ 30(0.000\ 0)$

注：*、**、***分别表示在10%、5%和1%的显著性水平。

同样,从短期模型来看,短期内利率对经济增长为正,与长期变动方向相反,汇率对经济增长的影响为负,与长期均衡方向一致,信贷和股价对经济增长影响为正,与长期变动方向也一致,也符合理论分析。误差修正项显著为负,在一定的冲击下,系统会向长期均衡回归。

根据模型的检验结果,模型没有自相关、没有异方差,模型设定合理。根据CUSUM检验结果(见图7-15),在指定的变动区间内,参数估计具有一致性。

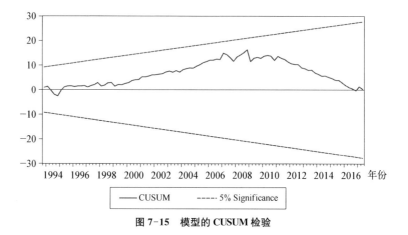

图 7-15 模型的 CUSUM 检验

7.3.4 主要结论

从货币状况指数的测算可以看出,以经济增长为目标,经济增长与利率、汇率存在长期的协整关系,1%的利率变动相当于0.16%的汇率变动。同样,从金融状况指数的测算来看,经济增长与利率、汇率、信贷和股价之间也存在长期的均衡关系,1%的利率变动相当于0.51%的汇率变动,或相当于-0.28%的信贷变动,或相当于-0.06%的股价变动。

当然,货币状况指数也存在一定的局限性:一是货币状况指数的权重依赖计量模型的设定,模型设定不同,结果可能不一样;二是货币状况指数的构建意味着利率或汇率对产出、通货膨胀率的影响是不变的,不存在结构性变化,这可能也是不现实的;三是货币状况指数有一定的内生性,并不是中央银行直接控制的,因此货币状况指数作为操作目标,并不意味着它和宏观经济目标有稳定的关系,可能还要结合其他实际经济状况评估货币状况指数的影响;四是货币状况指数变化是对宏观经济形势的适度反映,中央银行并不需要采取措施,如由于经济增长,利率上升和汇率升值,货币状况指数上升,这种变化是对宏观经济形势的反映,并不意味着中央银行要干预它。

7.4 人民币名义有效汇率的分解和中国的贸易收支

7.4.1 人民币名义有效汇率的分解

从名义有效汇率的定义来看(Leahy,Michael P,1998;Loretan,M,2005),人民币名义有效汇率可定义为

$$NEER_t = NEER_{t-1} \prod_{i=1}^{n} (S_{i,t}/S_{i,t-1})^{w_{i,t}} \tag{7-8}$$

式中:$NEER_t$ 为 t 期的人民币名义有效汇率;$NEER_{t-1}$ 为 $t-1$ 期的人民币名义有效汇率;$S_{i,t}$ 为 t 期人民币对 i 国货币的汇率(直接标价法);$S_{i,t-1}$ 为 $t-1$ 期人民币对 i 国货币的汇率;$w_{i,t}$ 为 t 期人民币对 i 国货币的贸易权重(假定为常数);$\sum_{i=1}^{n} w_{i,t} = 1$。

令 $NEER_0 = 100$,则名义有效汇率:$NEER_t = 100 \prod_{i=1}^{n} (S_{i,t}/S_{i,0})^{w_{i,t}}$,实际上,名义汇率三角套汇机制存在(Giancarlo Gandolfo.,2001.),$S_{i,t} = S_{1,t} \times X_{i,t}$,式中:$S_{1,t}$ 是 t 期人民币对美元货币的汇率;$X_{i,t}$ 是 t 期美元对非美货币的汇率($i > 1$)。由名义有效汇率:

$$NEER_t = 100 \left[\frac{(S_{1,t})^{w_{1,t}} \times (S_{1,t} \times X_{2,t})^{w_{2,t}} \times \cdots \times (S_{1,t} \times X_{n,t})^{w_{n,t}}}{(S_{1,0})^{w_{1,t}} \times (S_{1,0} \times X_{2,0})^{w_{2,t}} \times \cdots \times (S_{1,0} \times X_{n,0})^{w_{n,t}}} \right]$$

进一步可得到:

$$NEER_t = 100\left(\frac{S_{1,t}}{S_{1,0}}\right)\left[\frac{(X_{2,t})^{w_2,t}\times\cdots\times(X_{n,t})^{w_n,t}}{(X_{2,0})^{w_2,t}\times\cdots\times(X_{n,0})^{w_n,t}}\right]$$

$$= 100\times NI_t \times \prod_{i=2}^{n}(X_{i,t}/X_{i,0})^{w_i,t}$$

式中: $NI_t = \dfrac{S_{1,t}}{S_{1,0}}$。定义美元的名义有效汇率:

$$NEER_{us,t} = NEER_{us,t-1}\prod_{i=1}^{n}(Y_{i,t}/Y_{i,t-1})^{\rho_i,t} = 100\prod_{i=1}^{n}(Y_{i,t}/Y_{i,0})^{\rho_i,t}$$

式中: $NEER_{us,t}$ 为 t 期的美元名义有效汇率; $NEER_{us,t-1}$ 为 $t-1$ 期的美元名义有效汇率; $Y_{i,t}$ 为 t 期美元对 i 国货币的汇率(直接标价法①); $Y_{i,t-1}$ 为 $t-1$ 期美元对 i 国货币的汇率; $\rho_{i,t}$ 为 t 期美元对 i 国货币的贸易权重。

为了研究问题方便,假定 $Y_{1,t}$ 为 t 期美元对人民币的汇率,$\rho_{1,t}$ 为 t 期人民币在美元有效汇率中的权重,则: $NEER_{us,t} = 100\left(\dfrac{1}{NI_t}\right)^{\rho_1,t}\prod_{i=2}^{n}(X_{i,t}/X_{i,0})^{\rho_i,t}$

因此: $(NI_t)^{\rho_1,t} NEER_{us,t} = 100\prod_{i=2}^{n}(X_{i,t}/X_{i,0})^{\rho_i,t}$

如果人民币和美元有效汇率指数包含的国家和货币越多,贸易越多元化,则权重越分散②,$\omega_{i,t}$、$\rho_{i,t}$ 越接近,并且一些主要国家也都是中美主要的贸易伙伴,往往一些国家在人民币和美元有效汇率指数中 $\omega_{i,t}$、$\rho_{i,t}$ 也比较接近。如果我们假定 $\omega_{i,t} \approx \rho_{i,t}$,则

$$NEER_t \approx (NI_t)^{1+\rho_1,t} \times NEER_{us,t} \tag{7-9}$$

即人民币有效汇率指数等于 $(NI_t)^{1+\rho_1,t}$ 乘以美元有效汇率指数。

从国际清算银行(BIS)人民币和美元有效汇率指数编制来看,包含 42 个经济体,权重相对比较分散,美元在人民币有效汇率中的权重 $\omega_{1,t}=19.0224$,人民币在美元有效汇率中的权重 $\rho_{1,t}=20.9274$,其他各国在中美有效汇率指数中所占的权重如表 7-13 所示(权重计算见 Marc Klau, San Sau Fung, 2006.)。从各国在中美有效汇率指数中的权重来看,很多国家的权重比较接近,无论是总权重,还是各国权重,都比较接近。权重

---

① 用美元来表示其他货币。
② 实际上,从数学的角度来看,如果包含多种货币,只要权重比较分散,指数值 $\prod_{i=2}^{n}\left(X_{i,t}/X_{i,0}\right)^{\rho_{i,t}}$ 与 $\prod_{i=2}^{n}\left(X_{i,t}/X_{i,0}\right)^{w_{i,t}}$ 就会非常接近。

第7章 我国的汇率调控

之差的均值为0.045,标准差为2.731(见表7-13),总体上权重分散,还是比较相近的,我们的假设是合理的。

表7-13 各国和中国香港、台北地区货币在中美有效汇率指数中所占的比例(2008—2010) 单位:%

各国的权重	中 国	美 国	权重之差
阿尔及利亚(Algeria)	0.136 2	0.034 6	0.101 7
阿根廷(Argentina)	0.339 1	0.335 2	0.003 9
澳大利亚(Australia)	1.368 1	0.856 8	0.511 3
巴西(Brazil)	1.195 6	1.582 2	-0.386 6
保加利亚(Bulgaria)	0.079 8	0.036 9	0.042 8
加拿大(Canada)	2.247 4	13.299 7	-11.052 3
智利(Chile)	0.756 6	0.383 6	0.372 9
中国台北地区(Chinese Taipei)	5.841 5	2.134 3	3.707 1
哥伦比亚(Colombia)	0.210 4	0.369 3	-0.158 9
克罗地亚(Croatia)	0.072 9	0.034 8	0.038 0
捷克(Czech Republic)	0.623 4	0.357 2	0.266 2
丹麦(Denmark)	0.469 5	0.408 7	0.060 8
欧元区(Euro area)	19.434 6	17.386 6	2.048 0
中国香港地区(Hong Kong SAR)	0.580 9	0.280 5	0.300 4
匈牙利(Hungary)	0.426 0	0.273 4	0.152 6
冰岛(Iceland)	0.018 2	0.012 5	0.005 7
印度(India)	1.692 0	1.702 6	-0.010 6
印度尼西亚(Indonesia)	1.066 3	0.787 9	0.278 3
以色列(Israel)	0.397 9	1.163 3	-0.765 4
日本(Japan)	15.942 6	8.771 7	7.170 9
韩国(Korea)	7.874 9	3.234 1	4.640 8
拉脱维亚(Latvia)	0.020 8	0.014 5	0.006 2
立陶宛(Lithuania)	0.043 0	0.029 7	0.013 3
马来西亚(Malaysia)	1.968 8	1.533 7	0.435 1
墨西哥(Mexico)	2.106 4	11.464 8	-9.358 4
新西兰(New Zealand)	0.198 4	0.134 1	0.064 4
挪威(Norway)	0.403 7	0.286 3	0.117 4

(续表)

各国的权重	中国	美国	权重之差
秘鲁(Peru)	0.202 9	0.252 7	-0.049 8
菲律宾(Philippines)	0.733 9	0.567 1	0.166 8
波兰(Poland)	0.856 5	0.403 2	0.453 3
罗马尼亚(Romania)	0.234 4	0.124 3	0.110 0
俄罗斯(Russia)	1.553 9	0.602 9	0.951 0
沙特(Saudi Arabia)	0.562 3	0.346 0	0.216 3
新加坡(Singapore)	2.678 6	1.466 5	1.212 1
南非(South Africa)	0.547 2	0.514 0	0.033 2
瑞典(Sweden)	0.792 3	0.757 4	0.035 0
瑞士(Switzerland)	1.236 7	1.396 1	-0.159 4
泰国(Thailand)	1.981 3	1.222 1	0.759 2
土耳其(Turkey)	0.704 9	0.432 0	0.272 8
阿联酋(United Arab Emirates)	0.353 7	0.284 1	0.069 6
英国(United Kingdom)	2.844 5	3.395 3	-0.550 7
委内瑞拉(Venezuela)	0.179 6	0.399 6	-0.220 0
总和	80.977 6	79.072 6	1.905 1
均值	1.928 0	1.882 7	0.045 4
标准差	3.892 45	3.775 893	2.731 445 86

资料来源：www.bis.org。

因此，我们得到命题1：人民币名义有效汇率能够分解为人民币对美元名义汇率和美元名义有效汇率乘积的形式。

根据 $NEER_t \approx (NI_t)^{1+\rho_{1,t}} \times NEER_{us,t}$，随着美元名义有效汇率和人民币对美元汇率变化，人民币有效汇率会发生相应的变化。如人民币对美元升值，则人民币有效汇率将趋近美元有效汇率；人民币对美元稳定，则人民币有效汇率和美元有效汇率接近或走势相似。如1994—1996年，人民币对美元缓慢升值并趋于稳定，由于2010年是有效汇率基期（根据BIS统计数据），1996—2005年人民币对美元汇率保持了相对稳定，人民币和美元的有效汇率走势基本趋同（见图7-16）。

2005年7月21日，中国进行了汇率体制改革，建立市场供求、参考一篮子货币的汇率机制，2005年7月至2008年8月，人民币对美元持续升值。随着人民币对美元持续升值，人民币和美元有效汇率也越来越接近（见图7-17）。

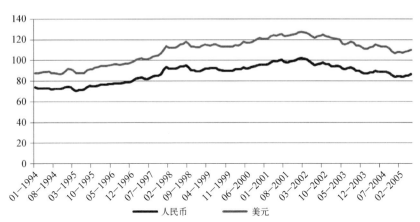

图7-16 人民币和美元的名义有效汇率(1994年1月至2005年6月)

数据来源：www.bis.org(2010=100)。

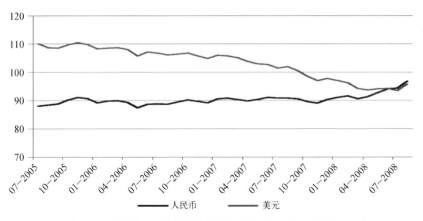

图7-17 人民币和美元的名义有效汇率(2005年7月至2008年8月)

数据来源：www.bis.org(2010=100)

国际金融危机时期，人民币对美元汇率保持了相对稳定，因此2008年8月至2010年6月新一轮汇改，人民币有效汇率走势和美元有效汇率走势基本保持相同(见图7-18)。因此，如果人民币钉住美元，人民币有效汇率和美元有效汇率也基本接近(2010年是有效汇率基期)。

2010年6月19日，中国进行了第二次汇改，增加人民币对美元汇率的弹性，人民币对美元继续升值，因此人民币有效汇率和美元有效汇率的缺口越来越大(图7-19)。随着美元升值，人民币升值幅度更大。

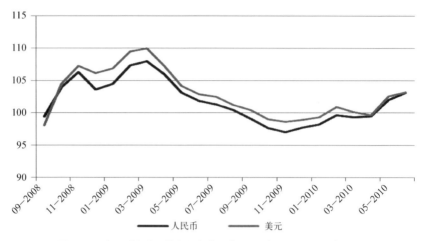

图 7-18　人民币和美元的名义有效汇率(2008 年 9 月至 2010 年 6 月)

数据来源：www.bis.org(2010 = 100)。

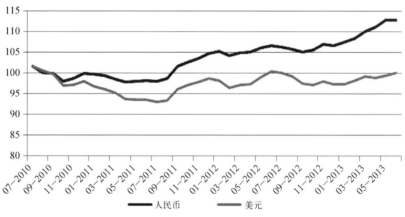

图 7-19　人民币和美元的名义有效汇率(2010 年 7 月至 2013 年 6 月)

我们可以看出：如果人民币盯住美元，则人民币的有效汇率也基本上跟着美元的有效汇率走，而在主权债务危机下，美元有效汇率升值，人民币对美元汇率升值，人民币有效汇率升值会上升更快。

7.4.2　人民币对美元汇率的变动——参考一篮子货币的变动

实际上，根据人民币和美元有效汇率指数之间的关系，能够看出我国人民币对美元汇率中间价的变动。由前面人民币有效汇率的公式：$NEER_t \approx (NI_t)^{1+\rho_1,\,t} \times NEER_{us,\,t}$，两边取对数再微分能够得到：$\frac{\mathrm{d}NEER_t}{NEER_t} \approx (1+\rho_{1,t})\frac{\mathrm{d}NI_t}{NI_t} + \frac{\mathrm{d}NEER_{us,t}}{NEER_{us,t}}$。

如果央行保持人民币有效汇率的基本稳定，即 $\frac{\mathrm{d}NEER_t}{NEER_t} = 0$，意味着 $\frac{\mathrm{d}NI_t}{NI_t} = -\frac{1}{(1+\rho_{1,t})}\frac{\mathrm{d}NEER_{us,t}}{NEER_{us,t}}$，也就是说，人民币对美元汇率的走势和美元有效汇率的走势相同①。由此可以看出，如果人民银行保持人民币有效汇率的稳定，则人民币对美元汇率与美元有效汇率的走势基本相同。自2015年8月11日以来，央行不断强化以市场供求为基础、参考一篮子货币进行调节的人民币对美元汇率中间价形成机制。2016年5月6日，央行发布的2016年第一季度货币政策执行报告的专栏内容中②，对于人民币对美元汇率中间价形成机制首次进行了详细解释，并表示目前已经初步形成了"收盘汇率+一篮子货币汇率变化"的人民币对美元汇率中间价形成机制。我们选取2016年4月1日至2018年4月27日人民币对美元汇率的中间价和美元指数的数据来分析走势。如果参考一篮子货币汇率变化，以人民币有效汇率为目标，则人民币对美元汇率中间价与美元指数③的走势应该基本趋同。

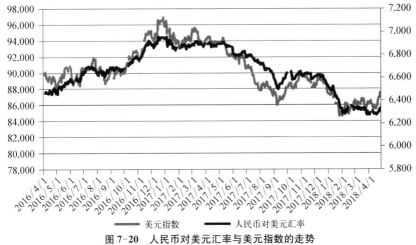

图7-20 人民币对美元汇率与美元指数的走势
（2016年4月1日至2018年4月27日）

数据来源：www.safe.gov.cn；CEIC数据库。

---

① 虽然公式中是负号，如果把人民币对美元汇率标价方式改过来，则负号就变成正号，走势就是一样的。意味着如果美元指数下降，人民币升值；美元指数上升，人民币贬值。

② 见 www.pbc.gov.cn。

③ 这里的美元指数就相当于美元有效汇率，因为共同包含了几种主要的国际货币，它们所占的权重都是较高的。

由图 7-20 能够看出,人民币对美元汇率中间价与美元指数中间价的走势接近,两者之间的相关系数高达 0.912 9,近年来人民币对美元汇率更多地参考一篮子货币,保持了人民币有效汇率的基本稳定[①]。

与之前的人民币对美元汇率变动比较能够看出,2010 年 6 月 19 日以后,人民币对美元汇率持续升值,但是美元指数开始贬值,随后持续升值,出现人民币对美元汇率升值和美元指数升值持续共存(图 7-20),2010 年 6 月 19 日至 2015 年 8 月 11 日,人民币对美元汇率中间价与美元指数两者之间的相关系数为 -0.519 1,总体走势是相反的。2016 年第一季度人民币对美元汇率中间价走势和美元指数走势趋同,相关系数为 0.868 7,意味着央行确定人民币对美元汇率的中间价开始更多地参考一篮子货币汇率进行调整。也就是说,2010 年 6 月 19 日至 2015 年 8 月 11 日,央行保持了人民币对美元汇率的相对稳定,升值步伐平稳,而 2015 年 8 月 11 日汇改后,特别是 2016 年第一季度开始,人民币对美元汇率开始更多地参考一篮子货币汇率,保持人民币总体币值的稳定(见图 7-21)。

**图 7-21　人民币对美元汇率与美元指数的走势
(2010 年 6 月 21 日至 2016 年 3 月 31 日)**

数据来源:www.safe.gov.cn;CEIC 数据库。

7.4.3　人民币对美元汇率和人民币对非美货币汇率的波动幅度

自 2005 年 7 月 21 日以来,我国银行间人民币汇率制度进行了一系列改革,人民币汇

---

① 2016 年 11 月 27 日,中国人民银行副行长易纲就人民币汇率、外汇储备等问题接受了新华社记者专访,易纲表示,人民币参考一篮子货币能够全面反映贸易品的国际比价。同时参考一篮子货币与钉住单一货币相比,更能反映一国商品和服务的综合竞争力,也更能发挥汇率调节进出口、投资及国际收支的作用。

率的波动幅度也不断扩大。人民币对美元汇率在我国的汇率体系中处于主导地位,人民币对非美元货币汇率要依赖于这一汇率套算决定(表7-14)。

表7-14 银行间人民币汇率浮动幅度

日 期	银行间人民币汇率中间价和浮动幅度调整
2005年7月21日	中国改革了人民币汇率体制,央行规定每个工作日闭市后公布当日银行间外汇市场美元等交易货币对人民币汇率的收盘价,作为下一个工作日该货币对人民币交易的中间价格。人民币对美元交易价在人民银行公布的美元交易中间价上下3‰的幅度内浮动;非美元货币对人民币的交易价在人民银行公布的该货币交易中间价上下1.5%内浮动
2005年9月23日	非美元货币对人民币交易价的浮动幅度作了调整,由原来的上下1.5%扩大到上下3%
2006年1月4日	央行在银行间外汇市场引入了询价交易方式和做市商制度来确定当日人民币对美元汇率中间价;同时人民币对欧元、日元和港币汇率中间价由中国外汇交易中心分别根据当日人民币对美元汇率中间价与上午9时国际外汇市场欧元、日元和港币兑美元汇率套算确定
2007年5月21日	人民币兑美元交易价浮动幅度由3‰扩大至5‰
2012年4月14日	自2012年4月16日起,银行间即期外汇市场人民币对美元交易价浮动幅度由5‰扩大至1%,即每日银行间即期外汇市场人民币对美元的交易价可在中国外汇交易中心对外公布的当日人民币对美元中间价上下1%的幅度内浮动
2014年3月17日	每日银行间即期外汇市场人民币对美元的交易价可在中国外汇交易中心对外公布的当日人民币对美元汇率中间价上下2%的幅度内浮动
2014年7月1日	人民币对欧元、日元、港币、英镑、澳大利亚元、加拿大元和新西兰元交易价在中国外汇交易中心公布的人民币对该货币汇率中间价上下3%的幅度内浮动。人民币对马来西亚林吉特、俄罗斯卢布交易价在中国外汇交易中心公布的人民币对该货币汇率中间价上下5%的幅度内浮动。人民币对其他非美元货币交易价的浮动幅度另行规定

实际上,即期外汇市场上非美元货币对人民币交易价的波动幅度、人民币对美元货币汇率波动幅度,以及美元对非美元货币汇率的波动幅度存在相互制约的关系。由于人民币对非美货币的汇率是套算汇率,央行主要是控制人民币对美元汇率,因此可以放开人民币对非美货币的波动幅度,而不必限制人民币对非美货币汇率的变动幅度。

如果人民币钉住有效汇率目标,则根据人民币参考一篮子货币的波动幅度,可以确定人民币对美元汇率的波动幅度。首先确定篮子货币的波动幅度为有效汇率中间价上下$\alpha\%$幅度内,则$NEER_t$每天变动的区间为$[NEER_t(1-\alpha\%), NEER_t(1+\alpha\%)]$,因此根据计算公式可计算出人民币对美元汇率波动的上下限:

$$E_{1,t}^{\max} = \frac{1}{S_{1,t}} = 100 \left(\frac{1}{M_0 NEER_t (1-\alpha\%)} \right) \times \left[\prod_{i=1}^{n} X_{i,t}^{w_i} \right]$$

$$E_{1,t}^{\min} = \frac{1}{S_{1,t}} = 100 \left(\frac{1}{M_0 NEER_t (1+\alpha\%)} \right) \times \left[\prod_{i=1}^{n} X_{i,t}^{w_i} \right]$$

根据人民币对美元汇率的波动区间和国际金融市场上美元对非美货币汇率,就可以套算人民币对非美货币汇率的波动区间。因此,如果中央银行以有效汇率为目标,并确定人民币有效汇率的波动幅度,就能够确定人民币对美元汇率的中间价和波动幅度,也能够相应确定人民币对非美货币汇率的中间价和波动幅度。也就是说,如果确定了人民币有效汇率的波动幅度,则人民币对美元汇率、人民币对非美货币汇率的波动幅度也被限制了。因为中央银行是外汇市场主要的参与者,如果中央银行维持目标汇率在波动幅度以内,由于套利资本的流动,其他套算汇率的波动幅度也被间接限制了。

7.4.4　Marshall-Lerner条件的分析和价格传递

传统的马歇尔-勒纳条件假定价格是完全传递的,但是实际上往往是不完全传递,因此关于马歇尔-勒纳条件是否成立,涉及汇率变动的传递效应和数量效应。

针对汇率的传递问题,美国学者梅吉(Magee)于1973年在他的论文《货币合同、移递和贬值》中提出了合同货币分析法(contract currency appoach)和传递分析法(pass-through approach),这个理论是对国际收支弹性法的一个重要修正和补充,它从合同货币分析和价格传递两个方面具体探讨了在不同条件下货币贬值的贸易收支效应。汇率的不完全传递要么影响进口价格,要么体现在出口价格上,通常认为汇率传递不充分的主要原因在于市场结构、竞争程度和贸易壁垒等(Dornbusch,1987;Fisher,1989;Menon,1996)。Krugman(1987)分析了德国出口的汇率不完全传递和市场定价问题,认为汇率的不完全传递在于出口的垄断企业在不同的市场上采取三度价格歧视进行定价。Knetter(1989)和Gagnon and Knetter(1995)通过成本加成定价模型(mark-up model)解释了不完全传递的现象。Feenstra, Gagnon and Knetter (1996)用Bertrand产品差异化模型分析显示在一国出口市场份额较大的情况下,有较高的价格传递,如当市场份额在40%左右,汇率传递程度低;当市场份额接近100%,汇率的传递程度高。Yang(1997)在一个修正的Dixit-Stiglitz的模型分析框架内研究显示美国制造业汇率传递是不完全的,不同行业也不同,汇率的传递程度与产品差异正相关,与边际成本关于产出的弹性负相关,实证研究显示传递大部分是不完全的,意味着市场是不完全竞争的。Pollard and Coughlin(2004)分析认为汇率传递是非对称的,即公司的定价策略对货币升值和货币贬值的反应是不同的。不过,一些学者研究较小的国家可能会有更大的传递(Frankel, Parsley and Wei, 2005);Campa and Goldberg (2005)研究估计美元汇率传递到进口价格大约60%,汇率向消费价格的传递比向边境价格(border price)传递更低。Goldberg and Hellerstein(2006)在Bertrand差异化产品垄断的模型中探讨了汇率传递问题,认为零售商是根据批发商给的价格定价,公司可以根据汇率变化调整利润而不是调整价格,从而降低了汇率的传递程度。Banik and Biswas (2007)

研究认为日本和韩国汽车出口企业汇率价格传递低,主要是防止失去美国的市场份额,但加拿大小型汽车出口有较高的汇率传递,因为他们并不在乎美国的市场份额。以上国外学者的研究显示汇率变动对价格往往是不完全传递的。

国内许多学者也研究了中国的汇率传递:陈学彬、李世刚、芦东(2007)研究显示在人民币升值时出口商能降低本币出口价格;而以加工贸易为特征的一些高科技制造业存在汇率不完全传递现象。王胜、李睿君(2009)发现中国对美国出口价格受到了国际价格竞争的重要影响,所以人民币汇率传递程度并不高。黄志刚(2009)研究认为企业"依市场定价"的策略会影响汇率传递特征,尤其影响汇率对进出口价格的传递速度。曹伟、倪克勤(2010)研究认为人民币汇率变动对进口价格传递效应总体呈现动态下降趋势。其他相关研究也认为汇率不完全传递(万晓莉、陈斌开、傅雄广,2011;毕玉江、朱钟棣,2007;周杰琦,2010)。从上述研究都可以看出,人民币汇率变动都存在不完全传递现象,会影响货币贬值改善贸易收支的效果。

实际上即使汇率变动能够向进出口价格传递,但货币贬值能否改善贸易收支,还取决于进出口数量需求价格弹性,如果货币贬值,出口数量不能扩大,进口数量不能减少,货币贬值反而会导致贸易收支的恶化,而不是盈余。关于汇率变动的数量效应,从市场的需求来看,价格水平变动导致进出口数量的变化,这依赖于多种因素如市场的集中度、商品的同质性和替代性、产品的竞争力、国内外公司的相对市场份额等(Dornbusch,1987),最终反映在进出口产品的需求价格弹性。Wang 和 Wu(1999)研究发现台湾的石化出口公司通过出口价格的变化只能够吸收小部分的加权汇率的变化,市场定价较弱,反映了市场需求价格弹性较小。李天栋、胡靖(2010)分析认为尽管我国主要出口产品的规模很大,但实证检验难以拒绝价格不受出口规模影响的假定,也就难以否定我国的出口产品是不完全竞争产品,这也体现了价格需求弹性的变化。

1. Marshall-Lerner 条件的分析

国际收支的弹性分析方法(the elasticities approach)主要是分析汇率变动改善贸易收支的条件(Bickerdike,Joan,1920;Robinson,Brown,1947;Metzler,1949;Lerner Abba,1944;Giancarlo Gandolfo,2001)。基本模型如下。

国内产品出口:

$$X_t^* = P_{Xt}^*(NEER_t) \times Q_{Xt}(P_{Xt}^*(NEER_t)) \tag{7-10}$$

国内进口产品:

$$M_t^* = P_{Mt}^*(NEER_t) \times Q_{Mt}(P_{Mt}^*(NEER_t)) \tag{7-11}$$

贸易收支:

$$T_t = X_t^* - M_t^* = P_{Xt}^*(NEER_t) \times Q_{Xt}(P_{Xt}^*(NEER_t)) \\ - P_{Mt}^*(NEER_t) \times Q_{Mt}(P_{Mt}^*(NEER_t)) \tag{7-12}$$

式中：$NEER_t$ 是 t 期人民币名义有效汇率；Q_{Xt} 是 t 期国内出口数量；Q_{Mt} 是 t 期国内进口数量；P_{Xt}^* 是 t 期外币表示的出口品价格；P_{Mt}^* 是 t 期外币表示的进口品的价格。

我们定义：

出口需求价格弹性：$\varepsilon_{QX,P_X^*} = \dfrac{\partial Q_{Xt}}{\partial P_{Xt}^*} \dfrac{P_{Xt}^*}{Q_{Xt}}$

出口需求价格的人民币有效汇率弹性：$\varepsilon_{P_X^*,NEER} = \dfrac{\partial P_{Xt}^*}{\partial NEER_t} \dfrac{NEER_t}{P_{Xt}^*}$

进口需求价格弹性：$\varepsilon_{QM,P_M^*} = \dfrac{\partial Q_{Mt}}{\partial P_{Mt}^*} \dfrac{P_{Mt}^*}{Q_{Mt}}$

进口需求价格的人民币有效汇率弹性：$\varepsilon_{P_M^*,NEER} = \dfrac{\partial P_{Mt}^*}{\partial NEER_t} \dfrac{NEER_t}{P_{Mt}^*}$

贸易收支方程两边同时对名义有效汇率 $NEER_t$ 求导得到

$$\begin{aligned}\dfrac{\partial T_t}{\partial NEER_t} &= P_{Xt}^* \dfrac{\partial Q_{Xt}}{\partial P_{Xt}^*} \dfrac{\partial P_{Xt}^*}{\partial NEER_t} + Q_{Xt} \dfrac{\partial P_{Xt}^*}{\partial NEER_t} \\ &\quad - \left(P_{Mt}^* \dfrac{\partial Q_{Mt}}{\partial P_{Mt}^*} \dfrac{\partial P_{Mt}^*}{\partial NEER_t} + Q_{Mt} \dfrac{\partial P_{Mt}^*}{\partial NEER_t} \right) \\ &= \dfrac{P_{Xt}^* Q_{Xt}}{NEER_t}(\varepsilon_{QX,P_X^*} \varepsilon_{P_X^*,NEER} + \varepsilon_{P_X^*,NEER}) \\ &\quad - \dfrac{Q_{Mt} P_{Mt}^*}{NEER_t}(\varepsilon_{P_M^*,NEER} + \varepsilon_{QM,P_M^*}\varepsilon_{P_M^*,NEER}) \\ &= \dfrac{P_{Xt}^* Q_{Xt}}{NEER_t}(\varepsilon_{QX,P_X^*} + 1)\varepsilon_{P_X^*,NEER} \\ &\quad - \dfrac{Q_{Mt} P_{Mt}^*}{NEER_t}(1 + \varepsilon_{QM,P_M^*})\varepsilon_{P_M^*,NEER}\end{aligned} \quad (7\text{-}13)$$

2. 人民币名义有效汇率分解的价格传递和马歇尔-勒纳条件的修正

根据 $NEER_t \approx (NI_t)^{1+\rho_{1,t}} \times NEER_{us,t}$，则

$$\begin{aligned}dNEER_t &\approx (NI_t)^{1+\rho_{1,t}} \times dNEER_{us,t} + (1+\rho_{1,t})(NI_t)^{\rho_{1,t}} \\ &\quad \times NEER_{us,t} \times dNI_t = (NI_t)^{\rho_{1,t}}[(NI_t) \times dNEER_{us,t} \\ &\quad + (1+\rho_{1,t}) \times NEER_{us,t} \times dNI_t]\end{aligned} \quad (7\text{-}14)$$

进一步我们定义

出口需求价格的人民币对美元汇率弹性：$\varepsilon_{P_X^*,NI} = \dfrac{\partial P_{Xt}^*}{\partial NI_t} \dfrac{NI_t}{P_{Xt}^*}$

第7章 我国的汇率调控

出口需求价格的美元有效汇率弹性：$\varepsilon_{P_X^*,\,NEER_{us}} = \dfrac{\partial P_{Xt}^*}{\partial NEER_{us,\,t}} \dfrac{NEER_{us,\,t}}{P_{X,\,t}^*}$

进口需求价格的人民币对美元汇率弹性：$\varepsilon_{P_M^*,\,NI} = \dfrac{\partial P_{Mt}^*}{\partial NI_t} \dfrac{NI_t}{P_{Mt}^*}$

进口需求价格的美元有效汇率弹性：$\varepsilon_{P_M^*,\,NEER_{us}} = \dfrac{\partial P_{Mt}^*}{\partial NEER_{us,\,t}} \dfrac{NEER_{us,\,t}}{P_{Mt}^*}$

为了考察汇率变动的传递效应(Menon,1995)，根据(7-14)式,得到：

$$\dfrac{\partial P_{Xt}^*}{\partial NEER_t} = \dfrac{1}{(NI_t)^{\rho_{1,\,t}}} \left(\dfrac{\partial P_{Xt}^*}{[(NI_t)\times \partial NEER_{us,\,t} + (1+\rho_{1,\,t})\times NEER_{us,\,t}\times \partial NI_t]} \right)$$

则①

---

① 因为：

$\dfrac{\partial P_{Xt}^*}{\partial NEER_t}$

$= \dfrac{1}{(NI_t)^{\rho_{1,\,t}}} \left(\dfrac{\partial P_{Xt}^*}{[(NI_t)\times \partial NEER_{us,\,t} + (1+\rho_{1,\,t})\times NEER_{us,\,t}\times \partial NI_t]} \right)$

$= \dfrac{1}{(NI_t)^{\rho_{1,\,t}}} \dfrac{1}{\left[\dfrac{1}{\dfrac{\partial P_{Xt}^*}{(NI_t)\times \partial NEER_{us,\,t}}} + \dfrac{1}{\dfrac{\partial P_{Xt}^*}{(1+\rho_{1,\,t})\times NEER_{us,\,t}\times \partial NI_t}} \right]}$

$= \dfrac{1}{(NI_t)^{\rho_{1,\,t}}} \dfrac{1}{\left[\dfrac{1}{\dfrac{P_{Xt}^* NEER_{us,\,t} \partial P_{Xt}^*}{(NI_t) NEER_{us,\,t} P_X^* \times \partial NEER_{us,\,t}}} + \dfrac{1}{\dfrac{NI_t P_{Xt}^* \partial P_{Xt}^*}{(1+\rho_{1,\,t}) NI_t P_{Xt}^* \times NEER_{us,\,t}\times \partial NI_t}} \right]}$

$= \dfrac{1}{(NI_t)^{\rho_{1,\,t}}} \dfrac{1}{\left[\dfrac{1}{\dfrac{P_{Xt}^*}{(NI_t) NEER_{us,\,t}} \varepsilon_{P_X^*,\,NEER_{us}}} + \dfrac{1}{\dfrac{P_{Xt}^*}{(1+\rho_{1,\,t}) NI_t \times NEER_{us,\,t}} \varepsilon_{P_X^*,\,NI}} \right]}$

$= \dfrac{P_{Xt}^*}{(NI_t)^{1+\rho_{1,\,t}} NEER_{us,\,t}} \dfrac{1}{\left[\dfrac{1}{\varepsilon_{P_X^*,\,NEER_{us}}} + \dfrac{1}{\dfrac{\varepsilon_{P_X^*,\,NI}}{(1+\rho_{1,\,t})}} \right]}$

$$\frac{\partial P_{Xt}^*}{\partial NEER_t} = \frac{P_{Xt}^*}{(NI_t)^{1+\rho_1, t} NEER_{us, t}} \frac{1}{\left[\dfrac{1}{\varepsilon_{P_X^*, NEER_{us}}} + \dfrac{1}{\dfrac{\varepsilon_{P_X^*, NI}}{(1+\rho_{1, t})}}\right]} \quad (7\text{-}15)$$

因此我们能够得到

命题1：人民币名义有效汇率对出口价格的传递能够分解为人民币对美元汇率对出口价格传递和美元名义有效汇率对出口价格水平传递的调和平均①的形式。根据调和平均数的特点，如果 $\varepsilon_{P_X^*, NEER_{us}}$，$\dfrac{\varepsilon_{P_X^*, NI}}{(1+\rho_{1, t})}$ 两个都是正数，则 $\dfrac{\partial P_{Xt}^*}{\partial NEER_t}$ 受较小值的影响较大；如果两个数都是负数，则受较大值的影响大于受较小值的影响；如果两个数一正一负，则受绝对值较小值的影响较大，调和平均值的符号和绝对值较小的值符号一致，并且调和平均数的绝对值总是大于较小数的绝对值②。

类似地：

$$\frac{\partial P_{Mt}^*}{\partial NEER_t} = \frac{P_{Mt}^*}{(NI_t)^{1+\rho_1, t} NEER_{us, t}} \frac{1}{\left[\dfrac{1}{\varepsilon_{P_M^*, NEER_{us}}} + \dfrac{1}{\dfrac{\varepsilon_{P_M^*, NI}}{(1+\rho_{1, t})}}\right]} \quad (7\text{-}16)$$

同样能够得到

命题2：人民币名义有效汇率对进口价格的传递能够分解为人民币对美元汇率对进口价格传递和美元名义有效汇率对进口价格水平传递的调和平均的形式。同样，如果 $\varepsilon_{P_M^*, NEER_{us}}$，$\dfrac{\varepsilon_{P_M^*, NI}}{(1+\rho_{1, t})}$ 两个都是正数，则 $\dfrac{\partial P_{Mt}^*}{\partial NEER_t}$ 受较小值的影响较大；如果两个数都是负数，则受较大值的影响大于受较小值的影响；如果两个数一正一负，则受绝对值较小值的影响较大。

如果开始状态贸易均衡，则：$\dfrac{P_{Xt}^* Q_{Xt}}{NEER_t} = \dfrac{Q_{Mt} P_{Mt}^*}{NEER_t}$，把(7-15)式、(7-16)式代入(7-13)式得到：

---

① 调和平均数是倒数的算术平均数的倒数。

② 假定两个数都是正数，调和平均数受较小值的影响大于受较大值的影响，调和平均值小于算术平均值，调和平均值是靠近数值较小的一方。两个数越接近，调和平均数与算术平均数越接近；两个数相差越大，调和平均数与算术平均数也相差越大，调和平均数越偏向数小的一方，受较小数的影响较大。如果两个数都是负数，则受较大值的影响大于受较小值的影响，调和平均值大于算术平均值，调和平均值是靠近数值较大的一方。如果两个数一正一负，则受绝对值较小值的影响大于受绝对值较大值的影响，调和平均值的符号和绝对值较小的值符号一致，但调和平均数的绝对值大于较小数的绝对值，调和平均值是靠近绝对值数值较小的一方。关于调和平均数还可见李洁明、祁新娥(2010)①。

第 7 章 我国的汇率调控

$$\frac{\partial T_t}{\partial NEER_t} = \frac{P_{Xt}^* Q_{Xt}}{NEER_t}$$

$$\left[\cfrac{1}{\cfrac{1}{(\varepsilon_{QX, P_X^*}+1)\varepsilon_{P_X^*, NEER_{us}}} + \cfrac{1}{(\varepsilon_{QX, P_X^*}+1)\cfrac{\varepsilon_{P_X^*, NI}}{(1+\rho_{1,t})}}} \right.$$

$$\left. - \cfrac{1}{\cfrac{1}{(1+\varepsilon_{QM, P_M^*})\varepsilon_{P_M^*, NEER_{us}}} + \cfrac{1}{(1+\varepsilon_{QM, P_M^*})\cfrac{\varepsilon_{P_M^*, NI}}{(1+\rho_{1,t})}}} \right] \quad (7\text{-}17)$$

因此我们得到命题 3：当

$$\cfrac{1}{\cfrac{1}{(\varepsilon_{QX, P_X^*}+1)\varepsilon_{P_X^*, NEER_{us}}} + \cfrac{1}{(\varepsilon_{QX, P_X^*}+1)\cfrac{\varepsilon_{P_X^*, NI}}{(1+\rho_{1,t})}}}$$

$$- \cfrac{1}{\cfrac{1}{(1+\varepsilon_{QM, P_M^*})\varepsilon_{P_M^*, NEER_{us}}} + \cfrac{1}{(1+\varepsilon_{QM, P_M^*})\cfrac{\varepsilon_{P_M^*, NI}}{(1+\rho_{1,t})}}} > 0，人民币名义有效汇率贬值$$

能够改善贸易收支，我们得到修正的马歇尔-勒纳条件。从该式能够看出，人民币与美元汇率对出口价值的影响 $(\varepsilon_{QX, P_X^*}+1)\dfrac{\varepsilon_{P_X^*, NI}}{(1+\rho_{1,t})}$ 和美元名义有效汇率对出口价值的影响 $(\varepsilon_{QX, P_X^*}+1)\varepsilon_{P_X^*, NEER_{us}}$ 的调和平均

$$\cfrac{1}{\cfrac{1}{(\varepsilon_{QX, P_X^*}+1)\varepsilon_{P_X^*, NEER_{us}}} + \cfrac{1}{(\varepsilon_{QX, P_X^*}+1)\cfrac{\varepsilon_{P_X^*, NI}}{(1+\rho_{1,t})}}} \quad 大$$

于人民币与美元汇率对进口价值的影响 $(1+\varepsilon_{QM, P_M^*})\dfrac{\varepsilon_{P_M^*, NI}}{(1+\rho_{1,t})}$ 和美元名义有效汇率对进口价值的影响 $(1+\varepsilon_{QM, P_M^*})\varepsilon_{P_M^*, NEER_{us}}$ 的调和平均

$$\cfrac{1}{\cfrac{1}{(1+\varepsilon_{QM, P_M^*})\varepsilon_{P_M^*, NEER_{us}}} + \cfrac{1}{(1+\varepsilon_{QM, P_M^*})\cfrac{\varepsilon_{P_M^*, NI}}{(1+\rho_{1,t})}}}，则人民币名义有效汇率贬$$

值能够改善贸易收支。

如果 $\varepsilon_{P_X^*, NEER} = \dfrac{1}{\left[\dfrac{1}{\varepsilon_{P_X^*, NEER_{us}}} + \dfrac{1}{\dfrac{\varepsilon_{P_X^*, NI}}{(1+\rho_{1,t})}}\right]} = -1$,$\varepsilon_{P_M^*, NEER} =$

$\dfrac{1}{\left[\dfrac{1}{\varepsilon_{P_M^*, NEER_{us}}} + \dfrac{1}{\dfrac{\varepsilon_{P_M^*, NI}}{(1+\rho_{1,t})}}\right]} = 1$,即汇率变动对进出口价格是完全传递,则:$-\varepsilon_{QX, P_X^*} - \varepsilon_{QM, PM} > 2$,出口和进口的需求价格弹性之和必须大于2,名义有效汇率贬值才能改善贸易收支。如果 $\varepsilon_{P_X^*, NEER} = 0$,$\varepsilon_{PM, NEER} = 0$,名义汇率变动对进出口价格是不传递,则:$\dfrac{dT_t}{dNEER_t} = 0$,名义汇率贬值不能够改善贸易收支。

如果汇率变动对进出口价格是不完全传递,则:

$\left[(\varepsilon_{QX, P_X^*} + 1) \dfrac{1}{\left[\dfrac{1}{\varepsilon_{P_X^*, NEER_{us}}} + \dfrac{1}{\dfrac{\varepsilon_{P_X^*, NI}}{(1+\rho_{1,t})}}\right]} - (1 + \varepsilon_{QM, P_M^*})\right.$

$\left.\dfrac{1}{\left[\dfrac{1}{\varepsilon_{P_M^*, NEER_{us}}} + \dfrac{1}{\dfrac{\varepsilon_{P_M^*, NI}}{(1+\rho_{1,t})}}\right]}\right] > 0$,名义有效汇率贬值才能改善贸易收支。

由此可以看出,人民币名义有效汇率的贬值包括两种效应:一是汇率的价格传递效应;二是价格变动的数量效应。从修正的马歇尔-勒纳条件来看,人民币名义有效汇率贬值能否改善贸易收支,依赖于进出口的需求价格弹性和汇率的价格传递弹性。综合命题1—4,从人民币名义有效汇率的价格传递效应分解来看,人民币名义有效汇率贬值能否改善贸易收支,依赖于人民币对美元汇率的价格传递、美元名义有效汇率的价格传递弹性和进出口的需求价格弹性的共同作用。

7.4.5 实证研究

1. 模型设定与变量定义

许多学者验证马歇尔-勒纳条件是否成立,估计进出口的需求价格弹性(Goldstein and Khan,1985; Sprinkle and Sawyer,1996; Mohsen Bahmani-Oskooee, Taggert J. Brooks,

1999),来分析汇率变动对贸易收支的影响。为了考察变量之间的长期均衡关系,我们采用协整方法探讨人民币对美元汇率和美元有效汇率的传递效应,以及名义有效汇率贬值或升值能否有效改善中国的贸易收支。

我们建立如下的实证模型测度需求价格弹性和汇率变动的价格传递效应。

(1) 出口价格传递效应(价格效应)。

$$\ln P_{Xt}^* = \alpha_0 + \alpha_1 \ln NI_t + \alpha_2 \ln NEER_{us,t} \\ + \alpha_3 \ln PPI_t + \alpha_4 \ln WMP_t + \mu_t \tag{7-18}$$

P_{Xt}^*、NI_t、$NEER_{us,t}$、PPI_t、WMP_t 分别表示出口的价格指数、人民币对美元名义汇率、美元有效汇率、国内生产者价格指数和世界进口的价格指数;出口价格要受到汇率价格传递的影响,还要受到国内的生产成本的影响和世界进口价格指数的影响。

(2) 进口价格传递效应(价格效应)。

$$\ln P_{Mt}^* = \beta_0 + \beta_1 \ln NI_t + \beta_2 \ln NEER_{us,t} \\ + \beta_3 \ln CPI_t + \beta_4 \ln WXP_t + v_t \tag{7-19}$$

P_{Mt}^*、WXP_t、CPI_t 分别表示进口的价格指数、世界出口价格指数、国内物价指数;进口价格要受到汇率价格传递的影响,还要受到世界出口价格指数和国内物价指数的影响。

(3) 出口需求价格弹性(数量效应)。

$$\ln Q_{Xt} = \gamma_0 + \gamma_1 \ln P_{Xt}^* + \gamma_2 \ln WMP_t + \gamma_3 \ln WM_t + \varepsilon_t \tag{7-20}$$

X_t、WM_t 分别表示出口、世界进口需求;出口数量要受出口价格水平、世界进口价格水平、世界进口需求的影响。

(4) 进口需求价格弹性(数量效应)。

$$\ln Q_{Mt} = \phi_0 + \phi_1 \ln P_{Mt}^* + \phi_2 \ln IP_t + \phi_3 \ln PPI_t + w_t \tag{7-21}$$

M_t、IP_t 分别表示进口、国内产出;进口数量要受市场价格影响,还受国内成本的竞争和国内需求等的影响。

2. 数据说明和实证方法

我们数据选取 1996 年 10 月至 2013 年 6 月,人民币与美元的名义汇率和美元有效汇率指数数据来自国际清算银行和国家外汇管理局网站。国内消费物价指数 CPI 和生产者物价指数 PPI 来自中国统计年鉴。中国的进出口数据、世界进出口价格指数、世界进口数据和中国的工业增加值指数①均来自 CEIC 数据库。由于是月度数据,对 Q_X、Q_M、IP 等变量进行季节调整,再取对数。本节主要验证修正的马歇尔-勒纳条件是否成立,考察汇

---

① 由于没有月度国内生产总值,本书用工业增加值指数来代替,工业增加值指数是作者根据工业增加值的环比和同比数据计算而来,原始数据来自 CEIC 数据库。

率传递和需求价格弹性的长期变化,采取 VAR 模型的协整方法研究变量之间的关系(Gupta-Kapoor and Ramakrishnan,1999;Mohsen Bahmani-Oskooee,Taggert J. Brooks, 1999),估计相应的传递弹性和需求弹性。由于我国在 2005 年 7 月和 2010 年 6 月进行了两次汇改,本节还分区间进行探讨,由于 1996 年 10 月至 2005 年 7 月人民币对美元名义汇率基本保持稳定,2007 年 7 月以后,人民币汇率调整根据市场供求,采取参考一篮子货币的有管理的浮动汇率制度,人民币汇率的弹性增加①。因此根据中国汇率制度的改革特点,我们还把样本区间分为两段:1996 年 10 月至 2005 年 6 月;2005 年 7 月至 2013 年 6 月。分别考察三种情况:① 全区间:1996 年 10 月至 2013 年 6 月;② 第一区间:1996 年 10 月至 2005 年 6 月;③ 第二区间:2005 年 7 月至 2013 年 6 月的汇率传递和需求价格弹性。

(1) 单位根检验。

首先对相关经济变量进行单位根检验。本书采用 Eviews9.0 软件进行 ADF 检验。

表 7-15 单位根检验结果

| 变量 | ADF 检验 | | | 变量 | ADF 检验 | | |
	(c, t, m)	ADF 检验值	概率		(c, t, m)	ADF 检验值	概率
$\ln Q_{Xt}$	(c, t, 2)	-0.853 413	0.957 9	$d\ln Q_{Xt}$	(c, 0, 1)	-15.512 85*	0.000 0
	(c, t, 2)	1.659 999	0.999 6		(c, 0, 1)	-11.804 11*	0.000 0
	(c, t, 1)	-2.806 266	0.198 8		(c, 0, 0)	-15.885 41*	0.000 1
$\ln Q_{Mt}$	(c, t, 2)	-3.017 841	0.130 0	$d\ln Q_{Mt}$	(c, 0, 1)	-17.074 87*	0.000 0
	(c, t, 1)	-3.780 594**	0.021 5		(c, 0, 2)	-9.602 828*	0.000 0
	(c, t, 1)	-3.291 052***	0.074 1		(c, 0, 0)	-10.503 02*	0.000 0
$\ln IP_t$	(c, t, 2)	-2.060 398	0.564 2	$d\ln IP_t$	(c, 0, 1)	-16.177 98*	0.000 0
	(c, t, 3)	-0.818 283	0.959 9		(c, 0, 0)	-12.761 99*	0.000 0
	(c, t, 2)	-1.997 158	0.595 0		(c, 0, 0)	-9.282 581*	0.000 0
$\ln PPI_t$	(c, 0, 0)	3.200 823	1.000 0	$d\ln PPI_t$	(0, 0, 3)	-4.032 689*	0.000 1
	(c, 0, 1)	0.004 797	0.956 3		(0, 0, 0)	-6.370 997*	0.000 0
	(c, 0, 1)	-2.037 241	0.270 7		(0, 0, 0)	-3.530 953*	0.000 6
$\ln CPI_t$	(c, t, 0)	-1.367 859	0.867 4	$d\ln CPI_t$	(c, 0, 3)	-4.408 602*	0.000 4
	(c, t, 1)	-0.150 444	0.993 4		(c, 0, 0)	-8.991 072*	0.000 0
	(c, t, 3)	-2.587 636	0.286 9		(0, 0, 0)	-3.366 812**	0.014 7
$\ln NI_t$	(c, 0, 3)	0.902 902	0.995 4	$d\ln NI_t$	(0, 0, 2)	-2.878 599*	0.004 1
	(c, 0, 0)	-5.326 017	0.000 0		(0, 0, 0)	-7.497 278*	0.000 0
	(c, 0, 2)	-0.834 399	0.804 3		(0, 0, 1)	-2.516 504*	0.012 2

---

① 尽管 2010 年 6 月我国进行了第二次汇改,但基本上还是对第一次汇改的延续。

(续表)

变量	ADF 检验			变量	ADF 检验		
	(c, t, m)	ADF 检验值	概率		(c, t, m)	ADF 检验值	概率
$\ln NEER_{us,t}$	(c, 0, 1)	-1.745 547	0.406 8	$d\ln NEER_{us,t}$	(0, 0, 0)	-9.492 281*	0.000 0
	(c, 0, 1)	-2.761 486	0.067 5		(0, 0, 0)	-6.892 114*	0.000 0
	(c, 0, 1)	-2.395 096	0.145 9		(0, 0, 0)	-6.439 108*	0.000 0
$\ln P^*_{Xt}$	(c, 0, 1)	0.522 732	0.987 2	$d\ln P^*_{Xt}$	(0, 0, 0)	-21.710 82*	0.000 0
	(c, 0, 1)	-1.381 366	0.588 7		(0, 0, 0)	-16.996 78*	0.000 0
	(c, 0, 1)	-0.945 930	0.769 4		(0, 0, 0)	-14.053 18*	0.000 0
$\ln P^*_{Mt}$	(c, 0, 0)	-0.748 172	0.830 7	$d\ln P^*_{Mt}$	(0, 0, 2)	-5.835 321*	0.000 0
	(c, 0, 1)	0.283 737	0.976 4		(0, 0, 0)	-14.172 13*	0.000 0
	(c, 0, 3)	-1.922 282	0.320 8		(0, 0, 0)	-9.754 891*	0.000 0
$\ln WMP_t$	(c, 0, 1)	-0.550 813	0.877 1	$d\ln WMP_t$	(0, 0, 0)	-8.493 330*	0.000 0
	(c, 0, 1)	-0.976 951	0.759 2		(0, 0, 0)	-7.194 948*	0.000 0
	(c, 0, 1)	-1.958 616	0.304 6		(0, 0, 0)	-5.342 512*	0.000 0
$\ln WXP_t$	(c, 0, 1)	-0.528 813	0.881 6	$d\ln WXP_t$	(0, 0, 0)	-9.389 820*	0.000 0
	(c, 0, 1)	-1.068 116	0.726 1		(0, 0, 0)	-7.805 211*	0.000 0
	(c, 0, 1)	-2.008 235	0.282 9		(0, 0, 0)	-5.962 007*	0.000 0
$\ln WM_t$	(c, t, 5)	-2.314 398	0.423 7	$d\ln WM_t$	(c, 0, 8)	-4.166 422*	0.001 0
	(c, t, 8)	-2.174 145	0.498 1		(c, 0, 7)	-3.339 210*	0.015 8
	(c, t, 3)	-2.445 288	0.354 3		(c, 0, 2)	-4.420 363*	0.000 5

注:(c, t, m)表示单位根检验方程中是否含有常数项、趋势项和滞后阶数。ADF 检验的最优滞后阶数根据 AIC 信息准则选择,*(**,***)分别表示在1%(5%,10%)的水平下显著。每个变量的第一行表示全区间 1996 年 10 月至 2013 年 6 月的单位根检验;第二行表示第一区间 1996 年 10 月至 2005 年 6 月的单位根检验;第三行表示第二区间 2005 年 7 月至 2013 年 6 月的单位根检验。

根据表 7-15,我们可以发现,在 5%的显著性水平下,进口原序列 $\ln Q_{Mt}$、$\ln NI_t$、$\ln WM_t$ 在第一区间的 ADF 检验是平稳的,一阶差分序列也是平稳的,其他系列 $\ln Q_{Xt}$、$\ln IP_t$、$\ln P^*_{Xt}$、$\ln P^*_{Mt}$、$\ln NI_t$、$\ln NEER_{us,t}$、$\ln CPI_t$、$\ln PPI_t$、$\ln WXP_t$、$\ln WMP_t$、$\ln WM_t$ 原序列都是非平稳的,但是经过差分后,这些序列都是一阶平稳序列。

(2)协整检验。

在进行协整检验之前,首先确立 VAR 模型的结构,根据 AIC 标准,确定最优滞后期,再根据最优滞后阶数减 1 进行协整检验①,结果如下。

---

① 如果需要相关数据,可以向作者索取。

表 7-16 Johansen 协整检验结果——协整关系数量

	特征值	迹统计量	概率	协整数量	最大特征值统计量	概　率	协整数量
方程 (7-18)	0.229 461	101.695 3	0.000 2	不存在*	51.872 47	0.000 2	不存在*
	0.122 452	49.822 87	0.113 6	最多一个	25.994 10	0.103 5	最多一个
	0.075 969	23.828 77	0.473 8	最多两个	15.722 88	0.318 4	最多两个
	0.031 757	8.105 887	0.815 6	最多三个	6.422 167	0.739 3	最多三个
	0.008 425	1.683 720	0.839 4	最多四个	1.683 720	0.839 4	最多四个
方程 (7-18)'	0.338 749	93.200 57	0.001 7	不存在*	42.602 98	0.004 8	不存在*
	0.245 035	50.597 59	0.098 7	最多一个***	28.951 66	0.044 9	最多一个**
	0.129 746	21.645 93	0.619 3	最多两个	14.313 90	0.433 7	最多两个
	0.056 503	7.332 033	0.875 1	最多三个	5.990 709	0.789 0	最多三个
	0.012 938	1.341 324	0.900 8	最多四个	1.341 324	0.900 8	最多四个
方程 (7-18)″	0.395 002	112.500 3	0.000 0	不存在*	47.237 85	0.001 0	不存在*
	0.288 089	65.262 44	0.003 7	最多一个*	31.941 44	0.017 9	最多一个**
	0.146 059	33.321 00	0.078 5	最多两个***	14.841 94	0.388 1	最多两个
	0.125 578	18.479 06	0.086 3	最多三个***	12.614 10	0.153 1	最多三个
	0.060 487	5.864 957	0.201 4	最多四个	5.864 957	0.201 4	最多四个
方程 (7-19)	0.439 490	203.179 0	0.000 0	不存在*	114.044 9	0.000 0	不存在*
	0.186 169	89.134 03	0.000 0	最多一个*	40.582 49	0.000 9	最多一个*
	0.127 465	48.551 53	0.001 1	最多两个*	26.861 55	0.010 7	最多两个**
	0.062 232	21.689 98	0.031 6	最多三个**	12.657 82	0.150 9	最多三个
	0.044 813	9.032 166	0.053 0	最多四个***	9.032 166	0.053 0	最多四个
方程 (7-19)'	0.449 041	113.762 3	0.000 0	不存在*	61.397 75	0.000 0	不存在*
	0.181 146	52.364 59	0.070 6	最多一个***	20.584 49	0.368 7	最多一个
	0.159 177	31.780 10	0.111 6	最多两个	17.857 50	0.186 2	最多两个
	0.087 144	13.922 60	0.294 8	最多三个	9.391 245	0.393 0	最多三个
	0.043 040	4.531 356	0.338 7	最多四个	4.531 356	0.338 7	最多四个
方程 (7-19)″	0.325 908	116.027 9	0.000 0	不存在*	36.283 79	0.033 1	不存在**
	0.308 592	79.744 15	0.000 1	最多一个*	33.950 32	0.009 3	最多一个*
	0.214 023	45.793 83	0.002 5	最多两个*	22.156 11	0.052 4	最多两个***
	0.182 324	23.637 72	0.016 5	最多三个	18.518 58	0.018 9	最多三个**
	0.054 123	5.119 137	0.270 6	最多四个	5.119 137	0.270 6	最多四个

(续表)

	特征值	迹统计量	概率	协整数量	最大特征值统计量	概率	协整数量
方程 (7-20)	0.192 208	94.612 91	0.000 0	不存在*	42.049 85	0.002 2	不存在*
	0.142 749	52.563 06	0.004 2	最多一个*	30.342 73	0.011 8	最多一个**
	0.072 333	22.220 33	0.133 3	最多两个	14.791 34	0.205 2	最多两个
	0.037 008	7.428 984	0.301 9	最多三个	7.428 984	0.301 9	最多三个
方程 (7-20)′	0.276 201	68.847 43	0.018 0	不存在**	32.970 70	0.039 2	不存在**
	0.185 211	35.876 73	0.210 8	最多一个	20.892 23	0.196 0	最多一个
	0.103 048	14.984 50	0.575 8	最多两个	11.092 82	0.503 8	最多两个
	0.037 435	3.891 684	0.757 8	最多三个	3.891 684	0.757 8	最多三个
方程 (7-20)″	0.449 125	95.612 80	0.000 0	不存在*	54.854 79	0.000 0	不存在*
	0.201 765	40.758 02	0.080 9	最多一个***	20.732 41	0.203 8	最多一个
	0.117 074	20.025 61	0.224 6	最多两个	11.455 27	0.467 5	最多两个
	0.088 949	8.570 339	0.208 5	最多三个	8.570 339	0.208 5	最多三个
方程 (7-21)	0.266 996	118.093 7	0.000 0	不存在*	61.499 59	0.000 0	不存在*
	0.131 758	56.594 13	0.001 3	最多一个*	27.974 34	0.025 7	最多一个**
	0.104 922	28.619 79	0.022 2	最多两个**	21.947 18	0.020 8	最多两个**
	0.033 139	6.672 611	0.379 9	最多三个	6.672 611	0.379 9	最多三个
方程 (7-21)′	0.311 693	82.840 29	0.000 6	不存在*	38.099 03	0.008 2	不存在*
	0.187 028	44.741 26	0.032 4	最多一个**	21.119 97	0.185 2	最多一个
	0.177 320	23.621 29	0.092 9	最多两个***	19.909 19	0.042 0	最多两个**
	0.035 739	3.712 105	0.783 3	最多三个	3.712 105	0.783 3	最多三个
方程 (7-21)″	0.334 489	86.306 97	0.000 2	不存在*	37.869 66	0.008 9	不存在*
	0.195 881	48.437 31	0.012 8	最多一个**	20.274 69	0.227 7	最多一个
	0.169 087	28.162 62	0.025 5	最多两个**	17.226 46	0.100 2	最多两个
	0.110 942	10.936 16	0.090 6	最多三个***	10.936 16	0.090 6	最多三个***

注：*，**，***分别表示在1%、5%、10%的显著性水平下拒绝原假设。每个方程的第一个表示全区间1996年10月至2013年6月的协整检验；第二个表示第一区间1996年10月至2005年6月的协整检验；第三个表示第二区间2005年7月至2013年6月的协整检验。

由上述结果(见表7-16)，根据迹统计量和最大特征根统计量，当原假设为不存在协整关系时，在5%的显著性水平下拒绝原假设，所以检验结论是存在协整关系。我们可以得到标准化协整向量(见表7-17)。

表 7-17 Johansen 协整检验结果——协整系数估计

	$\ln P_{Xt}^*$	$\ln NI_t$	$\text{Ln } NEER_{us,t}$	$\ln PPI_t$	$\ln WMP_t$	C
方程 (7-18)	1.000 000	0.100 299	−0.450 101	−0.074 994	−0.393 135	−0.647 313
		(0.104 28)	(0.099 27)	(0.211 67)	(0.122 32)	(0.777 39)
方程 (7-18)′	1.000 000	−4.367 211	−0.515 049	−1.068 281	0.188 638	11.095 69
		(7.778 53)	(0.112 36)	(0.193 45)	(0.124 73)	(16.100 1)
方程 (7-18)″	1.000 000	0.514 380	1.893 557	−0.356 424	−0.943 287	−8.183 861
		(0.099 23)	(0.274 09)	(0.191 58)	(0.140 93)	(1.010 97)
	$\ln P_M^*$	$\ln NI_t$	$\text{Ln } NEER_{us,t}$	$\ln CPI_t$	$\ln WXP_t$	C
方程 (7-19)	1.000 000	−2.504 546	−1.194 640	−0.897 218	0.904 600	4.529 993
		(0.805 87)	(2.046 01)	(0.280 21)	(1.693 96)	(4.668 67)
方程 (7-19)′	1.000 000	−799.798 3	−16.116 22	−1.249 858	9.054 956	1 720.198
		(618.021)	(15.324 8)	(1.778 10)	(11.598 1)	(1 286.84)
方程 (7-19)″	1.000 000	−0.820 687	5.236 191	0.407 804	−6.502 461	1.828 374
		(1.017 16)	(2.168 20)	(0.281 85)	(1.321 82)	(6.289 07)
	$\ln X_t$	$\ln P_{Xt}^*$	$\ln WMP_t$	$\ln WM_t$	T	
方程 (7-20)	1.000 000	5.881 741	−5.290 338	−0.835 279	−0.004 926	
		(0.958 04)	(0.724 20)	(0.484 82)	(0.002 05)	
方程 (7-20)′	1.000 000	−2.087 742	0.509 677	−0.402 436	−0.014 226	
		(0.517 77)	(0.334 92)	(0.342 64)	(0.001 91)	
方程 (7-20)″	1.000 000	6.712 255	−4.226 872	−2.443 871	−0.007 396	
		(1.045 70)	(0.590 33)	(0.445 49)	(0.001 66)	
	$\ln M_t$	$\ln P_{Mt}^*$	$\ln PPI_t$	$\ln IP_t$	T	
方程 (7-21)	1.000 000	−0.045 856	2.141 948	−2.231 104	0.009 905	
		(0.278 19)	(0.525 02)	(0.573 44)	(0.005 79)	
方程 (7-21)′	1.000 000	0.125 102	−0.796 536	−0.374 407	−0.009 012	
		(0.658 12)	(0.893 25)	(0.567 83)	(0.006 39)	
	$\ln M_t$	$\ln P_{Mt}^*$	$\ln PPI_t$	$\ln IP_t$	T	
方程 (7-21)″	1.000 000	−0.472 069	1.274 521	−0.030 110	−0.008 457	
		(0.297 13)	(0.781 27)	(0.589 61)	(0.005 65)	

注：每个方程的第一个表示全区间 1996 年 10 月至 2013 年 6 月；第二个表示第一区间 1996 年 10 月至 2005 年 6 月；第三个表示第二区间 2005 年 7 月至 2013 年 6 月。

第7章 我国的汇率调控

根据协整方程,可以看出方程(7-18)变量 $\ln P^*_{Xt}$、$\ln NI_t$、$\ln NEER_{us,t}$、$\ln PPI_t$、$\ln WMP_t$;方程(7-19)变量 $\ln P^*_{Mt}$、$\ln NI_t$、$\ln NEER_{us,t}$、$\ln CPI_t$、$\ln WXP_t$;方程(7-20)变量 $\ln Q_{Xt}$、$\ln P^*_{Xt}$、$\ln WM_t$、$\ln WMP_t$;方程(7-21)变量 $\ln Q_{Mt}$、$\ln IP_t$、$\ln P^*_{Mt}$、$\ln PPI_t$ 之间分别存在着显著的协整关系。在这 3 个区间出口价格对人民币对美元汇率的弹性分别为 $-0.100\,299$、$4.367\,211$ 和 $-0.514\,380$;进口价格对人民币对美元汇率的弹性分别为 $2.504\,546$、$799.798\,3$ 和 $0.820\,687$,从人民币对美元汇率的价格水平传递来看,在全区间和第二区间,人民币对美元汇率贬值,出口价格下降,进口价格上升,而在第一区间,人民币对美元汇率贬值,出口价格上升,进口价格上升。在这 3 个区间出口价格对美元汇率指数的弹性分别为 $0.450\,101$、$0.515\,049$ 和 $-1.893\,557$;进口价格对美元汇率指数的弹性分别为 $1.194\,640$、$16.116\,22$ 和 $-5.236\,191$,从美元有效汇率的价格水平传递来看,在全区间和第一区间,美元有效汇率贬值,出口价格上升,进口价格上升,而从第二区间来看,美元有效汇率贬值,出口价格下降,进口价格下降。出口对出口价格的需求弹性分别为 $-5.881\,741$、$2.087\,742$ 和 $-6.712\,255$;进口对进口价格的需求弹性分别为 $0.045\,856$、$-0.125\,102$ 和 $0.472\,069$,在全区间和第二区间,出口的需求价格弹性为负,进口的需求价格弹性为正,意味着出口价格下降,出口上升,进口价格上升,进口也会上升,而从第一区间来看,恰恰相反,出口的需求价格弹性为正,进口的需求价格弹性为负,意味着出口价格下降,出口下降,进口价格上升,进口下降。因此在不同的区间,人民币对美元汇率、美元有效汇率的价格传递和需求价格弹性都不尽相同。

3. 汇率对贸易收支的影响

根据汇率变动对进出口价格水平的传递和进出口价格的需求弹性,我们能够看出汇率变动对贸易收支的影响,以及修正的名义汇率的马歇尔-勒纳条件是否成立。

根据表 7-18,从人民币名义有效汇率影响进出口的价格水平来看,在全区间和第二区间,人民有效汇率贬值,出口价格下降,进口价格上升,而从第一区间来看,人民币名义有效汇率贬值,出口价格上升,进口价格上升。根据几何平均数的特点,可以看出,在第一区间,汇率的进出口价格传递效应受美元汇率指数传递效应的影响较大,在第二区间汇率的进出口价格传递效应受人民币对美元汇率传递效应的影响较大,而从全区间来看,汇率的出口价格传递效应受人民币对美元汇率的影响较大,进口价格传递效应受美元有效汇率传递效应的影响较大。人民币对美元汇率变动对出口价值的影响全部为正,对进口价值的影响也全部为正。美元有效汇率变动在全区间对出口价值的影响为负,对进口价值影响为正;在第一区间,对进出口价值影响均为正;在第二区间,对出口价值的影响为正,对进口价值影响为负。综合起来,人民币名义有效汇率贬值对出口、进口价值的影响均为正,同样在第一区间,汇率对进出口价值影响受美元汇率指数的影响较大,在第二区间进

表 7-18 汇率变动对贸易收支的影响

汇率变动对出口的影响		汇率变动对进口的影响	
人民币对美元汇率对出口价格的传递 $\epsilon_{P_X^*, NI}$	-0.100 299	汇率对进口价格的传递 $\epsilon_{P_M^*, NI}$	2.504 546
	4.367 211		799.798 3
美元汇率对出口价格的传递 $\epsilon_{P_X^*, NEER_{uS}}$	-0.514 380	美元汇率对进口价格的传递 $\epsilon_{P_M^*, NEER_{uS}}$	0.820 687
	0.450 101		1.194 640
	0.515 049		16.116 22
	-1.893 557		-5.236 191
汇率变动对出口价格的传递 $\dfrac{1}{\epsilon_{P_X^*, NEER_{uS}}} + \dfrac{\epsilon_{P_X^*, NI}}{(1+\rho_{1,t})}$	-0.101 678(受人民币对美元汇率传递影响大)	汇率变动对进口价格的传递 $\dfrac{1}{\epsilon_{P_M^*, NEER_{uS}}} + \dfrac{\epsilon_{P_M^*, NI}}{(1+\rho_{1,t})}$	0.757 631(受美元汇率指数传递影响大)
	0.450 763(受美元汇率指数传递影响大)		15.732 85(受美元汇率指数传递影响大)
	-0.347 338(受人民币对美元汇率传递影响大)		0.779 72(受人民币对美元汇率传递影响大)
出口需求的价格弹性 ϵ_{QX, P_X^*}	-5.881 741	进口需求的价格弹性 ϵ_{QM, P_M^*}	0.045 856
	2.087 742		-0.125 102
	-6.712 255		0.472 069
人民币对美元汇率变动对出口值的影响 $(\epsilon_{QX, P_X^*}+1)\dfrac{\epsilon_{P_X^*, NI}}{(1+\rho_{1,t})}$	0.404 899	人民币对美元汇率变动对进口值的影响 $(1+\epsilon_{QM, P_M^*})\dfrac{\epsilon_{P_M^*, NI}}{(1+\rho_{1,t})}$	2.166 088
	11.151 171		578.646 3
	2.429 78		0.999 036

(续表)

汇率变动对出口的影响		汇率变动对进口的影响	
美元汇率变动对出口价值的影响 $(\epsilon_{QX,P_X^*}+1)\epsilon_{P_X^*,NEER_{US}}$	-2.197 277	美元汇率变动对进口价值的影响 $(1+\epsilon_{QM,P_M^*})\epsilon_{P_M^*,NEER_{US}}$	1.249 421
	1.590 338		14.100 05
	10.816 48		-7.708 03
人民币有效汇率变动对出口价值的影响 $\left[\dfrac{1}{\epsilon_{P_X^*,NEER_{US}}}+\dfrac{1}{\dfrac{\epsilon_{P_X^*,NI}}{(1+\rho_{1,t})}}\right](\epsilon_{QX,P_X^*}+1)$	0.496 366(受价格弹性传递和需求价格弹性影响大)	汇率变动对进口价值的影响 $(1+\epsilon_{QM,P_M^*})\left[\dfrac{1}{\epsilon_{P_M^*,NEER_{US}}}+\dfrac{1}{\dfrac{\epsilon_{P_M^*,NI}}{(1+\rho_{1,t})}}\right]$	0.792 373(受美元汇率指数传递和需求价格弹性影响大)
	1.391 839 8(受美元汇率指数传递和需求价格弹性影响大)		13.764 64(受美元汇率指数传递和需求价格弹性影响大)
	1.984 083(受人民币对美元汇率传递和需求价格弹性影响大)		1.147 802(受人民币对美元汇率传递和需求价格弹性影响大)
修正的马歇尔-勒纳条件	$(\epsilon_{QX,P_X^*}+1)\left[\dfrac{1}{\epsilon_{P_X^*,NEER_{US}}}+\dfrac{1}{\dfrac{\epsilon_{P_X^*,NI}}{(1+\rho_{1,t})}}\right]-(1+\epsilon_{QM,P_M^*})\left[\dfrac{1}{\epsilon_{P_M^*,NEER_{US}}}+\dfrac{1}{\dfrac{\epsilon_{P_M^*,NI}}{(1+\rho_{1,t})}}\right]$		<0 不成立
	<0 不成立		
	>0 成立		

注：每组的第一个表示全区间 1996 年 10 月至 2013 年 6 月；第二个表示第一区间 1996 年 10 月至 2005 年 6 月；第三个表示第二区间 2005 年 7 月至 2013 年 6 月。

出口价值影响受人民币对美元汇率的影响较大,而从全区间来看,出口价值受人民币对美元汇率的影响较大,进口价值受美元有效汇率的影响较大。在全区间和第一区间,人民币名义有效汇率对进出口价值影响两者之差小于零,在第二区间大于零,因此人民币名义有效汇率贬值在全区间和第一区间会恶化贸易收支,修正的马歇尔-勒纳条件不成立;在第二区间会改善贸易收支,修正的马歇尔勒纳条件成立。

从上面的分区间弹性还可以看出:尽管人民币名义有效汇率的价格传递受人民币对美元汇率价格传递和美元有效汇率价格传递的影响,但是在人民币对美元汇率相对稳定的情况下,人民币名义有效汇率价格传递受美元有效汇率价格传递的影响较大;在人民币对美元汇率弹性增加的情况下,人民币名义有效汇率价格传递受人民币对美元汇率传递的影响较大。也就是说,随着人民币汇率的市场化改革稳步推进,人民币对美元汇率弹性增加,人民币对美元汇率的价格传递对人民币名义有效汇率价格传递的影响会更大,美元有效汇率价格传递影响会下降。

7.4.6　主要结论

通过对人民币名义有效汇率的分解,能够看出人民币名义有效汇率能够分解为人民币对美元名义汇和美元名义有效汇率乘积的形式。

本节进一步研究了人民币名义有效汇率变动对贸易收支的影响,人民币名义有效汇率对出口价格的传递能够分解为人民币对美元汇率对出口价格传递和美元名义有效汇率对出口价格水平传递的调和平均的形式。人民币名义有效汇率对进口价格的传递也能够分解为人民币对美元汇率对进口价格传递和美元名义有效汇率对进口价格水平传递的调和平均的形式。因此,当 $(\varepsilon_{QX,P_X^*}+1)\dfrac{1}{\left[\dfrac{1}{\varepsilon_{P_X^*,NEER_{us}}}+\dfrac{1}{\dfrac{\varepsilon_{P_X^*,NI}}{(1+\rho_{1,t})}}\right]}-(1+\varepsilon_{QM,P_M^*})\dfrac{1}{\left[\dfrac{1}{\varepsilon_{P_M^*,NEER_{us}}}+\dfrac{1}{\dfrac{\varepsilon_{P_M^*,NI}}{(1+\rho_{1,t})}}\right]}>0$ 时,人民币名义有效汇率贬值能够改善贸易收支。

人民币名义有效汇率的贬值包括两种效应:一是汇率的价格传递效应;二是价格变动的数量效应。从人民币名义有效汇率的价格传递效应分解来看,人民币名义有效汇率贬值能否改善贸易收支,依赖于人民币对美元汇率的价格传递弹性、美元名义有效汇率的价格传递弹性和进出口的需求价格弹性,即人民币与美元汇率对出口价值的影响和美元名义有效汇率对出口价值的影响的调和平均要大于人民币与美元汇率对进口价值的影响和美元名义有效汇率对进口价值的影响的调和平均。

实证结果显示,变量 $\ln P_{Xt}^*$、$\ln NI_t$、$\ln NEER_{us,t}$、$\ln PPI_t$、$\ln WMP_t$;变量 $\ln P_{Mt}^*$、$\ln NI_t$、$\ln NEER_{us,t}$、$\ln CPI_t$、$\ln WXP_t$;变量 $\ln Q_{Xt}$、$\ln P_{Xt}^*$、$\ln WM_t$、$\ln WMP_t$;变量 $\ln Q_{Mt}$、$\ln IP_t$、$\ln P_{Mt}^*$、$\ln PPI_t$ 之间分别存在着显著的协整关系。从变量弹性来看,在第一区间,汇率的进出口价格传递效应受美元汇率指数传递效应的影响较大,在第二区间汇率的进出口价格传递效应受人民币对美元汇率传递效应的影响较大,而从全区间来看,汇率的出口价格传递效应受人民币对美元汇率的影响较大,进口价格传递效应受美元有效汇率传递效应的影响较大。在全区间和第二区间,出口的需求价格弹性为负,进口的需求价格弹性为正,而从第一区间来看,出口的需求价格弹性为正,进口的需求价格弹性为负。综合起来,在第一区间,汇率对进出口价值影响受美元汇率指数的影响较大,在第二区间进出口价值影响受人民币对美元汇率的影响较大,而从全区间来看,出口价值受人民币对美元汇率的影响较大,进口价值受美元有效汇率的影响较大。

在全区间和第一区间,修正的马歇尔-勒纳条件不成立,意味着人民币名义有效汇率的贬值不能够改善贸易收支;在第二区间修正的马歇尔勒纳条件成立,意味着名义有效汇率的贬值能够改善贸易收支。

最后,值得指出的是随着人民币汇率的市场化改革稳步推进,人民币对美元汇率弹性增加,人民币对美元汇率的价格传递对人民币名义有效汇率价格传递的影响会更大,美元有效汇率价格传递影响会下降。

7.5 政府支出的分解和中国的实际均衡汇率

7.5.1 文献综述

均衡实际汇率一直是汇率经济学的一个重要领域①(Costa,Sónia,2005),国内外许多经济学家都对均衡实际汇率进行了广泛的研究。长期以来国内外学者对人民币均衡实际汇率研究主要包括:(1)购买力平价(PPP)方法,均衡实际汇率基于购买力平价原理,即相对购买力平价的实际均衡汇率是不变的(Coudert and Couharde,2005;Cheung,Chinn,

---

① 实际汇率是名义汇率剔除掉价格水平的影响,而均衡实际汇率最早的定义是与宏观经济内外部均衡相一致的实际汇率,也就是内、外部均衡同时实现时决定的实际汇率。后来一些经济学家又根据理论的发展,分别定义了不同的均衡实际汇率(窦祥胜,2006)。

and Fujii,2007;Frankel,2006;易纲,1997;张晓朴,2001);(2)人民币汇率的行为基本因素均衡汇率(BEER)方法,实际均衡汇率是由基本经济因素决定的,包括要素生产率、利率、对外净资产等经济变量(Coudert and Couharde,2005 Bénassy-Quéré,Lahrèche-Révil and Mignon,2004,2006;Yajie,Xiaofeng and Soofi,2007;Funke and Rahn,2005;金中夏,1995;施建淮,余海丰,2005);(3)人民币内外均衡的基本因素均衡实际汇率(FEER)方法,实际均衡汇率是由宏观经济内部均衡和外部均衡共同决定的(Coudert and Couharde,2005;Cline and Williamson,2009;Anderson,2006;张晓朴,1999,2000)。实际上,有两种人民币实际均衡汇率:一是对人民币与美元均衡实际汇率的研究,主要从双边角度探讨人民币均衡实际汇率;二是对人民币实际有效汇率的均衡水平研究,这是从多边角度分析人民币均衡实际汇率。根据均衡实际汇率的变动特点,其中一些研究还探讨了人民币对美元均衡实际汇率或人民币均衡实际汇率的失调问题。

进入20世纪90年代融入微观基础的跨时均衡方法逐步成为宏观经济学分析现实问题的重要方法,经常项目跨时均衡方法(Obstfeld and Rogoff,1995,1996;Nelson,2001)的实际汇率模型考察了消费者跨期效用的最大化的实际汇率的决定,这种方法认为经常项目的变动是储蓄与投资相对变动的结果,也是对传统吸收方法(Meade,1951;Mundell,1963;Fleming,1962)的扩展。这种实际汇率的微观机制模型(Giancarlo Gandolfo,2001)首先通过建立典型代理人的最优化模型,确定贸易品和非贸易品的消费,最后得到内部实际汇率的均衡模型。如Edwards(1987)构建了一个小型开放经济跨期的一般均衡最优化模型,内部和外部同时均衡决定了均衡的实际汇率。Asea and Mendoza(1994)构建了两国的跨期的一般均衡模型,考察了巴拉萨-萨姆尔逊效应。这一领域的研究一直是研究实际汇率的重点,包括许多学者的贡献(Edwards,1989;Faruqee,1995;Balvers and Bergstrand,1997;MacDonald and Stein,1999;Lane and Milesi-Ferretti,2004)。在跨期均衡的框架内研究实际汇率是汇率理论的一个重要分支,也是开放宏观经济学下对汇率理论的发展。

政府支出是影响实际汇率的重要因素。在开放经济宏观经济学中,研究财政政策冲击的国际效应至少可以追溯到蒙代尔-弗莱明(MF)模型。在Mundell-Fleming-Dornbusch宏观经济分析框架内,政府支出的增加,对国内产品的总需求增加,导致利率上升,利率上升引致资本内流,对本国货币需求增加,名义汇率升值,在价格黏性的条件下,将导致实际升值。同样,在完全金融市场的标准动态一般均衡模型中,公共支出上升也会导致实际汇率升值,因为公共支出上升最终将通过税收来融通,它降低了居民的永久收入,提高了国内财富的影子价值,导致本国货币实际升值。Rogoff(1992)评估了实际汇率的动态微观基础的理论文献的发展,强调实际因素的影响,如生产率、政府支出、税收和贸易条件,在Rogoff的模型中,由于政府支出偏向非贸易品,总需求冲击和总

第7章 我国的汇率调控

供给冲击可能是重要的,所以政府支出冲击不能够被跨期平滑。Balvers and Bergstrand(2002)构建了典型代理人跨期均衡的两国模型,研究结果显示国外与国内政府支出之比对均衡实际汇率的影响为正。Galstyan and Lane(2009)构建了两部门的小型开放经济模型,从理论和实证两方面得出政府消费支出的增加导致实际升值,而政府投资的增加导致货币实际贬值。Benetrix and Lane(2013)估计了政府支出对实际汇率的冲击,认为公共投资支出比公共消费支出对实际汇率有更大的更持久的冲击。Corsetti, Meier and Müller(2011)建立了一个完全市场、黏性价格的两国模型,认为政府支出增加使得实际汇率贬值。类似这一方面的研究还有 Ravn 等(2011),Bouakez and Eyquem(2011)和 Basu and Kollmann(2013)等。

在国际金融汇率经济学的研究中,要素生产率(Balassa,1964;Samuelson,1964)、消费等和实际汇率之间变动也紧密相连(Backus and Smith,1993;Chai,Kehoe and McGrattan,2002)。早在20世纪30年代,Harrod就指出,劳动生产率水平的差异将会导致对卡塞尔(Cassel,1922)绝对购买力的持久地背离,巴拉萨和萨姆尔逊也提出本国贸易品的要素生产率超过非贸易品的要素生产率,会导致本国货币实际升值。BS效应是基于购买力平价的研究,因此国内外很多研究实际汇率的文献主要是考察BS效应对实际汇率变动的影响[1]。如果假定贸易品部门和非贸易品部门之间要素能够流动,在大量融入非贸易品部门的汇率决定模型的文献中(Balassa,1964;Samuelson,1964;Obstfeld,1993;Asea and Mendoza,1994),实际汇率是两部门生产率增长趋势差异的函数。关于消费对实际汇率的影响,Backus and Smith(1993)建立了结构性汇率决定模型,在他们的模型中,每一个国家作为效用最大化的典型代理人,对多种商品的消费有偏好,在均衡状态下,不同国家的消费边际效用相同,Backus and Smith 进一步指出在完全市场(complete market)的条件下,相对消费和实际汇率正相关。Benigno and Thoenissen(2008)在 Backus and Smith(1993);Chai,Kehoe and McGrattan(2002);Stockman and Tesar(1995)等的模型框架内,通过引入非贸易品,构建了两国随机动态的开放经济模型(two-country stochastic dynamic open economy model)重新考察了消费和实际汇率的关系,如果对本国贸易品部门有一个正的冲击,相对于国外消费,本国消费将上升,当非贸易品对贸易品的相对价格效应超过贸易条件的效应,则实际汇率升值。Head, Mattina and Smith(2003)还利用加拿大、丹麦、芬兰、法国、意大利、日本、新西兰、瑞典、英国和美国的数据从经验上检验了实际汇率和相对消费之间的关系,结果显示相对消费和实际汇率之间的相关性为负。

在开放经济宏观经济学框架下国内研究实际汇率的主要有,殷德生(2004)建立了一

---

[1] 这方面研究可参考相关文献综述(Bahmani-Oskooee and Nasir,2005;Tica,Josip and Ivo Druží,2006;高志红、侯杰,2006;刘金山、李宁,2011)。

个关于消费者行为和政府行为分析的模型,结论是:政府对非贸易品支出的变化对均衡实际汇率的影响是不确定的。张瀛、王浣尘(2004)建立了一个小国的开放宏观经济模型,探讨了关税、货币供给、政府支出等要素对均衡汇率的影响,实证结果显示国外利率、政府消费、生产率与实际汇率具有短期相关关系。马荣华(2005)扩展了 Frenkel 和 Razin(1996)的研究,建立了一个两国代表性消费者行为的模型,结果表明:两国(美国与中国)相对政府的人均支出对人民币实际汇率的弹性较大,两国政府相对非贸易品人均支出对人民币实际汇率的弹性较小。鄂永健、丁剑平(2007)构建一个两国动态一般均衡模型分析了生产率对长期实际汇率的影响,结果显示,本国可贸易品部门的生产率上升不一定导致本币实际升值,而外国可贸易品部门的生产率上升也不一定导致本币实际贬值。以上这些研究都是在跨期均衡的理论框架内探讨政府支出、消费和要素生产率等对实际汇率变化的影响。

由此可以看出,实际汇率变动是对购买力平价的偏离,而政府支出、消费和全要素生产率是影响实际汇率变动的重要因素,从前面研究可以看出,国外学者最早构建了实际汇率最优化模型的基本框架,而国内学者也从最优化模型和实证角度探讨了人民币实际汇率的变动,都得出了有意义的结论。

7.5.2 理论模型的构建

一些学者在经济主体优化的框架内发展了实际汇率模型(Sachs,1981;Obstfeld & Rogoff,1995),在这个优化的框架内,经济主体在预算和现金约束下的条件下,使自己消费效用最大化,均衡实际汇率取决于效用函数中消费和政府支出的影响,这是从消费者最优化的角度来探讨实际汇率的决定。而从生产者的角度来看,劳动生产率水平的差异将会导致实际汇率对购买力平价的持久地背离(Balassa,1964;Samuelson,1964,1965),由于贸易品的劳动生产率超过非贸易品的劳动生产率将导致本国货币实际升值。本节把消费者效用最优化和生产者利润最大化结合起来,综合考察政府支出对均衡实际汇率的影响。

7.5.2.1 实际汇率的跨期(intertemporal)均衡分析

1. 基本假设

首先通过构建典型代理人的最优化模型来分析内部实际汇率(the internal real exchange rate)的变动。假定本国是一个开放的经济体,典型代理人使自己的效用最大化(Obstfeld and Rogoff,1995,1996;Giancarlo Gandolfo,2001),典型代理人消费的效用函数为

第7章 我国的汇率调控

$$u_t = U(c_t, m_t, g_t) \tag{7-22}$$

式中：$c_t = \dfrac{C_t}{L_t}$；$m_t = \dfrac{M_t}{P_t L_t}$；$g_t = \dfrac{G_t}{L_t}$。每一期的效用函数是消费、实际货币余额的严格递增的凹函数（$U'_c > 0, U''_c < 0; U'_m > 0, U''_m < 0$）；$C_t$是消费；$L_t$是劳动力人口；$G_t$表示政府支出（效用函数也是政府支出的函数）；$M_t$是$t$期的货币余额；$P_t$为$t$期价格水平；$M_t/P_t$是实际货币余额。

典型代理人的预算约束方程为：$M_t + B_t - B_{t-1} = M_{t-1} + i_{t-1}B_{t-1} + P_t F(K_{t-1}, L_t) - P_t(K_t - K_{t-1}) - P_t C_t - P_t T_t$。式中：$F(K_{t-1}, L_t)$为生产函数，表示国内产出；$C_t$为消费；$K_t$为资本存量；投资$I_t = K_t - K_{t-1}$；$P_t$为一般价格水平；$B_{t-1}(B_t)$为$t-1(t)$期初的净外汇资产；$i_t$为$t$期的利率水平；$T_t$是税收。经常项目的余额为对外净资产的利息收益和进出口的差额，经常项目余额和货币余额之和是前一期的货币余额和经常项目余额之和，这是宏观经济均衡等式的约束。两边同除以$P_t L_t$得到：

$$m_t + b_t = \dfrac{m_{t-1} + (1+i_{t-1})b_{t-1}}{1+\pi_t} + f(k_{t-1}) \tag{7-23}$$
$$- (k_t - k_{t-1}) - c_t - \tau_t$$

式中：$\pi_t = \dfrac{P_t - P_{t-1}}{P_{t-1}}$；$b_t = \dfrac{B_t}{P_t L_t}$；$b_{t-1} = \dfrac{B_{t-1}}{P_{t-1}L_{t-1}}$；$m_{t-1} = \dfrac{M_{t-1}}{P_{t-1}L_{t-1}}$；$k_t = \dfrac{K_t}{L_t}$；$k_{t-1} = \dfrac{K_{t-1}}{L_t}$；$\tau_t = \dfrac{T_t}{L_t}$（这里假定劳动力是外生的，不考虑人口增长率）。如果从多期的角度考虑（Obstfeld and Rogoff, 1996；Edwards, 1987），消费者无限期的效用函数为：$U_t = \sum_{t=1}^{\infty} \beta^{t-1} u(c_t, m_t, g_t)$。构建拉格朗日函数得到：$U_t = \sum_{t=1}^{\infty} \Big[\beta^{t-1} u(c_t, m_t, g_t) - \lambda_t \Big(m_t + b_t - \dfrac{m_{t-1}+(1+i_{t-1})b_{t-1}}{1+\pi_t} - f(k_{t-1}) + (k_t - k_{t-1}) + c_t + \tau_t \Big) \Big]$，对$c_t$、$m_t$、$k_t$、$b_t$求导，得到跨时最优化的一阶条件（Euler condition）：

$$\beta^{t-1} u'_c(c_t, m_t, g_t) - \lambda_t = 0 \tag{7-24}$$

$$\beta^{t-1} u'_{m_t}(c_t, m_t, g_t) - \lambda_t + \lambda_{t+1} \dfrac{1}{1+\pi_{t+1}} = 0 \tag{7-25}$$

$$\lambda_t - \lambda_{t+1} - \lambda_{t+1} f'(k_t) = 0 \tag{7-26}$$

$$-\lambda_t + \lambda_{t+1} \dfrac{(1+i_t)}{1+\pi_{t+1}} = 0 \tag{7-27}$$

解出 λ_t, λ_{t+1},进一步得到三个一阶条件：

$$u'_c(c_t, m_t, g_t) = \frac{(1+i_t)}{1+\pi_{t+1}}\beta u'_c(c_{t+1}, m_{t+1}, g_{t+1}) \tag{7-28}$$

$$u'_c(c_t, m_t, g_t) = u'_{m_t}(c_t, m_t, g_t) + \frac{\beta}{1+\pi_{t+1}}u'_c(c_{t+1}, m_{t+1}, g_{t+1}) \tag{7-29}$$

$$u'_c(c_t, m_t, g_t) = (1+f'(k_t))\beta u'_c(c_{t+1}, m_{t+1}, g_{t+1}) \tag{7-30}$$

方程(7-28)是标准 Euler 方程。方程(7-29)左边表示为了提高一单位的实际货币余额而必须放弃的当前消费的边际效用，$u_C(c_t, m_t, g_t)$ 是消费的边际效用。在方程右边第一项表示个人增加一单位货币用于交易所获得的边际效用。右边第二项表示在 $t+1$ 期用一单位额外的货币可以购买的消费数量，$\beta u_C(c_{t+1}, m_{t+1}, g_{t+1})$ 是 $t+1$ 期消费的边际效用的 t 期折现值。由(7-28)式、(7-29)式得到：

$$\frac{u'_{m_t}(c_t, m_t, g_t)}{u'_c(c_t, m_t, g_t)} = \frac{i_t}{1+i_t} \tag{7-31}$$

由(7-28)式、(7-30)式得到：

$$(1+f'(k_t)) = \frac{(1+i_t)}{1+\pi_{t+1}} \tag{7-32}$$

(7-31)式左边表示消费对实际货币余额的边际替代率，右边表示增加一单位实际货币持有的机会成本①。考虑到厂商的利润最大化，则 $f'(k_{t-1}) = r_t$②，实际上方程(7-32)就是费雪平价等式 $(1+r_t) = (1+i_t)\dfrac{P_t}{P_{t+1}}$。

2. 模型的封闭解

为了获得内部实际汇率的具体形式，假定效用函数为不变的相对风险厌恶(constant relative risk aversion，CRRA)消费函数(Balvers, Ronald, and Jeffry Bergstrand. 1997)，并且政府支出对效用函数有特定的影响：$u = U(c_t, g_t, m_t) = h(g_t) + v(g_t)\dfrac{[(c_t)^\alpha (m_t)^{1-\alpha}]}{1-\sigma}$，$\sigma > 0$，$\dfrac{1}{\sigma}$ 是跨期替代弹性，假定 $h_g(g_t) > 0$，当 $v_g(g_t) > 0$，政府支出和私人消费是互补的；当 $v_g(g_t) < 0$ 时，政府支出和私人消费是替代的。为了研究问题

---

① 这种机会成本就是下一期的利率 i_t。实际上 $\dfrac{i_t}{1+i_t} \approx i_t$。

② 资本的边际产出等于利率。

第 7 章 我国的汇率调控

的方便,我们令 $v(g_t) = g_t^\xi$,当 $\xi > 0$ 时表示在其他条件不变的情况下,政府支出增加,典型代理人的效用上升;$\xi < 0$ 表示政府支出增加,典型代理人的效用下降[①]。根据效用函数,方程(7-28)变为:

$$c_{t+1} = \left[\frac{(1+i_\sigma)\beta P_t}{P_{t+1}}\right]^{\frac{1}{1-\alpha(1-\sigma)}} \left[\frac{g_{t+1}^\xi}{g_t^\xi}\right]^{\frac{1}{1-\alpha(1-\sigma)}} \frac{(m_{t-1})^{\frac{(1-\alpha)(1-\sigma)}{1-\alpha(1-\sigma)}}}{(m_t)^{\frac{(1-\alpha)(1-\sigma)}{1-\alpha(1-\sigma)}}} c_t \quad (7\text{-}33)$$

方程(7-31)变为:$\dfrac{(1-\alpha)c_t}{\alpha m_t} = \dfrac{i_t}{1+i_t}$,进一步得到:$m_t = \dfrac{(1-\alpha)(1+i_t)c_t}{\alpha i_t}$,本国货币需求受本国消费和利率的影响,这也反映了跨期均衡的特点。

(7-33)式反映了当期消费和前一期消费之间的关系。由价格水平的分解[②],$P = \dfrac{P_T^\theta P_{NT}^{1-\theta}}{\theta^\theta (1-\theta)^{1-\theta}}$,根据实际汇率定义(Edwards,1989a),内部实际汇率(the internal real exchange rate) $S_d = \dfrac{P_T}{P_N}$,我们可以得到:

$$\frac{c_{t+1}}{c_t} = \frac{\left[\dfrac{\beta(1+i_t) P_{Tt}^\theta P_{NTt}^{1-\theta}}{\theta^\theta(1-\theta)^{1-\theta}}\right]^{\frac{1}{1-\alpha(1-\sigma)}}}{\left[\dfrac{P_{Tt+1}^\theta P_{NTt+1}^{1-\theta}}{\theta^\theta(1-\theta)^{1-\theta}}\right]^{\frac{1}{1-\alpha(1-\sigma)}}} \left[\frac{g_{t+1}^\xi}{g_t^\xi}\right]^{\frac{1}{1-\alpha(1-\sigma)}} \frac{(m_{t+1})^{\frac{(1-\alpha)(1-\sigma)}{1-\alpha(1-\sigma)}}}{(m_t)^{\frac{(1-\alpha)(1-\sigma)}{1-\alpha(1-\sigma)}}},$$

$$= \left[\frac{\beta(1+i_t)(S_{dt+1})^{(1-\theta)}}{(S_{dt})^{(1-\theta)}}\right]^{\frac{1}{1-\alpha(1-\sigma)}} \left[\frac{g_{t+1}}{g_t}\right]^{\frac{\xi}{1-\alpha(1-\sigma)}} \frac{(m_{t+1})^{\frac{(1-\alpha)(1-\sigma)}{1-\alpha(1-\sigma)}}}{(m_t)^{\frac{(1-\alpha)(1-\sigma)}{1-\alpha(1-\sigma)}}}$$

消费之比是政府支出之比、货币需求之比的函数,这样能够得到跨期的内部实际汇率:

$$\frac{S_{dt+1}}{S_{dt}} = \left[\frac{1}{\beta(1+i_t)}\right]^{\frac{1}{(1-\theta)}} \left(\frac{g_t}{g_{t+1}}\right)^{\frac{\xi}{(1-\theta)}} \left(\frac{c_{t+1}}{c_t}\right)^{\frac{1-\alpha(1-\sigma)}{(1-\theta)}} \left[\frac{(m_t)}{(m_{t+1})}\right]^{\frac{(1-\alpha)(1-\sigma)}{(1-\theta)}}$$

---

① 如果从消费边际效用 $\left(\dfrac{\partial u}{\partial c} = g_t^\xi \alpha \left[(c_t)^\alpha (m_t)^{1-\alpha}\right]^{-\sigma} (c_t)^{\alpha-1} (m_t)^{1-\alpha}\right)$ 的角度来看,当 $\xi > 0$ 时表示政府支出增加,消费边际效用增加,消费者会增加消费,因此政府支出和消费之间是互补关系。反之,当 $\xi < 0$ 时表示政府支出增加,消费边际效用下降,消费者会减少消费,因此政府支出和消费之间是替代关系。

② 价格水平可以分解为贸易品价格和非贸易品价格水平的几何平均形式(Obstfeld and Rogoff,1996)。通常假定以贸易品计价,则 $P_T = 1$。

这是内部实际汇率变动之间的递推关系,两边取对数得到:

$$\ln S_{d t+1} - \ln S_{d t} = \frac{1}{(1-\theta)} \ln[\beta(1+i_t)] \frac{\xi}{(1-\theta)}(\ln g_{t+1} - \ln g_t) +$$

$$\frac{1-\alpha(1-\sigma)}{(1-\theta)}(\ln c_{t+1} - \ln c_t) \frac{(1-\alpha)(1-\sigma)}{(1-\theta)}[\ln(m_{t+1}) - \ln(m_t)] \text{ 因此:}$$

$$\sum_{n=1}^{t-1}(\ln S_{dn+1} - \ln S_{dn}) = \frac{1}{(1-\theta)} \sum_{n=1}^{t-1} \ln[\beta(1+i_n)]$$

$$- \frac{\xi}{(1-\theta)} \sum_{n=1}^{t-1}(\ln g_{n+1} - \ln g_n)$$

$$+ \frac{1-\alpha(1-\sigma)}{(1-\theta)} \sum_{n=1}^{t-1}(\ln c_{n+1} - \ln c_n)$$

$$\frac{(1-\alpha)(1-\sigma)}{(1-\theta)} \sum_{n=1}^{t-1}[\ln(m_{n+1}) - \ln(m_n)]$$

又因为: $\sum_{n=1}^{t}(\ln x_{dn+1} - \ln x_{dn}) = \ln x_{dt+1} - \ln x_{d1}$, 这样:

$$\ln S_{dt} = \ln S_{d1} \frac{1}{(1-\theta)} \sum_{n=2}^{t} \ln[\beta(1+i_{n-1})] \frac{\xi}{(1-\theta)}$$

$$(\ln g_t - \ln g_1) + \frac{1-\alpha(1-\sigma)}{(1-\theta)}(\ln c_t - \ln c_1) \qquad (7-34)$$

$$\frac{(1-\alpha)(1-\sigma)}{(1-\theta)}[\ln(m_t) - \ln(m_1)]$$

这样就建立了当期内部实际汇率和消费、政府支出和利率之间的联系,因此第 t 期内部实际汇率和第 1 期、第 t 期消费、政府支出等之间的关系由(7-34)式给出。从(7-34)式可以看出,当期的消费上升,内部实际汇率上升;当期的消费下降,内部实际汇率下降。因为当期的消费上升,消费的边际效用下降,价格水平下降,非贸易品价格下降,内部实际汇率上升。相反,当期的消费下降,消费的边际效用上升,价格水平上升,非贸易品价格水平(以贸易品计价)上升,内部实际汇率下降。政府支出上升,如果 $\xi>0$,内部实际汇率下降,政府支出下降,如果 $\xi>0$,内部实际汇率上升。其机制是政府支出上升,如果 $\xi>0$,典型代理人的效用上升,消费的边际效用上升,价格水平上升,非贸易品价格水平上升,内部实际汇率下降。相反,政府支出下降,如果 $\xi>0$,典型代理人的效用下降,消费的边际效用下降,价格水平下降,非贸易品价格水平下降,内部实际汇率上升。本国 $t-1$ 期利率上升,实际汇率下降,本国 $t-1$ 期利率下降,实际汇率上升。如果 t 期利率上升,则 t 期持有实际货币的机会成本会上升,t 期会少持有实际货币,增加消费,消费的边际效用会下降,价格水平会下降,非贸易品的价格水平会下降,内部实际汇率将上升。相反,如果 t 期利率下降,则 t 期持有实际货币的机会成本会下降,t 期会增加持有实际货币,减少消费,消费的边际效用会上升,价格水平会上升,非贸易品的价格水平会上升,内部实际汇率将下降。

3. 消费者最优化条件下的外部实际汇率[①]

根据外部实际汇率: $\ln S_t = (1-\theta)[\ln(S_{dt}) - \ln(S_{ft})]$,假定国外有对称的结构,并结合(7-34)式得到:

$$\ln S_t = \left(\sum_{n=2}^{t} i_{n-1}^* - \sum_{n=2}^{t} i_{n-1}\right) + \xi\ln\left(\frac{g_t^*}{g_t}\right) + \xi\ln\left(\frac{g_1}{g_1^*}\right) - \sigma\ln\left(\frac{c_t^*}{c_t}\right)$$
$$+ [1-\alpha(1-\sigma)]\ln\left(\frac{c_1^*}{c_1}\right) + [(1-\alpha)(1-\sigma)]\ln\left[\frac{m_1}{m_1^*}\right]$$
$$+ [(1-\alpha)(1-\sigma)]\ln\frac{i_t/(1+i_t)}{i_t^*/(1+i_t^*)} + (1-\theta)\ln\left(\frac{S_{d1}}{S_{d1}^*}\right) \quad (7-35)$$

令 $\sum_{n=2}^{t} i_{n-1}^* = (t-1)\times\bar{i}^*$,$\bar{i}^*$ 为国外的平均利率,$\sum_{n=2}^{t} i_{n-1} = (t-1)\times\bar{i}$,$\bar{i}$ 为国内的平均利率[②]。把 $\ln i_t/(1+i_t)$ 在 $\bar{i}$ 附近一阶泰勒展开,则 $\ln i_t/(1+i_t) = \ln\frac{\bar{i}}{1+\bar{i}} + \frac{1}{\bar{i}(1+\bar{i})}(i_t - \bar{i})$,因此:

$$\ln S_t = \xi\ln\left(\frac{g_t^*}{g_t}\right) + \xi\ln\left(\frac{g_1}{g_1^*}\right) - \sigma\ln\left(\frac{c_t^*}{c_t}\right) + [1-\alpha(1-\sigma)]\ln\left(\frac{c_1^*}{c_1}\right) + [(1-\alpha)(1-\sigma)]\ln\left[\frac{m_1}{m_1^*}\right] - (1-\alpha)(1-\sigma)\frac{1}{\bar{i}(1+\bar{i})}(i_t^* - i_t) + (1-\theta)\ln\left(\frac{S_{d1}}{S_{d1}^*}\right)$$,并且: $\frac{\partial \ln S_t}{\partial \ln\frac{g_t^*}{g_t}} = \xi$,$\frac{\partial \ln S_t}{\partial \ln\frac{c_t^*}{c_t}} = -\sigma$,$\frac{\partial \ln S_t}{\partial \ln(i_t^* - i_t)} = -(1-\alpha)(1-\sigma)\frac{1}{\bar{i}(1+\bar{i})}$。$\frac{\partial \ln S_t}{\partial \ln\frac{g_t^*}{g_t}} = \xi > 0$,国

---

① 如果贸易品的一价定律成立,则名义汇率: $E_t = \frac{P_{Tt}}{P_{Tt}^*}$。由外部实际汇率的定义可知: $S_t = \frac{E_t P_t^*}{P_t} = E_t \frac{P_{Tt}^{*\theta} P_{Nt}^{*1-\theta}}{P_{Tt}^{\theta} P_{Nt}^{1-\theta}} = \left(\frac{S_{dt}}{S_{ft}}\right)^{1-\theta}$,式中: S 表示外部实际汇率水平; $S_{ft} = \frac{P_{Tt}^*}{P_{Nt}^*}$ 为国外的内部实际汇率。

② 为了分析问题的方便,这里假定国内外平均利率水平相等, $\bar{i}^* = \bar{i}$。

外与国内相对政府支出上升,实际汇率上升。如果 t 期政府支出增加,假定 $\xi>0$,则政府支出上升,t 期的消费边际效用会上升,价格水平上升,非贸易品的价格都会上升(以贸易品计价),因此内部实际汇率下降,外部实际汇率下降。另一方面,如果 t 期政府支出上升,假定 $\xi<0$,则政府支出上升,t 期消费边际效用下降,价格水平会下降,非贸易品的价格会下降,因此内部实际汇率上升,外部实际汇率上升。因为 $\dfrac{\partial \ln S_t}{\partial \ln \dfrac{c_t^*}{c_t}}=-\sigma<0$,国外与国内相对消费上升,实际汇率下降;国外与国内相对消费下降,实际汇率上升。如果国内消费上升,消费的边际效用下降,国内的价格水平下降,非贸易品的价格下降,内部实际汇率上升,外部实际汇率上升。如果 $-(1-\alpha)(1-\sigma)\dfrac{1}{\bar{i}(1+\bar{i})}>0$,如果 $\sigma>1$,则国内外利差上升,内部实际汇率上升,相反,如果 $\sigma<1$,国内外利差上升,内部实际汇率下降。如果本国利率上升,持有货币的机会成本会上升,消费者会减少消费,增加储蓄,消费的边际效用会上升,价格水平上升,内部实际汇率下降,外部实际汇率下降。如果本国利率下降,持有货币的机会成本会下降,消费者会增加消费,减少储蓄,消费的边际效用会下降,价格水平下降,内部实际汇率上升,外部实际汇率上升。

令 $A=\xi\ln\left(\dfrac{g_1}{g_1^*}\right)+[1-\alpha(1-\sigma)]\ln\left(\dfrac{c_1^*}{c_1}\right)+(1-\alpha)(1-\sigma)\ln\left[\dfrac{m_1}{m_1^*}\right]+(1-\theta)\ln\left(\dfrac{S_{d1}}{S_{d1}^*}\right)$ 则:

$$\ln S_t = A + \xi\ln\left(\dfrac{g_t^*}{g_t}\right) - \sigma\ln\left(\dfrac{c_t^*}{c_t}\right) - (1-\alpha)(1-\sigma)\dfrac{1}{\bar{i}(1+\bar{i})}(i_t^*-i_t) \tag{7-36}$$

从消费者跨期均衡的角度来看,本国消费增加,实际汇率上升,本国政府支出上升,实际汇率下降。外国消费上升,实际汇率下降;外国政府支出消费上升,实际汇率上升;外国利率上升,如果 $\sigma<1$,外部实际汇率下降。

4. 融入典型代理人期内最优化的分析

本国当期消费包含贸易品和非贸易品消费 $c_t=j(c_{Tt},c_{Nt})$,c_{Tt} 为贸易品的消费,c_{Nt} 为非贸易品的消费,并且 $P_t c_t = P_{Tt}c_{Tt}+P_{Nt}c_{Nt}$。下面求解消费效用达到最大化的条件,构建拉格朗日函数:$L=\sum_{t=1}^{\infty}\left\{\beta^{-1}u(c_t,m_t,g_t)-\lambda_t\left[m_t+b_t-\dfrac{m_{t-1}+(1+i_{t-1})b_{t-1}}{1+\pi_t}-\right.\right.$

第7章 我国的汇率调控

$f(k_{t-1}) + (k_t - k_{t-1}) + \dfrac{P_{Tt}c_{Tt} + P_{Nt}c_{Nt}}{P_t} + \tau_t] \}$，分别对 c_T 和 c_N 求导得：

$\beta^{t-1} \dfrac{\partial u(c_t, m_t, g_t)}{\partial c_t} \dfrac{\partial c_t}{\partial c_{Tt}} = \lambda_t \dfrac{P_{Tt}}{P_t}$，$\beta^{t-1} \dfrac{\partial u(c_t, m_t, g_t)}{\partial c_t} \dfrac{\partial c_t}{\partial c_{Nt}} = \lambda_t \dfrac{P_{Nt}}{P_t}$

由此可知：

$$S_{dt} = \dfrac{P_{Tt}}{P_{Nt}} = \dfrac{\partial u(c_t, m_t, g_t)}{\partial c_t} \dfrac{\partial c_t}{\partial c_{Tt}} \bigg/ \dfrac{\partial u(c_t, m_t, g_t)}{\partial c_t} \dfrac{\partial c_t}{\partial c_{Nt}} \tag{7-37}$$

根据(7-37)式,在既定的收入水平和商品的价格水平下,消费者达到效用最大化,单位货币购买贸易品和购买非贸易品所获得的边际效用相同的时候,消费者获得最大的效用。如果购买贸易品的边际效用较高,将会增加对贸易品的需求购买,直到单位货币购买贸易品的边际效用等于购买非贸易品的边际效用,消费者的效用才能够达到最大化。

通常假定典型代理人的消费函数为 Cobb-Douglas 函数形式(Giancarlo Gandolfo, 2001): $c_t = j(c_{Tt}, c_{Nt}) = c_{Tt}^\theta c_{Nt}^{1-\theta}$ ($0 < \theta < 1$)。在跨期最优化的条件下, $m_t = \dfrac{(1-\alpha)(1+i_t)c_t}{\alpha i_t}$,则效用函数为

$$u = U(c_t, g_t, m_t) = h(g_t) + v(g_t)$$

$$\dfrac{\left[(c_{Tt}^\theta c_{Nt}^{1-\theta})^\alpha \left(\dfrac{(1-\alpha)(1+i_t)}{\alpha i_t} \right)^{1-\alpha} \right]^{1-\sigma}}{1-\sigma}, \sigma > 0$$

令 $v(g_t) = g_t^\xi$，因此一阶条件分别为

$$\beta^{t-1} g_t^\xi \left[c_t^\alpha \left(\dfrac{(1-\alpha)(1+i_t)}{\alpha i_t} \right)^{1-\alpha} \right]^{-\sigma} \left(\dfrac{(1-\alpha)(1+i_t)}{\alpha i_t} \right)^{1-\alpha} \tag{7-38}$$

$$\theta (c_{Tt})^{\theta-1} (c_{Nt})^{(1-\theta)} \alpha c_t^{\alpha-1} = \lambda_t \dfrac{P_{Tt}}{P_t}$$

$$\beta^{t-1} g_t^\xi \left[c_t^\alpha \left(\dfrac{(1-\alpha)(1+i_t)}{\alpha i_t} \right)^{1-\alpha} \right]^{-\sigma} \left(\dfrac{(1-\alpha)(1+i_t)}{\alpha i_t} \right)^{1-\alpha} (1-\theta) \tag{7-39}$$

$$(c_{Tt})^\theta (c_{Nt})^{-\theta} \alpha c_t^{\alpha-1} = \lambda_t \dfrac{P_{Nt}}{P_t}$$

根据最优化条件,可以得到: $\dfrac{\theta c_{Nt}}{(1-\theta)c_{Tt}} = \dfrac{P_{Tt}}{P_{Nt}}$,这类似于 Obstfeld and Rogoff

(1996);Giancarlo Gandolfo(2001)的结论,因此:

$$S_{dt} = \frac{P_{Tt}}{P_{Nt}} = \frac{\theta c_{Nt}}{(1-\theta)c_{Tt}} \tag{7-40}$$

内部实际汇率受贸易品消费和非贸易品消费的影响,贸易品的消费上升,内部实际汇率下降;非贸易品的消费上升,内部实际汇率上升。从经济学的意义来看,在既定贸易品价格水平下,当消费者贸易品消费上升,贸易品消费的边际效用会下降,如果消费贸易品的边际效用小于消费非贸易品的边际效用,为了使消费者总效用达到最大化,消费者偏好会转向非贸易品,增加对非贸易品的消费,因此对非贸易品的需求增加,非贸易品的价格会上升,内部实际汇率下降。同样,在既定的非贸易品价格水平下,当非贸易品消费上升时,非贸易品消费的边际效用会下降,当消费非贸易品的边际效用小于消费贸易品的边际效用时,为了使消费者总效用达到最大化,消费者偏好会转向贸易品,增加对贸易品的消费,对贸易品需求增加,贸易品价格上升,内部实际汇率上升。因此,内部实际汇率和非贸易品消费正向变动,和贸易品消费反向变动,这体现了消费者效用最大化下的内部实际汇率变动。

根据外部实际汇率:$\ln S_t = (1-\theta)[\ln(S_{dt}) - \ln(S_{ft})]$ 和(7-40)式,能够得到消费者期内最优化下的实际汇率:

$$\ln S_t = \frac{1-\theta}{\theta}\ln\left(\frac{c_t^*}{c_t}\right) - \frac{1-\theta}{\theta}\ln\left(\frac{c_{Nt}^*}{c_{Nt}}\right) \tag{7-41}$$

式中国外的内部实际汇率 $S_{ft} = \frac{P_{Tt}^*}{P_{Nt}^*} = \frac{\theta c_{Nt}^*}{(1-\theta)^* c_{Tt}}$。从期内均衡的角度来看,本国消费增加,实际汇率下降,本国非贸易品消费上升,实际汇率上升;外国消费上升,实际汇率上升,外国非贸易品消费上升,实际汇率下降。并且:$\dfrac{\partial \ln S_t}{\partial \ln \dfrac{c_t^*}{c_t}} = \dfrac{1-\theta}{\theta} > 0$,

$\dfrac{\partial \ln S_t}{\partial \ln \dfrac{c_{Nt}^*}{c_{Nt}}} = -\dfrac{1-\theta}{\theta} < 0$,国外与国内相对消费上升,实际汇率上升,国外与国内相对非贸易品消费上升,实际汇率下降。值得指出的是这里内在机制影响仍然是通过贸易品消费和非贸易品消费的变化机制而起作用的,当国内总消费上升是由于贸易品消费上升引起时,国内总消费与非贸易品消费之比是上升的,国内实际汇率下降;当国内总消费的上升是由于非贸易品的上升所导致时,则国内总消费与非贸易品消费之比下降,国内实际汇率上升,这与前面贸易品和非贸易品对实际汇率影响的分析是一致的。当国内总消费上

第7章 我国的汇率调控

升是由于贸易品消费和非贸易品消费共同引起的,其对国内总消费与贸易品消费之比的影响取决于贸易品消费和非贸易品消费的相对变化,结论是不确定的。

由(7-36)式和(7-41)式可得消费者在跨期和期内最优化下的实际汇率:

$$\ln S_t = \frac{(1-\theta)A}{1-\theta+\sigma\theta} + \frac{(1-\theta)\xi}{1-\theta+\sigma\theta}\ln\left(\frac{g_t^*}{g_t}\right) - \frac{(1-\theta)\sigma}{1-\theta+\sigma\theta}\ln\left(\frac{c_{Nt}^*}{c_{Nt}}\right)$$
$$- (1-\alpha)(1-\sigma)\frac{1}{\bar{i}(1+\bar{i})}\frac{(1-\theta)}{1-\theta+\sigma\theta}(i_t^* - i_t) \tag{7-42}$$

因此,政府相对消费支出对消费者最优化的均衡汇率影响为: $\dfrac{\partial \ln S_t}{\partial \ln\left(\dfrac{g_t^*}{g_t}\right)} = \dfrac{(1-\theta)\xi}{1-\theta+\sigma\theta} > 0$,由于国内外政府消费支出之比影响消费者的跨期均衡汇率,并且为正,同时,国内外政府消费支出之比也会影响消费的变动,进而会影响期内均衡实际汇率,国内外政府消费支出之比对实际汇率影响的综合效应为正,因此政府消费支出对消费者最优化均衡汇率的影响为正。非贸易品支出对实际汇率的影响: $\dfrac{\partial \ln S_t}{\partial \ln\left(\dfrac{c_{Nt}^*}{c_{Nt}}\right)} = -\dfrac{(1-\theta)\sigma}{1-\theta+\sigma\theta} < 0$,因为非贸易品支出之比影响消费者期内均衡实际汇率,影响为负,同时,国内外非贸易品消费支出之比会影响消费的变动,进而会影响跨期均衡实际汇率,国内外非贸易品消费支出之比对实际汇率影响的综合效应为负,因此非贸易品支出对消费者均衡实际汇率影响为负。利差对消费者均衡实际汇率的影响: $\dfrac{\partial \ln S_t}{\partial (i_t^* - i_t)} = -(1-\alpha)(1-\sigma)\dfrac{1}{\bar{i}(1+\bar{i})}\dfrac{(1-\theta)}{1-\theta+\sigma\theta}$,如果消费者跨期替代弹性 $0 < \sigma < 1$,则 $\dfrac{\partial \ln S_t}{\partial (i_t^* - i_t)} < 0$,如果消费者跨期替代弹性 $\sigma > 1$,则 $\dfrac{\partial \ln S_t}{\partial (i_t^* - i_t)} > 0$,因为利差影响消费者期内均衡实际汇率,影响可正可负,同时利差会影响跨期均衡实际汇率,利差对实际汇率影响的综合效应可正可负,因此利差对消费者均衡实际汇率也可正可负。

7.5.2.2 生产者最优化行为下的模型构建及求解

1. 基本假设

本书模型是一个开放经济模型,从生产者角度来看,产品分为两类:贸易商品和非贸

易商品,其贸易品和非贸易品生产函数分别为(Barro,1990;Lane and Galstyan,2008):

$$Y_T = P_T A_{TP} F(K_T, L_T) = P_T (A_T Z^{\gamma z}) K_T^{1-\gamma} L_T^{\gamma}, Y_N$$
$$= P_N A_{NP} G(K_N, L_N) = P_N (A_N Z^{\delta z}) K_N^{1-\delta} L_N^{\delta}$$

式中:T 表示贸易部门;N 表示非贸易部门;δ 和 γ 为常数;A_P 是生产率变化的系数;A_{TP} 是贸易品部门要素生产率变化的系数;A_{NP} 是非贸易品部门要素生产率变化的系数;Z 表示政府投资的资本存量;$A_{TP} = A_T Z^{\gamma z}$,$A_{NP} = A_N Z^{\delta z}$,贸易品部门和非贸易品部门要素生产率是政府投资的函数,政府投资提高了贸易品部门和非贸易品部门的要素生产率;δ^z 和 γ^z 为常数;A_T 是政府投资前贸易品部门要素生产率变化的系数;A_N 是政府投资前非贸易品部门要素生产率变化的系数。假定劳动力在国际间不能流动但在国内各部门间快速流动。劳动力的流动决定了各部门工人的工资收入都相等,计为 w。国内劳动力总供给是固定的:$L = L_T + L_N$。S_{dt} 是贸易品价格和非贸易品价格的比率,假定贸易品的价格为 1①,则 $S_{dt} = 1/P_{Nt}$,也是内部实际汇率。

定义贸易和非贸易商品生产部门的资本劳动比率为:$k_T \equiv K_T/L_T$;$k_N \equiv K_N/L_N$。单位劳动力的产出定义为:$y_T = A_T Z^{\gamma z} f(k_T) \equiv A_T Z^{\gamma z} F(k_T, 1)$;$y_N = P_N Z^{\delta z} A_N g(k_N) \equiv P_N Z^{\delta z} A_N G(k_N, 1)$。

2. 模型的均衡解

根据上述分析,可以得出利润最大化时劳动力和资本的一阶条件。在贸易商品生产部门利润最大化的条件,资本的边际产出等于利率,劳动的边际产出等于工资:

$$A_T Z^{\gamma z} f'(k_T) = i = (1-\gamma) A_T Z^{\gamma z} [k_T]^{-\gamma} \tag{7-43}$$

$$A_T Z^{\gamma z} [f(k_T) - f'(k_T) k_T] = w = \gamma A_T Z^{\gamma z} [k_T]^{1-\gamma} \tag{7-44}$$

同样在非贸易商品生产部门:

$$P_N A_N Z^{\delta z} g'(k_N) = i = (1-\delta) P_N Z^{\delta z} A_N [k_N]^{-\delta} \tag{7-45}$$

$$P_N A_N Z^{\delta z} [g(k_N) - g'(k_N) k_N] = w = \delta P_N A_N Z^{\delta z} [k_N]^{1-\delta} \tag{7-46}$$

根据方程(7-43)至方程(7-46),可以完全决定非贸易商品的相对价格 P_N。对(7-44)式和(7-46)式取对数,能够得到非贸易品价格:

$$\ln P_N = \ln \gamma - \ln \delta + \ln A_T - \ln A_N + (1-\gamma)(\ln k_T) \\ - (1-\delta)(\ln k_N) + (\gamma^z + \delta^z) \ln Z \tag{7-47}$$

---

① 这只是为了研究的方便,如果不做这样的假定,我们仍然可以得到相同的结论。

非贸易品的价格受贸易品、非贸易品部门的劳动生产率,贸易品、非贸易品的资本劳动比率和政府的投资支出的影响,同样对(7-43)、(7-45)两边取对数,进一步能够得到

$$\ln k_T = -\frac{\ln i - \ln(1-\gamma) - \ln A_T - \gamma^z \ln Z}{\gamma} \tag{7-48}$$

$$\ln k_N = -\frac{\ln i - \ln(1-\delta) - \ln P_N - \ln A_N - \delta^z \ln Z}{\delta} \tag{7-49}$$

把(7-48)式和(7-49)式代入(7-47)式:

$$\begin{aligned}\ln P_N =\ &\ln\gamma - \ln\delta + \ln A_T - \ln A_N \\ &- (1-\gamma)\frac{\ln i - \ln(1-\gamma) - \ln A_T - \gamma^z \ln Z}{\gamma} \\ &+ (1-\delta)\frac{\ln i - \ln(1-\delta) - \ln P_N - \ln A_N - \delta \ln Z}{\delta} \\ &+ (\gamma^z - \delta^z)\ln Z = \Big[\ln\gamma - \ln\delta \\ &+ \frac{(1-\gamma)\ln(1-\gamma)}{\gamma}\ \frac{(1-\delta)\ln(1-\delta)}{\delta}\Big] \\ &+ \frac{1}{\gamma}\ln A_T\ \frac{1}{\delta}\ln A_N - (1-\gamma)\frac{\ln i}{\gamma} + (1-\delta)\frac{\ln i}{\delta} \\ &- (1-\delta)\frac{\ln P_N}{\delta} + \Big[\frac{\gamma^z}{\gamma}\ \frac{\delta^z}{\delta}\Big]\ln Z\end{aligned} \tag{7-50}$$

这样内部实际汇率:

$$\begin{aligned}\ln S_{dt} =\ &-\delta\Big[\ln\gamma - \ln\delta + \frac{(1-\gamma)\ln(1-\gamma)}{\gamma} - \frac{(1-\delta)\ln(1-\delta)}{\delta}\Big] \\ &- \frac{\delta}{\gamma}\ln A_T + \ln A_N + \Big[\frac{\delta(1-\gamma)}{\gamma} - (1-\delta)\Big]\ln i \\ &- \Big[\frac{\delta\gamma^z}{\gamma} - \delta^z\Big]\ln Z\end{aligned}$$

生产者最优化内部实际汇率受贸易品、非贸易品部门的劳动生产率,本国的利率水平和政府的投资支出的影响,假定国外有类似的形式,因此根据(7-35)式得到生产者最优化下的外部实际汇率:

$$\ln S_t = (1-\theta)\Big[-\Big(\frac{\delta}{\gamma}\ln A_T - \frac{\delta}{\gamma}\ln A_T^*\Big) + (\ln A_N - \ln A_N^*)\Big]$$

$$+\left[\frac{\delta(1-\gamma)}{\gamma}-(1-\delta)(\ln i-\ln i^*)\right]$$

$$-\left[\frac{\delta\gamma^z}{\gamma}-\delta^z\right](\ln Z-\ln Z^*)] \tag{7-51}$$

生产者最优化外部实际汇率受国外和本国贸易品、非贸易品部门的劳动生产率,国外和本国的利率水平和国外和本国政府的投资支出的影响。把 $\ln i_t$ 在 $\bar{i}$ 附近一阶泰勒展开①,因此外部实际汇率(7-51)式能够变为

$$\ln S_t = (1-\theta)\ln\frac{\frac{\delta}{\gamma}A_{Tt}^*/A_{Nt}^*}{\frac{\delta}{\gamma}A_{Tt}/A_{Nt}} - (1-\theta)\left[\frac{\delta(1-\gamma)}{\gamma}-(1-\delta)\right]$$

$$\frac{1}{\bar{i}}(i_t^*-i_t)+(1-\theta)\left[\frac{\delta}{\gamma}\gamma^z-\delta^z\right]\left(\ln\frac{Z^*}{Z}\right) \tag{7-52}$$

从(7-52)式是可以看出,生产者最优化外部实际汇率受国内外贸易品、非贸易品部门的劳动生产率之比相对变动,国内外利差和国内外政府投资支出之比的影响,并且:

$$\frac{\partial\ln S_t}{\partial\ln\frac{\frac{\delta}{\gamma}A_{Tt}^*/A_{Nt}^*}{\frac{\delta}{\gamma}A_{Tt}/A_{Nt}}}=(1-\theta)>0,$$ 国外与国内相对贸易品与非贸易品要素生产率之比上

升,实际汇率上升②; $\frac{\partial\ln S_t}{\partial(i_t^*-i_t)}=-(1-\theta)\left[\frac{\delta(1-\gamma)}{\gamma}-(1-\delta)\right]\frac{1}{\bar{i}}$,一般来说,非贸

易品部门的劳动力的比重要超过贸易品部门的劳动力比重 $\delta>\gamma$,因此 $\frac{\partial\ln S_t}{\partial(i_t^*-i_t)}<0$,

利差的上升会导致实际汇率上升; $\frac{\partial\ln S_t}{\partial\left(\ln\frac{Z^*}{Z}\right)}=(1-\theta)\left[\frac{\delta}{\gamma}\gamma^z-\delta^z\right]$,政府投资带来贸

易品部门的要素增长率通常要高于非贸易品部门的要素增长率,即 $\gamma^z>\delta^z$,所以

$\frac{\partial\ln S_t}{\partial\left(\ln\frac{Z^*}{Z}\right)}>0$,国外与国内相对政府投资上升,实际汇率上升。

---

① $\ln i_t = \ln\bar{i}+\frac{1}{\bar{i}}(i_t-\bar{i})$。

② 这本身就是巴拉萨-萨姆尔逊效应。

第 7 章 我国的汇率调控

从生产者最优化的角度来看,厂商的利润最大化,决定了利率水平和工资水平,而利率水平和工资水平体现了生产的成本,决定了产出的价格水平,如果成本高则价格水平高,如果成本低,则价格水平低。价格水平高,意味着非贸易品的价格高,内部实际汇率较低,相反价格水平低,意味着内部实际汇率高。如果本国的贸易品部门的要素生产率增长较快,则意味着产出增加,在要素成本投入不变的情况下,价格水平下降,本国内部实际汇率上升,外部实际汇率下降。反之,如果外国的贸易品部门的要素生产率增长较快,则意味着外国贸易品部门产出增加,在要素成本投入不变的情况下,外国价格水平上升,内部实际汇率下降,外部实际汇率上升。如果本国利率上升,意味着资本成本上升,在产出一定的情况下,本国价格水平会上升,贸易品和非贸易品价格水平上升,本国内部实际汇率上升,根据一价定律,国外的贸易品价格水平也上升,国外的内部实际汇率上升,但上升的幅度要小于本国内部实际汇率上升的幅度[①],外部实际汇率上升。如果外国利率上升,外国资本成本上升,外国价格水平会上升,外国贸易品和非贸易品价格水平上升,内部实际汇率上升,同样根据一价定律,本国的贸易品价格水平也上升,本国的内部实际汇率上升,但上升的幅度要小于外国内部实际汇率上升的幅度,外部实际汇率下降。如果本国的政府投资支出上升,本国的要素生产率也会上升,通常贸易品的要素生产率要高于非贸易品的要素生产率,因此产出增加,但是贸易品的价格下降要高于非贸易品的价格下降,因此内部实际汇率下降,外部实际汇率下降。同样,如果外国的政府投资支出上升,外国的要素生产率也会上升,通常贸易品的要素生产率要高于非贸易品的要素生产率,因此产出增加,但是贸易品的价格下降要高于非贸易品的价格下降,故而外国内部实际汇率下降,本国外部实际汇率上升。这些都体现了要素生产率、政府投资支出、利率等对生产者均衡实际汇率的影响。

7.5.3 经验研究

7.5.3.1 实证模型的设定

根据(7-42)式和(7-52)式,可得消费者和生产者双重均衡的实际汇率、均衡的利率水平:

$$\ln S_t = \frac{(\delta-\gamma)}{\bar{i}} \frac{(1-\theta)^2 F \times A}{1-\theta+\sigma\theta} + \left[(1-\theta) - (1-\theta)^2 \frac{(\delta-\gamma)}{\bar{i}} F\right]$$

$$\ln \frac{\frac{\delta}{\gamma} A_{Tt}^*/A_{Nt}^*}{\frac{\delta}{\gamma} A_{Tt}/A_{Nt}} \frac{(\delta-\gamma)}{\bar{i}} \frac{(1-\theta)^2 F\sigma}{1-\theta+\sigma\theta} \ln\left(\frac{c_{Nt}^*}{c_{Nt}}\right)$$

---

① 因为国外的非贸易品价格没有变动。

$$+\left[\frac{\delta(1-\gamma)}{\gamma}-(1-\delta)\right]\frac{1}{\bar{i}}\frac{(1-\theta^2)F\xi}{1-\theta+\sigma\theta}\ln\left(\frac{g_t^*}{g_t}\right)$$

$$-\left[(1-\theta)\left[\frac{\delta(1-\gamma)}{\gamma}-(1-\delta)\right]\frac{1}{\bar{i}}-1\right]$$

$$(1-\theta)\left[\frac{\delta}{\gamma}\gamma^z-\delta\right]\left(\ln\frac{Z^*}{Z}\right) \tag{7-53}$$

$$(i_t^*-i_t)=-\frac{(1-\theta)F\times A}{1-\theta+\sigma\theta}+(1-\theta)F\ln\frac{\frac{\delta}{\gamma}A_{Tt}^*/A_{Nt}^*}{\frac{\delta}{\gamma}A_{Tt}/A_{Nt}}$$

$$+\frac{(1-\theta)F\sigma}{1-\theta+\sigma\theta}\ln\left(\frac{c_{Nt}^*}{c_{Nt}}\right)-\frac{(1-\theta)F\xi}{1-\theta+\sigma\theta}$$

$$\ln\left(\frac{g_t^*}{g_t}\right)+(1-\theta)\left[\frac{\delta}{\gamma}\gamma^z-\delta^z\right]F\left(\ln\frac{Z^*}{Z}\right) \tag{7-54}$$

式中：$F=1/\left[-(1-\alpha)(1-\sigma)\frac{1}{\bar{i}(1+\bar{i})}\frac{(1-\theta)}{1-\theta+\sigma\theta}+(1-\theta)\left[\frac{\delta(1-\gamma)}{\gamma}-(1-\delta)\right]\frac{1}{\bar{i}}\right]>0$

这是模型的简化形式。在消费者和生产者双重最优化的条件下，以及消费者期内和跨期均衡条件下决定的实际汇率由(7-53)式决定。从模型的简化形式能够看出：(1) 如果巴拉萨-萨姆尔逊效应存在，意味着 $\dfrac{\partial\ln S_t}{\partial\ln\dfrac{\delta}{\gamma}A_{Tt}^*/A_{Nt}^*}=\left[(1-\theta)-(1-\theta)-(1-\theta)^2\left[\dfrac{\delta(1-\gamma)}{\gamma}-(1-\delta)\right]\dfrac{1}{\bar{i}}F\right]$ 大于0，国外和国内相对贸易品和非贸易品要素生产率之比上升，外部实际汇率上升；国外和国内相对贸易品和非贸易品要素生产率之比下降，外部实际汇率下降。因为国外和国内相对贸易品和非贸易品要素生产率主要影响生产者最优化下的实际均衡汇率，同时国外和国内相对贸易品和非贸易品要素生产率之比影响利率，而利率对消费者和生产者最优化的实际汇率都有影响，因此如果国外和国内相对贸易品和非贸易品要素生产率之比变动对实际汇率影响的综合效应为正，则巴拉萨-萨姆尔逊效应存在，国外和国内相对贸易品和非贸易品要素生产率上升，外部实际汇率上升。

(2) 消费效应，$\partial \ln S_t / \partial \ln \dfrac{c_{Nt}^*}{c_{Nt}} = -\left[\dfrac{\delta(1-\gamma)}{\gamma} - (1-\delta)\right] \dfrac{1}{i} \dfrac{(1-\theta)^2 F\sigma}{1-\theta+\sigma\theta} < 0$，国外和国内相对非贸易品消费支出之比上升，外部实际汇率下降；国外和国内相对非贸易品支出之比下降，外部实际汇率上升。因为国外和国内相对非贸易品消费支出对期内实际均衡汇率的影响为负，同样国外和国内相对非贸易品支出之比影响利率，而利率对消费者和生产者最优化的实际汇率都有影响，最终国外和国内相对非贸易品支出之比变动对实际汇率影响的综合效应为负，因此国外和国内相对非贸易品消费支出之比上升，外部实际汇率下降。

(3) 政府消费支出效应，$\partial \ln S_t / \partial \ln \left(\dfrac{g_t^*}{g_t}\right) = \left[\dfrac{\delta(1-\gamma)}{\gamma} - (1-\delta)\right] \dfrac{1}{i} \dfrac{(1-\theta)^2 F\xi}{1-\theta+\sigma\theta}$，国外和国内相对政府消费支出之比上升，在 $\delta > \gamma$ 的条件下，实际汇率上升；国外和国内相对政府消费支出之比下降，实际汇率下降。因为国外和国内相对政府消费支出影响消费者跨期的实际均衡汇率，并且对跨期实际均衡汇率影响为正，同时国外和国内相对政府消费支出之比影响利率，而利率对消费者和生产者最优化的实际汇率都有影响，在 $\delta > \gamma$ 的条件下，国外和国内相对政府消费支出之比变动对实际汇率影响的综合效应为正，因此国外和国内相对政府消费支出上升，外部实际均衡汇率上升。(4) 政府投资支出效应，$\partial \ln S_t / \partial \ln \left(\dfrac{Z_t^*}{Z_t}\right) = -\left[(1-\theta)\left[\dfrac{\delta(1-\gamma)}{\gamma} - (1-\delta)\right]\dfrac{1}{i} - 1\right](1-\theta)\left[\dfrac{\delta}{\gamma}\gamma^z - \delta^z\right]$，在 $\delta > \gamma, \gamma^z > \delta^z$ 的条件下，国外和国内政府投资支出之比下降，实际汇率上升。因为国外和国内相对政府投资支出之比影响生产者最优化的实际均衡汇率，并且对生产者最优化的实际均衡汇率影响为正，同时国外和国内相对政府投资支出之比也影响利率，而利率对消费者和生产者最优化的实际汇率有影响，如果国外和国内相对政府投资支出之比变动对实际汇率影响的综合效应为正，则国外和国内相对政府投资支出上升，外部实际均衡汇率上升。

图 7-22 描述了消费者和生产者双重均衡条件下的实际汇率决定。(1) 左边象限反映的是消费者期内和跨期均衡决定的实际汇率，纵轴是实际汇率，横轴是相对消费。Intra 曲线表示消费者期内的最优均衡，Inter 曲线表示消费者跨期的最优均衡。A 点表示期内和跨期的双重均衡。(2) 右边象限是生产者和消费者最优化决定的实际汇率水平，纵轴是实际汇率，横轴是相对利率水平。prod 曲线表示生产者的最优均衡，Inter 曲线表示消费者最优均衡。A 点表示生产者和消费者的双重均衡。如果国内外政府消费支出之比上升，Inter 曲线左移，均衡点由 A 点移到 B 点，外部实际汇率上升，国内外消费之比上升（见 7-22），利差水平上升，在右边象限（见 7-22），inter 曲线右移，同时利差水平上升，prod 曲线右移，实际汇率达到均衡 B。

如果国内外政府投资支出之比上升，在右边象限，prod 曲线右移，均衡点由 A 点移

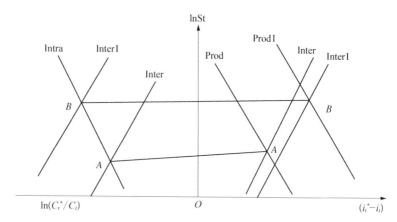

图 7-22 实际汇率的期内和跨期均衡

到 B 点,外部实际汇率上升,利差上升,跨期均衡的实际汇率上升(见 7-23),在左边象限,inter 曲线左移,国内外消费之比上升,intra 右移,实际汇率上升,最终达到均衡(见 7-23)。

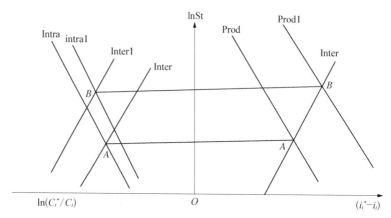

图 7-23 政府支出上升和实际汇率的期内和跨期均衡

类似可以分析国外和国内相对贸易品和非贸易品要素生产率之比,国内非贸易品消费和国外非贸易品消费之比变化对均衡实际汇率变动的影响。

根据上述分析,政府支出的分解和消费者、生产者最优化相结合共同决定了均衡的实际汇率,其中消费者既满足跨期最优化,同时也满足期内最优化。政府消费支出影响消费者效用最优化,政府投资支出影响生产者最优化,政府消费支出和政府投资支出对系统均衡的影响方向还取决于相关参数。

第7章 我国的汇率调控

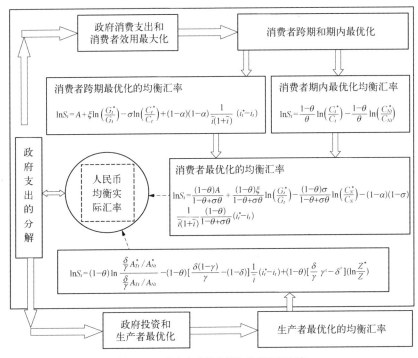

图 7-24 政府支出的分解和均衡实际汇率

从图7-24可以看出,消费者和生产者均衡,消费者跨期和期内均衡共同影响和决定实际均衡汇率,我国宏观经济的最终目标,要满足人们日益增长物质文化需要,因此消费者效用最优化是提高消费者的福利水平,同时在市场机制的作用下,消费者会追求效用最大化,生产者会追求利润最大化,这一点更加符合现实经济的特点。

进一步通过实证研究来考察政府支出、消费等对人民币均衡实际汇率的影响。数据区间:1995年第1季度至2013年第4季度。数据来源:实际汇率、消费、政府支出和对非贸易品的消费等月度数据均来自CEIC数据库。由于季度数据有季节性特点,我们对消费、政府消费、投资支出和非贸易品消费等采取X11的季节调整方法进行调整。表7-19给出了主要变量的描述性统计,分别概括了实际汇率、人均政府支出、人均消费、人均非贸易品消费等的均值、标准差等统计特征。

7.5.3.2 单位根检验和联立性检验

首先对序列进行单位根检验,除了ADF检验,还进行PP检验,通常PP检验对异常点的影响并不敏感,表现出较强的稳健性(赵进文,2010)。因此考虑到异常值对单位根检验

表7-19 给出了主要变量的描述性统计

变　　量	样本数	均　　值	中位数	标准差	斜　　度	峰　　度	最大值	最小值
实际汇率(元/美元)(S_t)	76	7.514 747	7.557 655	0.826 590	−0.339 600	1.952 916	8.747 623	5.862 239
美国货币市场利率(%)	76	3.592 961	3.514 000	2.170 847	0.003 029	1.427 391	7.172 000	0.595 000
中国一年期存款利率(%)	76	3.713 421	2.520 000	2.510 308	1.880 054	5.471 803	10.980 00	1.980 000
中美贸易品与非贸易品要素生产率比例之比	76	0.570 293	0.605 402	0.094 143	−0.959 586	2.847 382	0.726 689	0.359 394
人均消费之比	76	18.679 86	20.309 86	86.669 34	−0.214 113	1.650 474	34.699 31	51.526 40
人均非贸易消费之比	76	4.945 690	4.927 082	2.635 153	0.200 677	1.883 244	10.470 71	1.276 660
人均政府消费支出之比	76	10.741 29	11.397 95	5.033 127	0.167 180	2.041 239	21.389 48	3.095 664
人均政府投资支出之比	76	5.382 524	4.198 236	3.898 687	0.196 986	1.503 327	12.434 90	0.469 983 5

数据来源：CEIC数据库。

的影响,进行 PP 单位根检验,避免产生"伪回归"问题。本节采用 Eviews9.0 软件进行检验,单位根检验的结果(见表 7-20)如下。

表 7-20 单位根检验结果

序 列	ADF 单位根检验			PP 单位根检验		
	检验形式	ADF 检验值	P 值	检验形式	ADF 检验值	P 值
$\ln S$	(c, 0, 8)	−0.563 229	0.871 5	(c, 0, 6)	0.254 235	0.974 3
$d\ln S$	(0, 0, 1)	−2.553 805	0.011 2	(0, 0, 5)	−3.791 841	0.000 2
$(i_t^* - i_t)$	(c, 0, 2)	−2.578 291	0.102 1	(c, 0, 4)	−1.882 094	0.338 9
$d(i_t^* - i_t)$	(0, 0, 0)	−6.252 941	0.000 0	(0, 0, 2)	−6.262 257	0.000 0
$\ln \dfrac{A_{Tt}^*/A_{Nt}^*}{A_{Tt}/A_{Nt}}$ ①	(c, t, 0)	−1.557 367	0.800 0	(c, t, 4)	−1.617 750	0.778 3
$d\ln \dfrac{A_{Tt}^*/A_{Nt}^*}{A_{Tt}/A_{Nt}}$	(c, 0, 0)	−8.009 171	0.000 0	(c, 0, 4)	−8.224 045	0.000 0
$\ln \dfrac{c_{Nt}^*}{c_{Nt}}$	(c, t, 2)	−1.683 261	0.748 4	(c, t, 5)	−0.872 398	0.953 1
$d\ln \dfrac{c_{Nt}^*}{c_{Nt}}$	(c, 0, 1)	−2.694 991	0.080 0	(c, 0, 5)	−5.572 583	0.000 0
$\ln \dfrac{g_t^*}{g_t}$	(c, t, 0)	0.324 381	0.998 4	(c, t, 5)	−0.294 249	0.989 4
$d\ln \dfrac{g_t^*}{g_t}$	(c, 0, 1)	−3.308 854	0.018 2	(c, 0, 4)	−5.842 099	0.000 0
$\ln \dfrac{Z_t^*}{Z_t}$	(c, t, 0)	−1.362 364	0.863 7	(c, t, 2)	−1.372 976	0.860 7
$d\ln \dfrac{Z_t^*}{Z_t}$	(c, t, 0)	−9.255 730	0.000 0	(c, t, 3)	−9.210 757	0.000 0

注:(c, t, m)表示单位根检验方程中是否含有常数项、趋势项和滞后阶数(或 Newey-West 带宽)。ADF 检验的最优滞后阶数根据 AIC 信息准则选择,带宽根据 NW Bartlett Kernel 选择。

---

① 在 δ,γ 比较接近的情况下,$\ln \dfrac{\dfrac{\delta}{\gamma}A_{Tt}^*/A_{Nt}^*}{\dfrac{\delta}{\gamma}A_{Tt}/A_{Nt}} = \ln \dfrac{A_{Tt}^*/A_{Nt}^*}{A_{Tt}/A_{Nt}}$。

从检验结果来看,实际汇率和国内外消费之比是非平稳序列,国内外政府支出之比是非平稳序列,国内外非贸易品消费之比也是非平稳序列,所有变量的一阶差分序列都是平稳序列。

为了考察变量之间的影响关系,将利用工具变量,采取两阶段最小二乘法来估计结构模型参数。首先检验方程的联立性,联立性检验的实质是检验内生变量与误差项是否相关。如果是,就存在联立性;如果不是,就没有联立性。本书采取豪斯曼检验(Hausman)来进行联立性检验①。下面对因变量进行 Hausman 检验,结果如下(见表 7-21)。

表 7-21 联立性的 Hausman 检验

参 数	$\ln S_t$			参 数	估计值	T 值	P 值
	估计值	T 值	P 值				
C	-1.361 438	-7.181 130	0.000 0	$\ln \dfrac{g_t^*}{g_t}$	1.391 811	14.897 13	0.000 0
$\ln \dfrac{c_{Nt}^*}{c_{Nt}}$	-1.222 760	-13.898 77	0.000 0	v_t	-0.045 750	-14.036 27	0.000 0
$(i_t^* - i_t)$	0.045 696	21.894 66	0.000 0				
R^2	0.923 580	adj-R^2	0.919 085	S.E	0.029 752	F 统计量	205.454 4
参 数	$\ln S_t$			参 数	估计值	T 值	P 值
	估计值	T 值	P 值				
C	1.151 415	16.288 13	0.000 0	$\ln \dfrac{Z_t^*}{Z_t}$	0.178 814	10.958 65	0.000 0
$\ln \dfrac{A_{Tt}^*/A_{Nt}^*}{A_{Tt}/A_{Nt}}$	0.825 855	8.309 280	0.000 0	u_t	0.020 679	2.729 500	0.008 1
$(i_t^* - i_t)$	-0.020 732	-3.101 753	0.002 8				
R^2	0.844 909	adj-R^2	0.835 786	S.E	0.042 384	F 统计量	92.613 31

注:*(**,***)分别表示在 1%(5%,10%)的水平下显著。

从 Hausman 检验的结果来看,U_t,V_t 的系数都显著不为 0,因此 $\ln S_t$ 和 $(i_t^* - i_t)$ 是

---

① 豪斯曼检验(Hausman)的基本步骤为:第一步:用 OLS 方法求内生变量 $(i_t^* - i_t)$ 与外生变量的回归,得到回归误差 V_t;第二步:代入原结构性方程用 OLS 方法做另外一个内生变量 $\ln S_t$ 关于内生变量的拟合值和残差值的回归。若 V_t 的系数在统计上为零,则不存在联立性问题;若 V_t 的系数在统计上不为零,则存在联立性问题。

相互依赖的,联立性成立。联立方程组每个方程都有两个内生变量,二个外生变量,结构性方程都是过度识别的,因此本书采用两阶段最小二乘法来估计。

7.5.3.3 实证结果及分析

下面对联立方程组进行估计,首先是对简化方程的估计,根据期内和跨期双重均衡,以及生产者最优化的均衡方程,可以构建简化方程计量模型。简化方程的估计结果如下(见表7-22)。

表7-22 简化方程的估计

$$\ln S_t = \eta_0 + \eta_1 \frac{\ln A_{Tt}^*/A_{Nt}^*}{\ln A_{Tt}/A_{Nt}} + \eta_2 \ln \frac{c_{Nt}^*}{c_{Nt}} + \eta_3 \ln \frac{g_t^*}{g_t} + \eta_4 \ln \frac{Z_t^*}{Z_t} + \varepsilon_t$$

参 数	估计值	T 值	P 值	参 数	估计值	T 值	P 值
η_0	-1.583 705	-6.602 241	0.000 0	η_3	0.721 450	9.075 079	0.000 0
η_1	0.667 484	22.632 70	0.000 0	η_4	-0.099 290	-3.241 757	0.001 8
η_2	-0.216 047	-2.511 481	0.014 4				
R^2	0.930 748	adj-R^2	0.926 675	S.E	0.028 322	F 统计量	228.481 0
SSR	0.054 545	DW	0.475 545	AIC	-4.224 334	SC	-4.067 453

$$i_t^* - i_t = \mu_0 + \mu_1 \frac{\ln A_{Tt}^*/A_{Nt}^*}{\ln A_{Tt}/A_{Nt}} + \mu_2 \ln \frac{c_{Nt}^*}{c_{Nt}} + \mu_3 \ln \frac{g_t^*}{g_t} + \mu_4 \ln \frac{Z_t^*}{Z_t} + \varepsilon_t$$

参 数	估计值	T 值	P 值	参 数	估计值	T 值	P 值
μ_0	16.275 31	1.345 702	0.182 9	μ_3	-14.299 45	-3.567 517	0.000 7
μ_1	13.323 53	8.960 190	0.000 0	μ_4	1.801 456	1.166 541	0.247 5
μ_2	12.902 25	2.974 743	0.004 1				
R^2	0.666 716	adj-R^2	0.647 112	S.E	1.427 968	F 统计量	34.007 62
SSR	138.658 3	DW	0.232 705	AIC	3.616 316	SC	3.773 297

注:*(**,***)分别表示在1%(5%,10%)的水平下显著。

简化方程的实证结果显示,国内外政府消费支出之比对实际汇率的影响为正,意味着$\xi>0$,国内外政府支出之比上升,外部实际汇率上升。国内外非贸易品消费之比对实际汇率的影响为负,符合理论分析。国内外政府投资支出之比上升,外部实际汇率下降。国外和国内相对贸易品和非贸易品要素生产率的上升,外部实际汇率上升,符号也符合预期。由于模型是过度识别的,简化方程的参数估计不能够得出结构方程的参数,因此必须利用工具变量估计结构方程,工具变量记为:$IV(i_t^* - i_t)$,由于误差项可能存在自相关和异方差,估计系数的标准差可能是无效的,因此采用 Newey-West(1987)的异方差自相关一致协方差估计方法。结构方程(7-42)、(7-52)的的参数估计见表 7-23。

表 7-23 结构方程的估计

$$\ln S_t = \beta_0 + \beta_1 IV(i_t^* - i_t) + \beta_2 \ln \frac{c_{Nt}^*}{c_{Nt}} + \beta_3 \ln \frac{g_t^*}{g_t} + v_t$$

参数	估计值	T 值	P 值	参数	估计值	T 值	P 值
β_0	-1.305 871	-5.940 214	0.000 0	β_2	-1.094 820	-11.692 84	0.000 0
β_1	0.044 211	18.364 00	0.000 0	β_3	1.360 298	12.560 67	0.000 0
R^2	0.895 515	$adj-R^2$	0.890 972	S.E	0.034 535	Loglikelihood	144.175 8

$$\ln S_t = \phi_0 + \phi_1 IV(i_t^* - i_t) + \phi_2 \ln \frac{A_{Tt}^*/A_{Nt}^*}{A^{Tt}/A^{Nt}} + \phi_3 \ln \frac{Z_t^*}{Z_t} + v_t$$

参数	估计值	T 值	P 值	参数	估计值	T 值	P 值
ϕ_0	0.741 901	7.806 627	0.000 0	ϕ_2	1.189 940	10.276 64	0.000 0
ϕ_1	-0.047 760	-3.124 472	0.002 6	ϕ_3	0.239 783	12.431 13	0.000 0
R^2	0.858 971	$adj-R^2$	0.852 839	S.E	0.040 123	Loglikelihood	133.228 8

注: *(**,***)分别表示在 1%(5%,10%)的水平下显著。

从消费者最优化方程的估计可以看出,国内外非贸易品消费支出之比与实际汇率反向变化,这一结论和 Balvers, Ronald 以及 Jeffry Bergstrand(2002)的结论是相同的。国内外政府消费支出之比上升,外部实际汇率上升。国内外利差上升,外部均衡实际汇率上升。从生产者最优化方程的估计可以看出,国外和国内相对贸易品和非贸易品要素生产率的上升,实际均衡汇率上升。国内外政府投资支出之比上升,外部实际汇率上升。国内外利差上升,外部均衡实际汇率下降,这与消费者最优化的情形相反。实证结果与理论分析也完全一致。

从上述分析的实证结果能够看出,在生产者和消费者双重最优化的条件下,国内政府消费支出的上升,本国货币实际升值;国内政府投资支出的上升,本国货币实际贬值,这与的 Galstyan Vahagn 和 Philip R. Lane(2009)分析结论也是类似的。但是,从我们的研究还可以看出,在消费者期内和跨期均衡最优化条件下,国内政府消费支出上升,本国货币实际升值;在生产者生产最优化的条件下,国内政府投资支出的上升,本国货币也实际升值。实际上,国内政府消费支出的上升对实际汇率的最终影响不仅要考虑消费者效用最优化,还要考虑生产者行为最优化,也就是说,还要考虑政府消费支出对利率水平的影响。本国政府消费支出对利率水平的影响为正,而在生产者最优化的条件下,本国利率对实际汇率的影响为正,在消费者最优化的条件下,本国利率对实际汇率的影响为负,利率对均衡实际汇率的最终影响取决于这两者的相对大小。因此,政府消费支出对均衡实际汇率影响有两种效应:一是在消费者效用最大化下对实际汇率的影响;二是通过对利率的影响,进一步影响消费者和生产者最优化,进而导致的实际汇率的变动,而最终的影响结果取决于这几种效应的叠加。类似地,可以看出政府投资支出对均衡实际汇率的影响。

从要素生产率对实际汇率的影响来看,在消费者和生产者双重最优化的条件下,本国要素生产率的上升会导致本国货币实际升值,结果与 Asea 和 Mendoza(1994)的结论相同,巴拉萨-萨姆尔逊效应是存在的。在生产者最优化的条件下,本国要素生产率的上升会导致本国货币实际升值,而本国要素生产率对实际汇率的最终影响也取决于要素生产率对利率的影响,本国要素生产率对利率的影响为负。在生产者最优化的条件下,本国利率对实际汇率的影响为正,在消费者最优化的条件下,本国利率对实际汇率的影响为负,利率对均衡实际汇率的最终影响取决于这两者的相对大小。因此类似地,本国要素生产率对均衡实际汇率影响取决于在生产者最优化下对实际汇率的影响,以及对利率的影响,进而导致消费者、生产者最优化下实际汇率的变动,最终的影响结果取决于这几种影响的叠加。

7.5.3.4 模型的稳健性检验

为了评估模型估计的稳健性,对该模型的估计进行稳健性检验,采取三阶段最小二乘法进行稳健性检验。把模型中的所有外生变量作为工具变量,从而得到内生变量的拟合值,将原模型的内生变量用第一步得到的拟合值代替,进行 OLS 回归,再通过 GLS 方法对转换后的联立方程组进行估计得到相应的估计系数。3SLS 是系统估计方法,结构方程组每一个方程的最终估计结果如下:

$$\ln S_t = -1.423\,732 + 0.044\,389(i_t^* - i_t) - 1.128\,044\ln\frac{c_{Nt}^*}{c_{Nt}} + 1.403\,424\ln\frac{g_t^*}{g_t}$$

$(-3.295\,044)$ $(9.367\,073)$ $(-6.124\,480)$ $(6.588\,815)$

$n = 73$, $a - R^2 = -0.549\,421$ S.E $= 0.070\,207$ DW $= 0.287\,718$ SSR $= 0.340\,101$

从跨期的均衡方程可以看出,非贸易品消费水平之比变化对实际产出的变动影响显著,符号为负,利差对实际汇率的影响为正,和预期符号一致。政府消费支出之比对实际汇率的影响为正,并且显著。

$$\ln S_t = 0.794\,825 - 0.044\,738(i_t^* - i_t) + 1.148\,737\ln\frac{A_{Tt}^*/A_{Nt}^*}{A_{Tt}/A_{Nt}} + 0.230\,427\ln\frac{Z_t^*}{Z_t}$$

$$(4.308\,026) \quad (-2.927\,902) \quad (5.104\,414) \quad (6.150\,578)$$

$$n = 73, \quad a - R^2 = -0.462\,798 \quad \text{S.E} = 0.076\,659 \quad DW = 0.238\,278 \quad SSR = 0.405\,484$$

从生产者最优均衡实际汇率来看,贸易品与非贸易品要素生产率之比对实际汇率的影响为正,利差对实际汇率的影响为负,符号符合预期,政府投资支出之比对实际汇率的影响为正,和前面分析一致。

从上面的稳健性检验可以看出,生产者和消费者均衡的方程估计的结果都是稳健的。作为一个理性的消费者,获得期内效用的最大化,需要在贸易品消费和非贸易品消费之间进行选择,消费者的期内选择是最优的。从跨期均衡的消费来看,消费均衡需要在不同的期间达到最优,其中一个重要的影响因素是政府消费支出的影响,政府消费支出对均衡实际汇率的影响为正。从生产者最优化的角度来看,生产者利润最大化取决于生产要素投入的成本,要素生产率的上升,生产要素的成本相对下降,政府投资支出的上升有利于提高要素生产率,也会促使生产成本的下降和非贸易品价格会下降,内部实际汇率上升。利差变动对生产者最优化均衡实际汇率的影响也是通过要素投入成本起作用的,如果利率上升,资本要素投入成本上升,价格水平会上升,非贸易品价格水平上升,内部实际汇率下降。模型的稳健性结果表明消费者最优化和生产者最优化共同决定了人民币均衡实际汇率水平,这一点与传统的均衡实际汇率(FEER,BEER)等理论基础是不同的。

7.5.4 人民币双重实际均衡汇率和汇率失调的分析

从前面的分析可以看出,影响人民币均衡实际汇率的因素较多,从消费者均衡的角度来看,包括居民消费需求、政府的消费支出和利率等;从生产者的角度来看,主要有要素生产率、政府投资支出和利率等,而从一般均衡的角度分析,需求因素和供给因素共同导致人民币实际汇率的变动。供给因素有要素生产率,政府投资支出,这里的政府投资支出也主要是通过提高要素生产率供给层面而影响实际汇率的;需求因素主要有私人消费和政府消费等。从消费者均衡角度,利率对实际汇率的影响为正;从生产者角度,利率对实际汇率的影响为负,利率对实际汇率影响的方向相反。

在消费者和生产者双重优化的条件下,均衡的实际汇率为:$\ln S_t = \eta_0 + \eta_0 \frac{\ln A_{Tt}/A_{Nt}}{\ln A_{Tt}^*/A_{Nt}^*} + \eta_2 \ln\frac{c_{Nt}^*}{c_{Nt}} + \eta_3 \ln\frac{g_t^*}{g_t} + \eta_4 \ln\frac{Z_t^*}{Z_t} + \varepsilon_t$,要素生产率之比对均衡实际汇率的

影响为正,非贸易品消费之比对均衡实际汇率的影响为负,政府消费之比对实际汇率的影响为正,政府投资之比对均衡实际汇率的影响为负。根据双重最优化的人民币均衡实际汇率,可以考虑到人民币汇率的失调(黄昌利,2010;唐亚晖,陈守东,2010;秦朵,何新华,2010;胡再勇,2008),本书把影响人民币汇率的因素当前值和长期均衡值代入回归方程,可以测算当前人民币汇率的失衡和长期失衡,当前的人民币汇率和均衡的实际汇率的失调①如图7-25所示。

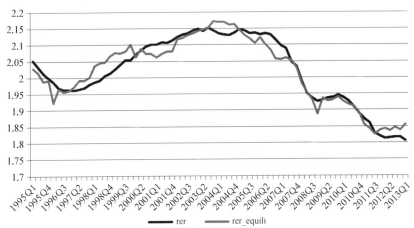

图7-25 当前人民币实际汇率(对数形式)和均衡实际汇率的比较

注:rer为当前的实际汇率;rer_equili为均衡的实际汇率。

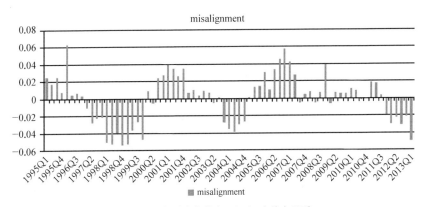

图7-26 相对均衡的实际汇率,当前人民币实际汇率(对数形式)的失调

---

① 实际汇率失调大于现实的实际汇率减去均衡的实际汇率。

从图 7-26 可以看出，从 1995 年第 1 季度至 1996 年第 4 季度，人民币实际汇率低估；从 1997 年第 1 季度至 1999 年第 4 季度，人民币实际汇率高估，这可能与 1997 年东南亚金融危机有关，人民币坚持不贬值，人民币贬值压力较大；从 2000 年第 1 季度至 2003 年第 1 季度，人民币实际汇率低估；从 2003 年第 2 季度至 2004 年第 4 季度，人民币实际汇率高估；从 2005 年第 1 季度至 2011 年第 3 季度，人民币实际汇率基本上都是低估，这可能与 2008 年国际金融危机有关，国外经济状况恶化，资本内流，人民币升值压力大；从 2011 年第 4 季度至 2013 年第 1 季度，人民币实际汇率高估。这也反映了我国实际汇率变动的特点。

关于长期均衡实际汇率的失调，首先要确定长期均衡实际汇率，本书采取 hp 滤波方法确定基本经济变量的长期均衡值，然后根据双重均衡的实际汇率方程，确定长期均衡的实际汇率，最后和当期的实际汇率比较，可以看出长期均衡汇率失调，见图 7-27。

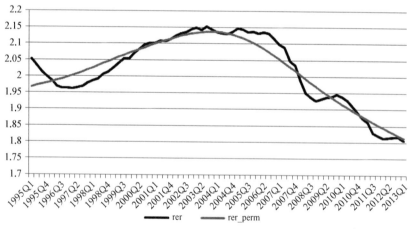

图 7-27 当前人民币实际汇率（对数形式）和长期均衡实际汇率的比较

注：rer_perm 为长期均衡的实际汇率。

从图 7-28 长期均衡失调可以看出，从 1995 年第 1 季度至 1996 年第 1 季度，人民币实际汇率低估；从 1996 年第 2 季度至 2000 年第 1 季度，人民币实际汇率高估；从 2000 年第 2 季度至 2003 年第 4 季度，人民币实际汇率低估；从 2004 年第 1 季度至 2004 年第 3 季度，人民币实际汇率高估；从 2004 年第 4 季度至 2007 年第 4 季度，人民币实际汇率基本上都是低估；从 2008 年第 1 季度至 2009 年第 2 季度，人民币实际汇率高估；从 2009 年第 3 季度至 2010 年第 4 季度，人民币实际汇率基本上都是低估；从 2011 年第 1 季度至 2013 年第 2 季度，人民币实际汇率高估。

从上面均衡实际汇率失调的分析来看，人民币均衡实际汇率失调交替出现，说明人民

第7章 我国的汇率调控

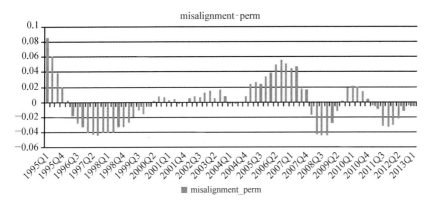

图7-28 相对长期均衡实际汇率,当前人民币
实际汇率(对数形式)的长期失调

币实际汇率的变动是围绕均衡汇率水平上下波动的,人民币实际汇率的变动是对生产者和消费者双重最优化的反映,人民币实际汇率变动要受消费者和生产者最优行为的牵引,有自我修正的能力。从人民币长期均衡实际汇率变动的趋势来看,人民币实际汇率在2003年之前有贬值趋势,2003年以后是保持升值趋势的,说明在2003年以前,消费者和生产者最优化行为中促使人民币实际汇率贬值的因素起主导作用;而2003年以后,促使人民币实际汇率升值的因素起主导作用。

7.5.5 结论

通过构建实际汇率的微观机制跨时最优化模型考察了均衡实际汇率的变动机制。我们首先确定了消费者实际汇率的最优化;其次构建了生产者的最优化;最后在双重最优化下确立了实际汇率的跨时均衡模型。

研究结果表明,本国的内部实际汇率和外部实际汇率的变动是典型代理人的效用最大化和生产者利润最大化的条件所决定的。如果从跨期的角度来看,每期的内部实际汇率是典型代理人的跨期效用最大化所决定的,它受每期典型代理人的消费水平、政府消费水平和利率水平的影响,这样的消费数量多少分配在贸易品和非贸易品上,是由期间内典型代理人贸易品和非贸易品消费效用最大化决定的。而从生产者行为的角度来看,内部实际汇率受贸易品与非贸易品要素生产率之比、政府投资支出水平和利率水平等的影响。

从结构方程的消费者最优化可以看出,国内外非贸易品消费支出之比与实际汇率反向变化,政府消费支出和实际汇率正向变化,利差对实际汇率影响为正。从生产者均衡的角度来看,国内外贸易品与非贸易品要素生产率之比上升,外部实际汇率上升;政府投资支出之比上升,外部实际汇率上升;国内外利差上升,实际汇率下降。本章简化方程的理论显示了消费者和生产者双重均衡的结果,国内外财政消费支出之比对实际汇率的影响为正,国内外非贸易品消费之比对实际汇率的影响为负。同时,国内外贸易品与非贸易品要素生产率之比对实际汇率的影响为正,国内外政府投资支出之比对实际汇率的影响为负。从简化方程和结构方程的实证研究能够看出,符号符合预期,实证分析的结果验证了模型的结论。

从模型的稳健性检验可以看出,消费者均衡的方程估计的结果是稳健的,生产者均衡方程估计的结果也是稳健的,模型的稳健性结果表明消费者最优化和生产者最优化共同决定了人民币实际均衡汇率水平。

最后,对实际汇率的失调进行了探讨,研究结果显示相对于均衡实际汇率,人民币实际汇率有些季度高估,有些季度低估;同样,相对长期均衡实际汇率,也是如此。人民币实际汇率的变动是围绕均衡汇率水平上下波动的,人民币实际汇率有较强自我稳定机制,反映了人民币实际汇率基本处于均衡状态。人民币长期均衡汇率变动在 2003 年之前有贬值趋势,2003 年以后是保持升值趋势的,也反映了消费者和生产者的最优化行为。

第8章

我国货币政策调控面临的挑战

8.1 我国货币政策的调整

改革开放以来,我国经济保持了持续的高速增长,也经历了通货膨胀和通货紧缩的考验(见图8-1),期间还遭遇到几次国际金融危机的冲击,但是我国采取适当的宏观经济政策,成功抵御了国际宏观经济变化和外部冲击,保持国内经济的持续增长。

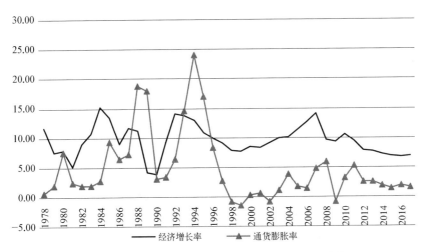

图8-1 中国的经济增长率和通货膨胀率(1978—2016年)

实际上,每年年底,中央都要召开经济工作会议,根据当年宏观经济形势的变化,确定明年宏观经济政策的基调,为宏观经济调控确定指导方向。

表8-1是我国历年的宏观经济政策。1978—1988年严格控制货币发行量,确保财政收支和信贷收支基本平衡;1988—1992年实行紧缩的财政政策和紧缩的货币政策;1993—1997年采取适度从紧的财政政策和适度从紧的货币政策;1998—2004年采取积极的财政政策和稳健的货币政策;2004—2008年实行稳健的财政政策和稳健的货币政策。2008—2009年为了应对国际金融危机,采取适度宽松的货币政策和积极的财政政策。2010—2018年后危机时代我国采取积极的财政政策和稳健的货币政策。

表 8-1 历年的宏观经济政策

年　份	宏观经济政策
1978—1981	行政和计划手段对经济进行整顿
1985—1986	紧的财政政策和紧的货币政策
1989—1990	紧缩的财政政策和紧缩的货币政策
1993—1997	适度从紧的财政政策和适度从紧的货币政策
1998—2003	积极的财政政策和稳健的货币政策
2004—2007	稳健的财政政策和稳健的货币政策
2008—2009	积极的财政政策和适度宽松的货币政策
2010—2018	积极的财政政策和稳健的货币政策

资料来源：www.pbc.gov.cn。

8.1.1　改革开放初始的行政计划手段

1978年我国实行改革开放政策，以经济建设为中心，社会主义现代化建设热情高涨，投资规模大幅度增加，1979和1980年消费品价格出现明显上涨，财政和外贸出现赤字，这也是我国第一轮经济过热。1979年中央对国民经济进行调整，实行新八字方针，即"调整、改革、整顿、提高"，但是投资没有得到有效控制，财政赤字增加，货币也发行较多。1980年12月中央决定1981年对国民经济进行大的调整，这也是改革开放的第一次宏观调控。这次调控实际上是行政计划手段对宏观经济进行整顿，搞好综合平衡，正确处理积累和消费的比例关系，控制新项目上马，加强物价管理。对企业实行利改税，把国营企业向国家上交利润改为缴纳税金，税后利润全部留归企业，调动了企业和地方政府的积极性。压缩基建规模，控制投资，压缩各项开支，控制消费需求。财政体制改革，实行"分灶吃饭"，促进各级政府实现收支平衡。这次宏观调控很好地抑制了总需求和通货膨胀，1982—1984年也实现了高增长、低通胀。

8.1.2　中国人民银行成立后的宏观经济政策

1984年10月，中共十二届三中全会通过了《中共中央关于经济体制改革的决定》，建立社会主义商品经济。中国的改革开放继续推进，中国的农村改革向城市推进。1984年1月1日起，中国人民银行开始专门行使中央银行的职能，实施全国的宏观金融决策。1984年中国决定把预算内基本建设投资由财政拨款改为银行贷款，并把部分投资项目的审批权下放,即"拨改贷"。银行贷款增加,货币发行过多,基建规模不断扩大,总需求膨胀,出现了高增长、高通胀的经济过热现象。为了抑制高通胀,中央要求严格控制财政支出和控制信贷规模投放,控制总需求的过快上涨。实际上 1985 年中央实行紧的货币政策和紧的财政政策,经济过热的现象得到一定的控制,但是由于 1986 年是"七五"计划的第一年,经济回落引发人们对经济前景的担忧,因此投资和消费增速过快的问题并没有得到有效控制。

1987 和 1988 年投资和消费的不断扩张,经济中出现的不协调、不平衡问题不断凸显出来,1988—1989 年出现了第三次较大的通货膨胀,特别是 1988 年大类商品出现供不应求,甚至出现全国性的商品抢购风潮。1988 年 8 月,中共通过了《关于价格、工资改革的初步方案》,绝大多数商品价格完全放开,由市场调节,物价大幅度上升。不仅出现抢购风潮,而且还出现挤兑风潮,当时银行 1 年期的存款利率是 7.2%,而物价指数上涨的更快,1988 年的通货膨胀率是 18.8%,银行利率和物价指数倒挂,实际利率为负,银行存款大幅度下降。在这样的宏观经济背景下,中央开始治理整顿,抑制总需求,控制物价上涨,这是第三次宏观调控。1989 年 11 月中共十三届五中全会通过《中共中央关于进一步治理整顿和深化改革的决定》,进一步提出用 3 年或者更长时间基本完成治理整顿任务。主要措施包括提高银行利率、控制信贷;压缩基建规模;宏观调控政策中坚持执行紧缩信贷的方针和紧缩的财政政策,带有很强的行政色彩,有效地控制了经济过热的情况,经济增长和物价指数迅速下滑,导致了经济的"硬着陆"。

8.1.3 邓小平南方谈话后的宏观经济政策

1992 年邓小平同志南方谈话,掀起了改革开放的高潮,投资、消费、外商直接投资大幅度上升,经济增长和物价也上涨较快,但经济又面临新一轮的过热。1993 年 6 月,国务院发布《关于当前经济情况和加强宏观调控的意见》,采取紧缩的财政政策和紧缩的货币政策,以整顿金融秩序为重点、治理通货膨胀为首要任务的宏观调控。1993 年,中央进行财政体制改革,调整中央与地方的财政分配关系,实行税利分流,进行分税制改革。同时,1994 年我国实行了外汇体制改革,官方汇率和调剂汇率并轨,实行结售汇制度。央行提高存贷款利率,控制信贷规模,开征高额的投资方向调节税,控制基建规模。经过 3 年的宏观调控,宏观经济实现了"软着陆",经济过热的情况得到有效控制。

8.1.4 东南亚金融危机下的宏观经济政策

1997 年爆发了东南亚金融危机,1998 年我国又遭遇了百年不遇的特大洪涝灾害,经济下滑,物价下跌,经济由原来的通货膨胀转向通货紧缩,我国面临通货紧缩的风险。因此,我国的宏观经济政策开始转向积极的财政政策和稳健的货币政策。财政政策方面,1998—2003 年共发行了 9 100 亿元建设国债,实行赤字财政政策。货币政策方面,1998—1999 年 3 次扩大贷款利率的浮动幅度;1998—2002 年间 5 次下调存贷款基准利率;1999 年 9 月开征利息税,消费政策方面变限制消费为鼓励消费。鼓励出口,优化经济结构取得了显著进展。2001 年我国加入了世贸组织,中国逐步成为世界工厂,同时城镇化进程加快,我国逐步走出通货紧缩,进入新的经济增长阶段。

随着中国加入 WTO,中国外贸得到了迅速发展,经常项目盈余不断增加,同时人民币升值预期不断上升,资本内流也不断增加,国际收支盈余不断上升,外汇占款不断增加,货币供应量上升,通货膨胀压力不断增加。同时,国内投资不断增加,信贷规模扩张,房地产价格不断上涨,原材料价格和能源价格也不断上涨,经济过热的情况比较明显。中央采取稳健的财政政策和稳健的货币政策,采取"有保有压",2005 年 3 月,取消住房贷款优惠比例,提高按揭贷款首付比例,中央银行采取多种货币政策工具控制流动性过剩,包括提高利率、法定准备金率、发行央行票据等。

8.1.5　流动性过剩,稳健的货币政策转向从紧的货币政策

在国际金融危机爆发之前,2006—2008 年上半年我国面临流动性过剩问题,资产价格较高,通货膨胀压力较大。为了应对流动性过剩,控制资产价格上涨和物价水平上升,2007 年我国央行 10 次上调法定准备金率(还上调了外汇存款法定准备金率);6 次上调存贷款利率;6 次发行央行定向票据,同时还采取人民币特种存款冻结流动性,央行连续在公开市场上发行央行票据回笼资金,应该说央行紧缩的力度不断加大。

2007 年底中央经济工作会议明确指出,2008 年开始实行从紧的货币政策,防止经济增长由偏快转向过热,防止价格由从结构性上涨演变为明显通货膨胀,意味着从紧货币政策的基调正式明朗化。但是,2008 年是自然灾害较严重的一年,年初的冰冻雨雪灾害和 5·12 汶川大地震,对中国经济产生严重的冲击,我国宏观经济的目标由"双防"转向"一保一控"。而此时我国通货膨胀较高,又由于美国次贷危机,美联储不断降息,美元走软,国际大宗商品价格大涨,输入性通货膨胀风险上升。同时,"热钱"流入,外汇储备和外汇占款增加,通货膨胀压力进一步上升。为了对冲国内过多的流动性,我国央行 5 次上调法定准备金率,并大量发行央行票据进行对冲;在国际收支盈余和美元走软的影响下,人民币对美元基本上一直保持小幅升值态势;而为了防止"热钱"的流入,我国央行一直维持基准利率不变。另外,央行还对商业银行信贷投放实行总量控制,保证新增贷款总体与 2007 年持平,并对投放节奏实施分比例按季控制。应该说 2008 年上半年央行延续了 2007 年

货币政策工具的操作,但是由于国内自然灾害和美国次贷危机,从紧货币政策的工具主要是数量型工具,没有使用利率工具。

8.1.6 国际金融危机,从紧的货币政策转向适度宽松货币政策

2008年9月份以后国际金融形势发生了变化,随着美国第四大投资银行雷曼兄弟公司申请破产保护,美国次贷危机进一步恶化,并迅速演变为波及全球的金融风暴。国际金融危机对中国经济冲击主要表现在外需迅速下降,外贸形势日益严峻,股市、房地产开始下滑,我国宏观经济政策目标迅速转向保增长。政府及时调整宏观经济政策取向,实施适度宽松的货币政策,人民币对美元汇率由先前的持续小幅升值转向保持基本稳定;2008年9月以后央行四次有区别地下调存款准备金率。同时,央行逐步减少央票的发行,如2008年7月份我国就开始停发3年期央票,随后6个月期央票替代品种也只发行了两个月,2008年12月13日国务院公布的"国三十条"明确指出,停发3年期央行票据,降低1年期和3个月期央行票据发行频率。此外,在2008年9月16日到12月23日约100天的时间内,我国央行连续5次降息,大约平均每20天降息一次;同时将商业性个人住房贷款利率下限扩大为贷款基准利率的0.7倍,最低首付款比例调整为20%。在适度宽松货币政策下,2009年末我国广义货币供应量(M_2)余额为60.62万亿元,同比增长27.68%,增幅比2008年末高9.86个百分点;2009年全年人民币各项贷款增加9.59万亿元,同比多增4.69万亿元,约是2008年的2倍。在适度宽松货币政策等的刺激下,我国经济呈V型反弹,应该说货币政策的及时转向,有力地推动了经济的迅速恢复。

8.1.7 经济恢复,继续实施适度宽松货币政策,但微调力度加大

2009年,中央经济工作会议认为世界经济复苏基础并不稳固,国际金融危机影响仍然存在,全球性挑战压力增大,要继续实施积极的财政政策和适度宽松的货币政策,会议把"调结构、防通胀"作为重点。货币政策的重点是管理通货膨胀预期,促进信贷均衡投放。但是,2010年1月份第1周,银行贷款增长就达6 000亿元左右,立即引起了央行的警觉,央行希望2010年银行信贷的投放将更加适度、均衡,不要出现像2009年一季度信贷井喷的情况。银行信贷的过度扩张,人们通货膨胀预期上升。而2009年年底的中央经济工作会议和2010年1月6日的央行工作会议都强调要有效管理通货膨胀预期,因此央行加大了公开市场的回笼力度,2010年1月12日央行还上调了存款准备金率0.5个百分点,进一步回收流动性,控制信贷的过度投放。

2009年,我国的汇率和利率工具都还没有使用,如果汇率和利率工具开始启用,则适

度宽松的货币政策微调力度进一步加大,可能也预示着货币政策逐步转向趋紧。2009年年底,中央经济工作会议明确提出,2010年,货币政策要保持连续性和稳定性,增强针对性和灵活性,继续实施适度宽松的货币政策,着力提高政策的针对性和灵活性。因此,2010年货币政策将继续实行"宽货币",保持市场流动性合理充裕。同时,央行需要控制货币投放的节奏,强化货币政策工具的操作,货币适度宽松,为经济增长提供必要的货币支持,但需要商业银行信贷投放均衡、结构合理,促进经济的可持续发展,信贷资金投放的力度、方向要转变,要向经济社会薄弱环节、就业、战略性新兴产业、产业转移等方面提供支持,有效缓解农业和小企业融资难等问题。

货币的宽松主要是由央行货币政策工具来操作控制的,央行是一个资金水库,通过闸门的开启和关闭,向银行体系注入或回笼资金。而信贷的投放数量和方向主要是由商业银行来完成的,商业银行控制信贷投放的闸门,是信贷投放的主体,因此,积极引导商业银行信贷投放均衡,控制信贷投放的节奏、重点和力度,增强商业银行信贷均衡投放的主动性和自觉性,顺应国家大政方针政策,信贷投放要与经济增长方式转变相结合,要与经济可持续发展目标相结合。

中国货币政策微调力度加大,复苏道路上中国货币政策工具不断退出。随着中国经济的率先恢复,货币政策的退出面临许多新挑战。由于经济复苏的过程中,国内外经济形势发生了很大的变化,央行的货币政策调控呈现新的特点。

一是为了控制货币和信贷的过度增长,央行的冲销干预的压力大,数量型工具率先退出,力度较大。实际上为了控制银行信贷激增,早在2009年6月30日央行在银行间市场就重启了91天正回购操作;2009年7月8日在公布了6月份的新增信贷数据之后,7月9日央行就在银行间市场启动发行500亿元1年期央票。进入2010年,为了控制货币和信贷的过度增长,央行主要通过公开市场业务回笼和投放,控制市场流动性的变动,2010年前4个月央行共实现资金净回笼5 820亿元。为了更长时间冻结流动性,央行还启用了三年期央票,央行票据回笼资金逐步恢复常态。

此外,央行的货币政策工具往往还是搭配使用,如中央银行通过准备金率变动改变货币供应量,作为公开市场业务的配合来达到货币供应量目标。如2010年1月12日、2月12日、5月3日央行上调了存款准备金率0.5个百分点,进一步回收流动性,控制货币的过度投放,央行提高0.5的法定准备金率,预期大约冻结3 000亿元的资金。法定准备金率又逐步恢复到危机前的水平。

在我国,外汇占款增加和公开市场业务释放的资金一直是我国基础货币供给的主要来源,是货币扩张的基础,央行通过控制基础货币的变动来控制货币扩张。由于银行体系过多的流动性,通货膨胀压力上升,中央银行为了管理通货膨胀预期,必须进行冲销干预,回笼货币。笔者认为数量型工具仍然是控制流动性扩张的主要方式,2009年新增信贷

9.37万亿元,2010年新增信贷为7.95万亿元,冲销干预的压力仍然很大。

二是控制通货膨胀、资产价格上涨,价格型工具退出①。随着中国经济的逐步恢复,危机之前出现的流动性过剩、通货膨胀压力和人民币升值压力又逐步显现,在数量型工具逐步退出的基础之上,价格型工具也开始退出。2010年10月20日央行开始上调利率,这也是国际金融危机过后的首次上调,直到2011年7月7日,连续5次上调存贷基准利率,有效地缓解了通货膨胀的压力。

三是房地产贷款利率上调。为了控制房地产价格的过快上涨,国家出台了一系列遏制房价过快上涨的措施,房地产信贷也得到有效遏制,房地产贷款利率也随之上调,优惠利率逐步取消。如果央行上调存贷款基准利率,房贷利率也必然跟着上调,将会进一步遏制房地产需求的过快上涨。

四是人民币汇率退出面临挑战。2010外贸形势继续改善,海关数据显示,2010年一季度我国外贸进出口总值6 178.5亿美元,比去年同期增长44.1%。其中出口3 161.7亿美元,增长28.7%;进口3 016.8亿美元,增长64.6%。2010年我国进行了新一轮的汇改,增加人民币汇率的弹性,人民币汇率双向浮动的趋势上升。

2011我国实行稳健的货币政策,控制通货膨胀,货币信贷逐步回归常态。2011—2012年,中央银行降息2次降准3次,把存款基准利率下调了0.5%,法定存款准备金率下调了1.5%。

8.1.8 经济新常态和供给侧改革下的宏观经济政策

2013至今,遭遇了三期叠加,包括经济增速换挡、结构调整阵痛、还有消化前期刺激政策,这么多压力导致经济增速下滑,调控政策上表示"不搞大水漫灌",就是采取"喷灌滴灌",结果是6次降息5次降准,把存款基准利率下调了1.5%,法定存款准备金率下调了3%。2015年中央强调要坚持以经济建设为中心,保持宏观政策连续性和稳定性,坚持积极的财政政策不变调,保持公共支出力度,继续减轻企业负担,引导和撬动更多民间资金增加投入。稳健的货币政策要松紧适度,保持合理的流动性,提高服务实体经济能力和水平。2016年1月27日,中央财经领导小组研究供给侧结构性改革方案,强调供给侧结构性改革的根本目的是提高社会生产力水平,落实好以人民为中心的发展思想。2016年是"十三五"开局之年,主要抓好去产能、去库存、去杠杆、降成本、补短板五大任务。具体包括:积极稳妥化解产能过剩,帮助企业降低成本,化解房地产库存,扩大有效供给,防范化

---

① 这里的退出是指国际金融危机时期的价格型工具退出,开始转向。

解金融风险。供给侧改革的条件下,我国实行积极的财政政策和稳健的货币政策,而 2018 上半年,央行已经三次定向降准,法定存款准备金率下调了 1.5%,只是暂时还没有降息。

2018 年 7 月 23 日召开国务院常务会议,坚持不搞"大水漫灌"式强刺激,财政金融政策要协同发力。一是积极财政政策要更加积极。二是稳健的货币政策要松紧适度。2018 年 8 月 18 日,银保监会发文指出:(1)对符合授信条件但遇到暂时经营困难的企业,要继续予以资金支持,不应盲目抽贷、断贷。(2)加大对小微企业、"三农"、扶贫和民营企业等领域的资金支持,降低融资成本。(3)加大对资本金到位、运作规范的基础设施补短板项目的信贷投放。(4)积极发展消费金融,增强消费对经济的拉动作用。(5)对受国际市场冲击较大、遇到暂时困难但仍有发展前景的重点优质企业,在资金安排上予以适当倾斜。在"稳增长、调结构"的宏观经济政策目标下,货币政策和财政政策要搭配使用,促进宏观经济平稳增长。

8.2 国际金融危机冲击下的货币政策

8.2.1 国际金融危机时期我国货币政策的调控效应

2008 年 9 月,随着雷曼兄弟的倒闭,国际金融危机加剧,并迅速向全球蔓延,中国经济受到较大的冲击,2008 年第四季度和 2009 年第一季度经济增长率分别下滑到 6.8% 和 6.1%,物价指数也出现了连续的负增长,政府迅速调整了货币政策方向,采取适度宽松的货币政策。适度宽松的货币政策有力地阻止了经济下滑,货币政策的效应通过多种渠道逐步显现。

一是利率效应。我国存贷款利率水平主要是央行根据宏观经济运行状况自主确定的,利率调整直接影响着消费和投资。我国央行于 2008 年 9 月 16 日、10 月 8 日、10 月 29 日、11 月 27 日和 12 月 22 日,连续 5 次降息,100 天左右的时间内,大约平均每 20 天降息一次。存贷款利率下调有利于降低企业财务成本和个人的借款成本,刺激需求。此外,为推动房地产市场健康发展,提高对居民购买普通自住房的金融服务水平,还将商业性个人住房贷款利率下限扩大为贷款基准利率的 0.7 倍,最低首付款比例调整为 20%。利率降低导致我国的投资需求和消费需求增加,有利于经济企稳。由于 2009 年上半年银行信贷激增,进入 2009 年 7 月份,央行加大了回笼资金的力度,同时 IPO 重启,货币市场利率不断上升,金融机构短期融资成本上升,可能会对银行信贷有一定抑制,但是由于存贷款利率不变,对企业和个人的融资成本的影响又是有限的。

二是汇率效应。实际上,2005 年 7 月 21 日我国进行了外汇体制改革,建立以市场供求为基础的,参考一篮子货币的有管理的浮动汇率制度。由于我国国际收支双顺差,人民币对美元一直持续小幅升值,2008年8月以后,由于国际金融危机的冲击,人民币对美元汇率保持了相对稳定,汇率基本稳定在6.83左右。虽然2009年上半年人民币对美元汇率保持稳定,但是人民币对欧元升值了0.18%;人民币对日元升值了6.37%;人民币对英镑贬值了12.87%,人民币对非美货币汇率变化不一。而从人民币有效汇率的角度来看,2009年前3个月人民币有效汇率升值了4.09%,后三个月人民币贬值了5.44%,整个上半年人民币有效汇率贬值了1.57%。实际上,在汇率渠道的传导机制中,由于国际金融危机的冲击,主要发达国家经济衰退,总需求下降,出口对汇率变化的弹性下降,汇率渠道对总需求的影响弱化,影响我国贸易收支变化的更多地是外需。由于外需下降,2009年上半年净出口对经济增长贡献率为-41%,下拉GDP增长2.9个百分点。

三是信贷效应。2008年9月以来央行四次有区别地下调存款准备金率,大型金融机构的法定准备金率降到14.5%,中小金融机构的法定准备金率降到13.5%,同时适当调减公开市场操作力度。由于受到国际金融危机的冲击,为了促进经济增长,我国采取适度宽松的货币政策,逐步减少央票的发行。2008年12月13日国务院公布的"国三十条"明确指出,停发3年期央行票据,降低1年期和3个月期央行票据发行频率,这意味着央票的发行量将进一步下降,央票存量会逐步减少。从央行的资产负债表来看,2009年上半年央行票据存量下降4570.99亿元。央票发行和基础货币是反向变化的,央票发行的越多,基础货币下降的越多;央票发行的越少,央行冻结的资金会减少,基础货币会增加。货币供应量增加,银行贷款也会相应上升,投资和消费也会增加。从2009年上半年数据来看,广义货币供应量增加了93 781.32亿元,银行信贷增加了7.37万亿元,创出历史新高,信贷增加将有利于刺激投资和消费。上半年我国投资对经济增长贡献率为87.6%,拉动GDP增长6.2个百分点,贡献率最高;最终消费对经济增长贡献率为53.4%,拉动GDP增长3.8个百分点,第二季度我国经济增长率迅速上升到7.9%,应该说适度宽松的货币政策起到重要作用。

四是资产市场效应。央行向市场大量注入流动性,市场资金充裕,投资者会调整自己的资产结构,部分资金会流向资产市场获利,推高资产市场的价格。从资产市场火爆的情形来看,银行信贷资金直接或间接流入资产市场的可能性上升,潜在的贷款风险也会上升,部分资金流入了股市和楼市。上证指数从2008年年底的1 820.81上升到2009年7月31日的3 412.06,上涨了87.39%,股市一路飘红。北京、上海等大城市的商品房的成交量和价格经常创出新高,而且"地王"频现,甚至有专家预测2009年上半年的天量信贷有20%流入股市和楼市。据统计,2009年7月份央行公开市场操作回笼资金量为6 630亿元,而到期释放的资金量却达到8 160亿元,公开市场实际向市场净投放资金1 500亿元,金融危机时期货币政策继续保持适度宽松。在资产市场价格上涨的过程中,宽裕的资金规模增加了资金流入资产市场的风险。

总之,利率渠道主要是通过调整企业的成本来拉动总需求,存在的问题主要是信贷空转,如在 2009 年一季度新增 1.48 万亿元票据融资,而估计未流入实体经济的资金占比约在 20%,但后来由于货币市场利率上升和银监会加大了监管力度,票据融资大幅度下降。在外需下降的情况下,汇率渠道相对弱化,难以刺激出口的增长,必须依赖内需拉动经济增长,这需要经济增长方式转型、减少储蓄、增加消费。信贷途径是我国货币政策传导的主要途径,央行主要通过银行信贷的增加拉动总需求,扩大消费和投资,存在的问题是通货膨胀预期上升,同时资产价格的上涨导致信贷资金不断集中流向资产市场。资产市场渠道主要是通过股市、楼市的价格上涨和财富效应,促使投资和消费的增加,很多信贷资金会流向资产市场获利,导致资产市场泡沫,资产市场泡沫不仅不会促进经济增长,反而会加剧宏观经济风险。

8.2.2 美联储的货币政策退出对我国货币政策操作的影响

2014 年以来,美联储逐渐退出量化宽松货币政策以及由此引起的全球利率以及资本流向改变,将使全球金融风险定价与资本结构在未来两三年内经历较大的调整。2014 年以来,世界经济格局发生了一些新变化。一方面,美国等发达国家经济复苏进程有所加快,美联储启动量化宽松政策的退出程序;另一方面,美联储的退出政策将加大全球金融动荡,大量资金从新兴市场经济体回流美国,进而对新兴经济体的汇率和金融资产价值产生冲击。美联储退出政策对国内流动性收缩有较大影响,国内执行稳健的货币政策,但国内金融市场依然会面临结构性或季节性的资金紧张压力。

1. 美联储量化宽松政策的退出

2008 年 9 月,国际金融危机爆发后,美联储的量化宽松政策使其资产额扩大 3.47 倍。美联储共启动了四轮量化宽松政策,从美联储的资产负债表来看,资产额从 2008 年 9 月 4 日的 9 393 亿美元增长到 2014 年 2 月 26 日的 4.203 万亿美元,增长了 3.47 倍。第一轮量化宽松政策(QE1)于 2008 年 11 月 25 日开始启动,共计投放流动性规模在 1.725 万亿美元左右,其中包括 1.25 万亿美元的抵押贷款支持证券(MBS)、1 750 亿美元的机构证券和 3 000 多亿美元的中长期国债,其主要用于购买国家担保的问题金融资产,注入流动性,重建金融机构信用,稳定信贷市场,阻止危机的进一步蔓延。第二轮量化宽松政策(QE2)于 2010 年 11 月 4 日启动,进一步收购 6 000 亿美元的较长期美国国债,维持 0—0.25% 的历史最低基准利率,主要目的是通过增加基础货币投放,解决美国政府的财政危机,促进经济恢复。之后实施了两次扭曲操作(operation twist,OT),即买入长期国债、卖出短期国债,目的是压低较长期利率,刺激抵押贷款持有人进行再融资,降低借贷成本,刺激经济增长。由于经济仍未恢复正常水平,美联储 2012 年 9 月 15 日开始推出第三轮量化宽松政

第8章 我国货币政策调控面临的挑战

策(QE3),每月采购400亿美元的抵押贷款担保债券(MBS),并设定了失业率和通胀率目标:只要失业率高于6.5%,且未来一两年内的通胀预期不超过2.5%,长期通胀预期可控,将保持利率在接近零的水平。如果失业率低于或者通胀预期好于这一目标,美联储就会考虑退出量化宽松政策。2012年12月13日,美联储宣布推出第四轮量化宽松(QE4),每月采购450亿美元国债,替代扭曲操作,加上QE3每月400亿美元的宽松额度,美联储每月资产采购额达到850亿美元,并进一步重申失业率及通胀预期是保持低利率的条件(见表8-2)。具体来讲,美联储计划将持有的到期美国国债本金每个月不再进行再投资的上限最初设定为60亿美元,然后每三个月将此上限再提高60亿美元,直到最后升至300亿美元。同时,美联储计划将持有的机构债务和抵押贷款支持证券的本金每个月不再进行再投资的上限最初设定为40亿美元,然后每三个月将此上限再提高40亿美元,直到最后升至200亿美元,只有超过上限部分的到期证券本金才可进行再投资。因此,随着上限的逐步提高,美联储每月再投资的证券规模将逐步减少,美联储的资产负债表也将逐步收缩。

表8-2 美联储量化宽松政策实施及退出进程 单位:亿美元

阶段	时间	购买规模				主要目的/经济背景
		长期国债	联邦机构债	MBS	短期国债	合计	
量化宽松政策实施进程							
QE1	2008.12至2010.03	3 000	1 750	12 500		17 250	稳定信贷市场
QE2	2010.11至2011.06	6 000				6 000	解决政府财政危机
OT	2011.09至2012.06	4 000			-4 000	0	压低较长期利率
OT延期	2012.07至2012.12	2 670			-2 670	0	
QE3	2012.09至2012.12			400*		400*	进一步支持经济复苏和劳工市场
QE4	2013.01至2013.12	450*		400*		850*	进一步支持经济复苏和劳工市场
量化宽松政策退出进程							
	2013.1	400*		350*		750*	经济增长企稳、失业率下降、居民消费回暖
	2014.2至2014.3	350*		300*		650*	美国经济继续改善
	2014.4	300*		250*		550*	对美国经济形势的乐观预期

注:*表示每个月相应资产的购买额。
资料来源:美联储。

2013年末,美国经济开始企稳,美联储启动了量化宽松政策的退出进程。量化宽松政策和低利率政策促进了美国经济的复苏,经济增长企稳、失业率下降、居民消费回暖。2013年12月18日,美联储正式宣布从2014年1月份起削减购债100亿美元,即每个月将购买350亿美元抵押贷款支持证券和400亿美元国债,开启了量化宽松政策实施五年后的退出历程。随后2014年1月29日又宣布,由于美国经济继续改善,从2月开始继续削减月度资产购买规模100亿美元。美联储3月份的议息会议决定进一步缩减量化宽松额度,从2014年4月起将月度资产购买规模从此前的650亿美元缩减至550亿美元。据美国劳工部数据显示,2014年3月份美国非农业部门新增就业岗位19.2万个,失业率为6.7%,与前一月持平,已趋近之前拟定的6.5%的加息门槛。不过美联储2014年3月议息会议上委员一致认为,应该在有关短期利率走势的前瞻指引中去掉之前使用的失业率6.5%的参考值,转而采用一系列综合指标作为评判标准。美联储主席耶伦2014年4月16日指出,2014年3月通货膨胀率为1.5%,仍低于Fed的目标。美国3月失业率为6.7%,比Fed预估达成充分就业的失业率上限,还要高1个多百分点。失业率和通货膨胀率距离充分就业和物价稳定目标的落差愈大、达成目标的速度愈慢,Fed就愈可能维持基准利率于当前水平。美联储2014年4月16日发布了全国经济形势调查报告("褐皮书")在对经济复苏前景谨慎乐观的同时,仍然重申此前政策立场,称将继续坚持货币政策适度宽松,支持经济增长。2014年4月9日,国际货币基金组织(IMF)发布《全球金融稳定报告》指出,美联储退出宽松货币政策应注意把握正确时机,而退出时机的不当将给全球金融市场和新兴经济体带来负面溢出效应。因此,经济形势复杂多变,美联储要对4万多亿美元的资产额进行缩减,将会对市场产生冲击。

2014年7月,美联储主席耶伦以一句"今年某个时点加息是合适之举"引发全球金融市场的关注,普遍估计2015年美联储将退出零利率政策,开始"加息"之旅,但美联储2015年7月28—29日的议息会议声明仍然维持联邦基金利率不变但加息预期的影响已经提前得到部分释放。2015年12月27日美联储开始提高利率,进入了加息区间,到2018年6月13日,美联储一共加息7次,基准利率调升到1.75%—2.0%。

2. 美联储的退出对跨境资金流动的影响

跨境资金流动与各国的货币政策、经济环境、社会预期等因素密切相关。资本的逐利性决定了跨境资金流动的目的是为了获取高额的收益,包括投资性收益和投机性收益。在金融危机中,国际资本一度大量流出新兴经济体,而其后又快速、强劲地重新回流新兴经济体,对国际金融市场资产价格会产生较大的冲击,预期美联储退出量化宽松政策的过程中也会引起大规模资金流出或流入。

量化宽松政策的实施对跨境资金流动的影响主要通过以下三个渠道实现:一是利率引发的跨境资金流动。根据利率平价理论,当两个国家存在利率差异时,投资者为了获得

第8章 我国货币政策调控面临的挑战

较高的收益,会将其资本从利率较低的国家转移至利率较高的国家。欧、美、日三大经济体实施的低利率造成了资本的大幅流出。根据国际金融协会(IIF)统计,2009—2011年,包括"金砖四国"在内的全球30个新兴市场国家,资本净流入超过2.1万亿美元,年均增幅近40%,远超过去十五年18%的平均水平。二是汇率引发的跨境资金流动。以美元为例,量化宽松政策增加了美元的供给,使美元面临贬值压力,国际贸易方面则导致出口减少而进口增加,对跨境资金流动最终的影响方向是不确定的。但对于投机性收益而言,新兴市场经济国家货币升值或市场预期将升值,在一段时期内将会导致套汇型短期国际资本流入的迅速增加,流出减少。三是经济复苏速度的不平衡引发的跨境资金流动。从2008年到2011年,以巴西、俄罗斯、中国、印度、南非等"金砖五国"为代表的新兴经济体代替发达经济体,成为拉动世界经济的增长主要动力。跨境资金流动存在典型的顺周期性特征,在经济上升期,资金大量流入,助推经济泡沫;在经济衰退期,资金大量出逃,加剧经济衰退。新兴市场经济体经济的繁荣加剧了顺周期性的流动,加大了新兴经济体资金流入的压力。

同样由于以上三种效应,美联储量化宽松政策的退出将通过相反的机制使大量资金撤离新兴市场,对新兴市场经济国家的经济安全形成冲击。首先是利率效应。美联储的退出政策使美长期债券收益率快速上升,相关资产更有吸引力,引发逐利资金回流美国参与交易。二是美元汇率在基本面趋好和资本回流预期升温的推动下有望进一步走强,短期资金回流美国进行套利。三是发达国家开始重新主导全球经济的发展,大量资金从新兴市场经济体回流美国,新兴经济体的经济发展整体下行。美联储退出量化宽松政策的同时,欧洲和日本延续货币宽松主基调。全球主要央行货币政策的差异性将会助推美元走强。从全球各国经济危机的历史经验看,美元走势与相关国家的金融危机息息相关。如1979—1985年美元走强期间,爆发拉美债务危机、1995—2002年美元走强期间,触发1997年的亚洲金融危机、1998年的俄罗斯金融危机、1999年的巴西金融危机和2001年的阿根廷金融危机,自"布雷顿森林体系"解体以来,美元每次升值都使新兴市场遭到金融危机重创。因此,美联储施行退出政策期间,要特别关注美元走势及其对新兴市场经济国家金融市场的影响。

3. 对国内流动性格局的影响及政策选择

2014年美联储实施退出QE对国内流动性的收缩也有影响。在美联储退出量化宽松政策、中国经济增长放缓等因素的影响下,2014年2月7日至3月15日期间,人民币汇率中间价累计贬值257个基点。随后,中国央行宣布从2014年3月17日起扩大人民币汇率浮动幅度,由原来日内人民币兑美元中间价上下1%扩大至上下2%的幅度内浮动。扩大人民币汇率波幅,特别是伴随人民币的小幅贬值,会促使热钱的流出,短期内引发市场对国内流动性的结构性紧张的担忧。虽然跨境资金流动对中国金融市场的流动性形成挑战,但与过度依赖国际资本流动、为本国经济增长融资困难的阿根廷、印度、印尼、巴西、南非和土耳其等新兴经济体不同,面对美联储的退出政策及跨境资金流动可能形成的冲击,中国有3万亿美元左右的庞大外汇储备,会在金融动荡加剧的时候为中国金融市场提供资金保障。中国力求从改革中谋求发展的"红利",同时作为世界第二大经济体,中国经济的韧性较强,美联储的退出政策导致资本外流、进而冲击中国金融市场的风险并不会很大。

目前国内执行稳健的货币政策。由于面临金融机构的资金错配、互联网金融、产业结构调整等压力,以及"去产能、去库存、去杠杆、降成本、补短板"等,央行继续采取稳健的货币政策。在人民币汇率双向波动预期增强的背景下,FDI已告别高速增长时期。在美国退出量化宽松政策、中美贸易战和去杠杆等的大背景下,外汇占款不再成为市场流动性提供的主要渠道,国内金融市场流动性面临紧缩的压力。

综合国内外的政策取向来看,国内市场依然会面临结构性或季节性的资金紧张压力,这将对中国经济和金融运行产生深刻的影响。当前,中国处于经济结构调整期,以制造业支撑的出口及投资驱动型高速增长,转变为增长相对缓慢但却稳固的模式,即由消费者支出和服务驱动的增长形态。调整过程中,经济增速从高速增长转向中高速增长,经济下行压力比较大。拉动经济增长的消费、投资、出口"三驾马车"同比增速全面放缓:固定资产投资和出口的增速也出现较大幅度回落,而社会消费品零售总额的名义增速回落。面对数据不佳而引发的经济下行压力,在决策层明确表示不会因经济一时波动而出台大规模强刺激政策、投资仍是在短期内拉动经济复苏的最可靠保障的背景下,国家把解决好"三农"问题作为全部工作重中之重的要求,对符合要求的县域农村商业银行和合作银行适当降低存款准备金率,定向降低存款准备金率,加大涉农资金投放。同时对物联网、智能制造、人工智能和新材料等新一代技术创新加大投入,以支撑实体经济的复苏与回稳。

8.2.3　中国的货币政策

在国际金融危机冲击下,由于国内外经济形势变化,央行会采取扩张性或紧缩性的货币政策,保持人民币币值的稳定并以此促进经济增长。

1. 货币政策的数量型工具

国际金融危机爆发以后,我国采取适度宽松的货币政策,货币和信贷增长较快,我国银行体系流动性较多,2009至2012年银行信贷和投资上升,通货膨胀压力上升,中央银行为了管理通货膨胀预期,进行冲销干预,回笼货币。此外,国际收支双顺差及国际投机资本流入造成外汇储备快速扩张,人民币升值压力上升,为了稳定汇率,央行干预外汇市场,外汇占款和国内货币供给量快速上升,央行不得不加大回笼资金力度。同时,公开市场业务到期资金规模也较大,央行又需要滚动回笼公开市场业务到期资金。因此央行为了控制基础货币,要对冲外汇占款的增加和公开市场业务到期的资金,保持基础货币的适度增长。

我国冲销的重要手段是央行公开市场操作和法定准备金率。央行通过公开市场业务操作控制流动性的投放和节奏,由于我国商业银行体系中一直存在着超额存款准备金,存款准备金率变动直接影响金融机构的超额准备金余额,进而对货币的乘数产生巨大的影响,存款准备金率的变动对货币供给量有明显的收缩效果。2010年1月12日央行时隔19个月又上调了存款准备金率0.5个百分点,进一步回收流动性,中央银行试图通过提高法定存款准备金率的方式,控制货币信贷增长过快。为了控制货币信贷激增,央行还对银行法定准备金率进行差别化管理,如2010年1月12日央行上调存款类金融机构人民币存款准备金率0.5个百分点,但是农村信用社等小型金融机构不上调。此外,央行对那些信贷投放过猛的银行额外调高存款准备金率0.5个百分点,主要是提醒这些银行注意信贷投放节奏。

进入2012年以后,央行又开始下调法定准备金率投放流动性,在经济新常态下,我国面临经济结构转型,经济增长下行压力较大,央行通过法定准备金率、逆回购和常备信贷便利等多种工具的搭配投放流动性,促进宏观经济平稳健康增长。同时,我国进行供给侧结构性改革,采取"去产能、去库存、去杠杆、降成本、补短板"政策,因此采取稳健的货币政策,控制信贷的投放,如采取差别法定准备金率政策,2018年已3次下调了法定准备金率,还通过常备信贷便利工具向市场融资等。

2. 货币政策的价格型工具

汇率和利率是央行重要的价格型工具,市场非常关注汇率和利率的调整变化。国际金融危机爆发以后,为了保增长,我国停止了人民币对美元汇率的升值趋势,人民币对美元汇率保持了相对稳定,同时央行又连续下调存贷款利率。随着中国经济的逐步恢复,外汇储备不断增加,人民币升值压力有所上升。2009年第4季度我国外贸形势开始好转,出口形势进一步改善,贸易顺差增加。同时,资本项目也继续改善,外商直接投资稳步回升。随着中国经济回升和加息预期,人民币升值预期也进一步上升,流入国内的短期资本会有所增加,这样外汇供给将不断增加。因此,2010年6月19日我国进行了新一轮的汇改,增加人民币汇率的弹性。2010年6月至2015年8月,人民币对美元汇率继续持续升值。随着中国国际收支盈余下降,外汇储备和外汇占款减少或下降,2015年8月我国进行了新一轮汇改,人民币对美元汇率开始转向贬值,汇率变动经过多次反复。2018年多种因素叠加,主要有美国退出量化宽松政策,不断提高利率,同时特朗普政府对中国出口加征关税,采取贸易保护主义,人民币贬值预期上升,2018年4月以后,人民币对美元汇率贬值。

关于利率,首先是2009—2010年货币信贷大幅度上升,通货膨胀预期上升,央行加息有利于遏制信贷扩张和价格水平的上升,但是提高利率,企业的借贷成本上升,可能会遏制经济复苏和增长的势头,影响投资者预期。货币市场利率往往是存贷款利率调整的先行信号,央行通过对货币市场利率水平的调整和控制,引导市场对利率变动的预期。如央行票据发行利率在连续持平近5个月之后,2010年1月7日终于再度上行;在2010年1月12日的公开市场操作中,1年期央票发行利率也开始上行。此外,央行对利率的控制也要受限于人民币对美元汇率的变化,在人民币对美元汇率保持稳定或有升值压力的情况下,提高利率,将会导致投机资本流入,人民币升值压力将进一步上升;同时外汇占款上升,流动性增加,利率上调的压力可能也进一步上升。因此央行利率和汇率的调整将根据实际经济情况灵活变动。2010—2011年一共5次上调存贷款利率,控制货币信贷和价格水平等。

中国经济进入新常态,经济增速变缓,2012—2015年连续8次降低存贷款利率,2015年8月人民币汇率汇改后,由先前的人民币对美元升值转向人民币对美元开始贬值。2015年底中央提出供给侧结构性改革,不仅重视需求侧,更要重视供给侧改革,促进经济转向高质量增长。但是经过国际金融危机4万亿投资的刺激,中国企业债务水平较高,2016年国家采取"去产能、去库存、去杠杆、降成本、补短板"政策,货币信贷有所收紧,价格型工具也开始转向。

总之,笔者认为央行将根据国内外经济形势的变化,实施相机抉择的货币政策,既要保持经济稳定增长,又要管理价格水平的变化。

3. 货币政策操作要内外兼顾

国际金融危机后,中国经济率先复苏,通货膨胀预期上升,中国货币政策也在不断退出。2009年下半年至2010年上半年我国经济复苏的基础还不稳固,国内外不确定因素依然较多,我国央行继续实施适度宽松货币政策,但是在经济上升的过程中,资产价格上涨、通货膨胀预期上升和热钱流入等问题不断加剧,我国央行货币政策操作,根据国内外宏观经济形势的变化,适时调节宏观调控的节奏和力度。

从2008年年第四季度和2009年前三个季度情况来看,我国经济实现V型增长,经济增长的势头逐步增强,2008年年第四季度经济增长6.8%,2009年一季度增长6.1%,2009年二季度增长7.9%,2009年三季度增长8.9%,三季度已经超过全年的经济增长目标8%。随着经济步入上升区间,通货膨胀预期也在上升。同时,资产价格也在不断上涨,2009年10月份,全国70个大中城市房屋销售价格同比上涨3.9%,涨幅比2009年9月份扩大1.1个百分点;环比上涨0.7%,涨幅与9月份相同。股票价格也开始不断走高,因此央行货币政策,一方面要保增长;另一方面也必须关注通货膨胀预期和资产价格的上涨,货币政策操作的节奏和力度根据国内经济形势的变化不断调整。

同时2009年—2010年人民币升值预期上升,投机资本流入不断增加。到2009年9月末我国外汇储备达到22 725.95亿美元,外汇储备持续增加,同时美元贬值,人民币升值压力进一步上升,热钱的流入在上升。国内外利率水平的变化将影响人民币升值预期和热钱流动,特别是美联储利率的变化,因此中国货币政策的调整要密切关注美联储等央行的政策。热钱不断流入会推高资产价格水平和通货膨胀预期,因此货币政策调控要受到国外宏观经济政策的影响,如美元走软,美元的吸引力下降,人民币的吸引力增强,人民币有升值压力,央行干预外汇市场的力度将会加大。此外,如果人民币加息,则人民币的升值压力将加大,热钱流入将增加;如果美联储加息,美元走强,人民币升值压力将减轻,将来人民币利率调整的时机和幅度必须要考虑到美联储等央行调整利率的时机和幅度。

我国货币政策的操作要一只眼睛盯国内,一只眼睛盯国际,内外兼顾,2009—2011年既要控制货币信贷的过快增长,抑制资产价格的泡沫和通货膨胀预期;又要防范热钱的流入,维持宏观经济的平稳运行。

2013年以来,我国经济下行压力较大,根据我国宏观经济形势的变化,央行货币政策的调整应该是一个渐进的过程,先是数量型货币政策工具的操作,控制国内货币和信贷的投放的节奏;价格型工具的操作不仅要考虑国内宏观经济形势,还必须要考虑到国外央行货币政策的调整和变化,尤其是美联储等央行货币政策的变化。美国货币政策收紧对人民币汇率变化将有重要影响,人民币贬值压力随着美联储利率和美元汇率的变化而变化。之前美国保持宽松货币政策,美元走软,非美货币走强,人民币升值,人民币利率上调,会加剧人民币升值压力和热钱流入,这是央行货币政策调控必须要考虑的。现在美国要退出量化宽松政策,美元走强,非美货币走弱,人民币贬值,会导致资本进一步流出。2018年特朗普政府上台,人民币汇率面临双重压力,一是美联储上调联邦基金利率;二是中美贸易战影响中国的国际收支和人民币汇率的走势。因此,中国货币政策的调整既要考虑国内宏观经济状况,也要兼顾国际宏观经济形势的变化。我国货币政策更多地使用数量型工具,2018年1—10月,央行已经四次下调法定准备金率,调节市场流动性,但是并没有降低存贷款利率,保持货币政策稳健中性。同时,人民银行应该关注跨境资本流动,把跨境资本流动纳入宏观审慎框架,对跨境资本流动进行逆周期调节。

8.3 高杠杆下的中国经济和货币政策

8.3.1 债务水平与GDP比率

从债务水平来看,任何人或企业都会有一个债务限额,超过这个水平,他们将无法偿还债务或违约破产,实际上,从整个国家来看也是如此。反映债务水平的一个关键变量是债务水平和GDP的比率,这一比率是度量一国债务水平和国内产出的比率。如果一国经济下滑,政府需要刺激经济或借款偿还债务,但这两种情况下,债务水平都会提高。因为如果经济下滑,政府可能会借款扩大支出,刺激经济,解决就业问题;如果经济下滑,政府税收收入会减少,必须借款偿还债务,无论属于哪一种情况,政府的借款将上升,因此债务与 GDP 比率是一个非常重要的经济变量,它也反映了一个经济体加杠杆的程度。衡量债务水平的高低通常用债务水平和 GDP 的比率来度量,这一比率越高,债务水平就越高。

一国的债务水平包括政府的债务水平、公司的债务水平、家庭的债务水平和金融机构的债务水平。前三个部门的债务水平反映了实体经济的债务水平,第四个反映了金融部门的债务水平。因此,有政府的债务比率、公司的债务比率、家庭的债务比率和金融机构的债务比率,四个部门比率相加就构成了这个国家的债务比率水平,前三个部门比率相加,就是这个国家实体经济债务比率水平。

根据 BIS 的统计数据,我国非金融的私人部门的信贷(包括家庭和非金融公司)与 GDP 的比率不断上升,2017 年第 4 季度达到 208.4%,2017 年第 1 季度达到最高点 211.1%;2017 年第 4 季度非金融的私人部门的信贷与 GDP 的比率长期趋势①达到 196.1%,2017 年第 4 季度也是最高点。2017 年第 4 季度非金融的私人部门的信贷与 GDP 的比率与该比率长期趋势的缺口为②12.6%,这一缺口 2016 年第 1 季度达到最高点 28.9%,私人部门的债务水平在 2008 年国际金融危机后上升加快(见图 8-2)。

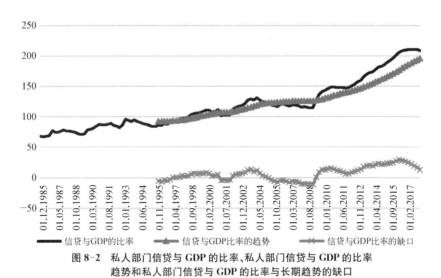

图 8-2　私人部门信贷与 GDP 的比率、私人部门信贷与 GDP 的比率趋势和私人部门信贷与 GDP 的比率与长期趋势的缺口

数据来源:www.bis.org。

---

① 非金融的私人部门的信贷与 GDP 的比率长期趋势是指对非金融的私人部门的信贷与 GDP 的比率进行 HP 滤波得到的长期趋势值。

② 非金融的私人部门的信贷与 GDP 的比率长期趋势与该比率长期趋势的缺口是指非金融的私人部门的信贷与 GDP 的比率与 HP 滤波后得到的长期趋势值之差。

第8章 我国货币政策调控面临的挑战

债务偿还比率(debt service ratio)是偿还私人部门债务需要 GDP 的比率,如私人部门债务 2013 年第 3 季度偿还比率是 18.40%,意味着要用第 3 季度 GDP 的 18.4%来偿还本金和利息。中国私人部门的债务偿还比率不断上升(见图 8-3),意味着每年偿还债务的本息也越来越多。

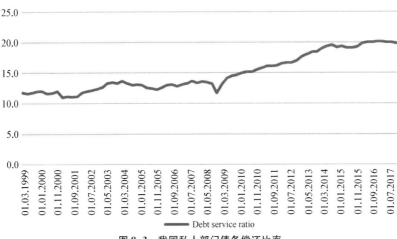

图 8-3 我国私人部门债务偿还比率

数据来源:www.bis.org。

上面主要考察了私人部门信贷债务水平,根据 BIS 的统计数据,如果融入政府部门,总信贷(包括政府、家庭和非金融公司)与 GDP 的比率,2017 年第 4 季度达到 255.7%,2017 年第 3 季度达到最高点 256.9%(见图 8-4)。

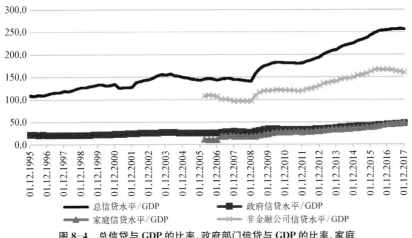

图 8-4 总信贷与 GDP 的比率、政府部门信贷与 GDP 的比率、家庭部门信贷与 GDP 比率和公司部门信贷与 GDP 的比率

数据来源:www.bis.org。

根据上面的总信贷和私人部门的信贷数据,2017年中国的政府债务与GDP的比率为47.60%,1995至2017年中国政府的平均债务率为29.75%,2017年达到最高点47.6%,1997年最低为20.40%。2017年中国的家庭债务与GDP的比率由第三季度的48%上升到第四季度的48.40%,2006—2017年中国家庭的平均债务率为28.94%,2017年第四季度达到最高点48.40%,2006年第2季度最低为10.80%。2017年第4季度中国的非金融的公司与GDP的比率为160.3%,2016年第2季度达到最高点166.9%,2008年第4季度最低为96.3%。在政府、家庭和非金融私人部门的债务水平中,非金融私人部门的债务水平最高,政府的债务水平次之,家庭的债务水平最低。

以上主要探讨的是实体经济的债务水平,如果考虑到金融部门的债务水平,总债务水平和比率还将上升(见表8-3)。

表8-3 中国实体经济与金融部门债务与GDP的比率(%)

时 间	总债务比率	实体经济	金融部门	总债务（万亿美元①）
2000	121	114	7	2.1
2007	158	134	24	7.4
2014Q2	282	218	65	28.2
2000—2007变动	37	20	17	5.3
2007—2014Q2变动	124	74	41	20.8

数据来源：Debt and (not much) Deleveraging, McKinsey Global Institute, February 2015。

从中国的债务水平来看,政府部门债务水平较低,而公司债务水平较高,这和一些发达国家的情况有所不同。发达国家政府债务比例比较高的国家,有日本、希腊、意大利、葡萄牙、新加坡、美国、比利时等(见表8-4)。较高的政府债务水平可能导致债务危机,如果高债务政策带来经济增长,则债务水平可能被将来高收入和高税收偿还,不会导致债务危机,但如果高债务没有带来实际经济增长,则可能会引发债务危机,如希腊的主权债务危机。

如果一国债务水平适度的话,可能既会带来经济增长,又不会导致债务危机,而过多的债务水平会使得投资者对本国经济失去信心。债务比率反映了一个经济的健康状况,实际上债务水平的高低很难有一个统一的标准,如日本2011年的债务比率超过200%,并没有引起市场多大的关注,但是希腊的债务比率是160%,许多评级公司则预测希腊将破

---

① 按照不变的2013年汇率计算。

第8章 我国货币政策调控面临的挑战

表8-4 发达国家的政府债务水平与GDP的比率(%)

国　　家	2004	2014
日　本	165.5	227.2
希　腊	98.6	175.1
意大利	103.9	132.6
葡萄牙	57.6	129
新加坡	98	105.5
美　国	62.7	101.5
比利时	94.2	101.5

数据来源：Debt and (not much) Deleveraging, McKinsey Global Institute, February 2015。

产。为什么会有不同呢？一是债务水平的可持续性。虽然日本债务水平比较高，但它的债务有持续的买家，主要是国内投资者或一些持续的国内买家。日本债务投资者主要是国内投资者持续购买，再比如，美国政府债务由中国持续购买，这都不是一个大的问题。

实际上，如果一国经济能够恢复增长，则高债务未必会是问题，因为将来的收入可以偿还现在的债务。也就是说，将来的收入增加会导致债务比率不断的下降，债务问题最终能够得到解决。还有如果一国经济停滞则债务比率将上升，该国是否采取了有力的措施遏制将来债务水平的上升，这也是一个关键。如果一国债务水平很高，但采取了一些削减债务的措施，也可能得到市场的认可，不会导致债务问题，但如果没有积极的应对之策，则可能会引发市场动荡，如2011年希腊没有任何措施行动，评级公司下调评级，市场剧烈波动。

图8-5反映了各国2017年与2007年的实体经济债务水平与GDP比率，以及债务水平的变动情况，其中横轴表示2017年债务水平与GDP的比率，纵轴表示2017年比2007年上升了多少。从图中可以看出，虽然中国的实体经济债务水平没有一些发达国家高，如美国、日本等，但是2017年中国的实体经济债务水平，与2007年相比上升较快。

关于一国的债务水平有几点值得思考：一是债务水平高不一定会发生债务危机，实际上，债务水平较高的发达国家比较多，债务水平高，只是杠杆比较高，如果能够促进实体经济的发展，债务问题会解决。二是债务水平高，如果债务水平能够持续，也不会出现债务危机。也就是说，购买者对经济前景有信心，或者有新的购买者进入，不会去挤兑，债务水平较高也不会有问题。三是政府能够通过财政政策和货币政策的协调，解决高债务和经济增长问题。如2008年国际金融危机爆发，美国财政赤字上升，债务水平较高，美联储采取量化宽松政策，大量购买政府债券和机构债券，高债务并不会成为问题，等到经济恢复，再逐步降低债务水平，退出量化宽松政策。

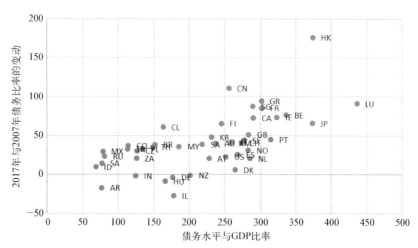

图 8-5　各国 2017 年与 2007 年实体经济债务比率的变动

当然值得指出的是,并不是高债务没有问题,高债务意味着高风险,处理得不好,可能会发生债务危机,如 20 世纪 70 年代末 80 年代初拉美国家的货币危机就是由于高债务、高赤字所导致的。

通常一国高债务比率主要是由以下一些因素引发:一是经济下滑。经济快速增长可能需要更多的债务刺激,但是在此过程中如果经济突然下滑,则可能会导致债务水平的大幅度上升。如日本在 20 世纪 80 年代的高速增长后,出现滞胀局面,导致了债务比率的上升。二是人口老龄化的影响。人口老龄化可能会加重社会保障体系的负担,因此也需要增加债务来解决问题。例如,美国社会保障体系负担增加了公共债务,也推高了它的债务比率。三是政府支出。政府支出的增加会导致债务比率的提高。政府通过债务水平的增加扩大支出,则债务比率会上升较快。政府支出上升,政府借款会增加,债务水平会上升。因此,削减债务比率,一是要削减政府支出,减少债务负担。要减少不必要的政府开支,提高政府资金的使用效率。二是促进经济增长。中央银行可以削减利率刺激经济增长,国内产出会上升,债务比率会下降。三是增加税收。增加税收是一种常用方法,有利于偿还债务,削减债务比率,但是增加税收应该考虑对经济增长的不利影响,要在这两者之间取得平衡。

与一些发达国家债务水平较高相比,中国债务水平存在一些结构性的差异,如中国的政府债务水平并不高,即使把地方政府融资平台债务算上,也只有 65%,而一些发达国家政府的债务水平较高,如日本 2017 年达到 212.3%,美国 2017 年是 99%,意大利是 148%。中国的公司债务水平非常高,2017 年为 160.3%,日本为 103.4%,美国为 73.5%,意大利是 71.2%。中国的企业债务水平较高,而且大部分是国有企业债务,主要是国有银行的贷款,如果企业违约或破产,将导致金融机构流动性风险,到时候中央银行可能会被迫成为最后贷款人来拯救金融机构。当然,还可以对企业债务实行"债转股",缓解企业债务压力,如果将来企业没有经营管理根本性的改善,"债转股"也可能仅是权宜之计。在中国,企业债务水平很高,有以下隐患:一是房地产企业的杠杆率一直非常高。2014年房地产企业的债务为2.5万亿—3万亿美元,占整个房地产债务比约10%—15%,如果房地产价格下跌,房地产行业债务风险会凸显出来。除了房地产企业债务,家庭房地产债务约1.8万亿美元,约占总债务的8%,与房地产相关部门的债务约2.0万亿—2.5万亿美元,约占总债务的10%—15%,政府房地产债务约2.2万亿美元,约占总债务的10%,因此房地产的总债务约8.5万亿—9.5万亿美元,占总债务水平40%—45%。二是由于国有银行和国有企业都有"国有"的特点,国有银行的信贷主要流向国有企业,国有企业的债务水平较高,挤占了民营企业的信贷资金,而民营企业的经营效率往往会高于国有企业,资源没有得到最优配置,债务的可持续性会面临问题。三是如果政府债务水平高,可持续性较强,因为政府信用高,债券的信用等级高,容易获得资金的来源。而企业债务水平高,一旦流动性出现问题,自身会面临融资的困难,因为企业信用低,更难以发行债券融资,同时银行也不愿意继续融资,这就是如果企业债务出现违约,问题会更加严重。如果政府帮助解决,又会面临道德风险问题。

8.3.2 金融杠杆和影子银行

金融部门的杠杆是通过金融部门的债务率来反映的,金融部门债务率的统计有多种方法,计算金融部门杠杆率的一种方法是麦肯锡方法。这种方法很简单,根据央行发布的其他存款性公司资产负债表,把资产方的"对其他存款性公司债权"和"对其他金融机构债权"两项加起来,作为金融部门的负债,计算与GDP的比率作为金融部门的债务水平。从其他存款性公司的资产负债表来看,虽然"对其他存款性公司债权"和"对其他金融机构债权"都是资产,但是这两项从另一面反映了金融部门对银行机构的同业负债、对非银机构的同业负债,以及债券发行等,是这几项负债的集中体现。因此,从金融部门的债务率来看,2016年之前债务比率不断上升(见表8-5),2015年中央经济工作会议强调抓好去产能、去库存、去杠杆、降成本、补短板五大任务,去杠杆成为供给侧改革的一项重要任务,2017年金融部门的债务比率有所下降。

表8-5 金融部门的债务比率

时间	对其他存款性公司债权(亿元)	对其他金融机构债权(亿元)	GDP(亿元)	金融部门的债务比率
2006	41 680.31	11 902.23	219 438.5	0.244 18
2007	56 316.51	12 755.16	270 232.3	0.255 601

(续表)

时间	对其他存款性公司债权(亿元)	对其他金融机构债权(亿元)	GDP（亿元）	金融部门的债务比率
2008	75 741.12	12 450.53	319 515.5	0.276 017
2009	97 914.51	16 977.72	349 081.4	0.329 127
2010	134 452.8	19 735.5	413 030.3	0.373 31
2011	179 466	34 329.18	489 300.6	0.436 94
2012	237 024.6	50 519.92	540 367.4	0.532 128
2013	260 442	72 592.28	595 244.4	0.559 492
2014	280 389.3	111 553.5	643 974	0.608 631
2015	314 186.5	176 579.4	689 052.1	0.712 233
2016	315 878.2	265 298.6	743 585.5	0.781 587
2017	296 042.9	280 616.8	827 121.7	0.697 188

数据来源：www.pbc.gov.cn,国家统计局。

2008年国际金融危机爆发,2008年底中国政府推出了4万亿元的经济刺激计划,银行信贷大幅度上升,同时地方政府债务融资平台也不断兴起,非银行金融机构贷款不断增加,即影子银行融资大幅度上升。国际金融危机爆发以来,地方政府借款每年增长速度达到27%,是中央政府借款增速的2.5倍,意味着政府4万亿的刺激计划支撑了地方政府借款飙升。地方政府用土地做抵押,通过表外业务获得融资,实施基础建设或其他项目。中央通过审计发现,地方政府债务的三分之一来自影子银行,2014年地方政府20%的借款主要用来偿还老的债务,如果地方政府不能够偿还债务,最终损失可能还是落在银行体系头上。

国际金融危机以后,影子银行得到了快速发展,根据麦肯锡的统计,到2014年第二季度,影子银行贷款达到6.5万亿美元,占非金融部门贷款总额的30%。自国际金融危机以来,非银行金融机构每年贷款增速36%,超过银行贷款增速18%。中国影子银行的发展主要由于存款利率较低,如果考虑到通货膨胀率,实际利率更低,因此大量资金规避管制,通过影子银行流向地方政府融资平台或一些企业手中。中国影子银行融资主要包括以下四种途径：财富管理工具、授信贷款、信托贷款、金融公司贷款和其他贷款。影子银行的收益率较高,往往会产生道德风险和逆向选择,资金往往会投向高风险的投机项目,而且资金都是短借长贷,一旦出现问题,投资者会面临较大的损失。而且一旦一家影子银行出现问题,往往会导致连锁反应,传染到其他金融机构,包括银行体系,最终导致政府不得不介入,社会成本大幅度上升。

因此,金融去杠杆要重点整治地方政府债务平台和影子银行,加强地方政府的债务管理,包括债转股或发行市政债券等,化解地方政府债务风险。人民银行应将影子银行纳入宏观审慎政策框架,将同业存单等纳入MPA考核。银行体系要增加透明度,把表外业务移到表内,加强风险管理,进一步完善和逐步实行资管新规。

8.3.3 中国的货币政策

  2015年11月中央首次提出着力加强供给侧结构性改革,2015年12月,中央经济工作会议强调抓好去产能、去库存、去杠杆、降成本、补短板五大任务。2016年12月中央经济工作会议强调2017年以去产能、去库存、去杠杆、降成本、补短板"三去一降一补"五大任务为抓手,2017年是供给侧结构性改革的深化之年,因此去杠杆一直是供给侧改革的一项重要任务。2018年七月共计召开了四场重要的经济会议,分别是2018年7月2日金融稳定发展委员会会议;2018年7月13日中央财经委员会会议;2018年7月23日国务院常务会议;2018年7月31日中央政治局会议。除了第二次会议之外,其他三次都是在讨论经济问题。在7月2日的金融委会议上,审议了金融办的化解重大风险攻坚战三年行动方案,在7月23日的国常会上,强调"稳健的货币政策要松紧适度",在7月31日的政治局会上,重提"坚定做好去杠杆工作"。意味着中央坚持"去杠杆"主基调①,同时也注意程度上缓冲,稳妥有度地去杠杆,两者兼顾。因此,宏观调控政策仍然是积极的财政政策和稳健的货币政策,但积极的财政政策会发挥更大的作用。因为我国的政府债务水平和财政赤字并不高,财政政策还有很大的操作空间以促进经济增长;"去杠杆"首先要稳杠杆,不能够采取扩张性的货币政策,根据实际经济情况,进行结构性调整,如发展普惠金融,对中小企业加大支持力度,对高杠杆企业要控制信贷投放。

  从中国货币政策的实施来看,稳健中性的货币政策的"主基调"不会改变,但是在具体实施过程中,根据供给侧改革的要求,做到松紧有度。

8.4 政府税率、铸币税税率和经济增长的非线性关系

8.4.1 引言

  20世纪70—80年代,美、英等国相继陷入滞胀经济,由此诞生了从供给面刺激经济的

---

① 中国人民银行、银保监会、证监会、外汇局于2018年4月27日联合发布《关于规范金融机构资产管理业务的指导意见》(以下简称《资管指导意见》)。《资管指导意见》立足整个资产管理行业,按照资产管理产品的类型统一监管标准,消除多层嵌套,分类统一杠杆比例,实施净值化管理,规范非标准化债权类资产投资要求,降低影子银行风险。

"供给学派",其主要政策措施包括减税,削减政府福利开支,减少货币供给量,控制通货膨胀等措施来促进经济增长。根据供给学派的观点,减税是一项重要的政策。"拉弗"曲线是一个"倒 U"型的曲线,在政府税收最大值的左边,随着税率的上升,政府税收是上升的;在政府税收最大值的右边,随着税率的增加,政府税收是下降的。政府最优的税率是使政府税收最大化,政府税收和税率存在"倒 U"型的特征,即存在一个最优税率,这个税率使得政府的边际税收为零,从而总税收达到最大化,这体现了实体经济中政府税收和税率之间的关系。从某种意义来说,政府目标并不是追求政府税收的最大化,政府征税的目的只是希望能够促进经济增长,因此人们关心的是经济增长和政府税率之间的关系。实际上,经济增长和政府税率既可能正相关,又可能负相关,较低的税率能够促进经济增长;较高的税率可能会抑制经济增长,因此经济增长和政府税率也可能会存在"倒 U 型"的曲线关系。

从经济增长的理论来看,在早期的拉姆齐模型的基础之上(Ramsey,1928),新古典的经济增长模型研究了最优的经济增长率变动路径(Solow,1956;Cass,1965;Koopmans,1965),但这些模型都没有探讨政府决策对经济增长的影响。Romer(1986)构建了一个内生的长期经济增长的模型,探讨了公共政策对经济增长的影响。而 Barro(1990)在内生经济增长模型的基础之上,考察了经济增长和政府税率之间的关系,认为政府税率和经济增长也存在拉弗曲线的关系(Barro,1990;Minea and Villieu, 2007, 2008;Ehrhart, Hélène & Alexandru Minea & P. Villieu, 2014),这主要是两方面的原因:一是较高的税收可以获得更多的公共投资的资源,有利于促进经济增长,因此税收的提高和经济增长是同向变动的,处于拉弗曲线的左端。二是较高的税收可能会对私人投资产生挤出效应,抑制私人投资,不利于经济增长,税收和私人投资负相关,税率上升,经济增长下降,处于拉弗曲线的右端。

同样,政府税收是一种税收,铸币税也是一种税收,铸币税反映的是货币发行引发通货膨胀而导致货币购买力下降,相当于向货币持有者征收了一笔税收。从以前一些学者的研究可以看出,通货膨胀率和政府税收税率既可能正相关,也可能负相关[①],因此经济增长和政府税率也可能存在倒 U 型的非线性关系。从理论上来看,一是较高的铸币税税收可以获得更多的公共投资的资源,有利于促进经济增长,因此税收的提高和经济增长是同向变动的。二是较高的铸币税税收也会对私人投资产生挤出效应,抑制私人投资,不利于经济增长,铸币税税收和私人投资负相关,铸币税税率上升,经济增长下降。因此,从前面

---

① 通货膨胀作为铸币税融资的一种方式,Poterba. and Rotemberg 提供了多个国家通货膨胀和税收联合变动情况的证据,还可见 Trehan and Walsh(1990)、Edward and Tabellini(1991)、Evans J.L. Amey M.C.(1996)、Nissan Liviatan and Roni Frish(2006)。

的研究可以看出,政府税率、铸币税税率和经济增长都可能存在非线性的关系。

国内研究经济增长和政府税率之间关系主要有:郝春虹(2006)研究表明我国GDP对税收有显著的正向影响;税收与国内生产总值的关系不会明显偏离均衡状态,说明了"拉弗"曲线在我国的重要现实意义。栾恩杰(2008)通过回顾拉弗曲线提出的历史背景及主要观点,分析了拉弗曲线存在的问题。付广军、刘洋(2013)从一般理解的拉弗曲线理论出发,扩展了该曲线的内涵和外延,验证了税收和税基最小最大相容;税收和税基最小相容。罗美娟、黄丽君(2015)利用Feige&Mcgee的理论模型推导了拉弗最适税率,认为提高税率不是增加税收的有效途径,相反,确定合理的征税边界才能建立起有效的征税机制。而王伟(2006)分析表明,在拉弗曲线平滑上升的表面现象背后,隐藏着一种无序的状态或混沌特征,因此,在经济发展、税基扩大的情况下,应慎重提高税率,防止税收的大起大落,这是从另一个角度来分析拉弗曲线。以上研究主要是从政府税率与经济增长的角度来研究的,而同时结合铸币税税率、法定准备金率①等来研究拉弗曲线的较少。

我国经济正处于经济结构转型的重要时期,中央强调供给侧改革的重要性,希望通过减税等措施刺激经济增长,我国存在经济增长的"拉弗曲线"吗?

8.4.2 供给侧结构性改革的理论发展及实践探索

8.4.2.1 供给侧结构性改革的分析

近年来,由于国内外环境的变化,我国经济下行压力较大,开始进入"新常态"(new normal)②,在"三驾马车"刺激效果甚微这一现状下,经济管理开始由需求侧向供给侧调整,并提出了供给侧结构性改革的理念。供给侧改革在经济史发展过程中并非新概念,无论是理论还是实践,供给学派都在经济学中占据重要地位。

1. 理论发展

西方供给学派,供给理论在经济学的发展历程中一直占据重要之地,一般认为19世纪诞生的供给自动创造需求的"萨伊定律"是供给学派的最早思想归纳。需求学派与供给学派此消彼长,协同促进了西方经济学的发展。20世纪30年代之前,供给学派占据主导地位,1929—1933年大萧条的发生使凯恩斯学派应运而生,由此以凯恩斯为代表的需求学

---

① 国内研究法定准备金率,主要是从法定存款准备金率调整的宏观经济效应着手的,如吴丽华、孟照建(1999);张晓慧、纪志宏和崔永(2009);周炎、陈昆亭(2011)等。
② 2014年5月习近平主席在河南考察时首次使用"新常态"一词,2014年11月9日习主席在亚太经合组织(APEC)工商领导人峰会上做题为《谋求持久发展共筑亚太梦想》的主旨演讲,系统的诠释了新常态的概念、特点以及如何应对新常态等。

派成为学术界以及政策制定层面的主流思想,直到70年代西方国家纷纷陷入"滞胀"的困境,需求学派开始失宠,以拉弗(A. Laffer)、吉尔德(G. Gilder)为代表的强调供给侧改革的供给学派再次登上舞台。供给学派认为经济陷入"滞胀"的主要原因是政府对经济的过度干预,为了使经济走出"滞胀"的泥潭,必须减少政府对经济的干预,同时鼓励政府减税以增加供给。

2. 实践探索

在经济陷入"滞胀"这一宏观背景下,供给学派很快得到执政者的认同,最为著名的美国"里根经济学"(Reaganomics)和英国的"撒切尔主义"(Thatcherism)都采纳了供给学派的观点,制定并实施了一系列措施进行供给侧改革。英国在一定程度上成功了,然而美国却事与愿违。

(1) 美国"里根经济学"。

为使美国走出"滞胀",1981年上任的里根提出"经济复苏计划",开始大刀阔斧地进行供给侧改革,主要措施有削减政府开支以减少政府赤字、大规模大幅度减税以及实行稳定的货币政策以控制通货膨胀,其中"减税"是里根经济学的核心措施。

表面来看,"里根经济学"使美国暂时摆脱了"滞胀"的局面,然而事实并非如此。在控制通胀方面,美国通胀率的确下降,但是这并非因为"里根经济学",因为在里根任期内,M1增速不降反升,通胀得以控制主要是因为金融市场的投机吸收大量游资、打压工会降低工资、大宗商品价格下降等。在促进经济增长方面,美国经济增速1981—1988年的3.29%与1971—1979的3.24%相比并无显著提高。此外,长远看来"里根经济学"还使美国陷入了巨额外债、政府赤字、贸易逆差的困境。

(2) 英国"撒切尔主义"。

上世纪70年代英国经济也陷入了"滞胀"的困境,1979年撒切尔任职英国首相,开始进行供给侧结构性改革。一方面减少货币供给以控制通货膨胀,另一方面通过国企私有化、减税等减少政府对经济的干预。此后英国经济触底反弹,通胀得到控制、人均GDP回升。英国的供给侧改革在一定程度上可以说是成功的,至少使得英国暂时摆脱了"滞胀"的困境。

8.4.2.2 我国提出供给侧结构性改革的背景——"经济新常态"

2008年金融危机在使国际经济环境发生深刻变化的同时,也使得我国经济发展进入"新常态",所谓新常态指我国经济发展在面临一系列瓶颈下,从高速增长转为中低速增长,这一新常态倒逼我们必须进行改革,促使经济结构不断优化升级,并从要素驱动、投资驱动转向创新驱动。

需求侧改革失灵。近年来我国经济增速开始下滑,消费、投资、出口作为拉动经济增长的三驾马车纷纷面临困境。需求方面,内需严重不足,对拉动经济效果有限;投资方面,虽然我国多次采取降息降准等系列措施,但投资颓势依然未能扭转;出口方面,我国人口红利的减少使得劳动力成本优势不再,出口增速下滑(见图8-6)。

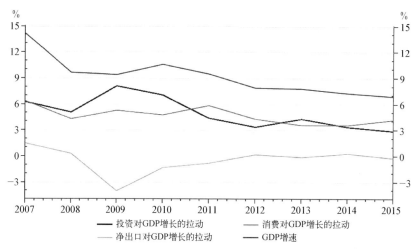

图8-6　2007—2015年我国GDP增速及"三驾马车"对GDP的拉动效应

8.4.2.3　我国供给侧结构性改革内涵

面临经济新常态,必须要对症下药。传统观点认为需求不足是导致我国经济低速增长的主要原因,在需求端刺激政策失灵现状下,必须抛开现象看本质。我国在注重需求端刺激的同时,要进行中长期供给端改革。供给侧改革与需求侧改革相对应,对于供给四要素,以去产能、去库存、去杠杆、降成本、补短板为目标坚定有序地推进供给侧结构性改革,打破经济增长瓶颈,避免落入中等收入陷阱。

任何经济理论都不是放之四海而皆准的,同为供给学派的"里根经济学"和"撒切尔主义"以一成一败而告终。我国的供给侧改革有自己的特色,首先供给理论与需求理论并无优劣之分,应将短期需求管理与长期供给管理相结合;其次,经济环境不同,供给侧改革需要开出不同的药方,还需立足于新常态。我国供给侧改革的一项重要措施是减税,因此是否存在经济增长和税率的"倒U型"曲线,减税是否有利于促进经济增长是值得探讨的重要问题。

8.4.3　宏观税负率与经济增长"倒U型曲线"的理论模型

根据传统的拉弗曲线理论(Wanniski, J., 1978),政府税收和宏观税负率之间存在倒U型的曲线关系。为了考察经济增长和宏观税负率之间的关系,以及财政赤字和铸币税税率对经济增长曲线的影响,在 MIU 模型的基础之上,融入了货币和政府预算约束平衡的条件,重新研究我国经济增长和宏观税负率之间是否存在"倒 U 型"曲线关系。

8.4.4 经济增长的拉弗曲线

8.4.4.1 代际交叠模型

为了考察经济增长和政府税率、铸币税税率之间的非线性关系,构建了一个代际交叠模型(Obstfeld and Rogoff,1996),考察一个开放经济的小国,每一代人的生存期包括两个时期,这两个时期中均有新一代人诞生。典型代理人消费非耐用的消费品,同时也通过银行中介借款融资。年轻的代理人工作并获得收入,年老时不工作,依赖银行本息等生活。

假定典型代理人年轻时的消费为 c_{1t},而 $c_{2,t+1}$ 表示该居民年老时(即第 $t+1$ 期)的消费。为了方便起见,我们将人口标准化,使每一代居民仅包含一个成员。第 t 期出生的居民的效用函数如下:

$$U(c_{1t}, c_{2,t+1}, c_{t+1}^G) = \ln(c_{1t}) + \beta[\ln(c_{2,t+1}) + \delta\ln(c_{t+1}^G)] \tag{8-1}$$

式中:c_{1t} 表示第 t 期出生的居民年轻时的消费;$c_{2,t+1}$ 表示该居民年老时(即第 $t+1$ 期)的消费;c_{t+1}^G 表示政府的消费支出;β 表示主观贴现因子;δ 表示效用函数中政府消费的相对权重,效用函数采用对数形式。

典型代理人第一期预算约束方程为:

$$p_t c_{1t} + s_t = (1-\tau_t)w_t \tag{8-2}$$

典型代理人获得的工资收入为 w_t,其中的 τ_t 部分是收入税,剩下的 $(1-\tau_t)w_t$ 用于消费 c_{1t},以及储蓄 s_t,p_t 是 t 期的价格水平。

第二期预算约束方程为:

$$p_{t+1}c_{2,t+1} = (1+i_{t+1})s_t \tag{8-3}$$

$$p_{t+1}c_{t+1}^G = \rho\mu_t h_t \tag{8-4}①$$

典型代理人的财富收入为银行存款获得的本息 $(1+i_{t+1})s_t$,政府收入是铸币税收入 $\mu_t h_t$,h_t 是基础货币,μ_t 是基础货币的增长率(铸币税税率)。第二期的开支主要有:消费 $c_{2,t+1}$,政府的消费支出 c_{t+1}^G,其中部分政府铸币税收入(ρ 表示铸币税比例)用于政府开支,p_{t+1} 是 $t+1$ 期的价格水平。

---

① 为了研究的方便,假定铸币税用于政府消费。

8.4.4.2 银行部门

由商业银行的资产负债表来看,资产项目中最主要的是贷款;缴存准备金存款主要是指商业银行存放在中央银行账户上的准备金存款。从负债方来看,主要是企业和居民在商业银行的储蓄(见表 8-6)。由商业银行的资产和负债均衡可知:

$$l_t + h_t = s_t \tag{8-5}$$

表 8-6 简化的商业银行资产负债表

资　产	负　债
贷款 l_t 缴存准备金存款 h_t	储蓄 s_t

其中,s_t 是总储蓄,h_t 是准备金余额,h_t 也是基础货币,l_t 是银行贷款,γ 是银行准备金率($0 < \gamma < 1$)。

$$h_t = \gamma s_t \tag{8-6}$$

$$l_t = (1-\gamma)s_t \tag{8-7}$$

方程(8-6)表示法定准备金等于准备金率乘以银行储蓄。方程(8-7)表示贷款等于银行储蓄减去法定准备金。

根据方程(8-2),$s_t = (1-\tau_t)w_t - p_t c_{1t}$,同时根据方程(8-6),结合方程(8-3)和(8-4),因此第二个预算约束方程分别为

$$p_t c_{1t} + \frac{p_{t+1} c_{2,t+1}}{1+i_{t+1}} = (1-\tau_t)w_t \tag{8-8}$$

$$p_{t+1} c_{t+1}^G = \rho \gamma \mu_t [(1-\tau_t)w_t - p_t c_{1t}] \tag{8-9}$$

(8-8)式表示典型代理人的税后收入等于典型代理人第一期消费、第二期消费的贴现值之和;(8-9)式体现了政府消费和储蓄、铸币税税率之间的关系。在效用函数(8-1)式和预算约束(8-8)、(8-9)式条件下,构建拉格朗日函数,关于 c、c^G 求导,能够得到最优的一阶条件为

$$\frac{1}{c_{1t}} = -\lambda_1 p_t - \lambda_2 \rho \gamma \mu_t p_t, \quad \frac{\beta}{c_{2,t+1}} = -\frac{\lambda_1 p_{t+1}}{1+i_{t+1}}, \quad \frac{\beta \delta}{c_{t+1}^G} = -\lambda_2 p_{t+1}$$

因此化简上述等式能够得到:$\dfrac{1}{p_t c_{1t}} = \dfrac{\beta(1+i_{t+1})}{p_{t+1} c_{2,t+1}} + \dfrac{\rho \gamma \beta \delta \mu_t}{p_{t+1} c_{t+1}^G}$,根据约束条件,进一步得到:

$$c_{1t} = \frac{[(1-\tau_t)w_t]}{p_t[1+\beta(1+\delta)]}, \quad c_{2,t+1} = \frac{\beta(1+\delta)(1+i_{t+1})[(1-\tau_t)w_t]}{p_{t+1}[1+\beta(1+\delta)]}, \quad c_{t+1}^G =$$

$$\frac{\rho\gamma\mu_t\beta(1+\delta)[(1-\tau_t)w_t]}{p_{t+1}[1+\beta(1+\delta)]}, \quad s_t = \frac{\beta(1+\delta)(1-\tau_t)w_t}{[1+\beta(1+\delta)]}.$$

8.4.4.3 企业和生产要素

根据 Cobb-Douglas 生产函数,竞争性国内企业的生产要素包括劳动、资本和政府投入(Barro,1990):

$$Y_t = F(L_t, K_{t-1}, G_{t-1}) = L_t^a K_{t-1}^\psi G_{t-1}^{1-\psi} \tag{8-10}$$

式中:L_t 是劳动投入;K_{t-1} 是资本投入;G_{t-1} 是政府投入。一般说来,在收益率一定的情况下,企业规模并不确定。因此我们可以假设生产是由一个代表性企业进行的,t 期的产出是由 $t-1$ 期的资本与政府投入和 t 期的劳动投入决定的。

根据上述分析,可以得出利润最大化时劳动力和资本的一阶条件,资本的边际产出等于利率,劳动的边际产出等于工资:

$$F_K(L_t, K_{t-1}, G_{t-1}) = \psi L_t^a K_{t-1}^{\psi-1} G_{t-1}^{1-\psi} = r_{lt} \tag{8-11}$$

$$F_L(L_t, K_{t-1}, G_{t-1}) = aL_t^{a-1} K_{t-1}^\psi G_{t-1}^{1-\psi} = w_t \tag{8-12}$$

当劳动者的边际产出等于边际工资时,企业将停止雇用新工人;当资本的边际产出等于世界利率时,企业将不再投资。为便于分析,我们忽略劳动供给决策,并假设个人在年轻时的劳动供给是一个单位,在年老时的劳动供给为零。

8.4.4.4 政府部门

由政府预算平衡等式:

$$G_t + p_{t+1}c_{t+1}^G = \tau_t w_t + \mu_t h_t \tag{8-13}$$

式中:G_t 是政府支出;τ_t 是税率;$\mu_t = \dfrac{\Delta h_t}{h_t}$ 是货币增长率。其中 $\mu_t \dfrac{h_t}{P_t}$ 是货币铸币税(monetary seigniorage),根据 Obstfeld and Rogoff(1996)的定义(还包括 Frieman,1971;Neumann,1992,1996;Bruno and Fischer,1990;Walsh,2003),一国政府 t 期的实际铸币税收入为:$SE_t = \dfrac{\Delta h_t}{P_t}$,式中的分子表示从 $t-1$ 期到 t 期名义货币供应的增长量;分母 P_t 将名义货币供应的增长量转换为政府的实际收入,因此变换货币铸币税:$SE = \dfrac{\Delta h}{P} =$

$\frac{\Delta h}{h}\frac{h}{P} = \mu \frac{h}{P}$,$\mu$ 就是铸币税税率,名义铸币税为 μh。铸币税税率和政府税收税率一样,体现了对居民财富征收税收。政府扩大财政支出,资金来源主要有二种途径:征税($\tau_t w_t$)、新增货币发行($\mu_t h_t$),政府提高税率有利于税收增加,货币发行能够获得铸币税。

从以上的分析可知,该模型包括家庭、企业、政府和银行四部门,四部门的资产负债表见表8-7:家庭储蓄为 s_t,也是企业投资的资金来源,净值 $-s$。企业贷款资金 l_t 来源于家庭储蓄 s_t,形成了企业的固定资本 K;政府的税收存款 s^T,形成了企业固定资本 G 的一部分。因此,银行储蓄来源于家庭 s 主要贷款 l 给企业,政府税收储蓄 s^T 形成贷款 l^G 给企业。这里还假定银行是政府的代理部门,政府的存贷款是没有利息的。政府部门向公众征税 $T = \tau w$。根据存量-流量一致性模型我们能够分析资金的流动和均衡(Godley and Lavoie,2007)。

表 8-7 各部门的资产负债表

	家 庭	企 业	政 府①	银 行	总 和
资 本		$+K+G$			$+K+G$
准备金			$-h$	$+h$	0
储 蓄	$+s$		$+s^T$	$-s-s^T$	0
贷 款		$-l-l^G$		$+l+l^G$	0
净 值	$-s$	0	$+h-s^T$	0	$-s-s^T+h$
总 和	0	0	0	0	0

注:$s = l+h$,$T = \tau w$,$s^T = l^G$。

进一步可分析各部门之间的交易,表8-8是交易流量矩阵。家庭年轻时消费 c 和年老 c_{+1} 时的消费都来自企业的生产,政府对家庭收入征税 T,构成了政府支出 G 的部分来源,家庭储蓄获得的利息 $i_{s+1} \times s$,家庭在 t 期的储蓄为 s,在 $t+1$ 的储蓄变动为 Δs。所以,从家庭的角度来看,第一期预算约束方程为:$c_{1t} + s_t = (1-\tau_t)w_t$,第二期预算约束方程为:$c_{2,t+1} = (1+i_{st+1})s_t$。

企业要支付家庭的工资 w,企业的总产出包括消费 C、投资 I 和政府支出 G,即 $Y = C+G+I+(1-\rho)\mu h$,企业支付贷款利息 $r_{l+1} \times l$,企业的贷款变动为 Δl,这主要用于 $t+1$ 期私人消费和政府消费 $+p_{+1}c_{+1}+p_{+1}c_{+1}^G$,即 $l_t^*(1+i_{lt+1}) = c_{2t+1}+c_{t+1}^G$。政府部门对家庭征税 T 构成对企业投资支出 G 的一部分,假定部分铸币税用于 $t+1$ 期的政府消费,

---

① 这里的政府也包括中央银行。

因此 $\rho\mu_t h_t = p_{t+1}c_{t+1}^G$，因此 $G_t + p_{t+1}c_{t+1}^G = \tau_t w_t + \mu_t h_t$。银行中介主要从事存贷款业务，$t$ 期银行的储蓄变动为 s；企业的贷款变动为 l，家庭获得利息 $i_{s+1} \times s$，企业支付利息 $i_{l+1} \times l$，银行的储蓄变为 $s + \Delta s$；银行的贷款变为 $-l - \Delta l$[①]，因此政府获得的铸币税：$\mu_t h_t = l_t \times i_{lt+1} - s_t \times i_{st+1}$（见表 8-8）。

表 8-8 交易流量矩阵[②]

	家庭	企业		政府	银行	总和
		经常项目	资本项目			
消 费	$-pc - p_{+1}c_{+1}$	$+pc + p_{+1}c_{+1} + p_{+1}c_{+1}^G$		$-p_{+1}c_{+1}^G$		0
政府支出		$+G$		$-G$		0
固定投资		$+I$	$-I$			0
收入税	$-T$			$+T$		0
铸币税		$+(1-\rho)\mu h$		$+\rho\mu h$	$-\mu h$	
工 资	$+w$	$-w$				0
贷款利息		$-i_{l+1} \times l$			$+i_{l+1} \times l$	0
储蓄利息	$+i_{s+1} \times s$				$-i_{s+1} \times s$	0
储蓄的变动	$-s - \Delta s$				$s + \Delta s$	0
贷款的变动		Δl	$+l$		$-l - \Delta l$	0
总 和	0	0	0	0	0	0

注："+1"表示后一期，"-1"表示前一期。$\Delta s = s_{+1} - s$，$\Delta l = l_{+1} - l$。

根据表 8-8：$K_t - (1-\vartheta)K_{t-1} = I_t = l_t$[③]，$\vartheta$ 是折旧率，假定 $\vartheta = 1$，则 $K_t = I_t = l_t$，$G_t + p_{t+1}c_{t+1}^G = \tau_t w_t + \mu_t h_t$，$p_t c_{1t} + s_t = (1-\tau_t)w_t$，$p_{t+1}c_{2,t+1} = s_t(1+i_{st+1})$，$p_{t+1}c_{t+1}^G = \rho\mu_t h_t$。同样得到理论模型的预算约束等式：$p_t c_{1t} + \dfrac{p_{t+1}c_{2,t+1}}{1+i_{t+1}} = (1-\tau_t)w_t$[④]，

---

① 在本书的模型中假定在 $t+1$ 期末，存款、银行贷款余额全部为 0，也就是说，这一代人结束时，所有资产全部使用完，债务也全部被偿还。
② 由于本书模型是跨期叠代的两期模型，因此交易流量矩阵是由第一期预算约束方程和第二期均衡方程综合在一起。
③ 如果 $K_t = 0$，$-K_{t-1} = I_t$。
④ 这里的 $i_{t+1} = i_{st+1}$。

$p_{t+1}c_{t+1}^G = \rho\mu_t h_t$。从存量-流量的一致性模型来看,典型代理人的预算约束和整个资金流量的循环,均衡是一致的。

由劳动的边际产出等于工资,因此 $F_L(K_t, L_{t+1}, G_t) = aL_{t+1}^{a-1}K_t^{\psi}G_t^{1-\psi} = w_{t+1}$,再根据 $s_t = \frac{\beta(1+\delta)(1-\tau_t)w_t}{[1+\beta(1+\delta)]}$,$l_t = (1-\gamma)\frac{\beta(1+\delta)(1-\tau_t)w_t}{[1+\beta(1+\delta)]}$,$h_t = \frac{\gamma\beta(1+\delta)(1-\tau_t)w_t}{[1+\beta(1+\delta)]}$,因此政府支出:$G_t = \left\{\tau_t + (1-\rho)\gamma\mu_t\frac{\beta(1+\delta)(1-\tau_t)}{[1+\beta(1+\delta)]}\right\}w_t$

把资本投入、政府支出代入工资的方程,能够得到:

$$\frac{w_{t+1}}{w_t} = aL_{t+1}^{a-1}(1-\tau_t)\left\{(1-\gamma)\frac{\beta(1+\delta)}{[1+\beta(1+\delta)]}\right\}^{\psi} \\ \left\{\frac{\tau_t}{(1-\tau_t)} + (1-\rho)\gamma\mu_t\frac{\beta(1+\delta)}{[1+\beta(1+\delta)]}\right\}^{1-\psi} \quad (8-14)①$$

经济增长率是政府税率、法定准备金率、货币增长率等的函数,$g_t = f(\tau_t, \mu_t, \gamma_t)$,政府税率、法定准备金率等都影响经济增长率,政府税率代表着财政政策,货币增长率、法定准备金率反映了货币政策。因为是典型代理人模型,令 $L = 1$,所以②:

$$g_t = \alpha\frac{(1-\tau_t)}{1+\pi_{t+1}}\left\{(1-\gamma)\frac{\beta(1+\delta)}{[1+\beta(1+\delta)]}\right\}^{\psi} \\ \left\{\frac{\tau_t}{1-\tau_t} + (1-\rho)\gamma\mu_t\frac{\beta(1+\delta)}{[1+\beta(1+\delta)]}\right\}^{1-\psi} \quad (8-15)$$

因此:$g_t = \alpha\frac{(1-\tau_t)}{1+\pi_{t+1}}\left\{(1-\gamma)\frac{\beta(1+\delta)}{[1+\beta(1+\delta)]}\right\}^{\psi}\left\{\frac{\tau_t}{1-\tau_t} + (1-\rho)\gamma\mu_t\frac{\beta(1+\delta)}{[1+\beta(1+\delta)]}\right\}^{1-\psi}$,另一方面 $\tilde{h}_t$ 是实际货币余额 $\tilde{h}_t = \frac{h_t}{p_t}$,进一步有

$$\frac{\tilde{h}_{t+1}}{\tilde{h}_t} = \frac{\frac{h_{t+1}}{P_{t+1}}}{\frac{h_t}{P_t}} = \frac{h_{t+1}}{h_t}\frac{P_t}{P_{t+1}} = \frac{1+\mu_{t+1}}{1+\pi_{t+1}} \quad (8-16)$$

其中货币增长率 $\mu_{t+1} = \frac{h_{t+1} - h_t}{h_t} = \frac{h_{t+1}}{h_t} - 1$,对(8-16)式货币增长率对数线性化

---

① 从该模型的稳态均衡来看,在均衡状态下,工资的增长率就体现了经济增长率。
② 由于是名义工资,剔除掉价格水平,得到实际经济增长率。

得到：$\dfrac{d\tilde{h}_{t+1}}{\tilde{h}_{t+1}} = \mu_{t+1} - \pi_{t+1}$，在稳定状态下，$\mu = \pi$，因此长期均衡的经济增长率为

$$g = a\,\frac{(1-\tau)}{1+\mu}\left\{(1-\gamma)\,\frac{\beta(1+\delta)(1-\tau)}{[1+\beta(1+\delta)]}\right\}^{\psi} \\ \left\{\frac{\tau}{1-\tau} + (1-\rho)\gamma\mu\,\frac{\beta(1+\delta)}{[1+\beta(1+\delta)]}\right\}^{1-\psi} \quad (8\text{-}17)$$

8.4.4.5 经济增长和政府税率、铸币税税率等之间的关系

因此对(8-17)式两边铸币税税率 μ_t 求导得到：

$\dfrac{\partial g}{\partial \mu} = -\,a\,\dfrac{(1-\tau)}{(1+\mu)^2}\left\{(1-\gamma)\,\dfrac{\beta(1+\delta)}{[1+\beta(1+\delta)]}\right\}^{\psi}\left\{\dfrac{\tau}{(1-\tau)} + (1-\rho)\gamma\mu\,\dfrac{\beta(1+\delta)}{[1+\beta(1+\delta)]}\right\}^{1-\psi} + a(1-\psi)\,\dfrac{(1-\tau)}{(1+\mu)}\left\{(1-\gamma)\,\dfrac{\beta(1+\delta)}{[1+\beta(1+\delta)]}\right\}^{\psi}\left\{\dfrac{\tau}{(1-\tau)} + (1-\rho)\gamma\mu\,\dfrac{\beta(1+\delta)}{[1+\beta(1+\delta)]}\right\}^{-\psi}(1-\rho)\gamma\,\dfrac{\beta(1+\delta)}{[1+\beta(1+\delta)]}$，根据 $\dfrac{\partial g}{\partial \mu} = 0$，能够得到 $\mu^{*} = \dfrac{1-\psi}{\psi} - \dfrac{\tau}{1-\tau}\,\dfrac{[1+\beta(1+\delta)]}{\psi(1-\rho)\gamma\beta(1+\delta)}$，$\mu^{*}$ 是方程 $\dfrac{\partial g}{\partial \mu} = 0$ 的不动点。

在最大化的经济增长率的条件下，政府税率和货币增长率存在上述函数关系。同时在经济增长率最大化的情况下也意味着经济增长率对铸币税税率的二阶导数要小于 0。

$\dfrac{\partial^2 g}{\partial \mu^2} = a\,\dfrac{2(1-\tau)}{(1+\mu)^3}\left\{(1-\gamma)\,\dfrac{\beta(1+\delta)}{[1+\beta(1+\delta)]}\right\}^{\psi}$

$\left\{\dfrac{\tau}{(1-\tau)} + (1-\rho)\gamma\mu\,\dfrac{\beta(1+\delta)}{[1+\beta(1+\delta)]}\right\}^{1-\psi}$

$-a(1-\psi)\,\dfrac{(1-\tau)}{(1+\mu)^2}\left\{(1-\gamma)\,\dfrac{\beta(1+\delta)}{[1+\beta(1+\delta)]}\right\}^{\psi}$

$\left\{\dfrac{\tau}{(1-\tau)} + (1-\rho)\gamma\mu\,\dfrac{\beta(1+\delta)}{[1+\beta(1+\delta)]}\right\}^{-\psi}(1-\rho)\gamma$

$\dfrac{\beta(1+\delta)}{[1+\beta(1+\delta)]} - a(1-\psi)\,\dfrac{(1-\tau)}{(1+\mu)^2}\left\{(1-\gamma)\right.$

$\left.\dfrac{\beta(1+\delta)}{[1+\beta(1+\delta)]}\right\}^{\psi}\left\{\dfrac{\tau}{(1-\tau)} + (1-\rho)\gamma\mu\,\dfrac{\beta(1+\delta)}{[1+\beta(1+\delta)]}\right\}^{-\psi}$

$(1-\rho)\gamma\,\dfrac{\beta(1+\delta)}{[1+\beta(1+\delta)]} - a\psi(1-\psi)\,\dfrac{(1-\tau)}{(1+\mu)}\left\{(1-\gamma)\right.$

第8章 我国货币政策调控面临的挑战

$$\left\{\frac{\beta(1+\delta)}{[1+\beta(1+\delta)]}\right\}^{\psi} \left\{\frac{\tau}{(1-\tau)} + (1-\rho)\gamma\mu \frac{\beta(1+\delta)}{[1+\beta(1+\delta)]}\right\}^{-\psi-1}$$

$$\left[(1-\rho)\gamma \frac{\beta(1+\delta)}{[1+\beta(1+\delta)]}\right]^2 < 0$$

在 μ^* 处,经济增长率达到最大值。如果存在经济增长变动的拉弗曲线①(Laffer curve),在拉弗曲线的不同区间,铸币税税率和经济增长之间的关系也有所不同。在最大值的左边,一阶导数大于0,二阶导数小于0,则经济增长是递增的;在经济增长最大值的右边,随着政府税率上升,经济增长是下降的,一阶导数小于0,二阶导数小于0,则经济增长是递减的。

因此,根据方程(8-17),铸币税税率对经济增长影响也有两种效应,一是提高税率有正向效应,较高的税收可以获得更多的资源用来公共投资,有利于资本积累增加和促进经济增长,因此税收的提高对经济增长有正向效应,根据(8-17)式可知,$\left\{(1-\gamma)\frac{\beta(1+\delta)}{[1+\beta(1+\delta)]}\right\}^{\psi}\left\{\frac{\tau}{1-\tau} + (1-\rho)\gamma\mu\frac{\beta(1+\delta)}{1+\beta(1+\delta)}\right\}^{1-\psi}$,随着铸币税税率 μ 的上升是递增的,令 $\Gamma = \left\{(1-\gamma)\frac{\beta(1+\delta)}{[1+\beta(1+\delta)]}\right\}^{\psi}\left\{\frac{\tau}{1-\tau} + (1-\rho)\gamma\mu\frac{\beta(1+\delta)}{[1+\beta(1+\delta)]}\right\}^{1-\psi}$,则 $\frac{\partial \Gamma}{\partial \mu} > 0$,税率的提高有正向效应。二是提高税率有负向效应,较高的税收可能会对经济产生扭曲效果,对私人投资有挤出效应,抑制私人投资和经济增长,税率提高对经济增长有负向效应,因为 $\alpha \frac{(1-\tau)}{1+\mu}$ 随着 μ 的上升是递减的,因此税率的上升有负向效应。两种效应的共同作用影响税率和经济增长之间的关系,铸币税税率和经济增长呈现"倒U型"的曲线关系。

同样对(8-17)式两边 τ 求导得到:

$$\frac{\partial g}{\partial \tau_t} = -a \frac{1}{(1+\mu)} \left\{(1-\gamma)\frac{\beta(1+\delta)}{[1+\beta(1+\delta)]}\right\}^{\psi}$$

$$\left\{\frac{\tau}{(1-\tau)} + (1-\rho)\gamma\mu \frac{\beta(1+\delta)}{[1+\beta(1+\delta)]}\right\}^{1-\psi}$$

$$+ \alpha(1-\psi)\frac{1}{(1+\mu)}\left\{(1-\gamma)\frac{\beta(1+\delta)}{[1+\beta(1+\delta)]}\right\}^{\psi}$$

---

① 所谓经济增长 Laffer 曲线:随着税率的不断上升,经济增长先是上升,在达到一个最大值后会逐渐下降,当铸币税税率为 μ^* 时,经济增长达到最大值。

$$\left\{\frac{\tau}{(1-\tau)}+(1-\rho)\gamma\mu\frac{\beta(1+\delta)}{[1+\beta(1+\delta)]}\right\}^{-\psi}\frac{1}{(1-\tau)}$$

根据 $\frac{\partial g}{\partial \tau}=0$，能够得到 τ^*：

$$\tau^* = 1 - \frac{\psi[1+\beta(1+\delta)]}{[1+\beta(1+\delta)]-(1-\rho)\gamma\mu\beta(1+\delta)} \tag{8-18}$$

如果 τ^* 是经济增长率最大化的税率，同时也意味着经济增长率对政府税率的二阶导数要小于 0。

$$\frac{\partial^2 g}{\partial \tau^2} = -\alpha\psi(1-\psi)\frac{1}{1+\mu}\left\{(1-\gamma)\frac{\beta(1+\delta)}{[1+\beta(1+\delta)]}\right\}^{\psi}$$

$$\left\{\frac{\tau}{(1-\tau)}+(1-\rho)\gamma\mu\frac{\beta(1+\delta)}{[1+\beta(1+\delta)]}\right\}^{-\psi-1}$$

$$\frac{1}{(1-\tau)^3}<0$$

在 τ^* 处，经济增长率达到最大值。如果存在经济增长变动的拉弗曲线，在拉弗曲线的不同区间，政府税率和经济增长之间的关系也有所不同。在最大值的左边，一阶导数大于 0，二阶导数小于 0，则经济增长是递增的；在经济增长最大值的右边，随着政府税率上升，经济增长是下降的，一阶导数小于 0，二阶导数小于 0，则经济增长是递减的。

根据方程(8-17)，政府税率对经济增长影响也有两种效应，一是提高税率有正向效应，较高的税收可以获得更多的资源用来公共投资，有利于资本积累增加和促进经济增长，因此税收的提高对经济增长有正向效应，根据(8-17)式可知，$\left\{(1-\gamma)\frac{\beta(1+\delta)}{[1+\beta(1+\delta)]}\right\}^{\psi}\left\{\frac{\tau}{1-\tau}+(1-\rho)\gamma\mu\frac{\beta(1+\delta)}{[1+\beta(1+\delta)]}\right\}^{-\psi}$，随着税率 τ 的上升是递增的，令 $\Gamma = \left\{(1-\gamma)\frac{\beta(1+\delta)}{[1+\beta(1+\delta)]}\right\}^{\psi}\left\{\frac{\tau}{1-\tau}+(1-\rho)\gamma\mu\frac{\beta(1+\delta)}{[1+\beta(1+\delta)]}\right\}^{1-\psi}$，则 $\frac{\partial \Gamma}{\partial \tau}>0$，税率的提高有正向效应。二是提高税率有负向效应，较高的税收可能会对经济产生扭曲效果，对私人投资有挤出效应，抑制私人投资和经济增长，税率提高对经济增长有负向效应，因为 $(1-\tau)$ 随着 τ 的上升是递减的，因此税率的上升有负向效应。两种效应的共同作用影响税率和经济增长之间的关系，政府税率和经济增长呈现"倒 U 型"的曲线关系。

第8章 我国货币政策调控面临的挑战

因此,在 $\frac{\partial g}{\partial \mu}=0$ 的情况下,能够得到最优的铸币税税率,并且要满足 $\frac{\partial^2 g}{\partial \mu^2}<0$。同样,在 $\frac{\partial g}{\partial \tau}=0$ 的情况下,能够得到最优的政府税率,并且也要满足 $\frac{\partial^2 g}{\partial \tau^2}<0$。实际上,从前面的分析可以看出,经济增长率和政府税率、铸币税税率都存在非线性关系,可以对方程(8-17)进行泰勒展开,这种非线性关系可能存在"倒U型"(二次项系数为负)。以上讨论主要是二次非线性关系(Barro,1990,Ehrhart,Hélène & Alexandru Minea & P. Villieu,2011),也就是说,我们只讨论到二阶导数的情形,而根据许正等(2010),孟可强和陆铭(2011),丁如曦和倪鹏飞(2015)等研究了变量的三次非线性关系,模型三次非线性关系也是经常存在的,也就是说,变量之间不仅可以存在二次非线性关系,还可能存在三次非线性关系。本书把二次非线性关系拓展到三次非线性关系进行实证分析,三次非线性关系更能够准确拟合经济增长率曲线的变动,如果三次项也是显著的,就可能存在三次线性关系,三阶导数反映的是曲线上点的切线的斜率变化的剧烈程度,也就是曲线'变弯'的快慢,因此我们可以把方程(8-17)关于政府税率、铸币税税率拓展三次泰勒线性展开,构建实证模型,进行实证研究。

另外,法定准备金率也是影响经济增长的重要因素。Chai等(1995)和Roublni and Sala-i-Martin(1995)认为较高的法定准备金率导致金融中介的成本上升,金融机构给企业和家庭的贷款成本上升,不利于经济增长。另一方面,Basu(2001)认为法定准备金率增加了铸币税收入,如果铸币税收入投向生产性部门,有利于促进经济增长。因为:

$$\frac{\partial g}{\partial \gamma} = \alpha \frac{(1-\tau)}{1+\mu} \psi \left\{ (1-\gamma) \frac{\beta(1+\delta)}{[1+\beta(1+\delta)]} \right\}^{\psi-1}$$

$$\left\{ \frac{\tau}{1-\tau} + (1-\rho)\gamma\mu \frac{\beta(1+\delta)}{[1+\beta(1+\delta)]} \right\}^{1-\psi}$$

$$\left(-\frac{\beta(1-\delta)}{[1+\beta(1+\delta)]} \right) + \alpha \frac{(1-\tau)}{1+\mu}$$

$$\left\{ (1-\gamma) \frac{\beta(1+\delta)}{[1+\beta(1+\delta)]} \right\}^{\psi} (1-\psi)$$

$$\left\{ \frac{\tau}{1-\tau} + (1-\rho)\gamma\mu \frac{\beta(1+\delta)}{[1+\beta(1+\delta)]} \right\}^{-\psi}$$

$$\left((1-\rho)\mu \frac{\beta(1+\delta)}{[1+\beta(1+\delta)]} \right),$$

由此可见法定准备金率对经济增长的影响可正可负,根据具体参数而定。

8.4.5 实证研究

本节采用我国的季度数据进行实证研究,数据区间选取:1995 年第一季度至 2015 年第四季度。主要变量:国内生产总值,财政收入,国内消费物价水平,财政支出,法定准备金率,基础货币,人民币汇率,进出口贸易,外汇储备和固定资产投资等。本书根据消费者物价指数的环比数据计算得到定基的物价指数(2005 = 100)。数据来源:国内生产总值、价格水平、财政收入和财政支出等年度数据均来自 CEIC 数据库,人民币汇率、基础货币、法定准备金率和外汇储备等来自外汇管理局(www.safe.gov.cn)和中国人民银行网站(www.pbc.gov.cn)。表 8-9 给出了主要变量的描述性统计,分别概括了国内生产总值,财政收入,国内消费物价水平,财政支出,法定准备金率,基础货币,人民币汇率,进出口贸易,外汇储备和固定资产投资等的均值、标准差等统计特征。

定义以下变量:实际经济增长率:$rgdpg_t = \ln(rgdp_t/rgdp_{t-1})$,其中 $rgdp$ 为实际 GDP。政府税率[①]:$tax_t =$ 财政收入 / 国内生产总值。基础货币的增长率:$mon_t = \ln(basem_t/basem_{t-1})$,$basem_t$ 是 t 期基础货币。法定准备金率的变动率:$rrg = \ln(rr_t) - \ln(rr_{t-1})$,其中 rr_t 表示 t 期法定准备金率。实际利率[②]:$r_t = $ 名义利率 − 通货膨胀率。政府支出占国内生产总值的比率:$exd_t = $ 政府支出 / 国内生产总值。开放度用进出口总额与 GDP 的比率来表示:$open_t = \dfrac{\exp_t + imp_t}{GDP}$。汇率的变动率:$exrg_t = \ln(exr_t) - \ln(exr_{t-1})$,其中 exr 表示人民币对美元汇率。外汇储备与 GDP 之比的变动率:$fxg_t = \ln(fx_t) - \ln(fx_{t-1})$,其中 fx 表示外汇储备与 GDP 之比。固定资产投资与 GDP 比率的变动率:$investg_t = \ln(invest_t) - \ln(invest_{t-1})$,其中 $invest$ 表示固定资产投资与 GDP 之比。根据方程(8-17),我们可以构建如下的回归计量方程:

$$\begin{aligned} rgdpg_t = & b_0 + b_1 tax_t + b_2 tax_t^2 + b_3 tax_t^3 + b_4 rrg_t + b_5 r_t \\ & + b_6 mon_t + b_7 mon_t^2 + b_8 mon_t^3 + b_9 open_t + b_{10} exd_t \\ & + b_{11} exrg_t + b_{12} fxg_t + b_{13} investg_t + \varepsilon_t \end{aligned} \quad (8\text{-}19)$$

由于是季度数据,对税率 tax 等变量进行季节调整。由于 2005 年 7 月我国进行了汇改,因此 2005 年第三季度是一个断点,设置虚拟变量。本实证研究采用最小二乘法和广

[①] 这样计算还可见(Mankiw,1987;Poterba and Rotemberg,1990),体现了平均的税率水平。
[②] 考虑到利率是货币政策的价格型指标,也是影响经济增长的重要变量,实证模型中也考虑利率的影响。

第8章 我国货币政策调控面临的挑战

表 8-9 主要变量的描述性统计

变量	样本数	均值	中位数	最大值	最小值	标准差	斜度	峰度
国内生产总值(10亿元)	84	6 825.905	4 690.935	19 225.09	1 211.17	5 182.65	0.803 504	2.309 713
国内生产总值(百万美元)	84	999 245.9	574 760.7	3 009 626	143 252.4	867 453.1	0.900 429	2.404 925
国内消费价格指数(1995年1月=100)	84	122.297 5	115.075	152.992 3	101.366	15.818 08	0.664 426	1.993 319
财政收入(10亿元)	84	1 330.826	783.237 5	4 319.282	102.74	1 206.977	0.859 881	2.384 919
利率(%)	84	3.633 214	2.638 333	10.98	1.5	2.445 777	1.994 04	5.959 905
汇率(元/美元)(S_t)	84	7.550 762	8.209	8.435	6.118	0.875 851	−0.545 16	1.524 99
法定准备金率(%)	84	12.346 23	13	21	6	5.193 181	0.184 676	1.535 591
基础货币(亿元)	84	10 675.38	5 981.366	29 575.26	1 729.7	9 219.794	0.882 246	2.242 447
财政支出(10亿元)	84	1 444.037	791.901 5	5 510.547	102.911	1 400.846	1.098 207	3.095 168
进口(百万美元)	84	208 946.2	168 690	506 944	23 864	167 069.5	0.499 192	1.736 547
出口(百万美元)	84	246 183.8	191 878	646 040	28 249	199 964	0.524 706	1.819 055
外汇储备(百万美元)	84	1 394.803	739 988.5	3 993 210	57 960	1 388 522	0.623 527	1.773 587
国内固定资产投资(百万元)	84	3 937.049	1 725.066	15 962.06	111.79	4 555.556	1.325 666	3.582 229

数据来源：CEIC数据库。

义矩估计两种方法。

8.4.5.1 单位根检验和模型估计

首先对相关经济变量进行单位根检验。本书采用 Eviews9.0 软件进行 ADF 和 PP 检验(见表 8-10)。

表 8-10　单位根检验结果

变量	ADF 单位根检验			PP 单位根检验		
	(c, t, m)	ADF 检验值	概率	(c, t, m)	PP 检验值	概率
$rgdpg_t$	(c, t, 0)	−5.284 429	0.000 2	(c, t, 4)	−5.471 453	0.000 1
tax	(c, t, 0)	−4.348 381	0.004 4	(c, t, 8)	−4.456 270	0.003 1
rrg_t	(c, 0, 0)	−5.059 620	0.000 1	(c, 0, 1)	−5.088 669	0.000 1
r	(0, 0, 1)	−3.497 532	0.000 6	(0, 0, 1)	−4.081 271	0.000 1
mon	(c, 0, 1)	−3.693 567	0.005 9	(c, 0, 5)	−8.005 594	0.000 0
$open$	(c, 0, 0)	−5.923 636	0.000 0	(c, 0, 0)	−5.923 636	0.000 0
exd_t	(c, 0, 1)	−9.551 912	0.000 0	(c, 0, 20)	−15.932 20	0.000 1
$exrg$	(0, 0, 0)	−2.626 085	0.009 1	(0, 0, 3)	−2.739 281	0.006 7
fxg	(c, t, 0)	−3.830 655	0.019 7	(c, t, 3)	−3.737 089	0.025 2
$investg$	(c, 0, 0)	−13.443 31	0.000 1	(c, 0, 1)	−13.519 83	0.000 1

注：(c, t, m)表示单位根检验方程中是否含有常数项、趋势项和滞后阶数。ADF 检验的最优滞后阶数根据 AIC 信息准则选择，＊＊＊(＊＊,＊)分别表示在 1%(5%,10%)的水平下显著。

从检验结果来看，在 5% 的显著性水平下，经济增长率，政府税率，法定准备金率变动率，利率，基础货币的变动率，开放度，政府支出占 GDP 的比率，人民币汇率变动率，外汇储备和固定资产投资占 GDP 的比率等都是平稳序列，因此可以进行线性回归分析，不会产生伪回归，结果见表 8-11。

从回归结果来看，政府税率的一次项、二次项和三次项的回归系数全部通过检验，并且三次项符号为负，二次项符号为正，一次项符号为负，意味着经济增长率与政府税率之间存在非线性关系，但经济增长率和政府税率并不是纯粹的倒 U 型的二次曲线关系，而是非线性的三次曲线关系。同样，铸币税税率的一次项、二次项和三次项的回归系数全部通过检验，并且三次项符号为负，二次项符号为正，一次项符号为正，意味着经济增长率与铸币税税率之间也存在非线性关系，但经济增长率和铸币税税率也不是纯粹的倒 U 型的二次曲线关系，而是非线性的三次曲线关系①。

---

① 三次曲线的关系拟合更适当，也更正确，否则二次曲线的拟合要么是"U 型"曲线，要么是"倒 U 型"曲线，难以对两者之间的关系进行准确判断。

表 8-11 模型(8-19)估计的结果

变量	模型 1 回归系数	模型 2 回归系数	模型 3 回归系数	模型 4 回归系数	模型 5 回归系数	模型 6 回归系数	模型 7 回归系数
C	0.256 978 (2.560 679) [0.012 7]	0.323 914 (2.651 736) [0.009 8]	0.294 386 (2.611 409) [0.011 0]	0.260 834 (2.349 905) [0.021 5]	0.339 369 (2.783 571) [0.006 9]	0.311 218 (2.640 720) [0.010 1]	0.331 379 (2.734 177) [0.007 9]
tax_t	-7.447 502 (-2.311 080) [0.023 9]	-9.876 354 (-2.531 962) [0.013 5]	-9.230 366 (-2.567 426) [0.012 3]	-7.298 111 (-2.047 33) [0.044 3]	-10.227 58 (-2.632 511) [0.010 4]	-9.445 717 (-2.509 59) [0.014 3]	-10.309 71 (-2.658 738) [0.009 7]
tax_t^2	78.253 14 (2.271 373) [0.026 3]	108.114 9 (2.618 027) [0.010 7]	103.251 0 (2.714 229) [0.008 3]	74.081 65 (1.947 370) [0.055 4]	110.557 0 (2.691 178) [0.008 8]	103.680 2 (2.602 047) [0.011 2]	114.510 1 (2.782 148) [0.006 9]
tax_t^3	-271.419 7 (-2.275 319) [0.026 0]	-385.887 0 (-2.727 252) [0.008 0]	-376.684 6 (-2.891 222) [0.005 1]	-248.863 8 (-1.893 37) [0.062 3]	-389.653 1 (-2.770 337) [0.007 1]	-371.796 1 (-2.723 69) [0.008 1]	-412.453 9 (-2.917 483) [0.004 7]
r_t	-0.002 889 (-2.963 810) [0.004 2]	-0.002 760 (-2.450 597) [0.016 7]	-0.001 802 (-1.687 747) [0.095 8]	-0.003 442 (-3.351 22) [0.001 3]	-0.003 086 (-2.697 273) [0.008 7]	-0.002 748 (-2.530 51) [0.013 6]	-0.002 629 (-2.346 752) [0.021 7]
rrg_t	-0.001 681 (-0.109 161) [0.913 4]	0.042 199 (2.490 647) [0.015 0]	0.025 184 (1.550 576) [0.125 4]	0.022 229 (1.392 306) [0.168 1]	0.037 136 (2.154 825) [0.034 5]	0.034 537 (2.080 073) [0.041 1]	0.035 139 (2.015 289) [0.047 6]
mon_t	0.045 358 (1.047 415) [0.298 6]	0.114 567 (2.232 774) [0.028 6]	0.010 404 7 (2.198 714) [0.031 1]	0.073 060 (1.546 916) [0.126 3]	0.105 000 (2.040 161) [0.045 0]	0.103 824 (2.091 550) [0.040 0]	0.101 111 (1.957 818) [0.054 1]

（续表）

变量	模型 1 回归系数	模型 2 回归系数	模型 3 回归系数	模型 4 回归系数	模型 5 回归系数	模型 6 回归系数	模型 7 回归系数
mon_t^2	1.623 563 (2.968 525) [0.004 1]	1.256 265 (1.905 712) [0.060 6]	1.555 303 (2.541 012) [0.013 2]	1.366 772 (2.300 214) [0.024 3]	1.203 945 (1.834 542) [0.070 7]	1.240 978 (1.952 820) [0.054 7]	1.445 806 (2.172 548) [0.033 1]
mon_t^3	−16.315 29 (−2.448 624) [0.016 9]	−15.045 10 (−1.843 928) [0.069 3]	−17.572 46 (−2.330 042) [0.022 6]	−16.149 98 (−2.196 66) [0.031 3]	−15.408 38 (−1.899 102) [0.061 6]	−13.082 58 (−1.655 513) [0.102 2]	−15.273 83 (−1.887 922) [0.063 1]
$open_t$	0.051 126 (2.570 045) [0.012 4]		0.080 493 (3.758 955) [0.000 3]				
fxg_t	0.108 804 (3.924 345) [0.000 2]			0.126 092 (4.245 250) [0.000 1]			
$exrg_t$	−0.163 702 (−1.313 356) [0.193 5]				−0.208 791 (−1.379 694) [0.172 0]		
exd_t	−0.417 472 (−2.611 541) [0.011 1]					−0.471 367 (−2.561 385) [0.012 5]	
$investg_t$	−0.023 113 (−1.323 975 4) [0.188 0]						−0.032 079 (−1.508 698) [0.135 8]
d_{2005}	0.006 608 (1.684 175) [0.096 7]	−6.60E−05 (−0.015 660) [0.987 5]	0.004 754 (1.163 059) [0.248 6]	0.005 344 (1.334 354) [0.186 3]	−0.001 707 (−0.391 897) [0.696 3]	0.001 050 (0.256 896) [0.798 0]	−0.001 118 (−0.263 908) [0.792 6]

（续表）

变量		模型 1 回归系数	模型 2 回归系数	模型 3 回归系数	模型 4 回归系数	模型 5 回归系数	模型 6 回归系数	模型 7 回归系数
R^2		0.651 496	0.425 683	0.519 901	0.540 660	0.440 476	0.473 645	0.443 283
$a-R^2$		0.579 746	0.354 877	0.453 221	0.476 862	0.362 764	0.400 540	0.365 961
s.e		0.006 470	0.008 016	0.007 380	0.007 219	0.007 967	0.007 727	0.007 947
DW		1.700 816	1.639 421	1.828 012	1.510 733	1.578 966	1.653 809	1.731 301
模型的检验		J–B= 8.030 018 (0.018 043); LM= 1.006 169 (0.908 9); ARCH= 1.699 721 (0.790 8); WH= 25.332 66 (0.031 4); RESET= 0.095 713 (0.781 8)	J–B= 13.018 70 (0.001 489); LM= 2.256 918 (0.688 6); ARCH= 0.200 699 (0.995 3); WH= 13.944 91 (0.124 3); RESET= 0.268 250 (0.604 5)	J–B= 19.583 60 (0.000 056); LM= 1.412 462 (0.842 0); ARCH= 1.733 855 (0.784 6); WH= 14.947 77 (0.134 0); RESET= 0.048 583 (0.825 5)	J–B= 13.147 65 (0.001 396); LM= 3.695 974 (0.448 7); ARCH= 1.237 120 (0.872 0); WH= 14.260 54 (0.161 4); RESET= 0.183 487 (0.668 4)	J–B= 11.388 63 (0.003 365); LM= 2.279 894 (0.684 4); ARCH= 0.134 159 (0.997 8); WH= 12.954 74 (0.226 2); RESET= 0.759 395 (0.383 5)	J–B= 11.695 18 (0.002 887); LM= 1.882 703 (0.757 3); ARCH= 1.056 572 (0.901 1); WH= 18.609 75 (0.045 5); RESET= 0.884 183 (0.347 1)	J–B= 8.933 595 (0.011 484); LM= 1.695 865 (0.791 5); ARCH= 0.990 667 (0.911 2); WH= 15.869 31 (0.103 4); RESET= 0.000 334 (0.985 4)
残差的平稳性检验		−8.873 291 (0.000 0)	−8.714 728 (0.000 0)	−9.556 499 (0.000 0)	−8.352 949 (0.000 0)	−8.327 421 (0.000 0)	−8.335 89 (0.000 0)	−8.834 924 (0.000 0)

注意：***，**，* 分别表示在 1%，5%，10%的显著性水平下拒绝零假设

因此,经济增长率和政府税率、铸币税税率既可能正相关,也可能负相关。根据一元三次函数 $f(x)=ax^3+bx^2+cx+d\ (a\neq 0)$ 的特点,一阶导数 $f'(x)=3ax^2+2bx+c$,判别式 $\Delta=4b^2-12ac=4(b^2-3ac)$,(1) 若 $a<0$,$\Delta\geqslant 0$,令 $f'(x)=0$ 的两个根为 x_1,$x_2$①,且 $x_1<x_2$,则 $f(x)$ 在 $(-\infty,x_1)$ 和 $(x_2,+\infty)$ 上是单调递减函数,在 (x_1,x_2) 上是单调递增函数。因此图形呈现"∽"形状(见图 8-7)。

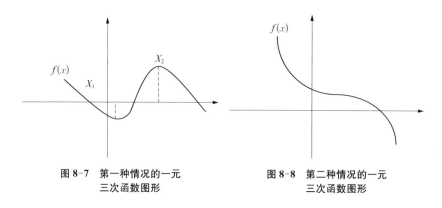

图 8-7　第一种情况的一元三次函数图形　　图 8-8　第二种情况的一元三次函数图形

(2) 若 $a<0$,$\Delta\leqslant 0$,则 $f(x)$ 在 R 上是单调递减函数(见图 8-8)。

从上面的实证分析可以看出,经济增长率和政府税率存在非线性的三次曲线关系,模型的三次项系数都小于 0,并且判别式 Δ 都大于 0,因此经济增长和政府税率呈现"∽"形状。由于政府税率的三阶导数的系数绝对值要大于铸币税的三阶导数的系数绝对值,因此政府税率的三次曲线弯曲程度更大,意味着倒"U 型"曲线部分更尖、更陡,也就是说,经济增长率对政府税率的弹性系数更大,同等程度的税率变化,政府税率对经济增长的影响更大,铸币税税率对经济增长的影响相对小一些,这也体现了财政政策和货币政策影响的相对大小。如果从税率大于零的有效区间来看,政府税率的三次曲线是"∽"形状,因为该曲线的两个驻点 x_1(最小值点)、x_2(最大值点)($x_1<x_2$)都大于 0,因此曲线在 $((0,x_1))$ 之间是下降的,在 (x_1,x_2) 之间是上升的,在 $(x_2,+\infty)$ 之间是下降的。而铸币税税率的三次曲线是"倒 U"型曲线形状,因为该曲线的两个驻点 x_1(最小值点)<0、x_2(最大值点)>0($x_1<x_2$),一正一负,因此在 $(0,x_2)$ 之间是上升的,在 $(x_2,+\infty)$ 之间是下降的(表 8-12)。

从检验结果可知,法定准备金率对经济增长的影响除了不显著外,其他都显著为正。进一步我们对模型进行诊断检验,用 Jarque-Berra 指标评估残差分布的正态性,用

---

① 其中 $x_1=\dfrac{-b+\sqrt{b^2-3ac}}{3a}$,$x_2=\dfrac{-b-\sqrt{b^2-3ac}}{3a}$。

第8章 我国货币政策调控面临的挑战

表8-12 政府税率和铸币税税率的曲线特点

政府税率图形	模型1	模型2	模型3	模型4	模型5	模型6	模型7
最小值点	0.086 642	0.079 587	0.077 949	0.090 821	0.080 593	0.079 841	0.077 301
最大值点	0.105 565	0.107 195	0.104 787	0.107 632	0.108 562	0.106 068	0.107 786
曲线减区间	(0, 0.086 642)	(0, 0.079 587)	(0, 0.077 949)	(0, 0.090 821)	(0, 0.080 593)	(0, 0.079 841)	(0, 0.077 301)
曲线增区间	(0.086 642, 0.105 565)	(0.079 587, 0.107 195)	(0.077 949, 0.104 787)	(0.090 821, 0.107 632)	(0.080 593, 0.108 562)	(0.079 841, 0.106 068)	(0.077 301, 0.107 786)
曲线减区间	(0.105 565, +∞)	(0.107 195, +∞)	(0.104 787, +∞)	(0.107 632, +∞)	(0.108 562, +∞)	(0.106 068, +∞)	(0.107 786, +∞)
形状	"∽"形状	"∽"形状	"∽"形状	"∽"形状	"∽"形状	"∽"形状	"∽"形状
铸币税税率图形	模型1	模型2	模型3	模型4	模型5	模型6	模型7
最小值点	-0.011 85	-0.029 73	-0.003 17	-0.019 79	-0.028 27	-0.028 76	-0.025 04
最大值点	0.078 193	0.085 392	0.062 179	0.076 207	0.080 358	0.091 994	0.088 141
增区间	(0, 0.078 193)	(0, 0.085 392)	(0, 0.062 179)	(0, 0.076 207)	(0, 0.080 358)	(0, 0.091 994)	(0, 0.088 141)
减区间	(0.078 193, +∞)	(0.085 392, +∞)	(0.062 179, +∞)	(0.076 207, +∞)	(0.080 358, +∞)	(0.091 994, +∞)	(0.088 141, +∞)
形状	"倒U型"形状	"倒U型"形状	"倒U型"形状	"倒U型"形状	"倒U型"形状	"倒U型"形状	"倒U型"形状

Breusch-Godfrey LM 检验序列相关,用 LM 检验自回归的条件异方差,用 White 检验残差项的异方差,用 reset 检验模型设定是否合理。由于是季度数据,诊断检验我们选取滞后期为 4,结果见表 8-11。从诊断结果来看,除了正态分布,模型基本上都通过了相关检验。模型的残差也是平稳的,则模型的回归不是伪回归。

8.4.5.2 变量之间的格兰杰因果检验

从理论上来看,经济增长率和政府税率、铸币税税率、法定准备金率、利率等是相互联系的。下面我们通过格兰杰因果检验来看中国经济增长率和政府税率、法定准备金率、基础货币增长率、利率等之间的相互影响关系。格兰杰因果关系检验对变量的平稳性和滞后阶数非常敏感,根据前面单位根检验的结果可知,这些变量都是平稳序列,由于都是季度数据,滞后阶数选择 4,格兰杰因果检验结果如表 8-13 所示。

表 8-13 变量之间的格兰杰因果关系

原 假 设	观察值	F 统计量	概率	结论
政府税率不是经济增长率的格兰杰原因	79	1.001 89	0.412 5	接受
经济增长率不是政府税率的格兰杰原因	79	0.553 29	0.697 2	接受
实际利率不是经济增长率的格兰杰原因	79	3.250 52	0.016 7	拒绝
经济增长率不是利率的格兰杰原因	79	1.943 44	0.112 8	接受
法定准备金率不是经济增长率的格兰杰原因	79	1.417 58	0.237 2	接受
经济增长率不是法定准备金率的格兰杰原因	79	3.000 49	0.024 1	拒绝
货币增长率不是经济增长率的格兰杰原因	79	2.328 94	0.064 5	拒绝
经济增长率不是货币增长率的格兰杰原因	79	2.830 53	0.030 9	拒绝
实际利率不是政府税率的格兰杰原因	79	1.013 82	0.406 3	接受
政府税率不是实际利率的格兰杰原因	79	1.119 37	0.354 4	接受
法定准备金率不是政府税率的格兰杰原因	79	1.129 30	0.349 8	接受
政府税率不是法定准备金率的格兰杰原因	79	2.161 98	0.082 2	拒绝
货币增长率不是政府税率的格兰杰原因	79	0.930 26	0.451 4	接受
政府税率不是货币增长率的格兰杰原因	79	1.289 18	0.282 5	接受
法定准备金率不是实际利率的格兰杰原因	79	2.439 99	0.054 8	拒绝
利率不是法定准备金率的格兰杰原因	79	6.630 01	0.000 1	拒绝
货币增长率不是实际利率的格兰杰原因	79	3.605 09	0.009 9	接受
实际利率不是货币增长率的格兰杰原因	79	1.635 75	0.174 9	接受
货币增长率不是法定准备金率的格兰杰原因	79	3.842 95	0.007 0	拒绝
法定准备金率不是货币增长率的格兰杰原因	79	3.492 55	0.011 7	拒绝

第8章 我国货币政策调控面临的挑战

从表 8-13 的格兰杰因果检验来看,我国的利率是经济增长率变动的格兰杰原因,经济增长率是法定准备金率变动的格兰杰原因,货币增长率和经济增长率互为格兰杰原因,政府税率是法定准备金率变动的格兰杰原因,法定准备金率和利率互为格兰杰原因,货币增长率和法定准备金率互为格兰杰原因。因此,实证结果说明我国的基础货币增长率是影响经济增长率的重要因素,法定准备金率和利率是影响货币增长率的重要因素。政府税率是影响法定准备金率变动的重要因素,进而影响经济增长率的变动。从上面的分析,也可以看出我国货币政策的传导机制:利率和法定准备金率的变化,引起货币供给的变化,进一步导致经济增长率的变动。对于中央银行调控而言,控制货币供应量是关键因素,货币增长率仍然是决定经济增长率的关键因素,利率和法定准备金率是影响货币供给的重要因素,而政府税率是影响利率和法定准备金率的重要因素(见图 8-9)。由此可以看出,政府税率的变化,导致货币政策工具操作的变化,进而传导到货币政策的最终目标,而货币供应量中介目标直接影响经济增长率。

图 8-9 政府税率、利率和法定准备金率对经济增长率的影响机制

8.4.5.3 经济增长和政府税率之间关系的 GMM 的实证分析

考虑到变量的内生性,本书对方程(8-19)进行 GMM 实证研究,在这个模型中,有 10 个变量:经济增长率、政府税率、法定准备金率变动率、利率、基础货币增长率、开放度、汇率的变动率、外汇储备与 GDP 比率的变动率、政府支出与 GDP 比率、固定资产投资与 GDP 比率的变动率等等变量,其中模型系统内变量:经济增长率、政府税率、法定准备金率变动率、利率、基础货币增长率是内生变量,开放度、汇率的变动率、外汇储备与 GDP 比率的变动率、政府支出与 GDP 比率、固定资产投资与 GDP 比率的变动率等是系统外变量,是外生变量。首先要找到模型的工具变量,考虑到内生变量与随机干扰项相关的主要来源可能主要是同期的测量误差引起的,我们用滞后期的内生变量作为原内生变量的工具变量[①],因此选择外生变量和内生变量的滞后 1 期作为 GMM 模型的工具变量,模型的估计结果见表 8-14。

---

① 根据变量与残差的相关程度,tax_t,tax_t^2,tax_t^3 的工具变量在模型 2、模型 5、模型 6、模型 7 中选择滞后 1 期作为工具变量,在模型 1、模型 3、模型 4 中直接用原变量作为工具变量。

表 8-14 GMM 模型估计的结果

因变量	工具变量	模型 1	模型 2	模型 3	模型 4	模型 5	模型 6	模型 7
		D2005, tax_t, tax_t^2, tax_t^3, $rrg_t(-1)$, $r_t(-1)$, $mon_t(-1)$, $open_t$, fxg_t, $exrg_t$, $invest g_t$	D2005, $tax_t(-1)$, $tax_t^2(-1)^2$, $tax_t^3(-1)^3$, $rrg_t(-1)$, $r_t(-1)$, mon_t	D2005, tax_t, tax_t^2, tax_t^3, $rrg_t(-1)$, $r_t(-1)$, $mon_t(-1)$, $open_t$	D2005, tax_t, tax_t^2, tax_t^3, $rrg_t(-1)$, $r_t(-1)$, $fxg_t(-1)$	D2005, $tax_t(-1)$, $tax_t(-1)^2$, $tax_t(-1)^3$, $rrg_t(-1)$, $r_t(-1)$, $exrg_t$	D2005, $tax_t(-1)$, $tax_t(-1)^2$, $tax_t(-1)^3$, $rrg_t(-1)$, $r_t(-1)$, $exrd_t$	D2005, $tax_t(-1)$, $tax_t(-1)^2$, $tax_t(-1)^3$, $rrg_t(-1)$, $invest g_t$
自变量		回归系数	回归系数	回归系数	回归系数	回归系数	回归系数	回归系数
C		0.298 815 (3.439 863) [0.001 0]	0.711 635 (1.726 862) [0.088 5]	0.384 169 (5.298 476) [0.000 0]	0.319 283 (2.771 272) [0.007 1]	0.684 879 (1.685 092) [0.096 4]	0.715 527 (1.890 006) [0.062 8]	0.703 449 (1.720 913) [0.089 6]
tax_t		-8.268 191 (-2.977 961) [0.004 0]	-21.672 88 (-1.705 362) [0.092 43]	-11.484 62 (-4.857 628) [0.000 0]	-8.855 967 (-2.486 542) [0.015 3]	-20.895 45 (-1.666 068) [0.100 1]	-21.774 30 (-1.860 871) [0.066 9]	-21.451 92 (-1.702 769) [0.093 0]
tax_t^2		82.863 88 (2.785 963) [0.006 9]	228.395 4 (1.759 858) [0.082 7]	122.436 5 (4.736 058) [0.000 0]	88.134 85 (2.400 549) [0.019 0]	220.776 6 (1.722 613) [0.089 3]	229.600 4 (1.917 917) [0.059 1]	226.501 8 (1.761 119) [0.082 5]
tax_t^3		-276.344 1 (-2.680 022) [0.009 3]	-787.491 8 (-1.833 337) [0.070 9]	-429.290 7 (-4.675 115) [0.000 0]	-290.175 6 (-2.361 767) [0.020 9]	-762.338 9 (-1.797 272) [0.076 5]	-792.786 9 (-1.997 608) [0.049 6]	-782.373 7 (-1.837 940) [0.070 3]
r_t		-0.004 386 (-4.484 405) [0.000 0]	-0.006 999 (-1.970 795) [0.052 6]	-0.003 913 (-4.410 857) [0.000 0]	-0.004 933 (-3.753 776) [0.000 4]	-0.006 718 (-1.900 950) [0.061 4]	-0.007 038 (-2.179 701) [0.032 6]	-0.006 884 (-1.947 240) [0.055 5]

(续表)

自变量	回归系数	回归系数	回归系数	回归系数	回归系数	回归系数
rrg_t	0.012 615 (0.531 762) [0.596 6]	0.049 013 (1.234 549) [0.221 0]	0.042 320 (1.895 981) [0.062 0]	0.013 140 (0.456 698) [0.649 3]	0.035 851 (0.901 217) [0.370 5]	0.049 228 (1.326 836) [0.188 8]	0.048 825 (1.235 309) [0.220 8]
mon_t	0.068 261 (1.846 684) [0.069 2]	0.118 722 (2.554 761) [0.012 7]	−0.019 715 (−0.269 911) [0.788 0]	0.085 322 (2.204 719) [0.030 7]	0.110 220 (2.439 255) [0.017 2]	0.103 990 (2.222 585) [0.029 4]	0.114 273 (2.501 914) [0.014 7]
mon_t^2	1.556 119 (6.279 148) [0.000 0]	1.191 490 (2.278 483) [0.025 7]	1.515 694 (4.897 227) [0.000 0]	1.576 603 (5.587 511) [0.000 0]	1.239 276 (2.339 523) [0.022 1]	1.120 176 (2.254 721) [0.027 2]	1.226 046 (2.293 169) [0.024 8]
mon_t^3	−16.058 67 (−3.602 814) [0.000 6]	−13.167 37 (−2.080 992) [0.041 0]	−16.932 11 (−3.584 557) [0.000 6]	−17.233 08 (−3.297 168) [0.001 5]	−14.008 56 (−2.299 999) [0.024 4]	−10.804 07 (−1.705 500) [0.092 5]	−13.138 19 (−2.119 780) [0.037 5]
$open_t$	0.040 410 (2.366 667) [0.020 8]		0.063 446 (3.146 370) [0.002 4]				
fxg_t	0.111 589 (4.559 192) [0.000 0]			0.133 175 (4.103 513) [0.000 1]			
$exrg_t$	−0.107 846 (−1.189 206) [0.238 6]				−0.156 018 (−0.949 775) [0.345 4]		

（续表）

自变量	回归系数	回归系数	回归系数	回归系数	回归系数	回归系数	回归系数
exd_t	−0.410 428 (−2.141 639) [0.035 9]					−0.440 540 (−1.754 397) [0.083 7]	−0.009 450 (−0.468 906) [0.640 6]
$investg_t$	−0.001 690 (−0.115 292) [0.908 6]						
d_{2005}	0.008 171 (2.294 519) [0.024 9]	0.002 657 (0.519 543) [0.605 0]	0.005 012 (1.421 992) [0.159 4]	0.006 312 (1.615 415) [0.110 7]	0.001 179 (0.199 972) [0.842 1]	0.003 575 (0.758 948) [0.450 4]	0.002 654 (0.531 991) [0.596 4]
R^2	0.692 581	0.382 181	0.565 571	0.602 068	0.405 172	0.418 823	0.387 355
$a-R^2$	0.628 344	0.304 953	0.504 384	0.546 022	0.321 393	0.336 967	0.301 067
s.e	0.005 965	0.008 158	0.006 889	0.006 593	0.008 061	0.007 968	0.008 180
DW	1.902 406	1.904 253	2.085 212	1.826 085	1.856 073	1.918 414	1.912 458
SSR	0.002 384	0.004 791	0.003 369	0.003 086	0.004 613	0.004 507	0.004 751
J-statistic	0.000 000	0.000 000	0.000 000	0.000 000	1.72E−37	1.11E−35	0.000 000

注：[ ]—t 检验值，( )—P 值，***、**、* 分别表示在 1%、5%、10% 的显著性水平下拒绝零假设

第8章 我国货币政策调控面临的挑战

从 GMM 估计结果来看,和最小二乘法回归一致,政府税率的一次项、二次项和三次项,在5%的显著性水平下,回归系数全部通过检验,是显著的。进一步证明经济增长率与政府税率、铸币税税率之间存在非线性关系,但经济增长率和政府税率、铸币税税率并不是纯粹的倒U型的二次曲线关系,而是非线性的三次曲线关系。这也进一步说明政府税率的三次曲线弯曲程度更大,也就是说,经济增长率对政府税率的弹性系数更大,同等程度的税率变化,政府税率对经济增长的影响更大。同样结果显示政府税率的三次曲线是"∽"形状,而铸币税税率的三次曲线是"倒U"型曲线形状(见表8-15)。

表8-15 政府税率和铸币税税率的曲线特点

政府税率图形	模型1	模型2	模型3	模型4	模型5	模型6	模型7
最小值点	0.095 805	0.083 542	0.084 089	0.092 465	0.083 029	0.083 721	0.083 351
最大值点	0.104 1	0.109 811	0.106 049	0.110 021	0.110 041	0.109 354	0.109 653
铸币税税率图形	模型1	模型2	模型3	模型4	模型5	模型6	模型7
最小值点	-0.017 3	-0.032 41	0.007 428	-0.020 3	-0.029 61	-0.031 79	-0.031 08
最大值点	0.081 902	0.092 735	0.052 249	0.081 293	0.088 584	0.100 914	0.093 291

从检验结果可知,同样法定准备金率对经济增长的影响都为正,但只有模型3显著。从上述的实证结果来看,模型变量变动的预期符号能够解释理论模型的结论,模型的结论是稳健的。

8.4.5.4 宏观税负率、财政赤字、消费和铸币税税率对经济增长的影响

传统的"拉弗曲线"认为,政府税收和税率并不是简单的线性关系,而是"倒U型"的非线性关系,并不是税率越高,税收越多,同样的税收对应于两个税率,一个高税率,一个低税率,低税率在正确的经济轨道上。通常如果税率比较高,减税就是一个比较好的经济措施。类似地,税收的拉弗曲线,可以扩展到经济增长的"拉弗曲线",也就是说,在经济增长和宏观税负率之间也不是简单的线性关系,经济增长和宏观税负率之间也是非线性的"倒U型"曲线关系。同样的经济增长率也对应于两个税率,一个较高税率,一个较低税率,低税率在正确的经济轨道上,因此减税就是一个比较好的经济措施。

从前面的实证研究能够看出,宏观税负率和经济增长存在"倒U型"关系,当宏观税负率在拐点右侧时,减税有利于增加供给,促进经济增长;短期内消费对经济增长有促进作用,长期内消费增加不利于经济增长;短期内财政赤字的增加会有利于刺激经济增长,长

期内财政赤字的上升阻碍经济的提升;短期内铸币税税率对经济增长有不利影响,长期内铸币税税率对经济增长有促进作用。

2015年我国中央召开一系列经济工作会议强调,在适度扩大总需求的同时,着力加强供给侧改革,意味着减税、适当增加财政赤字等,这都是供给侧改革的重要内容,但还要关注政策的短期和长期效果。通过对1961至2014年数据的回归,不但验证了宏观税负率与经济增长的"倒U型"曲线关系,而且粗略估计出18.6%的最适税率,目前我国宏观税负率高于最适税率,即处于拐点的右侧,此时减税会促进经济增长。

8.4.6 结论与政策建议

本节主要在叠代跨期均衡的框架内,融入政府税率、铸币税税率和法定准备金率,构建经济增长和政府税率、铸币税税率等的非线性模型。根据流量存量一致性模型,确定了跨期叠代模型的预算约束均衡,考察了典型代理人最优化下的消费和银行储蓄等的变动。同时,结合生产者最优化和政府的预算约束均衡,得到经济增长与政府税率、铸币税税率等的非线性关系,以及利率、法定准备金率等对经济增长的影响。从理论上来看,政府税率和铸币税税率对经济增长可能既有正的影响,也可能有负的影响。传统的经济增长的拉弗曲线分析认为,这种非线性关系可能存在"倒U型"二次非线性关系,实际上从许多文献能够看出三次非线性关系更能够准确拟合经济增长率曲线的变动。因此,本书把二次非线性关系拓展到三次非线性关系,三阶导数反映的是曲线上点的切线的斜率变化的剧烈程度,也就是"曲线'变弯'的快慢,三阶导数的变化影响曲线变动的总体趋势。

在此基础之上,本节对该模型进行了实证研究,结果显示经济增长率和政府税率、铸币税税率并不是纯粹的倒U型的二次曲线关系,而是非线性的三次曲线关系。与传统模型分析结论不同的是,经济增长率和政府税率存在非线性的三次曲线关系,模型的三次项系数都小于0,并且判别式∆都大于0,因此经济增长率和政府税率呈现"∽"形状。由于政府税率的三阶导数的系数绝对值要大于铸币税税率的三阶导数的系数绝对值,因此政府税率的三次曲线弯曲程度更大,意味着倒"U型"曲线部分更尖、更陡,也就是说,经济增长对政府税率的弹性系数更大,同等程度的税率变化,政府税率对经济增长率的影响更大,铸币税税率对经济增长的影响相对小一些。如果从税率大于零的有效区间来看,政府税率的三次曲线是"∽"形状,而铸币税税率的三次曲线是"倒U"型曲线形状。

从理论和实证结果可知,法定准备金率等也是影响经济增长率的重要因素,符号符合理论分析。

我国经济进入新常态以来,经济增长速度有所下滑,如何稳增长,进行供给侧结构的

第8章 我国货币政策调控面临的挑战

调整是当前面临的重要任务。从本章的结论可以看出,在政府税率较高的情况下,减税有利于促进经济增长。同样,由于经济增长是铸币税税率的递减函数,在货币增速较高的情况下,降低货币增长速度不仅不会抑制经济增长,还会提高社会公众的福利,这与我国不再通过货币刺激经济的政策是一致的。

2016年是我国"十三五"规划和供给侧结构性改革的开局之年,我国经济步入新常态,在重视需求端的前提下,如何从供给端发力,形成供给和需求的良性循环,促进经济稳步增长是当前的重要任务,我国提出了减税和增加供给等一系列政策主张,供给学派的某些观点对当代中国经济仍有一定的参考价值。

类似于拉弗曲线税率与税收的关系,进一步分析宏观税负率与经济增长的关系。一方面,在跨期均衡模型的基础之上,探讨了宏观税负率和经济增长之间的关系,理论模型显示宏观税负率与经济增长之间存在"倒U型"曲线关系;另一方面,采用ARDL的计量模型,实证结果显示我国经济增长和宏观税负率之间的确存在"倒U型"特征,和理论分析一致。此外,借助理论模型和实证分析还探讨了财政赤字、消费及铸币税税率与经济增长的关系。理论模型显示上述因素对经济增长的影响可正可负,依赖于一定条件的实现;实证结果显示,短期内消费对经济增长影响为正,长期内消费对经济增长影响为负,这主要是因为长期消费积压了投资,而投资才是经济增长的主要动力,因此长期过多的消费不利于经济增长;短期内财政赤字有利于刺激经济增长,长期内不利于刺激经济,因此短期内财政赤字可能作为一种可选择的工具,不可以作为一种常备工具;铸币税主要与货币供给的增加成正比,短期内货币供给的增加对经济增长产生消极影响,长期内货币供给的增加会促进经济增长,一方面货币供给增加会降低利率从而降低投资成本刺激投资,另一方面货币供给增加的财富效应会刺激消费,投资和消费的双重刺激促进经济增长。

进一步地,通过对历史数据的实证分析粗略估计出18.6%的最适税率,根据宏观税负率与经济增长率的"倒U型"曲线关系,当宏观税负率为18.6%时,经济增长率达到最大值,当宏观税负率大于最适税率时,减税促进经济增长,当宏观税负率小于最适税率时,增税促进经济增长。当前我国宏观税负率在22%左右,高于最适税率,所以根据这些结论,我们可以说当前减税利于经济增长。供给侧结构性改革的途径与方法多种多样,受篇幅限制,只立足于税收方面,分析宏观税负率与经济增长的关系,宏观税负率与经济增长"倒U型"曲线关系的理论模型为供给侧结构性改革提供了理论基础,而且减税促进经济增长的实证结果也为供给侧改革提供了有力实证支撑。

当然,减税只是供给侧结构性改革的一个方面,中国还需立足于基本国情及新常态的经济现状,实行全面税制改革,并配合其他改革措施共同促进经济增长。

8.5 最优货币政策规则参数的估计和中国货币状况指数的测度

8.5.1 引言

对于为实现货币政策最终目标应该采取什么样的货币政策规则这一问题,早期大量经济学家在这一方面做出了杰出的贡献(Thornton,1802;Bagehot,1873;Wicksell,1907;Friedman,1948;McCallum,1987;Taylor,1993),货币政策规则理论得到不断发展。已经实践过的货币政策规则有:名义利率钉住规则和不变货币增长率规则。20世纪70年代以前名义利率钉住规则曾经被付诸实施,70年代以来货币主义的货币供应量增长率不变的简单规则得到普遍应用,80年代以来简单规则受到挑战,进入90年代直接以反通货膨胀为最终目标、以利率调节为中心的货币政策即反通货膨胀政策逐渐取代以前简单规则货币政策。

克莱斯蒂安拉和嘎斯特(Christiano & Gust,1999)从1980年机构和制度变革开始,对货币政策规则的设置进行了研究,认为如果不遵循规则,货币当局会将产出提高到充分就业之上的水平而增加短期社会成本。就长期而言,货币当局不能因此而提高效用,因为平均来说,实际GNP不能高于充分就业的水平。事实上,如果采取相机抉择的政策而使通货膨胀有所提高,与遵循规则相比较,社会福利有所降低。巴罗-戈登模型(Barro and Gordon,1983)以及巴罗随后的系列工作,使得人们认识到货币当局最好采用固定规则的货币政策。但这并不是说现实世界中中央银行一定要按照一个简单公式来行事,中央银行固定规则型的货币工具设置是一种方法论意义上的系统性行为,并不完全排除相机抉择行为,在模型框架中相机抉择行为可以被看作是随机扰动项。

如何选择货币政策的工具来实现宏观经济目标,是最优货币政策工具研究的主要内容,最早提出最优货币政策工具的是 Poole 模型(Poole,1970),后来 McCallum(1987,1988,1993)确定了最优货币供给水平的规则,以实现经济增长的目标。Taylor(1993)确定了最优名义利率水平的规则,以适应通货膨胀率、预期通货膨胀率和产出缺口的变动。Guender(2003)通过一个更复杂的模型确定最优的货币政策工具,并且探讨了 Guender Rule 是如何优于 Taylor 规则和 McCallum 规则的。

McCallum 规则是基础货币与名义 GDP 目标增长之间的关系,在这个规则中,基础货币是工具,经济增长是宏观经济目标,它是一种适应性规则,是货币政策工具对货币政策目标的反应。Koivu,等(2008)研究发现 McCallum 规则是分析中国货币政策状况和通货

第8章 我国货币政策调控面临的挑战

膨胀压力的有用工具,发现中国经济 1994—2006 的实际基础货币的供给非常接近于 McCallum 规则。1993 年泰勒提出泰勒规则后,美联储及各国际经济组织都对泰勒规则表示出相当的兴趣。泰勒(Taylor,1999)指出,货币政策规则是指,利率或基础货币等货币政策工具如何根据经济行为(如总需求、总供给等)变化而进行调整的依据①。

Benigno (2004) and Lombardo (2006)利用一个两国最优化模型考察了货币区的最优货币政策,如欧元区,不同国家可能会面临非对称的冲击,他们认为最优的通货膨胀目标政策应该赋予通货膨胀国家(Benigno, 2004)或者市场竞争力更高的国家(Lombardo, 2006)更大的权重。Guender(2008)融入实际汇率渠道分析了最优货币政策,认为如果汇率渠道存在并且冲击是持续的,中央银行对国内 IS 随机冲击和国外产出缺口冲击的货币政策反应应该是顺风向操作的。Spencer(2008) and Bekaert, Cho, and Moreno(2010)用异方差的宏观经济模型分析了最优的货币政策,Spencer (2008)研究发现稳定状态的通货膨胀率对美国的宏观经济波动影响很大,意味着宏观经济变动和名义宏观经济变量即通货膨胀率和利率是相关的,而这两个变量又受货币当局的控制,因此制订货币政策时必须考虑这一点。Shamloo(2010)研究了叠代政策决策者的最优货币政策,通常货币政策委员会包括老一辈决策者和年轻人决策者,如果跳槽率越低、任期越长,则社会福利越接近于最优货币政策承诺下的福利水平。Woodford (2010)建议应该寻找相对简单稳健的目标规则标准,并且这个标准在相对复杂的模型中也要是近似最优的。赞成用简单规则的一个理由是简单规则可能和最优规则一样好(Taylor and Williams 2010;Schmitt-Grohe and Uribe 2007)。另一个理由是一个有用的政策规则应该是稳健的,也就是在不同的模型中是稳健的(Orphanides,2007),如 Taylor 规则在不同的宏观经济模型中是相当稳健的(Taylor and Williams 2010)。Adam and Woodford (2012)研究认为不局限于政策规则的一些先验的参数,也可以得到稳健的最优货币政策规则,其基本内容是可以得到任何政策规则下最大福利水平的上限而无须参考具体的政策规则。Cooke(2012)在两国一般均衡模型的框架内,考察了最优的货币政策,认为经济一体化是政策竞争的来源,会导致更高的长期通货膨胀和货币合作收益的增加,这是从国际角度考察最优的货币政策。Coroneo, Laura, Valentina Corradiy and Paulo Santos Monteiroz(2013)用矩不等式方法检验了美国的最优货币政策,检验结果显示不能拒绝权变(discretion)政策的零假设,但拒绝承诺(commitment)政策的零假设。

货币政策规则在理论和实证研究中得到了广泛的应用,其中对资产价格在货币政策操作中的关注也不断增加,通常认为如果预期资产价格影响将来的通货膨胀和产出缺口,

---

① 泰勒规则主要是工具规则,除了工具规则,货币政策规则还包含目标规则。

中央银行应该对资产价格变动有所反应。Cecchetti,Genberg,Lipsky and Wadwhani(2000) and Goodhart(2001)赞同当资产价格变动和宏观基本因素不一致时,货币政策应该对资产价格有所反应。Cecchetti 等(2000)和 Kontonikas and Ioannidis(2005)研究认为货币当局对资产价格泡沫反应能够改善经济条件,宏观经济的变动会更加平稳。在 Kontonikas and Montagnoli(2004)对英国的计量研究中,以及 Chadha,Sarno and Valents(2003)对英国、美国和日本的计量研究中,指出货币当局可以把资产价格作为确定利率的信息集的一部分,也建议资产价格作为反应函数的重要因素。因此,关于中央银行货币政策操作考虑资产价格变动也受到越来越多的学者的关注。

除了利率、资产价格等外,汇率通常也被看作影响总需求的重要因素,是货币政策主要的传导渠道(Benigno,2004;Devereux,2004;Gali and Monacelli,2005)。汇率的变化,即国内和外国货币的相对价格,会导致国内和国外货物和服务的相对价格的变动,这种相对价格波动反过来可以影响国内经济中的支出结构和水平。例如,汇率升值会降低进口商品的国内价格,会增加对外国生产的货物和服务的开支。同时,本国货币升值会引发国内出口产品价格上升,从而降低国内生产者的出口竞争力,出口随之下降会导致贸易收支的恶化,开放经济模型中货币政策规则也应考虑到汇率的变动。

另外,与传统的利率目标不同,一些中央银行在 20 世纪 90 年代早期还采取过货币状况指数(money conditions index,MCI)作为操作目标或重要的经济指标(如瑞士、挪威、芬兰和爱尔兰等中央银行)。MCI 指数是实际利率和实际汇率的加权平均,其变动反映货币政策的松紧程度。Ball(1998)在一个回顾型(back-looking)模型的框架内,研究认为最优的货币政策应该基于货币状况指数目标;Gerlach and Smets(2000)在一个简单的理性预期框架内解释 MCI 目标在货币政策中的重要作用。对 MCI 影响的一个重要因素是货币状况指数的权重,这也是研究货币状况指数的重点,这个权重反映了货币政策操作的利率变动百分比和汇率变动百分比对货币政策目标影响的相对大小,也反映了货币政策的松紧状况。Wensheng Peng and Frank Leung(2005)构建了中国大陆的货币状况指数,并评估了中国货币政策的松紧状况。Kannan R.,Siddhartha Sanyal and Binod Bihari Bhoi(2006)研究显示在印度影响货币状况利率比汇率更重要,并且利率和汇率结合起来比单个指标更有效。Chow,Hwee Kwan(2013)扩展了货币状况指数,研究了金融状况指数,结果显示金融状况指数能够提供货币政策的有用信息,是对新加坡金融状况有用的总结。因此,货币状况指数是反映货币政策操作的一个有用的指标。

国内关于货币政策规则[①]研究主要有:刘斌(2003)认为最优简单货币政策规则能够

---

① 关于货币政策规则的综述还可参考谢平、刘斌(2004);卞志村、毛泽盛(2005)。

很好地接近完全承诺的最优货币政策规则,为进一步改进我国货币政策的决策和操作提供了一个指导建议。卞志村、管征(2005)则采用一个简单的前瞻性(forward-looking)模型分析了中央银行确定最优货币政策规则的过程,认为我国中央银行可以考虑执行既重视产出因素也重视通货膨胀因素的混合名义收入目标框架。许冰、叶娅芬(2009)的研究表明事先承诺的最优货币政策规则对经济稳定性影响要小于相机抉择规则;另一方面事先承诺最优货币政策规则的社会福利损失明显小于相机抉择的福利损失。而朱孟楠、刘林(2011)认为资产价格和汇率会对货币政策的最终目标产生影响,而货币政策也会对资产价格和汇率的变动作出响应,我国应将资产价格的变化状况纳入日常的管理体系中。张勇、李政军和龚六堂(2014)研究了我国利率双轨制和最优货币政策,认为在短期,利率双轨制决定了货币政策主要通过管制利率渠道来传导,而溢价比稳态提高时管制利率对溢价偏离做正向反应和溢价比稳态降低时管制利率对溢价偏离做轻微负向反应,这种规则优于单一反应规则。

最后,货币状况指数也是研究我国货币政策的一个重要指标,卜永祥、周晴(2004)拓展货币状况指数的概念,考察利率、汇率和货币供应量三个因素,分析了中国近年实际货币状况指数与经济增长,名义货币状况指数与通货膨胀之间的关系。徐长生、张帅、庄佳强(2010)也构建了包含利率、汇率和货币供给量的我国货币状况指数,研究表明货币状况指数可以作为我国货币政策操作的信息指示器。陈雨露、周晴(2004)借鉴了浮动汇率制下普遍采用的货币状况指数(MCI),建立了中国的货币状况指数,计量结果表明中央银行调控经济的主要手段是货币供应量。类似于 Guender,Alfred(2005)的模型构建,卞志村(2008)通过一个前瞻性小国开放经济模型,分析了开放经济下中央银行的最优货币政策和货币状况指数,实证结果表明,可用名义 MCI 来监测通货膨胀率的变动情况,以最终提高我国货币政策的操作效率。

8.5.2 基本模型

为了考察我国最优的货币政策规则,我们拓展了理性预期的 IS-LM/ AD-AS 开放经济模型①的分析框架:一是融入资产价格的分析;二是修正了利率平价,融入风险溢价的分析;三是在总供给和总需求方程中融入汇率的分析。该模型采用一般均衡模型的分析方法,主要是从货币市场均衡(货币供给=货币需求)、商品市场均衡(总供给=总需求)和资产市场均衡(利率平价存在,股票市场和房地产市场)的角度来考察我国中央银行最优

---

① 利用这个模型分析问题有 Weymark,D.N(1997)研究外汇市场压力指数;Bnassy-Qur, Agns(1999)研究一篮子货币等。

货币政策规则的决定。

产品市场的供给函数:

$$y_t^s = y_t^p + \alpha_1\{p_t - E_{t-1}(p_t)\} + \alpha_2(e_t + p_t^* - p_t) \tag{8-20}$$

式中:y_t^s 是国内总供给;y_t^p 是国内潜在的产出水平;p_t 是 t 期国内价格水平;$E_{t-1}(p_t)$ 是 $t-1$ 期对 t 期价格水平的预期;e_t 是本国名义汇率水平;p_t^* 是 t 期国外的价格水平;$e_t + p_t^* - p_t$ 表示实际汇率。α_1,$\alpha_2 \geqslant 0$,国内的总供给随着价格水平偏差而调整,当 $\{p_t - E_{t-1}(p_t)\}$ 上升时,且价格水平超过预期的价格水平,国内总供给会增加。总供给也是实际汇率的函数,实际汇率上升①,进口价格水平上升,国内产品竞争压力会下降,国内总供给会增加。

产品市场的需求函数:

$$y_t^d = \beta_0 + \beta_1(e_t + p_t^* - p_t) - \beta_2\{i_t - [E_t(p_{t+1}) - p_t]\} + \beta_3 sp_t + \beta_4 hp_t \tag{8-21}$$

式中:y_t^d 是本国国内总需求;i_t 是名义利率;$\{i_t - [E_t(p_{t+1}) - p_t]\}$ 表示实际利率;sp_t 是股票的实际价格指数;hp_t 是房地产的实际价格指数,实际价格指数为名义价格指数剔除掉价格水平的影响。β_1,β_2,β_3,$\beta_4 \geqslant 0$,国内总需求是实际利率的函数、也是实际汇率、实际股票价格指数和实际房地产价格指数的函数。实际利率上升,融资成本上升,投资和消费会下降,总需求下降。如果实际汇率上升,本币实际贬值,出口会增加,总需求会增加。实际股票价格指数和实际房地产价格指数上升,都会拉动总需求上升。当资产价格上涨时,居民财富增加,消费会上升(Modigliani,1971),同时资产价格上升,企业增加投资,总需求会上升。商品市场均衡,总供给等于总需求:$y_t^s = y_t^d = y_t$。

货币市场的需求函数:

$$m_t^d - p_t = \gamma_0 + \gamma_1 y_t - \gamma_2 i_t \tag{8-22}$$

式中:m_t^d 是货币需求;y_t 是国民收入;$\gamma_i(i=0,1,2)$ 是常数,这也是卡甘货币需求函数的表现形式。国民收入上升,实际货币需求上升;利率上升,持有货币的成本上升,实际货币需求下降。货币市场的均衡,货币供给等于货币需求:$m_t^s = m_t^d = m_t$。

利率平价方程:

$$i_t = c_0 + c_1 i_t^* + c_2(E_t e_{t+1} - e_t) + \delta_t \tag{8-23}$$

这反映了资产市场的均衡,式中:i_t^* 表示 t 期国外名义利率;$E_t e_{t+1}$ 是 t 期对 $t+1$ 期

---

① 在名义汇率是直接标价的情况下,实际汇率上升意味着本币实际贬值。

第8章 我国货币政策调控面临的挑战

汇率的预期;$(E_t e_{t+1} - e_t)$表示汇率的预期变动率;δ_t是随时间变动的风险报酬,c_0,c_1,c_2是常数。假定风险报酬是国内产出和货币供给的线性函数:$\delta_t = \phi_1 y_t - \phi_2 m_t^s$,风险报酬和国内货币供给反向变化,货币供给越多,货币贬值压力越大,风险报酬减小;风险报酬和国内产出正向变化,国内产出增加,货币有升值趋势,风险报酬上升。

股票实际价格指数:

$$sp_t = d_0 + d_1 E_{t-1}(sp_t) + d_2 y_t \\ - d_3\{i_t - [E_t(p_{t+1}) - p_t]\} \tag{8-24}$$

股票价格指数受$t-1$期对股票价格预期、国民收入和实际利率等的影响,d_0,d_1,d_2是常数。国民收入上升,经济增长会刺激股票价格上升;实际利率上升,资金逃离股市,股票价格下降。

房地产实际价格指数:

$$hp_t = g_0 + g_1 E_{t-1}(hp_t) + g_2(e_t + p_t^* - p_t) \\ - g_3\{i_t - [E_t(p_{t+1}) - p_t]\} \tag{8-25}$$

同样,房地产价格指数受$t-1$期对房地产价格预期、实际汇率和实际利率等的影响,g_0,g_1,g_2是常数。实际汇率上升,本国货币实际贬值,出口增加,经常项目改善,外汇储备和外汇占款上升,货币供应量上升,总需求上升,刺激房地产价格上升;实际利率上升,融资成本上升,房地产需求下降,房地产价格下降。上述模型变量除了利率外,都是对数形式。

假定中央银行的损失函数(Clarida,Gali,and Gertler,2001)为

$$L = \frac{1}{2}\Delta y^2 + \frac{\theta}{2}\pi^2 \tag{8-26}①$$

式中:θ是损失函数的权重,$\theta > 0$,如果θ越大,通货膨胀偏离目标水平的损失就较大;如果θ越小,通货膨胀偏离目标水平的损失较小,但经济增长偏离目标水平的损失就较大,θ体现了通货膨胀和经济增长偏离目标水平所带来损失的相对大小的权重。Woodford

---

① 在本书中Δy_t是指经济增长率,即$\Delta y_t = \dfrac{y_t - y_{t-1}}{y_{t-1}}$,而一般是指国内产出对潜在产出变动的百分比,是产出缺口的百分比,$\tilde{y}_t = \dfrac{y_t - y^p}{y^p}$,用产出增长率代替产出缺口的百分比有几个原因:除了产出缺口的测量误差外(Orphanides,2003),也有理论方面的原因,Walsh(2003)认为在利率规则中产出缺口的变动(即需求增长相对于潜在产出的增长,如果假定潜在产出不变,则产出缺口的变动就相当于经济增长率)比使用产出缺口在货币政策利率规则设置中可能会导致有更好的结果。

(2003,chapter 6)已经证明央行的损失函数是典型代理人预期效用的二次线性近似,意味着中央银行损失函数也反映了典型代理人的效用最大化。

现代货币政策的规则分为两类:目标规则(targeting rules,见 Svensson1999,2003,Woodford,1999a,b)和工具规则(instrument rules,见 Svensson2003),工具规则是可控的政策工具(如利率)和当时经济条件相联系的函数,通常工具规则是基于统计规律得到的模型,或者是通过求解中央银行最优化问题得到的最优利率(Dennis, 2006)。McCallum(1999a,b) and McCallum and Nelson (2004,2005)赞成工具规则。在目标规则中,目标变量可以是通货膨胀目标,也可以是经济增长目标,或经济增长和通货膨胀等多个目标,如货币当局的政策可以在经济增长和通货膨胀基础之上确定最优的货币政策,Svensson(2003)和 Woodford(2003)是最优目标规则的强烈拥护者。最优的货币政策目标规则是央行最优决策的结果,而工具规则是更加直接的决策,如不同类型的泰勒规则(Taylor-type rules)就是最普通的货币政策工具规则,Froyen and Guender (2010)研究发现只要政策决策者拥有同样的信息,则两种政策规则会产生同样的最优的稳定的反应。根据中国实际,本书主要考虑目标规则①,类似于 Guender,Alfred(2002,2005)的设定,假定政府设定固定的目标政策规则,$g^* = \lambda \Delta y_t + \pi_t$,其中 λ 是赋予经济增长的权重,为了研究问题的方便,令 $g^* = 0$,这样货币政策目标规则为

$$\lambda \Delta y_t + \pi_t = 0 \tag{8-27}$$

式中: λ 是货币政策规则的参数; Δy_t 实际经济增长率; π_t 是 t 期国内通货膨胀率。λ 也体现了货币政策目标之间的相互关系,λ 体现了货币政策目标的权重,如果 λ 越大,在制定货币政策规则时,央行越注重经济增长目标,如果 λ 越小,央行越注重通货膨胀目标。最优的货币政策是央行在产出缺口和通货膨胀缺口之间平衡。如果 $\lambda > 0$,说明中央银行货币政策操作是逆周期的,如通货膨胀上升,央行会采取紧缩政策,降低经济增长率;如果通货紧缩,央行会采取宽松政策,提高经济增长率。如果 $\lambda < 0$,说明中央银行货币政策操作是顺周期的,如经济处于上升期,央行继续采取扩张性政策,经济快速增长和通货膨胀上升;若经济处于衰退期,央行采取紧缩政策,经济下滑,通货紧缩。货币政策规则参数是由内在经济运行体系和中央银行货币政策调控行为等共同决定的。根据(8-20)式、(8-21)式、(8-22)式、(8-23)式、(8-24)和(8-25)式差分能够得到:

$$\Delta y_t = \Delta y_t^p + \alpha_1 \Delta \{p_t - E_{t-1}(p_t)\} + \alpha_2 \Delta (e_t + p_t^* - p_t) \tag{8-28}$$

---

① 根据《中国人民银行法》,我国货币政策的目标是保持货币币值的稳定,并以此促进经济增长。见 www.pbc.gov.cn。

第8章 我国货币政策调控面临的挑战

$$\Delta y_t = \beta_1 \Delta(e_t + p_t^* - p_t) - \beta_2 \Delta\{i_t - [E_t(p_{t+1}) - p_t]\} + \beta_3 \Delta sp_t + \beta_4 \Delta hp_t \tag{8-29}$$

$$\Delta m_t - \Delta p_t = \gamma_1 \Delta y_t - \gamma_2 \Delta i_t \tag{8-30}$$

$$\Delta i_t = c_1 \Delta i_t^* + c_2 \Delta(E_t e_{t+1} - e_t) + \phi_1 \Delta y_t - \phi_2 \Delta m_t \tag{8-31}$$

$$\Delta sp_t = d_1 \Delta E_{t-1}(sp_t) + d_2 \Delta y_t - d_3 \Delta\{i_t - [E_t(p_{t+1}) - p_t]\} \tag{8-32}$$

$$\Delta hp_t = g_1 \Delta E_{t-1}(hp_t) + g_2 \Delta(e_t + p_t^* - p_t) - g_3 \Delta\{i_t - [E_t(p_{t+1}) - p_t]\} \tag{8-33}$$

由(8-28)式至(8-33)式,再结合方程(8-27) $\lambda \Delta y_t + \pi_t = 0$,上述线性方程组可以用矩阵表示为:$AX = Z$,其中:

$$A = \begin{pmatrix} 1 & 0 & -\alpha_1 + \alpha_2 & 0 & -\alpha_2 & 0 & 0 \\ 1 & 0 & \beta_1 + \beta_2 & \beta_2 & -\beta_1 & -\beta_3 & -\beta_4 \\ -\gamma_1 & 1 & -1 & \gamma_2 & 0 & 0 & 0 \\ -\phi_1 & \phi_2 & 0 & 1 & c_2 & 0 & 0 \\ -d_2 & 0 & d_3 & d_3 & 0 & 1 & 0 \\ 0 & 0 & g_2 + g_3 & g_3 & -g_2 & 0 & 1 \\ \lambda & 0 & 1 & 0 & 0 & 0 & 0 \end{pmatrix},$$

$$X = \begin{pmatrix} \Delta y_t \\ \Delta m_t \\ \Delta p_t \\ \Delta i_t \\ \Delta e_t \\ \Delta sp_t \\ \Delta hp_t \end{pmatrix}, Z = \begin{pmatrix} \Delta y_t^p - \alpha_1 \Delta E_{t-1}(p_t) + \alpha_2 \Delta p_t^* \\ \beta_1 \Delta p_t^* + \beta_2 \Delta E_t(p_{t+1}) \\ 0 \\ c_1 \Delta i_t^* + c_2 \Delta E_t e_{t+1} \\ d_1 \Delta E_{t-1}(sp_t) + d_3 \Delta[E_t(p_{t+1})] \\ g_1 \Delta E_{t-1}(hp_t) + g_2 \Delta p_t^* + g_3 \Delta[E_t(p_{t+1})] \\ 0 \end{pmatrix}$$

根据该线性方程组,我们分别求解 Δy_t,Δp_t。假定系数矩阵 A 是满秩矩阵,则由线性方程组可得下列行列式的值[①]:

$$|A| = \lambda(\alpha_2 - \alpha_1)c_2(g_3\beta_4 + d_3\beta_3 + 1) - \lambda\alpha_1(\beta_1 + \beta_2 - \phi_2\beta_1\gamma_2$$

---

① $|B_1|$ 和 $|B_3|$ 分别表示系数行列式 $|A|$ 第一列和第三列被列向量 Z 替换后的行列式。

$$+ g_2\beta_4(1-\phi_2\gamma_2)) - \lambda\alpha_2(\beta_3 d_3 + g_3\beta_4)(1-\phi_2)$$
$$+ \lambda\alpha_2\phi_2(\gamma_2 g_3\beta_4 + \beta_3\gamma_2 d_3 + \gamma_2\beta_2 + \beta_2) - g_3 c_2\beta_4$$
$$- \beta_2 c_2 - \beta_1 + \gamma_2\phi_2\beta_1 - \beta_3 c_2 d_3 - g_2\beta_4(1-\phi_2\gamma_2)$$
$$+ \alpha_2\phi_2(-\beta_4\gamma_1 g_3 - \beta_3\gamma_1 d_3 + \beta_3\gamma_2 d_2 - \gamma_2 - \beta_2\gamma_1)$$
$$+ \alpha_2[\beta_4\phi_1 g_3 + \beta_3(\phi_1 d_3 - d_2) + (1+\phi_1\beta_2)]$$

$$|B_1| = [-g_3 c_2\beta_4 - \beta_2 c_2 - \beta_1 + \gamma_2\phi_2\beta_1 - \beta_3 c_2 d_3$$
$$- g_2\beta_4(1-\phi_2\gamma_2)](\Delta y_t^p - \alpha_1\Delta E_{t-1}(p_t)$$
$$+ \alpha_2\Delta p_t^*) + \alpha_2(1-\phi_2\gamma_2)(\beta_1\Delta p_t^*$$
$$+ \beta_2\Delta E_t(p_{t+1})) + \alpha_2(1-\phi_2\gamma_2)\beta_3(d_1\Delta E_{t-1}(sp_t))$$
$$+ d_3\Delta[E_t(p_{t+1})] + \alpha_2(1-\phi_2\gamma_2)\beta_4(g_1\Delta E_{t-1}(hp_t))$$
$$+ g_3\Delta[E_t(p_{t+1})] - \alpha_2(\beta_2 + \beta_3 d_3 + \beta_4 g_3)(c_1\Delta i_t^*$$
$$+ c_2\Delta E_t e_{t+1})$$

$$|B_3| = \lambda[g_3 c_2\beta_4 + \beta_2 c_2 + \beta_1 - \gamma_2\phi_2\beta_1$$
$$+ \beta_3 c_2 d_3 + g_2\beta_4(1-\phi_2\gamma_2)](\Delta y_t^p - \alpha_1\Delta E_{t-1}(p_t)$$
$$+ \alpha_2\Delta p_t^*) + (\lambda\alpha_2\beta_4 g_3 + \lambda\alpha_2\beta_3 d_3 + \lambda\alpha_2\beta_2)(c_1\Delta i_t^*$$
$$+ c_2\Delta E_t e_{t+1}) - \lambda\alpha_2\beta_4(1-\phi_2\gamma_2)(g_1\Delta E_{t-1}(hp_t)$$
$$+ g_3\Delta[E_t(p_{t+1})]) - \lambda\alpha_2\beta_3(1-\phi\gamma_2)(d_1\Delta E_{t-1}(sp_t)$$
$$+ d_3\Delta[E_t(p_{t+1})]) - \lambda\alpha_2(1-\phi_2\gamma_2)(\beta_1\Delta p_t^*$$
$$+ \beta_2\Delta E_t(p_{t+1}))$$

根据线性方程组的克莱姆法则①，解这个线性方程组能够得到：

$$\Delta y_t = \frac{|B_1|}{|A|} \tag{8-34}$$

$$\Delta p_t = \frac{|B_3|}{|A|} \tag{8-35}$$

把(8-34)式和(8-35)式代入中央银行的损失函数(8-26)式，使中央银行的损失函数最小：

$$\min: L = \frac{1}{2}\left(\frac{|B_1|}{|A|}\right)^2 + \frac{\theta}{2}\left(\frac{|B_3|}{|A|}\right)^2，则：\frac{\partial L}{\partial \lambda} = 0，并且\frac{\partial^2 L}{\partial \lambda^2} > 0，进一步求解得到货币政策规则参数：$$

$$\lambda = \frac{G}{F} \tag{8-36}$$

---

① 见姚慕生，吴泉水编著，《高等代数学》，复旦大学出版社，2008年，p22。

第8章 我国货币政策调控面临的挑战

式中：$G = (\alpha_2 - \alpha_1)c_2(g_3\beta_4 + d_3\beta_3 + 1) - \alpha_1(\beta_1 + \beta_2 - \phi_2\beta_1\gamma_2 + g_2\beta_4(1 - \phi_2\gamma_2)) - \alpha_2(\beta_3 d_3 + g_3\beta_4)(1 - \phi_2) + \alpha_2\phi_2(\gamma_2 g_3\beta_4 + \beta_3\gamma_2 d_3 + \gamma_2\beta_2 + \beta_2)$；

$F = \theta\{-g_3 c_2\beta_4 - \beta_2 c_2 - \beta_1 + \gamma_2\phi_2\beta_1 - \beta_3 c_2 d_3 - g_2\beta_4(1 - \phi_2\gamma_2) + \alpha_2\phi_2(-\beta_4\gamma_1 g_3 - \beta_3\gamma_1 d_3 + \beta_3\gamma_2 d_2 - \gamma_2 - \beta_2\gamma_1) + \alpha_2[\beta_4\phi_1 g_3 + \beta_3(\phi_1 d_3 - d_2) + (1 + \phi_1\beta_2)]\}$。

λ 体现了最优的货币政策规则下通货膨胀目标和经济增长目标之间的相互关系，是在中央银行货币政策目标损失最小的情况下，货币政策调控目标之间的相互转化关系[①]。货币政策规则参数也依赖模型参数和中央银行的偏好参数，参数的符号可正可负。中央银行政策目标之间的参数是总需求和总供给参数，货币市场参数和利率平价参数，资产价格变动的参数，以及中央银行货币政策偏好系数 θ 的函数等共同决定的。总需求和总供给参数的变动将反映到政策参数 λ 的变动上。实际上，通货膨胀和实际汇率水平的变动对总供给产生影响，同时实际利率和实际汇率的变动也对总需求产生影响，两者共同影响实际产出和通货膨胀，而资产价格变动导致总需求变动，影响国内产出，通货膨胀的压力也会上升，在这样的情况下，央行为了控制通货膨胀，必须收紧政策，控制资产价格上升，相反则放宽货币政策，进而都会影响目标政策规则参数。这也体现了中央银行的最优货币政策规则调控下的宏观经济目标之间的相互关系，$\lambda > 0$，中央银行采取逆周期操作，控制通货膨胀上升，央行采取紧缩政策，防止经济增长过热，包含了房地产市场价格和股票价格对总需求产生影响。$\lambda < 0$，中央银行采取顺周期操作，当经济处于快速增长期，央行仍然采取扩张性货币政策，货币政策的操作是顺应周期变动的。

下面讨论股票市场和房地产市场变动对最优货币政策参数的影响，β_3、β_4 体现了股票市场和房地产市场对产出的影响，对 $\lambda = \dfrac{G}{F}$ 两边对 β_3、β_4 求导得到：

$$\frac{\partial \lambda}{\partial \beta_3} = \frac{[(\alpha_2 - \alpha_1)c_2 d_3 - \alpha_2 d_3(1 - \phi_2) + \alpha_2\phi_2\gamma_2 d_3]F - G\theta[-c_2 d_3 - \alpha_2\phi_2\gamma_1 d_3 + \alpha_2(\phi_1 d_3 - d_2) + d_2\phi_2 r_2 d_2]}{F^2}$$

$$\frac{\partial \lambda}{\partial \beta_4} = \frac{\begin{array}{c}[(\alpha_2 - \alpha_1)c_2 g_3 - \alpha_1 g_2(1 - \phi_2\gamma_2) - \alpha_2 g_3(1 - \phi_2) \\ + \alpha_2\phi_2\gamma_2 g_3]F - G\theta[-g_3 c_2 - g_2(1 \\ - \phi_2\gamma_2) + \alpha_2\phi_2(-\gamma_1 g_3) + \alpha_2\phi_1 g_3]\end{array}}{F^2}$$

通常股票市场价格和房地产市场价格对产出的影响为正，因此 β_3、β_4 应该大于零，而 β_3、

[①] 从(8-36)式可以看出，如果 $\theta \to \infty$，则 $\lambda \to 0$，意味着如果政策制定者只关心通货膨胀的变动，则制定政策时，经济增长的权重为 0。如果 $\theta \to 0$，则 $\lambda \to \infty$，意味着如果政策制定者只关心经济增长的变动，则制定政策时，通货膨胀的权重为 0。

β_4 上升,意味着股票市场和房地产市场价格对产出的影响会更大。如果 $\frac{\partial \lambda}{\partial \beta_3} < 0$, $\frac{\partial \lambda}{\partial \beta_4} < 0$,则 β_3、β_4 的上升会导致 λ 的下降,若此时 $\lambda < 0$,央行采取顺周期操作,当股市和房市上升,产出上升较大,央行仍然采取扩张性的货币政策,但随着 β_3、β_4 的上升,央行采取扩张性政策的力度加大,通货膨胀的上升会较大;若 $\lambda > 0$,央行采取逆周期操作,当股市和房市处于上升期,央行采取紧缩性的货币政策,但随着 β_3、β_4 的上升,央行采取逆周期政策的力度减小,通货膨胀上升,变动的幅度取决于央行紧缩性政策的力度。如果 $\frac{\partial \lambda}{\partial \beta_3} > 0$, $\frac{\partial \lambda}{\partial \beta_4} > 0$,则 β_3、β_4 的上升会导致 λ 的上升,若此时 $\lambda < 0$,央行采取顺周期操作,当股市和房市上升,央行仍然采取扩张性的货币政策,但随着 β_3、β_4 的上升,央行采取扩张性政策的力度减小,通货膨胀上升,变动的幅度取决于扩张性货币政策的力度;若 $\lambda > 0$,央行采取逆周期操作,当股市和房市处于上升期,央行采取紧缩性的货币政策,但随着 β_3、β_4 的上升,央行采取逆周期政策的力度加大,通货膨胀的下降较大。

实际上,股票市场和房地产市场会对经济增长和通货膨胀产生影响,而央行为了实现宏观经济目标,会采取扩张性或紧缩性的货币政策,因此 β_3、β_4 的变化会影响央行货币政策的方向和力度。

8.5.3 实证研究

8.5.3.1 实证模型的设定

为了估计货币政策规则的参数,根据上面模型,可以构建下面实证结构方程:

$$y_t^s = y_t^p + \alpha_1 \{p_t - E_{t-1}(p_t)\} + \alpha_2 (e_t + p_t^* - p_t) + u_t^{ys} \tag{8-37}$$

$$y_t^d = \beta_0 + \beta_1 (e_t + p_t^* - p_t) - \beta_2 \{i_t - [E_t(p_{t+1}) - p_t]\} + \beta_3 sp_t + \beta_4 hp_t + u_t^{yd} \tag{8-38}$$

$$m_t^d - p_t = \gamma_0 + \gamma_1 y_t - \gamma_2 i_t + u_t^{md} \tag{8-39}$$

$$i_t = c_0 + c_1 i_t^* + c_2 (E_t e_{t+1} - e_t) + \phi_1 y_t - \phi_2 m_t^s + u_t^i \tag{8-40}$$

$$sp_t = d_0 + d_1 E_{t-1}(sp_t) + d_2 y_t - d_3 \{i_t - [E_t(p_{t+1}) - p_t]\} + u_t^{sp} \tag{8-41}$$

$$hp_t = g_0 + g_1 E_{t-1}(hp_t) + g_2 (e_t + p_t^* - p_t) - g_3 \{i_t - [E_t(p_{t+1}) - p_t]\} + u_t^{hp} \tag{8-42}$$

第8章 我国货币政策调控面临的挑战

$$y_t^s = y_t^d = y_t \tag{8-43}$$

$$m_t^s = m_t^d = m_t \tag{8-44}$$

u_t^{ys}，u_t^{yd}，u_t^{md}，u_t^i，u_t^{sp}，u_t^{hp} 是随机扰动项。

我们采用月度数据进行实证研究,数据区间：2005 年 7 月至 2013 年 12 月。主要变量：由于没有国民收入月度数据,我们用工业增加值指数①代替,国内消费者物价水平本书根据消费者物价指数的环比数据计算得到定基的物价指数(2005 = 100),美国消费者物价水平也选择定基物价指数(2005 = 100),汇率我们采用人民币对美元的名义汇率,国内利率我们取国内的一年期的定期存款利率水平,国外利率我们取美国一年期的货币市场利率水平,货币供给我们采用我国货币供应量 M_2,股票价格指数我们采用上海股票价格综合指数,房地产价格指数我们采用 70 个大中城市新建住宅价格指数②。数据来源：国民收入、价格水平、美国利率等月度数据均来自 CEIC 数据库,人民币对美元汇率来自国家外汇管理局(www.safe.gov.cn),利率和货币供应量来自中国人民银行网站(www.pbc.gov.cn),股票价格指数和房地产价格指数均来自 CEIC 数据库。表 8-16 给出了主要变量的描述性统计,分别概括了国民收入、价格水平、汇率、利率等的均值、标准差等统计特征。

由于月度数据有季节性特点,我们对国民收入、货币供给、股票价格、房地产价格等采取 X11 的季节调整方法进行调整。潜在的产出水平我们用 Hodrick-Prescott（HP）的滤波方法得到,汇率和价格水平的预期值本节通过汇率、价格水平对所有的内生变量滞后项回归得到,最优的滞后阶数由 Akaike 的信息标准来决定。

8.5.3.2 单位根检验

首先对序列进行单位根检验,采用 Eviews9.0 软件进行检验,除了利率以外,其余变量都是对数形式。单位根检验的结果(见表 8-17)如下：

从检验结果来看,在 5% 的显著性水平下,利率、汇率和国民收入等都是非平稳序列,但所有变量的一阶差分序列都是平稳序列。在我们的模型中,内生变量也出现在方程中的右边,在内生变量和随机扰动项之间可能存在相关性,这违反了经典的 OLS 模型估计的假设条件,OLS 估计会是有偏的,为了考察变量之间的影响关系,将利用工具变量(和误差项不相关),通过阶条件我们考察模型的识别问题,该模型每一个方程是过度识别的,由于联立方程组每个方程都是过度识别的,因此采取二阶段最小二乘法来估计结构模型参数。

---

① 本书根据工业增加值的同比和环比数据计算得到。
② 考虑到数据的可得性和连续性,本书采用 70 个大中城市新建住宅价格指数作为房地产价格指数。

表 8-16 主要变量的描述性统计

变量	样本数	均值	中位数	最大值	最小值	标准差	斜度	峰度
价格水平	102	114.609 2	113.493 6	129.579 9	99.124 62	9.227 634	−0.024 12	1.828 985
美国价格水平	102	111.025 7	110.969 5	119.897	100.055	5.692 543	−0.130 39	1.939 858
货币供应量	102	61 954.03	58 602.43	110 650.9	27 365.03	25 440.16	0.343 829	1.812 11
汇率(元/美元)(S_t)	102	6.959 48	6.827 5	8.229	6.116	0.642 467	0.568 081	1.975 981
股票价格指数	102	2 595.067	2 397.87	5 954.77	1 083.03	957.469 9	1.203 226	4.993 55
利率	102	2.903 431	3	4.14	2.25	0.632 42	0.572 012	2.160 64
美国利率	102	1.700 294	0.18	5.26	0.07	2.104 12	0.760 634	1.780 713
国民入指数	102	86.111 14	83.759 85	131.602 8	46.555 74	25.254 82	0.173 547	1.765 647
房地产价格指数	102	133.227 8	131.267	163.295 1	100	17.908 96	−0.250 02	1.821 158

数据来源：CEIC 数据库。

第8章 我国货币政策调控面临的挑战

表 8-17 单位根检验结果

序列	ADF单位根检验				PP检验			
	检验形式	ADF检验值	概率	检验形式	PP检验值	概率	结论
y_t	(c, t, 2)	−1.863 777	0.665 7	(c, t, 0)	−2.555 333	0.301 6	不平稳
Δy_t	(c, 0, 1)	−9.494 184	0.000 0	(c, 0, 5)	−10.740 87	0.000 0	平稳
m_t	(c, t, 0)	−0.252 562	0.991 0	(c, t, 6)	−0.782 405	0.963 2	不平稳
Δm_t	(c, 0, 0)	−9.412 630	0.000 0	(c, 0, 6)	−9.669 195	0.000 0	平稳
i_t	(c, 0, 1)	−2.151 685	0.225 3	(c, 0, 6)	−2.046 266	0.267 0	不平稳
Δi_t	(0, 0, 0)	−6.228 211	0.000 0	(c, 0, 5)	−6.207 431	0.000 0	平稳
sp_t	(c, t, 4)	−3.365 092	0.062 3	(c, t, 7)	−2.278 918	0.441 2	不平稳
Δsp_t	(c, 0, 1)	−4.914 149	0.000 1	(0, 0, 4)	−9.332 201	0.000 0	平稳
hp_t	(c, t, 2)	−2.459 149	0.347 5	(c, t, 7)	−1.956 573	0.617 4	不平稳
Δhp_t	(c, 0, 1)	−3.811 892	0.003 9	(c, 0, 5)	−6.270 805	0.000 0	平稳
$y_t - y_t^p$	(0, 0, 1)	−10.237 04	0.000 0	(0, 0, 10)	−12.221 90	0.000 0	平稳
$\Delta y_t - \Delta y_t^p$	(0, 0, 3)	−9.430 542	0.000 0	(0, 0, 43)	−65.314 71	0.000 0	平稳
$\{p_t - E_{t-1}(p_t)\}$	(c, 0, 0)	−10.364 30	0.000 0	(c, 0, 2)	−10.377 91	0.000 0	平稳
$\Delta\{p_t - E_{t-1}(p_t)\}$	(0, 0, 10)	−6.757 988	0.000 0	(0, 0, 54)	−73.417 52	0.000 0	平稳
$(e_t + p_t^* - p_t)$	(c, t, 1)	−2.208 533	0.479 4	(c, t, 3)	−1.928 162	0.632 5	不平稳

(续表)

序　列	ADF单位根检验				PP检验			结　论
	检验形式	ADF检验值	概　率	检验形式	PP检验值	概　率		
$\Delta(e_t+p_t^*-p_t)$	(c, 0, 0)	-6.439 900	0.000 0	(c, 0, 5)	-6.431 868	0.000 0		平稳
$\{i_t-[E_t(p_{t+1})-p_t]\}$	(c, 0, 0)	-5.831 551	0.000 0	(c, 0, 1)	-5.688 231	0.000 0		平稳
$\Delta\{i_t-[E_t(p_{t+1})-p_t]\}$	(0, 0, 0)	-15.184 91	0.000 0	(0, 0, 12)	-22.649 68	0.000 0		平稳
i_t^*	(c, 0, 1)	-1.107 394	0.710 6	(c, 0, 7)	-0.803 182	0.813 7		不平稳
Δi_t^*	(0, 0, 0)	-4.382 080	0.000 0	(0, 0, 8)	-4.345 947	0.000 0		平稳
$(E_t e_{t+1}-e_t)$	(c, 0, 0)	-1.767 388	0.394 6	(c, 0, 4)	-2.007 015	0.283 5		不平稳
$\Delta(E_t e_{t+1}-e_t)$	(0, 0, 0)	-9.869 267	0.000 0	(0, 0, 3)	-9.868 909	0.000 0		平稳
$E_{t-1}(sp_t)$	(c, t, 4)	-3.217 621	0.087 2	(c, t, 7)	-2.378 285	0.388 5		不平稳
$\Delta E_{t-1}(sp_t)$	(c, 0, 1)	-5.081 566	0.000 0	(c, 0, 3)	-8.883 177	0.000 0		平稳
$E_{t-1}(hp_t)$	(c, t, 2)	-2.249 539	0.456 9	(c, t, 6)	-2.009 460	0.588 8		不平稳
$\Delta E_{t-1}(hp_t)$	(c, 0, 1)	-4.371 568	0.000 6	(c, 0, 5)	-7.427 563	0.000 0		平稳
m_t-p_t	(c, t, 4)	-2.465 523	0.344 4	(c, t, 7)	-1.495 455	0.825 0		不平稳
$\Delta(m_t-p_t)$	(c, 0, 1)	-4.759 819	0.000 1	(c, 0, 7)	-9.140 142	0.000 0		平稳

注：（c，t，m）表示单位根检验方程中是否含有常数项、趋势项和滞后阶数（或 Newey-West 带宽）。ADF 检验的最优滞后阶数据 AIC 信息准则选择，带宽根据 NW Bartlett Kernel 选择。

8.5.3.3 二阶段最小二乘法

采用二阶段最小二乘法,必须利用工具变量估计结构方程。模型的内生变量有: Δy_t, Δp_t, Δe_t, Δm_t, Δi_t, Δsp_t, Δhp_t;模型的外生变量有: $\Delta y_t - \Delta y_t^p$, $\Delta \{p_t - E_{t-1}(p_t)\}$, $\Delta(e_t + p_t^* - p_t)$, $\Delta \{i_t - [E_t(p_{t+1}) - p_t]\}$, Δi_t^*, $\Delta(E_t e_{t+1} - e_t)$, $\Delta E_{t-1}(sp_t)$, $\Delta E_{t-1}(hp_t)$。该实证方法的第一步将模型中的内生变量对工具变量进行回归,得到相应内生变量的拟合值;第二步是利用各内生变量的拟合值对原模型进行回归。本节把模型中的所有外生变量作为工具变量,从而得到内生变量的拟合值,将原模型的内生变量用第一步得到的拟合值代替,进行 OLS 回归,最终得到相应的估计系数。为了消除模型的自相关问题,模型估计中加入 AR(n)项,我们通过计算 Ljung-Box Q-statistics 来检验序列相关问题,同时采用 Newey-West 异方差自相关一致协方差修正参数估计量的标准差。结构方程组每一个方程的最终估计结果如下:

$$\Delta(y_t^s - y_t^p) = -0.000\,509 + 0.295\,628 \Delta\{p_t - E_{t-1}(p_t)\}$$
$$(-0.592\,665) \qquad (1.606\,179)$$
$$-0.086\,707 \Delta(e_t + p_t^* - p_t)$$
$$(-0.727\,511)$$
(8-45)

$R^2 = 0.173\,232$, a-$R^2 = 0.136\,487$, DW $= 1.900\,376$, F 统计量 $= 4.714\,407(P = 0.001\,685)$
$Q(9) = 5.967\,5(0.544), Q(18) = 15.081(0.519), Q(27) = 17.399(0.867), Q(36) = 30.440(0.643)$

从总供给方程可以看出,非预期的价格水平变化对实际产出的变动影响为正,实际汇率对产出的影响为负,和预期符号相反,意味着国内总供给受国内进口竞争的影响较小。

$$\Delta y_t^d = 0.008\,605 - 0.241\,493\Delta(e_t + p_t^* - p_t) - 0.166\,762$$
$$(9.058\,004^*) \quad (-2.129\,543^{**}) \qquad (-0.633\,462)$$
$$\Delta\{i_t - [E_t(p_{t+1}) - p_t]\} + 0.059\,708\Delta sp_t + 0.128\,299\Delta hp_t$$
$$(3.787\,234^*) \qquad (0.768\,334)$$
(8-46)

$R^2 = 0.141\,609$, a-$R^2 = 0.083\,739$, DW $= 1.925\,953$, F 统计量 $= 4.903\,835(P = 0.000\,225)$
$Q(9) = 6.228\,1(0.513), Q(18) = 12.884(0.681), Q(27) = 16.701(0.892), Q(36) = 27.490(0.778)$

从总需求的方程来看,实际汇率对总需求的影响为负,和预期符号相反,通常实际汇率下降,进口增加,出口减少,总需求下降;实际汇率上升,出口增加,进口减少,总需求上升,而中国的实际汇率对总需求的影响相反,其中主要原因可能是中国出口的主要是劳动密集型产品,是生活必需品,即使货币升值,出口仍然会增加。实际利率对总需求的影响为负,符合理论预期。实际股票价格指数上升和实际房地产价格指数上升,总需求上升,对总需求的影响为正。

$$\Delta(m_t^d - p_t) = 0.009\,560 + 0.184\,023\Delta y_t - 42.729\,11\Delta i_t \qquad (8\text{-}47)$$

$$(7.398\,024^*)\quad(1.961\,525^{***})\quad(-2.865\,572^{**})$$

$R^2 = -0.047\,981$,$a-R^2 = -0.070\,278$,$DW = 1.977\,788$,F 统计量 $= 4.439\,119(P = 0.014\,381)$

$Q(10) = 9.464\,5(0.396)$,$Q(18) = 16.201(0.579)$,$Q(27) = 20.339(0.816)$,$Q(36) = 22.326(0.964)$

从货币市场的均衡来看,实际产出对实际货币需求的影响为正,利率对实际货币需求的影响为负,符号符合预期,利率对实际货币需求的影响较大。

$$\Delta i_t = 4.79E - 05 + 0.282\,382\Delta i_t^* - 0.021\,773\Delta(E_t e_{t+1} - e_t)$$

$$(1.095\,082)\quad(2.693\,161^*)\quad(-1.274\,138) \qquad (8\text{-}48)$$

$$+ 0.000\,750\Delta y_t - 0.002\,923\Delta m_t^s$$

$$(0.648\,568)\quad(-0.936\,221)$$

$R^2 = 0.275\,587$,$a-R^2 = 0.235\,784$,$DW = 2.114\,615$,F 统计量 $= 8.006\,966(P = 0.000\,003)$

$Q(9) = 4.703\,6(0.789)$,$Q(18) = 15.923(0.529)$,$Q(27) = 25.456(0.493)$,$Q(36) = 30.570(0.682)$

从资产市场的均衡来看,国外利率对国内利率的影响最大,符号为正,汇率预期对国内利率的影响为负,和理论预期相反,这可能和我国的利率、汇率还没有市场化有关,利率和汇率的变动相对独立。风险报酬和国内产出正相关,国内产出增加,本国货币有升值趋势,风险报酬上升;风险报酬和货币供应量变动方向相反,因为货币供应量增加,本国货币贬值的压力增加,本国货币的风险报酬会下降。

$$\Delta sp_t = -0.009\,360 + 0.543\,714\Delta E_{t-1}(sp_t) + 1.154\,957\Delta y_t$$

$$(-1.012\,459)\quad(5.230\,805^*)\quad(1.589\,104) \qquad (8\text{-}49)$$

$$+ 1.220\,110\Delta\{i_t - [E_t(p_{t+1}) - p_t]\}$$

$$(0.537\,744)$$

$R^2 = 0.136\,140$,$a-R^2 = 0.098\,581$,$DW = 2.031\,325$,F 统计量 $= 3.442\,090(P = 0.011\,435)$

$Q(9) = 8.394\,9(0.396)$,$Q(18) = 18.215(0.375)$,$Q(27) = 23.008(0.632)$,$Q(36) = 32.203(0.604)$

从股票实际价格指数的变动来看,股票价格预期对股票价格的影响为正,国内产出对股票价格的影响为正,实体经济的增长会带来股票价格的上涨。实际利率对股票价格的影响为正,和理论预期相反,说明中国股票价格指数对利率变动并不敏感。

第8章 我国货币政策调控面临的挑战

$$\Delta hp_t = 0.000\,939 + 0.767\,134\Delta E_{t-1}(hp_t) + 0.098\,689\Delta(e_t + p_t^* - p_t)$$
$$(2.481\,389^{**}) \quad (11.952\,36^*) \quad (2.307\,432^{**})$$
$$-0.427\,056\Delta\{i_t - [E_t(p_{t+1}) - p_t]\}$$
$$(-3.831\,410^*) \tag{8-50}$$

$R^2 = 0.542\,964$,$a - R^2 = 0.523\,093$,DW $= 2.093\,431$,F 统计量 $= 27.324\,25(P = 0.000\,000)$
$Q(9) = 11.609(0.169)$,$Q(18) = 20.689(0.241)$,$Q(27) = 32.731(0.170)$,$Q(36) = 40.289(0.248)$

从房地产实际价格指数的变动来看,房地产价格预期对房地产价格的影响为正,实际汇率对房地产价格的影响为正,和理论预期一致。实际利率对房地产价格的影响为负,成本上升会遏制房地产价格的上涨,这一点与股票市场不同。

括号中是 t 统计量,$*$ 表示 1% 的显著性水平,$**$ 表示 5% 的显著性水平,$***$ 表示 10% 的显著性水平。因此根据(8-45)式至(8-50)式,模型估计的参数如下:

$$\alpha_1 = 0.295\,628,\ \alpha_2 = -0.086\,707,\ \beta_1 = -0.241\,493,$$
$$\beta_2 = 0.166\,762,\ \beta_3 = 0.059\,708,\ \beta_4 = 0.128\,299,$$
$$\gamma_1 = 0.184\,023,\ \gamma_2 = 42.729\,11,\ c_2 = -0.021\,773,$$
$$\phi_1 = 0.000\,750,\ \phi_2 = 0.002\,923,\ d_2 = 1.154\,957,$$
$$d_3 = -1.220\,110,\ g_2 = 0.098\,689,\ g_3 = 0.427\,056。$$

如果我们取 $\theta = 1$,央行既重视通货膨胀又关注经济增长[①],即中央银行对经济增长偏好和对通货膨胀的偏好相同,根据上述参数估计和公式(8-36)可以得到:$\lambda = 0.092\,695$,这意味着经济增长和通货膨胀目标之间的相互关系,中央银行采取的是逆周期的货币政策操作,经济处于扩张期,通货膨胀上升,中央银行会继续采取紧缩性的货币政策,反映了中央银行希望保持宏观经济平稳健康的经济增长,同时也意味着中央银行在制定货币政策时,赋予通货膨胀目标更高的权重,这也是宏观经济调控的政策规则。

同样我们可以得到:$\dfrac{\partial \lambda}{\partial \beta_3} = -0.813\,61$,$\dfrac{\partial \lambda}{\partial \beta_4} = 0.131\,432$,则 β_3 的上升会导致 λ 的下降,β_4 的上升将导致 λ 的上升。在 $\lambda > 0$ 的情况下,央行采取逆周期操作,当股市上升,产出上升,通货膨胀上升,央行采取紧缩性的货币政策,但如果 β_3 上升,λ 在下降,意味着股市对产出的影响上升,紧缩性的政策力度将减小,货币政策是顺股市周期的;若 $\lambda > 0$,央行采取逆周期操作,当房市上升,央行采取逆周期操作,但随着 β_4 的上升,λ 在上升,意味着房市对产出的影响上升,紧缩性的政策力度在上升,货币政策是逆房地产周期的。也就

[①] $\theta = 1$ 和央行保持币值稳定、促进经济增长的目标是一致的。

是说,尽管货币政策总体上是逆周期的,但是随着房地产和股市对经济影响上升,货币政策是逆房地产市场周期的,是顺股票市场周期的。

8.5.4 基于最优货币政策规则的货币状况指数(monetary conditions index)权重的决定

货币政策会通过一系列渠道影响经济活动和通货膨胀,这是货币政策对实体经济的传导。通常货币当局的利率变化一般会传导到货币市场利率和存贷款利率,进一步影响居民消费和储蓄决策,企业的投资和借贷行为,最后传导到产出和通货膨胀的变化。在弹性汇率体制的经济中,中央银行政策利率的变化还会影响本国货币与其他国家货币的汇率,进而影响国内进出口和本国竞争力,最终影响净出口和总需求。此外,汇率也可以通过国内消费的进口商品价格直接影响国内消费物价指数。

MCI 基本公式:$MCI_t = (r_t - r_0) - \mu(q_t - q_0)$,式中:$r_t$ 代表的短期利率;q_t 是汇率的对数。q 增加意味着国内货币在贬值,公式中可以使用利率和汇率的实际或名义值,利率是短期货币市场利率,他们和政策利率紧密联系,货币当局决策能够迅速传递到这些利率。r_0,q_0 表示基期(或参考期)的每个变量水平。如果 $(r_t - r_0)$ 或 $(q_t - q_0)$ 是正的,这意味着当前的利率,或汇率高于参考期观察值。

利率和汇率的权重加起来等于 1[①],权重的大小反映了利率与汇率对经济影响的相对大小,用利率和汇率的相对影响来衡量总需求或价格水平的变化。例如,如果有 1 个百分点利率上升,它将会有 2% 本国货币升值效果,在实现同样政策目标情况下,意味着汇率对经济总体影响相对较弱。正的 MCI 指数意味着货币政策是紧的,负的 MCI 意味着货币政策是宽松的。

从货币状况指数权重的估计来看,Freedman (1994)通过两种方法构建 MCI 指数,一种是基于对总需求变动的影响,汇率和利率变动对总需求的影响效应,如 Duguay (1994)、卞志村(2008)、卜永祥、周晴(2004);陈雨露、周晴(2004);一种是基于价格水平变动的影响,即汇率和利率变动对价格水平的影响(Mehtap KESRİYELİİ,1999;Zulfiqar Hyder and Muhammad Mazhar Khan,2007.;卜永祥、周晴(2004))。Guender,Alfred(2005)在新凯恩斯模型的框架内,构建了 MCI 指数,既考虑了汇率和利率对总需求的影响,也考虑了汇率变动对价格水平的影响,类似的研究还可见 Goodhart,C., and Hofmann, B.(2001)。本书基于 IS-LM/AD-AS 模型构建 MCI 指数,既考虑了商品市场的均衡,也融入货币市场

---

① MCI 可以写成标准形式:$MCI_t = \omega_1(r_t - r_0) + \omega_2(q_t - q_0)$,这里的实际汇率 q 是间接标价法而不是直接标价法,其中 $\omega_1 + \omega_2 = 1$。

均衡和资产市场均衡,MCI指数是对宏观经济一般均衡的反映,汇率和利率变动影响产出和价格水平,通过利率渠道、汇率渠道和非货币的金融资产渠道(股票和房地产市场)等,同时考虑了多个市场的相互影响、相互作用,体现了多个市场的均衡(图8-10)。

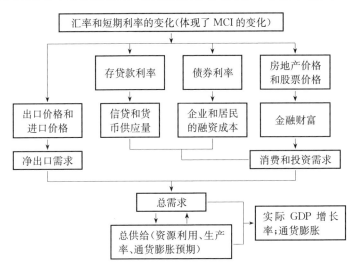

图 8-10 中央银行货币政策的传导途径

根据货币状况指数的定义,能够得到:

$$MCI_t = \Delta r_t - \mu \Delta q_t$$

根据方程(8-28)得到实际汇率对价格水平的影响:

$$\Delta p_t = \frac{\Delta y_t - \Delta y_t^p}{\alpha_1} - \frac{\alpha_2}{\alpha_1} \Delta q_t + \Delta E_{t-1}(p_t) \tag{8-51}$$

根据方程(8-29)得到利率、汇率、资产价格等对产出的影响:

$$\Delta y_t = \beta_1 \Delta q_t - \beta_2 \Delta r_t + \beta_3 \Delta s p_t + \beta_4 \Delta h p_t \tag{8-52}$$

根据方程(8-32)、方程(8-33)得到:

$$\Delta s p_t = d_1 \Delta E_{t-1}(s p_t) + d_2 \Delta y_t - d_3 \Delta r_t \tag{8-53}$$

$$\Delta h p_t = g_1 \Delta E_{t-1}(h p_t) + g_2 \Delta q_t - g_3 \Delta r_t \tag{8-54}$$

把方程(8-53)和方程(8-54)代入方程(8-52)得到:

$$\Delta y_t = \frac{\beta_1 + \beta_4 g_2}{(1-\beta_3 d_2)} \Delta q_t - \frac{(\beta_2 + \beta_3 d_3 + \beta_4 g_3)}{(1-\beta_3 d_2)} \Delta r_t \\ + \frac{\beta_4 g_1}{(1-\beta_3 d_2)} \Delta E_{t-1}(h p_t) + \frac{\beta_3 d_1}{(1-\beta_3 d_2)} \Delta E_{t-1}(s p_t) \tag{8-55}$$

由(8-30)式、(8-31)式和(8-27)式得到利率和汇率通过货币渠道和汇率渠道对产出的影响：

$$\Delta y_t = \frac{1-\phi_2\gamma_2}{\phi_1-\phi_2\gamma_1+\lambda(\phi_2+\phi_2\gamma_2-1)+\lambda c_2}\Delta\{i_t-[E_t(p_{t+1})-p_t]\}$$

$$+\frac{c_2}{\phi_1-\phi_2\gamma_1+\lambda(\phi_2+\phi_2\gamma_2-1)+\lambda c_2}\Delta(e_t+p_t^*-p_t)$$

$$+\frac{(1-\phi_2\gamma_2)E_t p_{t+1}-c_1\Delta i_t^*-c_2\Delta E_t e_{t+1}-c_2 p_t^*}{\phi_1-\phi_2\gamma_1+\lambda(\phi_2+\phi_2\gamma_2-1)+\lambda c_2} \quad (8\text{-}56)$$

把(8-56)式代入(8-51)式，再根据方程(8-27)得到：

$$\Delta y_t = -\frac{1}{\lambda\alpha_1}\frac{1-\phi_2\gamma_2}{\phi_1-\phi_2\gamma_1+\lambda(\phi_2+\phi_2\gamma_2-1)+\lambda c_2}\Delta r_t$$

$$-\left[\frac{1}{\lambda\alpha_1}\frac{c_2}{\phi_1-\phi_2\gamma_1+\lambda(\phi_2+\phi_2\gamma_2-1)+\lambda c_2}-\frac{\alpha_2}{\lambda\alpha_1}\right]\Delta q_t$$

$$-\frac{1}{\lambda\alpha_1}\frac{(1-\phi_2\gamma_2)E_t p_{t+1}-c_1\Delta i_t^*-c_2\Delta E_t e_{t+1}-c_2 p_t^*}{\phi_1-\phi_2\gamma_1+\lambda(\phi_2+\phi_2\gamma_2-1)+\lambda c_2}$$

$$-\frac{\alpha_1\Delta E_{t-1}(p_t)-\Delta y_t^p}{\lambda\alpha_1} \quad (8\text{-}57)$$

根据(8-55)式和(8-57)式右边相等，得到包含MCI指数的宏观经济一般均衡等式：

$$\left[\frac{(\beta_2+\beta_3 d_3+\beta_4 g_3)}{(1-\beta_3 d_2)}-\frac{1}{\lambda\alpha_1}\frac{1-\phi_2\gamma_2}{\phi_1-\phi_2\gamma_1+\lambda(\phi_2+\phi_2\gamma_2-1)+\lambda c_2}\right]\Delta r_t$$

$$-\left[\frac{\beta_1+\beta_4 g_2}{(1-\beta_3 d_2)}+\frac{1}{\lambda\alpha_1}\frac{c_2}{\phi_1-\phi_2\gamma_1+\lambda(\phi_2+\phi_2\gamma_2-1)+\lambda c_2}-\frac{\alpha_2}{\lambda\alpha_1}\right]\Delta q_t$$

$$=\frac{\beta_4 g_1}{(1-\beta_3 d_2)}\Delta E_{t-1}(hp_t)+\frac{\beta_3 d_1}{(1-\beta_3 d_2)}\Delta E_{t-1}(sp_t)$$

$$+\frac{1}{\lambda\alpha_1}\frac{(1-\phi_2\gamma_2)E_t p_{t+1}-c_1\Delta i_t^*-c_2\Delta E_t e_{t+1}-c_2 p_t^*}{\phi_1-\phi_2\gamma_1+\lambda(\phi_2+\phi_2\gamma_2-1)+\lambda c_2}$$

$$+\frac{\alpha_1\Delta E_{t-1}(p_t)-\Delta y_t^p}{\lambda\alpha_1} \quad (8\text{-}58)$$

如果令

$$M = (\beta_1+\beta_4 g_2)(\lambda\alpha_1)[\phi_1-\phi_2\gamma_1+\lambda(\phi_2+\phi_2\gamma_2-1)+\lambda c_2]$$
$$+c_2(1-\beta_3 d_2)-\alpha_2[\phi_1-\phi_2\gamma_1+\lambda(\phi_2+\phi_2\gamma_2-1)$$
$$+\lambda c_2](1-\beta_3 d_2)$$

第8章 我国货币政策调控面临的挑战

$$N = (\beta_2 + \beta_3 d_3 + \beta_4 g_3)(\lambda\alpha_1)[\phi_1 - \phi_2\gamma_1 + \lambda(\phi_2 + \phi_2\gamma_2 - 1) + \lambda c_2]$$
$$\quad - (1-\phi_2\gamma_2)(1-\beta_3 d_2)$$

$$H = (\lambda\alpha_1)[\phi_1 - \phi_2\gamma_1 + \lambda(\phi_2 + \phi_2\gamma_2 - 1) + \lambda c_2](1-\beta_3 d_2)$$

$$G = \frac{\beta_4 g_1}{(1-\beta_3 d_2)}\Delta E_{t-1}(hp_t) + \frac{\beta_3 d_1}{(1-\beta_3 d_2)}\Delta E_{t-1}(sp_t)$$
$$+ \frac{1}{\lambda\alpha_1}\frac{(1-\phi_2\gamma_2)E_t p_{t+1} - c_1\Delta i_t^* - c_2\Delta E_t e_{t+1} - c_2 p_t^*}{\phi_1 - \phi_2\gamma_1 + \lambda(\phi_2 + \phi_2\gamma_2 - 1) + \lambda c_2}$$
$$+ \frac{\alpha_1\Delta E_{t-1}(p_t) - \Delta y_t^p}{\lambda\alpha_1}$$

则(8-58)式变为

$\frac{N}{H}\Delta r_t - \frac{M}{H}\Delta q_t = G$，进一步得到

$$\mu = \frac{M}{N} \quad (8-59)$$

货币状况指数是实际汇率和实际利率的加权平均，这是模型依赖的货币状况指数。从货币状况指数能够看出，MCI 指数的权重不仅仅取决于商品市场供给和需求弹性的变化，还取决于货币市场和资产市场的弹性的变化，以及最优的政策参数 λ 的变化。MCI 指数右边包括潜在的产出缺口，对价格水平的预期，对汇率的预期，对股票价格指数和房地产价格指数的预期，国外价格水平和利率水平，这些变量都会影响商品市场、货币市场和资产市场均衡，进一步影响 MCI 的变动，也体现了利率和汇率变动的相对效应。从货币状况指数的权重公式能够看出，最优的货币政策参数 λ 是影响货币状况指数的重要因素，融入了货币政策规则，体现了中央银行利率和汇率的货币政策操作，进而会影响总需求和总供给，以及市场的均衡，最终会影响 MCI 的变动。

如果货币状况指数的汇率和利率都取名义值，则 $MCI_t = \Delta i_t - \xi\Delta e_t$，则根据(8-59)式和 $\Delta q_t = \Delta(e_t + p_t^* - p_t)$，$\Delta r_t = \Delta\{i_t - [E_t(p_{t+1}) - p_t]\}$，以及方程(8-51)和方程(8-27)，能够得到：

$$\frac{N}{H}\Delta i_t - \frac{M + (M+N)\dfrac{\alpha_2\lambda}{1+\alpha_1\lambda-\alpha_2\lambda}}{H}\Delta q_t$$
$$= G + \frac{N}{H}\Delta E_t(p_{t+1}) + \frac{M}{H}\Delta p_t^*$$
$$+ \frac{M+N}{H}\frac{1}{1+\alpha_1\lambda-\alpha_2\lambda}(\lambda\alpha_2\Delta p_t^* - \lambda\alpha_1\Delta E_{t-1}(p_t) + \lambda\Delta y_t^p)$$

因此：

$$\xi = \frac{M+(M+N)\dfrac{\alpha_2\lambda}{1+\alpha_1\lambda-\alpha_2\lambda}}{N} \tag{8-60}$$

同样名义货币状况指数是名义汇率和名义利率的加权平均,这也是模型依赖的货币状况指数。名义 MCI 指数的权重也取决于商品市场供给和需求的相关系数、货币市场和资产市场的弹性的变化,以及最优的政策参数 λ 的变化。从实际货币状况指数和名义货币状况指数的公式可以看出: $\xi = \mu + (1+\mu)\dfrac{\alpha_2\lambda}{1+\alpha_1\lambda-\alpha_2\lambda}$,$\xi$ 是 μ 的线性函数,则两者之间的相关性为 1,也就是说,央行以名义货币状况指数和实际货币状况指数为中间目标具有同等的效果,意味着实际货币状况指数和名义货币状况指数变动趋势基本一致,其中之一就能够反映货币政策的松紧变化。最优的货币政策的参数反映的是最优货币政策的规则,实现宏观经济政策目标,使得中央银行的损失最小,应该采取什么样的货币政策规则。而货币状况指数的权重反映的是货币政策的整体状态,货币政策在某一段时期相对于基期是宽松还是紧缩,因此货币政策规则参数是一定的宏观经济政策目标下中央银行货币政策实施规则;货币状况指数权重是实现这样的目标和采用这样的规则下,中央银行的货币政策应该松还是紧,这两个方面都是对货币政策的总体评估和判断。

进一步把 $\lambda = 0.092\,695$ 代入(8-59)式和(8-60)式就得到货币状况指数的权重,根据前面估计的结果,可知实际货币状况指数的权重: $\mu = 0.032\,371$,意味着对经济影响,1% 的实际利率变动相当于 0.032% 的实际汇率的变化。名义货币状况指数的权重为: $\xi = 0.024\,358$,1% 的名义利率变动相当于 0.024% 的实际汇率的变化。因此权重比 1 小意味着汇率变动的效果要大于利率变动的影响,进一步我们可以画出货币状况指数的变动,见图 8-11。

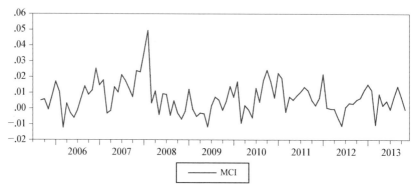

图 8-11　实际货币状况指数的变化(2005 年 7 月—2013 年 12 月)

从上述图形的变化能够看出,由于考察的是汇率和利率的变动率,因此 MCI 上升表示货币政策趋于紧缩,如果 MCI 下降表示货币政策趋于宽松,2008 年货币政策趋于宽松,

第8章 我国货币政策调控面临的挑战

2006,2007年趋紧,2009年货币政策也有所趋紧,这是在最优的货币政策权重的条件下,货币状况指数的变化。

货币当局货币政策的传导从政策工具(如短期利率)到最终目标(通货膨胀),货币政策的另一端货币政策工具较多,由于货币政策传导可能滞后较长时间,工具和目标之间的直接联系相对较弱,因此货币当局诉诸于操作目标,连接货币政策工具和货币政策最终目标,这些中间变量或目标密切相连最终目标和政策工具。当加拿大银行在90年代初构建MCI时,MCI被用作货币政策的操作目标;在1997年至1999年,新西兰随后也使用MCI作为操作目标。

实际上,采用MCI作为操作目标的一个重要理由是很难预测外汇市场汇率变动对政策利率(Gerlach and Smets,2000)的响应,尽管非抵补利率平价理论表明,利率和汇率有着紧密联系,但是经验显示这种关系并不总是存在。因此并没有完全确定利率和汇率之间的相互关系,特别对加拿大和新西兰这两个国家而言,把通胀作为货币政策目标,因此需要考虑到国内和国外的经济状况。他们确定与通胀目标相一致的未来利率和汇率,使用货币政策工具,中央银行能得到期望的MCI[①]。

因此为了评估我国MCI的先行指标功能,我们构建如下的回归模型,反映货币状况指数对经济增长和价格水平的影响,由于是月度数据,最大滞后阶数选取12:

$$\Delta y_t = \rho_0 + \sum_{i=1}^{12}\rho_{1i}\Delta y_{t-i} + \sum_{i=1}^{12}\rho_{2i}MCI_{t-i} + \nu_t \tag{8-61}$$

$$\Delta p_t = \tau_0 + \sum_{i=1}^{12}\tau_{1i}\Delta p_{t-i} + \sum_{i=1}^{12}\tau_{2i}MCI_{t-i} + \upsilon_t \tag{8-62}$$

对(8-61)式和(8-62)式进行回归。根据模型估计结果,去掉不显著的回归项,第一个方程模型的回归结果如下。

表8-18 方程(8-61)的回归结果

变量	系数	T统计量	概率
C	0.011 363	6.390 680	0.000 0
Δy_{t-2}	−0.349 663	−3.828 965	0.000 2
Δy_{t-5}	0.127 207	1.722 761	0.088 7
Δy_{t-9}	0.150 846	2.064 806	0.042 1
Δy_{t-12}	0.118 638	1.673 814	0.097 9

---

① 所谓"期望"的MCI水平,就是具有前瞻性,考虑了货币政策状况变化及政策的滞后性,及对通货膨胀的影响。

(续表)

变量	系数	T统计量	概率
ΔMCI_{t-9}	-0.274 807	-3.490 094	0.000 8
R^2	0.275 129	$a-R^2$	0.231 462
s.e	0.007 572	DW	1.715 141
F统计量	6.300 636	概率	0.000 053

同样第二个方程模型的回归结果如下。

表8-19 方程(8-62)的回归结果

变量	系数	T统计量	概率
C	0.002 334	2.952 125	0.004 1
Δp_{t-1}	-0.447 541	-2.033 353	0.045 2
Δp_{t-6}	0.526 516	2.564 157	0.012 1
Δp_{t-11}	0.345 693	3.582 939	0.000 6
ΔMCI_{t-1}	0.428 952	3.476 644	0.000 8
ΔMCI_{t-6}	-0.368 702	-3.093 986	0.002 7
ΔMCI_{t-10}	-0.170 698	-3.099 586	0.002 6
R^2	0.354 076	$a-R^2$	0.307 383
s.e	0.004 879	DW	2.190 929
F统计量	7.583 024	概率	0.000 002

从表8-18,表8-19可以看出,货币状况指数都是显著的,因此MCI包含了经济增长和通货膨胀有价值的信息,能够作为先行指标调控经济增长和通货膨胀。根据表8-18,滞后9期的货币状况指数和经济增长负相关,宏观经济政策收紧,经济增长下滑。从表8-19来看,滞后1期的MCI指数和通货膨胀正相关,滞后6期和10期的货币状况指数和通货膨胀负相关,但总体来看,货币状况指数对通货膨胀影响为负。因此货币状况指数和经济增长、通货膨胀负相关,货币状况指数上升,意味着货币政策趋紧,经济增长下滑,通货膨胀下降,是经济增长和通货膨胀一个有价值的先行指标,中央银行应该关注货币状况指数变化,根据货币状况指数和宏观经济总量之间的联系,调控利率和汇率,实现宏观经济目标。

8.5.5 模型的稳健性检验——基于新凯恩斯模型的分析

新凯恩斯模型(Clarida Richard,Jordi Galí,and Mark Gertler1.1999)是一个包含微观

基础、动态、随机的一般均衡模型(DSGE),该模型基于经济主体行为的最优化和名义价格刚性,该模型早期的研究有 Goodfriend and King (1997)、Rotemberg and Woodford (1997, 1999) and McCallum and Nelson (1999)。该理论结合了实际经济周期理论(real business cycle, RBC)和凯恩斯的垄断竞争和名义刚性,该模型也广泛应用于货币政策的分析(Gali and Gertler (2007); Woodford (2003))。模型的方程来源于典型代理人效用的最大化和企业的定价决策,方程的系数是消费者效用函数、生产函数和价格设定过程中潜在的结构方程参数的函数,新凯恩斯模型的三个方程包括前瞻性因素,假定理性预期。

本节在新凯恩斯模型(New Keynesian Model)基础之上(Guender, Alfred, 2005, 2008; Eugenia and Muliadi. 2009),重新检验我国最优的货币政策规则。在这里我们采用混合型的菲利普斯曲线和前瞻性的 IS 曲线①(Jordi Gali and Mark Gertler, 1999),除了利率以外,所有变量都是对数形式,模型包含 3 个方程②。

$$\pi_t = a_0 E_t \pi_{t+1} + a_1 \tilde{y}_t + a_2 (E_t q_{t+1} - q_t) + a_3 \pi_{t-1} + u_t \quad (8\text{-}63)$$

(新凯恩斯菲利普斯曲线(NKPC)③)

新凯恩斯的菲利普斯曲线是反映通货膨胀率与预期将来的通货膨胀率、产出缺口和实际汇率的函数。

$$\tilde{y}_t = b_0 E_t \tilde{y}_{t+1} - b_1 r_t + b_2 (E_t q_{t+1} - q_t) + b_3 \tilde{y}_{t-1} + v_t \quad (8\text{-}64)$$

(前瞻性的 IS 曲线)

前瞻性的总需求方程来自典型代理人效用最大化的欧拉方程,产出缺口是将来产出缺口、实际利率(r_t)和实际汇率的函数。它反映了产出对货币政策利率的敏感性,实际利率变化将会导致消费路径的变化。

$$E_t q_{t+1} - q_t = c_0 + c_1 (r_t - r_t^*) + v_t \quad (8\text{-}65)$$

(实际利率平价公式)

该方程是实际利率平价公式,其中 $q_t = e_t + p_t^* - p_t$,v_t 是随机扰动项,实际上在这里也可理解为随时间变动的风险报酬(time-varying risk premium)。假定货币政策的目标之间也是存在线性关系:

$$\lambda \tilde{y}_t + \pi_t = 0 \quad (8\text{-}66)$$

---

① 不仅包括前瞻性的(forward-looking)因变量,还包括回顾性(back-looking)的因变量。
② 新凯恩斯模型假定企业是垄断竞争的,价格或工资水平是名义刚性,因此货币政策是非中性的,名义刚性也意味着价格水平或工资水平的确定是前瞻性的。
③ 新凯恩斯菲利普斯曲线产出变量是产出缺口 $\tilde{y}_t$。

同时假定中央银行的损失函数仍然是：

$$L = \frac{1}{2}\tilde{y}^2 + \frac{\theta}{2}\pi^2 \tag{8-67}$$

从(8-64)代入(8-62)(8-63)，再(8-65)结合能够得到：

$$r_t = \frac{(\lambda+a_1)[b_0 E_t \tilde{y}_{t+1} + b_3 \tilde{y}_{t-1} + v_t] + [a_2 + b_2(\lambda+a_1)]}{(b_1 - b_2 c_1)(\lambda+a_1) - a_2 c_1} \tag{8-68}$$

假定所有的随机冲击都是独立的白噪音过程，则意味着：$E_t \tilde{y}_{t+1} = 0$；$E_t(\pi_{t+1}) = 0$。因此利率水平(8-68)变为

$$r_t = \frac{(\lambda+a_1)[b_3 \tilde{y}_{t-1} + v_t] + [a_2 + b_2(\lambda+a_1)]}{(b_1 - b_2 c_1)(\lambda+a_1) - a_2 c_1} \tag{8-69}$$

把(8-69)式代入(8-65)式得到：

$$E_t q_{t+1} - q_t = \frac{(c_0 - c_1 r_t^* + v_t)[b_1(\lambda+a_1)] + c_1(\lambda+a_1)}{(b_1 - b_2 c_1)(\lambda+a_1) - a_2 c_1} \tag{8-70}$$

把(8-69)式和(8-70)式代入(8-64)式得到：

$$\tilde{y}_t = -b_1 \frac{(\lambda+a_1)[b_3 \tilde{y}_{t-1} + v_t] + [a_2 + b_2(\lambda+a_1)]}{(b_1 - b_2 c_1)(\lambda+a_1) - a_2 c_1}$$

$$+ b_2 \frac{(c_0 - c_1 r_t^* + v_t)[b_1(\lambda+a_1)] + c_1(\lambda+a_1)}{(b_1 - b_2 c_1)(\lambda+a_1) - a_2 c_1}$$

$$+ b_3 \tilde{y}_{t-1} + v_t$$

因此，

$$\tilde{y}_t = \frac{-a_2 b_1(c_0 - c_1 r_t^* + v_t) - (b_1 - b_2 c_1)(a_3 \pi_{t-1} + u_t) - a_2 c_1(b_3 \tilde{y}_{t-1} + v_t)}{(b_1 - b_2 c_1)(\lambda+a_1) - a_2 c_1} \tag{8-71}$$

把(8-71)式代入(8-66)式得到：

$$\pi_t = \lambda \frac{a_2 b_1(c_0 - c_1 r_t^* + v_t) + (b_1 - b_2 c_1)(a_3 \pi_{t-1} + u_t) + a_2 c_1(b_3 \tilde{y}_{t-1} + v_t)}{(b_1 - b_2 c_1)(\lambda+a_1) - a_2 c_1} \tag{8-72}$$

把(8-71)式和(8-72)式代入(8-67)式能够得到：

$$\begin{aligned} L &= \frac{1+\lambda^2\theta}{2}\widetilde{y}^2 \\ &= \frac{1+\lambda^2\theta}{2}\left\{\frac{-a_2b_1(c_0-c_1r_t^*+v_t)-(b_1-b_2c_1)}{(a_3\pi_{t-1}+u_t)-a_2c_1(b_3\widetilde{y}_{t-1}+v_t)}\right\}^2 \\ &= \frac{1+\lambda^2\theta}{2[(b_1-b_2c_1)(\lambda+a_1)-a_2c_1]^2}\{-a_2b_1(c_0-c_1r_t^*+v_t) \\ &\quad -(b_1-b_2c_1)(a_3\pi_{t-1}+u_t)-a_2c_1(b_3\widetilde{y}_{t-1}+v_t)\}^2 \end{aligned} \tag{8-73}$$

因此最优的一阶条件：

$$\frac{\partial L}{\partial \lambda} = \frac{(2\lambda\theta)[(b_1-b_2c_1)(\lambda+a_1)-a_2c_1]^2-2(1+\lambda^2\theta)}{2[(b_1-b_2c_1)(\lambda+a_1)-a_2c_1]^4}$$
$$\{-a_2b_1(c_0-c_1r_t^*+v_t)-(b_1-b_2c_1)(a_3\pi_{t-1}+u_t)$$
$$-a_2c_1(b_3\widetilde{y}_{t-1}+v_t)\}^2 = 0$$

因此：

$$\lambda = \frac{b_1-b_2c_1}{\theta[(b_1-b_2c_1)a_1-a_2c_1]} \tag{8-74}$$

Rudd & Whelan（2005）把前瞻性的菲利普斯方程写为：$\pi_t = a_0 E_t\pi_{t+1} + a_1\Delta y_t + a_2 q_t + \varepsilon_{t+1}$，其中 ε_{t+1} 是期望值误差，与 $E_t\pi_{t+1} - \pi_{t+1}$ 成正比例关系，在理性预期的条件下，在 t 期这个误差是不可预测的。对前瞻性预期模型进行估计面临的一个问题是因变量和方程误差项之间的时间差问题，这可能导致估计偏差，为了克服这一问题，根据 Rudd & Whelan，2005；Eugenia and Muliadi，2009 的方法，a_0 只能够用 t 期的变量或更早的变量做 π_{t+1} 的工具变量来估计，我们采用两阶段最小二乘法来估计，第一阶段估计 $\hat{\pi}_{t+1}$，根据方程：

$$\hat{\pi}_{t+1} = \hat{\delta}_1\pi_{t-1} + \hat{\delta}_2\widetilde{y}_t + \hat{\delta}_3 q_t + \hat{\delta}_4 z_t$$

z_t 表示其他影响通货膨胀率的因素[①]。在第二阶段，用 $\hat{\pi}_{t+1}$ 代替 $E_t\pi_{t+1}$，因此估计方程：

---

① 在本节中，我们选择外汇储备作为影响通货膨胀率的因素。

$\pi_t = \hat{a}_0 \hat{\pi}_{t+1} + \hat{a}_1 \Delta y_t + \hat{a}_2 q_t + a_3 \pi_{t-1} + \varepsilon_t$。这样我们用两阶段最小二乘法估计了菲利普斯曲线,用同样的方法我们可以估计前瞻性的 IS 曲线和利率平价方程,为了消除模型的自相关问题,模型估计中加入 AR(n)项,同时也采用 Newey-West 异方差自相关一致协方差修正参数估计量的标准差。估计的结果如下(见表 8-20):

表 8-20 模型的稳健性检验

系 数	估计值	T 值	系 数	估计值	T 值
a_0	1.191 790	6.711 332	a_2	0.544 317	12.403 09
a_1	-0.010 383	-0.435 523	a_3	0.007 195	0.131 513
R^2 (调整的 R^2)	0.808 732(0.795 980)		F 值(P 值)	63.423 82(0.000 000)	
b_0	0.414 934	12.291 53	b_2	0.136 685	2.695 942
b_1	0.000 542	0.385 019	b_3	-0.183 454	-3.096 134
R^2 (调整的 R^2)	0.821 387(0.804 772)		F 值(P 值)	49.436 05(0.000 000)	
c_0	-0.004 763	-4.565 085	c_1	0.004 589	2.597 930
R^2 (调整的 R^2)	0.176 042(0.158 877)		F 值(P 值)	10.255 42(0.000 092)	

根据公式(8-73),可以计算出 $\lambda = \dfrac{b_1 - b_2 c_1}{\theta[(b_1 - b_2 c_1)a_1 - a_2 c_1]} = 0.034\ 14$,$\lambda$ 的符号为正,可见我们的模型结论也是稳健的。

8.5.6 主要结论

本节根据一般均衡的理论模型探讨了最优货币政策的权重,最优货币权重是模型参数和中央银行偏好参数等的函数,参数的符号可正可负,它反映最优货币政策的选择。本节还融入了资产价格(股票价格和房地产价格)对最优货币政策规则参数的影响,最优的货币政策的参数反映的是最优货币政策规则下,实现宏观经济政策目标,使得中央银行的损失最小,应该采取什么样的货币政策规则。本节利用二阶段最小二乘法对模型进行实证研究,估计最优货币政策的权重为:$\lambda = 0.092\ 695$,意味着央行逆周期操作,也意味着中央银行在制订货币政策时,赋予通货膨胀目标更高的权重,这是央行货币政策参数的选择,也反映了央行在逆周期的货币政策操作下,央行的目标损失最小。货币政策总体上是逆周期的,但是具体来看,货币政策是逆房地产市场周期的,是顺股票市场周期的。

进一步在此模型基础之上,本节探讨了货币状况指数的权重,货币状况指数的权重依赖于货币政策规则参数,该权重为:$\mu = 0.032\,371$,$\xi = 0.024\,358$,说明了实现货币政策目标,相对利率变动,汇率的影响要大一些。货币状况指数反映了货币政策的松紧状态,通过对货币状况指数的分析能够看出,2008 年国际金融危机前后,货币政策 2008 年货币政策趋于宽松,2006,2007 年趋紧,2009 年货币政策也有所趋紧,这是在宏观经济模型确定的最优货币政策权重的条件下,货币状况指数的变化。传统的估计货币状况指数主要根据产出缺口方程,而本节根据宏观经济一般均衡理论,在最优的货币政策规则基础之上来估计货币状况指数的权重,更能够体现利率和汇率影响大小,以及货币政策的松紧。

从货币状况指数和经济增长、通货膨胀的相关性来看,MCI 包含了经济增长和通货膨胀有价值的信息,能够作为先行指标调控经济增长和通货膨胀,是中央银行可以参考的有价值的中间指标。

从模型的稳健性检验来看,我们的结论是稳健的,央行货币政策的操作是逆周期的,通货膨胀率上升,央行采取紧缩性的货币政策;经济增长下滑,央行采取扩张性的货币政策。

8.6 宏观经济内外均衡的政策搭配

宏观经济的政策调节主要是政府为了防止宏观经济的大起大落而采取政策干预的措施,维持宏观经济健康稳定的运行。宏观经济的政策主要包括汇率政策、财政政策和货币政策等,政府通过这些政策的搭配来实现宏观经济的均衡。

8.6.1 宏观经济调控的政策手段

我国宏观调控必须采取多种经济政策搭配的手段来实现宏观经济的内外均衡。这里我们借用 Mundell-Fleming 模型来分析。图 8-12 中,IS,LM 和 BP 分别表示商品市场、货币市场和外汇市场的均衡曲线。实际上,在我国政府并不希望汇率大幅度的波动,假定汇率波动的区间为 BP_1 到 BP_2,如果超出这个区间,中央银行就要进行外汇市场干预。如果开始状态均衡点在 A 点,此时出口增加,则 IS 曲线向右移动到 IS_1,新的均衡点在 B 点,但 B 点在 BP 曲线之上,所以国际收支盈余,人民币存在升值压力,BP 将上移到 BP_2,人民币升值压力部分被缓解,但是还没有达到均衡点 B,人民币仍然存在升值压力。

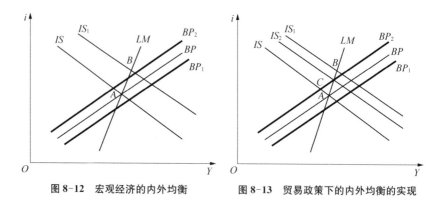

图 8-12　宏观经济的内外均衡　　　　图 8-13　贸易政策下的内外均衡的实现

从短期来看,政府可以采取以下措施实现宏观经济的内外均衡。第一是减少出口和增加进口。这样,IS_1 向左移动到 IS_2,交 LM 和 BP_2 于新的均衡点 C,此时实现了宏观经济的内外均衡(图 8-13)。

第二是采取更加弹性的汇率制度,即扩大汇率波动的幅度。在这种情况下,中央银行不采取任何干预措施,允许人民币汇率浮动,则 BP_2 向上移动到 BP_3,即汇率波动的区间由 BP_1 到 BP_2 扩大到 BP_1 到 BP_3,新的均衡点仍然在 B 点(图 8-14)。

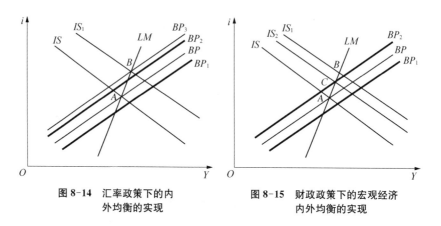

图 8-14　汇率政策下的内　　　　　　图 8-15　财政政策下的宏观经济
　　　　　外均衡的实现　　　　　　　　　　　　　内外均衡的实现

第三是采取财政政策,政府削减支出,调整税收控制投资和消费。如果政府采取紧缩性的财政政策如减少支出和(或)增加税收。这样,IS_1 向左移动到 IS_2,交 LM 和 BP_2 于新的均衡点 C,此时实现了宏观经济的内外均衡(图 8-15)。

第四是采取扩张性的货币政策,价格水平上升,人民币升值压力由于人民币国内购买力的下降而自动缓解。LM 曲线向右移动到 LM_1,新的均衡点在 C 点,价格水平由 P 上升到 P_1,此时产生了通货膨胀(图 8-16)。

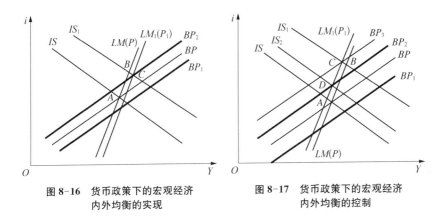

图 8-16　货币政策下的宏观经济
内外均衡的实现

图 8-17　货币政策下的宏观经济
内外均衡的控制

如果存在流动性过剩和通货膨胀现象,也就是说,LM 曲线所对应的价格水平本身就比较高,此时中央银行不是采取扩张性的货币政策,而是采取紧缩性的货币政策。LM 曲线向左移动到 LM_1,此时价格水平得到控制,但是贸易盈余扩大。在这种情况下,中央银行一是放宽汇率的波动幅度,BP_2 向上移动到 BP_3,人民币升值,均衡点在 C 点;二是采取紧缩性的财政政策,IS_1 左移到 IS_2,均衡点在 D 点(图 8-17)。当然,这两种手段可以搭配使用来实现宏观经济的内外均衡,均衡点在 C 点和 D 点之间的某个位置。

总结起来,在流动性过剩和通货膨胀的情况下,要维持宏观经济平稳健康地增长,政府短期内主要采取以下手段实现。第一种方法是采取冲销干预的货币政策,通过提高法定准备金率、发行央行票据和减少常备信贷便利融资等方法来实施。第二种方法是减少出口,增加进口,削减国际收支的盈余,缓解人民币升值的压力。第三种方法就是采取更加弹性的汇率制度方法,实际上就是放宽汇率波动区间。第四种方法是采取紧缩性的财政政策,政府应该压缩政府支出,调整税收来控制消费和投资,同时也可以采取发行美元特别国债减少银行体系的流动性。

相反,在经济下滑和价格水平下降的情况下,要维持宏观经济平稳健康地增长,同样政府可以采取相应的宏观经济政策调控经济。

假定汇率波动的区间为 BP_1 到 BP_2,如果超出这个区间,中央银行就要进行外汇市场干预。如果开始状态均衡点在 A 点,此时出口减少,进口增加,则 IS 曲线向左移动到 IS_1,新的均衡点在 B 点,但 B 点在 BP 曲线之下,所以国际收支赤字,人民币存在贬值压力,BP 将下移到 BP_1,人民币贬值压力部分被缓解,但是还没有达到均衡点 B,人民币仍然存在贬值压力(见图 8-18)。

从短期来看,政府可以采取以下措施实现宏观经济的内外均衡。第一是增加出口和减少进口。这样，IS_1 向右移动到 IS_2，交 LM 和 BP_1 于新的均衡点 C，此时实现了宏观经济的内外均衡（图 8-19）。

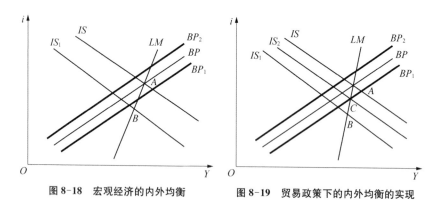

图 8-18　宏观经济的内外均衡　　图 8-19　贸易政策下的内外均衡的实现

第二是采取更加弹性的汇率制度，即扩大汇率波动的幅度。在这种情况下，中央银行不采取任何干预措施，允许人民币汇率浮动，则 BP_1 向下移动到 BP_3，即汇率波动的区间由 BP_1 到 BP_2 扩大到 BP_3 到 BP_2，新的均衡点仍然在 B 点（图 8-20）。

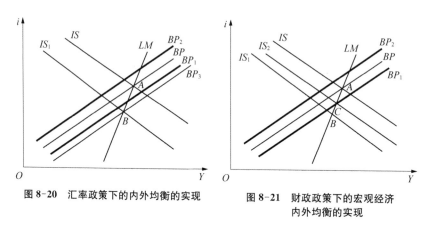

图 8-20　汇率政策下的内外均衡的实现　　图 8-21　财政政策下的宏观经济
　　　　　　　　　　　　　　　　　　　　　　　　内外均衡的实现

第三是采取财政政策，政府扩大支出，调整税收控制投资和消费。如果政府采取扩张性的财政政策如扩大支出和（或）减少税收。这样，IS_1 向右移动到 IS_2，交 LM 和 BP_1 于新的均衡点 C，此时实现了宏观经济的内外均衡（图 8-21）。

第四是采取紧缩性的货币政策，价格水平下降，人民币贬值压力由于人民币国内购买力的上升而自动缓解。LM 曲线向左移动到 LM_1，新的均衡点在 C 点，价格水平由 P 下降到 P_1（图 8-22）。

如果存在国际收支逆差和通货紧缩现象，此时中央银行不是采取紧缩性的货币政策，

第8章 我国货币政策调控面临的挑战

而是采取扩张性的货币政策。LM 曲线向右移动到 LM_1,此时价格水平上升,但是贸易盈余扩大。在这种情况下,中央银行一是放宽汇率的波动幅度,BP_1 向下移动到 BP_3,人民币贬值,均衡点在 C 点;二是采取紧缩性的财政政策,IS_1 左移到 IS_2,均衡点在 D 点(图8-23)。当然这两种手段可以搭配使用来实现宏观经济的内外均衡,均衡点在 C 点和 D 点之间的某个位置。

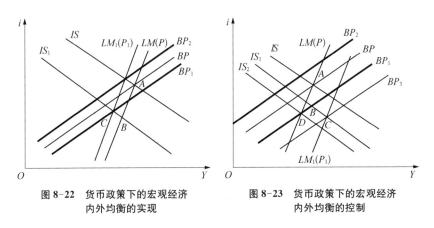

图 8-22 货币政策下的宏观经济内外均衡的实现

图 8-23 货币政策下的宏观经济内外均衡的控制

同样,政府短期内主要采取以下手段实现:第一种方法是采取扩张性的货币政策,通过降低法定准备金率、扩大常备信贷便利融资规模等方法来实施;第二种方法是扩大出口,减少进口,改善国际收支,阻止人民币升值;第三种方法就是采取更加弹性的汇率制度方法,实际上是放宽汇率波动区间;第四种方法是采取扩张性的财政政策,政府应该扩大政府支出,减少税收来增加消费和投资。

8.6.2 货币政策和财政政策的协调

1. 货币政策调控的结构性矛盾

我们认为央行货币政策工具虽然能够从总量上控制货币供给,但是货币供给的结构性矛盾凸现,这必须引起货币当局的重视。

首先是如果流动性过剩,央行不断提高法定准备金率冻结资金,有效地控制了货币供给,但是对大银行和小银行的影响是不同的。大银行资金充裕,而中小银行的资金有限。央行提高法定准备金率对所有银行是相同的,随着央行法定准备金率不断上调,中小银行面临的资金困境越来越明显,而中小银行服务的客户主要是中小企业,因此中小企业融资难将更加突出。当然,中央后来采取差别准备金率政策,有利于解决中小企业融资难问题。

其次,长期以来央行票据是回笼资金的主要手段,如果市场流动性过剩,央行通过大量发行央票回笼资金,虽然有利于控制货币总量,但是不能够控制资金分配的结构。以前在人民币升值的条件下,贸易盈余部门更多地向商业银行结售汇,获得人民币资金,商业银行在银行间外汇市场再卖给中央银行,获得人民币资金。为了维持货币供应的稳定,国家大量发行央行票据来回笼货币。虽然我们保持了货币供应总量的稳定,但是货币持有量在贸易和非贸易部门间的分配发生了变化,贸易部门资金盈余,而非贸易部门资金相对紧缺。货币政策是总量上的一种控制,它不能够进行结构调整。一方面非贸易部门缺乏资金;另一方面贸易部门大量的资金没有出路。在国内投资机会有限的情况下,贸易盈余的资金出于保值增值的需要就大量的投向资产市场,这对资产价格也起到推波助澜的作用。非贸易部门的资金供给紧缺,提高了他们的融资成本,从而抑制了非贸易部门的发展。

同样,国际金融危机期间,在美元不断走软和人民币升值的条件下,大量的投机资本流入导致外汇占款大幅增加,中央银行也通过大量的央行票据发行进行冲销,投机者手中持有大量的人民币资金,相应地,在中央银行进行冲销干预和商业银行信贷紧缩的情况下,其他部门的资金就会相应减少。正是在这样的情况下,商业银行紧缩信贷,而对信贷的需求并未减少,很多部门面临资金困境,这就出现了一方面流动性过剩;另一方面许多企业出现资金短缺的局面。

货币政策调控能够解决总量上的矛盾,却很难解决结构上的矛盾,货币政策对不同群体的影响是不一样的。因此,货币政策要提高调控效果,不仅仅要从总量上来把握,还必须要从结构上、调控对象上考虑,要和财政政策搭配使用。

2. 货币政策和财政政策需要搭配使用

国际金融危机爆发前,我国通货膨胀的压力上升,实际利率为负的情况下,央行主要通过提高利率来调控。中央银行上调名义利率有两层含义:一是提高利率以超过预期的通货膨胀率,使得实际利率为正;二是提高利率以控制价格水平的继续上升,遏制通货膨胀。

提高利率能不能控制价格水平的上涨?这是问题关键所在。如 2007 年至 2008 年上半年我国的价格水平上涨的一个重要因素体现为以能源和粮食价格等上升而引致的结构性物价上涨,这主要是由当时国际市场价格上涨导致的,并不能完全由国内利率提高来控制。另一个推动国内价格水平上升的因素是流动性过剩,但导致国内流动性过剩的一个主要来源是国际收支的双顺差,提高利率并不能控制国际收支的双顺差,反而会吸引国外投机资本流入。

提高利率控制房地产价格这一目标的实现也面临很多困难。首先,老百姓对房屋有刚性需求,当贷款利率提高,房地产商投资成本上升,他会提高房价把这个成本转移到消费者身上。其次,提高住房贷款利率反而对银行是一种刺激,因为住房贷款有房屋抵押,风险小,而收益又提高,银行就有放款的内在冲动。最后,由于土地供给有限,而对住房需求大,公众担心将来价格可能会进一步上升而增加现在的需求,导致房价上涨。

国际金融危机后,2010—2012年,我国经济逐步恢复,又面临央行冲销干预压力大,通货膨胀率上升的情形,因此央行通过提高法定准备金率和存贷款利率来控制货币信贷的上升和物价水平的上涨,但同样也面临提高利率的困境。2013年我国进入经济新常态,国内外形势都发生了变化,中国面临国际收支盈余下降,外汇储备和外汇占款下降的趋势,同时还面临"去杠杆、去产能、去库存、降成本、补短板"的任务,此外还伴随美国退出量化宽松政策和中美贸易战等新的挑战,因此我国继续实行稳健的货币政策。

在面临多个维度的问题时,货币政策的调控往往是低效的,维持宏观经济的平稳运行,货币政策需要和财政政策搭配使用。实施结构性的财政政策有两种含义:一是对有些部门扩张要控制;二是对有些部门的发展要给予财政支持,做到有保有压,区别对待。控制通货膨胀和房地产价格上涨,必须充分发挥财政政策紧缩的功能。

8.6.3 财政政策调控

长期以来,我国政府债务水平并不高,并且政府的财政赤字也比较低(见图8-24),因此财政政策在结构调整和经济增长上可以发挥更大的作用。

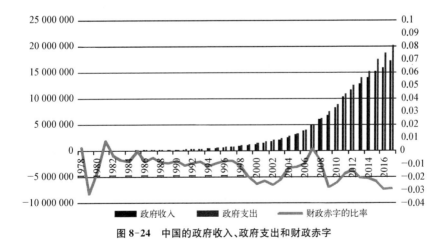

图8-24 中国的政府收入、政府支出和财政赤字

1. 相机抉择的出口退税政策

国际金融危机之前,我国外贸顺差的矛盾比较突出,导致央行的外汇占款大幅度增加,流动性过剩比较严重,为了控制通货膨胀,央行不得不在货币市场回收过多的流动性。为进一步控制外贸出口的过快增长,缓解我国外贸顺差过大带来的流动性过剩问题,以及

抑制"高耗能、高污染、资源性"产品的出口,优化出口商品结构,国家通过取消或降低出口退税率来调控。如2007年6月18日,国家发布了《财政部、国家税务总局关于调低部分商品出口退税率的通知》,调整了部分商品的出口退税政策。实际上,随着国际原材料的价格暴涨,以及国内需求的增长和对原材料进口依赖程度的提高,国家早就先后6次出台了出口退税和关税税率的大调整。最早是在2006年1月,其中钨、锡、锑、锌及其制品的出口退税率下调为5%。2006年4月10日起,精炼铜及铜合金的出口税率由5%调至10%,铜材的出口税率由0调至10%。接下来,从2006年9月15日起,取消仲钨酸铵、碳化钨、钨粉、钨材、阴极铜等产品的出口退税;降低部分产品的出口退税率;将所有取消出口退税的商品列入加工贸易禁止类目录,并对此类商品进口一律征收进口关税和进口环节税。此后,国家有关部门又先后几次对有色金属出口退税进行调整。不仅取消和调低部分有色金属产品的出口退税,同时从2007年12月20日起取消小麦、稻谷、大米、玉米、大豆等原粮及其制粉的出口退税,以保障国内粮食供给和抑制国内粮食价格上涨。实际上,国家取消和降低出口退税率主要作用一是有利于保障国内供给,保护国内环境,因为我国的贸易顺差往往都是依赖于低附加值产品或资源性产品的出口换取的,并且对环境的破坏也较大,因此通过调整出口退税有利于控制"两高一资"产品的出口,促进我国的贸易结构升级;二是出口退税的调整也有利于消减贸易收支的盈余,控制国内流动性过剩、减轻货币政策冲销干预的压力、降低人民币升值预期等。

但进入2008年以来,人民币升值速度加快,同时我国又采取从紧的货币政策,上半年贸易顺差同比减少132亿美元,呈不断下降趋势。特别在我国的东南沿海地区,在人民币升值、工资、土地、原材料价格不断上升等多重压力下,一些中小贸易企业经营成本迅速上升,亏损较大,甚至出现倒闭,许多劳动力面临失业的风险。在我国经济增长中,出口是拉动我国经济增长的"三驾马车"之一,在人民币不断升值的条件下,将来出口下降的风险加大,可能会导致经济下滑。为了保持我国经济平稳较快发展,我国对出口退税的政策进行适当调整,对一些传统的、吸附劳动力就业较大的非"两高一资"贸易行业可适当放松出口退税政策,提高其出口退税率,这将有利于刺激出口,促进经济增长。实际上,在名义汇率不变的条件下,取消出口退税,相当于货币实际升值,因此在我国人民币名义汇率不断升值的条件下,取消出口退税,使得人民币实际升值的幅度更大,有利于限制出口增加,如为了遏制"两高一资"的产品出口,应采取取消或降低出口退税率。相反,为了促进某些行业出口,应提高出口退税率,降低出口企业的成本,促进经济增长和劳动力就业。实际上,我国之前降低某些贸易部门出口退税主要是消减贸易盈余、降低流动性过剩和促进贸易结构升级,但在人民币持续升值和生产成本不断上升的条件下,对一些贸易部门冲击很大,特别是对一些劳动密集型行业如纺织行业等影响较大。目前为了防止经济下滑,仍然需要对某些部门重新提高出口退税率。通常贸易企业转型和贸易结构升级需要一定的时

第8章 我国货币政策调控面临的挑战

间,不可能在短期内迅速完成,因此出口退税率的调整要考虑到我国贸易部门的实际承受能力,要有利于贸易部门的平稳发展,否则会导致经济下滑和失业增加。

除了出口退税,财政部还通过印花税、利息税、资源税等方式来调控宏观经济的过热或经济不振等。此外,还有关于房产税、个人所得税等争论也一直在延续,这些都是调节宏观经济的一些方法。

2. 对"三农"和低收入群体大力支持

"三农"问题是我国建设小康社会过程中面临的重要问题,"三农"问题解决的好坏直接影响整个国民经济健康稳定的发展,因此国家财政政策对"三农"支持一直保持持续增加的态势。2007年中央坚持把大力支持解决"三农"问题作为财政工作的重中之重,出台了各项支农政策措施,不断强化对"三农"的支持。2007年新增政府投资大部分用于社会主义新农村建设,投资总规模有所增加。我国实行供给侧结构性改革,中央财政支持"三农"政策的实施意在提高农民收入、促进粮食生产、保障农产品供给、减缓城乡收入差距扩大,进而拉动消费增长、抑制投资过热、促进整个国民经济的平稳增长。农民收入的提高有利于扩大内需,消减国际收支的盈余,缓解国内流动性过剩的矛盾。

中央财政对"三农"和低收入群体的支持、对"两高一资"行业的控制,反映了中央财政的结构性调整,"三农"问题是关系国民经济长远发展的大事,国家财政必须大力支持。一些行业的发展,短期内是有利的,但长期来说,对经济增长或环境保护有破坏作用,国家必须控制,以保证宏观经济平稳健康地发展。对低收入群体的补助,是改善民生的具体体现。财政政策可以在经济结构调整、部门经济发展不平衡和收入分配不均衡等方面发挥更大的作用。

3. 去产能、去库存、去杠杆、降成本、补短板

由于受国际金融危机适度宽松货币政策和积极型财政政策的影响,产能过剩和高债务等问题凸显出来,2015年以来,我国进行供给侧改革,面临"去产能、去库存、去杠杆、降成本、补短板"等问题,政府适当增加财政支出和政府投资,因此积极的财政政策要加大力度,实行减税政策,阶段性提高财政赤字率。根据欧盟的标准,财政赤字不要超过3%,这是国家财政安全的一个参考标准,并不是说始终要在这个范围之内,欧美国家的财政赤字很多年份都超过3%,也就是说,财政赤字的变化是一个动态的过程,超过3%并不可怕,关键是财政赤字和债务水平上升如果能带来经济增长和老百姓收入的增加,赤字财政政策就不可怕,因为随着经济增长和人们收入水平的提高,国家政府税收也会相应提高,财政赤字很快就会下去。从美国的财政赤字也能够看出这一点,国际金融危机时期,美国扩大财政支出,债务水平和财政赤字大幅度上升,2009年财政赤字达到9.8%,但是随着美国经济恢复,财政赤字逐步下降,2015年财政赤字下降到2.41%,2016年和2017年财政赤字也只在3%左右(见图8-25)。

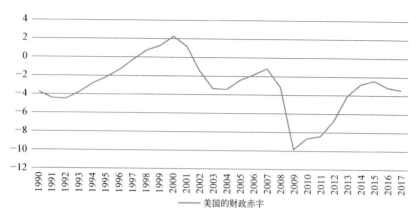

图 8-25 美国的财政赤字
数据来源：CEIC 数据库。

推动经济结构转型升级,需要财政政策继续发力。特别是在实施去产能、去库存、去杠杆、降成本、补短板中,可以增强财政在市场出清过程中的"托底"能力,及时应对债务、职工安置以及一些突发问题,保障供给侧结构性改革顺利推进。此外,适度提高财政赤字率,可以扩大减税降费和支出的空间,抵消经济下行的能量,激发经济活力。同时,可以稳定市场预期,带动社会投资,提升企业活力和创新动力。

8.6.4 货币政策的微调

从严格意义上来讲,货币政策工具通常只是总量上的控制,不具有结构性调整的功能。在目前我国宏观经济增长中结构性矛盾比较突出,某些货币政策工具微调可以赋予一定的结构性调整的功能。国家通过实行差异的存款准备金率、建立小额贷款公司和支持商业银行信贷结构调整解决我国的中小企业融资难问题,促进中小企业的发展,保障国民经济的健康较快地发展。

1. 差异的存款准备金率

为了应对国内流动性过剩的局面,我国存款准备金率已然成为了央行货币调控的常用工具。自 2006 年 7 月以来至国际金融危机爆发,央行一直上调法定存款准备金率,法定存款准备金率达到较高水平。中央银行试图通过提高存款准备金率的方式,紧缩国内信贷资金来抑制投资快速扩张以及缓解通货膨胀压力。

随着存款准备金率的不断上调,对我国的一些中小银行产生了很大的影响,由于中小银行的资金远没有国有银行充足,在多次提高法定准备金率以后,可贷资金面临短缺的情况,而他们的主要服务对象中小企业更是面临融资难的问题。这也导致了一些地方地下金融的出现,如浙江的温州和广东的东莞的民间借贷盛行,借贷利率甚至达到银行贷款利率的6—7倍。为了缓解我国中小企业融资难问题,我国对一些中小银行实行差别准备金制度。

2008年我国就对大型金融机构和中小型金融机构采取不同的准备金率,2008—2012年也一直保持两者不同的准备金率,如2012年5月18日,大型金融机构的准备金率是21%,而中小型金融机构的准备金率只有17.5%,相差3.5个百分点。2014年央行调整法定准备金率的时候,加大了对地方性中小金融机构的支持力度,如2015年6月28日有针对性地对金融机构实施定向降准,以进一步支持实体经济发展,促进结构调整。(1) 对"三农"贷款占比达到定向降准标准的城市商业银行、非县域农村商业银行降低存款准备金率0.5个百分点。(2) 对"三农"或小微企业贷款达到定向降准标准的国有大型商业银行、股份制商业银行、外资银行降低存款准备金率0.5个百分点。(3) 降低财务公司存款准备金率3个百分点,进一步鼓励其发挥好提高企业资金运用效率的作用。

因此2008年以后,央行多次实行差别化管理,对一些中小银行的法定准备金要求可低于国有银行,这将有利于缓解中小银行资金短缺和中小企业借款难问题。

2. 增加对中小企业、民营企业的信贷支持

在信贷规模控制的条件下,更多的贷款资金主要是流向了大企业,而一些中小企业面临资金短缺问题。2008年5月份银监会、央行联合颁布了《关于小额贷款公司试点的指导意见》,浙江省被确立为首个开展小额贷款公司试点的省份。浙江省金融办颁布了《关于开展小额贷款公司试点工作的实施意见》,对建立小额贷款公司给出具体规定。小额贷款公司的建立目的是把民间资金集中起来,通过正常的渠道贷出去,促进资金得到合理和有效的使用。目前,我国在浙江温州试点小额贷款公司,资金来源主要是自有资金,贷款利率最高不超过银行基准利率的4倍。小额贷款公司将是我国银行信贷的重要补充,必将缓解一些中小企业融资压力。还有差别存款准备金率很大一部分也是为中小企业融资服务的,2017年9月30日,人民银行发布了《关于对普惠金融实施定向降准的通知》,为支持金融机构发展普惠金融业务,聚焦单户授信500万元以下的小微企业贷款、个体工商户和小微企业主经营性贷款以及农户生产经营、创业担保、建档立卡贫困人口、助学等贷款,2018年1月25日对上述贷款增量或余额占全部贷款增量或余额达到一定比例的商业银行实施定向降准政策。凡前一年上述贷款余额或增量占比达到1.5%的商业银行,存款准备金率可在人民银行公布的基准档基础上下调0.5个百分点;前一年上述贷款余额或增量占比达到10%的商业银行,存款准备金率可按累进原则在第一档基础上再下调1个百分点。

为了促进民营企业通过债券融资,2018年10月22日,人民银行引入民营企业债券融资支持工具。这种工具是一种信用风险缓释工具,通过运用信用风险缓释工具等多种手

段,支持民营企业债券融资①。同时,人民银行还计划推出股权融资支持工具,缓解股权质押风险,推动和促进民营企业股权融资。

3. 常备信贷便利融资和人民币汇率弹性增加

从2013年至2018年6月的中央银行的资产负债表能够看出,我国对外净资产(外汇占款)开始由升转降,主要由于贸易收支盈余下降,人民币贬值,资本外流等因素导致的,因此,外汇占款支撑基础货币发行难以维持,常备信贷便利成为中央银行调节货币市场流动性的主要工具。

除了通常的常备信贷便利,2018年12月19日,中国人民银行还创设了定向中期借贷便利(targeted medium-term lending facility,TMLF),这主要是根据金融机构对小微企业、民营企业贷款增长情况,向其提供长期稳定资金来源,加大对小微企业、民营企业的金融支持力度。定向中期借贷便利资金可使用三年,操作利率比中期借贷便利(MLF)利率优惠15个基点。

目前一些出口企业面临严峻的挑战,怎样解决这一问题?除了我们前面提到的提高出口退税率以外,货币政策也可以有所作为,自2005年7月以来至今,人民币对美元升值约20%,企业出口的成本迅速上升,价格也逐步丧失竞争优势,企业利润下降,人民币贬值有利于改善这一状况。2014年以来人民币汇率由先前的升值转向贬值,2015年8月我国进行了新一轮汇改,人民币汇率的弹性显著增加,人民币汇率变动的区间也不断扩大,人民币汇率也更多地由市场供求来决定,有利于宏观经济的调控。

4. 宏观审慎政策

2008年国际金融危机爆发后,对传统的货币政策调控框架提出质疑,因为金融工具创新具有顺周期性,如果经济处于扩张期,金融业务创新业务迅速,会给经济带来较大的膨胀,但是,金融泡沫积累风险可能也在不断增加。为了避免"黑天鹅"事件的发生,发达国家开始重视宏观审慎政策管理。我国也不断加强宏观审慎管理,中国人民银行建立了货币政策和宏观审慎政策的双支柱框架,在宏观审慎评估(MPA)方面进行了有益的探索,十九大报告也强调"健全货币政策和宏观审慎政策双支柱调控框架"。

因此,在顺周期的经济扩张情况下,必须加强对金融体系的调控以及风险评估,保持经济平稳健康运行。从我国的实际经济状况来看,后国际金融危机时代,我们也面临一些宏观金融风险的挑战,应重点关注影响我国经济健康运行的国内外因素,其中包括中美贸易战下的国际收支、美联储退出量化宽松政策下跨境资本流动、我国影子银行风险、地方政府债务融资平台风险、房地产业的累积风险或经济转型条件下面临的不确定性等,需要对一些风险点进行宏观审慎评估,守住不发生系统性风险的底线,维持宏观经济健康和安全。

---

① 由人民银行运用再贷款提供部分初始资金,由专业机构进行市场化运作重点支持暂时遇到困难,但有市场、有前景、技术有竞争力的民营企业债券融资。

参考文献

一、中文文献

巴曙松、吴博、朱元倩:"汇率制度改革后人民币有效汇率测算及对国际贸易、外汇储备的影响分析",《国际金融研究》,2007年第4期。

毕玉江、朱钟棣:"人民币汇率变动对中国商品出口价格的传递效应",《世界经济》,2007年第5期。

卞志村、管征:"最优货币政策规则的前瞻性视角分析",《金融研究》,2005年第9期。

卞志村、毛泽盛:"货币政策规则理论的发展回顾",《世界经济》,2005年第12期。

卞志村:"开放经济下的最优货币政策、MCI 及在中国的检验",《数量经济技术经济研究》,2008年第4期。

卜永祥、周晴:"中国货币状况指数及其在货币政策操作中的运用",《金融研究》,2004年第1期。

曹家和:"铸币税在我国央行资产结构改善中的作用",《经济论坛》,2004年第2期。

曹伟、倪克勤:"人民币汇率变动的不完全传递——基于非对称性视角的研究",《数量经济技术经济研究》,2010年第7期。

曾康霖:"央行铸币税与财政赤字弥补",《金融研究》,2002年第9期。

曾利飞、李治国、徐剑刚:"中国金融机构的资产结构与货币流通速度",《世界经济》,2006年第8期。

陈飞、赵昕东、高铁梅:"我国货币政策工具变量效应的实证分析",《金融研究》,2002年第10期。

陈舒薇、胡海鸥:"我国外汇储备增加的通货膨胀效应实证研究——兼评外汇冲销政策的有效性",《科学技术与工程》,2009年第1期。

陈学彬、李世刚、芦东:"中国出口汇率传递率和盯市能力的实证研究",《经济研究》,2007年第12期。

陈宇峰、贵斌威:"金融抑制租金、政府财政与金融改革",《财贸经济》,2015年第6期。

陈雨露、周晴:"浮动汇率制度下货币政策操作模式及中国货币状况指数",《世界经济》,2004年第7期。

陈玉宇:"政府可得铸币收入与中央银行的利润估算",《经济社会体制比较》,1997年第9期。

陈昭:"中国内生货币供给理论函数与计量检验(1927—1935)",《中国经济史研究》,2007年第1期。

丁如曦、倪鹏飞:"中国城市住房价格波动的区域空间关联与溢出效应——基于 2005—2012 年全国 285 个城市空间面板数据的研究",《财贸经济》,2015年第6期。

丁志杰、郭凯、闫瑞明:"非均衡条件下人民币汇率预期性质研究",《金融研究》,2009年第12期。

丁志杰、张薇薇:"一篮子货币构造及其在汇率管理中的运用",《金融与经济》,2007年第2期。

窦祥胜:"西方均衡汇率理论述评",《经济评论》,2006年第5期。

鄂永健、丁剑平:"差别消费权重、生产率与实际汇率:动态一般均衡模型对巴拉萨-萨缪尔森假说的扩展",《世界经济》,2007年第3期。

范建军:"关于政府铸币税收入的理论探讨",《金融研究》,2002年第9期。

方先明、裴平、张谊浩:"外汇储备增加的通货膨胀效应和货币冲销政策的有效性——基于中国统计数据的实证检验",《金融研究》,2006年第7期。

付广军、刘洋:"关于拉弗曲线的理论思考与例证——兼论税收和税基相容原理",《经济与管理评论》,2013年第6期。

高志红、侯杰:"巴拉萨-萨缪尔森命题研究综述",《经济评论》,2006年第4期。

格哈德·伊宁：《货币政策理论：博弈论方法导论》，杨国伟译，社会科学文献出版社，2002年。
耿照源、王燕："最优铸币税下的通货膨胀探讨"，《财经论坛》，2009年第13期。
耿中元、惠晓峰、梁大鹏："货币流通速度变动理论述评及对我国的启示"，《现代管理科学》，2009年第4期。
郭文伟、陈妍玲："双重资本约束下我国商业银行的盈利能力分析"，《金融与经济》，2011年第5期。
韩高峰："人民币汇率一揽子挂钩的假设性探讨"，《世界经济》，2006年第4期。
韩平、李斌、崔永："我国M2/GDP的动态增长路径、货币供应量与政策选择"，《经济研究》，2005年第10期。
郝春虹："中国税收与经济增长关系的实证检验"，《中央财经大学学报》，2006年第4期。
郝硕博、李上炸："政府筹资方式的选择：基于1986—2008年的实证分析"，《财贸经济》，2009年第12期。
贺力平："人民币汇率与近年来中国经常账户顺差"，《金融研究》，2008年第3期。
黄昌利："人民币实际有效汇率的长期决定：1994—2009"，《金融研究》，2010年第6期。
胡建渊、陈方正："论我国货币供给的内生性"，《财贸经济》，2005年第7期。
胡晓阳、谢宇："我国信贷市场货币政策传导有效性的实证分析"，《中南财经政法大学学报》，2009年第4期。
胡莹、仲伟周："资本充足率、存款准备金率与货币政策银行信贷传导——基于银行业市场结构的分析"，《南开经济研究》，2010年第1期。
胡援成："中国的货币乘数与货币流通速度研究"，《金融研究》，2000年第9期。
胡再勇："人民币均衡实际汇率及错位程度的测算研究：1960—2005"，《数量经济技术经济研究》，2008年第3期。
黄武俊、燕安："中国货币政策信贷渠道有效性和可控性研究"，《上海经济研究》，2010年第3期。
黄燕芬："我国货币乘数稳定性的实证分析"，《财贸经济》，2006年第3期。
黄志刚："加工贸易经济中的汇率传递：一个DSGE模型分析"，《金融研究》，2009年第11期。
江群、曾令华："一般均衡框架下货币政策信贷传导渠道研究"，《经济评论》，2008年第3期。
姜波克、陆前进：《开放经济下的货币市场调控》，复旦大学出版社，1999年。
蒋瑛琨、刘艳武、赵振全："货币渠道与信贷渠道传导机制有效性的实证分析——兼论货币政策中介目标的选择"，《金融研究》，2005年第5期。
金中夏："论中国实际汇率管理改革"，《经济研究》，1995年第3期。
凯恩斯：《就业、利息和货币通论》，陆梦龙译，北京：商务印书馆，1999年。
李斌："中国货币政策有效性的实证研究"，《金融研究》，2001年第7期。
李丹丹："人民币一次性大幅升值既无必要也不可行"，《上海证券报》，2011年2月14日。
李建伟："居民收入差距扩大对货币流通速度影响的实证研究"，《统计与决策》，2009年第10期。
李洁明、祁新娥：《统计学原理》，复旦大学出版社，2010年。
李凯、陈平："汇率机制改革后人民币汇率的动态变化"，《统计研究》，2011年第2期。
李天栋、胡靖："可竞争产品与贸易收支：基于我国出口品市场结构的研究"，《统计研究》，2010年第2期。
李扬、余维："稳步推进人民币汇率制度改革——结合国际经验的探讨"，《财贸经济》，2006年第1期。
李治国："转型期货币供给内生决定机制：基于货币当局资产负债表的解析"，《统计研究》，2009年第6期。
李治国、唐国兴："中国货币流通速度下降解释：基于实际收入和利率水平决定的货币流通速度模型"，《上海金融》，2006年第1期。
李治国："基础货币、货币乘数与货币当局资产负债结构的关系研究——基于中国1994—2006年季度数据的实证分析"，《数量经济技术经济研究》，2007年第11期。
刘斌："最优简单货币政策规则在我国应用的可行性"，《金融研究》，2003年第9期。
刘金山、李宁："基于巴拉萨-萨缪尔森效应视角的人民币实际汇率研究述评"，《南方经济》，2011年第7期。

刘明志:"中国的 M2/GDP(1980～2000):趋势、水平和影响因素",《经济研究》,2001 年第 2 期。

卢庆杰:"从资产负债表看美联储的救市与退出",《新金融》,2010 年第 8 期。

鲁国强、曹龙骐:"当前我国货币供给内外生性辨析及政策启示",《中央财经大学学报》,2007 年第 10 期。

陆岷峰、高攀:"我国近十年存款准备金率调控的回顾与展望——基于阶段性视角的分析",《财经科学》,2011 年第 4 期。

陆前进:"货币政策工具对基础货币和货币乘数的影响机制分析",《上海财经大学学报》,2011 年第 5 期。

陆前进:"美国刺激经济政策退出可能分四步走",《中国证券报》,2010 年 1 月 18 日。

陆前进、刘德斌、蔡莉:《宏观经济平稳运行和内外均衡控制研究——基于流动性过剩影响机制的分析》,立信会计出版社,2008 年。

陆前进、朱丽娜:"铸币税测算、货币铸币税分解与通货膨胀税",《学术研究》,2014 年第 2 期。

陆前进:"人民币汇率变动研究——基于人民币对美元和非美元货币汇率的分析",《数量经济技术经济研究》,2009 年第 7 期。

陆前进:"有效汇率更有参考价值",《中国证券报》,2009 年 6 月 10 日。

陆前进:《国际金融学教程》,立信会计出版社,2006 年。

陆前进:《货币银行学教程》,立信会计出版社,2003 年。

陆前进:《中国货币政策传导机制》,立信会计出版社,2006 年。

罗美娟、黄丽君:"拉弗最适税率及其应用",《税务研究》,2015 年第 7 期。

栾恩杰:"拉弗曲线右半部可实现性研究",《哈尔滨工业大学学报(社会科学版)》,2008 年第 3 期。

罗默(Romer. D):《高级宏观经济学》,上海财经大学出版社,2001 年影印本。

马荣华:"相对政府支出对人民币实际汇率的影响",《当代经济科学》,2005 年第 6 期。

孟可强、陆铭:"中国的三大都市圈:辐射范围及差异",《南方经济》,2011 年第 2 期。

欧阳光中等:《数学分析》(下册),复旦大学出版社,2006 年。

秦朵、何新华:"人民币失衡的测度:指标定义、计算方法和经验分析",《世界经济》,2010 年第 7 期。

施建淮、余海丰:"人民币均衡汇率与汇率失调:1991—2004",《经济研究》,2005 年第 4 期。

唐亚晖、陈守东:"基于 BEER 模型的人民币均衡汇率与汇率失调的测算:1994Q1—2009Q4",《国际金融研究》,2010 年第 12 期。

曲强、张良、杨仁眉:"外汇储备增长、货币冲销的有效性及对物价波动的动态影响",《金融研究》,2009 年第 5 期。

神玉飞、许一:"我国铸币税、财政赤字与资本外逃的实证分析",《统计与信息论坛》,2005 年第 1 期。

盛松成、吴培新:"中国货币政策的二元传导机制——'两中介目标,两调控对象'模式研究",《经济研究》,2008 年第 10 期。

宋玮、黄燕芬:"我国利率市场化改革与货币供给内生性弱化之关联性分析",《经济理论与经济管理》,2006 年第 1 期。

孙杰:"货币政策、公司融资行为与货币供给内生性",《世界经济》,2004 年第 5 期。

孙明华:"我国货币政策传导机制的实证分析",《财经研究》,2004 年第 3 期。

谭小芬:"美联储量化宽松政策的退出及对中国的影响",《国际金融研究》,2010 年第 2 期。

唐国兴、徐剑刚:"引进外资对我国货币流通速度的影响",《数量经济技术经济研究》,2006 年第 10 期。

万解秋、徐涛:"货币供给的内生性与货币政策的效率——兼评我国当前货币政策的有效性",《经济研究》,2001 年第 3 期。

万晓莉、陈斌开、傅雄广:"人民币进口汇率传递效应及国外出口商定价能力——产业视角下的实证研究",《国际金融研究》,2011 年第 4 期。

汪洋:"中央银行票据、公债管理和铸币税",《世界经济》,2007 年第 4 期。

汪洋:"铸币税:基于不同视角的理解",《经济学(季刊)》,2005 年第 3 期。

王国松:"通货紧缩下我国货币政策传导的信贷渠道实证分析",《统计研究》,2004 年第 5 期。

王国松、杨扬:"国际资本流动下我国货币需求函数稳定性检验",《财经研究》,2006 年第 10 期。

王进杰、贾英姿:"最优税收和最优铸币税",《管理世界》,2004年第12期。
王利民、左大培:"关于预算赤字、铸币税和货币扩张通货膨胀税的关系",《经济研究》,1999年第8期。
王胜、李睿君:"国际价格竞争与人民币汇率传递的实证研究",《金融研究》,2009年第5期。
王水林、黄海洲:"人民币汇率形成机制的改革及对相关政策的影响",《国际经济评论》,2005年9—10期。
王硕:"铸币税作用机制与我国居民福利",《合作经济与科技》,2007年第12期。
王伟:"拉弗曲线与税收行为中的混沌特征",《数量经济技术经济研究》,2006年第5期。
王曦:"经济转型中的货币需求与货币流通速度",《经济研究》,2001年第10期。
王雅炯:"货币政策成本和中央银行利润",《投资研究》,2012年第2期。
王云清、朱启贵:"中国财政扩张对居民消费、投资和通货膨胀的动态效应研究",《南开经济研究》,2012年第6期。
威廉姆森:"钉住一篮子货币如何运转?",《国际经济评论》,2006年1—2期。
魏宗舒等:《概率论和数理统计教程》,高等教育出版社,2005年。
伍超明:"货币流通速度的再认识——对中国1993—2003虚拟经济与实体经济关系的分析",《经济研究》,2004年第9期。
伍戈:"中国货币供给的结构分析:1999—2009年",《财贸经济》,2010年第11期。
吴汉洪、崔永:"中国的铸币税与通货膨胀:1952—2004",《经济研究》,2006年第9期。
吴丽华、孟照建:"我国连续上调法定存款准备金率的效果评价",《经济学动态》,2008年第4期。
夏斌、高善文、陈道富:"中国货币流通速度变化与经济波动——从黑箱理论看中国货币政策的有效性",《金融研究》,2003年第12期。
小川英治、姚枝仲:"论钉住一篮子货币的汇率制度",《世界经济》,2004年第6期。
谢冰、王火亘:"关于铸币税的理论研究进展",《经济学动态》,2002年第9期。
谢冰、邹伟:"铸币税与金融风险相关性的理论与实证分析",《财经理论与实践》,2003年第6期。
谢进科、费新:"人民币汇率对一篮子货币参考程度的实证分析",《世界经济与政治论坛》,2006年第6期。
谢平:"中国转轨经济的通货膨胀和货币控制",《天津金融月刊》,1994年第9期。
谢平、刘斌:"货币政策规则研究的新进展",《金融研究》,2004年第2期。
谢平:"中国转型经济中的通货膨胀和货币控制",《天津金融月刊》,1994年第9期。
邢毓静、朱元倩、巴曙松:"从货币政策规则看中国适度宽松货币政策的适时退出",《金融研究》,2009年第11期。
许政、陈钊、陆铭:"中国城市体系的'中心——外围模式'",《世界经济》,2010年第7期。
宿玉海、于海燕:"人民币一篮子货币最优权重模型的构建",《国际金融研究》,2007年第7期。
徐晟、唐齐鸣:"中国参考盯住篮子货币干预的实证研究",《国际金融研究》,2008年第9期。
徐长生、张帅、庄佳强:"我国货币状况指数的构建及其应用的实证研究",《统计研究》,2010年第4期。
许冰、叶娅芬:"基于理性预期模型的最优货币政策的选择及应用",《统计研究》,2009年第5期。
杨琳:"我国频繁提高存款准备金率的原因及其效应",《新金融》,2010年第7期。
姚慕生、吴泉水:《高等代数学》,复旦大学出版社,2008年。
叶康涛、祝继高:"银根紧缩与信贷资源配置",《管理世界》,2009年第1期。
易纲:《中国的货币、银行与金融市场:1984—1993》,上海人民出版社,1996年。
易纲、范敏:"人民币汇率的决定因素和走势分析",《经济研究》,1997年第10期。
殷德生:"政府支出和均衡实际汇率",《世界经济》,2004年第1期。
易行健:"经济开放条件下的货币需求函数:中国的经验",《世界经济》,2006年第4期。
殷孟波、邱宇:"基于最大化铸币税原则的宏观金融风险分析",《金融研究》,2010年第1期。
余明:《资产价格、金融稳定与货币政策》,中国金融出版社,2003年。
余永定:"M2/GDP的动态增长路径",《世界经济》,2002年第12期。
余永定:"人民币汇率制度改革的历史性一步",《世界经济与政治》,2005年第10期。
张斌:"人民币汇率制度选择:钉住美元还是一揽子货币",《国际经济评论》,2003年1—2期。

张成思:"人民币汇率变动与通货膨胀动态走势",《国际金融研究》,2009年第5期。
张怀清:"论中央银行铸币税和通货膨胀税的关系",《南方金融》,2007年第10期。
张怀清:"商业银行铸币税研究",《金融发展研究》,2008年第4期。
张怀清:"中央银行铸币税的测算",《世界经济文汇》,2010年第3期。
张健华、张怀清:"人民银行铸币税的测算和运用:1986—2008",《经济研究》,2009年第7期。
张杰:"中国的高货币化之谜",《经济研究》,2006年第6期。
张明艳、江航翔:"铸币税与央行财务收支的关系",《金融会计》,2003年第1期。
张睿、李佳:"中国货币流通速度问题探析",《金融纵横》,2008年第7期。
张西征、刘志远:"货币政策调整如何影响中国商业银行信贷资金分配——来自微观公司数据的研究发现",《财贸经济》,2011年第8期。
张迎春:"频提法定存款准备金率对商业银行流动性及资产结构的影响",《西南金融》,2008年第10期。
张勇、李政军、龚六堂:"利率双轨制、金融改革与最优货币政策",《经济研究》,2014年第10期。
章和杰:"人民币有效汇率指数的构造及权重的确定",《当代财经》,2005年第3期。
张晓慧、纪志宏、崔永:"中国的准备金、准备金税与货币控制:1984—2007",《经济研究》,2008年第7期。
张晓朴:"人民币均衡汇率的理论与模型",《经济研究》,1999年第12期。
张晓朴:"均衡与失衡:1978—1999人民币汇率合理性评估",《金融研究》,2000年第8期。
张晓朴:"购买力平价思想的最新演变及其在人民币汇率中的应用",《世界经济》,2000年第9期。
张晓朴:《人民币均衡汇率研究》,中国金融出版社,2001年。
张瀛、王浣尘:"人民币实际均衡汇率:跨时期均衡模型",《世界经济》,2004年第8期。
赵进文:"异常值对计量建模影响的典型案例",《统计研究》,2010年第12期。
赵进文、高辉、褚云皓:"人民币参考篮子货币的测定与实证分析",《财经研究》,2006年第1期。
周继忠:"人民币参照货币篮子:构成方式、稳定程度及承诺水平",《国际金融研究》,2009年第3期。
周杰琦:"人民币汇率变动对国内价格水平的传递效应",《统计研究》,2010年第8期。
周莉萍:"货币乘数还存在吗?",《国际金融研究》,2011年第1期。
周炎、陈昆亭:"利差、准备金率与货币增速——量化货币政策效率的均衡分析",《经济研究》,2012年第7期。
周英章、蒋振声:"货币渠道、信用渠道与货币政策有效性——中国1993—2001年的实证分析和政策含义",《金融研究》,2002年第9期。
朱孟楠、刘林:"资产价格、汇率与最优货币政策",《厦门大学学报(哲学社会科学版)》,2011年第2期。
朱庆、冯娟娟:"美国量化宽松货币政策的退出策略研究",《金融纵横》,2009年第9期。
朱人木、赵鹏远:"关于人民币参考篮子货币的实证分析",《经济论坛》,2009年第4期。
左孝顺:"货币流通速度的变化:中国的例证1978—1997",《金融研究》,1999年第6期。

二、英文文献

Ada N. W. Ho. (2004). Effective Exchange Rate Indices for the Pataca, Monetary Authority of Macao.

Adam, K., and M. Woodford (2012). Robustly Optimal Monetary Policy in a Microfounded New-Keynesian Model, *Journal of Monetary Economics*, 59, 468-487.

Aisen Ari and Francisco José Veiga (2008). The Political Economy of Seigniorage. *Journal of Development Economics*, 87(1), 29-50.

Amano, Robert A(1998). On the Optimal Seigniorage Hypothesis. *Journal of Macroeconomics*, 20 (98), 295-308.

Anderson, R. G. (2008). Monetary Policy's Third Interest Rate, Monetary Trend, July 2008, Federal Reserve Bank of St. Louis.

Anderson, Jonathan. (2006). *The Complete RMB Handbook*, 4th ed. Hongkong: UBS.

Arisoy, I., Unlukaplan, C. (2010). Tax Composition and Growth in Turkey: An Empirical Analysis.

International Research Journal of Finance and Economies, 59, 50-61.

Asea, P. and E. Mendoza (1994). The Balassa — Samuelson Model: A General-equilibrium Appraisal. *Review of International Economics*, 2, 244-267.

Ashworth and Evans. (1998), Functional form of the Demand for Real Balances in Cagan's Hyperinflation Model. *Applied Economics*, 30(12), 1617-1623.

Ashworth, J. and Evans, L. (1998). Seigniorage and Tax Smoothing in Developing Countries. *Journal of Economic Studies*, 25, 486-495.

Backus, D. K. and Smith, G. W. (1993). Consumption and Real Exchange Rates in Dynamic Economies with Non-traded Goods. *Journal of International Economics*, 35, 297-316.

Bailey, Martin J. (1956). The Welfare Cost of Inlationary Finance. *The Journal of Political Economy*, 64(2), 93-110.

Bahmani-Oskooee and M., Nasir, A. B. M. (2005). Productivity Bias Hypothesis and the Purchasing Power Parity: A Review Article. *Journal of Economic Surveys*, 19, 672-696.

Bahmani-Oskooee, Mohsen, Taggert J. Brooks. (1999). Cointegration Approach to Estimating Bilateral Trade Elasticities Between U. S. and her Trading Partners, *International Economic Journal*, 13, 119-128.

Balassa, B. (1964)., The Purchasing-Power-parity Doctrine: A Reappraisal. *Journal of Political Economy*, 72, 584-596.

Ball, L. M.. (1999). Efficient Rules for Monetary Policy, *International Finance*, 2, 63-83.

Baltensperger Ernst and Thomas J. Jordan. (1997). Seigniorage, Banking, and the Optimal Quantity of Money, *Journal of Banking & Finance*, 21(6), 781-796.

Balvers, Ronald and Jeffry Bergstrand. (1997). Equilibrium Real Exchange Rates: Closed-Form Theoretical Solutions and Some Empirical Evidence. *Journal of International Money and Finance*, 16(3), 345-366.

Balvers, Ronald J. and Jeffrey H. Bergstrand. (2002). *Government Expenditures and Equilibrium Real Exchange Rates*, Working Paper 295, April 2002, the Helen Kellogg Institute at the University of Notre Dame.

Banik, N. and B. Biswas (2007). Exchange Rate Pass-through in the US Automobile Market: A Cointegration Approach. *International Review of Economics and Finance*, 16(2), 223-236.

Bank of Japan (2005). Explanation of the Effective Exchange Rate (Nominal, Real), *Research and Statistics Department*, January.

Barro, Robert (1990), Government Spending in a Simple Model of Endogenous Growth. *Journal of Political Economy*, 98, 103-26.

Barro, R. J. (1979). On the Determination of Public Debt. *Journal of Political Economy*, 87, 940-971.

Barro, Robert J, and Gordon, David B, (1983). A Positive Theory of Monetary Policy in a Natural Rate Model. *Journal of Political Economy*, 91(4), 589-610.

Basu, Parantap and Robert Kollmann, (2013). Productive Government Purchases and the Real Exchange Rate, *The Manchester School*, University of Manchester, 81(4), 461-469.

Basu, Parantap, (2001). Reserve Ratio, Seigniorage and Growth. *Journal of Macroeconomics*, 23 (3), 397-416.

Bekaert, G., S. Cho, and A. Moreno (2010). New Keynesian Macroeconomics and the Term Structure. *Journal of Money, Credit and Banking*, 42(1), 33-62.

Bénassy-Quéré, A. (1999). Optimal Pegs for East Asian Currencies. *Journal of the Japanese and International Economics*, 13, 44-60.

Bénassy-Quéré, Agnès., Pascale Duran-Vigneron., Amina Lahrèche-Revil., et al. (2004). *Burden Sharing and Exchange-Rate Misalignments within the Group of Twenty*. Working Papers 2004-

13, CEPII research center.

Bénassy-Quéré, Agnès, Amina Lahrèche-Révil and Valérie Mignon (2006). *World Consistent Equilibrium Exchange Rates*. CEPII Working Paper, No. 2006-20.

Benetrix, A. S. and P. R. Lane, (2013). Fiscal Shocks and the Real Exchange Rate. *International Journal of Central Banking*, 9(3), 6-37.

Benigno, Pierpaolo. (2004). Optimal Monetary Policy in a Currency Area. *Journal of International Economics*, 63(2), 293-320.

Benigno, G and Thoenissen, C (2008). Consumption and Real Exchange Rates with Incomplete Markets and Non-traded Goods, *Journal of International Money and Finance*, 27(6), 926-948.

Bernanke, B. and A. S. Blinder (1988), Credit, Money and Aggregate Demand. *American Economic Review*, 78, 257-276.

Bernanke, B. and M. Gertler, (2001), Should Central Banks Respond to Movements in Asset Prices?, *American Economic Review Papers and Proceedings*, 91(2), 253-257.

Bernanke, B. S. and Blinder, A. S. (1992). The Federal Funds Rate and the Channels of Monetary Transmission. *The American Economic Review*, 82(4), 901-921.

Bernanke, B. S. and Gertler, M. (1995), Inside the Box: The Credit Channel of Monetary Policy Transmission. *The Journal of Economic Perspective*, 9(4), 27-48.

Berument, Hakan. (1998). Central Bank Independence and Financing Government Spending, *Journal of Macroeconomics*, 20(1), 133-151.

Bhandari, J. S. (1985a). Experiments with the Optimal Currency Composite. *Southern Economic Journal*, January, 711-730.

Bhandari, J. S. (1985b). The Flexible Exchange Basket: A Macroeconomic Analysis, *Journal of International Money and Finance*, 1, 19-41.

Bickerdike, C. F. (1920). The Instability of Foreign Exchange. *Economic Journal*, 30, 118-22.

Bird, G. and Rojan, R. (2002). Opitimal Currency Baskets and the Third Currency Phenomenon: Exchange Rate Policy in Southeast Asia. *Journal of International Development*, 14, 1053-1073.

Black, S. W. (1976). Exchange Policies for Less Developed Countries in a World of Floating Rate. *Princeton Essays in International Finance*, 119, 1-43.

Blanchard and Fisher(1989). *Lecture on Macroeconomics*. MIT Press.

Blinder, Alan S. and Robert M. Solow (1973). Does Fiscal Policy Matter?. *Journal of Public Economics*, 2,. 319-337.

Bnassy-Qur, Agns (1999). Optimal Pegs for East Asian Currencies. *Journal of the Japanese and International Economies*, 13, 44-60. 2.

Bordo, M. D. and L. Jonung (1987). *The Long Run Behavior of the Velocity of Circulation: The International Evidence*, New York: . Cambridge University Press.

Bordo, M. D. and L. Jonung (2003). *Demand for Money: An Analysis of The Long Run Behavior of the Velocity of Circulation*, New Brunswich and London: Transaction Publishers.

Bordo, D. Michael. (2003). *Exchange Rate Regime Choice in Historic Perspective*, NBER WP9654, April 2003.

Bouakez Hafedh and Aurélien Eyquem, (2011). *Government Spending, Monetary Policy, and the Real Exchange Rate*, Working Papers 1139, Groupe d'Analyse et de Théorie Economique (GATE), Centre national de la recherche scientifique (CNRS), Université Lyon 2, Ecole Normale Supérieure.

Branson, W. H. and Katseli-Papaefstratiou, L. T. (1980). Income Instability, Terms of Trade, and Choice of an Exchange Rate Regime. *Journal of Development Economics*, 7, 49-70.

Branson, W. H., and Katseli-Papaefstratiou, L. T. (1981). *Currency Basket and Real Effective Exchange Rates*. NBER Working Paper, No 666.

Bruni, F., Penati, A. and Porta, (1989). *A Financial Regulation, Implicit Taxes, and Fiscal*

Adjustment in Italy. In M. Monti (ed.), Fiscal Policy, Economic Adjustment, and Financial Markets, IMF Publication Service, Washington, D. C.

Bruno, M. and Fischer. (1990). Seigniorage, Operating Rules and the High Inflation Trap. *Quarterly Journal of Economics*, 105, 353-374.

Buiter, W. H(2007). *Seigniorage. Centre for Economic Performance*, Discussion Paper 786, London School of Economics and Political Science.

Buiter, Willem(1990). *Principles of Financial and Budgetary Policy*. Cambridge: MIT Press.

Cagan, Phillip (1965). *Determinants and Effects of Changes in the Stock of Money*, 1875-1960. New York: Columbia University Press.

Cagan, Phillip (1956). *The Monetary Dynamics of Hyper-inflation, In Studies in the Quantity Theory of Money*, edited by M. Friedman. Chicago: University of Chicago Press.

Calvo(1978). Optimal Seigniorage From Money Creation: An Analysis in Terms of the Optimum Balance of Payments Deficit Problem. *Journal of Monetary Economics*, 4(3), 503-517.

Calvo, G. and F. Coricelli(1992). Stabilizing a Previously Centrally Planned Economy: Poland 1990. *Economic Policy*, 14, 176-226.

Calvo, Guillermo A. and Obstfeld, Maurice(1988). Optimal Time-Consistent Fiscal Policy with Finite Lifetimes, *Econometrica*, 56(2), 411-432.

Campa, José, and Linda Goldberg(2005). Exchange Rate Pass-Through into Import Prices. *Review of Economics and Statistics*, 87(4), 679-90.

Campiflo, Marta, and Jeffrey Miron(1996). *Why Does Inflation Differ Across Countries?*, Paper presented at the NBER Conference on Monetary Policy and Low Inflation, Cheeea Lodge, Florida, January.

Cass, D. (1965), Optimum Growth in an Aggregative Model of Capital Accumulation. *Review of Economic Studies*, 32, 233-240.

Cassel, Gustav. (1922). *Money and Foreign Exchange After 1914*, New York: Constable & CO.

Cecchetti, S., H. Genberg, J. Lipsky and S. F. Wadhwani(2000). Asset Prices and Central Bank Policy, *Geneva Reports on the World Economy*, CEPR.

Chadha, J., L. Sarno and G. Valente, (2003). *Monetary Policy Rules, Asset Prices and Exchange Rates*. CEPR Discussion Paper, No. 4114, CEPR, London.

Chadha, Jagjit S., Andrew G. Haldane and Norbert Janssen(1998). *Shoe-leather Costs Reconsidered*. Bank of England Working Papers No. 86.

Chai, V. V Jones, L. E and Manuell R E(1995). The Growth Effects of Monetary Policy. *Federal Reserve Bank of Minneapolis Quarterly Review*, 19, 18-32.

Chari, V. V., Kehoe P. McGrattan, E, (2002). Can Sticky Price Models Generate Volatile and Persistent Real Exchange Rates?. *Review of Economic Studies*, 69(3), 533-63.

Chatelain, Jean-Bernard, Michael Ehrmann, Andrea Generale et al. (2003). Monetary Policy Transmission in the Euro Area: New Evidence from Micro Data on Firms and Banks. *Journal of the European Economic Association*, 1(2-3), 731-742

Cheung, Yin-Wong, Menzie D. Chinn and Eiji Fujii, (2007). The Overvaluation of Renminbi Undervaluation. *Journal of International Money and Finance*, 26, 762-785.

Chow, Hwee Kwan(2013). Can a Financial Conditions Index Guide Monetary Policy? The Case of Singapore. *Research Collection School Of Economics*.

Clarida Richard, Jordi Galí and Mark Gertler. (1999). The Science of Monetary Policy: A New Keynesian Perspective. *Journal of Economic Literature*, 37, 1661-1707.

Clarida Richard, Jordi Galí and Mark Gertler. (2001). Optimal Monetary Policy in Open vs. Closed Economies: An Integrated Approach, *Mimeo*.

Click, R. W(1998). Seigniorage in a Cross-section of Countries, *Journal of Money, Credit and*

Banking, 30(2), 154-171.

Cline, William R. and John Williamson, (2007). Estimates of the Equilibrium Exchange Rate of the Renminbi: Is There a Consensus and, If Not, Why Not?. Peterson Institute for International Economics. (http://iie.com/publications/papers/cline-williamson1007.pdf).

Clower, R(1967). A Reconsideration of the Microeconomic Foundations of Money Theory. *Western Economic Journal*, 6, 1-8.

Connolly, M. (1980). *The Choice of an Exchange Rate Regime in a Monetary Model with Rational Expectations*, Paper Presented at Econometric Society meeting Denver.

Cooke, Dudley (2012). *Optimal Monetary Policy in a Two Country Model with Firm-Level Heterogeneity*. Federal Reserve Bank of Dallas Globalization and Monetary Policy Institute Working Paper No. 104.

Corsetti Giancarlo, André Meier and Gernot J. Müller, (2012). Fiscal Stimulus with Spending Reversals. *The Review of Economics and Statistics*, 94(4), 878-895.

Costa, Sónia(2005). A Survey of Literature on the Equilibrium Real Exchange Rate: An Application to the Euro Exchange Rate. Banco de Portugal, *Economic Bulletin*, Winter 2005.

Coudert, Virginie, and Cécile Couharde, (2005). *Real Equilibrium Exchange Rate in China*. Working Paper No. 2005-01, CEPII.

Courakis, Anchony S. (1984). Constraints on Bank Choices and Financial Repression in less Developed Countries. *Oxford Bulletin of Economics and Statistics*, 46(4), 341-370.

Craig Ben and Guillaume Rocheteau. (2005). Rethinking the Welfare Cost of Inflation. *Federal Reserve Bank of Cleveland*, March.

Crockett A. D. Nsouli, S. M(1977). Exchange Rates Policies for Developing Countries. *Journal of Development Studies*, 13(2), 125-143.

Daniels, J., Toumanoff, P., von der Ruhr, M. (2001). Optimal Currency Basket Pegs for Developing and Emerging Economies, *Journal of Economic Integration*, 16(1), 128-145.

De Macedo, J. B. (1979). *Portfolio Diversification Across Currencies*, Yale Economic Growth Center, Dicussion Paper No. 321, September.

Dennis, R., (2006), The Policy Preferences of the U. S. Federal Reserve. *Journal of Applied Econometrics*, 21, 55-77.

Devereux, M., (2004). Monetary Policy Rules and Exchange Rate Flexibility in a Simple Dynamic General Equilibrium Model. *Journal of Macroeconomics*, 26, 287-308.

Devereux, M., Engel, C. (1998). *Fixed vs. Floating Exchange Rates: How Price Setting Affects the Optimal Choice of Exchange-rate Regime*, NBER Working Paper 6867.

Diamond, P(1965). National Debt in a Neoclassical Growth Model. *American Economic Review*, December, 1126-1150.

Dolado, J. J., Lütkepohl, H., (1996). Making Wald Tests Work for Cointegrated VAR Systems. *Econometric Review*, 15, 369-386.

Dornbusch, R. (1987). Exchange Rates and Prices. *American Economic Review*, 77(1), 93-106.

Dornbusch, Rudiger(1988), The European Monetary System, the Dollar and the Yen. In: Francesco Giavazzi, Stefano Miller, Marcus Miller (Eds.), *The European Monetary System*. Cambridge, 23-47.

Dornbusch, Rudiger, and Stanley Fischer(1986). Stopping Hyperinflation Past and Present. *Welt wirtschaftliches Archiv*. 122, 1-47.

Drazen, A(1989). *Monetary Policy, Seigniorage, and Capital Controls in an Open Economy, in a European Central Bank?*, M. de Cecco and A Giovannini (eds), Cambridge University Press: Cambridge.

Drazen, A (1985). A General Measure of Inflation Tax Revenues, *Economic Letters*, 17(4), 327-330.

Duguay, P. (1994). Emprical Evidence On the Strength of the Transmission Mechanism in Canada: An aggregate Approach. *Journal of Monetary Economics*, 33(1), 39-61.

Easterly, William and Klaus Schmidt-Hebbel (1994). *Fiscal Adjustment and Macroeconomic Performance: A Synthesis, In Public Sector Deficits and Macroeconomic Performance*, edited by William Easterly, Carlos Alfredo Rodriquez, and Klaus Schmidt-Hebbel. Oxford University Press.

Easterly, W. R., Mauro, P. and Schmidt-Hebbel, K (1995). Money Demand and Seigniorage Maximizing Inflation. *Journal of Money, Credit, and Banking*, 27(2), 583-603.

Eatwell, Murray Milgate, and Peter Newman. (1987). *The New Palgrave: A Dictionary of Economics*. New York: Stockton Press.

ECB. (2004a). *Effective Exchange Rates*. ECB Monthly Bulletin — Euro area statistics methodological notes. European Central Bank.

ECB. (2004b). *Update of the Overall Trade Weights for the Effective Exchange Rates of the Euro and Computation of a New Set of Euro Indicators*. Monthly Bulletin, September, 69-72.

Eckstein, Z. and L. Leiderman, (1992). Seigniorage and the Welfare Cost of Inflation: Evidence from an Intertemporal Model of Money and Consumption. *Journal of Monetary Economics*, 29, 385-410.

Economics Department. (1996). Summary Indicators of Monetary Conditions. *Reserve Bank (of New Zealand) Bulletin*, 59(3), 223-228.

Edison, H. J. and Vardal, E. (1985). Optimal Currency Basket in a World of Generalized Floating: An application to the Nordic Countries, *International finance discussion papers*, No. 266, October.

Edison, H. J. (1986). Is the ECU an Optimal Currency Basket? International Finance Discussion Paper No. 282. *Board of Governors of the Federal Reserve System*, Washington DC.

Edison, H. J. and Vardal, E (1990). Optimal Currency Baskets for Small, Developed Economies. *Scandinavian Journal of Economics*, 92(4), 559-571.

Eduard Hochreiter, Riccardo Rovelli and Georg Winc-kler(1996). Central Banks and Seigniorage: A Study of Three Economies in Transition, *European Economic Review*, 40(3-5), 629-643.

Edwards, Sebastian. (1987). Exchange Rate Misalignment in Developing Countries. *UCLA Economics Working Paper*, 442.

Edwards, Sebastian. (1989a). *Real Exchange Rates, Devaluation, and Adjustment*. Cambridge, Mass.: The MIT Press.

Edwards, Sebastian. (1989b). *Real Exchange Rates in Developing Countries: Concepts and Measurement*, NBER Working Paper No 2950.

Edward J. Bomhoff(1977). Predicting the Money Multiplier: A Case Study for the U. S. and the Netherlands, *Journal of Monetary Economics* 3(3), 325-345.

Edwards, S. and G. Tabellini, (1991). Explaining Fiscal Policies and Inflation in Developing Countries. *Journal of International Money and Finance*, 10, 16-48.

Ehrhart, Hélène, Alexandru Minea and P. Villieu(2011). *Deficit, Seigniorage and the Growth Laffer Curve in developing countries*, CERDI Working Papers, No. 200926.

Engle, Granger. (1987). Cointegration and Error Correction: Representation, *Estimation and Testing*, Econometrica, 55, 251-276.

Ernst Baltensperger, Thomas J. Jordan(1997). Seigniorage, Banking, and the Optimal Quantity of Money, *Journal of Banking and Finance*, 21, 781—796.

Eugenia Mardanugraha and Muliadi Widiaja. (2009). The Optimal Instrument Rule of Indonesian Monetary Policy. *The International Journal of Economic Policy Studies*, 4, 55-75.

Evans J. L. Amey M. C. (1996). Seigniorage and Tax Smoothing: Testing the Extended Tax-Smoothing Model. *Journal of Macroeconomics*, 18(1), 111-125.

Faruqee, Hamid. (1995). Long-Run Determinants of the Real Exchange Rate: A Shock-Flow Perspective. *Internatinoal Monetary Fund Staff Paper*, 42(1), 80-107.

Feenstra, R., J. Gagnon and M. Knetter (1996). Market Share and Exchange Rate Passthrough in World Automobile Trade. *Journal of International Economics*, 40(21), 187-207.
Feenstra, Robert C(1986). Functional Equivalence between Liquidity Costs and the Utility of Money. *Journal of Monetary Economics*, 17, 271-91.
Fielding, David and Paul Mizen. (2001). Seigniorage Revenue, Deficits and Self-fulfilling Currency Crises. *Journal of Development Economics*, 65, 81-93.
Fridman, M. (1971). Government Revenue from Inflation. *Journal of Political Economy*, 79(3), 846-856.
Fischer, S. (1982). Seigniorage and the Case for a National Money. *Journal of Political Economy*, 90(2), 295-313.
Fisher, Eric, (1989). A Model of Exchange Rate Pass-through, *Journal of International Economics*, 26(1-2), 119-137.
Flander, M. J. and Helpman, E. (1979). An Optimal Exchange Rate Peg in a World of General Floating. *Review of Economic Studies*, 46, 533-542.
Flander, M. J. and Tishler, A. (1981). The Role of Elasticity Optimism in Choosing an Optimal Currency Basket with Application to Israel. *Journal of International Economics*, 11, 395-406.
Fleming, M. (1962). Domestic Financial Policy under Fixed and under Floating Exchange Rates. *International Monetary Fund Staff Papers*, 9, 369-379.
Frankel, Jeffrey, (2006). On the Yuan: The Choice Between Adjustment under a Fixed Exchange Rate and Adjustment under a Flexible Rate. *Understanding the Chinese Economy*, edited by Gerhard Illing (Oxford University Press), 246-275.
Frenkel, Jacob A., and Assaf Razin. (1996). *Fiscal Policies and Growth in the World Economy*, third ed., Cambridge, MA: MIT Press.
Frankel Jeffrey A., David C. Parsley and Shang-Jin Wei, (2005). *Slow Pass through Around the World: A New Import for Developing Countries?*, NBER Working Papers 11199, National Bureau of Economic Research.
Frankel Jeffrey(2008). *New Estimation of China's Exchange Rate Regime*, John F. Kennedy School of Government, Harvard University, December, RWP08-077.
Frankel, J. A., S. Schmukler, and L. Serven. (2000). *Verifiability and the Vanishing Intermediate Exchange Rate Regime*. NBER Working Paper No. 7901.
Frankel, Jeffrey, and Shang-Jin Wei, (1994). Yen Bloc or Dollar Bloc? Exchange Rate Policies of the East Asian Economies, in Macroeconomic Linkages: Savings, Exchange Rates and Capital Flows, Takatoshi Ito and Anne O. Krueger, eds., Chicago: University of Chicago Press, 295-329.
Frankel, Jeffrey, and Shang-Jin Wei, (2008). Estimation of De Facto Exchange Rate Regimes: Synthesis of the Techniques for Inferring Flexibility and Basket Weights. IMF Staff Papers, vol. 55. NBER Working Paper No. 14016.
Frederic S. Mishkin. (2003). *The Economics of Money, Banking, and Financial Markets*, 7th edition. Pearson Publications Company.
Freedman, C. (1994). *The Use of Indicators and of the Monetary Conditions Index in Canada*, In Balino, T. J. T. and Cottarelli, C. (eds), Frameworks for Monetary Stability: Policy Issues and Country Experiences, 458-476, IMF, Washington, D. C.
Freedman, Charles. (1995). The Role of Monetary Conditions and the Monetary Conditions Index in the Conduct of Policy. *Bank of Canada Review*, Autumn, 53-59.
Freixas, X. and J. C. Rochet (1997). *Microeconomics of Banking*, The MIT Press.
Friedman, M. (1953). *Essays in Positive Economics*. The University of Chicago Press.
Friedman, M(1971). Government Revenue from Inflation, *Journal of Political Economy*, 79(3), 846-856.

Friedman, M. (1969). *The Optimum Quantity of Money*, In *The Optimun Quantity of Money and Other Essays*, Chicago: Aldine.

Friedman, M(1948). A Monetary and Fiscal Framework for Economic Stability, *American Economic Review*, 38(3), 245-264.

Friedman, M., and A. Schwartz. (1973). *A Monetary History of United States*, 1867-1969. Princeton, NJ: Princeton University Press.

Friedman, Milton, and Schwartz, Anna J. (1982). *Monetary Trends in the United States and the United Kingdom: Their Relation to Income*, Prices and Interest Rats, 186721975 (for NBER).

Froyen, Richard T. and Alfred V. Guender(2007), *Optimal Monetary Policy under Uncertainty*, Edward Elgar, Cheltenham, UK.

Fullerton, Don (2008). Laffer Curve. In Durlauf, Steven N.; Blume, Lawrence E. *The New Palgrave Dictionary of Economics* (2nd ed.), 839.

Funke. M., J. Rahn(2005). Just how Undervalued is the Chinese Renminbi?. *The World Economy*, 4, 465-489.

Gagnon, J. and M. M. Knetter (1995). Markup Adjustment and Exchange Rate Fluctuations: Evidence from Panel Data on Automobile Exports. *Journal of International Money and Finance*, 14 (2), 289-310.

Gali, J., Monacelli, T., (2005). Monetary Policy and Exchange Rate Volatility in a Small Open Economy. *Review of Economic Studies*, 72, 707-734.

Gali, J., Mark G. (2007). Macroeconomic Modeling for Monetary Policy Evaluation, *Journal of Economic Perspectives*, 21(4), 25-45.

Galstyan, V. and P. Lane (2009). The Composition of Government Spending and the Real Exchange Rate. *Journal of Money, Credit, and Banking*, 41, 1233-1249.

Gang Yi. (1992). The Money Supply Mechanism and Monetary Policy in China, *Journal of Asian Economics*, 3(2), 217-238.

Genevieve Boyreau Debray(1998). *Money Demand and the Potential Seigniorage in China*, http://econpapers. repec. org/paper/cdiwpaper/89. htm.

Gerlach, Stefan and Frank Smets (2000). MCIs and Monetary Policy. *European Economic Review*, 44, 1677-1700.

Gertler, Mark and Simon Gilchrist, (1993). The Role of Credit Market Imperfections in the Monetary Transmission Mechanism: Arguments and Evidence, *Scandinavian Journal of Economics*, 95(1), 43-46.

Gertler, Mark and Simon Gilchrist, (1994). Monetary Policy, Business Cycles, and the Behavior of Small Manufacturing Firms, *Quarterly Journal of Economics*, 109, 309-340.

Giancarlo Gandolfo. (2001). *International Finance and Open-Economy Macroeconomics*, Springer.

Giles, J. A. and Mirza, S. (1999). *Some Pretesting Issues on Testing for Granger Non-Causality*. Mimeao, Department of Economics, University of Victoria.

Glomm, G. and B. Ravikumar, (1997). Productive Government Expenditures and Long-Run Growth, *Journal of Economic Dynamics and Control*, 21, 183-204.

Godley, Wynne and Marc Lavoie. (2007). *Monetary Economics: An Integrated Approach to Credit, Money, Income, Production and Wealth*, Palgrave MacMillan.

Goodfriend, Marvin and Robert G. King. (1997). *The New Neoclassical Synthesis and the Role of Monetary Policy*. In NBER Macroeconomics Annual 12, ed. Ben Bernanke and Julio Rotemberg. Cambridge MA: MIT Press.

Goodhart, C., and Hofmann, B. (2001). *Asset Prices, Financial Conditions, and the Transmission of Monetary Policy*, paper presented at the conference on 'Asset Prices, Exchange Rate, and Monetary Policy', Stanford University, March.

Granger CWJ (1969). Investigating Causal Relations by Econometric Models and Cross-Spectral Methods. *Econometrica*, 37, 424-438.

Gregory, Allan W. and Hansen, Bruce E. (1996). Residual-based Tests for Cointegration in Models with Regime Shifts. *Journal of Econometrics*, 70(1), 99-126.

Grilli, Vittorio(1989), *Seigniorage in Europe*, In: Marcello de Cecco, Alberto Giovannini (eds.), A European Central Bank? Perspectives on Monetary Unification after Ten Years of the EMS. Cambridge, 53-79.

Grilli(1989). Exchange Rates and Seigniorage, *European Economic Review*, 33(2-3), 580-587.

Gros, D(1993). Seigniorage and EMU. The Fiscal Implications of Price Stability and Financial Market Integration, *European Journal of Political Economy*, 9(4), 581-601.

Gros, D(1989). Seigniorage in the EC: The Implications of the EMS and Financial Market integration, *International Monetary Fund Working Paper*, 1-18.

Guender, Alfred V. (2003). Optimal Monetary Policy under Inflation Targeting Based on an Instrument Rule, *Economic Letters*, 78, 55-58.

Guender, Alfred V. (2002). Optimal and Efficient Monetary Policy Rules in a Forward-looking Model, *Journal of Macroeconomics*, 24, 41-49.

Guender, Alfred V. (2008). Leaning with the Wind? An Open-economy Example. *Journal of Macroeconomics*, 30, 941-964

Guender, Alfred. (2005). On Optimal Monetary Policy Rules and the Construction of MCIs in the Open Economy. *Open Economies Review*, 16(2), 189-207.

Gupta Rangan and Josine Uwillingye. (2009). Measuring the Welfare Cost of Inflation in South African, *South African Journal of Economics* 76(1), 10.

Gupta-Kapoor, A. and Ramakrishnan, U. (1999) Is there a J-curve? A New Estimation for Japan, *International Economic Journal*, 13(4), 71-79.

Hakan Berument(1998). Central Bank Independence and Financing Government Spending. *Journal of Macroeconomics*, 20(1), 133-151.

Hamid Baghestani, Tracy Mott. (1997). A Cointegration Analysis of the U. S. Money Supply Process, *Journal of Macroeconomics*, 19(2), 269-283.

Han, H. (2000). Choice of Currency Basket Weights and its Implications on Trade Balance. *International Review of Economic and Finance*, 9, 323-350.

Hargreaves, D and B White (1999). Measures of New Zealand's Effective Exchange Rate. *Reserve Bank of New Zealand Bulletin*, vol 62.

Haslag, Joseph H(1998). Seigniorage and Monetary Polity. *Economic Review*, Federal Reserve Bank of Dallas, Third Quarter, 10-15.

Haslag, J. and Bhattacharya, J(1999). *Central Bank Responsibility, Seigniorage, and Welfare*. Research Department Working Paper 9909, Federal Reserve Bank of Dallas.

Head, Allen C., Todd D. Mattina and Gregor W. Smith, (2004). *Real Exchange Rates, Preferences, and Incomplete Markets: Evidence*, 1961-2001. Working Papers 1246, Queen's University, Department of Economics.

Hochreiter, E. and R. Rovelli(2002). The Generation and Distribution of Central Bank Seigniorage in the Czech Republic, Hungary and Poland. Banca Nazionale del Lavoro, *Quarterly Review*. Rome, December.

Hochreiter, E., R. Rovelli and Winckler, Georg, (1996). Central Banks and Seigniorage: A Study of Three Economies in Transition. *European Economic Review*, 40(3-5), 629-643.

Hongfang Zhang. (2007). *Essays on the Optimal Choice of Exchange Rate Regimes*, A Thesis Submitted to the Faculty of Drexel University, January.

Honohan, P(1996). Does it Matter How Seigniorage is Measured?. *Applied Financial Economics*, 6

(3), 293-300.

Hovanov V., Nikolai James W. Kolari, Mikhail et al. (2004). Computing Currency Invariant Indices with an Application to Minimum Variance Currency Baskets. *Journal of Economic Dynamics and Control*, 28(8), 1481-1504

Hsiang-ling, H(2000). Choice of Currency Basket Weights and Its Implications on Trade Balance. *International Review of Economics and Finance*, 9, 323-350.

IMF(2010). *Review of the Method of Valuation of the SDR*, www.IMF.org.

Ito, T. Ogawa and Y. Sasaki. (1999). On the Desirability of a Regional Basket Currency Arrangement. *CEP II document* No. 99-12.

Ito, T. Ogawa, Eiji and Sasaki, Yuri Nagataki. (1998). How did the Dollar Peg Fail in Asia. *Journal of the Japanese and International Economies*, 12, 256-304.

Iwan J. Azis and Nattapong Puttanapong. (2008). A Regional Trend Towards a Basket Peg System. *International Journal of Trade and Global Markets*, 1(2), 144-162.

James M. Johannes, Robert H. Rasche. (1979). Predicting the Money Multiplier. *Journal of Monetary Economics*, 5(3), 301-325.

Jean Gauger. (1998) Economic Impacts on the Money Supply Process, *Journal of Macroeconomics*. 20 (3), 553-577.

Joe Peek, Eric S. Rosengren and Geoffrey M. B. Tootell. (2003). Identifying the Macroeconomic Effect of Loan Supply Shocks. *Journal of Money, Credit and Banking*, 35(6), 931-946.

Johansen S., Juselius, K. (1990). Maximum Likelihood Estimation and Inference on Cointegration with Applications to the Demand for Money, *Oxford Bulletin of Economics and Statistics*, 52, 169-210.

Johansen, S. (1988). Statistical Analysis of Cointegration Vectors, *Journal of Economic Dynamics and Control*, 12, 231-254.

Johansen, S. (1991). Estimation and Hypothesis Testing of Co-integration Vectors in Gaussian Vector Autoregressive Models. *Econometrica*, 59, 1551-1580.

Johnson, A., Arnold, J. and Vartia, L. (2009). Taxation and Economic Growth. *OECD Development. Economic Department Working Paper*, no 620.

Jordan, J. L. (1969), Elements of Money Stock Determination. *Federal Reserve Bank of St. Louis Review*, 51, 10-19.

Kannan R., Siddhartha Sanyal and Binod Bihari Bhoi. (2006). Monetary Conditions Index for India, *Reserve Bank of India Occasional Papers*, 27(3), Winter.

Kashyap, A. K., Stein, J. C. and Wilcox, D. W. (1993). Monetary Policy and Credit Conditions: Evidence from the Composition of External Finance. *The American Economic Review*, 83(1), 78-98.

Kashyap, Anil K., Stein Jeremy C. (2000). What Do a Million Observations on Banks Say about the Transmission of Monetary Policy?. *The American Economic Review*, 90(3), 407-428.

Keynes John Maynard. (1923). *A Tract on Monetary Reform*, London: Macmillan.

Kiguel, Miguel A., Neumeyer, Pablo Andres (1995). Seigniorage and Inflation: The Case of Argentina. *Journal of Money, Credit and Banking*, 27(3), 672-682.

Kiguel, Miguel, Nissan Liviatan(1991). A Policy-Game Approach to the High Inflation Equi-librium. *The World Bank*, Manuscript, (April).

Klein, M. A. (1971). A Theory of The Banking Firm. *Journal of Money, Credit and Banking*, 3(2), 205-218.

Klein, M. A., M. Neumann. (1990). Seigniorage: What Is It and Who Gets It. *Weltwirtschaftliches Archiv*, 205-221.

Knetter, M. (1989). Price Discrimination by US and German Exporters. *American Economic Review*,

79(1), 198-210.

Koivu, Tuuli, Aaron Mehrotra and Riika Nuutilainen. (2008). McCallum Rule and Chinese Monetary Policy. *Bofit Discussion Papers*, 15.

Kontonikas, A. and A. Montagnoli, (2004). Has Monetary Policy Reacted to Asset Price Movements: Evidence from the UK, *Ekonomia*, 7, 1-16.

Kontonikas, A. and C. Ioannidis, (2005). Should Monetary Policy Respond to Asset Price Misalignments?. *Economic Modelling*, 22, 1105-1121.

Koopmans, T. (1965), On the Concept of Optimal Economic Growth. *Potificiae Academiae Scientiarum Scripta Varia*, 28, 225-300.

Krugman, P. (1987). Pricing to Market when the Exchange Rate Changes. In S. W. Arndt and D. Richardson (eds.) *Real-Financial Linkages among Open Economies*, MIT Press, Cambridge, MA, 49-70.

Krugman Paul R, Torsten Persson and Lars E. O. Svensson. (1985). Inflation, Interest Rates, and Welfare. *Quarterly Journal of Economics*, 100(3), 677-695.

Kun, J. (2003). Seigniorage in Selected Acceding Countries: Current Situation and Future Prospects on the Road towards Monetary Integration, the Oesterreichische Nationalbank (OeNB), *Focus on Transition*, 2.

Lane, Philip R.. (1999). The New Open Economy Macroeconomics: A Survey. *CEPR Discussion Papers*, 2115.

Lane, Philip R., and Gian Maria Milesi-Ferretti. (2004). The Transfer Problem Revisited: Net Foreign Assets and Real Exchange Rates. *Review of Economics and Statistics*, 86(4), 841-857.

Laura C., Valentina C. and Paulo S. M. (2013). Testing for Optimal Monetary Policy via Moment Inequalities, *Discussion Papers in Economics*, University of York, No. 13/07.

Leahy, Michael P. (1998). New Summary Measures of the Foreign Exchange Value of the Dollar. *Federal Reserve Bulletin* (October), 811-818.

Lerner, Abba P. (1944). *The Economics of Control*, New York: Macmillan.

Lipschitz and Sundararajan. (1982). The Optimal Currency Basket in a World of Generalized Floating with Price Uncertainty. in Michael B. Connolly ed., *The International Monetary System: Choices for the Future*, New York, Praeger.

Lipschitz, L. (1979). Exchange Rate Policy for a Small Developing Country, and the Selection of Appropriate Standard. *IMF Staff Papers*. 9, 423-449.

Loretan, M (2005). Indexes of the Foreign Exchange Value of the Dollar, *Federal Reserve Bulletin*, Winter.

Lynch, B and S Whitaker (2004). The New Sterling ERI. *Bank of England Quarterly Bulletin*, Winter.

MacDonald, Ronald, and Jerome L. Stein. (1999). *Equilibrium Exchange Rates*. Amsterdam: Kluwer Academic.

Mack Ott. (1987). The Dollar's Effective Exchange Rate: Assessing the Impact of Alternative Weighting Schemes, *Federal Reaserve Bank of St. Louis*, February.

Magee, S. P. (1973). Currency Contracts, Pass-through, and the J-curve. *Brookings Papers of Economic Activity*, 1, 303-323.

Mankiw, N. Gregory. (1987). The Optimal Collection of Seigniorage: Theory and Evidence. *Journal of Monetary Economics*, 20(2), 327-341.

Marc Klau, San Sau Fung, (2006). The New BIS Effective Exchange Rate Indices. *BIS Quarterly Review*, March, 51-65.

Marty, A. L. (1967). Growth and the Welfare Cost of Inflationary Finance. *Journal of Political Economy*, 75, 71-76.

Mashkoor, M., Yahya, S., and Ali, A. (2010). Tax Revenue and Economic Growth: An Empirical Analysis for Pakistan. *World Applied Journal*, 10(11), 1283-1289.

Matthews, K. and J. Thompson (2008), *The Economics of Banking*, Second Edition, John Wiley and Sons Ltd., UK.

McCallum, Bennett T, (1987). The Development of Keynesian Macroeconomics. *American Economic Review*, 77(2), 125-29.

McCallum, Bennett T(1983). The Role of Overlapping Generations Models in Monetary Economics. *Carnegie-Rochester Conference Series on Public Policy*, 18, 9-44.

McCallum, Bennett T. (1999a). Recent Developments in Monetary Policy Analysis: The Roles of Theory and Evidence. *NBER Working Paper* 7088, April.

McCallum, Bennett T. (1999b). Issues in the Design of Monetary Policy Rules. In John B. Taylor and Michael Woodford, eds., *Handbook of Monetary Economics*, Volume 1C. Amsterdam: North Holland, 1483-1530.

McCallum, Bennett T. (2002). *Alternative Monetary Policy Rules: A Comparison with Historical Settings for the United States, the United Kingdom, and Japan*. Carnegie Mellon University and Federal Reserve Bank of Richmond.

McCallum, Bennett T. and Edward Nelson, (2004). Timeless Perspective vs. Discretionary Monetary Policy in Forward-Looking Models. *Federal Reserve Bank of St. Louis Review*, 86(2), 43-56.

McCallum, Bennett T. and Edward Nelson. (1999). An Optimizing IS-LM Speciation for Monetary Policy and Business Cycle Analysis. *Journal of Money, Credit, and Banking*, 31(3), 296-316.

Mankiw, N. Gregory(1987). The Optimal Collection of Seigniorage: Theory and Evidence. *Journal of Monetary Economics*, 20, 327-41.

McKibbin W. and H-G Le (2004). Which Exchange Rate Regime for Asia?. *Brookings Discussion Papers in International Economics*, No. 158.

Meade, James E. (1951). *The Theory of International Policy Volume One: The Balance of Payments*, London: Oxford University Press.

Mehtap Kesriyelii, Ilhan Kocake(1999). Monetary Conditions Index: A Monetary Policy Indicator for Turkey the Central Bank of the Republic of Turkey, *Research Department Discussion Paper* No: 9908. July.

Meltzer, Allan H. (1959). The Behaviour of the French Money Supply: 1938-1954. *Journal of Political Economy*, 67(3), 275-296.

Menon, J. (1996). The Degree of the Determinants of Exchange Rate Pass-through: Market Structure, No-tariff Barriers and Multinational Corporations. *The Economic Journal*, 106, 434-444.

Menon, J. (1995). Exchange Rate Pass-through, *Journal of Economic Surveys*, 9, 197-231.

Metzler, Lloyd A. (1949). The Theory of International Trade, In Howard S. Ellis(ed.), *A Survey of Contemporary Economics*, Philadelphia: Blakiston, 210-54.

Milesi-Feretti, G., N. Roubini, (1994). Optimal Taxation of Human and Physical Capital in Endogenous Capital Models. *NBER Working Paper*, no 4882.

Minea, A., P. Villieu (2007). Un Modèle Simple de Croissance Endogène Avec Effet de Seuil des Politiques Monétaire et Fiscale, *Revue Economique*, 58, 649-659.

Minea, A. (2007). *Deficit, Money and Economic Growth: Theoretical Assessment and Empirical Evaluation*, PhD Dissertation, University of Orléans, France.

Monti, M. (1972). Deposit, Credit and Interest Rate Determination under Alternative Bank Objectives, *In Mathematical Methods in Investment and Finance*, edited by Szego, G. P. and Shell, K., North-Holland, Amsterdam.

Mundell R A. (1971). *Money Theory*, Pacific Palisades, Calif: Goodyear.

Mundell, Robert A. (1963). Capital Mobility and Stabilization Policy under Fixed and Flexible

Exchange Rates. *Canadian Journal of Economics and Political Science*, 29, 475-485.

Nascimento Jean-Claude(1987). The Choice of an Optimum Exchange Currency Regime for a Small Economy: An Econometric Analysis, *Journal of Development Economics*, 25(1), 149-165.

Nelson, Mark. (2001). *International Macroeconomics and Finance: Theory and Empirical Methods*, Blackwell Publishing.

Neumann, Manfred J. M. (1992). Seigniorage in the United States: How Much Does the U. S. Government Make from Money Production. *Federal Reserve Bank of St. Louis Working Paper*, 29-40.

Neumann, Manfred J. M. (1996). A Comparative Study of Seigniorage: Japan and Germany. *Bank of Japan Monetary and Economic Studies*, 14(1), 104-142.

Neumann, Manfred J. M(1992). Seigniorage in the United States: How Much Does the U. S. Government Make from Money Production, *Federal Reserve Bank of St. Louis Working Paper*, 29-40.

Nilsen, Jeffrey H. (2002). Trade Credit and the Bank Lending Channel. *Journal of Money, Credit and Banking*, 34(1), 226-253

Nissan Liviatan and Roni Frish, (2006). Interest on Reserves and Inflation. *Journal of Development Economics*, 80, 269-274.

Nolivosy, Roberto Delhy, Vuletin Guillermo(2013). The Role of Central Bank Independence on Optimal Taxation and Seigniorage, *European Journal of Political Economy*, 34(2), 440-458.

Obert Nyawata. (2012). Treasury Bills and/or Central Bank Bills for Absorbing Surplus Liquidity: The Main Considerations. *IMF Working Papers*, WP/12/40.

Obstfeld, M. (1993). Model Trending Real Exchange Rates. *CIDER Working Papers*, 11.

Obstfeld. M., Kenneth Rogo (1996). *Foundations of International Macroeconomics*, Cambridge, MA: MIT Press.

Obstfeld. M., Kenneth Rogo (1995b). Exchange Rate Dynamics Redux. *Journal of Political Economy*, 103, 624-60.

Obstfeld. M., Kenneth Rogo (1995a). The Intertemporal Approach to the Current Account, *In Handbook of International Economics*, vol. 3, edited by Gene M. Grossman and Kenneth Rogo. Amsterdam: North Holland.

Ogawa Eiji, Junko Shimizu(2006). Stabilization of Effective Exchange Rates under Common Currency Basket Systems. *Journal of the Japanese and International Economies*, 20(4), 590-611.

Ogawa, E., Ito, T. (2002). On the Desirability of a Regional Basket Currency Arrangement, *Journal of the Japanese and International Economies*, 16, 317-334.

Oliner, S., G. Rudebusch (1995). Is There a Bank Lending Channel for Monetary Policy?. *Federal Reserve Bank of San Francisco Economic Review*, 2, 3-20.

Orphanides, A. (2003). The Quest for Prosperity Without Inflation. *Journal of Monetary Economics*, 50, 633-663.

Orphanides, Athanasios. (2007). *Taylor Rules*. FEDS Working Paper No. 2007-18.

Ouattara, Bazoumana. (2004). *Modelling the Long Run Determinants of Private Investment in Senegal*, Credit Research Paper No. 04/05, Centre for Research in Economics Development and International Trade, University of Nottingham.

Pesaran, M. H., Pesaran, B. (1997). *Working with Microfit 4.0: Interactive Econometric Analysis*. Oxford: Oxford University Press.

Pesaran, M. H. & Shin, Y. (1999). An Autoregressive Distributed Lag Modeling Approach to Cointegration Analysis. In Strom, S. (ed.), Econometrics and Economic Theory in the 20th Century: The Ragnar Frisch Centennial Symposium. Cambridge: Cambridge University Press.

Pesaran, M. H., Shin, Y. & Smith, R. J. (2001). Bounds testing approaches to the analysis of level

relationships. Journal of Applied Econometrics, 16, 289-326.
Phelps, E. (1973). Inflation in the Theory of Public Finance. *Swedish Journal of Economics*, 75, 67-82.
Pollard, P. S. and C. Coughlin (2003). Size Matters: Asymmetric Exchange Rate Passthrough at the Industry Level. *Federal Reserve Bank of St. Louis Working Paper* 2003-029C, Research Division, Federal Reserve Bank of St. Louis, St. Louis. (http://research.stlouisfed.org/wp/2003/2003-029.pdf)
Pontines Victor, Reza Siregar(2007). The Yen, the US dollar, and the Trade Weighted Basket of Currencies: Does the Choice of Anchor Currencies Matter in Identifying Incidences of Speculative Attacks?, *Japan and the World Economy*, 19(2), 214-235.
Poole, William. (1970). The Optimal Choice of Monetary Policy Instruments in A Simple Macro Model. *Quarterly Journal of Economics*, 84, 192-216.
Poterba J. M. and Rotemberg, J. J(1990). Inflation and Taxation with Pptimizing Governments, *Journal of Money, Credit and Banking*, 22(1), 1-18.
Rajan S. Ramkishen(1999). Not Fixed, Not Floating: About optimal Basket Pegs for Southeast Asia. *CIES Discussion Paper*, 9, 1-32.
Ramsey, F. (1928). A Mathematical Theory of Saving. *Economic Journal*, 38, 543-559.
Ravn, M., S. Schmitt-Grohe, and M. Uribe (2011). Explaining the Effects of Government Spending Shocks on Consumption and the Real Exchange Rate. *NBER Working Paper* 13328.
Richard T. Froyen Roger N. Wand (1995). Optimal Seigniorage Versus Interest Rate Smoothing, *Journal of Macroeconomics*, 17(1), 111-129.
Robinson, Joan (1947). The Foreign Exchanges, In Robinson, *Essays in the Theory of Emnployment*, Oxford: Basil Blackwell. 134-55.
Rogoff, K(1984). On the effects of Sterilized Intervention: An Analysis of Weekly Data. *Journal of Monetary Economics*, 14(2), 133-150.
Rogoff, Kenneth(1992). Traded Goods Consumption Smoothing and the Random Walk behavior of the Real Exchange Rate. *Bank of Japan Monetary and Economic Studies*, 10, 783-820.
Roland C. Craigwell, Hyginus Leon. (1990). Causality Testing and Sensitivity to Detrending: The Money-income Relationship Revisited, *North American Review of Economics and Finance*, 1(1), 117-133.
Romer, P. (1986). Increasing Returns and Long-Run Growth, *Journal of Political Economy*, 94, 1002-1037.
Romer David. *Advanced Macroeconomics*. McGraw-Hill, 1996.
Romer, Christina and David Romer (1990). New Evidence on the Monetary Transmission Mechanism. *Brookings Papers on Economic Activity*, 1, 149-214.
Rotemberg, Julio J. and Michael Woodford (1999). Interest Rate Rules in an Estimated Sticky Price Model, In *Monetary Policy Rules*, ed. John B. Taylor. Chicago: University of Chicago Press.
Rotemberg, Julio J. and Michael Woodford. (1997). An Optimization-Based Econometric Framework for the Evaluation of Monetary Policy. *NBER Macroeconomics Annual* 12, 297-346.
Roubini, N and Sala-i-Martin, X. (1995). A Growth Model of Inflation, Tax Evasion, and Financial Repression. *Journal of Monetary Economics*, 35, 275-301.
Roubini, N., (1991). Economic and Political Determinants of Budget Deficits in Developing Countries. *Journal of International Money and Finance*, 10, S49-S72.
Roubini, N., Sachs, J., (1989). Political and Economic Determinants of Budget Deficits in the Industrial Democracies. *European Economic Review*, 33, 903-938.
Rudd, Jeremy and Karl Whelan. (2005). New Test of The New-Keynesian Phillips Curve. *Journal of Monetary Economics*. 52, 1167-1181.

Samuelson, P. A. (1969). The Role of Money in National Economic Policy, in Controlling Monetary Aggregates. *Federal Reserve Bank of Boston*, June.

Samuelson, P(1958). An Exact Consumption-Loan Model of Interest with or without the Social Contrivance of Money. *Journal of Political Economy*, 66(6), 467-482.

Samuelson, P. A. (1964). Theoretical Notes on Trade Problems. *Review of Economics and Statistics*, 46, 145-154.

Sargent, Thomas J. and Neil Wallance(1987). Inflation and the Government Budget Constrain, in Razin and Sadka (ed.), *Economic Policy in Theory and Practice*, Macmillan Press.

Sargent, Thomas J (1987). *Dynamic Macroeconomic Theory*, Harvard University Press, Cambridge Masssachusetts.

Sargent, Thomas J and Neil Wallace (1981). Some Unpleasant Monetarist Arithmetic, *Federal Reserve Bank of Minneapolis Quarterly Review*, 5(3), 1-17.

Sargent, Thomas J. (1982). The End of Four Big Inflations, In Robert E. Hall, (ed.), *Inflation*, pp. 41-98, University of Chicago Press, Chicago Illinois.

Sawyer, Charles W., and Richard L. Sprinkle(1996). The Demand for Imports and Exports in the U. S.: A Survey. *Journal of Economics and Finance*, 20(1), 147-178.

Scmitt-Grohe, Stephanie & Uribe, Martin (2007). Optimal Simple and Implementable Monetary and Fiscal Rules. *Journal of Monetary Economics*, 54, 1702-1725.

Selcuk, F. (2001). Seigniorage, Currency Substitution and Inflation in Turkey. *Russian and East European Finance and Trade*, 37(6), 41-50.

Seth Carpenter, Selva Demiralp (2012). Money, Reserves, and the Transmission of Monetary Policy: Does the Money Multiplier Exist?. *Journal of Macroeconomics*, 34(1), 59-75.

Tack Yu. (1996). Nominal Price Rigidity, Money Supply Endogeneity, and Business Cycles. *Journal of Monetary Economics*, 37(2), 345-370.

Shahruz Mohtadi. (1988). The Stabilization of the Effective Exchange Rate of the Less Developed Countries under Alternative Exchange Rate Arrangements. *Journal of Economic Development*, 18(1), 143-154.

Shamloo, Maral(2010). Optimal Monetary Policy with Overlapping Generations of Policymakers. *IMF Working Paper*, WP/10/32.

Shioji Etsuro(2006). Chinese Exchange Rate Regimes and the Optimal Basket Weights for the Rest of East Asia. *Hitotsubashi University*, RIETI Discussion Paper Series 06-E-024.

Shioji, Etsuro(2006). Invoicing Currency and the Optimal Basket Peg for East Asia: Analysis Using a New Opon Economy Macroeconomics Perspective. *Working Paper E-3*: http://www.tcer.or.jp/wp/pdf/e3.pdf.

Sibert Anne (1994). The Allocation of Seigniorage in a Common Currency Area. *Journal of International Economics*, 37(1-2), 111-122.

Sidrauski, M(1976). Rational Choice and Patterns of Growth in a Monetary Economy. *American Economic Review*, 57(2), 535-544.

Slavov S. T(2008). Should small open economy in the East Asia keep all their eggs in one basket: The Role of Balance Sheet Effects, *The Journal of the Korean Economy*, 9(1), 1-43.

Solow, R. (1956). A Contribution to the Theory of Economic Growth. *Quarterly Journal of Economics*, 70, 65-94.

Soydan, Aylin (2003). Financial Liberalization, Currency Substitution and Seigniorage Evidence from Turkey. *Paper Presented to the Conference on Policy Modeling*, July 3-5, Istanbul.

Spencer, P. D. (2008). Stochastic Volatility in a Macro-Finance Model of the US Term Structure of Interest Rates 1961-2004. *Journal of Money, Credit, and Banking*, 40, 1177-1215.

Sriram, S. S. (1999). Survey of Literature on Demand for Money: Theoretical and Empirical Work with Special Reference to Error-Correction Model. *IMF Working Paper*, WP/99/64.

Stiglitz, J. E. and B. Greenwald (2003). *Towards a New Paradigm in Monetary Economics*, Cambridge University Press.

Stiglitz, Joseph E., and Andrew Weiss (1981). Credit Rationing in Markets with Imperfect Information. *American Economic Review*, 71(3), 393-410.

Stock, J. H and M. W. Watson (1993). A Simple Estimator of Cointegrating Vectors in Higher Order Integrated Systems. *Econometrica*, 61, 783-820.

Stockman, A. C. and Tesar, L. L. (1995). Tastes and Technology in a Two-country Model of the Business Cycle: Explaining International Comovements. *American Economic Review*, 85(1), 168-85.

Svensson, L. E. O., (2003). What is Wrong with Taylor Rules? Using Judgement in Monetary Policy through Targeting Rules. *Journal of Economic Literature*, 41, 426-427.

Svensson, Lars E. O. (1999). Inflation Targeting as a Monetary Policy Rule. *Journal of Monetary Economics*, 43, 607-654.

Tack Yu. (1996). Nominal Price Rigidity, Money Supply Endogeneity, and Business Cycles. *Journal of Monetary Economics*, 37(2), 345-370.

Takagi Shinji (1988). A Basket Peg Policy: Operational Issues for Developing Countries. *World Development*, 16(2), 271-279.

Tanzi, V. & H. Zee (1993). Time Constraints in Consumption and Savings Behavior. *Journal of Public Economics*, 50, 253-259.

Tatom, A. John (1976). The Welfare Cost of Inflation. *Federal Reserve Bank of St. Louis*, November.

Taylor, John B. & Williams, John C. (2010). Simple and Robust Rules for Monetary Policy. In *Handbook of Monetary Economics*, ed. B. M. Friedman and M. Woodford, Vol. 3, 829-859.

Taylor, John. (1993). Discretion Versus Policy Rules in Practice. *Carnegie-Rochester Conference Series on Public Policy*, 39 (November), 195-214.

Teigen, Ronald L. (1964). Demand and Supply Functions for Money in the U. S.: Some Structural Estimates. *Econometrica*, 32(4), 476-509.

Teo, W. (2004). *Should East Asia's Currencies Be Pegged to the Yen? The Role of Pricing Behavior and Currency Invoicing*, Mimeo, John Hopkins University.

Thornton, Henry(1802)[1939]. An Enquiry into the Nature and Effects of the Paper Credit of Great Britain. Reprinted with an introduction by F. A. Hayek(London: Allen & UNwin, 1939)

Thornton(1802). The evidence Given by Henry Thornton before the Committees of Secrecy of the Two Houses of Parliament on the Bank of England, March and April 1797, 1802.

Tica, Josip and Ivo Družić. (2006). The Harrod-Balassa-Samuelson Effect: A Survey of Empirical Evidence. *Working Papers*, 06-07, University of Zagreb.

Tobin, James (1963). Commercial Banks as Creators of Money, In Deane Carson (ed.) *Banking and Monetary Studies*, Richard D. Irwin Inc., Homewood.

Tobin, J, (1961). Money, Capital, and Other Stores of Value. *American Economic Review*, 51, 26-37.

Tobin, J. (1969). A general equilibrium approach to monetary theory. *Journal of Money, Credit, and Banking*, 1, 15-29.

Tobin, J(1956). The Interest Elasticity of the Transactions Demand for Cash. *Review of Economics and Statistics*, 38, 241-247.

Toda, H. Y. and Yamamoto, T. (1995). Statistical Inferences in Vector Autoregressions with Possibly Integrated Processes. *Journal of Econometrics*, 66, 225-50.

Toma, Mark. (1982). Inflationary Bias of the Federal Reserves System: A Bureaucratic Perspective.

Journal of Monetary Economics(September), 163-90.

Trabandt, M. and H. Uhlig (2006). How Far Are We From the Slippery Slope? The Laffer Curve revisited. *CEPR Discussion Papers* 5657.

Trabandt, M. and H. Uhlig (2011). The Laffer Curve Revisited. *Journal of Monetary Economics*, 58(4), 305-327.

Trabandt, M. and H. Uhlig (2012). How Do Laffer Curves Differ across Countries? In *Fiscal Policy after the Financial Crisis*, NBER Chapters, pp. 211-249. National Bureau of Economic Research, Inc.

Trehan, Bharat and Walsh, Carl E. (1990). Seigniorage and Tax Smoothing in the United States 1914-1986. *Journal of Monetary Economics*, 25(1), 97-112.

Turner, P and J Van't dack (1993). Measuring International Price and Cost Competitiveness. *BIS Economic Papers*, no 39, Basel, November.

Turnovsky, Stephen J(1982). A Determination of the Optimal Currency Basket: A Macroeconomic Analysis. *Journal of International Economics*, 12, 333-354.

Turnovsky, S. (1995). *Methods of Macroeconomic Dynamics*. The MIT Press.

Turnovsky, S. (2000). Fiscal Policy, Elastic Labor Supply and Endogenous Growth. *Journal of Monetary Economics*, 45, 185-210.

Umoru, D., & Anyiwe, M. (2013). Tax Structure and Economic Growth in Nigeria: Disaggregated Empirical Evidence. *Research Journal of Finance and Accounting*, 4(2), 65-81.

Uzagalieva, Ainura(2005). Fiscal Consequences of Monetary Integration within the Common Economic Area: The Case of Belarus, Kazakhstan and Russia. Academy of Sciences of the Czech Republic, *Working Paper Series* 254.

Van Wijnbergen, Sweder(1989). External Debt, Inflation, and the Public Sector: Towards Fiscal Policy for Sustainable Growth. *World Bank Economic Review*, 3, 297-320.

Wallace, N. (1980). The Overlapping Generations Model of Fiat Money, *In Models of Monetary Economics*, Edited by J. Kareken and N. Wallace, Federal Reserve Bank of Minneapolis, 49-82.

Walsh, C. E. (2003). Speed Limit Policies: The Output Gap and Optimal Monetary Policy. *American Economic Review*, 93(1), 265-78.

Walsh, Carl E(2003). *Monetary Theory and Policy*, 2nd Edition, Chapter4, pp135-197. The MIT Press, Cambridge Masssachusetts.

Wang, K. L. and C. S. Wu (1999). Exchange Rate Pass-through and Industry Characteristics: The Case of Taiwan's Exports of Midstream Petrochemical Products. In T. Ito and A. O. Krueger (eds.) *Changes in Exchange Rates in Rapidly Developing Countries: Theory, Practice, and Policy Issues*. The University of Chicago Press, Chicago, 211-230.

Wanniski, J. (1978). Taxes, Revenues, and the Laffer Curve. *The Public Interest*, 50, 3-16.

Watanabe Shingo, Masanobu Ogura(2010). How Far Apart Are the Two ACUs from Each Other? Asian Currency Unit and Asian Currency Union. *Emerging Markets Review*, 11(2), 152-172.

Wensheng Peng and Frank Leung. (2005). A Monetary Conditions Index for Mainland China. Research Department. *Hong Kong Monetary Authority Quarterly Bulletin*, June, 5-15.

Weymark, D. N. (1997). Measuring the Degree of Market Intervention in a Small Open Economy. *Journal of International Money and Finance*, 16, 55-79.

White, Bruce., (1997). The Trade Weighted Index (TWI) Measure of the Effective Exchange Rate [R]. *Reserve Bank of New Zealand Bulletin*: 121-132.

Wicksell, Knut ([1907] 1953), The Enigma of Business Cycles. *International Economic Papers*, 3: 58-74.

Williamson, John H. (1982). A Survey of the Literature on the Optimal Peg. *Journal of Development Economics*, 11, 39-62.

Williamson, J (2000). Exchange Rate Regime for Emerging Markets: Reviving the Intermediate Option. *Institute for International Economics*, Washington D, C, 2000.

Williamson, J(2005). A Currency Basket for East Asia, Not Just China. *Policy Briefs* PB05-01, Peterson Institute for International Economics.

Woodford, M., (2003), *Interest and Prices*, Princeton University Press, Princeton, New Jersey.

Woodford, Michael(1999a). Inflation Stabilization and Welfare. *manuscript*, Princeton University.

Woodford, Michael (1999b). Optimal Monetary Policy Inertia, *NBER Working Paper* no 7261.

Woodford, Michael (2010). Optimal Monetary Stabilization Policy. In *Handbook of Monetary Economics*, ed. B. M. Friedman and M. Woodford, Vol. 3, 723-828.

Yajie, Wang, Xiaofeng Hui and Abdol S. Soofi, (2007). Estimating Renminbi (RMB) Equilibrium Exchange Rate. *Journal of Policy Modeling*, 29, 417-429.

Yang. J. (1997). Exchange Rate Pass-through in US Manufacturing Industries. *Review of Economics and Statistics*, 79(1), 95-104.

Yen Kyun Wang(2008). Flexible BBC Exchange Rate System and Exchange Rate Cooperation in East Asia. *Korean Institute for International Economic Policy Working Paper* 08-03.

Yoshimasa Aoki, Yasunobu Tomoda. (2009). Optimal Money Supply in Models with Endogenous Discount Factor. *The Quarterly Review of Economics and Finance*, 49(3), 798-810.

Yoshino, Naoyuki, Kaji, Sahoko and Suzuki(2004). A Basket Peg, Dollar Peg, and Floating: A Comparative Analysis. *Journal of the Japanese and International Economies*, 18, 183-217.

Zanello, Alessandro, and Dominique Desruelle(1997). A Primer on the IMF's Information Notice System, *IMF Working Paper* WP/97/71.

Zulfiqar Hyder and Muhammad Mazhar Khan(2007). Monetary Conditions Index for Pakistan. *SBP Research Bulletin*, Volume 3, Number 2.

Zvi Eckstein and Leonardo Leiderman(1992). Seigniorage and the Welfare Cost of Intertemporal Model of Money and Consumption. *Journal of monetary Economics*, 29(3), 389-410.

三、主要网站

http://www.pbc.gov.cn

http://www.safe.gov.cn

http://www.chinabond.com.cn

http://www.chinamoney.com.cn

http://www.stats.gov.cn/

http://www.mofcom.gov.cn/

http://www.federalreserve.gov

图书在版编目(CIP)数据

中国货币政策调控机制转型及理论研究/陆前进著. —上海:复旦大学出版社,2019.6
(2020.3 重印)
(纪念改革开放四十周年丛书)
ISBN 978-7-309-14067-5

Ⅰ.①中… Ⅱ.①陆… Ⅲ.①货币政策-研究-中国 Ⅳ.①F822.0

中国版本图书馆 CIP 数据核字(2018)第 278760 号

中国货币政策调控机制转型及理论研究
陆前进 著
责任编辑/姜作达

复旦大学出版社有限公司出版发行
上海市国权路 579 号 邮编:200433
网址:fupnet@fudanpress.com http://www.fudanpress.com
门市零售:86-21-65642857 团体订购:86-21-65118853
外埠邮购:86-21-65109143
江阴金马印刷有限公司

开本 787×1092 1/16 印张 39.5 字数 752 千
2020 年 3 月第 1 版第 2 次印刷

ISBN 978-7-309-14067-5/F·2530
定价:98.00 元

如有印装质量问题,请向复旦大学出版社有限公司出版部调换。
版权所有 侵权必究